"十二五"国家重点图书出版规划项目
中国政法大学新兴学科建设项目

卫生法学通论

◆ 主 编　解志勇
◆ 撰稿人（以姓氏笔画为序）

马更新　王青斌　王岳
王蔚　邓勇　乔宁
刘兰秋　李润生　李培磊
李筱永　张力　张莉
赵晓佩　谢立斌

中国政法大学出版社

2019·北京

声　　明　　1. 版权所有，侵权必究。
　　　　　　2. 如有缺页、倒装问题，由出版社负责退换。

图书在版编目（CIP）数据

卫生法学通论/解志勇主编. —北京：中国政法大学出版社，2019.2（2022.8重印）
ISBN 978-7-5620-8832-5

Ⅰ.①卫⋯　Ⅱ.①解⋯　Ⅲ.①卫生法－法的理论－中国　Ⅳ.①D922.161

中国版本图书馆CIP数据核字（2019）第036115号

出 版 者	中国政法大学出版社
地　　址	北京市海淀区西土城路25号
邮　　箱	fadapress@163.com
网　　址	http://www.cuplpress.com （网络实名：中国政法大学出版社）
电　　话	010-58908435(第一编辑部) 58908334(邮购部)
承　　印	固安华明印业有限公司
开　　本	720mm×960mm　1/16
印　　张	28
字　　数	597千字
版　　次	2019年2月第1版
印　　次	2022年8月第2次印刷
印　　数	5001～7000册
定　　价	66.00元

编写组

主　编：
解志勇　中国政法大学教授、卫生法研究中心执行主任

撰稿人：（以姓氏笔画为序）
马更新　中国政法大学民商经济法学院教授、法学博士
王青斌　中国政法大学法治政府研究院教授、法学博士
王　岳　北京大学医学部卫生法学教研室教授、法学博士
王　蔚　中国政法大学法学院副教授、法学博士
邓　勇　北京中医药大学法律系副教授、法学博士
乔　宁　首都医科大学卫生管理与教育学院讲师、法学博士
刘兰秋　首都医科大学卫生管理与教育学院副教授、法学博士
李润生　北京中医药大学法律系讲师、法学博士
李培磊　河南省发展和改革委员会干部、法学博士
李筱永　首都医科大学卫生管理与教育学院副教授、法学博士
张　力　中国政法大学法学院副教授、法学博士
张　莉　中国政法大学法治政府研究院教授、法学博士
赵晓佩　首都医科大学卫生管理与教育学院副教授、法学博士
谢立斌　中国政法大学比较法学院副院长、教授、法学博士

序

"健康是促进人的全面发展的必然要求,是经济社会发展的基础条件。实现国民健康长寿,是国家富强、民族振兴的重要标志,也是全国各族人民的共同愿望。"为满足"人民对美好生活的向往",党的十八届五中全会首次提出推进健康中国建设。之后,这项国家战略经习近平总书记在全国卫生与健康大会上的深刻阐释后落地于《"健康中国2030"规划纲要》,并被党的十九大报告再次重申。当前,"健康中国"建设已被国家放在优先发展的战略地位,大卫生、大健康的全局理念已成为各项政策制定的首要考虑因素之一。

"健康中国"的内涵,绝非仅由医疗技术的进步即可涵盖。优化健康服务、完善健康保障、建设健康环境、发展健康产业、健全支撑与保障等,都是"健康中国"的题中之义。而这些内容的发展脱离不了法律规范的调整。在全面推进依法治国的新形势下,建设"健康中国"必须坚持以法治为框架、由法治来贯彻、用法治作保障,实现卫生与健康法治的"科学立法、严格执法、公正司法、全民守法"。以此为契机,旨在维护公民生命健康权益,融合自然科学与社会科学的新兴交叉学科——卫生法学,正迎来中国历史上前所未有的发展良机。

作为国家"双一流"建设高校,中国政法大学从2007年起在硕士研究生阶段的"宪法学与行政法学"专业下设置部门行政法学(卫生法方向),至今已逾十余年时间,培养研究生超过50人。面对卫生法学发展的新机遇,中国政法大学卫生法研究中心"不忘初心",由解志勇教授牵头,组织长期耕耘在卫生法学领域的专家、学者编写了本教材,为全方位促进我国卫生领域的立法、司法和执法研究作出了努力。

与以往主要面向医学院校本科生、以全国执业医师资格考试内容为主体的卫生法学教材不同,《卫生法学通论》立足于法学学科的视角,面向普通高等院校的法学专业学生,通过分编设置,对卫生法学的总论与分论进行了系统的阐述,充分反映了作为法学学科的卫生法学的精神、原理和规律性,实现了医学与法学的有机交叉和整合。同时,为促进学科体系的进一步完善与发展,本部教材专门增加了对域外国家或地区卫生法律体系的介绍。可以说,《卫生法学通论》的学科特点鲜明、体例性较强、全面性突出,具有一定的开拓性和学术创新价值。

本书的主编解志勇教授是行政法学领域较为活跃的学者,研究成果颇为丰富。从2008年开始,他对卫生法学的兴趣日益浓厚,并很快融入这个研究领域,对卫生法学的学科体系、基本原则、价值目标、根本制度等核心内容逐渐有了深刻理解。他借助中国政法大学这个平台，组织了一个卓有成效的教学研究团队，十余位团队成员的学术专长涵盖宪法学、行政法学、民商法学、诉讼法学、卫生法学、证据法学等领域，每年招收十余名卫生法学专业（方向）的研究生。这本教材就是该团队致力于把卫生法学"切实拉回到法学研究轨道"的一个重要尝试。

《卫生法学通论》凝聚了编者多年在卫生法学领域的知识和经验。希望本教材的出版可以为卫生法治人才的培养提供更多元的教学参考，为卫生法学研究的进步提供强有力的助推能量，为"健康中国"的构建提供高质量的智力支持。也希望这个团队能走得更远，取得更大成绩，为我国的卫生和健康法治事业做出更大的贡献。

是为序。

马怀德　于 北京 – 中国政法大学
2019 年 1 月

编写说明

　　党的十九大报告指出："人民健康是民族昌盛和国家富强的重要标志。要完善国民健康政策，为人民群众提供全方位全周期健康服务。"新一轮的医药卫生体制改革不断提速，改革举措出台的数量之多、力度之大，史无前例，卫生与健康正受到来自全社会的广泛关注与高度重视，卫生法学也开始成为普通高等学校普遍开设的课程。然而，从学科建设的角度来看，卫生法学还呈现出一种非学科的状态，现正处于边缘、交叉地带，尚未成为法学二级学科。当前，在法学学科整体上调整的大背景下，编者力求通过《卫生法学通论》的编写，将卫生法学拉入到法学的范畴中进行探讨，推动卫生法学学科的长足发展。

　　在编写过程中，我们邀请到了来自中国政法大学、北京大学医学部、首都医科大学、北京中医药大学等高校的十几位老师，对教材的目录、体例、主要内容等进行了充分的研讨，前后历经数次修改，终得定稿。本教材由解志勇教授主持编写，并负责全书的审稿、统稿。具体的编写分工为：第一章由解志勇、李培磊编写，第二章由张力编写，第三章由解志勇、李培磊、乔宁编写，第四章、第五章由解志勇编写，第六章由王岳编写，第七章由王青斌编写，第八章由李筱永、赵晓佩编写，第九章由马更新编写，第十章由邓勇、李润生编写，第十一章由王蔚、张莉编写，第十二章由张力编写，第十三章由刘兰秋编写，第十四章由谢立斌编写，第十五章由乔宁编写。

　　中国政法大学卫生法研究中心对本教材的编写和出版给予了大力支持；应松年、申卫星、王晨光、肖金明、宋华琳等诸多专家对本教材的编写提供了修改意见；国内外专家、学者有关卫生法（学）的大量研究成果为本教材的编写提供了内容参考；宋崇阳博士，博士研究生刘国，硕士研究生冯亮、李晓琼、冯亦浓、陈明慧、李静怡、赵钰、付震、徐跃奇、邵秀菊、王晓淑、刘飞彤等协助审阅了部分书稿，在此一并表示诚挚的谢意！

　　作为一门新兴的交叉学科，卫生法学正随着经济社会的发展与进步而不断地进行调整与完善。由于编者的水平有限，教材难免存在诸多不足之处，敬请广大读者批评、指正！

编　者

2018 年 9 月

目 录

第一编 卫生法学总论

第一章 卫生法学概述 …………………………………………… 1
　第一节 卫生 ……………………………………………………… 1
　第二节 作为法律的卫生法 ……………………………………… 4
　第三节 卫生法学 ………………………………………………… 9

第二章 卫生法律关系 …………………………………………… 14
　第一节 卫生法律关系概述 ……………………………………… 14
　第二节 纵向卫生法律关系 ……………………………………… 19
　第三节 横向卫生法律关系 ……………………………………… 26

第三章 卫生法的核心价值与基本原则 ………………………… 34
　第一节 卫生法的核心价值 ……………………………………… 35
　第二节 卫生法的基本原则 ……………………………………… 60

第四章 卫生法的体系及运行 …………………………………… 84
　第一节 卫生法的渊源 …………………………………………… 84
　第二节 卫生领域的政府规制 …………………………………… 88
　第三节 卫生领域的纠纷解决 …………………………………… 93

第五章 卫生法律责任 …………………………………………… 108
　第一节 卫生民事法律责任 ……………………………………… 108

第二节 卫生行政法律责任 ……………………………………… 110
第三节 卫生刑事法律责任 ……………………………………… 114

第二编　卫生法学分论

第六章　医事法 ……………………………………………………… 123
第一节 医事法概述 ……………………………………………… 123
第二节 医疗行为 ………………………………………………… 129
第三节 医疗法律关系 …………………………………………… 134
第四节 患者的权利 ……………………………………………… 140
第五节 法律责任：医疗过失与注意义务 ……………………… 152
第六节 违法阻却：知情同意及其他事由 ……………………… 162

第七章　药事法 ……………………………………………………… 177
第一节 药事法概述 ……………………………………………… 177
第二节 药事活动主体 …………………………………………… 183
第三节 药事活动的监管 ………………………………………… 188
第四节 药事活动的法律责任 …………………………………… 205

第八章　公共卫生法 ………………………………………………… 223
第一节 公共卫生法概述 ………………………………………… 223
第二节 传染病防治法律制度 …………………………………… 230
第三节 烟草控制法律制度 ……………………………………… 238
第四节 精神卫生法律制度 ……………………………………… 242
第五节 食品安全法律制度 ……………………………………… 248
第六节 公共卫生应急法律制度 ………………………………… 258
第七节 人口与计划生育法律制度 ……………………………… 263
第八节 母婴保健法律制度 ……………………………………… 270

第九章 健康保障法 … 277
第一节 健康保障概述 … 277
第二节 医疗保障概述 … 278
第三节 医疗保障政策的法治化 … 289
第四节 基本医疗保障制度 … 295
第五节 生育保障制度 … 305

第十章 医学伦理法 … 310
第一节 医学伦理法的基本原理 … 310
第二节 "安乐死"的法律规制 … 315
第三节 器官移植的法律规制 … 325
第四节 辅助生殖的法律规制 … 340

第三编 域外卫生法

第十一章 法国卫生法 … 350
第一节 法国卫生法概述 … 350
第二节 卫生产品法律制度 … 354
第三节 卫生机构法律制度 … 359

第十二章 美国卫生法 … 368
第一节 美国卫生法概述 … 368
第二节 美国卫生法主要法律制度 … 376
第三节 美国卫生法的特点及启示 … 390

第十三章 日本卫生法 … 392
第一节 日本卫生法概述 … 392
第二节 日本主要卫生法律制度 … 396
第三节 日本卫生基本法的立法动态 … 406

第十四章　德国卫生法 ································· 409
　第一节　法定健康保险制度（Die gesetzliche Kranken-
　　　　　versicherung） ····························· 409
　第二节　食品安全制度 ································· 412
　第三节　医事相关法律制度 ····························· 413

第十五章　我国台湾地区"卫生法" ······················· 416
　第一节　我国台湾地区"卫生法"概述 ····················· 416
　第二节　我国台湾地区"卫生法"制度 ····················· 418
　第三节　我国台湾地区"卫生法"的借鉴意义 ··············· 431

第一编　卫生法学总论

第一章
卫生法学概述

第一节　卫　生

现代意义上的"卫生"一词，是在广泛吸收中西方、古代近代多种概念的基础上形成的术语。了解卫生法，需要先从了解"卫生"的含义演变开始。

一、"卫生"概念的古代意涵

"卫生"一词最早见于公元前3世纪的道家经典《庄子》中，意为"养护生命、保护生命"。《庄子·杂篇·庚桑楚》中多次出现"卫生"一词，说的是一位叫南荣趎的人向老子请教"卫生之经"，即"养护生命"的方法、规律，老子主张："行不知所之，居不知所为，与物委蛇而同其波。是卫生之经已。"也就是顺其自然。

近代以前，比起"卫生"一词，"养生"更为常用。在《四库全书》中搜索"养生"一词为6773条，而"卫生"只有687条。尽管出现频率存在差异，但20世纪之前，卫生和养生的内涵基本上是一致的。不仅关注人的身体，关注护卫生命的简单、可身体力行的方法，也体现了中国人理解宇宙的基本理念，反映"天人合一"的整体宇宙观。如16世纪学者罗洪先（1504~1564）的《万寿仙书》中的"卫生宝训"一章中的相关描述，更直白地表明了"卫生即养生"："凡欲养心，必先养神；凡欲养神，必先养气。"

可见，古代理解的卫生或养生，不仅是具体的养生方法，也是一种抽象的哲学观念，常被称为"卫生之经、卫生之术、卫生之道"等。

二、近代"卫生"概念的演变

近代理解的"卫生"概念吸收了西方的理解，一方面开始关注与身体健康相关的卫生科学，另一方面开始关注作为公共事务的公共卫生。

19世纪开始，中国社会各个方面受到西方的冲击。传统"卫生"观最先受到西方医学的冲击。西方的传统医学在解释疾病时只与身体相关联。西方医学是一部对人类身体的探索历史，与其他文明圈截然不同的是，它从身体角度关注健康与疾病，而不是像中国和印度等国的传统医学，将对生命探究与宇宙联结在一起。[1]

不过，就内容上来看，早期的西方卫生观与中国传统的养生观依然是很近似的。在近代以前，西方的卫生含义包含了一系列广泛的保健行为，如运动、饮食和休息。希波克拉底的《健康养生法》（公元前5世纪）提倡人们调整饮食、睡眠和行为结构；伽林的《卫生》（公元2世纪）提出要节制运动和饮食，此一时期，节制和应时成为流行的卫生哲学的口号。[2] 文艺复兴和宗教改革以后，随着机械论和解剖学的发展，西方人的身体观发生着剧烈的变化。西方人开始认为身体是可以被外力控制、被引导、被各种技术介入以调制的。这引起了近代"卫生"含义的第一个重要变革，主要作用于医学领域。

传统"卫生"观的另一个重要冲击来自于西方社会变革和社会思潮。18世纪起开始走上历史舞台的资产阶级崇尚社会契约论，认为国家作为社会契约之政治产物：对外要求国家富强，对内强调天赋健康权。其理由在于：国家工业的发展必须保持劳动力的健康；而避免人口因疾病或生育不当造成的缩减，则是维系健康劳动力来源的基本条件。于是，一系列公共卫生措施成为社会契约论下国家的基本责任。英国通常被视为现代公共卫生制度的发轫者，而德国则是欧洲的先驱。两者的路径有所不同，英国早期公共卫生制度采取教育和说服为主要手段，而德国则运用较为严密的卫生警察制度。

相较于中国，同为东方国家的日本更早接受了这种包含"公共卫生"的卫生概念。一般认为，日本近代卫生体制的创建者长与专斋在其中发挥了重要作用，他在访问欧美时，注意到欧美国家对卫生的关注已成为政府统治的基本要旨，各个国家在不同程度上致力于建立一个将工业化、教育、警力和实验室与个人的健康相联结的网络，形成国家的健康。而且，他最为推崇德国的卫生警察体制，想象了一个高度中央集权国家，并给他的机构配备"管辖生命的机关"。他本人作为政府部门的官员，在考虑为所辖部门命名时，认为医务、健康都不能反映公共卫生事业或者国家卫生行政的含义，最终从中国古籍中选定了"卫生"一词，在日本设立了"卫生局"。[3] 他在解释翻译时指出："（卫生）并不是单纯地指健康保护而已，……指的是负责国民一般健康保护之特种行政组织。……这样的健康保护事业，东洋尚无以

---

[1] 高晞：《德贞传：一个英国传教士与晚清医学近代化》，复旦大学出版社2009年版，第15页。
[2] ［美］罗芙芸：《卫生的现代性——中国通商口岸卫生与疾病的含义》，向磊译，江苏人民出版社2007年版，第5页。
[3] 参见沈国威：《近代中日词汇交流研究——汉字新词的创制、容受与共享》，中华书局2010年版，第222页。张子伊："近代中国'卫生'概念之嬗变研究"，北京外国语大学2013年硕士学位论文。

名之,而且是一全新的事业。"[1]

"卫生"一词虽然选自中国古籍,但其含义经过日本方面的改造,后来又反过来影响了中国。十九世纪末、二十世纪初,一些精英人士开始注意到中国卫生状况的不良,并逐步认识到西方近代"科学"卫生的优越性以及社会和国家介入卫生事务、创建国家卫生制度的必要性。卫生扩展为个人和社会两个层面,个人层面的卫生日益强调科学性与客观环境,而非修身养性之学。正是因为这种影响,"卫生"才具有了作为形容词的一个用法——表示干净整洁。

于是,当代的"卫生"概念逐渐形成,《辞源》对"卫生"的解释为:为增进人体健康,预防疾病,改善和创造合乎生理要求的生产环境、生活条件所采取的个人和社会措施。

三、英语中"卫生"概念的表述

在英语中,与卫生相近的词有 Health、Hygeine、Sanitary 等。

Health 是英语国家描述卫生法的常用词,其核心含义是健康,Health Law 是卫生法、健康法,Public Health Law 则是公共卫生法、公共健康法。

Hygeine 是英语国家描述卫生学的常用词,含义是保持健康、远离疾病的条件和措施,尤其指是通过提高清洁度的方法措施。Hygeine 一词源于拉丁语 Hygieia,为医药神 Asclepius 之女,希腊神话中的健康女神,而 Hygieia 的任务就是让人懂得如何康复身体,如何更加清洁,避免生病,她教会人们如何使用皂和清水来清洁病人,建立了很多医院和疗养地,并且关注人们的头脑健康。[2]

Sanitary 是形容词,常被译为"清洁的",或直译为"卫生",描述有利于健康或者符合卫生要求的状态。

因此,如果纯粹从词的表面含义来看,Hygeine 与中文的"卫生"词义更为接近。不仅指代健康,更指代维护健康的一系列措施。但正如我们现在使用的卫生概念经历的历史演变体现了语义上的习惯用法一样,英语世界也存在语言习惯问题,卫生法研究更多使用 Health 的概念。英语国家卫生法的"Health"才是我国卫生法中"卫生"一词的对应。

美国天普大学法学院的 Scott Burris 教授认为,卫生法中的"health"在以下三个领域的含义各不相同:公共卫生(Public Health)、卫生保健(Health Care,常被译作"医疗保健")、卫生伦理(Bioethics,常被译作"医学伦理")。公共卫生的"health"包括疾病控制、事故控制、对有害产品和行为的控制、卫生和食品安全;卫生保健的"health"包括职业培训和执照的颁发、服务质量及对患者的保护、监管与财政、医药;卫生伦理卫生的"health"包括对研究对象的尊重、新技术或有关正义技术的

---

[1] 刘士永:"清洁、卫生与保健——日治时期台湾社会公共卫生观念之转变",载《台湾史研究》2001年第1期。

[2] 参见张子平:"Hygiene 溯源",载《肉类研究》2009 年第 2 期。

运用、医学实践中与伦理有关的问题。[1]

第二节 作为法律的卫生法

一般认为，卫生法是指由国家有权机关制定、认可的，以国家强制力保障实施的，旨在调整保护人体健康并规范与人体健康相关活动中形成的各类社会关系的法律规范的总和。所谓"与人体健康相关活动"，主要是指"卫生"活动。法律与人的健康（包含生命）发生关联有很悠久的历史，但只是在近代以来，随着"卫生"领域的扩张，卫生法的重要性才日益凸显。

一、卫生法的概念辨析

正因为卫生概念经历了演变，在近代才具有了广泛的含义。而卫生领域的法律历史悠久，形成了一些习惯用法。因此，卫生法的概念在目前还存在争议。

上面界定的"卫生法"概念是较为宽泛的。实践中，还会见到使用"医事法"指代几乎同样宽泛的法律规范的。

"医事法"是源于日本和我国台湾地区的概念。在日本，与医疗相关的法律被概括地称为"医疗事务法"，该法是跨越公法与私法的开放的体系，内容包括民法中的医疗合同、债务不履行与侵权责任、说明义务、损害赔偿，公法中的自我决定权、食品与药品安全、公共卫生、医疗业的许可、医疗技术的统治、医疗与刑法，医疗纠纷的解决与预防，生命伦理与法律等。部分学者认为医事概念的内涵较之卫生更为广大，医事法包含卫生法，卫生法已成为医事法的组成部分。[2] 相反，更多的学者认为，"卫生"这一概念比"医事"外延大，"医事"仅指医疗活动及其所发生的各种社会关系，而大"卫生"概念不仅包含公共卫生和疾病控制，还包括医事、药事等一切与人体生命健康相关的活动。

而如前所述，在英语国家，描述卫生法的对应概念是"health law"，直译为健康法。因此，国内也有学者建议使用"健康法"来指代所有与人体健康相关活动中的法律规范。但就中文而言，"健康"不如"卫生"一词更能反映"与人体健康相关活动"这一内容。

二、卫生法的历史发展

严格来说，在近代以前，并不存在"卫生法"的概念，与卫生法相关的法律问题主要是医疗职业者与患者之间法律纠纷，即"医患纠纷"。这一时期的卫生法的主要内容是医疗法"medical law"，是关于医疗职业者的权利与责任以及患者的权利的

---

[1] 参见李筱永："卫生法学的概念及基本范畴辨析"，载《医学与社会》2011年第8期。
[2] 李大平主编：《医事法学》，华南理工大学出版社2007年版。我国台湾地区学者黄丁全在其著作《医事法》中也持类似的看法。

法律规范，主要涉及合同法、侵权法的内容。[1] 尤其是在后一方面，还发展出了专门的一类侵权案件叫"医疗事故"（malpractice）。

卫生法在20世纪以后的发展出现了两个重要的变化：一是卫生服务提供者和接受者角色的变化；二是政府在卫生领域的广泛参与。前者指的是随着经济和科技的发展，卫生服务的提供方式与以往有了较多的不同，传统的医疗服务只是卫生服务中的一个分支。"患者"正在转变成消费者，而获得与健康相关的"产品"的渠道更直接、更多样化。[2] 并且，在服务的获取途径方面也发生了变化，众多的"非处方药"和保健品的出现就是最典型的例子，这在一定程度上突破了必须通过医院和医生才能获得卫生服务的状况。这一时期的卫生法被一些学者称为"医疗保健法"（health care law）[3]。这一时期的卫生服务关系开始接近于市场关系，而各国也迎来社会立法、经济立法的高潮期，卫生法领域的法律规范类型出现了重大变化，最主要的是管理法（regulatory law）的增加，如美国的《食品药品法案》、我国台湾地区的"台湾药品管理法"等。这一时期的卫生法逐渐摆脱了以私法为主的特征，逐渐形成相对独立的体系。医事法（医政法）吸收了私法规范和管理法规范形成最先独立的一个领域，药事法（药政法）也随着药品和保健品种类的增加而繁荣起来。

20世纪卫生法另外一个重大的变化是政府在卫生领域的广泛参与，这主要是因为公共卫生领域（public health）的崛起。公共卫生作为专门的问题被认识到是因为一些官员、专家和社会改革家发现外在于人们自身的一些因素，例如，接触受污染的水或者在存在危险因素的环境中工作，会导致疾病。[4] 因此，公共卫生作为社会改革的一个重要方面发展起来，政府在这个过程中发挥越来越重要的作用，如实施预防传染病的政策、改善工作环境、在出入境地区对移民进行检查等。公共卫生法在发展之初的主要目标是减少疾病和死亡。

1948年成立的世界卫生组织在促进公共卫生法的发展方面意义重大，尤其是明确了各国政府在保障和促进全体居民的健康方面的职责。世界卫生组织召开了多次健康促进大会，申明社会、国家等在健康促进方面的责任。健康促进（Health promotion）的含义是"使人们尽一切可能让他们的精神和身体保持在最优状态，宗旨是使人们知道如何保持健康，在健康的生活方式下生活，并有能力做出健康的选择"。[5]

卫生法经历了由被动地预防健康的威胁，向保障健康权益，再向主动地促进公众健康几个阶段的发展。最典型的是控烟法律在世界范围内的发展。同时，人们对

---

[1] "Topic：Medical Law", City University Law School. Cited by Wikipedia.

[2] Tamara K. Hervey & Jean V. Mchale, *Health Law and the European Union* in Cambridge University Press, 2006, p. 18.

[3] J. Montgomery, *Health Care Law*, Oxford University Press, 2002, pp. 2-4.

[4] John Duffy, "The Sanitarians：A History of American Public Health", in *Science Journal*, 1990.

[5] 百度百科："健康促进"词条，http：//baike.baidu.com/item/健康促进/1817274? fr = aladdin，世界卫生组织前总干事布伦特兰在2000年第五届全球健康促进大会上的发言。

卫生内涵的认识也在扩张，精神卫生成为生理卫生之外一个重要的领域。精神卫生从来就是健康的一个重要方面，只是以前各国立法对精神卫生关注不多。得益于世界卫生组织等国际组织的推动，精神卫生立法成为各国卫生法完善的重要方面。

就中国来说，我国是最早运用法律手段管理医药卫生的国家之一。我国古代的卫生法律规范最早可追溯至商周时期，到秦代已有了比较系统的法典，有关医药卫生方面的规定明确列入其中。

宋金元时期的医药卫生制度沿袭唐代制度。宋代的卫生立法有巨大进步，北宋颁布了《市易法》，涉及了医疗活动；还颁布了《安剂法》，其中规定了医务人员人数及升降标准，是我国最早的医院管理条例。元代法律中规定了行医资格及考试制度。

新中国成立之后，经历了"文革"前的初期发展阶段，"文革"停滞阶段，改革开放后卫生法体系才迅速完善起来。目前中国特色社会主义法律体系初步形成，卫生法的法律规范也有很多。由全国人民代表大会及其常务委员会制定、颁布的卫生法律，目前有12部，分别是：①《药品管理法》（1984年9月20日发布，2001年2月28日、2013年12月28日、2015年4月24日分别修正）；②《国境卫生检疫法》（1986年12月2日发布，2007年12月29日、2009年8月27日、2018年4月27日分别修正）；③《传染病防治法》（1989年2月21日发布，2004年8月28日、2013年6月29日分别修正）；④《红十字会法》（1993年10月31日发布，2009年8月27日、2017年2月24日分别修正）；⑤《母婴保健法》（1994年10月27日发布，2009年8月27日、2017年11月4日分别修正）；⑥《献血法》（1997年12月29日发布）；⑦《执业医师法》（1998年6月26日发布，2009年8月27日修止）；⑧《职业病防治法》（2001年10月27日发布，2011年12月31日、2016年7月2日、2017年11月4日、2018年12月29日分别修正）；⑨《人口与计划生育法》（2001年12月29日发布，2015年12月27日修正）；⑩《食品安全法》（2009年2月28日发布，2015年4月24日、2018年12月29日分别修正）；⑪《精神卫生法》（2012年10月26日发布）；⑫《中医药法》（2016年12月25日发布）。此外，国务院颁布的卫生行政法规约有40部，其他诸如部门行政规章、地方性法规和地方政府规章还有一大批，与法律一起共同构成了相对完善的中国特色社会主义卫生法律体系。

三、卫生法的主要分支

卫生法律规范看似内容宽泛、杂乱无章，但也有一个比较简洁的体系。现代卫生法的法律体系在很大程度上体现了卫生法在历史发展中形成了几个研究领域，具有明显的对应关系。这些领域有着不同的研究重心，形成了现代卫生法的几个主要分支。

（一）医事法

医事法指的是调整不同主体之间的以医疗服务为核心的法律关系的法律规范的总称。

医事法律关系的主体包括个人（患者和医生）、医疗服务机构、政府以及红十字会等非政府组织。医事法律关系既有私法关系，典型的如患者与医生之间的医疗服务合同和医疗侵权行为；也有公法关系，如国家对医疗服务机构以及非政府组织的管理关系。

对医疗私法关系的规范是传统卫生法领域的核心，但是一般没有专门的规范性文件进行调整。[1] 在国外，医疗私法关系被视为合同关系，医疗职业者的主要义务是根据合同提供医疗服务和为患者保密，而患者的权利包括接受正确的诊断治疗以及同意权等。另外，在侵权法领域发展出了"医疗事故"这一专门概念。"医疗事故"是指医疗机构及其医务人员在医疗活动中，违反法律、护理规范、常规，过失造成患者人身伤害的事故。[2]"医疗事故"是医事法中十分重要的一部分。

医事法另外一个重要的部分是对医疗机构和医疗技术人员的管理法，即用以调整国家卫生管理机构、社会卫生服务提供机构以及卫生技术人员的医疗卫生监督活动和医疗卫生服务活动的法律规范的总称。[3] 医疗法分为两大部分，一部分针对医疗卫生机构，包括政府机构和市场主体以及非政府组织等社会机构；另一部分是针对卫生技术人员，主要是医师、护士等。

标准立法是各国管理立法的重要组成部分，医事法中应该也有关于标准的规定，如场所的卫生标准、医护人员的防护标准等。根据惯例，此类"标准"立法通常由行政机关而不是立法机关来制定。

（二）药事法

药事法是指政府对药品的研制、注册、生产、经营、流通、存贮、运输、使用进行管理的法律规范。药事法主要是管理法，部分国家直接使用"药品管理法"的名称。药品不同于一般的产品，若仅仅适用《产品质量法》进行调整，一般会发生规范不到位的情况，因此，许多国家都有专门的药品管理法。此外，在存在明确的医师和药师分工的国家，对药师的管理规范被认为属于"药事法"的范畴。[4]

除了药品之外，医疗活动和日常保健还会用到许多其他产品，如化妆品、保健品、康复器械等。这些产品可以统称"与健康相关的产品"，对于这些产品也有必要进行专门的规范。但是严格来说，这些管理法不能归入药事法的范畴。只是因为其内容和作用方式的相似，可以视为属于广义的药事法。

（三）公共卫生法

公共卫生法（public health law）是调整公共卫生领域（促进社会整体的健康、

---

[1] 因为没有专门的法律规范作为基础，"医事法学"基本只是一个法学概念。在英语国家，如美国相对应的词汇是"Medical law"。"Medical law"可以直译为"医疗法"，但是在日本、我国台湾地区等地，"医疗法"所指的实际上是下文所称的"医疗管理法"。

[2] 2002年国务院颁布的《医疗事故处理条例》。

[3] 参考我国台湾地区2009年1月7日"医疗法"的内容。

[4] 我国台湾地区的"药事法"和日本的《药政法》。

预防和减少疾病方面）各主体的权利与义务的法律规范的总称。公共卫生法主要是关于政府在保障和促进社会整体健康方面的权力和职责的规范。[1]

公共卫生涉及的主要问题有：疾病的预防与控制，突发公共卫生事件的处理，有利健康的环境塑造，政府保障的初级医疗保健[2]以及对公众的教育等。人口控制通常也被认为是公共卫生法的范畴，但是可以归于对有利健康的环境塑造方面，人口属于社会环境的重要因素。精神卫生比较特殊，既有与医疗活动密切关联的部分，也有很多内容关系到社会整体利益。但在后一方面的特殊性更为突出，因此也可以大体划归为公共卫生法。

国外有学者指出，公共卫生法的三个核心领域是：警察权力，疾病的预防与控制以及与人口有关的法律。[3] 公共卫生法的研究对象决定了其与行政法的天然关系。因此，国外的学生在学习公共卫生法之前，是必须要了解行政法的。有时，卫生法甚至被视为行政法的一个特殊部门法。这实际上表明了公共卫生法在现代卫生法体系中的重要地位。

事实上，正是公共卫生法的兴起，才使得卫生法在某种程度上可以作为一个独立的部门法。因为公共卫生法使得"法律可以被（直接）用来保护和促进健康，而不仅仅是裁决发生疾病或伤害时，以及治疗疾病或伤害时的法律责任"。[4]

（四）医疗保障法

医疗保障又称医疗保险，是社会保障的重要方面，指一个国家或地区按照保险原则为解决居民防病治病问题而筹集、分配和使用医疗保险基金的制度。医疗保障制度的理论基础是公众在宪法上的健康权和福利国家理论。根据公众在宪法上的健康权，每一个公民都应该得到一定标准的医疗保健服务，以保障最基本的健康。公众健康权的保障离不开国家和社会的力量，因此，与公众的健康权相对应的就是国家在建立基本医疗保健制度方面的义务。医疗保障制度的核心就是基本医疗保健。

因为医疗保障法同样是规定政府的权力和职责，因此，在西方卫生法的学科体系中，医疗保障制度通常被认为属于公共卫生法的重要一支。

中国现在的医疗保障制度还不完善，并且表现出明显的城乡差距。中国目前的基本医疗保障制度由四部分构成：城镇职工基本医疗保险、城镇居民基本医疗保险、新型农村合作医疗和城乡医疗救助制度。建立统一的基本医疗保障体系是中国卫生法完善的重要课题。

---

[1] Lawrence O. Gostin, "Public Health Law: Power, Duty, Restraint", Chapter 1, *A Theory and Definition of Puhlic Health Law*. Berkley and Los Angeles: University of California Press, 2001.

[2] 1978 年 9 月 12 日在阿拉木图召开的国际初级卫生保健大会倡导各国建立适应经济情况的惠及全民的初级医疗保健制度，被称为"阿拉木图宣言"。

[3] 维基百科：Public health law, http://en.wikipedia.org/wiki/Public-healty_law.

[4] Tamara K. Hervey & Jean V. Mchale, *Health Law and European Union*, Cambridge University Press, 2006, p. 20.

（五）卫生法与医学伦理或者"医学伦理法"

医学伦理（bioethics）作为伦理学的分支，专门研究医学实践中、生物科学和医学发展过程中引起的伦理学问题。医学伦理学包含了对医疗道德的研究，但更重要的是对卫生活动的实践和社会道德存在的价值冲突进行研究。

医疗道德和医疗法律规范都是调整人们行为的准则，两者的使命是相同的，都是为了维护患者的健康利益、维护医疗秩序，只是在形式和作用方式上有所不同。

对价值冲突的研究，是卫生法的传统重点研究领域，比如"安乐死"（euthanasia）和堕胎（abortion）问题，在西方许多国家都已经有了几个世纪的争论。到了近代，随着生物科学和医疗技术的发展，又产生许多新问题，比如输血、器官移植、人类辅助生殖、代孕、基因工程、"基因隐私"、克隆等。这些医疗实践虽然在生活中出现，但并不意味着在法律上、伦理上就是被许可的。一国的法律是否允许某一类行为取决于许多因素，不仅受到本国道德和社会风俗的影响，还会受到国际影响，尤其是国际人权法的影响。[1]

卫生法的几个分支可以通过图1-1呈现出来。

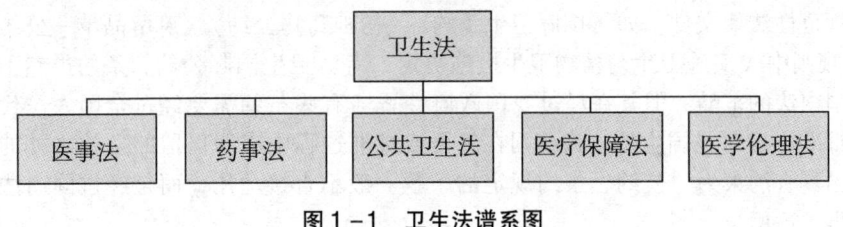

图1-1 卫生法谱系图

第三节 卫生法学

卫生法学不同于卫生学，它不直接研究维护和促进健康的手段，而是以卫生法和卫生法律现象为研究对象。

一、卫生法学的研究对象

（一）卫生法

各种层级、各种类型的卫生法规范是卫生法学的直接研究对象。就我国而言，以法律规范的层级为标准看，构成卫生法渊源的主要包括：

1. 宪法中涉及健康、卫生的规范。

---

[1] 在欧盟许多国家，国内卫生法都受到了欧盟法或公约的影响。比如，1996年，一位英国妇女Diane Blood，想要通过人工受孕的方式为长期病倒的丈夫生育后代，但是根据英国法（《人工生殖与胚胎法案（1990）》），这种行为是被禁止的。后来经过上诉，英国上诉法院认可了Diane Blood依据欧洲人权公约主张的权利，准许她到另一个欧盟成员国进行人工受孕。

2. 卫生法律，即由全国人民代表大会及其常委会制定和修改的狭义的法律，除了 12 部与卫生活动直接相关的法律外，民法、刑法、三大诉讼法，以及规范政府活动的一般性法律如《行政处罚法》《行政许可法》等，也会对卫生活动进行规范，亦属此列。

3. 卫生行政法规、地方性法规、自治条例、单行条例等。在我国的法律体系中，法规、条例在效力层级上仅次于国家权力机关立法的法律。卫生行政法规由国务院制定。地方性法规、自治条例、单行条例由拥有地方立法权的地方人大及其常委会制定。

4. 卫生领域的部门规章、地方政府规章、其他规范性文件。规章和其他规范性文件的法律效力层级较低，适用范围更窄，但其数量在卫生法律体系中却最为庞大。制定部门规章或部门规范性文件的机关，主要是国家卫生和健康管理部门，国家食品安全、药品监督管理部门，国家中医药管理部门，国家市场监督管理部门等。

5. 国际卫生公约、条约。国际卫生公约、条约是指我国作为国际法主体与外国政府或国际组织缔结的，有关卫生事务的双边或多边协议和其他具有条约、协议性质的规范性法律文件，如《国际卫生条约》《精神药物公约》《麻醉品单一公约》和 WTO 规则中《实施卫生与植物卫生措施协定》等。卫生国际公约、条约虽然不属于我国国内法的范畴，但其在经过我国政府签署（有些条约需要经过全国人民代表大会的批准）后对我国生效，除我国在签署或批准过程中声明保留的条款之外的部分对我国具有约束力。公约、条约规定的条款一般不直接适用，而是经过国内法的转化后再予适用。

（二）卫生法律现象

观察卫生法律现象，可以有多种角度和多个层次。

从卫生法运行的角度，包括立法、执法、司法、守法、法律监督。停留在文本上的卫生法律规范是缺乏意义的，卫生法发挥作用必须依赖于其在社会生活中的运行。从卫生法的产生、发展的角度，包括卫生法的起源、发展、移植、继承、现代化等。

从卫生法的价值、功能、理念等角度，卫生法作为一种法社会现象，不同于自然现象，具有人为的因素和独特的价值追求。创设卫生法的目的和动机，是服务于个人和人类社会的生存与发展需求。因此，卫生法的价值、功能、理念等，都与其目的动机有关，人们希望通过创设、发展和完善卫生法规范、卫生法（法律）部门，更好地解决人民健康权保障、人类的未来发展等重要社会问题，营造更好的人类生存生活环境。但是，卫生法的价值、功能和理念都具有历史性和时代性，是发展变化的，在不同的历史时期有不同的形态和表现，甚至同一时期的不同地区、不同主体之间也可能有不同的看法。研究卫生法的价值、功能、理念等对于人们从纷繁复杂的卫生法规范中把握规律，至关重要。

此外，还可以从卫生法律关系、卫生法表现形式及其分类等角度审视卫生法，分类视角有助于人们深刻理解和把握纷繁复杂的卫生法律规范和卫生法律现象，掌握其根本规律，也是科学研究所必需的。最常见的卫生法律关系分类方法是横向和纵向，横向卫生法律关系是指法律地位平等的当事人之间因卫生相关活动产生的法律关系，而纵向卫生法律关系则是指基于上下级管理关系或者国家机关与公民、法人或其他组织之间的管理、服务关系而成立的法律关系。卫生法律关系还可以根据领域进行分类，也可以被分解为主体、客体、内容等要素。而卫生法的形式，可以以成文法、判例、学说等进行分类，也可以依据法律原则、法律规则等进行分类，还可以在法律规则中进一步分类，如授权性规范、义务性规范、禁止性规范等。

二、当代卫生法学的研究重心

卫生法包含个人卫生和公共卫生两大主要领域，每一个领域的法律问题都有很多。传统卫生法学以医疗事故和医药管理为主要研究对象。20世纪以来，卫生法学中最受关注的是公共卫生法，一方面是因为私法规范相对完善，因此作为其所调整对象的平等主体之间的卫生法律关系存在的法学问题更少一些。而公共卫生法在较大程度上属于公法规范。目前，公法学的发展在许多国家方兴未艾，在中国尤其如此。公法的核心问题是关于政府的职责和权力，公共卫生法也不例外。

（一）国家的职责或义务

与公民健康权对应的就是国家保障公民健康的义务，这一义务根源于宪法。同时，我国加入的某些国际组织（如世界卫生组织）具有相关规定，我国所签署的国际公约、条约亦有相关条款。从《宪法》上讲，国家保障公民健康权的义务体现在：

《宪法》第21条规定："国家发展医疗卫生事业，发展现代医药和我国传统医药，鼓励和支持农村集体经济组织、国家企业事业组织和街道组织举办各种医疗卫生设施，开展群众性的卫生活动，保护人民健康。国家发展体育事业，开展群众性的体育活动，增强人民体质。"第26条第1款规定："国家保护和改善生活环境和生态环境，防治污染和其他公害。"第36条第3款规定："国家保护正常的宗教活动。任何人不得利用宗教进行破坏社会秩序、损害公民身体健康、妨碍国家教育制度的活动。"第45条第1款规定："……国家发展为公民享受这些权利所需要的社会保险、社会救济和医疗卫生事业。"

上述条款规定了国家对公民健康权保障、医疗卫生事业所负有的几种义务：一是规范并促进医药卫生产业的发展；二是实行有利于健康的文化、体育等政策；三是保护环境、预防疾病；四是在发生危害公共健康的情况时及时处理；五是促进医疗保障机制的建立和完善等。

（二）国家权力的配置与行使

权力是把双刃剑，可以行善举，亦可施恶行。为保障公众健康而授予政府的行政权力，不论出发点和目的如何，其行使必须遵循权力运作的基本规律，设定明确的界限，受到必要的约束。法律负责划定行政权力行使的界限，而对于更根本的立法权，则由宪法为其划定界限。

根据宪法原理，国家权力以保护公民个人权利为目的，不得超越界限。具体到卫生法领域，公民对抗国家权力不当干预主要有两种权利形式：一是"个人自主权"，即公民对与自己（身体）有关的决定，所享有的具有优先性、甚至排他性的权利；二是个人自由和人格尊严。在有些情况下，尽管国家负有促进公共卫生的义务，为提高社会整体性健康标准，必须对个人的行为和选择进行干涉，必要时还可以对那些有可能给公众健康造成威胁的人进行强制，但是都要保持在必要的限度内，遵循正当法律程序，不能肆意侵犯公民的个人权利。

与此同时，宪法还要对整体国家权力在不同的国家机关之间进行配置，将制定重要法律规范的立法权赋予立法机关，将执行上述法律的权力赋予行政机关，将审判和裁决各种争议的权力赋予司法机关，将某些专业性问题的决定权（如技术标准等）赋予行政机关或社会性组织（如卫生领域的协会、行会、鉴定机构等）。基于专业化、技术化、精细化执法的考虑，宪法和法律往往要求行政机关制定用来精准实施法律的细则（称为"行政立法"），而且这些规则越来越多，越来越重要。由于这些行政立法可能涉及公民基本权利和自由，势必要求对相应规则的制定行为进行立法监督甚至审查。

此外，我国《立法法》规定了一项重要的立法原则，即法律保留原则，包括绝对保留和相对保留。《立法法》第 8 条规定了法律保留事项，包括：①国家主权的事项；②各级人民代表大会、人民政府、人民法院和人民检察院的产生、组织和职权；③民族区域自治制度、特别行政区制度、基层群众自治制度；④犯罪和刑罚；⑤对公民政治权利的剥夺、限制人身自由的强制措施和处罚；⑥税种的设立、税率的确定和税收征收管理等税收基本制度；⑦对非国有财产的征收、征用；⑧民事基本制度；⑨基本经济制度以及财政、海关、金融和外贸的基本制度；⑩诉讼和仲裁制度；⑪必须由全国人民代表大会及其常务委员会制定法律的其他事项。第 9 条进一步规定，"第 8 条规定的事项尚未制定法律的，全国人民代表大会及其常务委员会有权作出决定，授权国务院可以根据实际需要，对其中的部分事项先制定行政法规"，这里所说的能够制定行政法规的就称为"法律相对保留事项"。该条后一句则明确指出了法律的绝对保留事项："有关犯罪和刑罚、对公民政治权利的剥夺和限制人身自由的强制措施和处罚、司法制度等事项。"卫生法领域的立法必须遵循《立法法》的要求。

国家权力的纵向配置主要解决中央和地方之间的权限分配问题，不同地方的经济、社会实际发展水平差异较大，不同层级的国家机关制定规则和执行法律的能力、掌握的资源差异也很大，这些都是权力纵向配置需要考虑的因素。因此，卫生法尤其是公共卫生法或公共卫生政策必然会有地区差异性。但是这种差异性符合竞争法的要求，不能形成地方保护，也不能造成地域歧视等不公平的现象。并且，在诸如疾病预防等领域必须要各地区协调一致才能使法律和政策真正生效。另外，健康权不仅要实现，还要公平地实现，在一国范围之内必须建立平等且普遍的基本医疗保障体系。[1]

（三）其他研究重心

卫生领域的国际合作是现代卫生法的一个重要部分，有学者甚至主张存在"国际卫生法"。20世纪以来，随着国家交往的频繁与深入，国际卫生"立法"活动空前活跃，通过了大量的公约、条例、宣言、决议等，内容涉及公共卫生与疾病控制、药物管理、食品卫生、卫生资源、临床医疗等诸多方面，如《国际卫生条例》《1971年精神药物公约》等。但是，这些条约要想在本国生效，一般都要转化为国内法，所谓的"国际卫生法"是存在争议的。不过，国际条约可以对本国卫生法产生重要影响已是不争的事实，国际条约和宣言应该作为卫生法的间接渊源。另外，卫生领域的许多活动（如预防疾病跨国爆发等）也需要广泛的国际合作。

科技的发展引发的医学伦理问题也是现代卫生法的研究重心。随着生物科学和医疗技术的发展，产生许多伦理学的问题，如输血、器官移植、人造生命、代孕、人类辅助生殖、基因工程、克隆等。这些问题固然在伦理上还存在争议，但是考虑到这些问题在医疗实践中已经出现，法律必须对其进行规范。一国的法律是否允许某一类行为取决于许多因素，不仅受本国传统道德和社会风俗的制约，还会受到国际影响，尤其是国际人权法和国际条约的影响。如关于人体试验原则的《赫尔辛基宣言》、关于医学流产问题的《奥斯陆宣言》等。因此，医学伦理法已成为卫生法中极具特色的一部分，日益成为卫生法学的研究重心。

---

[1] "公平"被有些学者认为是公共卫生法的一个核心价值。"每个公民都依法享有改善卫生条件，获得基本医疗保健的权利……所以保护人体的健康，使人人享有卫生保健是社会的基本责任，也是一切卫生工作和卫生立法的最终目的……'健康权并不意味着人们必须健康的权利，也并不意味着贫困政府必须建立现有资源无法承担的昂贵卫生服务，但是，它确实要求政府在最可能的时间内实施能导致所有人都有可能获得并能得到的卫生保健政策和行动计划'。"参见李筱永："卫生法学的概念及基本范畴辨析"，载《医学与社会》2011年第8期。此外，在世界卫生组织的宣言中也可以看到保障所有公民都能获得普遍的基本医疗保障的要求。

第二章
卫生法律关系

第一节 卫生法律关系概述

一、卫生法律关系的概念和特征

所谓法律关系，通常是指法律规范所调整的不同活动主体之间的社会关系，经过法律规范的调整，此类社会关系表现为特定形式的权利和义务关系。作为法律关系的一种，卫生法律关系是指卫生法律规范所调整的不同活动主体之间表现为卫生权利和义务的社会关系。

在法学领域，跳出对民事法律行为、行政行为的单向思考，迈向法律关系的思维方式，将有助于更好地观察现实生活中不同活动主体之间的权利和义务状态。尤其是在卫生法领域，由于卫生法本身的综合性、前沿性和专业性，用卫生法律关系来思考相关问题将有助于尽可能地将各方活动主体囊括到法律规范当中，明确其权利和义务内容，进而建立起一个统一、多点、有机协调的权利和义务关系网络。[1]

由于我国尚缺乏一部统一的卫生基本法，单行的专门法律是公共卫生管理、医疗保障、医患关系、医疗机构管理等具体领域的"小基本法"，经过此类法律调整之后的权利和义务关系既具有差别，也具有共性，由此在抽象层面上形成的卫生法律关系具有如下特征：

（一）卫生法律关系是一种复合型的法律关系

卫生法律关系既非民事法律关系，也非行政法律关系，而是一种综合了民事法律关系和行政法律关系在内的复合型法律关系。一方面，卫生法律关系可能体现为横向的民事法律关系，比如，健康服务提供者与就诊患者之间有关医疗服务的法律关系；再比如，不同健康服务提供者相互之间有关健康服务事项进行合作的法律关系。在这些法律关系中，不同活动主体基于自身的意思表示所形成的是一种横向关系，即就法律关系而言，各方主体所扮演的是民事主体角色。另一方面，卫生法律

---

[1] 采用法律关系的思维方式思考整个卫生法的规范体系，是当前我国卫生法学界的主要做法。在多数教材中，均有对卫生法律关系的描述。参见赵敏、何振主编：《卫生法学概论》，华中科技大学出版社2016年版，第12~15页；黄威主编：《卫生法》，人民卫生出版社2012年版，第5~8页；赵同刚主编：《卫生法》，人民卫生出版社2001年版，第15~17页；汪建荣主编：《卫生法》，人民卫生出版社2013年版，第14~18页。

关系也可能体现为纵向的行政法律关系，比如，卫生行政机关与相对人之间的法律关系。在这里，健康服务提供者、患者等都可能成为相对人。直观来看，双方之间的关系表现为一种管理与被管理的关系。这种管理与被管理的关系在法律上可以称之为高权法律关系，因此也叫作纵向法律关系。

需要注意的是，所谓复合型特征，并非上述民事法律关系和行政法律关系的简单相加，而是两者彼此影响之后有机结合的结果。这便使得在横向的卫生法律关系中可能会出现一些不平等的因素，比如，在医患关系当中，诊疗救治并非完全属于民事合同自由安排的对象。

（二）卫生法律关系是一种统一、综合的法律关系

第一，在起调整社会关系作用的法律规范方面。由于牵涉的领域事项较多，如传染病防治等公共卫生事项、初级母婴保健等初级卫生保健事项、药品管理事项等，与之相对应的法律关系种类也较多，卫生法律关系可谓这些法律关系的集合。

第二，在接受调整的活动主体方面。虽然在某种程度上，卫生行政部门作为行政主体占据主要地位，它颁布的法律规范性文件对健康服务提供者、患者均有约束作用，同时在具体事件当中又扮演实施高权行政的角色。但是，包括健康服务提供者在内的其他主体同样可以根据既有的卫生法律规范从事相应的活动，形成特定的法律关系，无需卫生行政部门的参与。

第三，卫生法律关系内含相对统一和综合的目的，即维护人体生命健康利益。正是该目的将具体领域当中看似不同的法律关系有机结合起来，并使卫生法律关系有别于其他类型的法律关系。这些法律关系围绕维护人体生命健康利益构成一个统一的整体，其背后的法律规范设计、不同主体活动的价值设定都从属于该目的。

（三）卫生法律关系是一种处于不断完善中的法律关系

法律关系形成的重要前提之一是法律规范的存在。卫生法律关系的成形需要一个基本定型的卫生法律规范体系。由于在卫生领域，相关法律规范仍处于完善之中，与传统部门法之间的关系与界线还有待澄清，因此，卫生法律关系的内涵与外延同样处于不断完善中。此外，还有一个重要的原因便是，随着医疗技术和科技的发展，新的问题也随之产生，并冲击着传统有关合同订立、侵权责任以及政府规制的法律秩序，呼唤和促使制定新的法律规范。比如器官移植、代孕、基因筛查等新技术所带来的医疗伦理问题就在不断呼吁制定新的法律规范。基于此类法律规范所形成的法律关系丰富和拓展了卫生法律关系的内容，但也使得后者处于相对不稳定状态。

二、卫生法律关系的构成要素

从抽象层面来看，根据对法律关系构成要素的通常理解，卫生法律关系可以分为主体、客体和内容三个构成要素。

（一）主体

卫生法律关系的主体，是指根据卫生法律规范从事相应活动，并据此在卫生法律关系中享有权利或者承担义务的参加者。从区分权利和义务的角度，我们可以进

一步把卫生法律关系的主体分为权利主体和义务主体。具体来说，我国卫生法律关系的主体主要包括以下三类：

1. 国家机关。作为卫生法律关系的一方主体，国家机关主要出现在纵向的卫生法律关系中。在通常情况下，它是高权行政的实施者，但是，随着卫生行政管理手段的多样化，国家机关也可能会使用行政协议等方式来实施行政管理活动，由此产生相应的卫生法律关系。

国家机关主要表现为卫生领域的行政机关。在我国，最主要的行政机关是从中央到地方的各级卫生健康委员会（以下简称"卫健委"）及其卫生监督部门，各级卫生检疫部门，各级食品安全、药品监督管理部门以及各级人力资源和社会保障部门等。其中，各级卫健委和各级食品安全、药品监督管理部门占据重要地位，其在执法过程中经常会根据卫生法律规范的规定，以行政主体的身份作出相应的行政行为，形成具体的卫生行政法律关系。

2. 法人。法人主要包括企业法人、事业单位法人和社会团体法人。此处的企业包括餐饮卫生企业、药品生产和销售企业等。事业单位法人中最为典型的是公立医院，以及医学院校等。社会团体法人主要是指卫生领域的行业协会，如中国医师协会、中华医学会、中国医院协会等。

在卫生法律关系中，法人具有双重主体身份。一方面，它在卫生行政法律关系中处于相对人地位，是卫生行政管理活动的对象，常常要承担一定的义务；另一方面，它在卫生民事法律关系中处于平等主体地位，是横向法律关系中的一方。前者如作为健康服务提供者的各类医疗机构，在从事医疗服务活动过程中因为接受国家机关的管理而进入卫生行政法律关系；后者则是同一医疗机构在从事医疗服务活动过程中与患者之间的医患关系。因此，不论是企业法人、事业单位法人还是社会团体法人，它们在活动过程中，会随着适用法律规范属性的不同，扮演不同的主体角色，所进入的卫生法律关系自然也有所不同。

3. 自然人。在卫生法律关系中，自然人包括中国公民、外国公民和无国籍人。与法人类似，自然人在卫生法律关系中同样具有双重主体的可能性。比如，在纵向卫生法律关系中，作为自然人的医师在向卫健委申请执业许可时，处于被管理的相对人地位；在横向卫生法律关系中，医师和患者之间属于医患关系。

（二）客体

法律关系的客体是指法律关系主体的权利和义务指向的对象，而卫生法律关系的客体是卫生法律关系主体所享有的卫生方面的权利和义务共同指向的对象。一般认为，法律关系的客体包括物、行为、智力成果、人身利益，卫生法律关系的客体则是与卫生领域事项相关的物、行为、智力成果、人身利益。

1. 物。在法律关系中，所谓"物"，是指能够被法律关系主体占有、支配、使用和收益的具体存在的物质财富。在这里，之所以要指出物是一种物质财富，是因为物应当具有相应的价值和使用价值。卫生法律关系中，物的典型是医疗器械、药品、食品等。器官移植等新技术的发展大大拓展了传统法律关系中物的范围，肝脏、骨髓、血液甚至尸体等在特定条件下，基于交易、捐赠等行为，同样可以成为卫生法律关系的客体。

2. 行为。在卫生法律关系中，行为是指有关权利和义务主体行使权利或履行义务的活动。根据是否积极采取某种活动的标准，可以区分为积极行为和消极行为，前者是指权利和义务主体积极从事某种活动的行为，后者是指权利和义务主体拒绝或怠于从事某种活动的行为。比较有意义的是以纵向和横向法律关系为标准，作为客体的行为可以区分为纵向卫生法律关系中的行为与横向卫生法律关系中的行为，前者如卫生行政部门颁发医师执业许可、药品生产许可或针对餐饮不达标企业作出行政处罚决定；后者如医疗机构、医师对患者的诊断治疗活动、医疗机构相互之间的合作活动、医疗机构与药品企业之间的交易活动等。

3. 智力成果。在卫生法律关系中，智力成果是指卫生法律关系主体在卫生领域通过脑力劳动所创造出来的智慧成果，它既是精神方面的财富，也是智慧财产。将智力成果单独作为卫生法律关系的客体，有助于保护和促进卫生领域科学技术的发展，提高医疗科技水平，进而维护卫生健康利益。此类智力成果的典型是卫生发明专利。

4. 生命、健康利益。人身利益属于法律关系的客体，具体可以分为人格利益和身份利益。其中，人格利益又包括生命、健康、名誉、姓名、肖像等利益。可见，人身利益的内涵十分丰富驳杂。在卫生法律关系中，人身利益的范围存在一定限制，这是卫生法律关系所追求的目的决定的，因此，其客体主要限定在人身利益中的生命、健康利益。需要注意的是，生命、健康利益与主体尤其是自然人主体不同，尽管与主体存在密切的联系，但本质上属于后者从事相应活动取得权利或履行义务指向的对象。

（三）内容

法律关系的内容是指法律关系主体就某个具体客体在特定条件下所享有的权利和应当履行的义务。可见，所谓卫生法律关系的内容，是指卫生法律关系主体针对卫生领域的物、行为、智力成果和生命健康利益所享有的权利和承担的义务。

1. 卫生权利。卫生权利是指权利主体在卫生法律关系中获得卫生法律规范保护的利益。从实体来看，它既包括纵向法律关系中权利主体作为相对人的卫生权利，也包括横向法律关系中各方主体基于合意或法律规定所享有的卫生权利。前者比如拟申请医师职业资格和执业许可的自然人，在符合法定条件下，有权向卫生行政部门申请许可，这也属于职业自由和劳动权在卫生领域中的表现形式；后者如在院前急救法律关系中，患者既可能基于与急救机构的合意享有选择救治方式的权利，也可能基于法律规定享有获得急救机构及时救治的权利。此外，还有针对各类主体的生命健康权以排除各类主体无故的损害，属于消极性的对世权利。

从程序来看，卫生权利还包括卫生法律关系主体所享有的程序性权利，这主要体现在纵向法律关系之中。比如，在新药审批过程中，提出申请的企业有权获得及时、公正的审查，药品管理部门如果拒绝给予许可，申请人有权要求其说明理由。

2. 卫生义务。卫生义务是义务主体在卫生法律关系中基于权利主体的请求或法律规定而承担的负担。在横向法律关系中，卫生义务与卫生权利通常是相辅相成的，即一方主体的卫生义务对应的是另一方主体的卫生权利，若超出卫生权利的范围，则不存在相对应的卫生义务。而在纵向法律关系中，固然也存在一定的卫生权利和卫生义务对应的关系，比如，在申请新药审批时，申请人的权利对应的是药品管理部门审查的义务，但是，更为值得关注的是以下两种形态：①从被管理者角度来看，与其卫生义务对应的是卫生行政部门等主体的职权行使活动，后者行使职权，科以前者义务并确定义务的内容。比如，卫生行政部门对违反控烟规定的行为人进行罚款，科以一定的金钱给付义务。②根据法律规定产生的卫生义务，其义务内容直接取决于法律规范的内容。比如，在急救过程中，急救机构的卫生义务即为不能拒绝进行救治，而非来自卫生行政部门的命令。

需要注意的一点是，这里所说的卫生义务特指作为卫生法律关系内容的义务，如果卫生法律关系不存在，则不存在与之相应的卫生义务。比如，《传染病防治法》第5条第2款规定，县级以上人民政府要"建立健全传染病防治的疾病预防控制、医疗救治和监督管理体系"，在这里，建立健全相应的体系是特定范围行政机关的义务，但该义务来自义务性规范，并没有在具体情境中形成与之相对应的权利主体，没有形成卫生法律关系，因此不能称之为卫生义务。

三、卫生法律关系的产生、变更和消灭

（一）变动条件

卫生法律关系不是完全静止的状态，而是会随着特定情形的出现而发生变动。在这里，特定情形有两个：①卫生法律规范的规定，即基于某个具体法律规范内容的规定而直接形成卫生法律关系，比如，有些国家和地区就健康保险制度规定，符合资格的公民一律参加健康保险，这便在公民与国家之间直接建立了健康保险法律关系。②以卫生法律规范的规定为前提，出现卫生法律事实，两者共同作用，产生、变更和消灭一定的卫生法律关系。在这里，卫生法律事实的发生要与卫生法律规范的规定内容相吻合，否则不能引起卫生法律关系的变动。

作为客观事实，卫生法律事实可以进一步地被分为两类：

第一，卫生法律事件，它是指卫生法律关系主体的意志不能左右而能够引起卫生法律关系变动的客观事实。卫生法律事件包括自然事件和社会事件，前者如台风、地震等天灾，后者则包括战争、疫情暴发等"人祸"。

第二，卫生法律行为，它是指根据卫生法律关系主体单方或双方的意志引起卫生法律关系变动的行为。单方意志引起卫生法律关系变动的情形主要发生在纵向法律关系中，比如，卫生行政部门对非法采集血液的当事人作出没收违法所得的行政处罚。此外，医疗侵权行为也可能引起卫生法律关系的变动，形成医院和患者之间

的医疗损害赔偿法律关系。双方意志引起卫生法律关系变动的情形主要出现在横向法律关系中，通常表现为合同行为，比如，患者凭处方在医院药房的窗口买药，此时就形成医院和患者之间的药品买卖合同法律关系。

（二）变动形态

与其他类型的法律关系变动形态相同，卫生法律关系的变动形态可以大致划分为三种，即卫生法律关系的产生、变更和消灭。

卫生法律关系的产生是指在两个或多个卫生法律关系主体之间产生和形成新的权利和义务关系，自此，权利主体享有特定权利，义务主体受到特定拘束，以此确保卫生法律关系的内容得到实现。

卫生法律关系的变更是指卫生法律关系的构成要素发生了变化，无论是主体、客体还是内容发生变化，都会引起整个卫生法律关系的变更。比如，在处理计划生育违法行为期间，原来的卫生行政部门与计划生育部门合并，组成新的卫生行政部门，这便属于卫生法律关系主体的变化；在治疗期间，主治医师通过改变用药或变更治疗方案从而改变维护的人身利益种类，则属于卫生法律关系客体的改变；在卫生行政管理中，卫生行政部门改变处罚种类，变更科以相对人义务的类型和内容，便属于卫生法律关系内容的改变。

卫生法律关系的消灭是指卫生法律关系主体之间的权利和义务关系终止，比如，治疗活动结束即意味着医疗机构与患者之间的卫生法律关系自行消灭。

第二节　纵向卫生法律关系

纵向卫生法律关系是以国家为主导的法律关系。所谓国家主导，是指该类型的卫生法律关系通常会基于国家的意志而产生、变更和消灭。具体来看，纵向卫生法律关系主要表现为国家与医疗机构、国家与药品企业、国家与医务人员之间的关系。

一、国家与医疗机构的卫生法律关系

（一）主体

在国家与医疗机构的卫生法律关系中，国家一方主要表现为卫生行政部门和药品监督管理部门，前者负责医疗机构的监督管理工作，后者负责药品监督管理工作，二者在监督管理过程中，根据卫生法律规范的规定，基于自己的意思表示或与接受监督管理一方的意思表示相一致，实施卫生行政管理活动，产生、变更或消灭特定的卫生法律关系。

作为国家与医疗机构的卫生法律关系的另一方，在我国，医疗机构主要表现为"从事疾病诊断、治疗活动的医院、卫生院、疗养院、门诊部、诊所、卫生所（室）以及急救站等医疗机构"。从法律规范界定的角度来看，医疗机构是指依据相关条例及其实施细则的规定，经登记取得《医疗机构执业许可证》的机构。医院是最为常

见的医疗机构,具体表现为综合医院、中医医院、中西医结合医院、民族医医院、专科医院、康复医院等。作为基层医疗机构,卫生院则包括中心卫生院、乡(镇)卫生院、街道卫生院。门诊部则表现为综合门诊部、专科门诊部、中医门诊部、中西医结合门诊部、民族医门诊部。此外,在我国,医疗机构还有妇幼保健院、社区卫生服务中心、社区卫生服务站、疗养院、诊所、中医诊所、民族医诊所、卫生所、医务室、卫生保健所、卫生站、村卫生室(所)、急救中心、急救站、临床检验中心、专科疾病防治院、专科疾病防治所、专科疾病防治站、护理院、护理站以及其他诊疗机构等。这些医疗机构共同构成了该类型卫生法律关系中作为相对人的一方主体,它们丰富了相对人的类型,也使得该类型的卫生法律关系呈现出更为多样化的局面。

在该类型的卫生法律关系中,无论是作为国家代表的卫生行政部门,还是作为另一方的医疗机构,其活动目的均是为了"促进医疗卫生事业的发展,保障公民健康"。可见,该类型的法律关系符合卫生法律关系的总体特征,其客体包括公民的生命、健康利益,法律关系主体的活动目的与整个卫生法律关系的目的定位相吻合。

(二)内容

1. 医疗机构的权利。

(1)设置权。机关、企业和事业单位可以根据需要设置医疗机构,并纳入当地医疗机构的设置规划。这表明有关组织和个人有权在符合设置规划、设置条件的情况下,向卫生行政部门申请设置医疗机构。对此,国家持鼓励和支持的态度,扶持医疗机构的发展,并且鼓励采用多种形式兴办医疗机构。其中,机关、企业和事业单位按照国家医疗机构基本标准设置为内部职工服务的门诊部、诊所、卫生所(室),则无需申请设置许可,仅需备案即可。

(2)自主开展医疗活动的权利。医疗机构通过登记,从卫生行政部门领取《医疗机构职业许可证》之后,有权在核准登记的诊疗科目范围之内开展诊疗活动,并出具疾病诊断书、健康证明书、出生证明书等证明文件。

(3)寻求救济的权利。医疗机构被卫生行政部门行政处罚后,对处罚决定不服的,可以依照国家法律、法规的规定申请行政复议或者提起行政诉讼。

2. 医疗机构的义务。

(1)登记义务。医疗机构展开诊疗活动需要履行一系列登记义务:①医疗机构执业时必须进行登记,领取《医疗机构执业许可证》。②当发生名称、场所等医疗活动主体和内容变更时,医疗机构应当履行变更登记的义务,就医疗机构的名称、场所、主要负责人、诊疗科目、床位的变更等向原登记机构办理变更登记。③注销登记,医疗机构歇业或非因改建、扩建、迁建等原因停业1年以上时,经过登记机关核准后,承担向原登记机关办理注销登记的义务。④校验义务,医疗机构有义务根据床位数量的不同,在指定期间内到原登记机关进行校验。

(2)明显悬挂义务。医疗机构有义务将《医疗机构执业许可证》、诊疗科目、诊疗时间和收费标准悬挂于明显处所。通过该义务内容的实现,有助于帮助患者判断医疗机构的诊疗范围和诊疗活动时间,并对诊疗科目进行自主选择。

(3)预防保健义务。医疗机构有义务承担相应的预防保健工作,而非限于自身的诊疗活动项目。因此,医疗机构有义务接受县级以上人民政府卫生行政部门的委托,从事支援农村、指导基层医疗卫生工作等任务。在发生重大灾害或爆发流行性疾病时,医疗机构有义务服从卫生行政部门的调遣。

3. 卫生行政部门的职权。

(1)设置医疗机构的许可权。卫生行政部门有权根据相对人的申请,作出批准或不批准的书面答复。作出批准决定的,发给设置《医疗机构批准书》。

(2)医疗机构开展执业的许可权。卫生行政部门有权根据医疗机构提交的材料,对其基本标准进行审核,审核合格的,允许其登记并发放《医疗机构执业许可证》。审核不合格的,以书面形式通知申请人。

(3)检查指导和评审权。卫生行政部门有权对医疗机构的执业活动进行检查指导,确保其执业活动在法律、法规规定的范围展开;有权组织对医疗机构的评审,组织专家组成评审委员会,根据相应的评审办法和评审标准,对医疗机构的执业活动和医疗服务质量等进行综合评价,并发给评审合格证书或提出处理意见。

(4)卫生行政事项的行政处罚权。卫生行政部门有权针对医疗机构擅自执业,逾期不校验《医疗机构执业许可证》,出卖、转让、出借《医疗机构执业许可证》,诊疗活动超出登记范围,使用非卫生技术人员从事医疗卫生技术工作,出具虚假证明文件等行为作出不同种类的处罚决定。

4. 卫生行政部门的义务。当前,设置纵向卫生法律关系的法律规范多侧重相对人(如医疗机构)的义务,因此,卫生行政部门的义务数量相对较少,能与相对人某项具体权利形成对应关系的义务更为少见,有限的义务主要集中在申请许可的程序当中。

法定期间内的书面通知义务。卫生行政部门在审核设置申请、登记申请时,有义务在法定期限内作出准予或不准予许可的答复,同时也有义务以要式的方式作出相应的答复。

二、国家与药品企业的卫生法律关系

(一)主体

在国家与药品企业的卫生法律关系中,国家一方主要体现为药品监督管理部门,另一方包括药品生产企业、经营企业和自制药剂的医疗机构等从事药品的研制、生产、经营、使用和监督管理的单位或者个人,其中,最主要的是药品生产企业和销售企业。药品监督管理部门负责药品监督管理工作,在实施管理活动过程中,通常会基于自身的意思表示,采用行政许可、行政处罚等行政管理手段,产生、变更、消灭特定的权利和义务关系,对相对人的权利和义务产生影响。

该类型的法律关系之所以属于卫生法律关系,原因在于它同样具备卫生法律关系的核心特征，即以一定范围的公民生命、健康利益为法律关系的客体。药品监督管理部门通过行政管理活动形成的法律关系是围绕"加强药品监督管理，保证药品质量，保障人体用药安全，维护人民身体健康和用药的合法权益"展开的。可见，该类型法律关系属于卫生法律关系。

（二）内容

1. 药品企业的权利。

（1）开设药品企业并进行生产、经营的权利。在符合法定条件的情况下，相关主体有权向药品监督管理部门提出申请，开办药品生产企业或经营企业，后者又可以分为药品批发企业和零售企业。这是生产、经营自由在药品领域的具体表现。在经过有关部门批准的情况下，药品生产企业还有权接受委托生产药品。

（2）检验结果的异议权。药品企业对药品检验机构的检验结果有异议的时候，有权自收到药品检验结果之日起7日内向原药品检验机构或者上一级药品监督管理部门设置或者确定的药品检验机构申请复验，也可以直接向国务院药品监督管理部门设置或者确定的药品检验机构申请复验。同时，药品企业有权在法律规范规定的时间内获得复检结果。

（3）研制新药的权利。药品企业有权根据自身需要和研究开发水平研究新药，并根据法律、法规规定的程序和条件向药品监督管理部门申请新药审批。

2. 药品企业的义务。

（1）依法组织生产、经营的义务。包括药品生产和经营企业在内的药品企业有义务按照《药品生产质量管理规范》组织生产并经营药品。在生产环节上，必须按照国家药品标准和药品监督管理部门批准的生产工艺进行产生，并确保生产记录的完整准确，不得生产假药、劣药。在经营环节上，药品经营企业有义务在购进药品时，建立并执行进货检查验收制度，确保购销记录真实完整；在销售时，有义务确保药品准确无误，正确说明用法、用量和注意事项，不得销售假药、劣药。

（2）质量保障义务。在生产环节上，药品生产企业必须对其生产的药品进行质量检验，不符合相应标准的药品不得出厂；在经营环节上，药品经营企业有义务制定和执行药品保管制度，并采取必要的冷藏、防冻、防潮、防虫、防鼠等措施，以保障药品质量。

（3）新药申请的报送义务。药品企业研制新药，有义务向药品监督管理部门如实报送研制方法、质量指标、药理及毒理试验结果等有关资料和样品，经国务院药品监督管理部门批准后，方可进行临床试验。

（4）合理妥善包装义务。药品企业有义务确保直接接触药品的包装材料和容器符合药用要求，符合保障人体健康、安全的标准；有义务确保药品包装适合药品质量的要求，方便储存、运输和医疗使用；有义务确保在每件包装上注明品名、产地、日期、调出单位，并附有质量合格的标志，按照规定印有或者贴有标签并附有说明书；有义务在标签或者说明书上注明药品的通用名称、成分、规格、生产企业、批准文号、产品批号、生产日期、有效期、适应症或者功能主治、用法、用量、禁忌、不良反应和注意事项。此外,针对麻醉药品、精神药品、医疗用毒性药品、放射性药品、外用药品和非处方药等特殊药品的标签,有义务印有规定的标志。

(5) 购销价格和数量报送义务。药品企业有义务向价格主管部门提供其药品的实际购销价格和购销数量,以此确保药品价格的稳定。

3. 药品监督管理部门的职权。

(1) 开办药品生产、经营企业的许可权。药品监督管理部门有权根据法律、法规规定的条件,对申请开办药品企业的相对人提交的材料进行审查,经审查合格后,批准发给《药品生产许可证》《药品经营许可证》。

(2) 临床试验和新药审批许可权。国务院药品监督管理部门有权根据申请人提交的研制方法等资料和样品进行审查,并批准进行临床试验;对于完成临床试验并经过药学、医学和其他技术人员评审通过的新药,有权进行批准并发给新药证书。

(3) 监督检查权。药品监督管理部门的该项职权包括如下几项:①有权按照法律、行政法规的规定对报经其审批的药品研制和药品的生产、经营以及医疗机构使用药品的事项进行监督检查,据此在自身与相对人之间建立监督检查的卫生法律关系;②有权根据监督检查的需要,对药品质量进行抽查检验,对有证据证明可能危害人体健康的药品及其有关材料,有权采取查封、扣押的行政强制措施,并作出行政处理决定;③有权依据《药品生产质量管理规范》《药品经营质量管理规范》,对经其认证合格的药品生产企业、药品经营企业进行认证后的跟踪检查;④对已确认发生严重不良反应的药品,有权采取停止生产、销售、使用的紧急控制措施。

(4) 药品管理事项的行政处罚权。药品监督管理部门有权对违法生产、销售药品,未按照规定实施质量管理规范,未依照法律规定进行相关备案以及伪造、变造许可证、药品批准证明文件等的违法行为进行相应的处罚。

4. 药品监督管理部门的义务。

(1) 监督检查过程中的证明义务。在实施监督检查活动时,药品监督管理部门有义务出示相应证明文件,表明执法身份,避免对企业的不当干扰。

(2) 保密义务。药品监督管理部门有义务保守在监督检查过程中获取的被检查人的技术秘密和业务秘密,防止秘密泄露给被检查人造成经济损失。

(3) 公告义务。药品监督管理部门有义务定期公告药品质量抽检结果,对公告不当的,有义务在原公告范围内予以更正,避免公告信息给相关企业造成不良影响,带来经济损失。

(4) 不得干预和参与生产、经营的义务。药品监督管理部门有义务杜绝地方保护现象的出现,不得以要求实施药品检验、审批等手段限制或者排斥非本地区药品生产企业依法生产的药品进入本地区;同时,也有义务不参与药品生产经营活动,不以其名义推荐或者监制、监销药品。药品监督管理部门及其设置的药品检验机构和确定的专业从事药品检验的机构的工作人员不得参与药品生产经营活动。

三、国家与医务人员的卫生法律关系

（一）主体

在国家与医务人员的卫生法律关系中，卫生行政部门是国家的代表，构成该类型法律关系的其中一方，作为另一方的医务人员主要包括医师、护士等从业者。其中，医师是指依法取得执业医师资格或者执业助理医师资格，经注册后在医疗、预防、保健机构中执业的专业医务人员，具体包括执业医师和执业助理医师；护士是指经执业注册取得护士执业证书，依法从事护理活动，履行保护生命、减轻痛苦、增进健康职责的卫生技术人员。卫生行政部门在履行职责过程中，根据法律、法规的规定，实施监督管理行为，产生、变更、消灭相应的卫生法律关系，对包括医师、护士在内的医务人员的权利、义务产生影响。

在卫生行政部门与医师、护士等相对人的法律关系之中，各方主体围绕的同样也是公民的生命、健康利益。虽然，在该类型的卫生法律关系中，保障医师、护士的合法权益也是重要客体之一，但从根本目的来看，还是为了保障医疗安全和公民的健康。因此，该法律关系同样属于一种卫生法律关系。

（二）内容

1. 医务人员的权利。

（1）执业的权利。符合法律规定条件的个人有权参加执业医师或执业助理医师资格考试，考试成绩合格的，有权取得执业医师资格或者执业助理医师资格，并向卫生行政部门申请注册。医师经注册后，可以在医疗、预防、保健机构中按照注册的执业地点、执业类别、执业范围执业，从事相应的医疗、预防、保健业务，即在注册的执业范围内，有权进行医学诊查、疾病调查、医学处置、出具相应的医学证明文件，选择合理的医疗、预防、保健方案。在符合法律规定的情况下，医师有权申请个体行医。对护士来说，符合条件的个人有权参加护士执业资格考试，通过后有权申请执业注册，取得护士执业证书。

（2）从事学术研究和参加专业学术团体的权利。医师可以依法组织和参加医师协会，在执业活动中，有权从事医学研究、学术交流、参加专业学术团体。护士同样也有参加专业培训、从事学术研究和交流、参加行业协会和专业学术团体的权利。

（3）依法寻求救济的权利。不论是医师还是护士，在受到卫生行政部门不利益处理时，均有权依法申请行政复议或者向人民法院提起行政诉讼。

2. 医务人员的义务。

（1）服从调遣的义务。遇有自然灾害、传染病流行、突发重大伤亡事故及其他严重威胁人民生命健康的紧急情况时，医师应当服从县级以上人民政府卫生行政部门的调遣。与此相类似，护士也有义务参与公共卫生和疾病预防控制工作。发生自然灾害、公共卫生事件等严重威胁公众生命健康的突发事件时，护士应当服从县级以上人民政府卫生行政部门的安排，参加医疗救护。

（2）报告义务。在发生医疗事故或者发现传染病疫情时，医师有义务按照有关

规定及时向所在机构或者卫生行政部门报告；在发现患者涉嫌伤害事件或者非正常死亡时，有义务按照有关规定向有关部门报告。

（3）变更注册与变更报告义务。医师变更执业地点、执业类别、执业范围等注册事项的，有义务到准予注册的卫生行政部门办理变更注册手续。护士在其执业注册有效期内变更执业地点的，有义务向拟执业地省、自治区、直辖市人民政府卫生行政部门报告。

（4）如实出具证明文件的义务。医师实施医疗、预防、保健措施，签署有关医学证明文件，必须亲自诊查、调查，并按照规定及时填写医学文书，不得隐匿、伪造或者销毁医学文书及有关资料。同时，医师不得出具与自己执业范围无关或者与执业类别不相符的医学证明文件。

3. 卫生行政部门的职权。

（1）执业许可权。卫生行政部门有权根据相对人的申请，对其申请条件进行审查，符合条件的，准予其参加相应的资格考试，考试合格并取得相应资格的，准予其注册。

（2）指导、检查、监督权。卫生行政部门有权指导、检查、监督医师考核工作，对考核不合格的医师，有权作出相应的处理决定，比如暂停执业活动，要求其重新接受培训和医学教育。无论是对医师还是护士，卫生行政部门均有权对其执业过程中的违法行为作出包括行政处罚在内的处理决定。

（3）表彰、奖励权。卫生行政部门有权对包括医师、护士在内的相关从业人员给予表彰或奖励。比如，当医师在执业活动中，医德高尚、事迹突出或对医学专业技术有重大突破，作出显著贡献，或在遇有自然灾害、传染病流行、突发重大伤亡事故及其他严重威胁人民生命健康的紧急情况时，救死扶伤、抢救诊疗表现突出，或是长期在边远贫困地区、少数民族地区条件艰苦的基层单位努力工作，县级以上人民政府卫生行政部门有权给予表彰或者奖励。对在护理工作中做出杰出贡献的护士，同样也可以由卫生行政部门给予表扬或奖励。

4. 卫生行政部门的义务。

（1）培训义务。卫生行政部门有义务对健康服务从业人员进行培训。县级以上人民政府卫生行政部门应当制订医师培训计划，对医师进行多种形式的培训，为医师接受继续医学教育提供条件。尤其是针对在农村和少数民族地区从事医疗、预防、保健业务的医务人员，有义务采取有力措施，对其实施培训。

（2）听取意见和建议的义务。卫生行政部门有义务听取医师的意见和建议，支持其依法参与所在机构的民主管理，也有义务听取护士对自身工作提出的意见和建议。

四、小结

综上所述，纵向卫生法律关系最为突出的特征是国家占据主导地位，可以根据法律规范的规定，基于自身的意思表示引起法律关系的变动，对另一方主体的权利和义务产生影响。除了上述国家与医疗机构、药品企业、健康服务从业人员之间的卫生法律关系外,卫生领域还存在其他几种重要的卫生法律关系。比如,国家与普通公民个人之间也可能基于法律的直接规定或者作为国家代表的行政机关单方意思表示,产生、变更或消灭一定类型的卫生法律关系。这方面的典型存在于医疗保险、职业健康、器官移植、辅助生殖等领域。既有可能基于国家法律的规定直接在国家与公民之间建立医疗保险的法律关系,也有可能基于公民的意愿,在其申请并经相应行政部门批准后成立此类法律关系。无论是在哪一个具体领域或涉及哪一个具体的法律规范,尽管客体因法律关系类型的不同而存在差异,但是,上述法律关系都是围绕维护生命、健康利益而产生、变更和消灭的,因此都属于卫生法律关系。

第三节 横向卫生法律关系

从法律规范的设置来看,横向卫生法律关系不存在某一方占据主导地位的情形,法律关系的各方主体处于平等地位。在绝大多数情况下,该类型法律关系的产生、变更和消灭是基于主体之间一致的意思表示而发生的,并非某一方主体单方的意思表示。在特殊的情况下,比如,对昏迷患者的急救,医疗机构与患者之间的法律关系是前者根据法律规范的规定通过抢救行为而产生的,这也属于横向卫生法律关系。与纵向卫生法律关系相类似,横向卫生法律关系同样包括一系列卫生法律关系,具体表现为医疗机构与患者、医疗机构与从业者、从业者与患者之间的卫生法律关系等。

一、医疗机构与患者之间的卫生法律关系

(一)主体

医疗机构与患者之间的法律关系,即通常人们所说的"医患关系",属于最常见的卫生法律关系之一。在这种法律关系中,作为一方主体的医疗机构接受另一方主体即患者的委托,对其实施包括诊查、治疗、开具处方以及调配药剂在内的各种医疗行为,以维护和改善后者的生命健康。在该医疗过程中,我们可以看到,医疗机构出于医疗的目的所实施的医治和用药行为需要在与患者一方达成一致的情况下才能进行。由此可见,唯有双方意思表示一致,才能形成相应的法律关系,即医疗合同。该类型的法律关系之所以属于卫生法律关系,也恰恰在于它是围绕维护患者的生命、健康利益展开的。

(二)内容

1. 医疗机构的权利。在医疗机构与患者之间的卫生法律关系中,前者的权利主要是基于双方意思表示一致而产生的。比如,通过医疗合同的订立,医疗机构有收取诊疗费用、药品费用的权利,有获得患者某些身体健康状况信息的权利,以及免受患者干扰医疗秩序,妨害其医务人员工作、生活的权利。

2. 医疗机构的义务。

(1) 使用卫生技术人员的义务。医疗机构在实施医疗行为的过程中，不得使用非卫生技术人员从事医疗卫生技术工作。由于医疗行为本身具有较高的技术性，需要医师等执业人员在符合法定条件的情况下，通过考试并取得注册才能实施，使用非卫生技术人员从事相应的工作会给患者带来极大的风险，因此，医疗机构有义务使用卫生技术人员从事医疗活动。

(2) 对危重病人及时救治的义务。无论危重患者是已经处于医疗机构医疗活动过程中，还是通过院前医疗救治收治，医疗机构均有义务对其立即抢救。对限于设备或者技术条件不能诊治的病人，应当及时转诊。

(3) 审慎医疗的义务。医疗机构在施行手术、特殊检查、特殊治疗等行为时，有义务征得患者同意，并应当取得其家属或者关系人同意并签字；无法取得患者意见时，应当取得家属或者关系人同意并签字。在无法取得患者意见又无家属或者关系人在场，或者遇到其他特殊情况时，医疗机构应当采取审慎态度，经治医师应当提出医疗处置方案，在取得医疗机构负责人或者被授权负责人员的批准后实施。

(4) 损害赔偿义务。如果患者在诊疗活动中受到损害，医疗机构及其医务人员有过错的，由医疗机构承担赔偿责任。在这里，过错还包括特定情况下的推定过错，比如违反法律、行政法规、规章以及其他有关诊疗规范的规定，隐匿或者拒绝提供与纠纷有关的病历资料，伪造、篡改或者销毁病历资料，等等。

(5) 保管和保密义务。医疗机构有义务按照规定填写并妥善保管住院志、医嘱单、检验报告、手术及麻醉记录、病理资料、护理记录、医疗费用等病历资料。如果患者要求查阅、复制病历资料，医疗机构有义务予以提供。就保密义务而言，医疗机构应当对患者的隐私保密。泄露患者隐私或者未经患者同意公开其病历资料，造成患者损害的，应当承担相应的侵权责任。

3. 患者的权利。由于医疗机构与患者之间的权利、义务关系具有对应性，因此，前述医疗机构的义务所对应的往往是患者的权利。比如，医疗机构有义务在实施特定医疗活动时征得患者同意，这便意味着患者享有与之相对应的知情和同意权，即医疗机构在施行手术、特殊检查或治疗时，应当及时向患者说明医疗风险、替代医疗方案等情况，将患者的病情、医疗措施、医疗风险等如实告知患者，及时解答其咨询，并取得其书面同意；不宜向患者说明的，应当向患者的近亲属说明，并取得其书面同意。

根据这一思路，我们可以把与前述医疗机构义务相对应的患者权利概括为合理医疗权、隐私权、获得及时救治权等。除这些权利以外，还有以下几种患者的权利值得关注：

(1) 查阅、复制权。患者有权查阅、复制与自己相关的病历资料。这里的病历资料包括门诊病历、住院志、体温单、医嘱单、化验单（检验报告）、医学影像检查资料、特殊检查同意书、手术同意书、手术及麻醉记录单、病理资料、护理记录以及国务院卫生行政部门规定的其他病历资料。

（2）在场权。患者有权主张参与部分与医疗活动相关的事项，尤其是在涉及医疗事故等问题时，此类"参与"的权利就表现为在场的权利，以对医疗机构的行为施以一定的监督与约束。例如，患者有权主张在自己在场的情况下，由医疗机构提供复印或者复制服务并在复印或者复制的病历资料上加盖证明印记；当发生医疗事故争议时，有权要求在自己在场的情况下，对死亡病例讨论记录、疑难病例讨论记录、上级医师查房记录、会诊意见、病程记录进行封存和启封；在疑似输液、输血、注射、药物等引起不良后果的时候，有权要求共同对现场实物进行封存和启封。

（3）药费知情权。医疗机构有义务向患者提供所用药品的价格清单，不得对此有所隐瞒，医疗保险定点医疗机构还应当依法如实公布其常用药品的价格，加强合理用药的管理，以此保障患者对药费的知情权。

（4）损害赔偿请求权。患者在诊疗等相关活动中受到医疗机构损害的，有权根据具体受到侵犯的法益，提出相应的损害赔偿请求权。在这里，最为典型的是医疗事故导致人身权受到损害的赔偿请求权。此外，医疗机构将不符合国家标准的血液用于患者身上，或违反法律规定用药造成损害的，患者均有损害赔偿请求权。

4. 患者的义务。

（1）告知义务。为帮助医疗机构更好地实施医疗行为，患者有义务提供与医疗活动有关的个人信息，比如个人的病史、生活习惯、身体状况等。如果患者没有履行或者没有完全履行这一义务，导致医疗机构采取错误的医疗活动或其他危害后果的发生，患者一方即存在共同过失。

（2）支付医疗费用的义务。由于医疗机构与患者之间的法律关系属于合同关系，患者委托医疗机构开展医疗活动，并基于后者的医疗行为支付费用，因此，患者有义务根据医疗合同的约定，为后者提供的医疗服务支付相应的费用。在这里，需要注意的是：合同的客体是包括诊查、治疗、开具处方、配置和提供药品在内的一系列医疗行为，而非患者恢复健康这一"行为结果"，患者承担支付医疗费用的义务并非以恢复健康为前提。

（3）配合诊疗的义务。在医疗机构与患者的法律关系中，患者或者其近亲属有义务配合医疗机构进行符合诊疗规范的诊疗，比如遵循医嘱服药、按时复诊等，否则，对由此产生的人身损害，医疗机构不承担损害赔偿责任。

二、医务人员与患者之间的卫生法律关系

在通常情况下，包括医师、护士在内的医务人员属于医疗机构的雇员，其从事医疗活动的法律后果归属于所服务的医疗机构。唯有对个体行医的医师，由于没有所服务的医疗机构，其从事医疗活动的法律后果才归属于自身。

有鉴于此，医务人员与患者之间的卫生法律关系与前述医疗机构与患者之间的卫生法律关系一般，在内容上有相当程度的重叠之处。在一般情况下，医师、护士等医务人员的主体资格是被其所在医疗机构吸收的。比如，《执业医师法》等法律、法规规定医师有关心、爱护、尊重患者，保护患者隐私的义务；有对患者进行健康教育的义务；有不得拒绝急救处置的义务；有向患者如实陈述病情的义务；等等，但在基于医疗行为所产生的具体卫生法律关系中，真正的主体是其所在的医疗机构而非单个的医务人员。基于此类法律关系中的权利、义务的对应性，患者拥有与之相对应的各项权利，其根据这些权利所提出主张指向的对象也应当是上述医疗机构。

尽管如此，在特殊的情况下，医疗机构里的医师、护士等医务人员也可能与患者直接发生法律关系，具体包括但不限于以下三种情况：

1. 患者为了获得某种便利（如挂号、诊查等）而向医师、护士馈赠金钱、礼物，或者是忍受医师、护士等人对自己索取贿赂，此时，医生、护士与患者之间直接产生了特定的法律关系。在该法律关系当中，一方面，医师、护士等医务人员有义务拒绝非法收受患者财物或牟取其他不正当利益，如果索取或非法收受的话，则应当承担返还的义务；另一方面，患者有权拒绝医师、护士等人的索取。

2. 医师、护士等医务人员与患者之间有关患者隐私保护的卫生法律关系。具体来说，医师、护士等医务人员有义务对患者的隐私保密，泄露患者隐私或者未经患者同意公开其病历资料，造成患者损害的，应当承担侵权责任。在这里，患者的隐私权所对应的义务主体并不仅限于医疗机构，还包括为医疗机构服务的从业者。这种侵犯患者隐私权的情形，不仅存在于医疗活动中，还存在于教学、学术研究等过程中。

3. 医师、护士等医务人员与患者之间有关医务人员合法权益的卫生法律关系。根据《侵权责任法》的规定，医务人员的合法权益受法律保护。这意味着包括患者在内的个人或组织不得侵犯其合法权益，尤其是在医疗纠纷中，患者负有不得干扰医疗秩序或妨害医务人员工作、生活的义务，违反该义务的，应当依法承担相应的法律责任。与之相对应，医务人员则有权主张自身工作、生活不受干扰和妨害。

三、医疗机构与医务人员之间的卫生法律关系

（一）主体

医疗机构与医务人员之间的法律关系属于劳动或人事关系。在我国，这主要取决于医疗机构本身的法律属性。关系的多样性源自我国较为复杂的事业单位改革问题和医疗体制改革问题。

同时，医疗机构与医务人员之间的法律关系也属于一种卫生法律关系。之所以这么说，有两个原因：①医疗机构与医务人员之间通过缔结合同的方式建立法律关系，该法律关系在法律规范的框架内，随着双方意思表示内容的变化而产生、变更或消灭，其根本目的在于改善医疗服务的质量、提高医疗技术的水平以及促进公共卫生事业的发展，其客体主要是人们的生命、健康利益，这与卫生法律关系的本质属性具有共同之处。②表面上看，尽管医疗机构与医务人员之间的法律关系似乎处于某种内部关系的状态，但无论是从一般劳动或人事关系角度，还是从包括我国在内的主要国家相关法律规范内容来看，这种关系并非某种事实关系或内部关系，而

是处于卫生法律规范体系的调整之中，具有外部性，因此属于卫生法律关系。

在该类型的法律关系中，各式各样的医疗机构无疑是一方主体，另一方主体则主要包括医师和护士。

(二) 内容

1. 医疗机构的权利。

(1) 日常管理权。医疗机构对医务人员或准备成为医务人员的人有进行日常管理的权利，比如，有权聘任具有高等学校医学专业本科以上学历的人员，安排执业医师进行指导，进行试用，以便其有资格参加执业医师资格考试。再比如，医疗机构有权为本机构中的医师集体办理医师注册手续，以便后者开展执业活动。

(2) 制定技术操作规范权。医疗机构有权根据法律、法规的规定，结合自身的实际情况，为医师、护士等医务人员制定技术操作规范，并要求后者据此开展卫生技术工作。

(3) 岗位安排权。医疗机构有权对医务人员的岗位和日常工作内容作出调整和安排；有权安排医师等医务人员在其注册的执业范围内开展医学诊查、疾病调查、医学处置等工作；有权对医务人员的包括值班时间在内的工作时间作出安排；在发生自然灾害、公共卫生事件等严重威胁公众生命健康的突发事件时，有权安排医师、护士等医务人员参加医疗救护活动。

2. 医疗机构的义务。

(1) 保证培训的义务。就医师培训来看，医疗机构有义务按照规定和计划保证本机构医师的培训和继续医学教育。对护士而言，医疗卫生机构则应当制定、实施本机构护士在职培训计划，并保证护士接受培训。医疗机构所承担医务人员培训和继续医学教育义务，不仅是其对卫生行政部门所承担的纵向卫生法律关系当中的一项义务，还是基于其与医务人员的横向法律关系所负的义务，其目的在于提高医师、护士等医务人员的卫生技术水平，以更好地维护人们的生命、健康利益。

(2) 听取意见和建议的义务。医疗机构有义务听取医师、护士等医务人员就医疗、预防、保健等方面的工作所提出的意见和建议，并接受后者依法参与所在机构的民主管理。这主要是由于医疗机构并非纯粹的私营组织，而是承担了相当程度的促进公共福利的职责，因此有义务通过听取其医务人员的意见和建议，改善自身的管理，进而提高整体医疗技术水平。

(3) 配置基本条件的义务。医师、护士等医务人员从事卫生技术工作需要一定的设备和技术手段，尤其是当下现代医疗科技发展迅猛，设备和技术手段的作用日益突出。有鉴于此，医疗机构有义务根据卫生行政部门规定的标准，为医务人员提供与其执业活动相当的医疗设备基本条件，使其更好地提供医疗、救护服务。

3. 医务人员的权利。

(1) 从事医学研究和学术交流权。医务人员的该项权利同样具有纵向和横向卫生法律关系两方面的属性。如前所述，从纵向来看，医务人员的该项权利主要是为了避免卫生行政部门的干预，为了实现医学研究方面的自主性，并能够参加相应的专业学术团体。从横向来看，医务人员主张该项权利，其内容是避免医疗机构的干预，影响其从事医学研究和学术交流，或是组织其参加专业学术团体，进而影响卫生技术水平的提高。

（2）人格尊严、人身安全不受侵犯权。医务人员在执业过程中，其人格尊严和人身安全应当获得保障。为此，医疗机构应当提供必要的制度、物质和人员保障，避免其医疗活动受到不当干扰。尤其是在医患关系紧张的情况下，医务人员有权要求其所在医疗机构提供必要保障，使其自身免受包括患者在内的不当侵扰。

（3）获得报酬权。由于医疗机构与医务人员之间的法律关系本质上属于卫生领域的劳动或人事关系，因此，医务人员有权获取工资报酬和津贴，享受国家规定的福利待遇并有权参加社会保险。医疗机构不得克扣医务人员的工资、降低或者取消其福利等待遇。在特殊情况下，例如，对在艰苦边远地区工作，或者从事直接接触有毒有害物质、有感染传染病危险工作的医务人员，其所在医疗卫生机构还应当按照国家有关规定给予津贴。

（4）获得职业健康监护权。医务人员在执业过程中，有获得与其所从事的卫生技术工作相适应的卫生防护、医疗保健服务的权利。其中，从事直接接触有毒有害物质或有感染传染病危险的医务人员，有权根据法律、法规的规定要求获得职业健康监护，要求所在医疗机构提供必要的防护措施。患职业病的，则有权根据法律、法规的规定获得相应的赔偿。

4. 医务人员的义务。在医疗机构与医务人员的卫生法律关系中，医务人员的义务与医疗机构的权利具有对应性。因此，前述医疗机构的权利内容往往也是对医务人员的义务要求。除此之外，尚有如下两类医务人员的义务值得留意：

（1）报告义务。医师发生医疗事故或者发现传染病疫情时，应当按照有关规定及时向所在机构报告。护士发现医嘱违反法律、法规、规章或者诊疗技术规范规定的，应当及时向开具医嘱的医师提出；必要时，应当向该医师所在科室的负责人或者医疗卫生机构负责医疗服务管理的人员报告。可见，无论是医师还是护士，其报告义务都是属于执业活动的一部分，属于某种工作上的义务。

（2）定点执业的义务。在我国，医师的执业自由受到一定的限制。这主要体现为在一般情况下，医师经注册取得《医师执业证书》后，需要按照注册的执业地点从事相应的医疗活动。在这里，执业地点是指医师执业的医疗、预防、保健机构及其登记注册的地址。因此，在医疗机构与医师之间的法律关系中，医师要在所在机构以外的地点展开执业活动，不仅受到卫生行政部门的约束和限制，还受到医疗机构的限制，在未经允许的情况下，不得自行多点执业。

四、其他横向卫生法律关系

与纵向卫生法律关系略有不同的是，横向卫生法律关系并非发生在公法领域，因此在类型上具有任意性特征，其发生的可能性和类型的多样性也要高于纵向卫生法律关系，而且通常是基于法律关系主体相互之间的意思表示而形成的。可以说，只要是围绕着促进人们的生命、健康利益这一目的，有多少种主体之间的排列组合，就有多少种横向卫生法律关系，以至于很难对其进行一一列举和描述。

比如，医疗机构和药品企业之间的药品采购合同法律关系。尽管他们背后受到药品采购机制的约束，意思自治的范围受到一定的限制，但由于双方法律地位平等，因此同样属于横向卫生法律关系。在这里，医疗机构有权获知拟采购药品的品质、规格、价格等信息，有义务从拥有《药品生产许可证》《药品经营许可证》的企业购进药品，而药品企业则有义务提供此类信息，按照公平、合理和诚实信用、质价相符的原则制定价格，制定和标明药品零售价格而且不得采取价格欺诈行为。此外，还不得在药品购销中账外暗中给予、收受回扣或者其他利益。再比如，在职业卫生健康领域，存在着用人单位、劳动者和职业健康检查机构三方主体之间的横向卫生法律关系，并由此形成了一个交错复杂的卫生法律关系结构。在用人单位与劳动者之间有关职业卫生健康的卫生法律关系中，用人单位的义务包括如下：一是创造符合国家职业卫生标准和卫生要求的工作环境和条件；二是资金投入义务，即有义务保障职业病防治所需的资金投入，不得挤占、挪用；三是提供有效防护义务，即必须采用有效的职业病防护设施，并为劳动者提供个人使用的职业病防护用品；四是防护改良义务，即有义务优先采用有利于防治职业病和保护劳动者健康的新技术、新工艺、新设备、新材料，逐步替代职业病危害严重的技术、工艺、设备、材料；五是设备、装置配备义务，即用人单位有义务配置防护设备和报警装置，并定期进行检查维护；六是告知义务，即用人单位有义务在订立劳动合同或聘用合同时，将工作过程中可能产生的职业病危害及其后果、职业病防护措施和待遇等如实告知劳动者，并在劳动合同中写明，不得隐瞒或者欺骗；七是培训义务，即用人单位有义务对劳动者进行上岗前的职业卫生培训和在岗期间的定期职业卫生培训，普及职业卫生知识，督促劳动者遵守职业病防治法律、法规、规章和操作规程，指导劳动者正确使用职业病防护设备和供个人使用的职业病防护用品；八是赔偿义务，即造成职业卫生方面的人身损害时，用人单位承担的损害赔偿义务。上述这些义务大致与劳动者职业卫生健康方面的权利内容相对应。可见，用人单位与劳动者之间的卫生法律关系是该三方卫生法律关系中最主要的部分。除此之外，在劳动者与职业健康检查机构之间的卫生法律关系中，劳动者的权利包括：①拥有就近获得诊断的权利，即劳动者有权在用人单位所在地、本人户籍所在地或者经常居住地依法承担职业病诊断的职业健康检查机构进行职业病诊断；②知情权和隐私权，即有权从职业健康检查机构那里获知自己的病情，并要求其保密。而在用人单位与职业健康检查机构之间的卫生法律关系中，用人单位的义务主要包括两项：①如实提供资料的义务，即有义务如实提供用人单位的基本情况、工作场所职业病危害因素种类及其接触人员名册、岗位（或工种）、接触时间、工作场所职业病危害因素定期检测等相关资料；②承担检查费用的义务。用人单位的权利主要体现为及时获得报告的权利，即及时获得劳动者个人职业健康检查报告和用人单位职业健康检查总结报告,并及时了解发现疑似职业病病人的情况。

综合上述典型的双方卫生法律关系和多方(三方)横向卫生法律关系来看,横向卫生法律关系具有更为开放的类型和内涵,可能发生在整个卫生法律规范体系的不同领域,并会随着公共卫生、医事、药品管理等领域的不同而呈现出差异化特征和权利、义务内容。有鉴于此,对卫生法律关系的把握和描述需要坚持统一的方法论,即紧密围绕其主体、客体和内容展开,尤其是对于作为法律关系内容的卫生权利和卫生义务,应当根据具体法律规范的设定,进行梳理和概括。

第三章
卫生法的核心价值与基本原则

凡法律制度背后，必有原理。体现原理的，主要是制度的价值追求以及所遵循的基本原则。

法律是一种行为规范，而行为规范就是人的行为的"应然"目标或标准。价值就属于"应然"领域——与之对应的是事实，属于"实然"领域。研究法律不能不研究价值问题，或者说，价值问题是法学研究的题中应有之义，美国著名的法学家庞德曾说："在法律时的各个经典时期，无论是古代和近代世界里，对价值准则的论证，批判或合乎逻辑的适用，都曾是法学家们的主要活动。"[1] 具体而言，不论是立法、执法、还是司法，"任何自觉的活动都追求一定的价值，都受价值判断的支配，都包含相应的价值取向"，[2] 价值认识的残缺或者疏漏必将导致严重的失误。法律上的大量问题，首先便是价值问题；法律上的失误，首要的就是价值上的失误。研究卫生法也不能回避价值问题。

原则同样是法学研究中必不可少的。按照原则的覆盖面不同，可将原则分为基本法律原则和具体法律原则。基本法律原则是指体现法的根本价值的法律原则，它是整个法律活动的指导思想和出发点，构成法律体系的神经中枢。例如，现代法律中的法律面前人人平等、基本人权不可侵犯等，均为现代法律的基本原则。具体法律原则是基本法律原则的具体化，构成某一法律领域的法律规则的基础或出发点。[3] 基本与具体的划分是相对的，在特定领域，也有各自的基本原则和具体原则。例如，民法领域基本原则包括平等原则、意思自治原则、公平原则、诚实信用原则、公序良俗原则、禁止权利滥用原则等，此外还有一些具体的原则，例如，侵权责任法中的过错责任原则，婚姻法领域的婚姻自由、男女平等原则等。同样的，卫生法领域也包含若干基本原则和具体原则。

---

[1] [美]庞德：《通过法律的社会控制法律的任务》，沈宗灵、董世忠译，商务印书馆1984年版，第55页。
[2] 刘永富：《价值哲学的新视野》，中国社会科学出版社2002年版，第173页。
[3] 张文显主编：《法理学》，法律出版社2004年版，第97页。

第一节 卫生法的核心价值

经过多年的努力，我国卫生法律体系渐趋完善，并衍生出了几个重要的支系统，涉及多种法律关系。卫生法学教学和科研也已经广泛开展。但是，对于卫生法的价值研究，依旧十分匮乏。

概括地说，卫生法的价值，既有体现法律一般性价值的一面，又有体现卫生法特殊性的一面。忽视一般性，过于专注特殊性，可能使得卫生法的法律性被消减，以致与医学、卫生学、卫生管理学等混为一谈。相反，如果只注重法的一般价值，不关注卫生法的特殊价值，也无法深刻理解卫生法律现象和卫生法律关系。

一、卫生法的价值与法的一般价值

"价值"原为经济学上的词汇，如"使用价值""交换价值"等，用以表明产品对人而言的需求、有用和相对稀缺。据考证，将价值引入哲学、人文科学之中，始于19世纪下半叶赫尔曼·洛采所创立的价值哲学[1]。还有人将尼采（1844~1900）与洛采（1817~1881）并列作为价值论之父。尼采提出了"重估一切价值"的口号，使价值变成了当时最重要、最热门的话题。[2]

就思想渊源而言，价值哲学更早，至少可以溯及英国哲学家大卫·休谟。它在《人性论》（1739年）中提出要区别"是"和"应该"的思想。从这个思想出发，休谟把知识区别为关于事实的知识和关于价值的知识。[3]

价值问题是与本体论、认识论同样重要的理论问题，但新中国早期的哲学研究和法学研究相对很少涉猎。改革开放后，关于价值的研究才多了起来，例如，李德顺教授的经典专著《价值论》。[4] 而法学领域中对于价值的研究，以严存生教授的《法的价值问题研究》[5] 和卓泽渊教授的《法的价值论》[6] 为代表。

（一）法的价值的概念

从学术用语的角度考察，法的价值或法律价值并非中国法律传统固有的概念，而是自西方法学移植而来的概念。而西方法学从哲学中借用价值概念，也是很晚的事情了。但是，人们关于法的价值概念很早就产生了，甚至在起源时就已经产生。中国汉语中的"法"蕴含着正直、公平、惩恶等价值观。英文中的司法（Justice），

---

[1] 参见［美］乔治·恩德勒等主编：《经济伦理学大辞典》，王淼洋译文主编，李兆雄、陈泽环译，上海人民出版社2001年版，第573~574页。
[2] 参见卓泽渊：《法的价值论》，法律出版社2006年版，第13页。
[3] 参见卓泽渊：《法的价值论》，法律出版社2006年版，第13页。
[4] 李德顺：《价值论———一种主体性的研究》，中国人民大学出版社1987年版、2013年版。
[5] 严存生：《法的价值问题研究》，中国政法大学出版社2002年版。
[6] 卓泽渊：《法的价值论》，法律出版社2006年版。

兼具审判、公平、公正、制裁等含义。

有关法的价值的概念，国内的法理学教科书大多都有专门阐释。简单地说，法的价值是指法这种规范体系（客体）有哪些为人（主体）所重视、珍视的性状、属性和作用。[1] 但学者一般也强调，要区分法的价值与法的作用或功能。一般认为，后两者更多体现了法的具体效用，而法的价值体现了法的抽象价值。

法的价值具有多重含义，这是许多学者都主张的。例如，张文显提出，"法的价值"有三种使用方式：一是法律在发挥其社会作用的过程中能够保护和增加哪些价值，例如人权、秩序、自由、平等、效率以及正义等，可以称之为法的"目的价值"；二是法律所包含的价值评价标准；三是法律自身所应当具有的值得追求的品质或属性，尤其是在与其他社会调整手段，如道德规范、宗教教义、政党政策等相比较时体现出来的优点，例如逻辑严谨、公开、明确易懂等，可以称之为法的"形式价值"。[2]

最常使用的法的价值，主要是第一种用法，即法的目的价值，或法的目标。另外，作为评价准则的价值也常被关注，因为法的目的价值之间常常发生冲突，而冲突的解决常常涉及价值位阶或评价标准的确定。法的目的价值有很多，构成法的价值体系，这一体系包含了位阶和秩序。但位阶和秩序都并非清晰、固定的，因此，而价值冲突问题不可避免，常常单独作为一个研究问题。

理解法的价值，应该注意以下几点：

第一，同价值的概念一样，法的价值也体现了一种主客体之间的关系。它在一方面体现了人这一主体对作为客体的认识，是一种实践—认识关系，揭示的是人的实践活动（法律活动）的动机和目的。另一方面，它又是一种客观属性，表示客观事物（法律体系）所具有的对于主体有意义的、可以满足主体需要的功能和属性。单纯把法的价值归结为主观认识或者客观现象都是不正确的。[3]

第二，法的价值表明的是法律对于人们而言所拥有的正面意义。那些不能满足人的需要、无助于实现人的目标，对人无用、无利甚至有害的功能或属性，是无价值或负价值的。

第三，法的价值既包括对实然法的认识，更包括对应然法的追求。也就是说，法的价值研究不能以现行的实在法为限，它还必须采用价值分析、价值判断的方法，来追寻怎样的法律才是最符合人的需要这一问题。[4]

---

[1] 参见李步云主编：《法理学》，经济科学出版社2000年版，第58页。
[2] 参见付子堂、时显群主编：《法理学》，重庆大学出版社2011年版，第181页。张文显主编：《法理学》，高等教育出版社、北京大学出版社2004年版，第362~363页。
[3] 张文显主编：《法理学》，高等教育出版社、北京大学出版社2004年版，第361页。
[4] 参见葛洪义主编：《法理学》，中国人民大学出版社2007年版，第58页。

(二) 法的价值体系

法的目的价值是法的价值体系的基础，一般意义上说法的价值就是法的目的价值。它具有以下两个方面的属性：

第一，多元性。凡是可以借助于法律来加以保护和促进的美好事物，都可以被视为法的价值。很难用简单枚举的方法把法的各种价值一一列举出来。法的价值的多元性，是与人的需求多样性和社会关系的多样性直接联系在一起的。现代社会的多样性大大超过了古代社会，因此，法的价值之多元性就更为突出。法理学和各个部门法的研究重点不在于对法的价值进行详尽无遗的罗列，而是选取其中比较重要的，归类总结成若干基本类型，并加以分析考察。

法的价值的主要包含哪些，法理学界众说纷纭，但还是有很多共同的认识。如下表3-1反映了不同时期、不同学者的一些代表性解读：

表3-1 不同时期"法的价值"

作者及书名	法的价值	出版单位、时间
沈宗灵主编：《法理学》	正义、利益	高等教育出版社1994年版
张文显主编：《法理学》	秩序、自由、效率、正义	法律出版社1997年版
葛洪义主编：《法理学》	秩序、效益、自由、平等、人权、正义	中国政法大学出版社1999年版
李步云主编：《法理学》	秩序、正义	经济科学出版社2000年版
张文显主编：《法理学》	人权、秩序、自由、正义、效率	高等教育出版社、北京大学出版社2004年版
卓泽渊：《法的价值论》	生命、自由、平等、人权、秩序、公正、人的全面发展	法律出版社2006年版
陈金钊主编：《法理学》	正义、秩序、自由、平等、效率	北京大学出版社2010年版
付子堂主编：《法理学进阶》	正义、人权（自由与平等）、幸福、秩序	法律出版社2013年版

不论对法的价值持何种主张，都认为法的价值体系应该是有层次的。这就是法的价值第二个方面的属性。

第二，有序性或层次性。如果法的目的价值仅仅具有多元性，那么，相互独立的各种目的价值就如同一盘散沙一样无法形成一个有机的系统。法律价值体系的统一性集中体系在价值的有序性上，即诸多价值之间存在位阶或层次关系。高位阶的价值对于低位阶的价值之间的冲突是一种协调，而低位阶的价值与高位阶的价值发生冲突而不可兼得时，高位阶的价值就会受到优先考虑。但这种位阶或层次关系并非确定或刚性的，而是具有很大的重叠或弹性空间，往往需要联系具体的条件或事实才能最后确定。[1]

至于法的多重价值之间的一般性位阶关系。较多的学者认为正义是法的价值之最高目标，其他价值，诸如秩序、自由、平等、效率等都以正义为最后尺度。还有学者提出了更结构化的价值体系，将法的总体价值总结为：正义、公共幸福、人类进步。更具体的价值分为对个人和对社会两个方面：对个人的价值包括安全、自由、平等，对社会的价值包括和平、秩序、文明等。[2]但这种分类并为被普遍接受。更多的学者倾向于认为秩序、自由、平等、效率、生命、人权等同时针对社会和个人，相互之间的位阶在不同的领域会发生变化。

（三）卫生法的价值体系

卫生法作为法律体系的一部分，共享着法律的价值体系，同时体现着该领域的特殊性。

和法的一般价值一样，正义可以被作为卫生法整体或最高的目标，涵摄自由、平等、秩序、效率、人权等多重价值。有学者将正义视为人类所追求的价值目标的总和，主张在未来制定卫生基本法时，将医疗正义作为基础价值定位。[3]

在卫生法的价值体系中，健康权最为突出，这一价值理念凸显了人权、健康和正义理念的融合。从一般意义而言，健康权在卫生法的价值体系中具有最高的位阶。

而其他的价值，如自由、平等、秩序、效率等，也都是卫生法的价值，它们在某些情况下与健康权相协调、相支持，有些情况下与健康权存在冲突。

例如，秩序在通常意义上都是和健康权的追求相一致的，有秩序的社会、有秩序的管理、生活是通常是符合健康的要求的。但在现代社会，人们对健康的理解不限于身体状态的良好，也包括精神方面的健康、自由、放松等。这就排斥整齐划一式的严格秩序。因此，追求健康权也不能让所有公民的日常生活像在重症监护病房一样，按时作息、定量饮食、排泄，每日的活动形式、活动内容都按照预订的规则运行。

总体而言，自由、平等、秩序、效率等价值在卫生法中的体现和在普遍的一般性法律中并没有显著差别。尤其是秩序和效率，卫生法领域里的规则和制度虽然有不少体现这两个价值，但并未发展出具有特色的规则或理论。而且，在绝大多数情况下，它们与健康权的要求是一致的，可以被健康权价值吸收。

但自由和平等两个价值具有一定的特殊性，它们影响或塑造了一些独特的卫生

---

[1] 张文显主编：《法理学》，高等教育出版社、北京大学出版社2004年版，第364~365页。
[2] 严存生：《法律的价值》，陕西人民出版社1991年版，第151~152页。
[3] 李筱永："卫生基本法的价值定位：医疗正义"，载《中国医院管理》2011年第10期。

法理念或制度。并且，它们两个也最常与健康权发生冲突，相互之间也容易发生冲突。这意味着，在卫生法领域，这两个价值相对于健康权具有更多的独立性。

基于此，可以认为卫生法的核心价值集中在三个方面：健康权、自由和平等。

二、健康权

健康是人全面发展的基础，是千家万户的幸福源泉。健康对于每个人的极端重要性不言而喻，被认为是"众善之首"。以健康为载体的健康权由最初的人类观念形态转化为宪法的基本权利，这个过程经历了核心内容的不断丰富与完善。

（一）健康的概念

1948年，世界卫生组织（WHO）提出了著名的健康三维概念，即"健康不仅是没有疾病或不虚弱，而是身体的、心理的和社会的完美状态"。

在这三维中，更为广泛接受的是两个，即将健康视为不仅包括生理健康而且包括心理健康。这样理解的健康概念也被许多法学家接受。例如以下三种描述：①所谓"健康"，包括身体健康和精神健康，是指身体的生理机能的正常运转以及心理的良好状态。[1] ②心理健康遭受侵害往往与精神上的刺激有关，诸如名誉权、隐私权等人格权受损并侵害公民的心理健康，其后果是造成被害人心理上的痛苦。[2] ③健康以"生理/肉体"与"心理/精神"之完整性，而远离病痛、残缺为概念定义的核心。[3]

（二）健康作为一种权利

法学和法律关注健康由来已久，但长期以来，健康权主要是作为人身权或者自由权（消极意义）的附庸而存在的。健康权意味着个人的健康免受他人侵犯的权利。1948年《世界人权宣言》重新阐释了健康权：人人有权享受为维持他本人和家属的健康和福利所需的生活水平，包括食物、衣着、住房、医疗和必要的社会服务[4]。1966年《经济、社会及文化权利国际公约》进一步阐释："①本公约缔约各国承认人人有权享有能达到的最高的体质和心理健康的标准。②本公约缔约各国为充分实现这一权利而采取的步骤应包括为达到下列目标所需的步骤：（甲）减低死胎率和婴儿死亡率，和使儿童得到健康的发育；（乙）改善环境卫生和工业卫生的各个方面；（丙）预防、治疗和控制传染病、风土病、职业病以及其他的疾病；（丁）创造保证人人在患病时能得到医疗照顾的条件。"这两份文件使得现代意义上健康权成为一项混合性质的综合性人权，一种宪法权利。

1. 健康权的两个维度。健康权内涵丰富，大致可以分为民事权利和社会权利两

---

[1] 龙卫球：《民法总论》，中国法制出版社2002年版，第281页。
[2] 王利明主编：《人格权法新论》，吉林人民出版社1994年版，第303页。
[3] 林明folk："健康权——以'国家之保护义务'为中心"，载我国台湾地区《法学讲座》2005年第3期。
[4] United Nations. The Universal Declaration of Human Rights. Available at: http://www.un.org/en/universal-declaration-human-rights/Accessed July 1th, 2018.

个维度。

作为民事权利的健康权，其实质算是一种自由权，消极意义上的自由权意味着民事主体的健康免受他人的侵犯，积极意义上的自由权还主张民事主体自主控制自己健康和身体。

社会权利意义上的健康权，是一种发展性质的权利，其核心是健康保护（获得）权，以便为人们实现最高可能达到的健康水准提供均等机会。

健康权作为宪法性权利具有基本权利的双重属性。既要求政府恪守权力边界，不得侵犯公民的健康权，更要求国家提供公共医疗服务和保障，为公民健康权的实现提供充分有效的支持和保障。经过多年的社会保障改革，我国在健康权保障方面已经取得突飞猛进的成就，但需要从宪法上明确健康权的基本权利属性，为公民健康权保障提供宪法性支持和依据。

2. 健康权的主体——权利主体与义务主体。健康权的一般权利主体来源于《经社文权利公约》第12条中规定的主体为"人人"，健康权的一般权利主体应为一切有生命的自然人，这是健康权作为一项基本人权的必然要求。除此之外，健康权还有一些特殊的权利主体。目前，已经有很多国际性的公约和条约、国际人权法及国内宪法都对特殊主体的基本权利保护作出了专门性的规定，具体到健康权方面，健康权特殊主体包括弱势群体和边缘群体以及特殊职业群体三大类：第一类包括老龄人群、妇女（孕妇和母亲）、儿童、残疾人等；第二类包括在押服刑人员、非法居住移民等群体；第三类包括特殊职业群体等。

民事权利意义上的健康权，其义务主体十分广泛，包含所有的法律主体。而社会权利意义上的健康权，义务主体比较特殊。根据国际条约和规范，国家是主要的义务主体，同时，国际组织、跨国公司、医院、甚至地方社区、卫生专业人员都在实现健康权的某些方面承担义务。[1]

3. 健康权的客体——生理和心理健康。一般来说，法律关系的客体包括物、行为、智力成果和人身利益。而作为法律关系客体的健康权，显然不是物、行为和智力成果，而是人身利益，具体而言属于人身权的范畴，即人身权中的健康权益。这一定义和思路可以将宪法学的权利和民法学上的权利客体联系到了一起。但是，与民法学上的身体健康权益不一样的是，宪法学上的健康还包括了心理上的健康权益，是一种更加全面的健康观念和权能。

4. 健康权的内容。健康内容十分庞杂。最一般意义上的健康权包含了大量传统的民事权利，如生命健康、人身自由等，但这并非卫生法中对健康权的核心关注。为了突出卫生法在部门法中的特殊性，有必要在健康权的一般内容中，专门指出健康权的核心内容。

可以根据世界卫生组织制定的全民健康战略和初级健康照护战略从政策和健康

---

[1] 参见《经济、社会和文化权利国际公约》第十四号一般性意见第42条。

基准[1]（health baseline）角度界定健康权的核心内容，如下两个方面的内容：

第一，基本医疗与卫生保健：包括基本医疗需求权（基本药物获得权和获得医疗救助权）、医疗知情同意权、初级卫生保健权、疾病防控保健权等。

第二，健康有关的基本前提条件：包括免于严重的环境健康威胁，劳动和职业健康条件，食品、水源等生活基本物资供应足够，安全、适当的卫生设施、必需卫生设备的充足供应，健康教育与健康信息提供等。

在健康权的核心内容中，前一方面的权利已经实现了更好的制度保障，是比较成熟的健康权，具体内涵如下：

（1）基本医疗需求权。基本医疗需求权主要包括基本医疗服务获得权和基本医疗救助获得权。基本医疗需求权对应的是《经社文条约》第12条第2款J项："创造保证人人在患病时能得到医疗照顾的条件。"

（2）基本药物获得权。基本药物获得权就是在符合公共医疗卫生事业发展要求的前提下，通过加强国家和政府的监管力度，以建立国家基本药物制度为基础，培育具有国际竞争力的医药产业、规范药品生产流通秩序并完善药品价格形成机制，达到建设规范化、集约化的药品供应保障体系的目的，通过不断完善执业药师法及执业药师制度，实现人民群众安全用药的愿望，保障公民享有平等获得预防和治疗常见病所必需的基本药物的权利。

（3）疾病防控与治疗权。疾病的防控和治疗是基本预防与医疗保健的重要组成部分。疾病预防与控制的范围一直是许多国际人权公约争议的焦点，但很少有具体明文规定何种疾病应优先得到预防和控制。国家应当制定与本国实际国情及本国的医疗卫生状况和民众健康水平相适应的疾病防控与治疗范围，保障公民在罹患传染病、风土病、职业病等防控与治疗范围内疾病时有权得到及时有效的防控和治疗。

（4）医疗知情同意权。医疗知情同意权是患者在就医的过程中，对自己的病情有权详实地了解全部情况、医疗治疗方案及其治疗过程中的风险等信息一旦经过医院与医师根据需要予以采纳，患者享有作出决定的自主权。也就是说，患者可以接受或不接受医院及相关医务人员采取的医疗诊断方案和其他医疗行为。[2]

（5）患者疾病隐私权。患者疾病隐私权的侵犯在医患关系中是造成医疗纠纷的常见诱因。病患隐私权与患者的健康咨询与健康状况密切相关，是医病关系中容易引起紧张、造成医疗纠纷的常见原因之一。维护隐私权主要是为了巩固个人在社会生活中的自我认知与完整。保障病人疾病隐私权是为了维护人性尊严与尊重人格自

---

［1］为了实现这个基准，初级健康照护战略阐述了一系列要素，包括：关于普遍的健康问题的预防和控制的教育；促进食物供应和适当的营养；足够的安全的水和适当的卫生设施；母婴健康照护，包括计划生育；主要传染病的免疫；一般疾病和伤害的适当治疗；基本药品的提供。

［2］Patients' Bill of Rights Act of 1998，载于http：//www.congress.gov/bill/105th-congress/senate-bill/1890/text，2018年7月1日访问。

由发展,并为保障个人生活私密领域免于他人侵扰及个人疾病隐私资料的自主控制权,同时也是自由民主宪政秩序的核心价值。患者疾病隐私权主要包括病人的个人信息、病历及健康咨询、生理状况(涉及器官、精卵、胚胎、心理精神状况)等。

从整体上来看,健康权与其他人权具有密切关系,而且依赖于其他人权的实现。其中,发生关联最密切的权利包括生命权、身体权、劳动权、隐私权、人身自由权、宗教信仰自由权、社会保障权等权利,所有这些和其他(未予列明)的权利和自由都构成健康权不可或缺的组成部分。通过以上对健康权一般内容、核心内容、基本医疗与卫生保健内容的分析,我们终于可以揭示出健康权内容的逻辑关系。如图3-1所示:

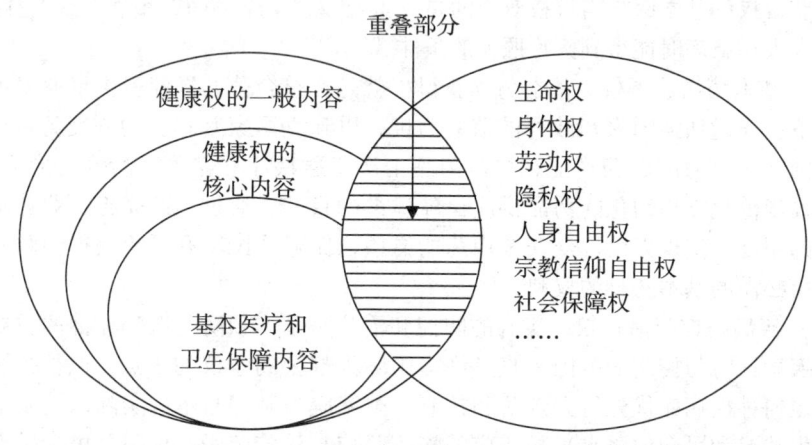

图3-1 健康权的内容

健康权的实现要从健康权的核心内容的实现开始,健康权核心内容的实现同样需要从健康权核心内容中的基本医疗与卫生保健内容的实现开始。各国有义务尽可能地采取措施以充分保障本国公民的基本医疗与卫生保健权利,逐步实现健康权的核心内容并期待实现健康权的一般内容,最终达到健康权充分而完整实现的目的。

(三)健康权的法律保障

1982年《宪法》第21条、第26条第1款、第33条第3款、第36条第3款、第45条第1款规定了:国家发展医疗卫生事业,发展现代医药和传统医药,保护人民健康;保护环境,防治污染和其他公害,促进人民健康;宗教活动不得损害公民健康;进一步确立物质帮助权。从这些条款中可以看到,我国1982年《宪法》已经明确通过发展医药卫生事业来保护和促进人民健康,在宪法层面开始明确健康促进的国家义务。

但具体的法律更多还是从民事权利的角度来保护健康权,例如,2010年实施的《侵权责任法》第6条第1款、第22条及第七章相关条款,1986年《民法通则》第

98 条、第 106 条第 2 款、第 119 条、第 122 条，以及 2017 年通过的《民法总则》第 110 条等。[1] 这些条款在确认公民享有生命健康权的基础上，规定了侵害健康权的民事责任、健康权侵害的赔偿标准及健康权损害的相关连带责任。侵害健康权等人身权益造成他人严重精神损害的，被侵权人可以请求精神损害赔偿，更重要的是确认了医疗损害责任。这些民事法律相关规定使公民生命健康权在我国立法体系中得到明确确认，同时保障健康权在民法层面得到有效救济。

与此同时，近些年来，社会权利意义上的健康权开始得到政策制定者的广泛关注。

2016 年 8 月 19～20 日，全国卫生与健康大会在北京召开，中共中央总书记、国家主席习近平出席大会并发表重要讲话。[2] 这是国民经济社会生活中"健康"地位显著提升的标志，也是我国卫生与健康事业发展史上的一个里程碑。至此，健康优先已成为国家政策。2016 年 11 月 21～24 日，第九届全球健康促进大会在上海召开，国务院总理李克强出席大会开幕式并致辞。全球健康促进大会是健康促进领域最高级别会议，受到国际社会的广泛关注。这次会议把健康促进列入可持续发展的议程中，将其提升为各国政府的政治承诺，是健康促进领域的新起点。李克强总理提出，健康是人类的永恒追求，健康促进是国际社会的共同责任。

2014 年 10 月 20～23 日，中国共产党第十八届中央委员会第四次全体会议在北京举行，全会审议通过了《中共中央关于全面推进依法治国若干重大问题的决定》。[3] 在此背景下，实现健康权保障的法治化是我们迈向健康中国建设新征程的当务之急。为推进健康中国建设，提高人民健康水平，2016 年 10 月 25 日，中共中央、国务院发布《"健康中国 2030"规划纲要》（以下简称《纲要》）。《纲要》围绕总体健康水平、健康影响因素、健康服务与健康保障、健康产业、促进健康的制度体系等方面设置了若干量化指标，并据此提出了健康中国"三步走"的目标，即

---

[1] 中华人民共和国第十二届全国人民代表大会第五次会议于 2017 年 3 月 15 日表决通过了《中华人民共和国民法总则》（以下简称《民法总则》），国家主席习近平签署第 66 号主席令予以公布。《民法总则》自 2017 年 10 月 1 日起施行。

[2] 习近平总书记在大会上强调，没有全民健康，就没有全面小康。这次大会是近 20 年来我国卫生和健康领域最重要的会议。习近平总书记站在实现民族复兴、增进人民福祉的战略高度，首次提出"健康优先"这一全新的发展理念，成为引导社会经济发展的新标识。"健康优先"这一发展理念，使医疗卫生事业发展有了坚定的方向。习近平总书记概括了"以基层为重点、以改革创新为动力，预防为主，中西医并重，把健康融入所有政策，人民共建共享"的卫生与健康工作新 38 字方针。要把人民健康放在优先发展的战略地位，以普及健康生活、优化健康服务、完善健康保障、建设健康环境、发展健康产业为重点，加快推进健康中国建设，为实现"两个一百年"奋斗目标、实现伟大复兴的中国梦打下坚实的健康基础。

[3] 该决定要求："加强重点领域立法。依法保障公民权利，加快完善体现权利公平、机会公平、规则公平的法律制度，保障公民人身权、财产权、基本政治权利等各项权利不受侵犯，保障公民经济、文化、社会等各方面权利得到落实，实现公民权利保障法治化。"

"2020年，主要健康指标居于中高收入国家前列"；"2030年，主要健康指标进入高收入国家行列"的战略目标；2050年，"建成与社会主义现代国家相应的健康国家"。因此，我们国家和政府已经逐步意识到维护和保障公民健康权益的重要性，并且积极促进建立公平正义的卫生法律制度，为实现公民享有基本医疗卫生服务提供卫生法律保障。同时，对公民健康权进行保障已成为加快制定卫生相关法律，推动医药卫生体制改革，解决现有卫生改革发展问题的迫切需要和价值取向，在建设社会主义法治国家的前提下显得尤为重要和紧迫。[1]

因此，完善健康权法律保障的当务之急是从社会权利角度建立保障健康权的法律制度。主要的着力点在于以下两个方面：

第一，出台卫生基本法。《中共中央国务院关于深化医药卫生体制改革的意见》（中发［2009］6号，以下简称《医改意见》）提出"基本医疗卫生立法"这样一个医改法律概念，该《医改建议》的政策导向主要包括：建立基本医疗卫生制度、加快推进基本医疗卫生立法、保障人人享有基本医疗卫生服务。以国家医改政策为指导，建立配套卫生法律制度，力求在最大程度上确保对公民健康权的尊重、保护和实现。国务院《"十二五"期间深化医药卫生体制改革规划暨实施方案》（国发［2012］11号）中亦指出：随着新医改向纵深推进，利益格局深刻调整，体制性、结构性等深层次矛盾集中暴露，改革的难度明显加大，制度法规建设的任务更加紧迫。因此，公民的基本生存与发展的需要有赖于国家与政府在基本医疗与卫生保健服务方面对公民健康权保障的方针策略，积极推进卫生法立法的相关工作便成为国家与政府履行对公民健康权保障承诺的关键。

第二，革新医疗卫生模式。随着社会经济发展、国民生活水平提高，社会对医疗卫生模式的要求也在发生日新月异的变化。从新中国成立之初"赤脚医生"即可满足的医疗卫生事业，到21世纪逐渐走向医疗卫生产业，多样化的医疗需求、与日俱增的健康支出，都要求革新医疗卫生模式。

革新医疗卫生模式的目标是医疗卫生资源的充足供给和合理配置。新型的医疗卫生模式应当是专业化分工合作、多样化的分级分类诊疗体系。在现有政策体系中通常称之为"建立分级诊疗体系"，即"小病在社区，大病在医院"，究其实质，则是建立分级、分类的医疗服务体系，让多样化的医疗需求通过多样态的服务模式来得到满足，通过专业化分工合作，达到医患资源最优化配置。

革新医疗卫生模式还需要加强对公共卫生保障系统的财政支持，提供有利于公

---

[1] 2014年12月30日，全国人大教科文卫委员会发挥牵头作用，在调动各方积极性和探索总结经验的基础上，在人民大会堂举行基本医疗卫生法起草工作启动仪式，标志着社会普遍关注的《基本医疗卫生法》的立法工作全面启动。《基本医疗卫生法》是十二届全国人大常委会立法规划第一类立法项目，全国人大教科文卫委全国人大常委会副委员长、农工党中央主席陈竺在讲话中指出："《基本医疗卫生法》是一部落实《宪法》基本要求、指导医药卫生体制改革发展大局、关系群众切身利益、保障公民健康权益、对经济社会发展影响重大的重要法律。"

共健康的环境，满足弱势群体对公共医疗服务资源的基本需求，加强公共卫生体系的建设，在卫生资源投入上坚持"预防为主"的策略，同时，加强对社会公众的健康教育，强化公共健康道德意识。

三、自由

在许多人的认识或潜意识里，健康对于人而言，是不可或缺的，甚至须臾不可缺少。自由也是如此，一旦缺少了它，人类的个体或群体就会被不自由所困扰或者折磨，丝毫不弱于缺少健康的折磨。

（一）自由的含义及类别

就概念而言，自由"Freedom，Liberty"源自西方。自由思想的发展贯穿着西方思想的发展史。在古希腊或罗马，自由观念是伴随奴隶制产生的。奴隶从主人的统治下解放出来，就成为自由民；而对于一般人，当一个男子达到一定年龄，便从父权的束缚下解放出来，具有独立的人格，成为自由民。所以，在拉丁语中，"自由"意味着从束缚中解放出来。罗马法中有了自由的定义："凡得以实现其意志之权力而不为法律所禁止者是为自由。"[1] 柏拉图、亚里士多德都对自由概念的成熟做了很大贡献。在近代，资产阶级的思想家，如霍布斯、洛克、卢梭、黑格尔、密尔等人更是极为推崇自由，将自由的概念做了很多演绎。而在近代中国，是严复、梁启超等向国人引进了西方的自由观念。

近代以来，自由逐渐分化出两个被广为接受的类别：①消极自由。自由就是不受他人的干预和限制，即所谓"免于……的自由"（Be free form…）。②积极自由。自由就是"自己依赖自己，自己决定自己"，即所谓"从事……的自由"（Be free to do…）。率先明确提出这一区分的是英国牛津大学的以赛亚·柏林（Isaiah Berlin）。他在纪念约翰·密尔的著作《论自由》发表一百周年之际的演讲中阐述了《两种自由观》。

除了这种区分，自由还常常被按照领域进行划分，如政治自由、经济自由、宗教自由、生活自由等；也可以按照作用对象，分为思想或意志自由、行为自由。

（二）法与自由的关系

法律上的自由主要是行为自由，现代法律上的自由涵盖政治、经济、宗教、生活各个领域。

在法律意义上，自由通常被称为"自由权"，它和健康权一样，也属于人权的范畴。马克思在《论犹太人问题》中明确指出，自由无疑是人权的组成部分。

1. 法与自由关系的经典论述。关于法与自由的关系，有以下经典论述：

洛克："法律按其真正的含义而言，与其说是限制，还不如说是指导一个自由而有智慧的人去追求他的正当利益……法律的目的不是废除或限制自由，而是保护和

---

[1] 张文显主编：《法理学》，高等教育出版社、北京大学出版社2004年版，第399页。

扩大自由。"[1]

孟德斯鸠："自由是做法律许可的一切事情的权利；如果一个公民能够做法律所禁止的事情，他就不再有自由了，因为其他的人也同样会有这个权利。"[2]

卢梭："唯有服从人们自己为自己所规定的法律，才是自由。"[3]

马克思："自由就是从事一切对别人没有害处的活动的权利。每个人所能进行的对别人没有害处的活动的界限是由法律规定的，正像地界是由界标确定的一样。"[4]

约翰·密尔："探讨公民自由或社会自由，就是要探讨社会所能合法地施加于个人的权力地性质和限度。"[5]"任何人的行为，只有涉及他人的那部分才须对社会负责。在仅只涉及个人的部分，他的独立性在权利上是绝对的。对于本人自己，对于他自己的身和心，个人乃是最高主权者。"[6]

近代以来的法律，受到约翰·密尔的观点影响最为明显。卫生法中讨论的自由与这种自由观密切相关。下文将具体论述。

2. 法对自由的保障作用。在学者们的经典论述中，可以发现，法对于自由价值的实现，在多个环节、多个方面起着显著的作用。

第一，法以自由为目的。这正是将自由作为法的价值之一的理由。具体而言，法律规范系为确认和保障自由而设立，法律权利和法律义务也是为实现自由而设定，法律的制定和实施应以自由为出发点和归宿。

第二，自由也需要法律的保障。自由可能被不同的主体以各种各样的理由或名义侵犯，其中就包括健康的名义、也包括他人的自由。用法律保障自由是保障自由免受侵犯的需要。

第三，法律确定自由的范围。自由是法律许可范围内的活动自由，并不是任何人的任性。但任何一个人的自由都可能被滥用。自由的滥用是自由的享有者任意扩展其自由的范围和内容所致。

第四，法律保证自由的实现。法律保证自由实现的方式有很多，主要是以下几种：①为解决自由与其他价值的张力或冲突提供法律准则；②法律解决自由之间的冲突；③法律确认自由并为自由的享有者提供实现自由的法律方式、方法；④法律以防止自由被滥用的方式来保障自由的存在和实现；⑤法律防止权力对于自由的破坏和妨碍。[7]

---

[1] [英]洛克：《政府论（下）》，叶启芳等译，商务印书馆1983年版，第35~36页。
[2] [法]孟德斯鸠：《论法的精神（上）》，张雁深译，商务印书馆1982年版，第174页。
[3] [法]卢梭：《社会契约论》，何兆武译，商务印书馆1980年版，第30页。
[4] 《马克思恩格斯全集（第1卷）》，人民出版社1956年版，第438页。
[5] [英]约翰·密尔：《论自由》，许宝骙译，商务印书馆1959年版，第1页。
[6] [英]约翰·密尔：《论自由》，许宝骙译，商务印书馆1959年版，第10页。
[7] 张文显主编：《法理学》，高等教育出版社、北京大学出版社2004年版，第406~408页。

（三）卫生法中的自由

卫生法中的自由问题有很多，但最突出的在于两个方面：一是生命健康方面的个人自由，属于生活领域的自由，涉及的个人对自己的生命、身心健康方面的自由权/自主权之界限与范围；二是卫生行业从业人员的职业自由，属于经济领域的自由，涉及的是个人在工作方面的自由权之界限与范围。

除此之外，还有一些其他联系的自由问题，如个人选择医疗服务的自由，这类问题存在于特定的医疗体制之下，并不普遍。例如，在英国，传统的医疗体制实行分区就诊制，但主张自由权的人们希望打破这种体制，允许公众"用脚投票"，即人们可以自由选择全科医生，远离那些服务质量不好的社区全科诊所。[1]

1. 生命健康方面的个人自由。这种个人自由主张个人对自己的生命、身心健康有自主权，这种权利也可能被称为自决权。这种理念直接建立于密尔的自由观："任何人的行为，只有涉及他人的那部分才须对社会负责。在只涉及个人的部分，他的独立性在权利上是绝对的。对于本人自己，对于他自己的身和心，个人乃是最高主权者。"[2]

卫生法领域的知情同意权、强制医疗问题、"安乐死"问题、堕胎问题都涉及这种个人自由。其中，知情同意权问题为普遍和常见。

知情同意权包含两个权利：一是患者的知情权；二是患者的同意权。与自由直接相关的是同意权，同意权是目的，知情的作用主要是保障同意权。

《医疗机构管理条例》第33条规定："医疗机构施行手术、特殊检查或者特殊治疗时，必须征得患者同意，并应当取得其家属或者关系人同意并签字；……"否则依据《医疗事故处理条例》即可能构成医疗事故。在美国，这则构成了对人身的直接侵犯，是一种独立的严重民事侵权行为。

知情同意权是近代的产物，在古代，不论中西方，都没有这种观念。古代的医生在医疗过程中居于绝对权威的地位，患者只是被动地接受治疗。古希腊的"希波克拉底誓言"中提到："进行治疗时，必须让患者不知何事而冷静处理，不可给予患者不安。"即使有关患者的情况关系到治疗的最终结果，"亦不可告诉患者致生恐惧之事"。医疗活动的信息不告知患者，自然无所谓取得患者的同意。在中国古代，"仁爱救人""医者父母心"一直是传统医德的核心内容。在某种意义上，对于医者而言，病人都如同自己的父母与兄弟姐妹，医者所做的一切都是为了病人所考虑。以上提到的理念都可以视为"父权主义"的医疗模式，在这类医疗模式中，不存在患者自主权的观念。

到了近代，知情同意也并非先在普通的医疗关系中出现，而是有其特殊的背景，后来才扩展开来。一般认为，知情同意的概念是在第二次世界大战之后的纽伦堡审

---

〔1〕 新华网："英国医改，让公众有权自由选择全科医生"，载《中国全科医学》2009年第21期。
〔2〕 [英] 约翰·密尔：《论自由》，许宝骙译，商务印书馆1959年版，第10页。

判提出的。在第二次世界大战中，纳粹集中营的纳粹医生强迫受害者接受非人道的人体试验。1946年，在纽伦堡审判中，人们意识到没有征得受试者同意而对其进行人体试验的道德和法律问题。国际社会对法西斯医学研究的罪行进行反思的第一个结果就是1947年通过的《纽伦堡法典》，其中这样规定："人类受试者的自愿同意是绝对必要的，应该使他能够行使自由选择的权利[1]……应该使他对设计的问题有充分的知识和理解，以便能够做出明智的决定。"1964年6月，第18届世界医学协会联合大会在芬兰通过的《赫尔辛基宣言》是继《纽伦堡宣言》之后对人体实验的进一步要求，不但要求在人体试验方面对患者尽到说明义务，而且必须得到受试者同意，还明确规定了一定要考虑患者的人权。1975年第29届世界医学协会联合大会又对其作了大幅改动，将"informed consent"一词置于宣言中。1981年，第34届世界医学协会联合大会提出了《里斯本病人权利宣言》，将知情同意扩展到了对所有病人的治疗中，其中确认了病人应享受的6条权利，知情权就被列在其中。[2] 这样，知情同意权由一项道德权利上升为患者的法定权利。世界许多国家都将患者知情同意权引入医疗领域，并作为一项法律规范，由国家强制力来保证其实施。

作为一种个人自由，知情同意权可以被用来对抗多种可能侵犯个人自由的行为。侵犯可以来自政府或其他主体的强迫治疗——例如，某人被怀疑感染了传染病或者患有精神病。这方面有许多例子，如美国"雅各布森诉马萨诸塞州案 *Jacobson v. Massachusetts* 1905，就涉及公民拒绝强制接种疫苗的问题，该案件后来成为美国的公共卫生法的一个里程碑。侵犯也可能来自医疗机构、医生试图实施但患者个人希望拒绝的治疗。这方面也有很多例子，例如美国康涅狄格州的"斯戴佛医院诉维嘉案 *Stamford Hospital v. Vega* 1996，该案涉及医院为挽救患者生命而输血，但患者出于宗教信仰明确拒绝的情况。再如，2007年我国发生的肖志军拒绝在知情同意书上签字，医院放弃治疗，导致肖志军之妻李丽云死亡的事件。[3] 在知情同意权与强制治疗的关系上，涉及了显著的价值冲突。下文将专门分析。

除此之外，"安乐死"、堕胎等问题也涉及了患者是否有权利以及有多大的权利决定与自己身体相关的医疗活动的问题。本质上都涉及生命健康方面的个人自由及其限度的问题。

需要注意的是，对于这一类个人自由，还有另外一种阐释方式，没有使用自由的概念，而是借助"人性尊严"（Human Dignity）的概念。最好地体现这一概念的是《德意志联邦共和国基本法》，该法第1条和第79条规定：

---

[1] 转引自邱仁宗等：《病人的权利》，北京医科大学、中国协和医科大学联合出版社1996年版，第56页。

[2] 王斌全、赵晓云："知情同意的发展历史"，载《护理研究杂志》2008年第19期。

[3] 相关分析参见苏力："医疗的知情同意与个人自由和责任——从肖志军拒签事件切入"，载《中国法学》2008年第2期。

1. 人的尊严。

(1) 人的尊严不可侵犯。尊重和保护人的尊严是一切国家权力的义务。

(2) 德国人民信奉不可侵犯的和不可转让的人权是所有人类社会、世界和平和正义的基础。

(3) 下述基本权利为直接有效地约束立法、行政和司法的法则。

79. 基本法修改。

……

(3) 对本基本法的修改不得影响联邦由各州组成的事实，不得影响各州参与立法及第1条和第20条所规定的原则。

这两条的结合使得人性尊严保障成为不可修改的宪法核心价值，法秩序的"最高的结构原则""最高的法价值"以及"所有基本权利的根基"。德国的司法判例认为，患者的自我决定权必须得到充分尊重，专断医疗行为给患者身体造成重大影响，即使具备医学上的正当事由，也是对病人的人格自由和尊严的违法侵犯。

而对于人性尊严最广为人知的两个阐释，一个来自康德，主张"人本身被视为是目的，而不能被纯粹视为工具"，另一个来自罗纳德·德沃金。就人性尊严的内涵，德沃金提出的两项原则：①内在价值原则，即每个人的生命都有一种特别的客观的存在价值；②个人责任原则，即每个人都负有实现对自己而言是成功人生的责任。[1] 简单地说，人性尊严通常被理解为人之为人的自主决定权和"人本身被视为是目的，而不能被纯粹视为工具"。可见，人性尊严与个人自由的取向虽然不同，但价值是高度接近的。

2. 卫生行业从业者的职业自由。在我国医疗改革中有一个呼声很高，同时争议也很大的问题，即医生自由执业。若进行分类，自由执业可以划归职业自由的范畴。但受到宪法和法律保障的职业自由，其内涵主要是指择业自由。

职业自由是一项广为接受的自由权——虽然它没有写进我国宪法[2]。根据荷兰学者亨克·范·马尔赛文等对142部宪法性文件的统计分析，各国宪法对职业自由作出明确规定的有41部，占比为28.8%。例如，《德意志联邦基本法》第12条"职业自由"规定：①所有德国人均有自由选择职业、工作岗位和培训场所的权利。从事职业可通过法律或依据法律予以规定。②除一般传统的、针对所有人员的公共服务义务之外，任何人不得受迫从事一定的劳动。③法院判决剥夺自由权利时，方可允许实行强制劳动。

除此之外，一些重要的国际公约也规定了职业自由。《世界人权宣言》（1948）

---

[1] Ronald Dworkin, *Is Democracy Possible Here? ——Principles for a Nero Political Debate*, Princeton University Press 2006, pp. 9~10.

[2] 有学者认为职业自由仍然处于"宪法上未列举之基本权利"。参见高景芳："论职业自由入宪"，载《青岛科技大学学报（社会科学版）》2011年第1期。

第23条第1项规定："人人有权工作、自由选择职业、享受公正和合适的工作条件并享受免于失业的保障。"《经济、社会、文化权利国际公约》（1966）第6条第1款规定："本公约缔约各国承认工作权，包括人人应有机会凭其自由选择和接受的工作来谋生的权利，并将采取适当步骤来保障这一权利。"

就医生的执业而言，自由执业意味着改变医生与医疗机构之间的固定管理关系，医生可以更加自由地流动，选择执业的地点、时间等。这和宪法法律保障的职业自由有很大差别。但它们之间并非没有联系，它们的主张都属于经济自由的范畴。

经济自由和前面讨论的生命健康领域的个人自由确实有很大的不同，在许多国家的宪法和法律制度中，经济自由相对于宗教自由、言论自由等其他类型的个人自由，处于较低的位阶。经济自由普遍地受到了更多的限制。

东京大学法学部教授伊藤正己指出，"经济的自由权虽然有具体的权利性，但在与其他人权发生冲突时，其价值在其他人权之下，因此在司法上，相比其他基本权利，职业自由也应受到来自国家公权的更深程度地限制"[1]这不仅仅是一种观点，在许多国家也都是法律运行的实际状况。而且，值得注意的是，现如今，不仅基于保障和维持社会生活的安全与秩序等消极目的要对职业自由加以限制，而且基于协调国民经济的发展、保护经济上弱者的权利等积极目的，也要对职业自由加以限制。[2]

也正因此，医生自由执业在世界范围内并不是普遍现象。医生自由执业的支持者认为，自由执业可以加强医生之间、医院之间的竞争，合理配置资源。但自由执业也有很多风险，可能减弱医生与医疗机构团队之间的协作，反而不利于提高医疗服务水平。这两个方面的结果都是可能出现的。我国在最终决定是否推行此类改革时，还是应该综合衡量是否赋予这项自由，怎样更有利于卫生法最核心的价值——健康权之保障。

四、平等

如果说人类在本能上有追求自由的天性，那么也可以说，人类在理性上有实现平等的要求。前面在讲述健康权时提到，《经济、社会、文化权利公约》第12条对健康权的规定如下："……人人有权享有能达到最高的体质和心理健康的标准……"此处需要注意的是"人人"这两个字，其背后反映的就是对平等的追求。

（一）平等的含义及类别

对于平等，有一个很简单的抽象表述，来自美国学者艾德勒："当一事物在某一认同的方面不比另一事物多，也不比另一事物少时，我们就说这两个事物是平等

---

[1] 徐显明主编：《人权法原理》，中国政法大学出版社2008年版，第139页。
[2] [日]工藤达朗："经济自由的违宪审查标准——关于财产权和职业自由"，童牧之译，载《中外法学》1994年第3期。

的。"[1]但这样的描述缺乏实际的意义。因为平等的含义实际上十分复杂,不同时代、不同阶级的人常常有不同看法,同一时代、同一阶级的人也常有分歧。

法理学家博登海默指出:"平等乃是一个具有多种不同含义的多形概念。它所指的对象可以是政治参与的权利、收入分配的制度,也可以是不得势群体的社会地位和法律地位。它的范围涉及法律待遇的平等、机会的平等、人类基本需要的平等。"[2]

马克思认为:"平等是人在实践领域中对自身的意识,也就是人意识到别人和自己的是平等的人,人把别人当作和自己平等的人来对待。"[3] 从而指出平等的本质是人与人之间的同等对待关系。

平等涉及人身、政治、经济、文化等各个方面。在现代社会,平等是法的一般价值,法所追求的平等,也覆盖所有这些方面。要理解平等,需要把握以下几个要点:

1. 平等不是平均。卢梭对平等的研究久负盛名。在他所处的那个年代,人与人之间生来平等的观念已经被西方社会广泛接受。他同时也承认,自然状态下,人与人之间也有差别,只不过这种差别比社会状态下人与人之间的差别小得多。有些被看作自然的差别,实际上纯粹由社会造成。[4]

从来也没有人幻想过,人与人之间自然地就在各方面完全对等。绝对平等或平均天然就是不存在的。而人为地制造绝对平均或平等是否可行呢?

平均主义思想在我国有着悠久的历史。孔子曾说"不患寡而患不均",这被不少人曲解为追求平均主义。历史上的农民起义常常以"均贫富、等贵贱"为口号。这种观点在对抗阶级剥削的时代是有积极意义的。但在现代社会却是有害的。我们曾实现过平均主义,但其结果是"干好干坏一个样,干多干少一个样",在表面上反对剥削的同时又维护着新的剥削——干坏者剥削了干好者,干少者剥削了干多者。

因此,平等从来都不意味着绝对的平均、对等、无差别。不同的主体之间保持合理的差别被认为是正当的、符合正义的要求的。人们常常用公平来描述这种包含了差别的平等。

2. 平等反对特权。特权主要是在法律意义上存在的,指一些人基于地位、经济实力、宗族、血统等获得了相对于其他人更为特殊的权利或权力。西方提出的"法律面前人人平等"和我国历史上提倡的"王子犯法与庶民同罪"都是反对特权的平等意识。

---

[1] 于浩成、段秋关等:《中外法学原著选读(下)》,群众出版社1986年版,第505页。
[2] [美] E. 博登海默:《法理学:法律哲学与法律方法》,邓正来译,中国政法大学出版社2004年版,第307~308页。
[3] 《马克思恩格斯全集(第2卷)》,人民出版社1957年版,第48页。
[4] [法] 卢梭:《论人与人之间不平等的起因和基础》,李平沤译,商务印书馆2007年版,第80页。

3. 平等反对歧视。作为平等对立面的，除了特权，还有歧视。虽然平等不追求完全对等，承认人与人之间的广泛不同，但反对没有正当理由的区分——也就是歧视。

歧视作为人际关系的一种状态，指的是人对人的一种不应有的、不平等地低下看待或对待。

歧视和特权一样都是对平等的否定，特权拥有者的权利超出了一般人的限度，而歧视承受者的权利低于一般人的水平。[1]

4. 平等的类别。对平等进行分类也可以从多个角度。

从在不同对象之间进行对比的特定领域/方面进行划分，首先是人格平等。无论是从自然、宗教还是法律的意义上，人和人之间在人格上是平等的。在人格平等的基础上，才有政治平等、经济平等、性别平等等诸多类型的平等。其次，在特定的领域，又可以在考察对象方面进一步细致分类：机会的平等、条件的平等和结果的平等。这种区分最常见的适用领域是经济领域。医疗活动现在主要也是经济活动，因此同样适用这一区分。最后，在上面这种划分的基础上，产生了形式平等与实质平等的区分。一般认为，机会的平等、条件的平等属于形式平等。而结果方面的平等属于实质平等。但实质平等并不追求平均。

（二）法与平等的关系

1. 法是平等的重要依据。平等是一个必然充满分歧的概念，但并非没有准则。法之所以能起到平等依据的作用，是由法律的性质和特征决定的。法作为国家制定或认可的行为规则，具有其他规范所没有的明确性、肯定性和普遍有效性。在既定的法律规则下，平等与否总是会得出一个结论。但法律上的平等体现为不同的层次。

（1）根据定义，所有规则本身都包含着一定程度的平等……实施一条规则就是增进行为或待遇的平等。[2] 因为规则意味着设定一个条件，所有符合该条件的主体都受到同样的约束或者拥有同样的权利。这种意义上的法律平等不外乎是"凡为法律视为相同的人，都应当以法律所确定的方式对待"。[3] 这是典型意义上的形式平等。

（2）当立法者被禁止在法律中进行不合理的分类时，尤其是禁止以种族、性别、宗教、民族背景和意识形态信念等因素——人们在这些方面差别被认为都和一般的法律活动能力没有因果关系——进行分类时，法律平等就在平等的阶梯上前进了一大步，同时也意味着在消灭歧视的道路上有了长足的进展。[4] 这时候才能称得上是

---

[1] 参见卓泽渊：《法的价值论》，法律出版社2006年版，第296~299页。
[2] Isaiah Berlin, "Equity," in *The concept of Equity*, ed. W. T. Blackstone (Minneapolis, 1969), p. 17
[3] [美] E. 博登海默：《法理学：法律哲学与法律方法》，邓正来译，中国政法大学出版社2004年版，第308~309页。
[4] [美] E. 博登海默：《法理学：法律哲学与法律方法》，邓正来译，中国政法大学出版社2004年版，第309~310页。

"法律面前人人平等"。这种意义上的法律平等还是机会平等、条件平等,属于形式平等。不论是机会平等,还是条件平等,都存在理想与现实的差别,规则上的机会平等并不等同于实际上的机会平等,它们很可能是脱节的。一些弱势地位的人并没有条件去利用形式上平等的机会。于是,进一步的法律平等要求被提出了。

(3)通过法律来对利益进行再分配,确保在全社会层面上,各类主体在基本需要满足方面的实质平等。

2. 法是平等的重要保障。从一般意义上讲,人是向往和热爱平等的。但是,人往往又被自私的欲望驱使,或者受到其他因素的影响,谋取超越他人的特权,无视规则去侵犯他人的利益,或者任性地凭借自己的主观认识去制造歧视。这时候,法就会成为平等的维护者。此外,在促进实质平等方面,更是依赖法律对利益进行人为的再分配。

法发挥保障平等的作用,需要依赖国家强制力,但不限于此。法对平等的保障作用通过三层机制实现:①法为平等提供确定标准、提供依据;②法为平等的实现规定具体的措施、程序等;③法为破坏平等的行为设定了制裁措施。[1]

(三)卫生法中的平等

卫生领域的平等问题有很多,在形式平等层面,最主要的问题是反对各种歧视。在实质平等层面,则是保障人人都能享受到基本的医疗服务,在基本健康权的方面实现平等。

1. 卫生领域反歧视问题。歧视问题可以出现在各种领域。比较常见的有:医疗服务领域医院对患者的歧视;就业领域用人单位基于身体相关原因对劳动者的歧视;医疗资源配置和管理方面,政府对医疗机构之间的歧视等;还有包括医疗保障制度涉及和实施阶段对不同人群的歧视。

第一,医疗服务领域医院对患者的歧视。这一类歧视有基于病种的,也有基于经济情况的。前者如艾滋病歧视,据媒体报道和相关学者的统计,医院提供服务的过程中,对于艾滋病患者的歧视还是很多的,艾滋病患者常常不能得到公平的诊疗对待。[2] 后者如我国医院对参加医保的患者和未参加医保的患者实行价格歧视。在学术概念上,当企业把消费者分为具有不同需求曲线的两个或更多组,并将同一商品按不同价格向不同组的消费者售出时,可以称之为"三级价格歧视"。[3]

第二,就业领域,用人单位基于身体相关原因对劳动者的歧视。实践中的例子主要是对乙肝患者的歧视,以及对于生育期妇女或者孕妇的歧视。这类现象在我国

---

[1] 参见卓泽渊:《法的价值论》,法律出版社2006年版,第308~309页。
[2] 陈明莲:"消除对艾滋病患者感染者的歧视,医务人员要'从我做起'",载《健康报》2005年12月9日。韩扬扬、严谨:"医疗卫生服务中艾滋病歧视的研究进展",载《护理学杂志》2008年第11期。
[3] 王文祥、徐杰玲:"我国医院实行三级价格歧视的理论研究",载《卫生经济研究》2005年第10期。

还相当普遍。

第三,在医疗资源配置和管理方面,政府对医疗机构之间的歧视等。长期以来,我们都对公立医院与民办医院、非营利性医院和营利性医院实行分类管理,这本身并不一定意味着歧视,但实际运行中,政府管理部门却可能进行不合理的区分对待,构成歧视。例如,在医院设立方面,专为民办医院设定歧视性条件。实践中,这种情况是存在的,因此才有一些地方,如重庆专门制定了《重庆市医疗机构管理条例》,作出如下规定:"对具备相应资质的非公立医疗机构,应按照有关规定予以批准,不得设置法律法规规范以外的歧视性限制条件。""严禁对非公立医疗机构乱摊派、乱检查、乱罚款。"

第四,医疗保障制度涉及和实施阶段,对不同人群的歧视。我国的医疗保障制度经历了多次变革,曾经有三类基本独立的医疗保障制度:公费医疗、劳保医疗、合作医疗。公费医疗覆盖机关、事业单位,劳保医疗覆盖城镇职工及其家属、子女,合作医疗覆盖农村居民。这种区分制造了职业间的歧视和不平等,而在同一序列内部,平均主义非常严重,浪费惊人。现在的改革趋向于根据享受对象分为城市医疗保险制度和农村合作医疗保险制度,两者之间的差距正在缩小。就当前而言,这种二元结构有其现实合理性,与我国的二元经济结构相一致,体现了我国城乡社会结构的特点和经济发展水平。但是,具体制度的设计和实施中还是存在歧视的问题。有学者指出,农村合作医疗保险在医疗费用补偿机制设计上存在明显的与农民收入正相关的隐含条件,导致广大农民、特别是低收入人群很难享受到或享受到很少的医疗费用补偿,进一步导致"穷人"补偿"富人"的逆向转移支付,构成实质的不平等和歧视。[1]

上述诸多歧视问题,都需要卫生法律制度的改革加以修正。

2. 基本医疗服务可及性。健康权要求人人都享有健康权。但是,医疗资源的有限性,在现实情境中很难充分保障每个人都在最高标准上获得健康权保障,也不可能实行平均主义的医疗保障。于是,实质性的平等就要求国家建立制度,保障人人享有最基本的医疗服务。

世界卫生组织的"人人享有的初级卫生保健"战略认为:应有一条健康底线,低于它,任何国家的任何人都将无法生存。[2]

联合国经济、社会与文化权利委员会一般性意见确认,各缔约国有确保在最起码、最低限度上满足健康权实施的核心责任,包括基本的卫生保健。委员会第14号一般意见具体指出,缔约国确保最低限度的健康权的核心内容包括:①在没有歧

---

[1] 代志明:"新型农村合作医疗补偿机制歧视问题研究——以收入差异为视角",载《中国软科学杂志》2007年第2期。

[2] WHO, *Implementation of the global strategy for health for all by the year*, Copenhagen: World Health Organization, Regional office for Europe 1943, p. 31.

视的基础上（尤其是对弱势群体及边远地区民众）获得卫生设施、用品及服务的权利；②最起码的必需食品；③基本的住房、用水与卫生设施；④世界卫生组织定义的基本药物；⑤卫生服务、卫生用品及设施的平等分布；⑥制定国家公共卫生政策及行动计划，表达对全民健康的关注，并表达民众有达到健康指标的权利（尤其对弱势群体及边远地区民众）。[1]

尽管我国还存在医疗资源分配不均衡、医疗费用高等问题，但我国政府一直在努力推进基本医疗服务可及性的目标。在我们实施的"健康中国"的战略中，国家拟通过实现基本医疗保障制度全面覆盖城乡居民、扩大医疗保险服务项目范围和控制医疗费用等方式，来保障这一种实质意义上的平等。

五、价值冲突问题

法的价值体系是一个多元而庞杂的体系，不同的价值之间发生冲突是非常常见的。

价值本身以及价值冲突的存在都是不以法律制度的存在为前提的。法律制度的存在，是为了追求这些价值，也是为了解决价值之间的冲突。因此，研究价值冲突及其解决，是法学研究必不可少的内容。

（一）价值冲突的类型及原因

每一个价值都有其独特性，多种价值共存，在逻辑上就有相互冲突的可能性。这可以被称为抽象层面的价值冲突。此外，价值冲突也可以是具体而现实的，例如，在法律制定、实施的过程中，不同主体之间的价值观冲突或者单个主体面对规则背后的不同价值取向时，需要处理的价值冲突。

1. 抽象层面的价值冲突。在自由、平等、秩序、效率、人权等不同的价值之间，都可能发生冲突。最典型的是自由与平等之间的冲突、自由与秩序之间的冲突等。

（1）自由与平等之间的冲突。自由与平等之间的冲突是以它们在人性上的差异为根据的。自由以人的个体性为首要的基础，而平等则以人的社会性为基础。自由与平等的侧重点不同也决定了两者冲突的频发。自由侧重于个人意志的自由、行为的不受约束以及自身个性的发展，而平等侧重于人与人之间关系的对等，甚至是群体性的整齐划一。

（2）自由与秩序的冲突。自由强调的是主体个性的发挥，而秩序强调的是有序状态的建立与维持。自由难免有打破既有平衡——秩序的趋势，秩序则有在一定程度上限制自由，维持平衡的规定性。二者之间的冲突在所难免。

2. 具体层面的价值冲突。具体层面的价值冲突可以发生在法律制定和实施的多个环节。

（1）立法环节的价值冲突。具有不同价值的立法者在通过一个法律的制定过程中会有不同的立法主张。赞成或反对制定某一法律、赞成或反对发展某种制度背后，

---

[1] 汉斯·霍格塞、唐镜波："作为人权的基本药物的可获得性"，载《中国药师杂志》2005年第8期。

其核心往往都是价值观的冲突。20世纪80年代初期，曾有学者在欧洲9国进行民意调查，其中一个项目是让各国人民在自由与平等之间做出选择。从结果来看，各国人民的倾向不一样，但大多数国家的分歧都很明显。选择自由与平等的比例在各国分别为：英国3.00，荷兰1.84，比利时1.77，法国1.64，丹麦1.41，爱尔兰1.21，意大利0.96，联邦德国0.95，西班牙0.92。[1]高于1的表明该国人民总体上偏向自由，低于1的表明该国人民总体上偏向平等。但不论偏向哪一个，说明人民之间在价值上的分歧都是很突出的。这必然导致立法环节出现广泛的价值冲突。尤其是在涉及经济自由与福利制度相关的法律方面，自由与平等的冲突会非常明显。

（2）法律实施环节的价值冲突。这种冲突有多种，可以是执法或司法者个体面对价值冲突，例如"二奶继承案"中的法官，就需要解决公序良俗和遗嘱自由方面的冲突。同样的情况背后，显然也存在着不同主体之间（例如办案法官之间、案件的各方当事人与社会公众之间）的价值观冲突。

此外，还可能出现执法或司法主体与立法者之间的价值冲突。虽然按照法治的要求，执法者或司法者的职责在于实施法律，执法者和司法者不应该有不同于立法者的价值观，但这仅仅是理想情况。一方面，在实际生活中，法的价值之实现不可能不依赖于执法者或司法者个人的行动，他们对于法的价值的主观认识难免渗透到法律的实施中；另一方面，所谓"立法者的价值观"，往往是不确定的，法律本身体现了立法者之间的妥协，他们在价值冲突上往往采取了模糊的处理，留给执法或司法主体根据实际情况去裁量判断。

（3）普通公民对法的价值的认识也可能不同于立法者、执法者或司法主体，这就可能导致对法律的不满甚至反抗，最终也会影响法的价值最终实现的状态。例如，人们在医疗保障制度改革、互联网时代药品销售制度改革、小摊贩治理等方面就存在广泛的分歧，不少法律规则出台之后，都曾引起剧烈的争议。

3. 导致价值冲突的原因。导致价值冲突的原因是多方面的，主要可分为社会方面的原因、主体方面的原因和文化方面的原因。[2]

（1）社会生活的复杂性和多变性。社会由政治、经济、文化、宗教、法律等多个系统组成，每一个系统都有其推崇的价值观，这些价值观交织在一起，有时候相互支持促进，有时候相互冲突。而且，社会的物质基础、精神条件、上层建筑等都在持续地发生变化，这些因素增加了价值冲突的可能性。

（2）主体的多元和多样性。价值反映主体的需求，而社会主体可以按照各种划分方法分为不同的群体，例如，性别、年龄、宗教、社会阶层、职业、地域等，许多群体都有自己的共同需要，基于此形成了各自的价值观。

---

〔1〕［法］斯托策尔：《当代欧洲人的价值观念》，陆象淦译，社会科学文献出版社1988年版，第48~49页。

〔2〕参见卓泽渊：《法的价值论》，法律出版社2006年版，第605~610页。

(3) 文化多元。文化是社会中一个较大范围的群体共享的价值观，个人的价值观受到特定文化的影响很深。前述关于自由与平等的例子，本质上就反映了欧洲不同国家之间的文化差异，而这种差异在中西方文明之间更为突出。

(二) 卫生法中价值冲突举例

在卫生法制度中，价值冲突同样是普遍存在的。在抽象层面上，健康与自由之间、自由与秩序之间、自由与平等之间都可能发生冲突。而在具体层面上，冲突存在与法律制度的许多方面。以下稍举几例以作说明：

1. 自由与健康或秩序之冲突：知情同意权与强制治疗。知情同意权体现的主要是自由价值，主张个人对于自己的身体具有自主权。但是，在一些情况下，个人主张这种自由是危及其本人的健康乃至生命的。而医生的医德教育鼓励其为了病人的健康采取必要的手段。当医生面临病人拒绝的情况时，价值冲突就出现了。对于医生而言，他首先要应对的是伦理冲突。究竟是尊重患者的自主权，还是服从医德的召唤，以患者的健康为首位。而对于社会和法律而言，一旦医生做出了选择，就要处理其责任的问题。有两个例子是这方面的典型：

案例一：2007 年 11 月 21 日，已有 9 个多月身孕的李丽云到北京朝阳医院待产，接诊医生诊断李丽云感染了重症肺炎，导致其心肺功能严重下降，产妇和胎儿都有危险，必须马上剖腹产。李丽云授权其同居男朋友肖志军决定是否手术，但肖志军不同意手术，从而阻止医院实施相应的手术，最终导致李丽云死亡。法院对此案的最终判决是医院行为合法，不承担责任。

案例二：2010 年 12 月 3 日清晨，一名 29 岁的临产孕妇被转送至暨南大学附属第一医院抢救。医生检查后认为，如不尽快手术，将造成一尸两命的严重后果。但产妇坚决要自己生产。经医院相关负责人解释，产妇的丈夫同意手术，但产妇本人仍坚持自己生产。为抢救产妇，医院在征得其家人同意，并由医院相关负责人签字同意后，强行为产妇进行剖宫产，挽救了产妇生命。婴儿出生数小时后不幸夭亡。12 月 10 日，卫生部回应此事件称其"合法"。

在上述两个案件中，都存在患者方表示拒绝手术的问题，医院的选择不同，但最后都没有被课加责任。这样的结果是合法的，也是符合社会上绝大多数人的期望的。

从这两个例子中可以总结出的原则是：价值冲突的解决应该结合具体情境，在大多数情况下，价值冲突并不存在一个预先设定的答案。自由并非一定优先于健康，健康也并非一定优先于自由。

有学者将医院不顾患者反对而采取医疗措施的行为称为强制治疗。在现实生活中，强制治疗更多地发生在政府与公民之间。政府与公民之间的强制治疗往往是出于公共健康或安全的目的——体现秩序价值。

例如，《传染病防治法》第 39 条规定："医疗机构发现甲类传染病时，应当及时采取下列措施：①对病人、病原携带者，予以隔离治疗，隔离期限根据医学检查结果确定；②对疑似病人，确诊前在指定场所单独隔离治疗；③对医疗机构内的病人、病原携带者、疑似病人的密切接触者，在指定场所进行医学观察和采取其他必要的预防措施。拒绝隔离治疗或者隔离期未满擅自脱离隔离治疗的，可以由公安机关协助医疗机构采取强制隔离治疗措施……"

再如，《刑法》第18条第1款规定："精神病人在不能辨认或者不能控制自己行为的时候造成危害结果，经法定程序鉴定确认的，不负刑事责任，但是应当责令他的家属或者监护人严加看管和医疗；在必要的时候，由政府强制医疗。"

需要注意的是，即便有了这样的规定，也并非就消除了社会上关于价值冲突的争议。例如，在精神病人强制治疗方面，曾出现了许多不当强制的问题。于是2012年制定的《精神卫生法》对强制治疗的规定有所缓和，《精神卫生法》第30条规定："精神障碍的住院治疗实行自愿原则。诊断结论、病情评估表明，就诊者为严重精神障碍患者并有下列情形之一的，应当对其实施住院治疗：①已经发生伤害自身的行为，或者有伤害自身的危险的；②已经发生危害他人安全的行为，或者有危害他人安全的危险的。"第31条规定："精神障碍患者有本法第30条第2款第1项情形的，经其监护人同意，医疗机构应当对患者实施住院治疗；监护人不同意的，医疗机构不得对患者实施住院治疗。监护人应当对在家居住的患者做好看护管理。"

据此，在政府决定强制医疗程序前，增加了监护人同意的规定和监护人看护的替代措施。这样的规定缓和了秩序与自由之间的冲突。

2. 秩序与平等或自由之冲突：食品安全与经营者利益。食品安全与健康相关，但对食品安全的管理直接体现的是秩序价值。在具体的制度运行中，加强食品安全管理通常会影响经营者的利益，而一些利益背后，有平等或自由的价值。

（1）小作坊、小摊贩治理。小作坊、小摊贩是我国食品安全问题的重灾区。这固然是因为这些小规模的经营者食品安全管理制度不健全，也有意识落后甚至故意违法犯罪的问题，但同时也应注意到小作坊、小摊贩在食品产业中的比重。据2012年的一项统计，我国食品生产加工小作坊、食品摊贩占食品生产经营者的绝大多数。如10人以下小企业、小作坊35.3万家，约占食品生产加工企业总数的80%；无证无照的小作坊、小摊贩更是不计其数。[1] 在改进食品安全制度，治理小作坊、小摊贩问题上存在以下争议：如果任由其发展，食品安全事故将持续高发。而如果设立较严格的市场准入门槛，将会导致大量人员失业，影响社会稳定。后一种担忧，涉及歧视民众的经济权利，具体而言，是实质意义上的平等权。如果要求小作坊和小摊贩采用与大厂商相同的食品安全标准，固然更有利于食品安全，更符合秩序价值的要求，但这种形式的平等却危及市场上弱势群体的实际利益，不符合实质平等的价值要求。

（2）食品安全信息公开与商业秘密保护。食品安全要求尽可能地保障消费者的

---

[1] 李小健："食品小作坊小摊贩：食品安全事故'高发区'"，载《中国人大》2012年第3期。

知情权,保障消费者知悉其购买、使用的商品或服务的真实、充分、准确情况。但从经营者角度而言,完全公开产品方面的信息是有损其利益的,在涉及商业秘密的情况下尤其如此。商业秘密权是指食品经营者对其商业秘密所享有的专有权。商业秘密能够为食品经营者带来现实的或可预见的竞争优势与经济利益。支持商业秘密权的主要价值依据是自由,具体而言,是经济领域的自由。从抽象层面来看,这种自由和秩序并不冲突,因为保有商业秘密的自由,其限度是保有该信息不损害他人利益或社会公益。但是具体到实践中,该信息是否损害他人往往需要向他人公开之后才能确认,这就出现了是否公开、如何公开的矛盾。

要解决以上这些价值冲突,需要更加精细化的法律制度设计,但无论如何也不能避免在具体案件中根据具体情况进行裁量。

(三) 价值冲突的解决

关注价值冲突如何发生,最终目的还是要关注如何解决价值冲突问题。

1. 解决方法的基本分类。专门研究法的价值的卓泽渊教授将解决价值冲突的方法分为三组:[1]

第一,主体认同和外在统一。主体认同是指各个主体对相互冲突的法价值之关系产生了共识。这种共识是发自内心的认同——可以有说服的过程,但不是基于强迫。而外在统一是指借助少数服从多数、下级服从上级,也可以借助强权的方式解决冲突。

第二,民主方式与专制方式。这是对外在统一方式的进一步分类。以民主方式解决法的价值冲突,是指以民主作为解决价值冲突的过程和手段。而专制方式解决法的价值冲突,则是以专制作为解决价值冲突的出发点、过程、手段和归宿。

第三,不违法方式与违法方式。在法律制度内部,不论是借助民主还是专制方式,都是不违法的方式,也是通常情况下价值冲突的解决方式。但总是存在对冲突置之不顾,或凭借自己认识、公然违法的解决方式。极端的情况下,还可以通过革命的方式,例如阶级之间的价值剧烈冲突。

2. 外部统一的基本模式。在通常情况下,价值冲突都要依靠外在统一的方式解决。而在现代社会,民主制度是解决价值冲突的基本保障,但并非简单依靠少数服从多数的规则,而是有一个基本的模式。

(1) 立法中贯彻民主的理念,并遵从宪政的要求。法的价值冲突首先发生在立法环节。这一环节的冲突主要是因为不同主体、不同群体的价值观或在具体问题上的价值取向不同。贯彻民主的理念,要求立法者有充分的代表性,法律之制定经过充分的讨论和协商,最后依据少数服从多数的原则确定。但仅仅是这样,也可能导致多数人的暴政,压制少数群体正当的价值诉求。因此,还需要宪政制度加以保障。宪法为立法设定一些基本的限制,例如基本权利、人性尊严、基本自由或平等原则

---

[1] 参见卓泽渊:《法的价值论》,法律出版社 2006 年版,第 613~616 页。

等，并且，依靠权利之间的监督制约制度减少立法权的专断任意性。只有这样，才有可能在立法环节尽可能地弥合价值冲突。

（2）法律实施中的利益衡量和司法裁决终局原则。价值冲突是不可能被法律规则消灭的，在立法中还充满了冲突和妥协。这就造成了立法在价值冲突方面的空白、模糊之处，需要在法律实施过程中加以解决。法律实施过程中的价值冲突经常具体化为利益冲突，主要的解决方法是利益衡量。

利益衡量是指执法者或法官在面对一个案件时，与此案件相关的法律规则出现了冲突，或者法律规则与法律原则、一般的正义理念出现了冲突，在这种冲突的背后，本质上体现的是不同的利益，甚至是不同的价值，要求执法者或法官根据案件的具体事实，权衡应该优先遵从哪一规则，并最终作出判断。

利益衡量是在法律实施中解决价值冲突的常规方式。但需要注意的是，没有一个主体可以进行不引起争议的利益衡量。也就是说，基于利益衡量的判断并不消灭冲突。价值冲突是不可能被消灭的。但从社会正常运转的需要来看，在具体案件中，争议必须有一个了解的时刻。这就要求有一个最终解决争议的机构，在现代社会，这一机构是法院。

第二节　卫生法的基本原则

卫生法基本原则是连接卫生法价值与卫生法制度、规则的桥梁，其效力贯穿于整个卫生法律体系，集中体现卫生法的目标和价值，对卫生法的制定与实施具有普遍的指导作用，对整体卫生活动具有高屋建瓴的意义。

一、卫生法基本原则研究现状

各类卫生法教材都会总结卫生法的基本原则，但往往存在这样或那样的问题。

（一）关于卫生法基本原则的主要观点

现在使用的卫生法教材中，关于卫生法基本原则的观点主要集中为以下几种模式：

1. 四原则说。在吴崇其2001年主编的《中国卫生法学》教材中，将卫生法基本原则确立为四项：保护公民生命健康权益原则、国家卫生监督原则、全社会参与原则和预防为主原则。贵州医科大学丁朝刚主编的《卫生法学》教材确立的四项基本原则为：保护人的生命、健康原则、预防为主原则、卫生公平性原则、个体卫生权益和社会卫生权益协调发展原则。崔新宇、安丰生主编、由人民军医出版社出版的《卫生法学概论》一书中将卫生法基本原则概括为：保护公民健康的权利、预防为主的原则、中西医协调发展原则、国家卫生监督原则。朱新力、王国平主编、人民出版社出版的《卫生法学》教材中认为卫生法基本原则至少包括以下几项：保护公民健康权原则、预防为主原则、中西医协调发展原则、社会参与和政府管理相结合原则。

2. 五原则说。南方医科大学杜仕林主编的《卫生法学》一书将卫生法基本原则区别为实体性基本原则和程序性基本原则，其中，实体性基本原则包括尊重和保障公民生命权和健康权原则、卫生法治原则、注重医学伦理原则，程序性基本原则包括平等对待原则和公众参与原则。吕秋香、杨捷主编的《卫生法学》教材中将卫生法基本原则确立为五项：卫生保护原则、预防为主原则、公平原则、保护社会健康原则、患者自主原则。

3. 六原则说。吴崇其于2005年主编的《卫生法学》教材中，将卫生法基本原则由上文四原则增加到了六原则，即增加了依靠科技进步原则和中西医协调发展的原则。

4. 七原则说。学者石悦、王安富主编的教材《卫生法学》确立的七项卫生法基本原则包括：保护公民生命健康权益原则、卫生法治原则、预防为主原则、依靠科技进步原则、中西医并重原则、全社会参与原则、卫生监督原则。哈尔滨医科大学樊立华主编的《卫生法学概论》教材中，确立的七项卫生法基本原则包括：保护人体生命健康的原则、预防为主的原则、依靠科技进步的原则、中西医协调发展的原则、动员全社会参与的原则、国家卫生监督的原则、患者权利自主原则。由达庆东、田侃主编、复旦大学出版社出版的《卫生法学纲要》一书中将卫生法基本原则确立为：保护公民身体健康的原则、公平原则、预防为主原则、保护社会健康的原则、动员全社会参与的原则、国家卫生监督的原则、奖励与惩罚相结合的原则。

5. 八原则说。医药学者徐玉芳、赵保海在其主编的《卫生法学教程》中提出了八项卫生法基本原则：卫生保护原则，预防为主，防治结合原则，公平原则，患者自主原则，依靠科技进步原则，中西医协调发展原则，国家卫生监督与全民卫生监督相结合原则，动员全社会参与原则。

通过"中国知网"全文检索"卫生法基本原则"，显示结果与"卫生法基本原则"相关的文章寥寥无几，主题相近的文章有尹口发表于《中国卫生法制》的"论卫生法的基本原则"，汪建荣发表于《中国卫生法制》的"我国卫生法的概念、特征和基本原则"，王安富发表于卫生法学与生命伦理国际研讨会的文章"论我国《基本医疗卫生保障法》的立法功能定位及其基本原则"和董文勇发表于《河北法学》的"论基础性卫生立法的定位：价值、体系及原则"。

(二) 现有基本原则观点的妥当性分析

现有教材及文章中对卫生法基本原则的论述大同小异，都存在一些共同的问题：

1. 卫生法基本原则应当具有统率性、法律性及特殊性的特征，现有教材列举的多数原则都不符合。统率性是指卫生法基本原则是指对卫生法部门的所有法律规范都有普遍指导意义的原则，卫生立法、卫生执法都应当遵守卫生法的基本原则，应当将卫生法基本原则与仅仅适用于卫生法领域的原则区别开来。法律性将卫生法原则与国家政策区别开来。而特殊性是指卫生法相对于其他部分法的特殊性，其他部门法与卫生法共同适用的原则也不适宜单独列卫生法基本原则。

（1）保护生命健康原则在现有教材中的表述基本一致：在卫生法的制定和实施中，立法者、行政执法者、企业、事业单位以及自然人，都必须将保护人的生命健康权益放在首位，一切与人体生命健康相关的医药卫生活动都应当围绕这一原则进行。[1] 这一原则得到了学界的普遍认可，但存在一些瑕疵。比如，不直接针对生命健康，但对生命健康起到担保和保证作用的医疗保障制度不能被涵盖；把"保护"一词换成"保障"更为合适，因为保障不仅有保护的意思，还有担保、保证的意思。

（2）国家监督原则的基本要求是指国家必须对与人体生命健康相关的活动、行为和产品进行规范和管理，以使人的生命健康不受侵犯。虽然卫生行政监督管理在卫生法律规范中占有重要地位，但卫生法也调整卫生服务过程中平等主体之间的民事法律关系以及医药公共卫生领域相关的刑事法律关系。显然，医药公共卫生领域产生的民事、刑事法律关系并不能被国家监督原则所涵盖，这一原则在统率性、法律性、特殊性方面是严重不足的。此外，当代政府的职能发生了巨大转变，不再只依赖于高权行政，而是提供着各种公共服务，从秩序政府向服务或给付政府变迁，但是卫生监督原则依旧将政府的职能预设在秩序政府的假定下。[2] 这不符合现代法治社会的要求。

（3）预防为主原则的基本要求是卫生事业必须坚持预防为主、防治结合的方针。中西医协调发展原则的基本要求是必须坚持中国传统医学与西方医学共同发展、取长补短的策略。这两个原则只能算是国家卫生行政管理工作的方针政策，欠缺法律性，也不能覆盖卫生法律制度的全部。

（4）卫生法治原则是指卫生法律关系中的各方主体，其行为必须有法律依据，受法律控制，符合法律的基本精神。卫生法治原则在强调国家机关要依法履行职责的同时，也要求公民、法人或其他组织遵守法律。公平原则，也称平等对待原则，强调的是以利益均衡作为价值判断标准来配置卫生资源，协调卫生保健活动，以便每一位社会成员普遍能得到卫生保健。[3] 法治原则和公平原则是通行于各类法律的一项基本原则，缺少卫生法领域的特殊性。患者自主原则是指患者就有关自己疾病的医疗问题的自我决定权。这一原则的适用领域很狭窄。同理，公众参与原则也有这个问题。

总之，现有教材中列举的许多原则都不适合作为卫生法的基本原则。保护生命健康比较适合，但其表述可以加以改进——生命健康保障原则。

2. 存在生命健康保障原则不能覆盖的领域。随着社会现代化水平的提高和国际交往的密切发展，现代社会的疾病呈现复杂化态势，而越来越多疾病的控制和诊疗

---

[1] 吴崇其：《卫生法学》，法律出版社2005年版，第23页。
[2] 杜仕林主编：《卫生法学》，中山大学出版社2012年版，第55页。
[3] 吕秋香、杨捷编：《卫生法学》，北京大学医学出版社2011年版，第3页。

需要依赖发达的科学技术,但大量科技被运用到医学领域,不可避免地产生了许多新的科技与传统伦理的冲突。基因技术、器官移植、人工辅助生殖等医学技术不仅改变了人体一个简单的基因或者器官,对构筑在人体之上的复杂的家庭、社会关系甚至整个社会发展也产生了重要影响。因此,卫生法的发展既要关注医学方面的问题,又要关注医疗科技与伦理的冲突,目前的所有原则,包括生命健康保障原则,都不能涵盖这一领域。

二、生命健康保障原则

卫生法的基本原则可以归纳为两个:一是生命健康保障原则;二是科技促进与伦理约束原则。作为卫生法基本原则之一,生命健康保障原则集中体现了卫生法的根本目的与价值追求,即对于人的生命与健康权益的充分保障。这一原则的具体内涵,需要从"生命健康"和"保障"两个方面来阐释。

(一) 生命健康

生命健康是权益,强调的是生命健康作为法律保障下的一种利益属性。同时,生命健康又可以进一步拆分为生命与健康这两个概念。二者有明显区别,但又有密切联系和互相影响的关系。生命是健康的基础和前提,而健康也被认为是生命的价值延伸和生命质量的重要体现。

1. 主体:人。在讨论生命与健康的内容和保障时,应首先明确生命与健康所指对象。在卫生法领域,生命与健康专指人的生命与健康。比如生命一词,在生物学角度是有其准确定义的,如"由核酸和蛋白质等物质组成的,具有不断自我更新、繁衍后代以及对外界产生反应的多分子体系[1]"等,而我们在讨论卫生法基本原则时,所讲的生命,仅指人的生命。

古希腊先贤普罗泰戈拉曾说过:"人是万物的尺度。"中国的传统医学经典《黄帝内经》里也有记载:"天覆地载,万物悉备,莫贵于人。"生命健康保障原则中的生命与健康,必须坚持以人为本的立场,这也是包括生命健康保障原则在内的卫生法基本原则保障人权属性的充分体现。

2. 客体:包含生命健康权与相关利益。生命健康保障原则针对的对象,或客体,是生命健康权益。这包含了作为公民基本权利之一的生命健康权,也包含了尚未被称为权利的正当利益。生命健康利益,强调的是一种客观状态,当这种利益受到来自法律的保障时,会转化为权益。

3. 生命之属性:具有神圣性的最高权益。卫生法领域所涉及的生命的内容,具体来讲,是一种权益,即把人的生命视为一种应当受到法律保障的利益,并且并为一般的利益。

(1) 生命利益在传统伦理观念中被认为是神圣的,是宝贵且至高无上的,是为

---

[1] 聂理主编:《分子生物学导论》,高等教育出版社2016年版,第25页。

生命神圣论。这一观念体现在了一系列的传统民俗、宗教思想或神话传说之中[1]。很多宗教都会倡导禁止剥夺他人生命的行为,甚至禁止自杀,如基督教的经院哲学家托马斯·阿奎那在解读《圣经》时强调:"谁杀死自己,是对上帝的犯罪……只有上帝才能决定谁什么时候死,什么时候活。"[2] 基于生命利益的神圣与最高,各国立法往往把以生命利益为客体的生命权作为最基本的人权进行保障,卫生法领域的相关立法也不例外。

(2)生命伦理学在强调对人的生命进行保护和维持的同时,也延伸出重视生命质量的观点,即生命质量论。这种观点强调生命应是高质量的生命,人不仅要活着,还要活得幸福、有意义。这种观点对传统的生命神圣论造成一定的冲击,如在对待放弃治疗、"安乐死"以及节育等问题上,生命价值论与生命神圣论可能会存在不同的回答,这种不同的回答也会对法律及政策的制定产生不同的影响。

4. 健康之属性:含义广泛的基本权益。相比生命而言,对健康的定义有更为广泛的共识。1946年世界卫生组织制定的《世界卫生组织宪章》从法律层面对健康一词进行了释义:"健康是躯体的、精神的及社会的完好状态,而不仅仅是没有疾病和不虚弱。"这一释义在从积极和消极两方面对健康的含义进行限定时,也体现出其含义高度的开放性和广泛性。

以健康利益为客体的健康权,已经得到了国际人权立法的明确保护,如《世界卫生组织宪章》《世界人权宣言》《经济、社会和文化权利国际公约》等。同时,由于这一利益自身内容的广泛性,其所涵盖的部分内容也已经得到各国宪法不同程度的保护,因此,健康权也被很多学者认为是一项基本权利[3]。

(二)保障

作为动词的"保障",在《法律文书大词典》中被解读为以下含义:维护、防卫,使生命、财产、合法权益等免受侵犯和破坏。[4]

在法条中,以卫生法领域中的法律为例,"保障"一词的含义可以归纳总结如表3-2所示:

---

[1] 上官丕亮:"生命权宪法保障的理论基础研究",载《环球法律评论》2007年第6期。
[2] 参见徐宗良等:《生命伦理学:理论与实践探索》,上海人民出版社2002年版,第35页。
[3] 参见焦洪昌:"论作为基本权利的健康权",载《中国政法大学学报》2010年第1期。
[4] 参见刘树孝等主编:《法律文书大词典》,陕西人民出版社1991年版,第10页。

表 3-2：卫生法领域主要法律中含有"保障"的条文

法律名称	含有"保障"的条文	"保障"在条文中的含义
《中华人民共和国传染病防治法》	第1条 为了预防、控制和消除传染病的发生与流行，保障人体健康和公共卫生，制定本法。 第60条第3款 省、自治区、直辖市人民政府根据本行政区域内传染病流行趋势，在国务院卫生行政部门确定的项目范围内，确定传染病预防、控制、监督等项目，并保障项目的实施经费。 第61条第2款 地方各级人民政府应当保障城市社区、农村基层传染病预防工作的经费。	第1条：维护、防卫； 第60条、第61条：提供经济、技术等辅助。
《中华人民共和国职业病防治法》	第4条第2款 用人单位应当为劳动者创造符合国家职业卫生标准和卫生要求的工作环境和条件，并采取措施保障劳动者获得职业卫生保护。 第21条 用人单位应当保障职业病防治所需的资金投入，不得挤占、挪用，并对因资金投入不足导致的后果承担责任。 第39条第2款 用人单位应当保障劳动者行使前款所列权利。因劳动者依法行使正当权利而降低其工资、福利等待遇或者解除、终止与其订立的劳动合同的，其行为无效。	第4条、第39条、第22条：提供经济、技术等辅助。
《中华人民共和国红十字会法》	第1条 为了保护人的生命和健康，发扬人道主义精神，促进和平进步事业，保障红十字会依法履行职责，制定本法。 第5条 各级人民政府对红十字会给予支持和资助，保障红十字会依法履行职责，并对其活动进行监督。	取提供经济、技术等辅助之义。
《中华人民共和国母婴保健法》	第1条 为了保障母亲和婴儿健康，提高出生人口素质，根据宪法，制定本法。	取维护、防卫之义。

续表

法律名称	含有"保障"的条文	"保障"在条文中的含义
《中华人民共和国献血法》	第1条 为保证医疗临床用血需要和安全，保障献血者和用血者身体健康，发扬人道主义精神，促进社会主义物质文明和精神文明建设，制定本法。 第15条第1款 为保障公民临床急救用血的需要，国家提倡并指导择期手术的患者自身储血，动员家庭、亲友、所在单位以及社会互助献血。	第1条：维护、防卫，提供经济、技术辅助； 第15条：提供经济、技术辅助。
《中华人民共和国食品安全法》	第1条 为了保证食品安全，保障公众身体健康和生命安全，制定本法。 第24条 制定食品安全标准，应当以保障公众身体健康为宗旨，做到科学合理、安全可靠。	取维护、防卫，提供经济、技术辅助之意。
《中华人民共和国药品管理法》	第1条 为加强药品监督管理，保证药品质量，保障人体用药安全，维护人民身体健康和用药的合法权益，特制定本法。 第52条第1款 直接接触药品的包装材料和容器，必须符合药用要求，符合保障人体健康、安全的标准，并由药品监督管理部门在审批药品时一并审批。	取维护、防卫之意。
《中华人民共和国执业医师法》	第1条 为了加强医师队伍的建设，提高医师的职业道德和业务素质，保障医师的合法权益，保护人民健康，制定本法。	取维护、防卫之意。
《中华人民共和国人口与计划生育法》	第15条第1款 国家根据国民经济和社会发展状况逐步提高人口与计划生育经费投入的总体水平。各级人民政府应当保障人口与计划生育工作必要的经费。 第19条 实行计划生育，以避孕为主。国家创造条件，保障公民知情选择安全、有效、适宜的避孕节育措施。实施避孕节育手术，应当保证受术者的安全。 第31条 各级人民政府应当采取措施，保障公民享有计划生育技术服务，提高公民的生殖健康水平。	取提供经济、技术辅助之意。

通过对上文的列举，可以看出，"保障"一词在卫生相关法律中具有以下含义：①维护、防卫，使生命、财产、合法权益等免受侵犯和破坏。②为卫生事业的发展、目标的实现提供经济、技术等方面的支持，起到了辅助主体发展某项事业、实现目标的作用。由此，在卫生法领域的生命健康保障原则中，保障也被赋予了上述两种含义，这两种含义见于整个卫生法规制的法律关系和行为之中。

基于保障的两种含义，可以对生命健康保障原则作两个方面的阐释：

第一，在私法关系中，针对各个主体，也包括权利人的自由或意思自治作出限制，使生命健康权益免受侵犯和破坏。

第二，在公法关系中，为国家设定两种义务，既要规制卫生相关活动，消极地保护生命健康权益免受侵犯和破坏，也要积极地为卫生事业的发展、目标的实现提供支持。支持可以体现为国家直接举办卫生事业，也可以体现为辅助私人主体。

1. 私法关系中体现的"保障"。私法基本原则可以被理解为"意思自治"这一私法理念在私法体系内的演变发展，表现为以其为中心，由不同角度进行限制和解读，其外延为意思自治、私权神圣、个人责任、人格平等、诚实信用、公序良俗六条原则。[1]

私法关系的本质是平等主体基于个人自由和意思自治相互发生权利义务关系。在私法关系中理解生命健康保障原则，就是防卫个人自由和意思自治对生命健康的侵害。

第一，任何人的自由以他人的生命健康权为界限。对生命健康权的侵犯将导致法律责任，这体现在《侵权责任法》《医疗事故处理条例》《产品质量法》《刑法》等许多法律法规之中，不必赘述。需要特别强调的是一类：卫生服务提供者有多大的自由去影响患者的生命健康权。

在卫生法领域私法关系中，卫生服务提供者是权利人之外的另一方关键主体。卫生服务提供者作为专业技术人员，在提供相关服务的过程作出的医疗决定，除受到相关专业技术规范的规制外，还将受到以保护权利人的生命健康权为目的的其他法律规则的限制。

在我国现行卫生法中，有很多从专业技术层面对卫生服务提供者的自由作出相关的规制。但仅从技术层面进行规制，无法避免在专业技术规范框架内，卫生服务提供者因一己之私，作出不利于卫生服务接受者的决定。

以替代医疗方案的告知为例，可以说明给卫生服务提供者的自由作出更多规则限制的必要性。"替代医疗方案"的字面含义为"能够取代现有医疗计划，并起到相同效果的另一套医疗计划"。[2] 目前替代医疗方案的告知多集中于治疗阶段，且对于替代医疗方案的告知，卫生服务提供者从自身利益出发，存在仅向卫生服务接受

---

[1] 侯佳儒："民法基本原则解释：意思自治原理及其展开"，载《环球法律评论》2013年第4期。
[2] 李冬、常林："替代医疗方案的法律解读"，载《中国卫生法制》2013年第6期。

者告知其本机构能力范围内可施行的有限的替代医疗方案的情况。[1] 这一行为在技术规范层面并无明显过错，但其行为不利于卫生服务接受者的生命健康，应受到限制。按照临床医学惯例，应告知医学上公认的替代医疗方案[2]，不论其是否在卫生服务提供者能力范围内，但应分别告知，以照顾不同地域、收入条件的卫生服务接受者，充分保障其生命健康。

  第二，在特定情况下限制权利人的意思自治。在一般私法行为中，权利人可以根据自己的判断去从事民事活动，国家一般不干预权利人的自由意志，充分尊重权利人的选择。但在卫生法领域内，权利人的意思自治将因不利于生命健康而受到限制。这里所提及的生命健康，既包括权利人本人的生命健康，也包括其他相对人的生命健康。

  以器官捐献行为为例，对权利人器官捐献行为的限制，既要求有利于器官捐献者的生命健康的，也要求有利于受捐献者生命健康。《人体器官移植条例》（以下简称《条例》）要求器官捐献者为完全民事行为能力人，对于活体器官捐献者，更附加了年满18周岁这一限制。按照我国《民法总则》第17、18条的规定，除18周岁以上能够完全辨认自己行为能力的公民外，16周岁以上不满18周岁的公民，以自己的劳动收入为主要生活来源的，视为完全民事行为能力人。由此可以得出，对于活体器官捐献中特别提出的18周岁以上的限制，除了对限制民事行为能力人、无民事行为能力人的保护外，更多的是从有利于器官捐献者生命健康的角度出发。类似的规定在《条例》中不胜枚举。除此之外，《条例》还要求医疗机构对接受人因移植所捐赠器官感染疾病的风险进行评估，并不是接受人愿意接受捐赠就可以进行。对这一意思自治行为的限制，则是因其可能不利于受捐献者的生命健康。

  在卫生法领域因不利于权利人生命健康权益对其意思自治行为进行限制，我国并非个例。在德国《器官移植法》第8条第1款第1句第1项a要求器官捐赠者必须已经成年且具有同意能力。[3] 由于未成年人的判断能力存在问题，以及捐赠器官这一意思自治将带来的对生命健康不可挽回的影响，在未成年人进行意思自治行使自我决定权时，与未成年人的生命健康权相比较，生命健康更值得保护，其意思自治应当受到限制。[4] 日本1997年《器官移植法》中也有类似的规定，禁止从15岁以下少年身上摘取器官。[5]

  2. 公法关系中体现的"保障"。按照法理学分类，公法关系属于纵向法律关系，纵向法律关系是指在不平等或不对等的法律主体之间所建立的权力服从关系。[6] 这

---

[1] 马新耀、张思兵："替代医疗方案及其相关法律问题"，载《中国医院》2012年第11期。
[2] 马辉、林中举："浅议替代医疗方案的范围"，载《医学与社会》2015年第4期。
[3] 李宁艳："中德器官移植立法比较研究"，南昌大学2014年硕士学位论文。
[4] 参见李宁艳："中德器官移植立法比较研究"，南昌大学2014年硕士学位论文。
[5] 高向华："中日器官移植法律制度初步比较与分析"，载《医学与哲学》2007年第2期。
[6] 舒国滢主编：《法理学导论》，北京大学出版社2012年版，第149页。

类法律关系具有以下特征：法律主体地位不平等，权利义务具有强制性且不可转让。在卫生法领域的公法关系中，也具有这样的特征，其对私人的保障，表现为国家权力和国家义务不可抛弃或转让。这一保障的具体内容为：

（1）国家对生命健康权益的消极保护。在卫生法领域内，保障的一部分是国家对生命健康权益的维护，这一维护建立在对违法行为的防卫之上。在国家卫生监管体系中，国家行使监管权力，维护合法的个体权益，防止违法行为，使最广大群体的生命健康免受侵犯和破坏。国家对个体生命健康权益的维护由来已久，属于国家的传统职能之一。早在春秋战国时期，《周易》《周礼》《左传》就记载了相关的卫生立法。西周时期，则建立了我国最早的卫生管理制度。[1] 新中国从建立开始就设立了卫生部，统管我国卫生事业，后改组为卫计委，其对生命健康的权益的维护一直持续。

这一维护集中体现在刑法和相关卫生监管单行法律法规中。违反《刑法》及其他卫生单行法律法规的行为，侵害的法益是国家的卫生监管秩序，而这一卫生监管秩序的存在目的是维护其他公民的生命健康权益。

典型的例证是《传染病防治法》对于甲类传染病染病人员的强制隔离治疗规定。在《传染病防治法》第39条中规定，若甲类传染病病人拒绝隔离治疗或隔离期未满擅自脱离隔离治疗的，可以由公安部门协助治疗单位采取强制隔离措施。国家在传染病防治中履行其监管职责，对于违反法律规定的行为进行防卫和规制，防止其脱离隔离给其他公民的生命健康权益带来损害，维护生命健康权益。

（2）国家对生命健康权益的积极支持。在许多国家的历史上和现在，都存在国家直接举办卫生事业的情况。这体现的就是国家对生命健康权益的直接的积极支持。但在现代社会，卫生活动高度产业化了。国家对生命健康权益的积极支持作用更多地体现为辅助作用。

国家对生命健康权益的辅助性支持，属于新兴的国家职能，最早推广于二战后的西方"福利国家"。二战后，美国在卫生保健中增加了对享有机会的关注，由于社会经济地位、种族等因素导致的卫生保健资源享有上的不均等被公众所诟病，《希尔—伯顿法案》正是在此契机下通过的对医疗资源重新分配的法案，也是美国历史上具有划时代意义的事件。[2] 生命健康标准可高可低，但是生命健康资源却难以无限投入。由于支撑健康服务体系的物质资源具有稀缺性，[3] 西方国家将其作为国家的福利制度的重要组成部分，根据国家经济水平进行资源分配。

国家对生命健康权益实现的辅助形式多种多样。经济上的辅助，最为常见的是通过社会医疗保险来实现。我国社会保险中的医疗保险，包括职工医疗保险、城镇

---

[1] 苏玉菊主编：《卫生法学原理、图解、案例》，中国民主法制出版社2014年版，第6页。
[2] 刘莘、覃慧："卫生法理论体系建构的前提"，载《行政法学研究》2015年第4期。
[3] 董文勇："论基础性卫生立法的定位：价值、体系及原则"，载《河北法学》2015年第2期。

居民医疗保险、新农村合作医疗保险等,通过这一制度,对个体的卫生保健支出进行弥补,以辅助生命健康权益的实现,减少"因病致贫"情况的出现,更好地提升国民健康。公共卫生资源分配上的辅助一般是通过支边和进修等方式来实现。卫生保健技术发达地区派出人力、物力、财力支援卫生保健条件落后地区称为支边。卫生保健条件落后地区派出人员到卫生保健技术发达地区进修学习称为进修。通过这些方式,能够尽量地实现卫生保健资源相对合理的分配。但也应当看到,我国目前所采用的这两种辅助手段,存在资金投入不足、人才流失、浮于表面等问题,亟待解决。

国家对生命健康权益的辅助,应当包括以下内容:①相对合理的经济辅助。经济辅助要有,但是数额应该受到控制,既不能过少,难以满足个体实现生命健康权益的需要,也不能过多,影响国家其他职能的发挥,减弱个体的劳动积极性,陷入"福利病"怪圈。②可持续的资源分配辅助。现有的卫生保健资源,集中分布于大中型城市,不同地域之间卫生保健水平参差不齐,偏远地区难以享有高质量的卫生保健资源。原有的模式容易出现进修人才流失、支援浮于表面等问题,使得辅助效果大打折扣。应当建立可持续的资源分配辅助,实现人、财、物的合理流动,提高边远地区卫生保健服务质量。在国家对生命健康权益的辅助上,西方国家有部分经验值得借鉴。就卫生保健资源分配不均问题,西方国家有农村医生培养计划,医学院确保了卫生保健服务人员高水平,政府的相关就业政策则确保了这些高水平的卫生保健服务人员留得下。同时国家还通过加大硬件设施投入,建立起配套的高水平硬件设施,共同实现可持续的资源分配辅助。[1]

三、科技促进与伦理约束原则

将科技促进与伦理约束原则作为卫生法基本原则,是卫生法学界的首创。需要对理由及其内容做细致说明。

(一) 卫生法领域的科技与伦理问题综述

科技是科学与技术的统称。卫生领域的科技主要是新型医疗手段,例如人工生殖、器官移植、克隆技术、基因诊断与基因治疗以及"安乐死"等,这些医疗科技的广泛应用有效提高了人类的生存质量,给人类带来了巨大福祉。但科技的快速发展也带来了不少负面影响,在卫生领域集中体现为一些伦理问题。

伦理是一个发展变化的概念。在古代汉语中,"伦""理"两个字最早是分别使用的,《说文解字》有云:"伦,从人,辈也,明道也。""理,从玉,治玉也。""伦"本义为辈分、人伦,"理"本义为玉石的纹理,二者连用即为"伦理",意为处理人与人之间关系的道理。儒家的伦理就是规范人伦关系的道德和原则。现代意义上的伦理吸收了西方的含义(英文表述为 ethics,来自希腊语 ethika),伦理的适用

---

[1] 参见罗汝珍:"发达国家农村医生培养概况及其对我国的启示",载《医学与哲学(人文社会医学版)》2015 年第 4 期。

范围更宽。美国《韦氏大辞典》对伦理作如下定义：伦理是一门探讨什么是好、什么是坏，以及道德、责任、义务的学问。1997年哲学家萨米尔·戈伦维兹把生命伦理学定义为："对于与健康相关或者与生命科学相关情境下的决定，进行道德维度的评论或审查。"本书中关注的伦理问题，是如何对受到科学技术影响的卫生法律关系或者主体行为进行评价。不仅仅涉及医患关系中的一般伦理问题，还涵盖诸如人工流产、基因诊断、人工生殖、遗传工程、"安乐死"、人体试验、脑死判断、器官移植、末期医疗、生命尊严和生命质量等问题。

1. 科技在卫生领域带来的积极影响：多重意义上促进健康。相较于引发的伦理问题，科技在卫生领域带来的积极效果还是更为突出的。

（1）科技进步保障了人类的生命和健康。科技的发展对人类健康的保障、生命的延长、生存质量的提高发挥着不可替代的巨大作用，推动这一领域发生根本性变革。在基础医学研究方面，人类基因组作图与测序计划的完成，为进一步了解人类的全部基因组成提供了更为详尽的基因信息，从分子水平阐明人体结构功能与疾病的关系，为提高人类的生存能力，改善人们的健康状况，提供了分子水平的依据。在预防方面，随着分子生物学与生物技术的发展，出现了人工合成多肽疫苗和基因重组疫苗等新型的预防药物，极大地降低了一些疾病的发病率。在诊断方面，超声诊断仪、电子计算机断层扫描摄影、核磁共振等现代医学科技为精确诊断提供了影像学依据，生物信息的测量技术更加精确化、定量化及自动化，对疾病的诊断率显著提高，并具有快速、无创伤性等特点。在治疗方面，临床医学领域出现了许多新型药物和治疗手段，血液透析、器官移植及人工脏器等高新医学科学技术的应用使身患绝症的患者有了生机。凡此种种，不胜枚举，现代科技推动医药卫生领域的进步，为人类防病治病和提高健康水平做出了重大的贡献。

（2）科技进步改提升人们的健康观念。科技的进步同时对人们的健康观念产生了不可忽视的影响。例如，预防医学的发展，使人们的目光从疾病的治疗转向了"主动健康"，更加积极地追求将疾病防患于未然，消弭于无形，一些曾经让人闻之色变的传染病，在疫苗的普及之下，已经不再对人类构成威胁。分子生物学甚至可以根据对基因图谱的分析，来预测疾病并采取相应对策，提高了人类的生存能力，改善了人们的健康状况。过去人们认为身体没有生病就是健康，随着时代进步和科技发展，现代人对健康有了更科学、更全面的认识，对健康提出了更高的要求。世界卫生组织对健康新确定的定义是："健康乃是一种在身体上，心理上和社会上的完满状态，而不仅仅是没有疾病和虚弱的状态。（Health is a state of complete physical, mental and social well-being and not merely the absence of disease or infirmity.）"这一定义把人的健康从生物学的意义扩展到了精神和社会关系两个方面的健康状态，而不仅仅满足于身体机能的正常。

（3）科技进步拓宽了疾病治疗的范围。传统的医疗技术侧重于保障人们的生命和健康，而疾病被理解为对生命和健康有消极影响的情况。但随着科技的迅猛发展，医学除了传统意义的防治疾病,还逐渐影响到人类完善和发展自我,以及其他的需求,类似于美容、整形、变性、辅助生殖等技术的发展逐渐丰富了人类生活。以变性为例,在以前疾病防治的领域,似乎变性是不在其范围内的,希望改变性别的人内心认为自己应该是别的性别,这似乎是一种心理疾病而非传统意义上所理解的"疾病",甚至实施变性手术还会对其身体造成一定程度的伤害。但如今越来越多的人开始认同这类群体的存在,变性也被纳入疾病治疗的范畴。因此,随着技术的发展,关于疾病治疗的范围在逐步扩大,满足人们的多样化的需求。

2. 科技在卫生领域带来的消极影响:导致一系列伦理问题。科技发展带来的消极影响主要在于导致了一系列伦理问题,在器官移植、人工生殖技术、基因工程、胚胎干细胞研究等领域尤为突出,挑战着现有的伦理道德,如果不能恰当处理,对社会将有极大的消极影响。

这类消极影响是很常见的,本书对其进行归纳整理,主要有安全性问题、人权和尊严问题、人格同一性问题、人类伦理关系问题、生命商品化问题以及破坏自然法则问题。

第一,科技进步带来新的安全性问题。安全性问题是任何技术面临的首要问题。医药科技为人类带来福音的同时,常常也带来巨大的安全风险。在器官移植中,许多器官接受者死于排异反应,或者难以克服的并发症,有的甚至活不到下手术台,其成功率、存活率远非媒体报道的那么高。克隆技术的安全性也饱受争议,绝大多数科学家之所以认为当前克隆人是不负责任和不道德的,主要因为他们认为当前技术条件下,克隆人是不安全的,克隆动物存在重构卵成功率低、着床率低、流产率高和畸形率高的现象,通过克隆方式正常出生的后代也可能存在许多健康问题。[1]转基因食品带来的安全性问题主要集中在转基因作物产品作为食物可能对人体健康产生危害,以及转基因作物大面积种植可能破坏生态平衡。科学技术的大发展,提出了许多事关人类生存的重大伦理道德问题,安全问题是现代科技活动所必须面对的根本性问题,科技将人类的生存、发展、尊严等引入风险之中,关注现代科技的安全问题,不仅是理论上的要求,更是现实的需要。安全是我们思考现代科技伦理问题的主要出发点和落脚点,是必须秉持和优先考虑的伦理原则。

第二,科技进步提出新的人权和尊严问题。人权是生而为人所应当享有的具有普遍性和共同性的权利集合,是人的尊严和价值的集中体现。现代医学科学技术或多或少地存在着对人类权利和尊严的侵害,利用生命个体的可操作性,为了达到目的进行人为的实验、改造,视人类为实验物而不是一个整体的人,忽视生命的神圣而将其工具化。在人类的历史长河中,生殖繁衍一直是一件神圣的事情,它是人类生来必备的本领,同时也遵循着自然之道。而在辅助生殖技术的参与之下,生命孕

---

[1] 马中良、袁晓君:《当代生命伦理学:生命科技发展与伦理学的碰撞》,上海大学出版社2015年版,第155页。

育的过程失去了往日的神秘,只是利用高科技把人类身体工具化所得到的产品,它违反了生命孕育过程的自然原则,对生命的孕育进行了这样或者那样的操作,将生命视为一种物品进行修补。而代孕母亲的出现,在特定伦理视角下可认为对女性身体的亵渎——女性在辅助生殖技术之下沦为生育的工具,婴儿则是科技的产物。在胚胎干细胞研究中,干细胞的获取有时须以破坏胚胎为前提,这是制造生命又蓄意毁坏生命。在一定意义上,视胚胎为工具是践踏人类尊严的行为。[1] 克隆人即人工无性生殖的人,其遗传性状虽与原型人一致,但人的心理、行为、社会特征和特定人格是不能克隆和复制的。我国台湾地区学者李瑞全说:"复制人注定在基因上没有自我的独特性,这就容易使复制人在心理上产生不良反应,如依附原型人、次等存在、自卑感等。……因此,复制人有丧失对自己人格尊严的信心,害怕成为第二等存在的心理和价值问题。"[2]

第三,科技进步甚至可能引发人格同一性问题。人格同一性问题不仅是个哲学问题,也是现实的伦理问题,还是不可避免的法律问题。人格同一性问题与器官移植紧密相关,如果一个人的个别器官是被移植的,一般不会涉及人格同一性问题,他仍然在家庭和社会中保持原来的身份、角色。但如果这个人的许多重要器官都是移植的异体器官,这个人是否还是原来的人呢?他的身份是否需要改变呢?随着移植领域的拓展,异种移植、大脑移植技术的出现,这一问题更加尖锐和复杂。当一个人被移植了其他动物的器官,日后的生活可能会处于社会"异类"的压力之下,甚至产生心理畸变;大脑移植后,供体和受体究竟谁是生命的主体?夫妻、父母子女关系如何确定?如果性别不同,是否存在严重问题?如何调整心理、构建新的人格?这些都涉及人格同一性问题。

第四,科技在许多方面引发了人类伦理关系问题。辅助生殖技术已经被广泛应用于解决不孕不育夫妇的生育问题,在给这些家庭带来福音的同时,也给婚姻家庭伦理、亲子观念、传统家庭模式带来了挑战。首先,辅助生殖技术将"谁是父母"的问题摆在人们面前,精子或卵子的来源扩大到了夫妇以外的第三者,孩子可有多个父母,母亲有"遗传母亲""孕育母亲""养育母亲",三者合一为"完全母亲";父亲有"遗传父亲""养育父亲",二者合一为"完全父亲"。他们共存的情况下,谁应该是孩子真正的父母?是按照遗传关系将孩子的父母确定为遗传父母,还是遵循养育的原则将养育父母确认为真正的父母?其次,辅助生殖使得生育脱离夫妻关系,人类几千年来的稳定家庭模式发生变化,出现家庭模式的多元化。未婚男女、同性恋者通过生殖技术生儿育女,这对传统家庭模式、孩子的成长、人伦关系等产生前所未有的影响。在克隆人的过程中,体细胞核的供者、去核卵供者和孕育者,三者可同为一人,也可为数人。他们和克隆子代的生物学关系和社会关系如何确定?

---

[1] 丘祥兴等:"人类干细胞研究及若干伦理问题",载《医学与哲学杂志》2001年第10期。
[2] 李瑞全:《儒家生命伦理学》,鹅湖出版社1999年版,第67页。

克隆人使得世代概念变得混乱,他们与细胞核的供体既非亲子关系,也非兄弟姐妹的同胞关系,类似于"一卵多胎同胞",但又存在代间年龄差。伦理道德上无法定位,法律上的继承关系也将无从定位。此外,克隆人可能意味着只要有女性存在,人的生殖繁衍就可继续,这样男性对人类的繁衍不再是必要的因素,从而冲击了传统的性伦理关系,一夫一妻的婚姻家庭社会规范将可能解体。将克隆技术用于人体繁殖,打破了传统的生育观念和生育模式,生育与男女结婚不再紧密联系,降低了自然生殖过程在夫妇关系中的重要性,使人伦关系趋向模糊、混乱乃至颠倒,进而冲击传统的家庭观以及权利与义务观。[1]

此外,性器官移植虽在医学技术上已完全可行,但其引发的问题却超越了医学范畴。例如,睾丸移植的受体所产生的精子其基因型将继承睾丸供者的基因型,由受者的父亲、兄弟或无血缘关系的供者提供睾丸用于移植,则会引发一系列伦理、法律问题。

第五,科技进步制造了生命商品化问题。人类生命正在遭受商品化的危险,器官移植技术的发展,使供体器官成为一种短缺的资源,单纯依靠捐赠还很难满足我国巨大的器官需求。大量需求的背后,就会产生一个隐性的市场。器官交易在世界各国普遍被禁止,非法人体器官交易存在着严重的社会危害性,有钱人享受高技术,穷人只能出卖器官,其出卖往往是被迫的,无法做到自愿。市场出售的器官难以保障质量,还会引发非法采集、出售器官等一系列社会问题。

生殖技术的运用,在很多时候涉及精子、卵子、胚胎的来源问题,这就会遇到精子、卵子、受精卵和胚胎是否是提供者的私有财产、提供者可否因此获得报酬的问题,包括代孕母亲可否获得报酬等,从根本上说,就是生殖技术可否商品化的问题。以精子商品化为例,精子商品化可能造成供体不关心自己行为的后果,有意或无意地隐瞒自己身体、行为、心理上的缺陷,精子库可能由于竞争或追求利润最大化而忽视精子的质量,或精子库为了追求高质量,只提供一类他们认为"最佳"的精子,可能造成人类基因缺乏多样性。同时,精子商品化不仅给人工受精儿带来危害,而且会促使其他人体组织、人体器官商品化。

第六,科技进步还存在破坏自然法则的问题。按照达尔文进化论的观点,生物在适应环境的过程中,通过自然选择,适者生存。在生物的进化过程中,一个物种的某些性状得到了巩固和强化,另外一些性状则消失了;具有某些性状的个体得到了繁衍,而具有另外一些性状的个体则被淘汰了。在这种进化过程中,决定性的力量是自然选择。有利于生存的基因或个体得到了保存,而不利于生存的基因或个体则遭到淘汰。在这种意义上,某些个体失去生育能力是自然选择的结果。从个体看,这不是一件好事,但从种群看,则有利于整个物种的进化。而克隆技术却把个体利益置于人类利益之上,只注重个体的繁衍而忽视了种群的进化,破坏了自然选择这

---

[1] [法]玛尔蒂主编:《克隆人:法律与社会》,张乃根译,复旦大学出版社2002年版,第11~12页。

一生物进化规律。我们必须要承认,生物多样性能够增强物种的竞争力、适应力,这在生物进化中具有重要意义,大量产生具有完全相同的基因型的克隆人,会使人类基因单一化、同一化,这对人类是极为不利的。

3. 不论是积极影响还是消极影响,许多都可能导致法律问题。科技在卫生领域引起了大变革,而法律的发展却有自己的节奏。原有的法律概念与制度适应的都是原来的生命、健康理念与卫生活动。因此,不论是积极影响还是消极影响,都可能导致法律问题。

第一,对人权理论构成挑战。随着生命科技的迅速发展,卫生领域涉及的协助自杀、辅助生殖技术、器官移植、克隆技术等都与人权产生了极大的冲突。自然权利、人性尊严等理念的内涵与外延很容易受到挑战。以辅助生殖技术为例,此项技术虽然是治疗不孕的重要手段,但其严重挑战了人的尊严,同时对生命权、生育权、平等权、隐私权、知情权等方面都产生了极大的影响[1]。在基因技术方面,通过将外源基因导入目标细胞并有效表达的方式可以达到治疗疾病的目的,但是基因检测会产生基因信息的隐私权和基因歧视等问题[2]。人权中关于人的尊严、生命权、健康权、身体权等内容由于科技范围的深度、广度的扩大而一步一步受到限制。

第二,与现有的法律规范相冲突。新兴的医疗技术与不少现行法律法规的内容存在冲突或潜在冲突。涉及《刑法》《婚姻法》《继承法》等,也涉及许多政府规制领域的行政法。例如,依据《刑法》第232、234条对故意杀人罪和故意伤害罪的规定,《侵权责任法》也有造成人身伤害的责任之规定,而现代医学技术领域的器官移植、辅助生殖技术、变性等技术在形式上具备"伤害"的特征,游走在侵权、犯罪和正常医疗活动的边缘。从民法的角度分析,主体为委托方夫妻和代孕母亲的代孕合同中对于双方权利义务的内容本应是合同自由范畴,[3]它不但有机会消除委托夫妻不孕的痛苦,也可使代孕女性获得相当的报酬。[4]但我国卫生部2001年颁布的《人类辅助生殖技术管理办法》第3条规定,禁止以任何形式买卖配子、合子、胚胎。医疗机构和医务人员不得实施任何形式的代孕技术。实践中普遍存在的代孕事实与法律的规定相互冲突。并且,变性人在现实生活中,不论事先是否经过配偶同意,当夫妻双方中有一方在婚后做了变性手术,双方的配偶身份关系是否自然解除?应当如何认识和处理已经成为同性的两个人的关系?变性人与其子女的关系应如何处理?这是立法上的一个空白点,也是行政机关在实践中进行身份认定、关系认定的难点。

第三,凸显了现有法律制度的匮乏。这方面的例子很多,当前最典型的问题在

---

[1] 潘迪:《生殖革命与人权》,知识产权出版社2015年版,第98~141页。
[2] 朱晓卓:《卫生法律实务》,东南大学出版社2013年版,第270~274页。
[3] 王晶晶、罗满景:"代孕行为合法性问题研究",载《中国商界》2009年第6期。
[4] 刘浩、陶辉:"代孕相关法律问题研究——兼评我国《人类辅助生殖技术管理办法》第3条",载《新余高专学报》2005年第1期。

于以下两类：①风险立法与风险规制问题。现代医疗技术的发展飞速，但实践中规制此类的法律仍未出台，一旦技术开始运用，未来的发展难以预料。医学技术运用于个体时具有不确定性，在对技术的认识方面存在一定的可变性，相关技术运用的后果也存在一定程度上的不可预测性，并且不同患者之间也具有很大的差异性。[1] 这种不确定性会导致与既有伦理原则、观念、评价尺度等发生矛盾与冲突，并且增大这种不确定性。以基因研究为例，人类对基因的研究还不能完全解码基因，因此对基因技术的推行会导致的后果难以预测，甚至通过基因技术进行治疗的结果会遗传给后代，造成的结果无法预知。[2] ②"自愿行为"的责任归属难题。卫生领域的大多数法律关系都是平等民事主体之间的关系，遵循意思自治原则。在"自愿"的前提下，人们可能相互达成各种协议、相互进行各种行为，往往制造出责任归属难题。例如，在新药的研制开发中，以人体作为生物医学研究对象是必不可少的。需要通过临床试验来证实或揭示药物、手术等的作用、不良反应及社会广泛适用的隐患。这类实验通常都是在受试者同意的前提下开展的，但也存在其权益保护和一旦发生不利后果时的责任认定问题。《药品管理法》《药品管理法实施条例》《药物临床试验质量管理规范》中都涉及了药物的临床试验中如何保护受试者的权益。但是，更多的新兴医学技术的试验却完全没有规制。并且，一旦实验失败，对报名患者权利的保障如何实施，患者情况恶化时科研机构的责任如何认定，我国法律都缺乏相应的规定。[3]

（二）该原则作为卫生法基本原则的理由

1. 科技促进与伦理约束原则与生命健康保障原则具有不同的价值内核。科技促进与伦理约束原则和生命健康保障原则共享一些抽象的价值目标，如维护生命健康。但不论是在对生命健康的认识方面，还是维护生命健康的实践方面，科技促进与伦理约束原则的内容都截然不同于生命健康保障原则。而这种不同的根源在于两个的价值内核不同：生命健康保障原则建立在对生命健康的相对稳定的认识之上，保障体现为对公认的良好状态的维持。而科技促进与伦理约束原则关注生命健康观念与价值判断的变化，但并非一味追究变化，而是体现了在促进与约束两个方面的反思。这是十分必要的，生命健康保障并非维持一个良好状态那样简单。

在卫生法领域确立科技促进原则，意义在于引导科学技术朝着提高人的生命健康水平的方向发展。

科学技术是一把双刃剑，其发展对人的生命健康有利也有弊。在食品安全领域表现尤为突出，如2011年相继被曝光的"瘦肉精""染色馒头""毒豆芽""假牛肉"等食品安全事件，对人的生命健康造成了极大的威胁，这些都是科学技术被不

---

[1] 杜芳舟："由基因工程引发的生命伦理问题的研究"，渤海大学2014年硕士学位论文。
[2] 储静丘子："现代医学科技发展的伦理疑难及其解决"，载《自然辩证法研究》2016年第2期。
[3] 朱晓卓主编：《卫生法律实务》，东南大学出版社2013年版，第270～274页。

当使用的结果,与科学技术发展的初衷相悖。科技促进原则关注的是科学技术的发展是否能促进人的生命健康,主要包括科学技术工作人员的实验操作过程、实验目的及研发成功的科学技术是否能被应用到社会中三个方面。通过对科技开发操作过程、实验目的及可应用性进行规制,对整个科学技术可能给生命健康带来的利弊进行评估,以排除或减少其产生的副作用,最大限度地促进人的生命健康。

在卫生法领域确立伦理约束原则,意义在于控制和减少卫生领域的科学技术进步对人类文明带来的负面影响。

生命科技进步也带来了大量的伦理问题,而伦理问题涉及人类文明的自我认同和长期延续。例如,代孕现象之存在是否合理,法律应否予以禁止或限制;能否允许人类进行自我克隆;能否允许人们自由变性;在基因技术发展已经帮助人类掌握了"生命天书"之密码的情况下,人们如何利用基因;等等。[1] 其中的伦理问题关系到根本的社会制度或长久的社会传统,甚至涉及人类文明的核心价值。解决这类问题,急需相关伦理规范的反思与法律制度的干预。[2] 换言之,在科技快速发展而相关伦理与法律问题又不断出现的背景下,为了使生命科学技术造福于人类,控制和减少其负面效果,需要制定相应的伦理规则、政策和法规,在相关条件还不具备的情况下,在卫生法领域确立伦理约束原则是当务之急。

以上两个方面的价值内核,都是生命健康原则没有涉及但在卫生法领域又至关重要的内容。

2. 关系到在现代卫生法领域广泛存在又缺乏规则的问题,具有适用的迫切性。卫生领域的伦理问题并非现在才出现,只是在现代表现得更为突出。现代卫生法领域处处可见科技进步相关的伦理问题,是确立这一原则的现实理由。

在已有的卫生法学教材和学术研究中,卫生伦理问题已经受到了明显的重视,但不论是制度实践还是理论研究方面,都还有很多缺失,制度实践的缺失体现为法律规则的大量空白,而理论研究的缺失反映在现有的卫生法学的论著中,能看到对科技发展与伦理价值相互关系方面的思考与论述,甚至专设章节加以论述,但是,它们大多都停留在具体制度的阐释或具体问题的分析上,常常将问题归结为"医学科学发展引发的法律问题""与医学新技术相关的法律制度""现代医学科学发展对法律的挑战"等命题,缺乏理论提升和宏观视角。此外,诸多书籍的相关章节所占比重较少、论述不充分且编排位置靠后。[3] 这表明我们虽然认识到此种现象的不断涌现,[4] 却并没有予以足够的重视。[5]

---

[1] 张德昭等:"论伦理评价对科学技术的张力",载《自然辩证法研究》2002年第1期。
[2] 刘大椿:《从中心到边缘——科学、哲学、人文之反思》,北京师范大学出版社2006年版,第196页。
[3] 参见樊立华主编:《卫生法学概论》,人民卫生出版社2007年版,第257~272页。
[4] 张静、赵敏主编:《卫生法学》,清华大学出版社2014年版,第14页。
[5] 石俊华主编:《卫生法学概论》,浙江工商大学出版社2012年版,第413~414页。

(三) 科技促进与伦理约束原则的内容

科技促进与伦理约束原则的内容官方适用于卫生领域的多种活动,在现有的实践中,主要体现为以下几个子原则:

1. 国家在审查医学创新活动应遵循"审慎原则"。理解这一原则,首先要了解国家审查医学创新活动的范围。医学创新活动包含在技术、产品、操作规程等各个方面的创新,创新活动主要体现为实验活动和临床应用。国家审查医学创新活动主要包括国家是否批准和国家是否资助两种情形:

(1) 国家决定是否批准开展特定的试验或临床应用。目前,《药物管理法》《医疗器械监督管理条例》《医疗技术临床应用管理办法》《干细胞临床研究管理办法(试行)》《化妆品行政许可检验管理办法》都规定了开展特定的试验或临床应用的审查机制,一般性的试验由医疗或科研机构自己审查,人体试验项目包括新医疗技术的人体试验研究、药品开发与新药药效的人体试验研究、新医疗器械的人体试验研究及新治疗方法的人体试验研究等通常需要得到国家批准。[1] 此外,新的产品、技术应用到临床时都需要经过批准。

(2) 国家决定是否资助特定的试验或临床应用。在我国,医学科学研究的资助渠道主要包括:国家自然科学基金、973 计划、863 计划、国家医学科技攻关项目(生命科学研究部分,主要资助危害性大的临床常见病、多发病的诊治和预防,以应用基础和应用为主)、国家卫生健康委员会基金、教育部等其他部委基金、各省市地方科委基金、地方卫生健康委员会基金、行业科学基金等,形成了以国家自然科学基金为主、地区和行业科学基金并存的科学基金系统。资助机构接收了研究者递交的申请书后,由机构管理人员对所有标书进行审核,通过初审后会由外部专家进行评审。最终结果的确定是根据外部评审专家给出的评分和意见,由特定机构来决定是否最终给予资助,这个特定机构通常是资助机构的管理人员或专家委员会。由评委会决定资助项目名单。在我国科技部资助的项目评审过程中,项目最终是否能够立项,也是由国家科技部根据专家的评审结论,并结合国家科技发展方向予以确定的。[2]

理解这一原则,还要明确"审慎原则"的内容。审慎主要包含两个方面的要求:

(1) 独立审查。强调国家要独立审查医学创新活动。独立审查意味着国家在进行审查活动时,可以借鉴其他国家、社会组织的判断,也可以借助顾问委员会之类的机构,但国家需要作为最后的决定人作出独立判断,担负起伦理方面的公共责任。

(2) 综合考虑多元诉求。综合考虑多元诉求是基于伦理问题的复杂性和价值判断的多元性。为落实这一要求,进行伦理审查时,往往要借助于成分多元的委员会。

---

[1] 黄丁泉:《医疗、法律与生命伦理》,法律出版社 2015 年版,第 740 页。
[2] 李玮婷:"某三甲专科医院院级科技基金运行现况与改善策略研究",复旦大学 2014 年硕士学位论文。

专家委员会中既有外部专家又有内部专家。专家库涉及的专业范围涵盖生物医学领域和管理学、伦理学、法学、社会学等多个领域。另外也需要有充分的公众参与。

2. 医学创新活动受到"公序良俗和人性尊严原则"的约束。不论是医学科研还是实践，考虑到其对象的特殊性，这类活动除了必须严格遵守国家有关法律、法规之外，还要符合公序良俗的要求。公序良俗服务于社会整体的公共利益，限制个人意志自由的范围。

但公序良俗存在不确定性的问题，在不同社会、不同的时代，其内涵也大不相同，因此，很可能引发剧烈争议。除公序良俗之外，另有一个共识度高的原则，可以约束医学创新活动——人性尊严原则。

（1）公序良俗的普遍约束。违反公序良俗是大陆法系国家常见的一个法律概念，大致有以下几种类型：①违反家庭人伦的行为；②违反正义观念的行为；③剥夺或极端限制个人自由的行为；④限制营业自由的行为；⑤侥幸行为；⑥暴利行为；⑦违反不正当竞争行为；⑧违反现代社会制度或妨害公共团体之政治作用的行为等。[1] 而卫生法领域的公序良俗应当特别突出不得违反家庭人伦和现代社会制度。一般情况下，实验为了受益者的医疗和健康、为了医学的发展和人类的健康而进行，是符合道德的动机和目的。但是严重违反公序良俗的活动应该被禁止，相关的契约也应被认定为无效。

（2）人性尊严的最低约束。公序良俗的内涵高度不确定，其本身容易在社会上引起广泛争议。为了兼顾医学创新活动的积极作用，有必要确立一个最低约束——人性尊严原则。

人性尊严最广为人知的两个阐释，一个来自康德，主张"人本身被视为是目的，而不能被纯粹视为工具"，另一个来自罗纳德·德沃金。就人性尊严的内涵，德沃金提出了两项原则：①内在价值原则，即每个人的生命都有一种特别的客观的存在价值；②个人责任原则，即每个人都负有实现对自己而言是成功人生的责任。

简单地说，人性尊严通常被理解为人之所以为人的自主决定权和"人本身被视为是目的，而不能被纯粹视为工具"。人性尊严原则首先要求医学创新活动必须在当事人充分同意的基础上，尊重其自主决定权，另外还要符合一个外在的要求：即便是双方的合意，也不能在医学创新活动中将人贬低为工具。

历史上不尊重受试者人格尊严的惨案并不少见。例如，第二次世界大战期间，纳粹医生就曾用政治犯和战俘进行大量的非法人体实验研究，如实验人在冰水中能够存活多久，甚至故意切断人的肢体来实验新药的止血效果，仅奥斯维辛集中营中的纳粹医生门格尔一人就曾在数十万名犹太囚犯身上进行过恐怖的医学实验，一些囚犯甚至遭到活体解剖，纳粹医生臭名昭著的人体实验研究反映了近代医学中黑暗

---

[1] 李双元、温世扬主编：《比较民法学》，武汉大学出版社 1998 年版，第 71～73 页。

与邪恶的一面；在日本侵华战争中也发生过比纳粹医生的行径有过之而无不及的暴行；[1] 还有发生在 1947 年的案件，由美国政府支持的一项研究在未履行告知义务的情况下在 18 人身上进行，以确定在注射高计量的铍之后在体内贮留的时间有多长，结果导致 18 人全部患上致命绝症。这些都是科学实验没有尊重人类的人格尊严而给人们带来的可怕后果。

3. 医学创新活动导致伤害时适用"基于技术成熟性的责任区分原则"。法律责任制度是发挥法律对社会行为引导作用的基础，只有恰当的归责原则，才能既约束医学创新活动中的主体，又不损害其推进医学技术进步的积极性。这就要求根据不同情况适应不同的归责原则。这种区分，体现的正是科技促进和伦理约束原则的双重面向。

依据技术成熟性的差异，在实验和临床阶段导致受试者或患者损害的，分别适用以下几种归责原则：

（1）实验阶段中，对于未经批准，尚未到应用阶段的技术和产品，在实验性操作中导致受试者遭受损害的，适用无过错责任原则。即便相关机构的实验经过批准，其操作也遵循了批准实验时声明的规范，但鉴于实验性操作的风险性较大，实验机构必须承担责任。实验机构可以通过协议的方式与相关主体预先分配责任，但不得免除此类责任。

（2）对于经过批准可以应用的技术或产品。遵循侵权责任法的一般归责原则，即过错原则，由存在过错的一方承担责任，因为受试者或患者自己的过错导致损害后果的，由其自担责任。

（3）紧急情况下的例外情况：出于挽救生命的急切目的，医疗机构基于正当判断，或者经患者或其家属同意使用了未经批准的方法、产品的，可以豁免其侵权责任和其他法律责任。

4. 执法和司法活动在面对新型伦理争议时应遵循"回避实质性争议原则"。医学进步引发的新型伦理争议在社会上往往都产生了强烈的分歧，而法律并不具备在分歧巨大的情况下塑造社会意识的能力——更多的时候是法律体现社会意识的变化——这是执法和司法活动遵循这一原则主要理由。

具体来看，不论是同性恋的婚姻权利、变性人的婚姻权利、"安乐死"的权利，还是代孕、克隆等，这些都涉及新型伦理问题，在这些问题上，各个国家的分歧十分严重，并不存在普遍共识。从域外的经验来看，代表民意的立法者或许可以更快速地实现转变，但没有一个国家的执法者和司法者有能力凭借一己之力改变严重的分歧，其态度变化需要在社会意识变化之后才能发生。

（1）关于同性恋的婚姻权利，由于各国国情不同，法律的差异也很大。由于同性恋的发展必然会走向同性恋婚姻，而大多数国家的法律都规定同性恋是违法行为，

---

[1] 刘长秋：《生命科技犯罪及其刑法应对策略研究》，法律出版社 2006 年版，第 162 页。

即使不是违法行为也禁止同性婚姻。开启同性婚姻法律认可之路的国家是丹麦，1989 年丹麦通过的《注册伴侣关系法》被认为是 20 世纪人权领域的重大革命。之后，其他国家和地区（如荷兰、比利时和加拿大的两个省份）也相继通过立法承认同性婚姻。其他国家（如德国、法国、阿根廷）允许同性伴侣在地方民政当局注册并获得与异性夫妇一样的社会福利。即便是信仰天主教的克罗地亚，也于 2014 年 7 月 15 日通过一项法律，给予同性伴侣相当于未婚异性伴侣的法律地位。美国过去是一些州的立法者对同性婚姻持开放态度，[1] 但也有不少州明确禁止同性婚姻，这些法律不断在联邦法院受到挑战。联邦最高法院数十年都没有明确表态，直到 2015 年才确认了全美同性婚姻的合法性。但此时，美国绝大多数州的立法都已经承认了同性婚姻。不过，就全世界而言，还有不少国家没有承认同性婚姻，梵蒂冈更决定就欧洲和美国在法律上允许同性恋婚姻的蔓延趋势予以反击。[2]

（2）关于变性人的婚姻权利，分为两类。①无配偶的变性人的结婚权。各国对于变性人是否拥有结婚权问题的立场主要是禁止和允许两种。有的国家并不禁止变性，却明确剥夺变性人的结婚权，泰国便是这类国家中的典型代表，根据泰国的相关法律规定，公民享有变性的权利，却明确禁止公民在变性后结婚。美国的部分州法律也同样剥夺了变性人的结婚权，如堪萨斯州等。在允许变性人结婚的国家和地区，公民不仅享有变性权，而且在变性后仍然享有法定的结婚权，例如，新加坡明确承认变性人与异性之间的婚姻关系的合法性。②有配偶的变性人在变性后与其在变性前结婚的配偶之间的婚姻关系。针对有配偶的公民进行的变性，大部分学者提倡应当对变性之后的婚姻家庭问题提前进行协商并做出妥善处理，然而由于对变性人相关立法的缺失，很大一部分变性人在变性前并没有对相关的婚姻家庭问题做出处理，那么对于变性前并没有对婚姻问题做出处理的已婚变性人，其原有的婚姻问题应该如何处理，不同国家的处理也存在很大的差异。现在绝大多数国家都已经通过立法明确承认了同性婚姻的合法性，如荷兰、德国、英国、瑞典、瑞士等大部分欧洲国家以及美国的大部分州。对于这类允许同性婚姻有效存在的国家而言，变性之后所形成的事实上的同性婚姻，在配偶双方同意继续维持的情况下仍然可以继续维持。然而对于以我国为代表的不承认同性婚姻关系的国家而言，应该如何解决事实上的同性婚姻关系，仍然具有很大的争议。[3]

（3）关于"安乐死"的权利[4]。进入 21 世纪，"安乐死"立法在个别国家取得

---

[1] 1993 年 1 月 1 日，夏威夷州短暂允许同性结婚，但 1996 年 9 月 21 日，美国总统克林顿签署了《捍卫婚姻法案》。该法案规定婚姻只能在男人和女人间发生。2000 年 7 月 1 日，一个新纪元开启，佛蒙特州成为第一个同性恋伴侣民事结合合法化的州。

[2] 黄丁全：《医疗、法律与生命伦理》，法律出版社 2015 年版，第 1453 页。

[3] 翁里、万晓："变性人的性别变更权及其婚姻家庭法律问题研究"，载《宁夏大学学报（人文社会科学版）》2016 年第 1 期。

[4] 黄丁全：《医疗、法律与生命伦理》，法律出版社 2015 年版，第 233～345 页。

了突破性进展。2001年，荷兰通过了世界上第一部"安乐死"法案。比利时也于2002年通过了"安乐死"法案，明确认可对"安乐死"的操作。在澳大利亚，"安乐死"曾经合法，但又被推翻。在瑞士，"安乐死"在个别城市（所涉及的只是苏黎世市的23家养老院）合法。在美国，联邦政府不完全认同"安乐死"，但部分州认同。在英、法等国，"安乐死"至今尚不合法。在我国，法律尚未给出明确回答。"安乐死"作为一个新的时代课题，冲击着人们数千年以来的传统观念，我国"安乐死"立法进程在我国传统的生死观、孝悌之道和医学伦理道德的影响下踌躇不前。

（4）关于代孕。澳大利亚、以色列、挪威、西班牙、瑞士以及英国等国都禁止商业代孕；奥地利、加拿大、意大利、荷兰、新西兰等国的政治团体，以及欧洲委员会和世界卫生组织也都反对商业代孕；瑞典等国家认为代孕是违背法律的基本原则的，所以代生协议是无效的；法国卫生部明确禁止代孕，替人怀孕的妇女只能将生下来的孩子归为己有，否则将被追究法律责任；德国也禁止代理孕母经纪人在德国开展业务，德国《胚胎保护法》第6条规定，受精卵只能由亲生母亲的子宫孕育，如果植入其他妇女的子宫，医生和代理机构将受到惩罚；日本明确禁止借腹生子和代孕行为。在印度，代孕有很大趋势成为一个行业，甚至可能发展成一个大的产业，印度古加拉邦前卫生部长说：这完全是市场运作，不涉及道德问题。英国的代孕立法经历了从禁止到有限开放的过程，英国在《代孕协议法》中严禁商业代孕，对非商业性代孕则持开放态度。英国允许无偿代孕，对传统代孕和妊娠代孕不加区分，但不允许有偿代孕。美国及其多数州也承认部分代孕的合法性，美国因其联邦制国家的特点，各州对代孕问题的规定有所不同。目前，美国有26个州允许代孕，19个州不承认代孕协议的效力并禁止有偿代孕行为，但并不反对自愿的代孕，可见，允许代孕的占多数。我国《人类辅助生殖技术管理办法》第3条明确规定，医疗机构和医务人员不得实施任何形式的代孕技术。《人类辅助生殖技术和人类精子库伦理原则》规定，医疗人员不得实施代孕技术。我国司法实践以代孕行为违反公序良俗而判定其无效，并依子女最佳利益原则决定代孕子女由哪方抚养。[1]

（5）关于克隆人[2]。我国禁止生殖性克隆人，主要体现在《人类辅助生殖技术规范》《人类辅助生殖技术和人类精子库伦理原则》《人胚胎干细胞研究伦理指导原则》。《人胚胎干细胞研究伦理指导原则》明确规定，可以通过治疗性克隆来获得用于研究的人胚胎干细胞。联合国成员几乎一致反对生殖性克隆人，但是在对待治疗性克隆的问题上则分成两大阵营。美国等60多个国家支持全面禁止所有形式的人类胚胎干细胞克隆（包括治疗性克隆和生殖性克隆人）的行为；比利时支持禁止克隆婴儿（生殖性克隆人），但希望由各个国家自主决定是否开展用于医学研究的胚胎克隆（治疗性克隆），英国、中国、日本、法国、德国、南非、俄罗斯和欧盟各国等对

---

[1] 任巍、王倩："我国代孕的合法化及其边界研究"，载《河北法学》2014年第2期。
[2] 高奎："生殖性克隆人行为的世界立法应对"，载《法制与社会》2009年第21期。

此表示支持。我国认为，治疗性克隆与生殖性克隆有着本质的不同，并不产生严重的道德、伦理、社会或法律问题，如在严格管理和控制下，也不能损害人类尊严。相反，治疗性克隆对于挽救人类生命、增进人体健康有广泛前景和深厚潜力，如把握得当，可以造福人类。

回避实质性争议原则并不是指执法者和司法者要完全回避相关争议，如果当事人提出具体且明确的法律请求，不论是执法者还是司法者都必须作出决定。不论是同性恋、变性人申请结婚，还是亲属关系受到辅助生殖扰乱后的继承关系，行政机关和法院都应依法受理申请并作出决定，不能不予受理。但是，鉴于一些问题在社会上的分歧严重，行政机关和法院没有足够的权威和理由为全社会立法，应当尽可能地回避对实质性争议进行判断。

具体而言，可以通过对法律条文严格遵循文义解释，并对相关要件的认定采取形式审查的方式来进行回避。例如，在处理婚姻权利问题时，不论是行政机关还是法院，可以仅依据法律条文的规定以及当事人出具的身份证明来为"男女双方"办理婚姻登记，而不处理实质性的同性恋婚姻权利问题、变性人婚姻权利问题。涉外婚姻的承认也依照国际私法的相关办法办理。在处理继承问题时，法院可依据户口登记簿上的有效登记来判断亲属关系，不需要考察实质的亲属关系。

随着现代医疗科技、生物科技的发展，社会生活也在不断发展变化。科技的发展不可避免地带来了许多伦理性问题，在处理这些复杂的问题时，法律只是众多社会调整手段中的一种，除运用法律外，还可以通过道德等其他社会规范。在伦理道德方面，法的作用时常表现得十分无力。法律是伴随社会发展而发展的，但相对于社会的多变和多元，法律需要保持稳定性和明确性。从这个角度看，法律的保守性是更好地处理这些伦理问题的必然要求，也有利于促进社会秩序稳定、维护公序良俗。

第四章
卫生法的体系及运行

第一节 卫生法的渊源

卫生法的渊源，也称卫生法的法源。在我国，卫生法的渊源是指由不同国家机关制定或认可的，具有不同法律效力或地位的各种卫生规范性文件的外在表现形式，是以各种制定法为主的正式的法的渊源。学习和研究卫生法的渊源，对于梳理我国卫生法的体系，指引我国卫生法律法规的制定、执行和遵守，以及解决相关的卫生争议问题，都具有十分重要的意义。

我国卫生法的渊源，主要可以分为宪法、法律法规、其他国内规范和卫生国际条约四大部分。此外，目前正在讨论制定中的卫生基本法，也将在未来我国卫生法的渊源中扮演重要角色。

一、宪法

宪法是我国的根本大法，是国家最高权力机关通过极其严格的程序制定或修改的具有最高法律效力的规范性文件。《宪法》规定了我国最根本的政治、经济、社会制度，规定了国家的根本任务和国家机关组织结构与活动原则，规定了公民的基本权利和义务等国家和社会生活中最根本和最重要的问题。这其中就包括了国家实行医药卫生保障的基本制度以及法律赋予公民基本的生命健康权利等内容。

在我国的法律体系中，宪法是其他法律法规的"母法"，是后者的立法依据，其他法律法规是宪法所规定内容在各个领域的具体化。因此，宪法是我国卫生法最首要，最重要的渊源，也是卫生法律规范的立法依据。

我国《宪法》中关于卫生法相关内容的条款主要有：

第21条第1款规定："国家发展医疗卫生事业，发展现代医药和我国传统医药，鼓励和支持农村集体经济组织、国家企业事业组织和街道组织举办各种卫生设施，开展群众性的卫生活动，保护人民健康。"

第25条规定："国家推行计划生育，使人口的增长同经济和社会发展计划相适应。"

第26条第1款规定："国家保护和改善生活环境和生态环境，防治污染和其他公害。"

第33条第3款规定："国家尊重和保障人权。"

第36条第3款规定："国家保护正常的宗教活动。任何人不得利用宗教进行破坏社会秩序、损害公民身体健康、妨碍国家教育制度的活动。"

第45条第1款规定："中华人民共和国公民在年老、疾病或者丧失劳动能力的情况下，有从国家和社会获得物质帮助的权利。国家发展为公民享受这些权利所需要的社会保险、社会救济和医疗卫生事业。"

第49条第1款和第2款规定："婚姻、家庭、母亲和儿童受国家的保护。""夫妻双方有实行计划生育的义务。"

二、法律和行政法规

卫生相关法律以及卫生行政法规，是卫生法渊源中非常重要的组成部分，主要包括基本法律、普通法律以及卫生行政法规三类。

（一）基本法律

基本法律是指由全国人民代表大会制定和修改的法律，是仅次于宪法的卫生法的渊源。《民法总则》《刑法》等基本法律中均含有与卫生事务相关的规定，例如：

《民法总则》第110条第1款规定："自然人享有生命权、身体权、健康权、姓名权、肖像权、名誉权、荣誉权、隐私权、婚姻自主权等权利。"

《刑法》分则在第三章"破坏社会主义市场经济秩序罪"第一节"生产、销售伪劣商品罪"中对生产、销售假药、劣药、不符合安全标准的食品、有毒有害食品、不符合卫生标准的化妆品等行为，在第六章"妨害社会管理秩序罪"第五节"危害公共卫生罪"中对各种危害公共卫生的行为（如扩散传染病菌种、毒种）分别予以定罪量刑。

（二）普通法律

卫生法渊源中的普通法律，主要是指基本法律之外的，由全国人民代表大会常务委员会制定和修改的，涉及卫生事务的法律。

目前，这部分法律渊源包括《执业医师法》《药品管理法》《食品安全法》《精神卫生法》《国境卫生检疫法》《红十字会法》《母婴保健法》《献血法》《职业病防治法》《传染病防治法》《人口与计划生育法》《中医药法》等12部单行法律，以及《劳动法》《环境法》等其他法律中涉及卫生事务的相关规定。

（三）卫生行政法规

卫生行政法规，是指由最高国家行政机关即国务院根据宪法和法律制定、修改和公布的与卫生事务相关的规范性法律文件，是卫生法的主要法律渊源之一，同时也是下级卫生行政部门制定各种卫生行政管理规定的重要依据。

卫生行政法规，通常是由国务院以其名义直接发布的，如《医疗事故处理条例》《突发公共卫生事件应急条例》《医疗机构管理条例》《血液制品管理条例》等。但是，也有部分行政法规是经国务院授权批准后，由国家医药卫生行政部门发布的，例如《国境卫生检疫法实施细则》。

三、其他国内规范

我国卫生法渊源中的其他国内规范，是指卫生法渊源中除法律、行政法规以及国际条约之外的其他各类规范性文件，包括卫生部门规章、地方性卫生法规、地方政府卫生规章、卫生自治条例与单行条例、卫生标准和技术规程以及特别行政区有关卫生事务的规范性文件等类型。这部分的法律渊源，可以说是卫生法法律渊源中数量最多的部分，同时也是规定最为细致的，在实务中最具有直接参照意义的部分。

（一）卫生部门规章

卫生部门规章，是指由国务院承担医药卫生相关管理职能的行政部门制定的有关卫生事务的规范性法律文件，是卫生法律和卫生行政法规的重要补充。卫生部门规章的制定主体包括国家卫生和健康管理部门，国家食品安全、药品监督管理部门，国家中医药管理部门，国家市场监督管理部门等。

目前，已经颁布的卫生部门规章主要有《食品安全国家标准管理办法》《药品注册管理办法》《药品召回管理办法》《药品广告审查办法》《公共场所卫生管理条例实施细则》《托儿所幼儿园卫生保健管理办法》等。

（二）地方性卫生法规

地方性卫生法规，是指具有地方立法权的地方国家权力机关，根据宪法、卫生法律、卫生行政法规的相关规定，结合本行政区域的具体情况和实际需要，依法制定的在本行政区域内施行的有关卫生事务的规范性文件。如《河北省人口与计划生育条例》《浙江省实施〈中华人民共和国食品安全法〉办法》等。地方立法权的赋予，要依照《宪法》《立法法》《地方各级人民代表大会和地方各级人民政府组织法》的相关规定作出判断。

（三）地方政府卫生规章

地方政府卫生规章，是指省、自治区、直辖市和设区的市、自治州的人民政府，根据法律、行政法规和本省、自治区、直辖市的地方性法规，制定和发布的有关卫生事务的规范性文件。如《北京市公共场所禁止吸烟范围若干规定》《南京市公共场所禁止吸烟暂行规定》等。

（四）卫生自治条例与单行条例

卫生自治条例与单行条例，是指由民族自治地方的人民代表大会根据《宪法》《地方各级人民代表大会和地方各级人民政府组织法》《民族区域自治法》的有关规定，依照当地民族的政治、经济和文化特点，在其职权范围内制定、修改和发布的卫生事务相关的规范性法律文件，如《新疆维吾尔自治区爱国卫生工作条例》《宁夏回族自治区人口与计划生育条例》等。卫生自治条例和单行条例是作为我国一项基本政治制度的民族区域自治制度在卫生领域的落实体现。

（五）卫生标准和技术规程

卫生标准、卫生技术性规范和操作规程（统称"技术规程"）一经法律、法规确认，便可成为我国卫生法律体系的组成部分。卫生标准和技术规程可分为国家和地方两级,前者由国家卫生行政部门制定和颁布,后者由地方政府卫生行政部门制定和颁布。卫生标准和技术规程在具体卫生事务的开展中具有十分重要的地位,是卫生行政部门进行卫生管理、监督、检测和执法等活动的重要依据,也是有关社会组织和个人应当遵守的行为准则和标准。

(六) 特别行政区有关卫生事务的规范性文件

特别行政区立法是指特别行政区的国家机关在宪法和法律赋予的职权范围内制定或认可,在特别行政区内具有普遍约束力的规范性文件。特别行政区立法属于我国法的渊源的一部分,其中有关卫生事务的法律规范,也自然成为我国卫生法的渊源之一。

四、卫生国际条约

卫生国际条约,是指我国作为国际法主体与外国政府或国际组织缔结的,有关卫生事务的双边或多边协议和其他具有条约、协议性质的规范性法律文件,如《国际卫生条约》《精神药品公约》《麻醉品单一公约》和 WTO 规则中的《实施卫生与植物卫生措施协定》等。

卫生国际条约虽然不属于我国国内法的范畴,但经我国政府签署[1]后对我国生效。除了在签署或批准过程中声明保留的条款外,其他内容对我国产生约束力,这部分内容即成为我国卫生法的渊源之一。

五、关于卫生基本法

目前,我国卫生法律规范的制定已经步入了稳定增长阶段。但是,就现状而言,还是存在着诸如数量不足、涵盖面不够广以及多数规范效力层级较低等问题,尤其重要的是,各个规范之间因为缺乏必要的总括性立法的调整和统揽,存在着一定数量的重叠和矛盾之处。这个问题可以通过制定一部具有普遍意义的卫生基本法加以解决。卫生基本法的制定可以为医疗卫生领域的法律制度构建起整体框架,明确医疗卫生改革的方向,对后续具体法律规范的制定起到指引作用,同时还可以为卫生执法和司法提供基本准则。制定"基本医疗卫生法"既是客观现实的需要,也是推进卫生治理体系和治理能力现代化的需要,更是依法治国大环境的需要。

作为社会各界广泛关切的热点立法问题,卫生基本法的制定引起了立法部门的高度重视,十二届全国人大常委会也已将"基本医疗卫生法"的制定列入了立法规划的第一类立法项目。2014 年 12 月 30 日,全国人大教科文卫委员会召开基本医疗卫生法起草工作机构第一次全体会议暨基本医疗卫生法起草工作启动仪式,标志着由该委员会负责牵头起草的《基本医疗卫生法》[2] 正式进入立法程序,相应的立法

---

[1] 部分国际条约的生效还需要经过全国人民代表大会的批准。
[2] 不少人大代表、委员及专家学者对定位于我国卫生母法的"基本医疗卫生法"的命名存在不同意见。后经全国人大教科文卫委员会多方面的工作努力,"基本医疗卫生法"已更名为"基本医疗卫生与健康促进法"。

工作全面启动。2017年12月22日,《中华人民共和国基本医疗卫生与健康促进法(草案)》提请十二届全国人大常委会第三十一次会议审议,并于2018年1月27日完成了公开征求意见工作。下一步,全国人大常委会将根据各方面的意见对这部草案进行修改和研究,形成最大公约数,推动立法早日出台。

就制定卫生基本法的国外经验而言,英国在1946年制定的《国民健康服务法》,日本在2000年制定的《医疗法》,以及墨西哥在2003年制定的《基本医疗法》等都可以为我国的"基本医疗卫生法"的制定提供借鉴。

此外,作为我国首部地方性医疗基本法规的《深圳经济特区医疗条例》已于2017年1月1日起开始施行。该条例对深圳市医疗资源配置与保障、医疗机构登记、医疗执业管理、医疗秩序与纠纷处理、医疗监督管理以及行业自律管理等方面作了全面、系统地规范,可以说,为我国尚在进行当中的"基本医疗卫生法"的制定提供了宝贵的地方经验。

第二节 卫生领域的政府规制

与大多数当代法律一样,法律发挥作用主要有两种方式:一种是主动方式,借助于政府规制,积极地对卫生法律活动和卫生法律关系施加影响;另一种是被动方式,当纠纷发生时,法律充当解决纠纷的工具。

政府规制是特定的行政机关所采取的,直接影响市场主体及其市场行为的,设立规则、制定政策、实施干预措施等行政活动的总称。政府规制既包括消极的限制性规制行为,又包括积极的引导性规制行为。[1] 从广义上来看,行政机关出于管理社会秩序、维护社会公共利益而采取的行政行为都属于政府规制范畴。作为社会运行整体的一部分,卫生领域当然也在政府规制之下。制定卫生法律规范,作出卫生行政行为是卫生领域政府规制的主要方式。

一、卫生领域政府规制的历史

我国从新中国成立之初就开始了对卫生领域的政府规制,随着社会经济的不断发展,卫生规制的形式和理念也在逐步变化。我们可以从我国卫生立法的进程中梳理和提炼出卫生领域政府规制的历史。[2]

(一)制度初创阶段

新中国成立之初到改革开放前,卫生领域的政府规制处于制度初创时期。计划经济体制下,规制的理念更接近于直接管控,相关的法律法规在探索中制定、颁布,各项制度和形式也都尚未完备。

---

〔1〕 江必新:"论行政规制基本理论问题",载《法学》2012年第12期。
〔2〕 汪建荣:"我国30年卫生立法进程",载《山东卫生》2009年第4期。

新中国成立后到 1954 年《宪法》颁布之前，我国先后制定了《中央人民政府卫生组织条例》《种痘暂行办法》《交通检疫暂行办法》《工厂卫生暂行条例》《医师暂行办法》等卫生法律规范，开启了新中国卫生立法的起步阶段。1954 年《宪法》颁布后，在宪法的指导下，我国陆续出台了大量的卫生法律规范。1954 年出台的《卫生防疫暂行办法》《卫生防疫站工作条例》推动了各级卫生防疫站的建设。1955 年制定的《传染病管理办法》《职业病范围和职业病患者处理办法》《食品卫生管理试行条例》《饮用水质标准》等一系列卫生法律规范，为多个行业和领域提供了统一的管理要求和技术标准。之后，1957 年公布的《中华人民共和国国境卫生检疫条例》《关于加强药政管理的若干规定》《管理毒药、限制剧毒药暂行规定》等卫生法律规范，在卫生检疫和药品管理等领域初步建立起了政府规制的制度框架。

因为尚处起步阶段，且不注重借鉴国外卫生立法的先进经验，我国制度初创阶段的卫生立法水平不高，政府规制的理念和形式也相对落后。同时，在计划经济体制下，卫生领域的诸多行业都是国家直接管控，几乎没有市场主体的参与，导致这个时期的卫生立法更多的是对行业标准和工作办法创立规定，缺少政府规制意图，但也在客观上为之后的政府规制提供了立法依据和制度基础。

（二）恢复调整阶段

"文革"期间，社会主义法律制度被破坏殆尽，卫生法制遭到了践踏，政府规制也处于空白。"文革"结束后，随着改革开放的推进，卫生立法进入恢复和调整时期，各项规制措施逐步进入常态化。

1978~1990 年期间，我国卫生立法的主要任务是恢复并重建卫生领域法制框架，重点是加强公共卫生和药品领域的卫生立法和监管工作。此阶段制定的卫生法律规范主要有《食品卫生法（试行）》（1982 年）、《药品管理法》（1984 年）、《国境卫生检疫法》（1986 年）、《传染病防治法》（1989 年）。这些卫生法律规范成为我国医药与食品领域的基础立法，在此基础上实施的政府规制也逐步迈入正轨。

（三）体系完善阶段

20 世纪 90 年代至 21 世纪的前 10 年，是我国卫生领域政府规制体系的逐步完善阶段。在此阶段，大量立法相继出台，涉及的领域更为全面，政府规制的措施与理念也与时俱进。同时，从维护公共利益的角度出发，政府规制更为强调与市场经济的相互配合。

该阶段的前期，以充实医疗法律规范为主，重点强化了卫生医疗领域的立法和政府规制。例如，《红十字会法》（1993 年）、《母婴保健法》（1994 年）、《食品卫生法》（1995 年）、《献血法》（1997 年）与《执业医师法》（1998 年），从行业管理、执业资格准入等方面进一步推动了政府规制的规范化。该阶段的后期，更加注重卫生立法体系的综合平衡发展，政府规制深入到医药卫生领域的各个方面。例如，《药品管理法》于 2001 年进行了第一次修订，《职业病防治法》《传染病防治法》《食品安全法》分别于 2001 年、2004 年、2009 年颁布实施。

这个阶段的卫生领域政府规制有如下特点：

第一，更为注重强化对医药卫生服务市场的监管，从医药、医疗、医师等多方面推动卫生监督体制的创新。医药卫生领域集聚的矛盾日益加深，如何推动医药体制改革，缓解医患矛盾，协调好多方主体利益，成为政府规制的重点领域。

第二，逐步探索政府规制与市场调节的结合，更为强调发挥市场主体的自我监督作用，实现卫生领域监管主体的多元化。政府规制作为推动卫生领域市场有序运行的一种手段而不是唯一手段，在市场经济体制下开始着眼于与市场主体的密切配合，实现监管主体的多元化。

此外，推进卫生行政管理体制改革，加强对卫生行政管理权的监督也是该阶段的一大重要特点。权力缺少监督容易滋生腐败，加强对卫生行政管理权的监督也是保障依法行政的应有之义。

（四）规制模式创新阶段

改革开放至今，经过近40年的发展，具有中国特色的卫生立法机制日益形成，卫生领域的政府规制体系日趋完善。当前，我国卫生领域的政府规制体系已经具有一定雏形，它是由法律法规、部门规章、规范性文件和各种行业标准、技术规范和相应的执行机制组成的，包括专门性卫生法律10部、专门性卫生行政法规40余部、专门性卫生部门规章400余部等。这种以卫生法律规范为基础建立起来的卫生领域政府规制体系，在规范卫生事业的发展，保障公民的生命健康权益、调整医药卫生领域的社会关系等方面发挥着重要作用。

改革开放近40年来，我国在卫生领域的立法取得显著成就，政府规制效果有目共睹，但同时面临的困难与挑战也更加严峻。市场经济的迅速发展催生了更多的新兴业态，卫生领域与互联网产业的结合更加紧密，对政府规制的模式提出新的挑战。当前，我国正值深化医药卫生体制改革的关键时期，但作为与公民健康密切相关的法律部门，卫生法律体系仍显不足：

第一，卫生立法层次不高，缺乏"卫生基本法"。综观现有的卫生法律规范，仍然以部门规章、地方性法规和地方政府规章为主。

第二，现有涉及卫生领域的政府规制，包括规制对象、规制手段与执法监督等方面的立法普遍较为陈旧，与社会经济的发展不相适应，与国际先进水平仍有差距，很多方面尚需合理有效的细化、深化与完善。

第三，政府规制本身存在的问题，如界限不明、职责不清等，也反映在卫生领域中。卫生领域与其他行业一样，政府的职能都需要管办分离，但它又有特殊性，那就是卫生服务具有公益性和社会服务的功能，政府规制的理念应该是"管办分离、政事分开、分类管理"。行政机关应当从"办卫生"转变为综合运用经济、法律和行政等手段来"管卫生"，加强卫生事业发展的战略研究和规划编制，建立起高效的监管体制。

二、现代政府卫生规制的目标

政府规制作为卫生领域社会治理的一个重要方面,在新时期面临更多的挑战:医疗改革正在逐步推进,食品安全问题日渐突出,突发公共安全事件频频发生。卫生领域的政府规制需要针对新时期的种种新问题制定新目标。

(一)构建完善的卫生法律体系

尽快制定卫生基本法,构建完善的卫生法律体系,是卫生领域政府规制的首要目标。除制定卫生基本法之外,我们还应尽快对现有卫生立法展开清理工作,剔除过于陈旧且不符合现行卫生领域实际的立法,将内容重复或类似的立法予以归纳梳理,同时对法律规范缺失的领域积极立法。多措并举、多管齐下,理清卫生法律体系,保证卫生法律规范之间的衔接性与协调性,努力构建完善的卫生法律体系。

(二)探索政府规制的多元模式

政府机构改革是行政规制改革的组织保障,其重点在于转变政府职能,必须将政府工作的重心切实从对社会经济事务的微观管理转向宏观调控。政府工作重心的转移,必然会促使政府管理社会经济事务的方式、手段发生相应变化,转变到主要借助法律手段和经济手段对市场配置资源的情况进行监控。[1] 因此,探索政府规制的多元模式是适用政府职能转变的有效途径。长期以来,我国对卫生领域的行业规制方式比较单一。但实际上,卫生领域的行业众多、行为模式多样,在行业规制方式上的选择上应坚持"具体问题具体分析"的行为原则。例如,医疗卫生服务活动可以明确地区分为公共产品、准公共产品和私人产品,根据不同产品的产品性质,可以构建不同的供给模式和规制模式,形成"分类—分管"的多元规制模式。具体而言,对于公共卫生领域采取公共供给和政府严格规制模式;对于妇幼保健、特殊疾病的预防与治疗等准公共服务采用政府主导规制模式;而对于医疗服务领域则采用私人供给和"有规制的竞争"模式。这有利于提高卫生规制的针对性和专业化程度,提高政府卫生规制有效性。

此外,善用"软法"将成为卫生领域一个主要的政府规制工具。医疗服务市场中的"软法"可考虑主要依靠定期报告制度,以及工作组的检查、评估、等级评定、公告制度和为突发公共事件提供良好服务的历史记录等,通过实现公共关系内部信息的外部化来弱化公域中的信息不对称,降低医疗机构或者公民实施机会主义行为的概率,达到规范公共关系的目的。[2]

(三)关注新时期出现的新问题

当前,我国正值深化医疗卫生体制改革的关键时期,卫生规制的目标需要更为关注当下出现的新问题,积极采取更为有效的应对措施。随着社会经济的发展,医

---

[1] 杨建顺:"中国行政规制的合理化",载《国家检察官行政学院学报》2017年第3期。
[2] 胡汝为:"卫生行业的政府管制——以奶粉与刺五加事件为楔子",载胡建淼主编:《公法研究(第七辑)》,浙江大学出版社2009年版,第331~345页。

疗、食品等各个卫生领域相对于改革开放之初已经产生了很大变化。进入 21 世纪以来，频频曝光的卫生安全问题更是引发社会的广泛关注，我国卫生规制面临新的挑战：①食品安全事件引起重视，转基因食品的安全性仍有质疑，违法使用添加剂的情形屡禁不止，食品安全监督管理不到位。②医疗体制改革面临深入困境，在有限的供给条件下，如何在医疗卫生资源的配置方面协调好公平与效率之间的关系难度极大。③人工生殖技术、生物基因工程、器官移植、脑死亡、"安乐死"等一系列新科技对伦理与法律提出新挑战，许多医疗创新实践活动的合法性仍在激烈讨论中。④公共卫生安全事件频发，公共卫生安全领域突发应急措施尤为重要。⑤人口老龄化时代到来，医疗保健行业、老年人养老服务等方面需要进行全面考虑。因此，现代卫生领域政府规制的目标需要面向解决新形势下的新问题，有针对性的探索新的规制思路。

（四）实现健康公平的卫生理念

卫生法是以健康权为逻辑起点展开的，以保障身心健康与维护人类尊严为价值目的。卫生法对各种活动施加法律规制，其精神内核应该是人文关怀。卫生法的人文关怀集中体现在对健康权（包括个体健康、群体健康及人类健康）的关切。因而健康权可以成为串联起卫生法的核心要素，并可被确立为卫生法的调整对象。[1] 作为卫生法价值之一的健康公平，应当是机会公平与结果公平的有机结合，它不是要消除人群中所有的健康差异，而是要降低或消除由本可避免的不利因素导致的健康差别，具体表现为根据不同国家或地区社会经济的承受能力制定可以实现的分阶段目标。这种价值在我国体现为政府为大多数国民提供的基本医疗保障项目。要强调结果公平，即全体社会成员无差别享有基本医疗服务，而补充性医疗服务由市场提供，强调机会公平，社会成员都有机会根据自己的意愿和能力获得相应的卫生服务。[2]

市场经济体制下，实现健康公平的卫生理念是政府的责任，具体而言主要包括经济责任、政策规划责任与监督管理责任。经济责任是保障健康公平的前提，包括政府筹资与投入分配；政策规划责任是健康公平实现的机制保障，要求政府为社区医疗建设以及社会资本进入卫生领域制定合理的政策；监管责任是健康公平实现的必要保障。政府以监管者的角色监督社会主体提供的医疗服务，是医疗服务顺畅、健康公平的必要保障。

---

[1] 刘莘、覃慧："卫生法理论体系建构的前提"，载《行政法学研究》2015 年第 4 期。
[2] 杜仕林主编：《卫生法学》，中山大学出版社 2012 年版，第 39~41 页。

第三节 卫生领域的纠纷解决

一般而言,纠纷的解决方式包括司法解决与非司法解决两种,即诉讼与非诉讼方式。为解决频发、多发的卫生纠纷,有必要建立系统、协调的多元化纠纷解决机制。

一、概述

(一)卫生纠纷的概念

"纠纷"在《辞海》中的释义是"纷扰,亦指争执",一般出现在法律关系的基础之上。卫生法律关系涉及的范围较为广泛,包括行政法律关系、民事法律关系、刑事法律关系。以其为基础发生的"卫生纠纷"亦多种多样。近年来频发的"医疗纠纷"并不能完全指代"卫生纠纷",前者仅是后者中影响广度和深度都较为典型一种类型而已。我们认为,"卫生纠纷"是指卫生法律主体在进行卫生活动的过程中,一方认为另一方侵犯其权益而引起的分歧和争议。[1]

(二)卫生纠纷的特点

与其他类型的纠纷相比,卫生纠纷具有一些显著的特点。无论是通过司法方式,还是通过其他方式解决卫生纠纷,都需要适应其特点。

第一,卫生纠纷的当事人具有特殊性。卫生纠纷的一方当事人一般恒定为公民个人,但另一方当事人却具有不确定性。在民事领域,医疗机构、医务人员与患者之间的医患纠纷最为常见。此外,民事领域的卫生纠纷还可能存在于公民与食品生产、经营单位,药品生产、经营单位,传染病毒株保存单位之间。同时,医学、卫生科技合作或技术引进、转让中的技术合同,卫生改革、卫生产业等工作运转中的卫生资源,也可能会导致卫生纠纷。在行政领域,处于行政行为两端的分别是具有卫生行政管理权力的行政机关和作为行政管理对象的行政相对人,二者之间形成的是管理与服从的行政关系。在刑事领域,存在着与健康产品、危害公共卫生、危害公民生命健康权相关的纠纷,一方为加害人,另一方为受害人。卫生纠纷需要多样化的解决机制,在很大程度上源于纠纷双方当事人具有广泛性的特点。

第二,卫生纠纷的专业性强。卫生纠纷不仅涉及医药食品等领域的专业性和技术性,还涉及法律领域的大量规范性文件。卫生纠纷的性质与因果关系等专业性问题,往往需要专家进行鉴定,一般人难以对此作出准确的判断,这点在医疗纠纷中表现得尤为明显。同时,一些领域法律规范的缺失,进一步增加了解决卫生纠纷的难度。

第三,卫生纠纷的当事人之间存在着力量上的不均衡与不对等。卫生纠纷中,

---

[1] 徐静村、刘荣军:"纠纷解决与法",载《现代法学杂志》1999年第3期。

公民一方从纠纷未产生时起就处于相对弱势的地位。在民事领域，虽然法律规定双方当事人的地位平等，但却无法否认公民一方在知识和信息占有上的弱势地位。由于缺乏相关专业知识，公民事实上没有进行选择和适当参与卫生活动的能力。在行政领域中，卫生行政管理中的行政机关与行政相对人本就处于管理与服从的行政关系之中。

（三）纠纷解决的途径

我国卫生领域的纠纷解决方式主要有两种：①司法方式，即凡是违反卫生法律规范，侵犯他人合法权益的，只要属于民事诉讼、刑事诉讼或行政诉讼受案范围的，便可以通过诉讼渠道定分止争。例如，如果行政相对人认为行政机关履行职责的行政行为侵犯了自身的合法权益，可以依法向人民法院提起行政诉讼。②其他纠纷解决方式，当事人可以通过调解或者仲裁的方式来解决卫生纠纷。

为有效解决卫生领域的纠纷，有必要构建系统、协调的多元化行政纠纷解决机制。虽然我国现有的纠纷解决机制还存在一些问题，但仍在预防和化解卫生纠纷中扮演着十分重要的角色。2014年10月23日，中国共产党十八届四中全会审议通过《中共中央关于全面推进依法治国若干重大问题的决定》，提出坚持走中国特色社会主义法治道路，建设中国特色社会主义法治体系，健全社会矛盾纠纷预防化解机制，完善调解、仲裁、行政裁决、行政复议、诉讼等有机衔接、相互协调的多元化纠纷解决机制。

二、司法纠纷解决机制

司法纠纷解决机制，是指国家审判机关按照法定的权限和程序，行使审判权解决卫生纠纷的一种方式。司法方式解决卫生纠纷具有启动的被动性、主体的特殊性、程序的严格性、救济的终局性等特点。依据纠纷所涉及的法律性质的不同，卫生领域的司法纠纷解决可以分为卫生行政诉讼、卫生民事诉讼和卫生刑事诉讼。

（一）卫生行政诉讼

1. 卫生行政诉讼的概念。卫生行政诉讼，是指卫生行政管理相对人对卫生行政机关作出的行政行为不服，依法向人民法院提起诉讼，在诉讼当事人及其他诉讼参与人的参加下，法院对被诉行政行为进行审理和裁判的司法活动。

2. 卫生行政诉讼的受案范围。卫生行政诉讼的受案范围，是指人民法院对卫生行政部门的哪些卫生行政行为拥有审判权，或者说，公民、法人或者其他组织对卫生行政部门的哪些卫生行政行为可以向人民法院提起卫生行政诉讼。《行政诉讼法》对受案范围用抽象性概括和具体性列举两种方式进行了规定。结合我国现行卫生法律、法规和规章的有关规定，可以提起卫生行政诉讼的案件范围有以下几类：

（1）卫生行政处罚案件：对暂扣或者吊销许可证和执照、责令停产停业、没收违法所得、没收非法财物、罚款、警告等行政处罚不服的。

（2）卫生行政强制案件：对财产的查封、扣押、冻结等行政强制措施和行政强制执行不服的。

(3) 卫生行政许可案件：申请行政许可，行政机关拒绝或者在法定期限内不予答复，或者对行政机关作出的有关行政许可的其他决定不服的。

(4) 对卫生行政机关作出的关于确认土地等自然资源的所有权或者使用权的决定不服的。

(5) 对卫生行政机关征收、征用决定及其补偿决定不服的。

(6) 申请卫生行政机关履行保护人身权、财产权等合法权益的法定职责，行政机关拒绝履行或者不予答复的。

(7) 认为卫生行政机关侵犯其经营自主权的。

(8) 认为卫生行政机关滥用行政权力排除或者限制竞争的。

(9) 认为卫生行政机关违法集资、摊派费用或者违法要求履行其他义务的。

(10) 认为卫生行政机关不依法履行、未按照约定履行或者违法变更、解除行政协议的。

(11) 不服卫生行政机关对医疗事故处理决定的。

(12) 认为卫生行政机关侵犯其他人身权、财产权等合法权益的。

3. 卫生行政诉讼的管辖。卫生行政诉讼管辖，是指人民法院受理第一审卫生行政案件的分工和权限。确立卫生行政诉讼管辖的意义在于，对人民法院而言，它可以具体明确法院内部对卫生行政案件如何分工，便于有管辖权的人民法院及时准确地处理卫生行政诉讼案件；对卫生行政管理相对人来说，它解决了向哪一个人民法院起诉的问题。

(1) 级别管辖。级别管辖，是指各级人民法院受理第一审卫生行政案件的分工和权限。基层人民法院管辖第一审卫生行政案件；中级人民法院管辖对国务院部门或者县级以上人民政府所作的卫生行政行为提起诉讼的案件；高级人民法院管辖本辖区内重大、复杂的第一审卫生行政案件；最高人民法院管辖全国范围内重大、复杂的第一审卫生行政案件。

(2) 地域管辖。地域管辖，是指不同地区的人民法院之间在审理第一审卫生行政案件时的权限和分工。根据《行政诉讼法》的规定，卫生行政诉讼的地域管辖主要有：卫生行政案件由最初作出卫生行政行为的行政机关所在地的人民法院管辖；经复议的案件，也可以由复议机关所在地人民法院管辖；对卫生行政机关采取的限制人身自由的行政强制措施不服提起的诉讼，由被告所在地或者原告所在地人民法院管辖。

4. 卫生行政诉讼参加人。卫生行政诉讼参加人，是指卫生行政诉讼活动中，依法享有诉讼权利、承担诉讼义务，并且与行政争议或诉讼结果有利害关系的人。卫生行政诉讼参加人与行政诉讼参与人、行政诉讼当事人三者是不同的概念。根据《行政诉讼法》的规定，行政诉讼参加人具体是指原告、被告、第三人和诉讼代理人。卫生行政诉讼参与人的范围则较为广泛，不但包括所有的卫生行政诉讼参加人，还包括证人、鉴定人、翻译及勘验人员等。而卫生行政诉讼当事人则是整个诉讼活动的核心主体,是指在卫生行政诉讼活动中以自己的名义向人民法院起诉,并受人民法院裁判约束的利害关系人。卫生行政诉讼当事人,在第一审程序中被称为原告、被告;在第二审程序中被称为上诉人、被上诉人;在审判监督程序中被称为申诉人、被申诉人;在执行程序中被称为申请执行人、被申请执行人。此处行政诉讼的参加人按照一审程序进行阐述。

(1) 原告。卫生行政诉讼的原告是卫生行政诉讼当事人之一,是指认为卫生行政机关的行政行为侵犯其合法权益,而依法向人民法院提起诉讼的公民、法人或者其他组织。

(2) 被告。卫生行政诉讼的被告,是指其实施的行政行为被原告诉称侵犯合法权益,由人民法院通知其应诉的主体。根据《行政诉讼法》的规定,卫生行政诉讼被告的确定主要有以下几种情形:①卫生行政机关实施了原告认为侵犯其合法权益的行政行为,作出该行政行为的行政机关是被告;②经复议的案件,复议机关决定维持原行政行为的,作出原行政行为的卫生行政机关和复议机关为共同被告,卫生行政复议机关改变原行政行为的,该复议机关是被告;③行政机关实施了原告认为侵犯其合法权益的行政行为后被撤销或者职权变更的,继续行使其职权的行政机关是被告;④两个以上卫生行政机关作出同一行政行为,共同作出行政行为的行政机关是共同被告;⑤卫生行政机关委托的组织所作的行政行为,委托的卫生行政机关是被告。

(3) 第三人。卫生行政诉讼第三人,是指同被诉卫生行政行为有法律上的利害关系但是没有提起诉讼,或者同案件处理结果有利害关系,为了维护自己的合法权益,经申请或者由人民法院通知而参加卫生行政诉讼的公民、法人或者其他组织。

(4) 代理人。代理人,是指根据法律规定、法院指定或受当事人的委托,以当事人的名义,在代理权限范围内为当事人进行诉讼活动的人。其作用是协助当事人实现诉讼权利和履行诉讼义务。

5. 卫生行政诉讼的程序。

(1) 起诉和受理。卫生行政起诉,是指卫生行政管理相对人认为自己的合法权益受到卫生行政机关行政行为的侵犯,要求特定的人民法院依法予以保护的请求。受理是人民法院通过对卫生行政管理相对人的起诉进行审查,认为符合法定起诉条件,决定立案并予以审理的诉讼行为。

根据《行政诉讼法》第 49 条的规定,原告提起行政诉讼应当符合下列条件:①原告是依法适格的公民、法人或者其他组织;②有明确的被告;③有具体的诉讼请求和事实根据;④属于人民法院受案范围和受诉人民法院管辖。

原告提起卫生行政诉讼应当在起诉期限内进行。根据《行政诉讼法》第 46 条第 1 款的规定,公民、法人或者其他组织直接向人民法院提起卫生行政诉讼的,应当自知道或者应当知道作出行政行为之日起 6 个月内提出。

人民法院在接到行政诉讼起诉状后,按照"立案登记制"的要求,对符合法定起诉条件的,应当登记立案;对当场不能判定是否符合法定起诉条件的,应当接收起诉状,出具注明收到日期的书面凭证,并在 7 日内决定是否立案;对不符合起诉条件的,应当作出不予立案的裁定。

(2) 审理。行政诉讼实行两审终审制。审判组织一般为合议制,实行公开审判,由合议庭主持进行法庭调查和法庭辩论,然后依法裁判。

(3) 执行。行政诉讼执行程序是能够保证已经发生法律效力的人民法院的判决、裁定得以实施,法定的权利与义务得以实现的程序。

当事人必须履行人民法院发生法律效力的判决、裁定、调解书。原告拒绝履行时,行政机关或者第三人可以向第一审人民法院申请强制执行,或者由行政机关依法强制执行。被告拒绝履行时,第一审人民法院可以采取下列措施:①对应当归还的罚款或者应当给付的款额,通知银行予以划拨;②在规定期限内不履行的,从期满之日起,对该行政机关负责人按日处 50 元至 100 元的罚款;③将行政机关拒绝履行的情况予以公告;④向监察机关或者该行政机关的上一级行政机关提出司法建议,接受司法建议的机关,根据有关规定进行处理,并将处理情况告知人民法院;⑤拒不履行,社会影响恶劣的,可以对该行政机关直接负责的主管人员和其他直接责任人员予以拘留;⑥情节严重,构成犯罪的,依法追究刑事责任。

(二) 卫生民事诉讼

1. 卫生民事诉讼的概念。卫生民事诉讼,是指人民法院在卫生法律关系的当事人和其他诉讼参与人的参加下,依法审理和解决卫生民事权利与义务争议的活动。卫生民事诉讼是平等的卫生法律关系主体因在卫生活动中发生争议而产生的诉讼。

2. 卫生民事诉讼的类型:

(1) 医疗纠纷诉讼。医疗纠纷诉讼,是指医患双方对医疗行为是否存在过错以及过错行为与损害结果之间是否存在因果关系产生争议,进而提起的诉讼。

(2) 医疗欠费诉讼。医疗欠费诉讼,是指因患者在医疗机构住院接受抢救、治疗以后,拖欠或拒付医疗机构的医疗费用,被医疗机构提起的诉讼。

(3) 违反食品安全法律规范的民事诉讼。食品生产经营单位违反食品安全法律规范,出售不符合卫生标准的食品,造成食品中毒和食源性疾病,给食用者造成损害而引发的卫生民事诉讼,存在于生产经营者与食品消费者之间。这类案件可以适用《消费者权益保护法》的有关规定,按一般民事案件的诉讼程序审理。

(4) 违反药品管理法律规范的民事诉讼。因生产、经管、使用假劣药,或其他违反药品管理法律规范的行为造成公民合法权益损害的,可被提起卫生民事诉讼。

(5) 违反传染病防治法律规范的民事诉讼。违反传染病防治法律规范,造成传染病流行或其他传染病感染,进而造成公民健康权损害的,可被提起卫生民事诉讼。这其中既有医院内感染或者有关单位对传染病毒株菌液处理不当引起的;也有因传染病患者故意或者过失造成他人损害而引起的纠纷。

(6) 违反医疗保健、计划生育管理法律规范的民事诉讼。具体包括:①违反行医行为引起的民事诉讼，主要指未经批准擅自从事医疗活动或医疗单位未经批准擅自扩大诊疗业务范围，擅自设点而造成就诊人身体损害或延误治疗而造成其他经济损失后引起的民事诉讼；②违反《献血法》和其他血液管理法律规范，采供不合格血液或擅自采供血造成公民身体伤害，或输血意外反应、输血性疾病等引起的民事诉讼；③违法实施免疫或因计划生育并发症等问题引起的民事诉讼；④违反《母婴保健法》《女职工劳动保护特别规定》和妇幼保健法律规范等引起的民事诉讼。

（7）其他有关纠纷。主要是医学、卫生科技合作或技术引进、转让中因技术合同方面的纠纷，以及在医学科学研究过程中发生的技术成果所有权问题等引起的民事诉讼；卫生改革、卫生产业等工作运转过程中，发生的与卫生资源等有关的经济纠纷引起的民事诉讼等。[1]

3. 卫生民事诉讼的管辖。

（1）级别管辖。基层人民法院管辖第一审民事案件，法律另有规定的除外。中级人民法院管辖下列第一审民事案件：①重大的涉外民事案件；②在本辖区有重大影响的民事案件；③最高人民法院确定由中级人民法院管辖的案件。高级人民法院管辖在本辖区有重大影响的第一审民事案件。最高人民法院管辖下列第一审民事案件：①在全国有重大影响的案件；②认为应当由其审理的案件。

（2）地域管辖。民事案件的地域管辖主要根据当事人住所地、诉讼标的物所在地或者法律事实所在地来确定。即当事人住所地、诉讼标的或者法律事实的发生地、结果地在哪个法院辖区，案件就由该地人民法院管辖。

4. 卫生民事诉讼的当事人。卫生民事诉讼的当事人，是指以自己的名义就特定的卫生民事争议要求法院行使民事裁判权的人。当事人是以自己的名义进行诉讼、与案件有利害关系、受人民法院裁判拘束的人。

由于审级和诉讼程序的不同，当事人在诉讼中的称谓也不完全相同。在第一审普通程序和简易程序中，称为原告、被告和第三人；在第二审程序中，称为上诉人和被上诉人，其中既包括一审的原告和被告，也包括有独立请求权的第三人和被人民法院判决承担民事责任的无独立请求权的第三人。在审判监督程序中，若适用第一审程序审理，分别称为原审原告、原审被告、原审第三人；若适用第二审程序审理，称为原审上诉人、原审被上诉人、原审第三人；在执行程序中，称为申请人和被申请人（或申请执行人和被执行人）。

公民、法人或者其他组织的民事权益受到侵害时，有权请求人民法院实施司法保护。在诉讼过程中，当事人有权委托1~2名诉讼代理人代为进行诉讼。为了确保案件的公正审理，当事人有权申请回避；有权向有关单位、个人收集证据，并在诉讼过程中向人民法院提供证据证明自己的主张；庭审过程中，当事人有权提出自己的主张和意见，有权就对方当事人提供的证据和人民法院调查收集的证据进行质证，

―――――――
[1] 石俊华主编：《卫生法学概论》，浙江工商大学出版社2012年版，第404页。

有权通过辩论论证自己的主张和反驳对方当事人的主张；有权选择调解；在人民法院作出裁判前，当事人有权自行和解；对于符合采取财产保全或先予执行条件的案件，当事人有权请求人民法院采取财产保全或者先予执行措施；有权依法提起上诉、查阅、复制本案有关材料和法律文书、申请执行、申请再审等。当事人有依法行使诉讼权利、遵守诉讼秩序、履行生效的法律文书的诉讼义务。

5. 卫生民事诉讼的证据。卫生民事诉讼的证据，是指能够证明卫生民事案件真实情况的各种事实，也是法院认定有争议案件的根据。诉讼证据具有客观性、关联性和合法性三个特征。民事诉讼证据的形式主要有书证、物证、视听资料、电子资料、证人证言、当事人陈述、鉴定意见、勘验笔录。

民事诉讼的举证责任一般遵循"谁主张，谁举证"的原则。但卫生民事诉讼有可能发生举证责任倒置。例如，根据《最高人民法院关于民事诉讼证据的若干规定》第4条第8项的规定，因医疗行为引起的侵权诉讼，由医疗机构就医疗行为与损害结果之间不存在因果关系及不存在医疗过错承担举证责任。

（三）卫生刑事诉讼

1. 卫生刑事诉讼的概念。卫生刑事诉讼，是指国家专门机关在当事人和其他诉讼参与人的参加下，依照法定程序追诉卫生犯罪，解决被诉人刑事责任的活动。

2. 卫生刑事诉讼的主体。卫生刑事诉讼主体，是指在卫生刑事诉讼中依法享有司法职权的机关和依法享有诉讼权利并承担诉讼义务的当事人和其他诉讼参与人。其中，司法职权机关是指公安机关、人民检察院、人民法院；当事人是指被害人、自诉人、被告人；其他诉讼参与人是指代理人、证人、辩护人、鉴定人等。

3. 卫生刑事诉讼的管辖。卫生刑事诉讼的管辖，是指公安机关、人民检察院和人民法院直接受理卫生刑事诉讼案件以及人民法院系统内审判第一审卫生刑事案件职权范围上的分工。

（1）立案管辖。立案管辖是指人民法院、人民检察院和公安机关直接受理卫生刑事案件范围上的权限划分。

第一，人民法院直接受理的案件。人民法院直接受理卫生刑事自诉案件。这类案件主要有生产、销售假药、劣药案，生产、销售不符合卫生标准的食品或有毒、有害食品案，生产、销售不符合标准的医用器材案，生产、销售不符合卫生标准的化妆品案等。

第二，人民检察院直接受理的案件。人民检察院直接受理的卫生刑事案件主要有贪污受贿案、渎职犯罪案，国家卫生行政机关工作人员利用职权实施的侵犯公民人身权利和民主权利的案件等。

第三，公安机关直接受理的案件。除人民法院、人民检察院直接受理的案件外，其他卫生刑事案件均由公安机关立案侦查。

（2）审判管辖。

第一，级别管辖。基层人民法院管辖第一审卫生刑事案件。危害国家安全的案件,可能判处无期徒刑、死刑的普通卫生刑事案件,外国人犯罪的卫生刑事案件,由中级人法院管辖。

第二,地域管辖。卫生刑事案件一般由卫生犯罪地的人民法院管辖。此处的犯罪地一般是指犯罪预备地、犯罪实施地、犯罪结果地等。

4. 卫生刑事诉讼的程序。普通的卫生刑事案件一般需要经过立案、侦查、公诉、审判四个阶段的程序。

(1) 立案。公安机关对报案、控告、举报、自首等材料,依照管辖范围进行审查,以判断是否确有犯罪事实和应否追究刑事责任。

(2) 侦查。侦查机关在办理卫生刑事案件过程中,为了查明案情、收集证据、查获犯罪人、追缴赃物而依照《刑事诉讼法》的规定进行专门调查工作和采取有关强制措施。

(3) 公诉。人民检察院对侦查终结的案件进行审查,认为事实清楚、证据充分,依法应当追究刑事责任的,作出起诉决定,向人民法院提起公诉。依法可以不起诉、不追究刑事责任的,决定不起诉。

(4) 审判。人民法院组成合议庭进行审判。经过起诉、询问被告、质证、辩论等过程,经合议作出判决。对判决不服的,人民检察院可以在 10 日内提出抗诉,当事人可以提起上诉。

5. 卫生刑事诉讼案件的种类。

(1) 与健康产品有关的刑事诉讼。主要是指生产、销售不符合卫生标准或有毒、有害的与健康相关产品,数量较大或者已致人伤害的犯罪行为引起的刑事诉讼。

(2) 与公共卫生监督有关的刑事诉讼。主要是指危害公共卫生犯罪行为引起的刑事诉讼。

(3) 与医疗机构和医务人员管理有关的刑事诉讼。主要是指违反医师法律规范,擅自行医的犯罪行为引起的刑事诉讼。

(4) 与公民生命健康权益有关的刑事诉讼。主要是指侵犯与卫生法律规范相关的公民生命健康权益的犯罪行为引起的刑事诉讼。

(5) 与卫生行政执法和卫生管理有关的刑事诉讼。主要是指卫生管理及执法人员的失职犯罪行为引起的刑事诉讼。[1]

三、其他纠纷解决机制

(一) 卫生行政复议

1. 卫生行政复议的概念。卫生行政复议,是指卫生行政管理相对人对卫生行政机关实施的行政行为不服,依法向复议机关提出申请,并由其对原行政行为进行审查并作出行政复议决定的活动。

---

[1] 张静、王萍主编:《卫生法学》,西南师范大学出版社 2008 年版,第 65 页。

2. 卫生行政复议特征：

(1) 被申请人的特定性。根据《行政复议法》及有关卫生法律规范的规定，拥有卫生行政监督管理权，并有可能成为卫生行政复议被申请人的，只能是卫生行政机关以及法律法规授权的组织，如各级地方卫生管理部门、国境卫生检疫机关等。

(2) 复议程序的可选择性。行政诉讼法对行政复议与行政诉讼的关系，规定了复议与诉讼自由选择和复议前置两种方式。卫生行政复议基本上采用的是复议诉讼自由选择的方式。如《人口与计划生育法》第44条规定："公民、法人或者其他组织认为行政机关在实施计划生育管理过程中侵犯其合法权益，可以依法申请行政复议或者提起行政诉讼。"

(3) 依据的多层次性。卫生行政复议机关在审查原行政行为是否合法时，不仅要依据法律，而且还要依据有关卫生法规、规章以及上级卫生行政机关制定和发布的具有普遍约束力的决定、命令等。

(4) 复议内容的复杂性和专业性。卫生行政监督是一种涉及内容复杂、专业性很强的管理行为。例如，处理一起造成食物中毒的违法行为，卫生行政复议机关在复议过程中，就会面临很多复杂、具体的卫生专业知识，这就要求卫生行政复议人员熟悉和了解有关方面的专业知识。

3. 卫生行政复议的申请。向谁提出行政复议的申请，也称为卫生行政复议的管辖，是指卫生行政机关受理卫生行政复议案件的分工和权限。它主要规范每一件具体的卫生行政复议案件应该由哪一级卫生行政机关受理的问题。根据《行政复议法》的有关规定，卫生行政复议管辖主要包括以下几种情况：

(1) 对县级以上地方各级人民政府卫生工作部门的具体行政行为不服的，由申请人选择，可以向该部门的本级人民政府申请行政复议，也可以向上一级卫生行政主管部门申请行政复议。

(2) 对国务院部门或者省、自治区、直辖市人民政府的具体行政行为不服的，向作出该具体行政行为的国务院部门或者省、自治区、直辖市人民政府申请行政复议。对行政复议决定不服的，可以向人民法院提起行政诉讼；也可以向国务院申请裁决，国务院依照行政复议法的规定作出最终裁决。

(3) 对卫生工作部门依法设立的派出机构依照法律、法规或者规章规定，以自己的名义作出的具体行政行为不服的，向设立该派出机构的行政部门或者该部门的本级地方人民政府申请行政复议。

(4) 对法律、法规授权组织的具体行政行为不服的，分别向直接管理该组织的地方人民政府、地方人民政府工作部门或者国务院工作部门申请行政复议。

(5) 对两个或者两个以上行政机关以共同的名义作出的具体行政行为不服的，向其共同上一级行政机关申请行政复议。

(6) 对被撤销的行政机关在撤销前所作出的具体行政行为不服的，向继续行使其职权的行政机关的上一级行政机关申请行政复议。

4. 卫生行政复议的范围。卫生行政复议的范围,即卫生行政复议机关受理卫生行政复议案件的权限范围。[1]

(1) 根据《行政复议法》第6条的规定,有下列情形之一的,公民、法人或者其他组织可以依照《行政复议法》申请行政复议:①对行政机关作出的警告、罚款、没收违法所得、没收非法财物、责令停产停业、暂扣或者吊销许可证、暂扣或者吊销执照、行政拘留等行政处罚决定不服的;②对行政机关作出的限制人身自由或者查封、扣押、冻结财产等行政强制措施决定不服的;③对行政机关作的有关许可证、执照、资质证、资格证等证书变更、中止、撤销的决定不服的;④对行政机关作出的关于确认土地、矿藏、水流、森林、山岭、草原、荒地、滩涂、海域等自然资源的所有权或者使用权的决定不服的;⑤认为行政机关侵犯合法的经营自主权的;⑥认为行政机关变更或者废止农业承包合同,侵犯其合法权益的;⑦认为行政机关违法集资、征收财物、摊派费用或者违法要求履行其他义务的;⑧认为符合法定条件,申请行政机关颁发许可证、执照、资质证、资格证等证书,或者申请行政机关审批、登记有关事项,行政机关没有依法办理的;⑨申请行政机关履行保护人身权利、财产权利、受教育权利的法定职责,行政机关没有依法履行的;⑩申请行政机关依法发放抚恤金、社会保险金或者最低生活保障费,行政机关没有依法发放的;⑪认为行政机关的其他具体行政行为侵犯其合法权益的。

(2) 根据《行政复议法》第7条的规定,公民、法人或者其他组织认为行政机关的具体行政行为所依据的下列规定不合法,在对具体行政行为申请行政复议时,可以一并向行政复议机关提出对该规定的审查申请:①国务院部门的规定;②县级以上地方各级人民政府及其工作部门的规定;③乡、镇人民政府的规定。上述规定不含国务院部、委员会规章和地方人民政府规章。

5. 卫生行政复议的程序。卫生行政复议程序通常包括复议的申请、受理、审理和决定四个环节。

(1) 申请。卫生行政复议申请,是指卫生行政管理相对人认为卫生行政机关作出的具体行政行为侵犯其合法权益,以自己的名义,向有管辖权的行政复议机关要求对该具体行政行为进行审查和处理的意思表示。《行政复议法》第9条规定:"公民、法人或者其他组织认为具体行政行为侵犯其合法权益的,可以自知道该具体行政行为之日起60日内提出行政复议申请;但是法律规定的申请期限超过60日的除外。因不可抗力或者其他正当理由耽误法定申请期限的,申请期限自障碍消除之日起继续计算。"《行政复议法》第11条规定:"申请人申请行政复议,可以书面申请,也可以口头申请;口头申请的,行政复议机关应当当场记录申请人的基本情况、行政复议请求、申请行政复议的主要事实、理由和时间。"

(2) 受理。卫生行政复议受理,是指行政复议机关经过审查,确认复议申请符

---

[1] 宋文质、孙东东主编:《卫生法学》,北京大学医学出版社2002年版,第42页。

合法定条件予以立案的活动。

依照《行政复议法》第17、20条的规定，行政复议机关应当自收到复议申请后5日内，对复议申请书进行认真审查并作出相应处理，具体情况如下：①对不符合《行政复议法》规定的行政复议申请，决定不予受理，并书面告知申请人；②对符合《行政复议法》规定，但是不属于本机关受理的行政复议申请，应当告知申请人向有关行政复议机关提出。除上述情形外，行政复议申请自行政复议机关负责法制工作的机构收到之日起即为受理。公民、法人或者其他组织依法行政复议申请，行政复议机关无正当理由不予受理的，上级行政机关应当责令其受理；必要时，上级行政机关也可以直接受理。

（3）审理与决定。根据《行政复议法》第28条的规定，卫生行政复议机关审理复议案件，可以根据不同情况，分别作出以下复议决定：①具体行政行为认定事实清楚，证据确凿，适用依据正确，程序合法，内容适当的，决定维持；②被申请人不履行法定职责的，决定其在一定期限内履行；③具体行政行为有下列情形之一的，决定撤销、变更或者确认该具体行政行为违法；决定撤销或者确认该具体行政行为违法的，可以责令被申请人在一定期限内重新作出具体行政行为：主要事实不清，证据不足的；适用依据错误的；违反法定程序的；超越或者滥用职权的；具体行政行为明显不当的；④被申请人不按照《行政复议法》第23条的规定提出书面答复、提交当初作出具体行政行为的证据、依据和其他有关材料的，视为该具体行政行为没有证据、依据，决定撤销该具体行政行为。

（二）卫生行政赔偿

1. 卫生行政赔偿的概念。卫生行政赔偿，是指国家卫生行政机关及其工作人员在执行公务过程中，因违法或不当的具体行政行为侵犯相对人的合法权益并造成损害时，由国家卫生行政机关依法予以赔偿的制度。

2. 卫生行政赔偿的要件。

（1）主体要件。实施卫生行政侵权行为的人，必须是在行使行政职权的过程中，侵犯了公民、法人或者其他组织合法权益的行政机关及其工作人员，具体包括：①卫生行政机关、法律法规授权的组织及其行政工作人员；②受卫生行政机关委托执行行政职务的管理机构及其人员；③自愿协助卫生行政事务的人员。

（2）行为要件。卫生行政侵权行为是行政赔偿责任最根本的前提要件。卫生行政侵权行为必须同时具备以下两个条件：①必须是执行行政职务的行为，既包括行政机关本身直接作出的职务行为，也包括行政工作人员或者受委托组织所作出的履行职务的行为；②必须是在法定的职责范围内行使职权，违法侵犯了公民、法人或者其他组织的合法权益，造成损害的行为。

（3）损害事实。损害的发生是行政赔偿责任产生的基础条件。这里的损害包括人身损害与财产损害。①必须是已经发生的、确实存在的损害，对于某种将来可能发生也可能未发生的不确定状态的损害，不能请求行政赔偿。②损害必须是直接损害，不包括间接损害。

（4）因果关系。只有当卫生行政机关及其工作人员违法行使行政职权的行为与卫生行政管理相对人的损害事实之间存在因果关系时，行政机关才承担赔偿责任。

3. 卫生行政赔偿的范围。

（1）侵犯人身权的违法行为。根据《国家赔偿法》第3条的规定，卫生行政机关及其工作人员在行使行政职权时有下列侵犯人身权情形之一的，受害人有取得赔偿的权利：①违法拘留或者违法采取限制公民人身自由的行政强制措施的；②非法拘禁或者以其他方法非法剥夺公民人身自由的；③以殴打、虐待等行为或者唆使、放纵他人以殴打、虐待等行为造成公民身体伤害或者死亡的；④违法使用武器、警械造成公民身体伤害或者死亡的；⑤造成公民身体伤害或者死亡的其他违法行为。

（2）侵犯财产权的违法行为。根据《国家赔偿法》第4条的规定，卫生行政机关及其工作人员在行使行政职权时有下列侵犯财产权情形之一的，受害人有取得赔偿的权利：①违法实施罚款、吊销许可证和执照、责令停产停业、没收财物等行政处罚的；②违法对财产采取查封、扣押、冻结等行政强制措施的；③违法征收、征用财产的；④造成财产损害的其他违法行为。

（3）国家不承担赔偿责任的情形。根据《国家赔偿法》第5条的规定，属于下列情形之一的，国家不承担赔偿责任：①卫生行政机关工作人员与行使职权无关的个人行为；②因公民、法人和其他组织自己的行为致使损害发生的；③法律规定的其他情形。

4. 卫生行政赔偿请求人和赔偿义务机关。卫生行政赔偿请求人，是指因自身权益受到违法行为侵害而提起卫生行政赔偿请求的公民、法人或者其他组织。根据《国家赔偿法》第6条的规定，受害的公民死亡，其继承人和其他有扶养关系的亲属有权要求赔偿。受害的法人或者其他组织终止的，其权利承受人有权要求赔偿。

卫生行政赔偿义务机关，是指代替国家履行具体赔偿义务，支付赔偿费用，参加赔偿案件解决的卫生行政机关或者法律、法规授权的组织。确定卫生行政赔偿义务机关，坚持"谁侵权，谁赔偿"的原则，即卫生行政机关及其工作人员行使行政职权侵犯公民、法人和其他组织的合法权益造成损害的，该卫生行政机关为赔偿义务机关。但是，根据《国家赔偿法》第7、8条的规定，卫生行政赔偿义务机关的确定还有以下特殊情形：①两个以上行政机关共同行使行政职权时侵犯公民、法人和其他组织的合法权益造成损害的，共同行使行政职权的行政机关为共同赔偿义务机关；②法律、法规授权的组织在行使授予的行政权力时侵犯公民、法人和其他组织的合法权益造成损害的，被授权的组织为赔偿义务机关；③受卫生行政机关委托的组织或者个人在行使受委托的行政权力时侵犯公民、法人和其他组织的合法权益造成损害的，委托的卫生行政机关为赔偿义务机关；④赔偿义务机关被撤销的，继续行使其职权的行政机关为赔偿义务机关；没有继续行使其职权的行政机关的，撤销该赔偿义务机关的行政机关为赔偿义务机关；⑤经复议机关复议的，最初造成侵权行为的卫生行政机关为赔偿义务机关,但复议机关的复议决定加重损害的,复议机关对加重的部分履行赔偿义务。

5. 卫生行政赔偿的程序。卫生行政赔偿的程序,是指赔偿请求人请求赔偿以及卫生行政机关和人民法院处理赔偿案件的整个过程。

(1) 单独请求行政赔偿的程序。单独请求卫生行政机关赔偿的,赔偿请求人必须先向卫生行政赔偿机关提出,并按照法律规定递交行政赔偿申请书。卫生行政机关逾期不予赔偿或者请求人对赔偿数额有异议的,赔偿请求人可以在期限届满之日起3个月内向人民法院提起诉讼,由人民法院按行政赔偿诉讼程序审理。

(2) 附带请求行政赔偿的程序。赔偿请求人在提起行政复议和行政诉讼的同时可以一并提出行政赔偿请求。卫生行政复议机关或人民法院在案件审理中,可予以调解或依法作出决定或判决。

(3) 申请赔偿的时效。赔偿请求人请求卫生行政赔偿的时效为2年,自其知道或者应当知道卫生行政机关及其工作人员行使职权时的行为侵犯其人身权、财产权之日起计算。赔偿请求人在赔偿请求时效的最后6个月内,因不可抗力或者其他障碍不能行使请求权的,时效中止。从中止时效的原因消除之日起,赔偿请求时效期间继续计算。

赔偿请求人在申请行政复议或者提起行政诉讼时一并提出赔偿请求的,适用《行政复议法》《行政诉讼法》有关时效的规定。

6. 卫生行政赔偿的方式。根据《国家赔偿法》第32条的规定,卫生行政赔偿以支付赔偿金为主要方式。

(1) 侵犯人身权的赔偿方式。根据《国家赔偿法》第34条,侵犯公民人身自由的,按日支付赔偿金;造成身体伤害的,应当支付医疗费、护理费,以及赔偿因误工减少的收入;造成部分或者全部丧失劳动能力的,应当支付医疗费、护理费、残疾生活辅助具费、康复费等因残疾而增加的必要支出和继续治疗所必需的费用,以及残疾赔偿金;造成死亡的,应当支付死亡赔偿金、丧葬费,对死者生前扶养的无劳动能力的人,还应当支付生活费。

此外,根据《国家赔偿法》第35条,卫生行政侵权行为致人精神损害的,应当在侵权行为影响的范围内,为受害人消除影响,恢复名誉,赔礼道歉;造成严重后果的,应当支付相应的精神损害抚慰金。

(2) 侵犯财产权的赔偿方式。能够返还财产或者恢复原状的,予以返还财产或者恢复原状,不能的,一般按照直接损失给予赔偿。

(三) 卫生纠纷调解

调解,是指纠纷各方在中立第三方的帮助下,通过协商尽量协调分歧,达成协议的行为。

1. 行政调解。行政调解一般多用于解决卫生领域因医疗事故引发的纠纷。相关规定见于《医疗事故处理条例》,根据该条例第48条的规定,已确定为医疗事故的,卫生行政部门应医疗事故争议双方当事人请求，可以进行医疗事故赔偿调解。调解时，应当遵循当事人双方自愿原则，并应当依法计算赔偿数额。经调解，双方当事人就赔偿数额达成协议的，制作调解书，双方当事人应当履行；调解不成或者经调解达成协议后一方反悔的，卫生行政部门不再调解。

整体而言，现行的卫生纠纷行政调解制度尚欠缺全面的立法规定。未来应加强这方面的立法，努力促进卫生纠纷的诉前解决。

2. 人民调解委员会调解。人民调解，是指人民调解委员会通过说服、疏导等方法，促使当事人在平等协商基础上自愿达成调解协议，解决民间纠纷的活动。[1] 人民调解委员会是村民委员会和居民委员会下设的调解民间纠纷的群众性组织，在基层人民政府和基层人民法院指导下进行工作。

面对紧张的医患关系，自山西、上海首先试水医患纠纷人民调解委员会制度后，初显成效，各地开始纷纷尝试这一制度，为医患矛盾提供一个缓冲平台，以期实现法律效果和社会效果的统一。截至2013年底，全国有30个省（区、市）和新疆生产建设兵团出台了医疗纠纷人民调解的规范性文件；设立医疗纠纷人民调解委员会2418个、人民调解工作室1029个，共有人民调解员22 802人，医疗纠纷人民调解组织基本覆盖了地市以上行政区域。[2] 实践证明，通过人民调解委员会的主持，对卫生纠纷双方当事人进行调解、劝说，促使他们互相谅解，平等协商，自愿达成协议是解决卫生纠纷的最佳方式。

不可否认的是，医患纠纷人民调解委员会制度仍处于发展之中，还有很多地方不够完备，在运行过程中出现了种种问题，如法律性质不明确、资金运转困难等。未来应加强对制度实践经验的总结，对制度劣势之处进行完善，努力构建有中国特色的医患纠纷人民调解制度，使双方在平等第三方的主持下互谅互让，最终解决医患纠纷，维护和谐的医患关系。

（四）卫生纠纷仲裁

卫生纠纷仲裁，是指双方当事人通过合意，自愿将医疗纠纷提交仲裁机构进行审理，由仲裁机构作出对双方具有约束力的裁决的的争议解决制度和方式。卫生纠纷仲裁一般解决的是平等主体间的卫生争议。以仲裁方式解决卫生纠纷，其优势体现在：①在仲裁过程中，仲裁庭独立进行仲裁，不受任何机关、社会团体和个人的干涉；②仲裁制度实行一裁终局制，具有快捷、时间短的优势；③仲裁员对当事人负有保密的义务；④仲裁员一般都是具有卫生管理和法学的相关知识，能更好地保证仲裁的专业性和权威性。

我国目前还没有完善的卫生行政仲裁的机制，但是我国部分地区有医事仲裁的

---

[1] 周嘉、信彬主编：《卫生法规》，人民卫生出版社2015年版，第147页。

[2] 周斌："全国已有医疗纠纷人民调解委员会2418个——基本覆盖地市以上行政区域"，载《法制日报》2013年12月26日，第1版。

实践活动。例如，洛阳、合肥、天津都尝试了医事仲裁，但是这些仲裁委员会并非采用仲裁的方式，而是以"调解"的方式对医疗纠纷进行处理，只是以仲裁的名义来进行的。我国目前尚未从法律层面将医疗纠纷纳入仲裁的范围。其原因很多，最主要是因为卫生纠纷与普通的民事纠纷、经济纠纷和劳动纠纷之间有着明显的区别：医疗纠纷主要是由于侵犯人身权利而引发的赔偿纠纷，其不同于一般的合同纠纷和其他财产权益，主要涉及人身损害鉴定与赔偿问题。此外，仲裁机构只设立在市一级，而不是像法院按照行政区划来进行设立，不利于农村和偏远地区的医疗纠纷的解决。[1]

卫生仲裁作为一种可取的医疗纠纷解决机制，应当加以尝试。目前国内学界在医患纠纷具备可仲裁性问题上虽已基本取得共识，但在如何构建医患纠纷仲裁机制方面存在较大争议，争议主要集中在是采用强制性仲裁还是任意性仲裁，仲裁结果是终局还是非终局，以及是否需要另行设立专门的医患纠纷仲裁机构等方面。[2] 我国应重视卫生纠纷仲裁的研究和机制的建设，对目前的仲裁法律制度进行更新再建，努力构建符合我国特色的卫生纠纷仲裁法律制度。

---

[1] 李天颖、饶伟："我国医事仲裁的构建研究"，载《卫生法学与生命伦理国际研讨会论文集》，中国卫生法学会2014年版。

[2] 方兴："医患纠纷强制性仲裁机制构建探索"，载《南京医科大学学报（社会科学版）》2013年第3期。

第五章

卫生法律责任

　　法律责任是法学理论体系中一个非常重要的基础概念，也是卫生法中经常被提及的概念之一。在法理学中，法律责任有广义和狭义之分。广义的法律责任基本等同于一般意义上的法律义务，狭义的法律责任是指由违法行为所引起的不利法律后果。有一种观点认为："法律责任是由特定法律事实所引起的对损害予以补偿、强制履行或接受惩罚的特殊义务，亦即由于违反第一性义务而引起的第二性义务。"[1]根据违法行为所违反的法律的性质，可以把法律责任分为民事责任、刑事责任、行政责任。

第一节　卫生民事法律责任

一、民事法律责任的概念及其特征

（一）概念

　　民事法律责任，是指民事主体（公民、法人或者其他组织）违反合同或者不履行其他民事义务，侵害国家的、集体的和他人的合法权益，依照民法应承担的法律责任。卫生法中的民事责任，主要是指平等民事主体之间在进行卫生相关的活动过程中，其中任意一方违反民事法律规范，无正当理由不履行民事义务或因侵害他人合法权益导致他人损害时，所应承担的法律责任。

（二）特征

　　我国民法调整平等主体之间所发生的财产关系和人身关系。民事法律责任具有下列特征：

　　1. 民事法律责任以财产性责任为主。
　　2. 民事法律责任主要是对受害人承担的一种责任。
　　3. 民事法律责任主要是弥补受害一方当事人的损失。
　　4. 民事法律责任可以由当事人协商解决。

二、卫生民事法律责任的构成

构成损害赔偿的卫生民事法律责任，要同时具备下列四个条件：
　　1. 行为的违法性。即加害人造成损害的行为必须是违法的。

---

[1] 张文显主编：《法理学》，高等教育出版社、北京大学出版社2011年版，第122页。

2. 有损害事实。即要有损害结果的存在。
3. 违法行为和损害事实之间有因果关系。即加害人的违法行为与损害事实之间必须有内在的、必然的联系。
4. 行为人有过错。即加害人有造成他人损害的主观上的故意或过失。

三、承担民事责任的方式
（一）承担方式

《民法总则》第179条规定承担民事责任的方式有：①停止侵害；②排除妨碍；③消除危险；④返还财产；⑤恢复原状；⑥修理、重作、更换；⑦继续履行；⑧赔偿损失；⑨支付违约金；⑩消除影响、恢复名誉；⑪赔礼道歉。以上承担民事责任的方式，可以单独适用，也可以合并适用。

卫生法领域所涉及的民事法律责任以赔偿损失为主要形式。

（二）赔偿责任

承担民事法律责任的方式，在财产关系方面，表现为恢复被违法行为所侵犯的财产权利；在人身方面，除恢复人身权利外，还必须补偿因此而遭受的财产损失。

我国《民法总则》第3条规定："民事主体的人身权利、财产权利以及其他合法权益受法律保护，任何组织或者个人不得侵犯。"

《最高人民法院关于确定民事侵权精神损害赔偿责任若干问题的解释》第1条明确规定："自然人因下列人格权利遭受非法侵害，向人民法院起诉请求赔偿精神损害的，人民法院应当依法予以受理：①生命权、健康权、身体权；②姓名权、肖像权、名誉权、荣誉权；③人格尊严权、人身自由权。违反社会公共利益、社会公德，侵害他人隐私或者其他人格利益，受害人以侵权为由向人民法院起诉请求赔偿精神损害的，人民法院应当依法予以受理。"

四、几类特殊的民事责任

在民事责任中，最核心的一类是医疗活动中的侵权行为导致的责任，这一类责任在侵权责任体系中也极具特色。除此之外，还有契约关系导致的责任与产品质量导致的责任，这两类责任也很重要。

（一）医疗活动中的一般侵权责任

对医疗侵权行为的界定，学者们有不同的表述。有学者认为，医疗侵权行为是指医疗机构及其医务人员在诊疗护理过程中侵犯了患者的合法权益，并引起一定的法律后果的行为。还有学者认为，医疗侵权行为是指行为主体在实施医疗行为的过程中，侵犯了患者的人身权益（因医疗活动系针对人的身体所实施的行为），而应承担责任的行为。

二者界定的区别主要在于：患者被侵犯的权益类型是否限于人身权。就医疗活动中实际可能发生的侵权行为而言，显然不限于人身权，还可能侵害患者的隐私权、知情同意权等。但这些侵权的性质不同于侵犯人身权的责任。因此，此处区分一般侵权责任和特殊侵权责任。如不做特殊说明，医疗侵权责任指代的只是一般侵权责任,即医疗机构及其医务人员在医疗过程中因过失,或者在法律规定的情况下无论有无过失,造成患者人身损害应当承担的以损害赔偿为主要方式的侵权责任。

《侵权责任法》第 54 条规定:"患者在诊疗活动中受到损害,医疗机构及其医务人员有过错的,由医疗机构承担赔偿责任。"这样,医疗行为因为侵害了患者生命权、健康权而构成了侵权责任,患方可以提起医疗损害侵权之诉,要求医疗机构承担侵权损害赔偿责任。

(二) 医疗活动中的特殊侵权责任

在医疗活动中,除了可能侵犯患者的人身权之外,还可能侵犯患者的其他权利,并导致相应的法律责任。其他权利主要有两类,一类是侵犯患者的隐私权,另一类是侵犯患者的知情同意权。有学者将医疗损害责任分为三种类型:医疗技术损害责任,医疗伦理损害责任,医疗产品损害责任。侵犯隐私权和知情同意权的责任属于医疗伦理损害责任。

(三) 契约关系和产品质量导致的责任

契约关系导致的责任主要是违约责任。在民事责任的类型划分中,与侵权责任对应的是违约责任,二者平分秋色。只不过,在卫生领域,侵权责任具有很多的特殊性,而违约责任大体上与一般的民事违约责任相同。

产品质量导致的责任是民事责任中很有特色的一类,往往体现为违约和侵权的混合。其责任直接附着于产品之上,间接归咎于行为。这是它和一般的违约和侵权责任的主要区别。

第二节 卫生行政法律责任

一、卫生行政法律责任的概念与特征

(一) 卫生行政法律责任的概念

我国行政法学界关于"行政责任"的分歧主要在于行政责任主体的范围界定不同,即行政责任是谁的责任。归纳起来主要有以下几种观点:

1. 行政法律关系主体说。即认为行政责任是指行为人(包括行政主体与相对人)由于违反行政法律规范的规定,所承担的一种强制性行政法律后果,此乃最广义的界定。[1] 这种定义涉及的行政责任主体范围最广,将行政主体和行政相对人都作为行政责任的主体。这种观点主要得到"平衡论"者的支持,他们认为行政法发展的过程就是行政机关与相对人的权利义务从不平衡到平衡的过程,并以"管理

---

[1] 应松年主编:《行政法与行政诉讼法词典》,中国政法大学出版社 1992 年版,第 209 页。

法—控权法—平衡法"三个阶段来划分进行分析,得出现代行政法实质上是"平衡法"。[1]

2. 行政主体说。即认为行政责任是行政主体（包括行政机关和法律法规授权组织）及其工作人员因在行使行政职权的过程中违反行政法律规范而应承担的法律责任。[2] 这种观点体现了"控权论"的精神,认为行政法是为节制或控制国家权力,保护公民的自由和财产而制定的,核心在于对行政权的法律控制。

3. 行政相对人说。即认为行政责任是指行政相对人由于违反行政法律规范而应当承担的法律责任。[3] 这种观点明显带有"管理论"的色彩,以命令—服从作为行政主体与相对人之间基本链条关系的行政法理论基础。

"管理论"因把相对人作为权力客体,重管理、少救济,对人民的权利构成强大的威胁,这种陈旧理论逐渐被人们所抛弃。"平衡论"因其二分兼顾思想更易为行政法主体双方所接受,避免"控权论"可能产生的"钟摆"效应,故本书采用第一种观点,即行政法律关系主体说。

具体到卫生领域,卫生行政责任是指卫生行政法律关系主体违反卫生行政法律规范,破坏卫生行政管理秩序,尚未构成犯罪,所应承担的惩戒、制裁的法律后果。卫生行政责任是一种独立的法律责任。它是基于我国行政法律规范所产生的,以法律规定的责任方式和内容为依据,不同于宗教道义责任,同时它属于行政责任的范畴,不同于民事责任和刑事责任。

（二）卫生行政法律责任的特征

卫生行政法律责任具有如下特征：

1. 承担主体的多重性。包括卫生行政主体、卫生行政公务人员、卫生行政相对人等。这里的卫生行政主体是指享有国家卫生行政执法权,能以自己的名义从事卫生行政管理活动,并能独立地承担由此产生的法律后果的组织。卫生行政公务人员是指国家以法定方式任用的,在中央和地方各级卫生行政机关中工作的,依法行使国家卫生行政权、执行国家公务的人员。卫生行政相对人是指在具体的卫生行政法律关系中处于被管理一方的当事人,包括公民、法人和其他组织,也包括在中国境内的外国人、无国籍人等。

2. 引起责任的原因是违反了卫生行政法律规范,责任的承担具有国家强制性或法定性。行为人承担卫生行政法律责任的前提必须是违反了卫生行政法律规范,其要承担的责任也必须有法律法规规章的明确规定,这种责任具有国家强制性。

3. 卫生行政法律责任的归责原则,因行政主体和行政相对人的身份而异。国外

---

[1] 罗豪才:"现代行政法的理论基础——论行政机关与相对人一方的权利义务平衡",载《中国法学》1993年第1期。

[2] 杨解君:《行政法学》,中国方正出版社2002年版,第413页。

[3] 罗豪才主编:《行政法学》,北京大学出版社2012年版,第318页。

行政主体行政责任的归责原则主要有过错责任原则、危险责任原则、违法责任原则三种。[1] 我国行政主体的违法行政责任采违法责任原则，即以职务行为违法为归责的根本标准，而不问其有无过错。而对于行政相对人的责任，则采取过错责任原则。过错是行政相对人承担卫生行政法律责任的主观构成要件。

二、卫生行政法律责任的构成要件

"法律责任的构成要件是指构成法律责任的各种必需的条件或者必须符合的标准，它是国家机关要求行为人承担责任时进行分析判断的标准。"[2] 卫生行政法律责任的一般构成要件包括客观要件和主观要件。

（一）卫生行政责任的客观要件

具有卫生行政违法或不当行为是卫生行政法律关系的主体承担行政法律责任的前提。因为责任主体不同，违法和不当行为的表现有差别。

1. 行政相对人的违法行为。就行政相对人而言，只有违法行为才产生法律责任，没有所谓不当行为的法律责任。行政相对人的违法行为指的是，因为违反卫生领域的行政管理法律法规规章，被行政主体课加不利行政决定，主要的类型就是行政处罚。

2. 卫生行政主体的行政违法行为。行政违法行为既可以表现为作为，也可以表现为不作为。卫生行政主体的行政违法行为侵害的是受行政法律规范所保护的卫生行政关系，破坏了正常的行政管理秩序。作为卫生行政违法的一般要件，只需考虑其客观的、外在的违法事实状况，并不意味着必须产生一定的危害结果，危害结果只是某些行政违法必备的条件，并不是行政责任的一般要件。

3. 卫生行政主体的行政不当行为。行政不当是行政主体在自由裁量规定的范围之内适用法律、法规不适当的行政行为，但不构成违法。卫生行政不当以卫生行政行为的合理性为侵害的客体，即"属于自由裁量中过轻或过重的问题"。卫生行政违法行为所侵害的是卫生行政行为的合法性，即"属于违反羁束裁量规定的问题"。卫生行政违法必然引起法律责任，卫生行政不当引起法律责任不具有必然性。卫生行政违法可能引起惩罚性行政责任和补救性行政责任，而卫生行政不当只能引起补救性行政责任。

对于卫生行政主体及其工作人员来说，行政违法或不当行为必须发生在行使职权或履行职责的过程中，也包括与这一过程有密切联系或因果关系的其他行为。如果该行为与履职无关，则卫生行政主体不承担此类责任（但可能承担其他类型的责任）。在履职过程中，卫生行政公务人员所实施的行为不是以个人名义作出的，因此，应由卫生行政主体先行承担卫生行政法律责任，再依法追究卫生行政公务人员的责任。

---

[1] 沈开举、王钰：《行政责任研究》，郑州大学出版社2004年版，第131~134页。
[2] 张文显：《法理学》，高等教育出版社、北京大学出版社2012年版，第145页。

（二）卫生行政法律责任的主观要件

行为人在主观上有过错是构成违法行为的要件之一。所谓主观过错，是指行为人在实施违法行为所表现出来的在法律和道德上应受非难的故意和过失状态。[1] 将这一原理适用于卫生行政违法上，表现出一定的特殊性。对于卫生行政主体而言，只要其在客观上有违反行政法律规范的作为或不作为就推定其主观上有过错。而对于行政公务人员而言，由于其承担的行政责任是一种个人责任，涉及是否给予行政处分或者予以追偿，必须将主观上的故意或过失作为要件之一。对于行政相对人来说，行政责任的界定离不开其主观状态的认定，导致损害结果或危害结果出现的违法行为是否是由行为人内心主观意志支配外部客观行为的结果，就成为该行为是否具有可惩罚性的重要标准。

三、卫生行政责任的形式

在卫生行政法律关系中，不同的主体其承担责任的形式有所不同，具体如下：

（一）卫生行政主体承担卫生行政责任的形式

1. 撤销违法行政行为。行政行为违法或不当的，上级行政机关可以作出否定行政行为的决定。撤销决定可以全部撤销，也可以部分撤销；可以简单撤销，也可以撤销并责令重新作出具体行政行为。撤销决定适用于下列几种情况：①主要事实不清，证据不足；②适用法律法规等依据有错误；③违反法定程序；④超越职权或者滥用职权；⑤行政行为明显不当。

2. 履行法定职责。对于行政机关没有履行法律、法规规定的职责，上级行政机关可以作出责令其在一定期限内履行法定职责的决定。这主要针对行政相对人申请卫生行政主体作出一定行政行为，而行政主体没有作出的情形。履行决定的适用条件：①行政相对人要求卫生行政主体作出某种行政行为，是有事实根据与法律、法规依据的。②卫生行政主体有权作出该行政行为，即要求作出的行政行为在行政主体的职权范围内。③卫生行政主体未作出有关行政行为，并且无正当理由。

3. 确认违法。确认行政行为违法是指卫生行政主体的不作为行为或事实行为，经审查后被宣布该行为违法。这种行政责任主要适用于以下四种情形：①行政行为依法应当撤销，但撤销会给国家利益、社会公共利益造成重大损害的；②行政行为程序轻微违法，但对原告权利不产生实际影响的；③行政行为违法，但不具有可撤销内容的；④行政机关不履行或者拖延履行法定职责，但判令其履行没有意义的。

4. 行政赔偿。行政赔偿是指行政机关及其工作人员在行使职权过程中侵犯公民、法人或其他组织的合法权益并造成损害，国家对此承担的赔偿责任。这种财产责任不同于一般的民事赔偿责任，其归责原则、赔偿范围、赔偿标准等内容由《国家赔偿法》规定。公民、法人或其他组织在申请行政复议、提起行政诉讼时，可以一并提起行政赔偿请求，也可向赔偿义务机关单独提出行政赔偿请求。对赔偿义务机关

---

[1] 王利明主编：《民法》，中国人民大学出版社2015年版，第568~569页。

先行处理不服的,再向人民法院提起行政赔偿诉讼。

5. 其他责任形式。有关行政责任的规定除了《行政诉讼法》等比较集中的法律规定外,在其他一些法规、规章中也能找到。行政主体所承担的行政责任除上述四种外,还包括:通报批评、赔礼道歉、恢复名誉、消除影响、返还权益、恢复原状、确认无效及变更不当行政行为等。

(二) 卫生行政公务人员承担卫生行政责任的形式

卫生行政公务人员一般以行政处分的责任形式承担卫生行政责任。行政处分主要是行政机关或企事业单位依据行政隶属关系,对卫生行政机关或有关机关内的公务人员,违反卫生行政管理秩序、不履行应当履行的法定职责的行为所给予的制裁。根据《公务员法》《行政机关公务员处分条例》和有关法律、法规的规定,行政处分主要有:警告、记过、记大过、降级、撤职、开除。公务员在受处分期间不得晋升职务和级别,其中受记过、记大过、降级、撤职处分的,不得晋升工资档次。

(三) 卫生行政相对人承担卫生行政责任的形式

卫生行政相对人承担卫生行政责任的主要形式是行政处罚。卫生行政处罚是卫生行政机关或法律法规授权的组织,在职权范围内依据法律规定的条件和程序对违反卫生行政管理秩序的公民、法人和其他组织,实施的一种惩戒或制裁。卫生行政处罚的特点主要有:①卫生行政处罚是卫生行政主体依法实施的一种外部行政行为,这使其区别于行政处分——内部行政行为;②卫生行政处罚的种类和幅度,是由卫生法律规范预先明确规定的;③卫生行政处罚具有鲜明的惩戒性,并由国家强制力作保证。

根据《中华人民共和国行政处罚法》(以下简称《行政处罚法》)和我国现行的卫生法律、法规、规章的规定,卫生行政处罚的种类主要有:警告、罚款、拘留、没收违法所得、没收非法财物、责令停产停业、暂扣或吊销有关许可证等。在具体的卫生法律规范性文件中,对各类卫生行政处罚,依据具体管理内容,有不同的具体规定。如医疗机构发生医疗事故的,由卫生行政部门根据医疗事故的等级和情节,给予警告,情节严重的,责令限期停业整顿,直至由原发证部门吊销执业许可证。对负有责任的医务人员依法给予行政处分或纪律处分,对发生医疗事故的有关医院人员,卫生行政部门还可以责令其暂停6个月以上1年以下执业活动,情节严重的,应吊销其执业证书。

第三节 卫生刑事法律责任

一、卫生刑事责任的概述

(一) 卫生刑事责任的概念和特征

卫生刑事责任,是指行为人在卫生活动中由于违反卫生有关的刑事法律规定而应当承受的不利后果。从本质上讲，卫生刑事责任体现了刑法对卫生领域内犯罪行为的否定态度。

在我国，刑事法律规范包括刑法典、刑法修正案和单行刑法。因此，卫生刑事责任的法律依据也只能是刑法典、刑法修正案和单行刑法。行为人是否承担刑事责任，应当看其行为是否构成犯罪及构成何罪，然后依据法律定罪量刑，最终被归责的罪名不一定与卫生活动有明显的关系。

理解卫生刑事责任的概念，需要把握以下几个方面的特征：

1. 责任主体的多样性。首先，卫生刑事责任涉及面广，从内容来说，有医疗刑事法律责任、卫生保障刑事法律责任、卫生产品刑事法律责任及其他刑事法律责任，因此其所涉及的主体也很广泛。其次，卫生刑事责任，不仅有自然人犯罪，还有单位犯罪；不仅有故意犯罪，还有过失犯罪；不仅有一般人犯罪，还有职务犯罪。

2. 责任后果具有不利性。卫生刑事责任的最终呈现形式是刑罚，卫生刑事责任所具有的不利后果，不仅体现在刑罚执行期间，还体现在社会对于有犯罪记录人群的部分职业禁止。

3. 责任具有强制性。卫生刑事责任，由国家强制力保证其实施。若责任主体不能在犯罪之后自动投案，如实供述自己罪行的，则由国家强制力保证其能够承担相应的刑事法律责任。

（二）卫生刑事责任的作用

"法律责任的设定，在于追究法律责任，保障有关主体的合法权益，维护法律所调整的社会关系和社会秩序。"[1] 刑事责任的作用体现在以下几方面：

1. 惩罚与教育。触犯刑法，法律给予否定性的评价。这一否定性评价中既包含了惩罚的部分，即强制性因素，也包含了教育的部分，即说理性因素。另外，整个责任追究的过程，也是通过一系列逻辑推演完成的说理性过程。

2. 通过惩罚与教育，实现预防犯罪的作用。预防犯罪，需要一般预防，也需要特殊预防。通过对犯罪者的惩罚与教育，实现对犯罪者的个别预防，也实现对一般人的一般预防。

3. 救济和恢复。通过对犯罪者的法律责任的追究，能够实现对被侵害的个体的救济，也能够实现对被破坏的社会关系和社会秩序的恢复。社会关系与社会秩序的恢复，对社会的平稳发展和过渡具有重大影响。

（三）卫生刑事责任的构成要件

刑事责任是刑事法律规定的，因实施犯罪行为而产生的，由司法机关强制犯罪者承受的刑事惩罚或单纯否定性法律评价的负担。[2] 正如有的学者所指出的那样："一般所谓'责任'，在广义上乃指人之行为作为某种评价之对象时，基于一定的事

---

[1] 舒国滢主编：《法理学导论》，北京大学出版社2012年版，第162页。
[2] 高铭暄、马克昌主编：《刑法学》，北京大学出版社、高等教育出版社2014年版，第200页。

实之价值，而使为一定的负担之一种概念。"[1] 要分析卫生刑事责任的构成，需要首先分析犯罪的构成。我们认为，刑事责任的法学依据是符合犯罪构成。[2]

在我国，犯罪构成要件有两阶层、三阶层与四要件理论。两阶层理论认为犯罪构成要件包含客观要件即客观（违法）阻却事由和主观要件即主观（责任）阻却事由；三阶层理论认为，犯罪构成要件包含犯罪主观要件、犯罪客观要件、责任阻却事由；四要件理论认为，犯罪构成要件包含犯罪主体、犯罪主观方面、犯罪客体、犯罪客观方面。本书采用四要件理论。

1. 犯罪主体。我国刑法中的犯罪主体，是指实施危害社会的行为并且依法应负刑事责任的自然人和单位。其中，自然人是我国刑法中最基本、最具有普遍意义的犯罪主体，单位主体在我国刑法中不具有普遍意义而且其有特殊性。[3]

自然人成为犯罪主体应当首先具备刑事责任能力。在我国，衡量自然人是否具备刑事责任能力的因素是年龄与生理。刑法立法者根据人的年龄因素与责任能力关系确立了刑事年龄制度，把刑事责任年龄划分为不负刑事责任年龄、相对负刑事责任年龄和完全负刑事责任年龄。我国关于刑事责任年龄的规定主要解决不同年龄的人刑事责任有无的问题，同时也包含了对未成年人犯罪及老年人犯罪从宽处罚的内容。

卫生相关犯罪涵盖的内容广泛，但多表现为《刑法》分则第三章"破坏社会主义市场经济秩序罪"和第六章"妨害社会管理秩序罪"。故卫生刑事责任的承担者应当确定为已满16周岁的完全刑事责任年龄人。其中对于应当承担卫生刑事责任的犯罪分子，若其年龄已满16不满18，或年满75周岁的，应当予以从宽处理，这也是刑事政策宽严相济理念的体现。

自然人因违反卫生刑事法律规范而犯罪，涉及一些罪名的犯罪构成时，可能还会要求主体具有特殊的身份，这些身份是影响定罪量刑的要件。在普通犯罪中，这些特殊身份包括国家机关工作人员、军人、司法工作人员、辩护人、诉讼代理人等。但在卫生相关犯罪中，鉴于卫生刑事法律关系的特殊性，这些特殊身份包括医务人员、血站工作人员等。

卫生相关犯罪中，单位犯罪也是重要的组成部分。根据我国《刑法》的规定，医疗卫生单位构成单位犯罪，主要有以下罪名：妨害传染病防治罪（第330条）；妨害国境卫生检疫罪（第332条）；非法采集、供应血液，制作、供应血液制品罪（第334条第1款）；采集、供应血液、制作、供应血液制品事故罪（第334条第2款）；妨害动植物防疫、检疫罪（第337条），以及《刑法》第140条至第148条所规定的生产销售伪劣产品罪、生产销售假药罪、生产销售劣药罪、生产不符合卫生标准的

---

[1] 洪福增：《刑事责任之理论》，刑事法杂志社1982年版，第3页。
[2] 高铭暄、马克昌主编：《刑法学》，北京大学出版社、高等教育出版社2014年版，第208页。
[3] 高铭暄、马克昌主编：《刑法学》，北京大学出版社、高等教育出版社2014年版，第82页。

医用器材罪等。另外，侵犯公民个人信息罪的犯罪主体也可以是单位。

对单位犯罪的处罚，存在双罚制和单罚制两种形式。双罚制即对单位及其直接责任人员均予以处罚。单罚制则是在单位和单位直接责任人员中选择一方进行处罚，只处罚单位的是转嫁制，只处罚单位直接责任人员的是代罚制。[1] 我国《刑法》在第31条规定了单位犯罪的处罚原则，即原则上采取双罚制，但分则及其他法律中有例外规定的，依照例外规定处理。

2. 犯罪主观方面。犯罪主观方面，是指犯罪主体对自己的行为及其危害所抱的心理态度。[2] 犯罪主观方面对定罪量刑有着重要意义，是行为人负刑事责任的主观依据。《刑法》第16条强调，行为人虽然造成了损害结果，但不是出于故意或过失的心理态度就不构成犯罪。行为人在相对自由的情况下选择实施犯罪行为，在主观方面会存在故意或过失的心理态度，应当承担罪责。相反，个人的行为虽然造成了危害社会的结果，但主观上不是由其故意或过失的心理支配，而是由其意志以外的原因造成的，就不应当追究刑事责任。

卫生相关犯罪中，犯罪主观方面既有故意也有过失。但是主流观点坚持以惩罚故意犯罪为原则，惩罚过失犯罪为例外。过失犯罪一般存在于有特殊义务来源的主体中，如专业技术人员、专业机构。因其较一般自然人主体具有更高层级的注意义务，所以其过失也可能导致犯罪。

3. 犯罪客体。犯罪客体是我国刑法所保护的，为犯罪行为所侵害的社会关系。犯罪客体是构成犯罪的必备条件之一。[3] 正确认识犯罪客体有助于认识犯罪的本质，准确定罪量刑。

在卫生相关犯罪中，犯罪客体也是区分行为人的行为是否属于卫生相关犯罪的标准。一般情形下，卫生相关社会关系作为犯罪客体会与其他社会关系重合。刑法并没有单独将卫生相关社会关系明确为犯罪客体，只有在卫生相关社会关系与其他社会关系发生重合时，才可能构成卫生相关犯罪。例如，骗取医保基金，既破坏了医疗保障的社会关系，又损害国家的财产权益，符合诈骗犯罪的构成，可以诈骗罪论处。

4. 犯罪客观方面。犯罪的客观方面，是指刑法所规定的、说明行为对刑法所保护的社会关系造成损害的客观外在事实特征。[4] 包括危害行为、犯罪对象、危害结果、地点、手段、因果联系等。其中，危害行为是必要因素，其他因素是选择性要素。犯罪客观方面是犯罪人作用于社会、危害社会的唯一途径，没有客观方面就没有犯罪，无论是立法还是司法，都以犯罪事实方面的客观特征来认定犯罪、评价犯

---

[1] 邱兴隆主编：《刑法学》，中国检察出版社2002年版，第54页。
[2] 高铭暄、马克昌主编：《刑法学》，北京大学出版社、高等教育出版社2014年版，第103页。
[3] 高铭暄、马克昌主编：《刑法学》，北京大学出版社、高等教育出版社2014年版，第52页。
[4] 高铭暄、马克昌主编：《刑法学》，北京大学出版社、高等教育出版社2014年版，第60页。

罪行为的危害性和犯罪的人身危险性，这也是区分罪与非罪、此罪与彼罪、完成形态与未完成形态的标准，有助于正确定罪量刑。卫生相关犯罪客观方面包括危害行为、犯罪对象、危害结果等。

(1) 危害行为。刑法中的危害行为，是指在人在意志或意识支配下实施的危害社会的身体动静。[1] 危害行为是在人意识支配下实施的危害社会并被刑法所禁止的身体活动，故思想被排除在外。危害行为也是人意识意志的外在表现，其侵犯的是刑法所保护的社会利益，包括作为与不作为。卫生相关犯罪的危害行为也包括作为与不作为两种形式。例如，在医疗保障犯罪中，负有监管医保资金义务的个人和单位如果因不作为导致医保资金遭受损失，其可能成立渎职罪。

(2) 危害结果。刑法意义上的危害结果，可以有广义和狭义之分。所谓广义的危害结果，是指由行为人的危害行为所引起的一切对社会的损害事实，包括行为的直接结果和间接结果、属于犯罪构成要件的结果和不属于犯罪构成要件的结果。所谓狭义的危害结果，是指作为犯罪构成要件的结果，通常也就是对直接客体所造成的损害事实。[2] 卫生相关犯罪中涉及的危害结果，一般情况下都是狭义的危害结果，即对直接客体造成的损失。

对狭义危害结果的认定，需要更进一步的分析，应当将有形的、可以具体测量的危害结果与无形的、不能具体测量的危害结果加以区分。这一区分的意义在于可以将其作为认定某一犯罪是否既遂的标准。与此相联系的概念就是结果犯、行为犯、危险犯。在卫生相关犯罪中，结果犯最多，同时也存在其他犯罪形态。

(3) 因果关系及犯罪时间、地点、方法。因果关系具有客观性、相对性、必然性、复杂性。刑法中因果关系有多种学说，其中影响比较重大的是相当因果关系说，即根据一般的社会经验来认定是否存在因果关系。犯罪时间、地点、方法属于与犯罪构成要件无关的选择性构成要件，只有当刑法分则对此要件有明文规定时，其方可成相应罪名的构成要件。

5. 正当化事由、犯罪形态及共同犯罪。刑法中的正当化事由主要包括正当防卫与紧急避险，二者都要求具有紧迫性。卫生相关犯罪几乎不涉及暴力犯罪，不具有紧迫性，一般不讨论正当化事由。但还是存在犯罪预备、犯罪中止、犯罪既遂等不同的犯罪形态。多人串谋合作犯罪的，也可以构成共同犯罪。

6. 刑罚。刑法中规定的刑罚包括管制、拘役、有期徒刑、无期徒刑、死刑、没收财产等。这些刑罚既可以被选择适用，也可以被合并适用于包括卫生相关犯罪在内的所有犯罪。但卫生相关犯罪中，少有刑罚能够达到死刑。

二、卫生领域两类主体犯罪的刑事责任

以卫生刑事责任的主体进行划分，可以分为自然人犯罪的刑事责任和单位犯罪

---

[1] 高铭暄、马克昌主编：《刑法学》，北京大学出版社、高等教育出版社2014年版，第63页。
[2] 高铭暄、马克昌主编：《刑法学》，北京大学出版社、高等教育出版社2014年版，第72页。

的刑事责任。两类主体犯罪的类型大有不同。

（一）自然人犯罪的刑事责任

自然人犯罪包含身份犯、非身份犯。身份犯可以进一步区分为定罪身份（真正身份犯）和量刑身份（不真正身份犯）。

1. 身份犯。

（1）专业技术身份犯。这种身份主要是指医务人员、传染病防治专业技术人员、国家管制的麻醉药品和精神药品相关专业技术人员等。典型罪名有：

第一，医疗事故罪。《刑法》第335条规定："医务人员由于严重不负责任，造成就诊人死亡或者严重损害就诊人身体健康的，处3年以下有期徒刑或者拘役。"

医疗事故罪的构成要件如下：

犯罪客体，本罪所侵犯的犯罪客体是就诊人的生命、健康权利和医疗单位的正常活动。

犯罪客观方面，表现为严重不负责任，造成就诊人死亡或者严重损害就诊人身体健康的行为。严重不负责任，是指在诊疗过程中严重违反法律、法规、规章和诊疗护理规范、常规。[1] 此处的法律、法规、规章，是指与保障病人的生命、健康有关的诊疗护理方面的制度，如诊断、处方、麻醉、手术、输血、护理、化验、消毒、医嘱、查房等各个环节的规程、规则、守则、制度等。诊疗护理规范、常规，是指长期以来在诊疗护理实践中被公认的行之有效的操作习惯与惯例。违反法律、法规、规章和诊疗护理规范、常规，是构成医疗事故罪的前提条件。在此前提下，才可能进一步考虑损伤问题。在损伤方面，要求就诊人死亡或者就诊人的身体健康遭受严重损害。参照《医疗事故处理条例》的相关规定，只有达到一级或二级医疗事故时，才可能构成本罪。

犯罪主体，要求为医务人员，主要是指医疗防疫人员、药剂人员、护理人员以及其他专业技术人员等。另外，专业技术人员以外，具有特殊救援义务的人员，如救护车司机，无故不履行义务（如无故拒绝出车），造成就诊人死亡的，也可按照本罪追究其刑事责任。[2]

犯罪主观方面，只能为过失，即行为人应当预见自己严重不负责任的行为可能造成就诊人死亡或对就诊人的身体健康造成严重损害，但疏忽大意而没有预见，或者已经预见而轻信可以避免，进而发生就诊人死亡或者身体健康严重受损害的结果。如果存在故意，则可能构成故意伤害罪或故意杀人罪。

第二，非法行医罪。《刑法》第336条第1款规定："未取得医生执业资格的人非法行医，情节严重的，处3年以下有期徒刑、拘役或者管制，并处或者单处罚金；严重损害就诊人身体健康的，处3年以上10年以下有期徒刑，并处罚金；造成就诊

---

[1] 周道鸾、张军主编：《刑法罪名精释（下册）》，人民法院出版社2013年版，第847页。
[2] 周道鸾、张军主编：《刑法罪名精释（下册）》，人民法院出版社2013年版，第848页。

人死亡的，处 10 年以上有期徒刑，并处罚金。"

非法行医罪的构成要件如下：

犯罪客体，复杂客体，既侵犯了国家对医疗机构和医务从业人员的管理秩序，又侵犯了公民的身体健康权利。

犯罪客观方面，表现为未取得医生执业资格而非法行医，情节严重的行为。根据《最高人民法院关于审理非法行医刑事案件具体应用法律若干问题的解释》（2016年修正，以下简称《解释》）规定，"未取得医生执业资格的人非法行医"的情况有四种，分别是："未取得或者以非法手段取得医师资格从事医疗活动的""被依法吊销医师执业证书期间从事医疗活动的""未取得乡村医生执业证书，从事乡村医疗活动的""家庭接生员实施家庭接生以外的医疗行为的"。

犯罪主体，为一般主体，既可以是一般公民，也可以是虽然具有医疗技术，但尚未取得合法行医资格的人，还可以是具有行医资格，但不具有从事特定医疗业务资格的人。

犯罪主观方面，由故意构成。另外，构成本罪还必须至少达到"情节严重"。根据《解释》第 2 条的规定，以下几种情况构成情节严重：造成就诊人轻度残疾、器官组织损伤导致一般功能障碍的；造成甲类传染病传播、流行或者有传播、流行危险的；使用假药、劣药或不符合国家规定标准的卫生材料、医疗器械，足以严重危害人体健康的；非法行医被卫生行政部门行政处罚 2 次以后，再次非法行医的；其他情节严重的情形。

第三，非法提供麻醉药品、精神药品罪。麻醉药品、精神药品用于临床治疗中，可以为病人减轻痛苦，但若向其他非法需求人员提供这些管制药品，后果将不堪设想，因此国家将这一罪名列入刑法中。本罪规定在《刑法》第 355 条。

非法提供麻醉药品、精神药品罪的构成要件如下：

犯罪客体，是国家对麻醉药品、精神药品的管理制度。犯罪对象是麻醉药品和精神药品。

犯罪客观方面，表现为违反国家关于麻醉药品、精神药品的管理规定，向吸食、注射毒品的人非法提供国家规定管制的麻醉药品和精神药品的行为。实践中，部分个人和单位为牟取暴利，铤而走险贩卖这类药物的情况时有发生。

犯罪主体，为特殊主体，即依法从事生产、运输、管理、使用国家管制的麻醉药品和精神药品的单位和个人。

犯罪主观方面，由直接故意构成，间接故意和过失不构成本罪。

（2）公职人员身份犯。公职人员犯罪，除了对相关财产利益的侵犯，更有对公职人员职务纯洁性的破坏，严重影响了公职人员的社会声誉，典型的罪名有贪污罪（《刑法》第 382、383、394 条）、挪用公款罪（《刑法》第 384 条）、受贿罪（《刑法》第 385、386、388 条）等。

2. 非身份犯。卫生相关犯罪中的非身份犯，是指不需要具有特殊身份，由一般

主体实施的犯罪。典型罪名如下:

(1) 诈骗罪。根据 2014 年 4 月 24 日《全国人大常委会关于〈刑法〉第 266 条的解释》的规定,骗取社保的犯罪行为以诈骗罪论处。以欺诈、伪造证明材料或者其他手段骗取养老、医疗、工伤、失业、生育等社会保险金或者其他社会保险待遇的,属于《刑法》第 266 条规定的诈骗公私财物的行为。

本罪的犯罪主体为一般自然人,主观上要求以非法占有为目的,罪过形式表现为故意。本罪的犯罪客体为公私财产权益,诈骗医疗保险金不仅危害了公共财产权益,还侵犯了医疗保障秩序。本罪的客观方面表现主要有以下几种:伪造劳动关系或者冒用他人个人资料参加社会医疗保险;冒用、伪造参保人员身份或者社会医疗保险有关凭证在定点医疗机构和定点零售药店就医购药;伪造、变造票据或者有关证明材料,骗取社会医疗保险待遇;个人社会医疗保险凭证出借给他人使用,或者通过有偿转让诊疗凭证、结算单据,进行社会医疗保险费用结算;变卖使用社会医疗保险基金所得药品或者医用材料;使用个人账户资金支付非医疗费用或者套取个人账户中的现金;或以其他手段骗取社会医疗保险待遇的行为。为达到非法占有目的,行为人诈骗行为或诈骗手段又触犯其他罪名的属于犯罪牵连,应当择一重处,不再数罪并罚,如通过伪造公章、发票的,其又触犯伪造公司印章罪、非法制造发票罪。在危害结果上表现为:本不该报销的医药费予以报销,本该低比例的医药费变成高比例报销,并且给医疗保险金造成了一定损失。

具有国家机关人员的身份及负责管理医疗保险金的单位职工利用职务便利,伪造或隐瞒事实骗取医疗保险金的符合贪污罪的构成,应当以贪污罪定罪处罚。非公职人员与公职人员相互勾结骗取医疗保险金的属于共同犯罪,在身份犯与非身份犯共同犯罪时,应当以身份犯所构成的罪名定罪处罚,非身份犯为其共犯。

(2) 生产、销售假药罪。《刑法》第 141 条规定:"生产、销售假药的,处 3 年以下有期徒刑或者拘役,并处罚金;对人体健康造成严重危害或者有其他严重情节的,处 3 年以上 10 年以下有期徒刑,并处罚金;致人死亡或者有其他特别严重情节的,处 10 年以上有期徒刑、无期徒刑或者死刑,并处罚金或者没收财产。本条所称假药,是指依照《药品管理法》的规定属于假药和按假药处理的药品、非药品。"

生产、销售假药罪的构成要件如下:

犯罪客体,是国家的药品管理制度和人民群众的生命健康权利。犯罪对象限于假药。"假药"是指依据《药品管理法》的规定,属于假药和按假药处理的药品、非药品。其中,假药包括"药品所含成份与国家药品标准规定的成份不符"和"以非药品冒充药品或者以他种药品冒充此种药品"两种情况。按假药论处的情况包括:国务院药品监督管理部门规定禁止使用的;依法必须批准而未经批准生产、进口,或者依法必须检验而未经检验即销售的;变质的;被污染的;使用依法必须取得批准文号而未取得批准文号的原料药生产的;所标明的适应症或者功能主治超出规定范围的。

犯罪客观方面，表现为生产销售假药的行为。本罪为行为犯，只要实施了生产销售假药的行为，即可构成犯罪。

犯罪主体，是一般主体，自然人和单位均可构成本罪。

犯罪主观方面，只能由故意构成。即明知是国家禁止生产的假药仍故意生产销售。行为人的动机一般是牟利，过失不构成本罪。

（二）单位犯罪的刑事责任

此处的单位分为两类，一类是具有特殊职能的单位，另一类是普通单位。

1. 具有特殊职能的单位犯罪。典型的罪名如采集、供应血液、制作、供应血液制品事故罪。该罪的构成要件如下：

（1）犯罪客体，是国家对血液或者血液制品的采集、制作、供应的管理制度。

（2）犯罪的客观方面，表现为在采集、供应血液或者制作、供应血液制品过程中，未按照规定进行检测，或者违背其他操作规定，造成危害他人身体健康后果的行为。[1] 因此，构成本罪需在客观方面达到两个要求：其一，违规。其二，造成了实际的损害后果。

（3）犯罪主体，只能由单位构成，即经国家主管部门批准采集、供应血液或者制作、供应血液制品的部门。

（4）犯罪的主观方面，表现为过失，即行为人对行为造成危害他人身体健康的后果存在过失，对自己的行为违反有关操作规定则可能是明知故犯。[2]

2. 普通单位犯罪。典型的罪名如妨害动植物防疫、检疫罪。该罪的构成要件如下：

（1）犯罪客体，是国家对动植物防疫、检疫的管理制度。

（2）犯罪客观方面，表现为违反有关动植物防疫、检疫的国家规定，引起重大动植物疫情，或者有引起重大动植物疫情危险，情节严重的行为。

（3）犯罪主体，包括自然人和单位，中国人和外国人都有可能构成本罪。

（4）犯罪主观方面，表现为过失。但是行为人对自己的行为违反动植物防疫、检疫的国家规定，是明知的，而对于行为可能引起重大动植物疫情的结果是持过失心态的。[3]

---

[1] 周道鸾、张军主编：《刑法罪名精释（下册）》，人民法院出版社2013年版，第844页。

[2] 周道鸾、张军主编：《刑法罪名精释（下册）》，人民法院出版社2013年版，第845页。

[3] 周道鸾、张军主编：《刑法罪名精释（下册）》，人民法院出版社2013年版，第855页。

第二编　卫生法学分论

第六章　医事法

第一节　医事法概述

一、医事法的概念和特点

"医事法"之称谓源于日本和我国台湾地区，但对于其内涵与外延，学界在将这个概念引进后从来都没有界定过，其甚至成为一个比较含糊和暧昧的概念。从现阶段来看，学界对于医事法的使用非常混乱[1]。英国学者摩根认为，医事法是一种回应，而其是否是一门独立学科已无关紧要。如果医事法是一个混合体的话，它包括合同法、侵权法和刑法，至少还包括行政法、程序法、信托法、法律冲突、劳动法，并且现在也变得更加清楚，它还包括个人和知识产权法的一些方面[2]。

在日本，医疗相关的法律被概括地称为"医事法"，以最具代表性的植木哲教授所著《医疗法律学》《医疗纠纷预防法——医疗事务法律》等书为例。这些著作集中在以医患关系调整和医疗纠纷处理为核心的法律上，阐述了医疗法律学研究综合性医疗事务法。由此可见，日本学者论述的医事法主要指调整由医疗行为所引起的医疗行为法律关系，其内涵和外延就是调整医疗行为相关法律关系的医疗法（medical law）。

对医事法著述颇丰的我国台湾地区学者黄丁全先生在其《医事法》一书中认为

---

[1] 杨婷婷："论生命法学的学科边界"，载《今日南国》2010年第4期。
[2] 德里克·摩根："现代英国普通法和医事法的兴起（1960—2010）"，姜栋、邓陆阳、李祥杰译，载曾宪义主编：《法律文化研究（第六辑·2010）》，中国人民大学出版社2011年版，第367~383页。

卫生法学已不能适应医学模式的转变，必将为医事法学所取代并成为医事法学的一部分[1]。但通读其《医事法》全书，全篇涉及医疗行为、医患关系、医疗事故、医疗诉讼、医疗责任的体例和内容，完全以医疗行为所涉及的法律关系和理论为核心，并未涉及卫生法与医事法的内涵与外延的详细论述[2]。而显然传统卫生法的内涵与外延都要比医事法更广些。所以，医事法（Medical Law）应指在卫生法中主要调整医疗服务法律关系的法律法规的总称[3]。

（一）医事法是在医学技术发展演变基础上逐步形成的专门法律

从医事法的发展过程上看，医事法是在医学发展演变基础上逐步形成的专门法律。医事法是法律的一个分支，又与医学密切相关，是法学与医学相结合的产物。因此，医事法具有非常明显的技术性。医学的进步为医事法的发展提供了广阔的空间，而医事法的发展则推动了医学规范、社会文明的进程。从医学实践中总结出来的反映客观规律的医学技术成果不断被医事法所吸收，是医事法生命力的源泉。医事法的内容中含有大量的医学技术成果，既显示了医事法的技术性、专业性，也说明了医事法的普遍性、广泛性。医学技术规范是医事法中不可缺少的重要组成部分，在医事法中占有十分重要的地位。医事法的技术性，一方面要求人们要了解医事法的具体内容，另一方面要求人们具有一定的医学知识，否则就无法熟悉医事法和遵守医事法。

（二）医事法是在医学模式转变基础上逐步形成的专门法律

医学模式实际上就是怎样认识医学、健康和疾病的一种理念。随着工业、农业的发展，科学技术水平的提高，人类对健康和疾病的思考，医学模式在历史上有着几次重要的演变：

古代生产力发展水平低，科学知识贫乏，人们要祛除疾病，只有依靠祈祷和巫术，这是古代的神灵主义医学模式。随着医学经验的积累，医生们开始将疾病与自然界的各种变化联系起来，通过思辨推理，提出季节、气候的变化可影响到人体内变化，形成了自然哲学的医学模式。

16～17世纪，欧洲文艺复兴运动带来了工业革命，推动了科学进步，也影响了医学观。当时人们把人比作机器，用机械观来解释一切人体现象，人们认为疾病就是机器某部分的机械失灵，医生的任务就是修补机器，头痛医头，脚痛医脚，但这一医学模式忽视了人的生物性、社会性以及复杂的内部矛盾，因此这是以治疗为主的机械医学模式。

经过18世纪到19世纪，工业革命转向高潮，随着自然科学和医学的高度发展，生物学家、医学家提出了进化论、细胞学说，发现了微生物等致病因子，这些科学

---

[1] 黄丁全：《医事法》，中国政法大学出版社2003年版，第3～4页。
[2] 钱矛锐："医事法与卫生法之概念比较与探析"，载《中国卫生事业管理》2012年第6期。
[3] 王岳：《医事法》，人民卫生出版社2013年版，第2页。

事实使人们对健康与疾病有了较为正确的理解,因此形成了生物医学模式。

到20世纪50年代以后,各种慢性病成为人类健康最大的威胁。虽然对于慢性病的防治目前尚未取得突破性的进展,但人类对这类疾病有了较深入的认识,明确了慢性病的发生和发展是多因素综合影响的结果,除了生物学因素外,还与人的生活习惯、行为方式、环境污染等有密切关系,有人提出人类已进入慢性病、生活方式病或现代文明病时代。为了适应这种变化,1977年美国罗彻斯特大学的（University of Rochester）恩格尔（G. L. Engel）提出了医学模式需要从生物医学模式（Bio-Medical Model）向生物—心理—社会医学模式（Bio-Psycho-Social Medical Model）转变[1]。而伴随着生物—心理—社会医学模式的推出,人们开始认识到患者是权利的集合体,医师必须要尊重患者的权利,医师不能再用传统的"父权"临床决策思维提供诊疗行为。患者权利保护继而成为世界各国医学界和社会关注的焦点,随之,世界各国政府开始以各种形式颁布患者权利法案[2],法律开始越来越多地涉入以往相对独立的医学王国中。

（三）医事法是强制性规范与任意性规范相结合的法律

按照对人们行为规定或限定的范围或程度,法律规范可以分为强制性规范与任意性规范。医事法是一种强制性规范与任意性规范相结合的法律。医事法中的规定,既有强制性的,也有非强制性的,但以强制性的规范为主。在现代社会,医事服务影响着社会生活的各个方面,医事法作为调整医疗服务法律关系的专门法律,具有鲜明的国家干预性,其目的是保证患者的健康权利和医疗安全。当然,医事法在突出强制性规范的同时,按照当事人自主原则,也允许人们在规定范围内自行选择或者协商确定"为"还是"不为""为"的方式以及法律关系中具体的权利和义务。医事法中有许多"可以"条款,对这些条款,医疗服务法律关系当事人可以选择适用,也可以放弃适用。

（四）医事法是具有一定国际性的国内法

从医事法所确认的规则看,医事法是具有一定国际性的国内法。医事法虽然在本质上属于国内法,但由于对医疗卫生本身共性的、规律性的普遍要求,特别是随着各国之间人员往来和贸易与合作的快速发展,任何一个国家或地区都不可能置身于世界之外,而只能从自身利益的互补性出发,去适应世界经济一体化的发展趋势。因此,各国医事法在保留其个性的同时,都比较注意借鉴和吸收各国通行的医事法规则,这就使得与经济发展密切相关的医事法具有明显的国际性。

二、医事法的基本原则

医事法的基本原则,是反映医事法立法精神、适用于医疗法律关系、解决法律冲突所应遵循的共识。医事法以增进个人和社会健康、均衡个人和公众健康利益为

---

[1] 钟明华、吴素香：《医学与人文》,广东人民出版社2006年版,第120页。
[2] 王一方：《医学人文十五讲》,北京大学出版社2006年版,第130页。

宗旨，以发展卫生事业、保护患者健康权利、提高公众健康素质为己任。因此，医事法的基本原则是医事法立法和适用的指导思想和基本依据，也是医事法所确认的医疗服务法律关系主体及其医疗服务活动必须遵循的基本准则，同时在医事司法活动中起着指导和制约作用。

（一）意思自治原则（Autonomy）

伴随着社会的发展，医患关系大体经历了三种基本模式：①主动与被动型模式，即医师完全主动，患者完全被动；医师的权威性不受任何怀疑，患者不会提出任何异议。②引导与合作型模式，即医师和患者都具有主动性。医师的意见受到尊重，但患者可有疑问和寻求解释。③共同参与型模式：医师与患者的主动性等同，共同参与医疗的决定与实施。医师此时的意见常常涉及患者的生活习惯、方式及人际关系调整，患者的配合和自行完成治疗显得尤为重要。

医事法律关系以民事法律关系为主，所以，民法的意思自治原则亦为医事法的基本原则之一。所谓意思自治原则，是指民事主体依法享有在法定范围内广泛的行为自由，并可以根据自己的意志产生、变更、消灭民事法律关系。在医事法上，意思自治原则赋予医事法律关系的主体在法律规定的范围内享有广泛的自由。医事法律关系当事人有权依法从事某种医疗活动和不从事某种医疗活动。医事法律关系当事人有权选择其医疗行为的内容。医事法律关系主体有权选择其行为的方式、有权选择补救方式。意思自治原则，允许医事法律关系当事人通过法律行为调整他们之间的关系。允许医事法律关系主体通过自己的意志产生、变更和消灭医事法律关系。

保护患者权利的观念是医事法的基础，而患者的自治是患者权利的核心。所谓患者自治，是指患者自己决定和处理医事法赋予患者的权利。一般认为，在卫生服务中对患者作出各种限制是不可避免的，但这些限制原则上须经患者同意，并尽可能减少至最低程度，而且这些限制应当具有法律基础。意思自治原则明确了行政机关干预与医事法律关系主体的行为自由的合理边界，即法无明文禁止即为自由。也就是说，只要不违反法律、法规的强制性规定和公序良俗，国家就不得对医事法律关系进行干预。医师、行政机关和法律也不得限制和干预医事法律关系主体依据医事法享有的财产自由和人身自由。应该注意的是，意思自治的前提必须是意思真实。由于医学的专业性，经常会发生医患双方知识不对称而导致的患者意思表示不真实的现象。所谓意思表示不真实，是指患者表现于外部的意志与其内心的真实意志不一致，即患者表示要追求的某种民事后果并非其内心真正希望出现的后果。患者意思表示的不真实，可能因为患者主观上的原因引起（如对医务人员的不信任），也可能因为某种客观原因引起（如医学专业知识方面的误解）。

20世纪70年代以来，医事法发生了一个新的变化，即许多国家越来越重视患者权利的保护问题，有的甚至制定了专门的患者权利保护法，如荷兰、丹麦、美国等。与此同时，还出现了两个比较明显的趋势：一是患者的权利迅速扩大，一些传统的观念和惯例发生了改变，如患者享有可以查阅甚至控制本人病历资料的权利等；二是把医师的职责转化为患者的权利,传统上患者的权利往往成为医师的职责,但医师的职责并不直接构成患者的权利。这一情况的改变与卫生人员的道德规范的影响力下降有直接关系。

(二) 不伤害原则 (Non-maleficence)

所谓不伤害,是指不使患者身心受到损害。这一原则最早源自《希波克拉底誓言》[1]中的医师职责——最首要和最基本的是不伤害患者(First Do No Harm)。不伤害患者原则,是每一位医师在从事医疗工作时,都应严加遵守的义务。但要注意这里的"不伤害"并不是绝对性的,因为在临床的各种医疗处置中,会有程度不一的风险存在,要完全做到不伤害是不可能的。例如放射线治疗,虽可杀死肿瘤细胞,但对周围的正常组织也可能造成伤害。在医疗处置上如何掌握,使行善的好处大于对患者的伤害,是非常重要的。所以,不伤害原则可以解读为医师对患者的一种"不加重患者病情"的义务。

不伤害原则原本是伦理上的原则,但随着患者健康权利和医师的职业义务法制化,这一原则已经上升为医事法上的基本原则之一。这里要处理好不伤害原则与伦理上的行善原则[2]间可能发生的冲突。不伤害原则强调应维护患者的生命安全,而行善原则则强调应做对患者有正面意义的事,当患者已是疾病末期濒临死亡,医护人员是否一定要使用各种医疗方法,以延展患者的生命?

不伤害原则对医师而言应当包括下列义务:①不杀害患者;②不可因故意或过失,造成对患者生命的危害;③尤其对那些无力保护自己的人,例如幼童、老人、智障和重度伤残者,更不可施以伤害;④应预防患者受伤害;⑤应事先评估并预测

---

[1] 希波克拉底誓言,流传约二千多年的确定医生对病人、对社会的责任及医生行为规范的誓言,以希波克拉底的名字命名,希波克拉底是公元前5~公元前4世纪著名的希腊医生。这一誓言很可能在希波克拉底之前已经在医生中代代相传,以口头的形式存在,希波克拉底也许是第一个把这一誓言用文学记录了下来的人。这一誓言中有封建行会及迷信的色彩,但其基本精神被视为医生行为规范,沿用了2000多年。直到今日,在很多国家很多医生就业时还必须按此誓言宣誓。

[2] 行善(beneficence),即"仁慈和做善事"它包含"善行、仁慈之心、利他、关怀和人性"。行善原则是共同道德理论的中心主题,被认为是人性中驱动人们造福他人的力量。行善包括执行对患者有益(应该做的事)和不做对患者有害(不应该做的事)的医疗处置。伦理学家对"善"有不同的看法:Moore (1962) 将"beneficence"看成"good",意即"善的、好的",是单纯的、独特的。"善"有两种类型:目的善(good as end),指"某种行为所可能产生最大可能的善结果";工具善(good as means),是达到"目的善"的工具,通常是指某种行为。当人们在做某些行为的伦理判断时,应包括两种考虑:对于一件已知的行为,会因所处的环境或社会变迁,致使产生的结果也不一样。例如:医疗行为要判断所出现的行为是否为"工具善",不仅要判断该行为会产生某种程度的善,而且还要判断在环境许可下,该行为会产生的"最大的善",例如吸烟的问题。Beauchamp 和 Childress (2001) 则强调"行善"应以积极方式进行,包括下列作为:保护及捍卫患者的权利、预防患者遭受伤害、解除对患者有害的情况、帮助陷于困难中的患者、拯救急难中的患者。Davis 和 Aroskar (1991) 认为,"行善"就是不对患者造成伤害,应做有益于患者的事及努力增进患者的福祉。

发生伤害的可能性，采取适当的防护措施，以防止患者受伤害（例如护理人员在给药时，一定要三查七对）；⑥应除去伤害因素（例如对跌倒高危险群患者，应特别注意安全环境）。

不伤害原则在临床应用上，首先，应强调维护患者的生命安全，医师应维持个人的临床能力，能预测发生伤害的可能性，并提供符合水平的服务。其次，应执行医疗上必要的处置，凡是医疗上对患者是无益的、不必要的或是属于禁忌症的，医护人员强行去做，一定会使患者遭受损害，所以应谨慎评估及在必要时才执行，绝对不进行不必要的用药、手术或治疗。最后，应以"权衡利害原则"为基础，即在医疗处置时，应先衡量其利弊得失，必要时应进行危险和利益分析（Risk-Benefit Analysis），如果好处多于害处，才可执行[1]。如果同时有数种方法可实行，但每一种都有某些风险或副作用，则应一一比较，最后选取风险少、优点多的方案。

（三）公平正义原则（Justice）

公平正义一直被视为人类社会的美德和崇高的价值理想。"公平正义"无论在中国还是在西方都是一个古老的概念。但对于什么是公平正义，至今仍莫衷一是。博登海默说："正义有着一张普洛透斯似的脸（A Protean Face），变幻无常，随时可呈不同形状并具有极不相同的面貌。当我们仔细查看这张脸并试图解开隐藏在其表面背后的秘密时，我们往往会深感迷惑。"[2] 或许正因为如此，公平正义才以其迷人的魅力令古今中外无数的思想家为之痴迷，直到今天，它仍然吸引着众多思想家去试图揭开其神秘的面纱。柏拉图、亚里士多德的正义理论虽各有不同，但都有"给每个人以其所应得"的基本内涵。西塞罗也曾把公平正义描述为"使每个人获得其应得的东西的人类精神取向"[3]。可见，公平正义是一个标志合法性、合理性、合情性的最高范畴，其基本内涵就是给予每个人应得的东西。公平正义是人类社会追求的永恒价值理想，在人类历史上，思想家们设计出许多正义社会的理想模式。从古希腊柏拉图的《理想国》，到近代莫尔的《乌托邦》，从古代中国的大同社会，到当代中国的社会主义和谐社会，都反映了不同时代人们对理想公平正义社会的追寻。

不同的学术领域关于正义概念及内涵的诠释，其观察面向似均有差异。法秩序应符合正义理念的要求[4]，而医疗秩序既然作为法秩序的一种，也应遵循公平正义原则，以落实医疗人权的保障。医事法上的公平正义，是包括国民在医疗社会中都平等享用合理医疗资源的权利；国民对于医疗资源的运用与分配，具有参与决定之权利；对于医疗活动所发生的责任归属，则应落实医疗人权的保障，医务人员在医

---

[1] 汶柯、王瑾、白楠、王睿："药物临床试验中受试者风险最小化管理探讨"，载《中国新药杂志》2015年第8期。

[2] [美]博登海默：《法理学——法律哲学与法学方法》，中国政法大学出版社1999年版，第252页。

[3] Aristotle, *The Politics*, Baltimore: 1972, BookI, Chapter2.

[4] Reimer Voss, über Steuergerechtigkeit und Steuergerichtsbarkeit, StuW1981, S. 301.

疗活动中敢于主持公道，敢于坚持维护人类的生命尊严[1]。

第二节 医疗行为

在讨论医事法相关问题时，首先要明确一个重要概念，即何为医疗行为。谈及医疗损害，也必定是由医疗行为造成的，没有医疗行为就不可能有医疗损害的发生。当我们要追究医疗损害的赔偿责任时，必须确认其医疗行为是否存在过失，以及过失与损害结果之间是否有因果关系。卫生行政主管部门在打击非法行医活动时，如果界定不清医疗行为的范畴，必然会在执法过程中产生争议。总之，明确医疗行为的内涵及外延是很有必要的。

一、医疗行为概念的社会性和历史性

医疗行为（Practice of Medicine）的概念和含义，具有社会性和历史性。所谓医疗行为的社会性，是指医疗行为的含义随着社会环境的变化而变化，在同一历史时期的不同社会会有不同的认识。例如，在我国乃至东亚、东南亚等东方文明地区，中医望、闻、问、切的行为无疑属于医疗行为中的诊断行为，而在欧美地区的一些国家，中医中药则可能被视为愚昧、落后的异端，被排除在医疗行为之外。所谓医疗行为的历史性，是指医疗行为的含义在同一社会的不同时期也会有不同认识。例如，神医巫术、灵丹妙药在我国封建社会中被认为属于医药无疑。而在现今，此类缺乏科学根据的"医药"已经不再被社会上大多数人认为是医疗行为。因此，医疗行为的具体含义随着医学、科技发展而发展，随着社会公众的医疗和健康观念变化而变化。

二、狭义医疗行为

我国大陆地区的法律中并没有"医疗行为"这一概念。与医疗行为概念相类似的是1998年6月颁布的《中华人民共和国执业医师法》中表述的"医师执业活动"一词。根据《中华人民共和国执业医师法》总则的内容，"医师执业活动"是指"防病治病，救死扶伤"。1994年颁布的《医疗机构管理条例》（2016年进行了修订）针对"医疗机构"使用了"从事诊断、治疗活动"的描述。卫生部在1994年颁布的《医疗机构管理条例实施细则》（2017年进行了修正）明确提出了"诊疗活动"的概念并进行定义：诊疗活动是指通过各种检查，使用药物、器械及手术方式等方法，对疾病作出判断和消除疾病、缓解病情、减轻痛苦、改善功能、延长寿命、帮助患者恢复健康的活动。显然，这是迄今为止我们能够获得的最权威、最贴近"医疗行为"含义的概念。

按照学界的一般理解，医疗行为是指以疾病的预防，患者身体状况的把握和疾

---

[1] 王岳："漫谈医疗的公平性"，载《中国卫生》2008年第9期。

病原因以及障害的发现,病情和障害治疗以及因疾病引起的痛苦的减轻,患者身体及精神状况的改善等为目的,对身心所做的诊查治疗行为。简而言之,医疗行为就是以治疗疾病为目的的诊断治疗行为。

我国台湾地区是这样定义医疗行为的:"凡以治疗、矫正或预防人体疾病、伤害残缺或保健为直接目的所为之诊察、诊断及治疗或基于诊察、诊断结果,以治疗为目的所为之处方或用药等行为之一部或全部之总称,皆为医疗行为[1]。"这项函释是将医疗行为界定为一种以诊疗为目的的行为,即狭义医疗行为(也可称为治疗性医疗行为)。

但是,随着医疗技术的发展和民众生活观念的变化,上述传统的医疗行为定义已不能适应医学发展和公众健康保护的需要,不能涵盖所有目前公众心目中的医疗行为。例如,为器官移植而从健康人身上摘除器官,为输血的需要而从健康人身上抽取血液,为施行人工生殖而从捐赠者身上取精采卵,为进行骨髓移植而抽取他人身上造血系统的骨髓液,以美容为目的的整形行为,非基于治疗上需要而施行的变性手术、堕胎行为,等等,也应属于医疗行为范畴。

三、广义医疗行为

广义医疗行为,是指运用医学专业知识和技能,为接受医疗者消除或缓解疾病、减轻身体痛苦、消除或者减轻其对药物或者毒品等的病态依赖、延长生命、改善身体功能或外观、提高生活质量、矫正畸形或帮助、避免生育等与接受医疗者的身体健康和生命安全密切相关的行为。

广义医疗行为可以包括:①疾病的诊断和治疗,即通过各种检查,使用药物、器械及手术等方法,对疾病作出判断和消除疾病、缓解病情、减轻身体痛苦、改善身体功能、延长生命、帮助患者恢复健康的活动。疾病的诊断和治疗行为具体包括疾病的询问、观察、检查检验、诊断、治疗、处方、手术、麻醉、注射、用药、包扎等行为。在我国,疾病的诊断和治疗包括西医和中医的诊断和治疗。疾病的诊断和治疗被视为最典型的医疗行为。②帮助或避免生育行为,即人工授精、试管婴儿及对孕妇的诊断、检查、助产、接生、剖腹产手术等帮助生育的行为和放置宫内避孕器、避孕环、实施结扎手术等节育行为。③医疗美容行为,即使用药物以及手术、物理和其他损伤性或者侵入性手段进行的美容,如隆乳、手术减肥、造重睑术(俗称"割双眼皮")等美容整形行为。④戒除病态依赖行为,即通过用药等医学手段戒除对毒品、麻醉药品、兴奋药品等的病态依赖行为。⑤矫正畸形行为,即以手术等医学手段矫正身体畸形,如连体婴儿分割手术、去除多余手指、脚趾等行为。⑥改善(改变)身体外观行为,如变性手术、易容手术、处女膜修补手术等。⑦恢复或增进人体功能的行为,如为近视者验光行为,对残、病患者施以电疗、牵引等康复行为。⑧其他针对不同人的具体情况,运用医学专业知识和专业技能,给予相应的

---

[1] 我国台湾地区卫生主管机构发布的卫署医字第 8156514 号函释。

不同措施，并与接受者的身体健康和生命安全密切相关的行为。

广义医疗行为可以根据不同的标准加以分类：

1. 以医疗行为目的为标准，医疗行为可分为治疗性医疗行为、非治疗性医疗行为。

（1）治疗性医疗行为（狭义医疗行为）。一般疾病的诊治处理，多属于以治疗为目的的治疗性医疗行为。为人装置义肢、义眼、假牙、配镜，是否以治疗为目的，确实存在争议。参考上述狭义医疗行为的概念，以验光为例显然属于以矫正为直接目的所进行的一种配镜前的检查手段，故当属治疗性医疗行为，应由眼科医生完成验光再委托加工镜片。我国目前存在的眼镜验光员技师和高级技师职业技能鉴定制度，允许非医务人员实施验光活动。

（2）非治疗性医疗行为。随着医疗技术的进步，许多医疗领域的发展范围已大大超越以诊疗为目的，或者不以对患者的治疗为主要目的。例如，为器官捐赠者摘除器官，为精卵或骨髓捐赠者取精采卵或抽取其骨髓液，为捐血者抽血检验，以美容为目的的整形、变性手术，以鉴定亲子关系为目的所作的检验，对接受人体试验者所进行的用药或处置，非治疗性堕胎手术，协助无合并疾病的孕妇分娩，等等，均属于不以治疗为目的的非治疗性医疗行为。而全球争论的"安乐死"更是逼近医学伦理的核心，挑战《希波克拉底誓言》中"必不将所学危害人类健康"的职业道德，自然不能归于治疗性医疗行为。

在非治疗性医疗行为中，不以对患者的治疗为主要目的的这一类行为尤其应当引起我们的注意，这包括试验性医疗行为和强制医疗行为。

试验性医疗行为，亦称为临床试验（Clinical Trial），或人体临床试验（Human Trial），是指以开发、改善医疗技术及增进医学新知识为目的，而对人体进行医疗技术、药品或医疗器械试验研究的行为。试验是人类在生物医药科技进步过程中的必经环节，任何经过动物实验的新药品、新器械和新的治疗方法最后都必须经过临床试验才能进入临床广泛应用于人体。使用危险与疗效均属未知的新药物或新技术，其目的主要是为了医学进步，而诊疗的目的居于次要地位。

医疗行为应当遵循"自治"原则，即由患者自身决定是否接受治疗以及接受怎样的治疗。然而，有些医疗行为的实施，已经不单纯是为了患者自身利益，而主要是为了公共利益或公序良俗，所以通过立法明确此类医疗行为和患者必须予以配合的法定义务，此类即为强制医疗行为。这类医疗行为主要是针对部分传染病患者、精神障碍者、吸毒人员、酒精依赖的酗酒者。

"反应停"（Thalidomide）事件[1]——被美国科学杂志《月球》列为20世纪十大科学错误之一。"反应停"事件属于典型的治疗性医疗行为而非试验性医疗行为。因为"反应停"已通过了当时法律规定的试验阶段，在老鼠、兔子和狗身上的实验没有发现"反应停"有明显的副作用。但是上市后却发现该产品对人类的不利远远超过了其带来的利益。

恩格斯在《自然辩证法》中告诫我们："我们不要过分陶醉于我们对自然界的胜利。对于每一次这样的胜利，自然界都报复了我们。每一次胜利，在第一步都确实取得了我们预期的结果，但是在第二步和第三步却有了完全不同的、出乎预料的影响，常常把第一个结果又取消了。"[2] 可见，人类对自然的改造和利用，最终需要与自然进化规律相适应才能持续下去，而不是使自然混乱或瓦解，从而真正有益于人类的长远利益。

有学者认为，医疗行为虽然以拯救患者的生命、恢复其健康为目的，但所采用的检查、治疗的方法及手段，以及使用的药物，不但对身体具有侵入性和损害性（如手术切割、穿刺注射等），而且对组织器官具有一定的、甚至明显的损害性（如

---

[1] 1953年，瑞士的一家名为Ciba的药厂首次合成了一种名为"反应停"（Thalidomide，沙利窦迈、酞胺哌啶酮、酞咪哌啶酮、酞谷酰亚胺、K-17）的药物。此后，Ciba药厂的初步实验表明，此种药物并无确定的临床疗效，便停止了对此药的研发。然而当时的联邦德国一家名为格仑南苏（Chemie Grunenthal）的制药公司对"反应停"颇感兴趣。他们尝试将其用作抗惊厥药物以治疗癫痫，但疗效欠佳，又尝试将其用作抗过敏药物，结果同样令人失望。但研究人员在这两项研究过程中发现，"反应停"具有一定的镇静安眠的作用，而且对孕妇怀孕早期的妊娠呕吐疗效极佳。此后，在老鼠、兔子和狗身上的实验没有发现"反应停"有明显的副作用（事后的研究显示，其实这些动物服药的时间并不是"反应停"作用的敏感期），公司便于1957年10月1日将"反应停"（商品名Contergan）正式推向了市场。此后不久，"反应停"便成了"孕妇的理想选择"（当时的广告用语），在欧洲、亚洲、非洲、澳洲和南美洲被医生大量开处方给孕妇以治疗妊娠呕吐。1960年，欧洲的医生们开始发现，本地区畸形婴儿的出生率明显上升。这些婴儿有的是四肢畸形，有的是腭裂，有的是盲儿或聋儿，还有的是内脏畸形（后来的追踪调查显示，其实早在1956年12月25日，世界上第一例因母亲在怀孕期间服用"反应停"而导致耳朵畸形的婴儿就出生了，但当时并未引起人们足够的注意）。
　　1961年，澳大利亚悉尼市皇冠大街妇产医院的麦克布雷德医生发现，他经治的3名患儿的海豹样肢体畸形与他们的母亲在怀孕期间服用过"反应停"有关。麦克布雷德医生随后将自己的发现和疑虑以信件的形式发表在了英国著名的医学杂志《柳叶刀》上。此时，"反应停"已经被销往全球46个国家！此后不久，联邦德国汉堡大学的遗传学家兰兹博士根据自己的临床观察于1961年11月16日通过电话向Chemie Gruenenthal公司提出警告，提醒他们"反应停"可能具有致畸胎性。在接下来的10天时间里，药厂、政府卫生部门以及各方专家对这一问题进行了激烈的讨论。最后，因为发现越来越多类似的临床报告，Chemie Gruenenthal公司不得不于1961年11月底将"反应停"从联邦德国市场上召回。人们此后陆续发现了1万~1.2万名因母亲服用"反应停"而导致出生缺陷的婴儿。

[2] [德]弗里德里希·恩格斯："自然辩证法"，载《马克思恩格斯选集》，人民出版社1971年版，第517~519页。

肿瘤放射性治疗和化学性治疗），这些都属于医疗行为的侵袭性。[1]"反应停"事件告诉我们，人类对自然界认知的局限性，往往也会使医疗行为具有侵袭性的特点，即诊疗对人体可能会造成一定危险。许多过去被用于治疗疾病的药物、检查或手术方法，随着经验及知识的积累，被发现对人体并不都是有利的。医疗本身带有某种程度的侵害性质，这已为医学界所接受。如果此侵害性质超过诊疗所能产生的利益，其实施目的与实施结果之间往往存在较大反差时，这种医疗行为也有学者称为侵袭性医疗行为[2]。

2. 以医疗行为内容为标准，医疗行为可分为主要的医疗行为与辅助的医疗行为。

在临床医疗工作中，诊断、处方、手术、病历记载、执行麻醉、宣告临床死亡等医疗行为，应由医师亲自执行，其余医疗工作往往是在医师亲自指导下，由辅助人员实施。所谓医师的辅助人员，是指在医师指导下协助医师完成医疗行为的人员。除紧急救治外，如果医疗机构辅助人员未经医师指示，径自执行任何医疗行为，或当医师在场时，执行应由医师亲自执行的医疗行为，均应属于擅自执行医疗业务。

在我国台湾地区，未具医师资格的辅助人员执行应由医师亲自执行的医疗行为，属于擅自执行医疗业务，亦称为"密医之行为"。遇有此种情形，行为人会根据"医师法"第28条之规定承担刑事责任，如果该医疗行为致病人受有损害，行为人还会承担积极侵害债权及侵权行为的损害赔偿责任。

3. 以行为的管理为标准，医疗行为可分为列入医疗管理的医疗行为和不列入医疗管理的医疗行为。

是否将医疗行为纳入医疗管理的区分，应当考虑该行为客观上可能产生的疗效，该行为过程如果由非经过训练、具备专业知识者实施，是否可能对接受者造成伤害。在对医疗行为的认定及管理范围上，应以实证研究与经验累积的兼顾标准进行判断。对于实证较不具疗效的行为（如脚底按摩、指压等）不纳入医疗管理；而对于较接近医疗性的行为（如刮痧、拔罐、刺血等），则应纳入医疗管理，并由合格受训的相关人员操作。

在我国台湾地区，以下行为不纳入医疗管理：①未涉及接骨或交付内服药品，而以传统之推拿方法，或使用民间习用之外敷膏药、外敷生草药与药洗，对运动跌打损伤所为之处置行为。②未使用仪器，未交付或使用药品，或未有侵入性，而以传统习用方式，对人体疾病所为之处置行为。如借按摩、指压、刮痧、脚底按摩、收惊、神符、香灰、拔罐、气功与内功之功术等方式，对人体疾病所为之处置行为[3] 由此可见，我国台湾地区将医疗行为分为列入医疗管理的医疗行为与不列入

---

[1] 谭莱茵："侵袭性医疗行为的'可允许范围内'原则与患者知情同意权"，载《中华现代医院管理杂志》2004年第7期。

[2] 龚赛红：《医疗损害赔偿立法研究》，法律出版社2001年版，第1页。

[3] 我国台湾地区卫生主管机构发布的卫署医字第82075656号函公告"不列入医疗管理之行为及其相关事项"。

医疗管理的医疗行为两种，一般医疗属于前者，民俗疗法归属于后者。

根据《卫生部、国家中医药管理局关于中医推拿按摩等活动管理中有关问题的通知》的规定，凡明示消费者以治疗疾病为目的的推拿、按摩，应属治疗性医疗行为，必须在医疗机构内进行。但如果非医疗机构开展"足底按摩"而未进行治疗方面的宣传、明示，亦属合法。

第三节 医疗法律关系

医疗法律关系，是医务人员受患者委托或其他原因，对患者实施诊断、治疗等医疗行为所形成的法律关系[1]。一般来说，医疗法律关系均为平等民事主体间发生的，符合民法的一般要求，是以民事权利义务为内容的民事法律关系。医疗法律关系是民法伴随医疗行为调整医患双方人身关系和财产关系的结果，是医患双方间的人身关系和财产关系与民事法律形式相结合的产物，本质上是一种受民法保护的民事关系。

一、特点

在我国，关于患者在医疗机构接受服务是否为消费行为，是否适用《消费者权益保护法》曾经有过非常激烈的争议。目前学界比较主流观点还是认为，患者接受医疗服务当属消费，但由于医疗本身的特殊性，决定了患者与一般消费者的性质不同，医患间的权利义务内容也有其自身的特点。

第一，医疗服务存在自治限制。一般消费基于当事双方的意思自治行为，各方依其意愿选择消费交易的对象。绝大多数医疗服务，医师不能拒绝患者的就诊要求，如公立医疗机构和医疗保险定点医疗机构因与政府或保险管理机构的合同承诺而必须接诊不得拒绝，对急危患者因法律规定的强制缔约义务，而必须接诊不得拒绝。

第二，医疗服务属于被动消费行为。就当事人的地位而言，医师凭其专业技能的优势，对医疗行为的规划或执行，拥有习惯性的绝对裁量权。尽管现代医学模式强调医患共同参与下的诊疗过程，但由于专业知识的欠缺，患者多数情况下还是唯"医命是听"，很难也很少参与。

第三，就消费承诺的内容而言，医疗服务与当事人间形成的是"手段债务"，而非消费关系常见的"结果债务"[2]。因为医疗行为具有太多的变数与不可预料的危险，即使非常高明的医师，费尽心力地诊断医疗，也不一定能收到"药到病除"的预期效果，也无法预知其可能引发的副作用或药物过敏。医疗服务承诺的内容是对"医疗手段"的承诺，而非对"治疗结果"的承诺。所以，作为一名医生，要铭记对

---

[1] 王岳：《医事法》，人民卫生出版社2013年版，第20页。
[2] 陈绍辉、俞大军："论医疗违约行为的认定及其标准"，载《医学与哲学》2014年第11期。

患者不能做出"治疗结果"的承诺。类似于"你的病我能治好""手术后的效果肯定比手术前好"这样的话应当是医师的禁语。

二、医疗服务合同关系

医疗服务合同关系是最基本的医疗法律关系。医疗服务合同是一种以医疗行为为内容的非典型合同。虽然医疗行为要求医护人员必须具有特殊技能、知识或技术,但也是以一定作为为其内容的,因此医疗服务合同本质上属于劳务合同的一种。通说根据劳务给付目的、有无报酬或劳务供给者是否独立完成劳务等不同,将劳务合同分为三种:即雇佣合同、承揽合同和委任合同。而医疗服务合同究竟属于哪种,各国说法则不一。根据 2011 年最高人民法院颁布的《民事案件案由规定》的内容,医疗纠纷中的违约之诉被称为"医疗服务合同纠纷"。所以,我们亦使用了医疗服务合同关系的称谓。一般而言,医疗法律关系是患者与医疗机构或医务人员之间的服务合同关系,该关系经由当事人的自由意思而成立,即医疗服务合同或医疗服务契约。医疗服务合同的成立与一般的合同一样,须经过要约和承诺达成合意而成立,即患者提出医疗的要约,医务人员接受要求即承诺,医疗服务合同便得以成立。

(一)医疗服务合同的特征

医疗服务合同和其他合同类型相比较,在给付内容及给付对象上有其特殊性。在给付内容上的特质是作为给付内容的诊疗行为具有侵袭、救命和专业的性质。在给付对象上的特质是诊疗行为和身体的直接关联性及因存在不可能支配的客观原因而欠缺对医疗结果的保证。

1. 缔约主体资格的限制。市场经济下,合同主体的资格较宽松,政府基本上不作任何限制。但是由于医疗行为需要特别知识的性质,使其具有严格的排他性。即没有获得医师资格证书或虽有证书而未注册登记的,不得使用医师或专科医师名称,也不得擅自进行医疗业务活动。

2. 公法上的规定对医疗服务合同的意思自治形成一定的限制。意思自治是民法的基本原则,双方当事人在订立合同时有选择对方当事人、决定合同内容、修改变更合同等项权利,不受公法干涉。因此,医疗服务合同作为私法上的合同,其当事人应享有这些意思自由。但由于医疗行为的道德性,使当事人尤其是医方的意思自治又受到公法一定的约束。例如,日本医事法规定,对于患者请求诊疗的要约,医师无正当理由不得拒绝,即使患者要求诊疗的疾病不属于该医师的专业领域,也不能拒绝。公法上对医生的"强制缔约义务"要求是立足于医师负有治病救人的社会职责和职业诉求而考虑[1]。《执业医师法》第 24 条规定:"对急危患者,医师应当采取紧急措施进行诊治;不得拒绝急救处置。"《医疗机构管理条例》第 31 条规定:"医疗机构对危重病人应当立即抢救。……"

3. 在合法性的同时兼具道德性。医疗具有救死扶伤、治病救人的特性,医师的

---

[1] 焦艳玲:"论医疗机构的强制缔约义务",载《医学与哲学(人文社会医学版)》2009 年第 2 期。

医疗行为必须受到医学伦理的规范。医学伦理起源极为久远，《希波克拉底誓言》中的"余必依余之能力与判断，以救助病人，永不存损害妄为之念"[1]，是每个医学生毕业时必须宣读的誓言。随着医学的发展，医学界对于医疗行为的规范有所充实与改进。世界医学协会1948年通过的《日内瓦宣言》，要求医师"吾必本良心与尊严而行医"，"吾最关心者，为病人之健康"[2]。1964年的《赫尔辛基宣言》亦将"保卫公众健康"作为医师的使命。

医学伦理规范作为行为者的自我约束机制和社会的评价体系，已大量上升为法律，一部分医师伦理规范成为医师所负的法定义务，如诊疗义务、转诊义务、说明义务等。此外，新医学技术与观念的引入，在医学伦理领域中反映出新的问题。如优生保健、试管婴儿、脑死亡、"安乐死"、器官移植、艾滋病等，都引起社会大众和立法者的高度关注和思考。

4. 诊疗债务的专门性和当事人双方的信息不对称性。作为医疗服务合同给付内容的诊疗行为，要求高度专门性的知识和技术，这一特点决定了医疗服务合同的双方当事人在医学信息掌握上的不对称。作为一方当事人的医师是医学上的专家，而作为另一方当事人的患者则通常是缺乏医学知识的普通人。这就意味着作为合同当事人之一的患者，因不了解合同另一方当事人医师所应该履行债务的内容及结果，因而只能凭借对执业者的信任，期待医师出于良知和职业道德的要求实施适当的诊疗。伴随着现代医学模式的转变，开始强调医患共同参与临床决策，这就要求医师在诊疗过程中应当对患者进行通俗易懂的解释和教育。

5. 诊疗债务的手段性。诊疗债务的手段性，指不管是诊疗的全过程，还是各个具体的诊疗行为，一般都不是达成特定结果的"结果债务"，而只能是作为治疗疾病的手段[3]。这一方面是因为诊疗行为具有不确定性，另一方面也是因为现代医学还不能征服所有的疾病。要评价诊疗是否适当，不能仅仅考虑各个诊疗行为本身，而必须是对诊疗的全过程进行考察和评价。而人体组织机能的复杂性及患者行为的不可预测性，导致了诊疗行为的不确定性，使得在诊疗全过程中所进行的各个具体的诊疗行为，都不是一开始就能具体地加以预定的，医师只能根据某个时点、某个局部的实际情况，有选择地实施适当的诊疗行为。

6. 当事人之间有协力关系。任何合同的履行都需要双方当事人的互相合作，而在医疗服务合同中，双方当事人的协力关系尤为重要。因为诊疗是对作为合同当事人的患者自身进行的，为了进行适当的诊疗，需要患者的协力。例如，要求患者在医师问诊时应正确详细地回答问题，患者在用药和保养方面遵从医嘱等。

7. 要求医师对患者自主决定权的尊重。由于医疗行为具有高度专门性的特点，

---

[1] 徐文成："对医务人员医疗侵权法律教育的思考"，载《社科纵横（新理论版）》2008年第3期。
[2] 李海洋、薛雷："论医疗合同的特征"，载《法制与社会》2011年第1期。
[3] 王岳："刍议医疗法律关系"，载《中华医学超声杂志》2011年第8期。

医师在履约中具有高度裁量权，所以，他们通常不需要按照患者的要求和指示来履行义务。但考虑到诊疗是以患者自身不可替代的生命、身体为对象进行的，而且通常会对患者身体产生侵袭和痛苦，且双方又无法对医疗结果进行约定。因此，随着社会文化、文明程度的提高和医学知识的普及，越来越多的病人开始要求参与医疗，尊重病人的自主权已成为医学道德的重要原则，也成为构建现代医患关系的基础。一般情况下，病人不仅可以对自己疾病的病因、诊断方法、治疗原则以及可能的愈后向诊疗医师要求行使其知情的权利，而且对于医师治疗上的决定，也可以要求行使同意或拒绝的权利，相应地，医师亦有义务尊重患者本人的自主权[1]。

（二）医疗服务合同的成立与生效

当事人互相意思表示一致，无论其为明示或默示，合同即告成立。所谓互相意思表示一致，是指要约与承诺达成"合意"。医疗服务合同的成立也如此，医疗需求者（主要为患者）作为要约人，医疗供应者（主要为医疗机构）作为承诺人，其合同关系因需求者寻求医疗供应者的诊断、治疗或其他医疗行为，而医疗供应者同意对患者施以医疗行为的相互合意而成立。

医疗需求者通常是通过"挂号"方式作出要约的意思表示。此处的"挂号"包括书面、口头、电话以及互联网等多种实现方式，均足以构成"要约"的意思表示，此要约的意思表示经医疗供应者表示接受后，即构成医疗供应者的"承诺"意思表示，此时合同即告成立。在特殊情况下，病患可能未经挂号就直接接受了医护人员实施的医疗行为，例如，紧急求诊的病患，尚未挂号，医护人员就立刻施以紧急救护；或私人开设的诊所并未设有挂号制度，医师对于前来求诊的病患直接施以诊疗。这种情形，虽无挂号作为双方医疗服务合同成立的凭证，但医疗供应者对患者实施的诊治行为即为默示的承诺，医疗服务合同业已成立。

医疗供应者对于医疗需求者的要约是否有拒绝的权利？如有权拒绝，则会使急需医疗诊治的病患缺乏保障；如无权拒绝，则使得医疗供应者对求诊者必须照单全收，而这显然又不现实。一般来说，基于合同自由原则，医疗供应者对医疗需求者的要约是否做出承诺，医疗供应者具有选择权，但下列情形下则无拒绝的权利：

1. 对急危病症，不得无故拒绝或无故迟延。《执业医师法》第 24 条规定，对急危患者，医师应当采取紧急措施进行诊治；不得拒绝急救处置。所谓急危病症，是指病人的病症，若不及时医治就会有生命危险的情形，例如急救手术。对于急危病症，不仅医学伦理要求遇有紧急事件时，医师应尽其所能提供医疗服务，法律也规定医师不得无故拒绝或迟延。《执业医师法》第 37 条规定，医师在执业活动中，由于不负责任延误急危患者的抢救和诊治，造成严重后果的，由县级以上人民政府卫生行政部门给予警告或者责令暂停 6 个月以上 1 年以下执业活动；情节严重的，吊销其执业证书；构成犯罪的，依法追究刑事责任。

---

[1] 王岳：《医事法》，人民卫生出版社 2014 年版，第 23～24 页。

2. 对严重威胁公众生命健康的紧急情况，有服从政府、立法的义务。《执业医师法》第28条规定，遇有自然灾害、传染病流行、突发重大伤亡事故及其他严重威胁人民生命健康的紧急情况时，医师应当服从县级以上人民政府卫生行政部门的调遣。

3. 医疗机构与政府、企事业单位存在特别约定关系。如果医疗机构与政府、企事业单位存在医疗服务的合同约定，则医疗机构应当如约履行医疗服务合同。例如，政府城镇医疗保险主管部门核定的医疗保险定点医疗机构，必须为每一位城镇医疗保险的参保人提供医疗服务，不得拒绝。医疗服务合同一旦成立生效，无约定解除或法定解除事由，合同任何一方不得任意解除医疗服务合同，终止医疗服务行为。

三、无因管理关系

医疗领域的无因管理，是指医疗机构或医务人员在没有约定义务和法定义务情况下，为避免患者的生命健康利益受到损害，自愿为患者提供医疗服务的行为。这种管理他人事务的行为使医疗机构或医务人员与患者之间产生了一种特殊医疗法律关系。

《民法总则》第121条规定，没有法定的或者约定的义务，为避免他人利益受损失而进行管理的人，有权请求受益人偿还由此支出的必要费用。可见，在无因管理关系的医疗法律关系中，管理人有权向受益患者要求支付管理费用。在临床医疗实践中，常见的无因管理关系主要有以下三种情形：①医务人员在医疗机构外，发现患者而加以治疗；②对自杀未遂而不愿就医者，予以救治；③无监护人在场的情况下，医疗机构直接针对无行为能力的"非急危"患者进行的诊疗行为[1]。管理人员有管理意思，但其管理事务却违反本人的管理要求或社会常识，使管理效果不利于本人，则不构成无因管理。管理人如有过错，应按侵权行为承担赔偿责任。但是，由于无因管理行为是法律所要鼓励支持的合法行为，因此在法律上对管理人的注意义务要求较低，且对管理人的法律责任要求比较宽松。

无因管理的管理人本无管理本人事务的义务，但管理人一旦开始负责管理，就应当管好，这是法律为保护民事主体的合法利益和维护社会经济秩序的必然要求，也是无因管理成为适法行为的必然结果。作为无因管理法律关系中的医疗机构，应当秉承善意的注意义务，即医疗机构和医务人员在医疗服务过程中对被管理人的生命与健康利益的高度善意，对被管理人人格利益的尊重[2]。具体来说，医疗机构作为管理者应履行以下注意义务：

1. 适当管理的义务。管理人的适当管理义务表现在三个方面：①管理人应不违背本人的意思进行管理，应依本人可得推知的意思管理，即根据具体情况，管理行为不得违背本人的可以推定而知的意思[3]。②管理人应依有利于本人的方法进行管

---

[1] 李圣隆：《医护法规概论》，华杏出版公司1976年版，第33~36页。
[2] 史尚宽：《债法总论》，中国政法大学出版社2000年版，第57~66页。
[3] 王泽鉴：《债法原理》，中国政法大学出版社2001年版，第339~348页。

理。③应根据本人利益的需要进行继续管理。

2. 管理人将管理事实通知本人的义务。管理人在管理开始后，应将管理开始的事实通知本人。如果管理人不知本人是谁，或不知本人的住址或因其他原因无法通知，则不负通知义务。如果等候本人的指示会使本人的利益受到损失时，则不应坐等指示，应直接管理。

3. 管理人不当管理造成损失的赔偿义务。《民法总则》没有规定无因管理人的赔偿义务，有人认为管理人无此义务。但司法实践中，管理人的赔偿义务往往是依该法第 176 条"民事主体依照法律规定和当事人约定，履行民事义务，承担民事责任"而产生的。确定赔偿义务，应当适用过错责任原则，管理人只对自己管理的过错行为所致损害负责赔偿。确定管理人的过错，应看其是否已尽管理事务应尽的义务，其注意义务的标准，应以"善良管理人"的注意为准[1]。

四、强制医疗关系

相对于常态下的医疗，强制医疗则是另外一种情形。有学者认为，强制医疗是在发生传染病等紧急状态下，国家基于医疗事业的特殊性和对公众生命健康权的维护，在法律上赋予医疗机构强制患者接受治疗的行为[2]。还有学者认为，强制医疗是指医疗机构或医务人员基于国家法律的授权或行政机关的委托，对特定人群患者实施强制性治疗的行为[3]。

实际上，强制医疗应当包括强制隔离、强制留验观察、强制检查等诸多强制性措施。强制医疗是一种行政行为，而非单纯的治疗行为，是特殊法定状态下，卫生行政主体（包括卫生行政机关和卫生医疗机构）基于法律授权或行政机关委托，对特定患者实施强制性医疗活动的一种行政行为。强制性治疗的根本目的在于维护社会公众利益，接受强制性治疗不仅是患者的自觉义务，也是国家法律规定应该履行的法定义务。

强制医疗应是行政强制中的一种强制措施，而非行政强制执行。强制医疗关系应由行政法调整。强制医疗是卫生行政机构和医疗机构代表国家所做的行为，这种特殊的医患关系是国家基于医疗的特殊性和对国民生命、健康的保护，在法律上赋予医疗机构和医务人员代为行使强制医疗的权力，同时患者也负有接受强制医疗的义务。此时，医疗机构和医务人员属公务人员，行使其行政权力。

强制医疗关系，是指国家基于医疗的特殊性和对国民生命和身体健康的维护，在法律上赋予医疗机构或医务人员以强制医疗权力，明确患者强制受诊义务为主要内容的特殊医疗法律关系。这在医疗法律关系中属特殊的情况，此为公权力的行使，

---

[1] 王道发：“论侵权责任法与无因管理之债的界分与协调——兼评《侵权责任法》第 23 条”，载《法制与社会发展》2017 年第 3 期。
[2] 蔡晓卫：“医患强制法律关系研究”，载《浙江大学学报（人文社会科学版）》2005 年第 2 期。
[3] 陈志华：“强制医疗法律关系研究”，载《首都律师》2003 年第 7 期。

即医疗机构或医务人员作为国家的使用人、代理人，医疗法律关系存在于国家和患者之间，这种医疗法律关系可称之为强制医疗关系。例如，针对《传染病防治法》所规定的鼠疫、霍乱、肺炭疽等传染病病人的治疗。

强制医疗应属于行政行为，强制医疗关系亦应属于行政法律关系[1]。对于如何界定强制医疗关系的法律性质，即将医患双方因强制医疗活动而形成的权利义务关系界定于哪几种或者哪一种法律关系范畴，基本上存在两类观点：第一类认为属民事法律关系，第二类坚持其为行政法律关系。如果将强制医疗关系定性为民事法律关系，则无法解释医方无条件抢救病人、必须服从国家调遣，以及患方被强制接受传染病防治等具有强制性质和行政特征的医疗行为，它们不符合主体平等、双方自愿、等价有偿等民法原则和民事法律关系特征。

在强制医疗关系中的医疗机构是法人，独立享有民事权利，履行民事义务，并独立承担民事责任，受私法调整。但是，当医疗机构在《传染病防治法》和《执业医师法》等具有公法性质的法律授权下与特殊的传染病患者等发生医疗强制法律关系时，医方的强制医疗行为已具备行政行为的执法性、单方性、特定性的特点，医方行使上述行为，是法律授权下的行政权力的行使，和患者间形成行政法律关系，受公法的调整。医疗机构对传染病病人的强制隔离和治疗，对无力支付医疗费用患者的免费治疗，传染病等患者自觉地接受隔离观察和治疗，都不是建立在平等互利的民事法律关系基础上的，而是法律对医方的授权行为，双方当事人的权利义务呈现明显的不对等：作为医疗机构享有更多的优越权，而相对人——患者一方则负有更多的服从义务。因此，这是一种基于特别的法律原因、为实现特殊的目的而在特定机构与具有特定身份的特定公众间引发的权利义务关系，是为达成公行政的特定目的，使所有加入特别关系的公众处于更加从属的地位。在理论上，大陆法系国家把这种行政法律关系称为特别权力关系，它是指基于特别的法律原因，为实现公法上的特定目的，行政主体在必要的范围内对相对人具有概括（或不确定）的支配权力，而相对人负有服从义务的行政法律关系。

第四节　患者的权利

正如著名医史学家亨利·西格里斯所言："每一种医学行动始终涉及两类当事人，即医师和患者。"[2]医生和病人是医疗活动中最基本的两个角色。在传统的医患关系中，病人自身权利意识的淡薄、医生使命的崇高与神圣及其对医学知识与经

---

[1] 赵敏、岳远雷："公民健康权益视野下计划疫苗损害责任之探析"，载《医学与哲学》2014年第9期。
[2] 王志鑫："我国医患关系紧张的法律成因及其对策"，载《卫生经济研究》2017年第3期。

验的占有优势决定了医生的主导和支配地位,医患关系总体上表现为患者对医生单方面的、甚至是盲目的信赖与服从,为疾病所苦而求医问药的病人往往被简单地视为医生治疗的客体,被动地接受医生的治疗,即便是中国古代以"仁术"为核心的医患关系也是如此。

然而,二战中,纳粹惨无人道的医学试验使人类对传统的医患关系进行了深刻的反思,社会发展所带来的价值观念的多样性也强烈要求医患之间互相而非单方面的尊重和信赖,包括病人权利在内的人权运动逐渐在世界范围内勃兴,患者的主体性和人格尊严成为世界性话题,"以患者为中心"的医疗服务理念逐渐为绝大多数国家肯认。但是,如果患者自身的权利意识盲目、过度膨胀,无疑也会威胁医患关系良性运转的根基。越来越多的国家意识到以法律方式规范医患关系的必要性和重要性,通过立法明确规定医患双方的权利和义务,以构筑和维系更为和谐与理性的医患关系。

权利是"法律赋予法律关系主体享有某种作为或不作为的许可。法律意义上的权利实际上就构成法本身,它和相应的义务构成法的核心内容,二者相互依存,有着不可分割的联系"。我国《执业医师法》《医疗事故处理条例》《侵权责任法》等法律法规都对患者的权利作了规定。据此,我国患者享有包括生命权、健康权、身体权、隐私权、平等医疗保健权、知情同意权、自主决定权等在内的广泛权利。

一、生命权

《世界人权宣言》中明确指出,"人人有权享有生命、自由与人身安全","个体患病、残疾或衰老时,有权享受保障"。《民法总则》在第110条规定了生命权。生命权的核心地位在国外及国际社会越来越受认同,甚至有被列入三大人权(主要是生命权、自由权和财产权)之首的趋势[1]。生命权是以生命安全为内容的权利,是指自然人的生命安全不受侵犯的权利。公民的生命非经正当法律程序,任何人不得随意剥夺。体现在医疗活动中,要求医务人员不得实施我国法律尚未明文规定的"安乐死""尊严死"等人为终止患者生命的行为。

二、健康权

健康权,是指自然人以其器官乃至整体功能利益为内容的人格权,它的客体是人体器官及各系统乃至身心整体的安全运行,以及功能的正常发挥。健康权不仅仅是朴素的私权,更是一项强调国家责任的社会权。体现在医疗活动中,患者的健康权要求医务人员以最善的注意义务谨慎地开展医疗活动,依法尊重并维护患者的生命与健康利益,尽量避免医疗事故、医疗差错、药品质量事件、医疗器械质量事件等不良事件的发生。

医疗行为本身往往具有一定人身创伤性(即违法性),所以,在实施医疗行为前,法律规定通过知情同意(Informed Consent)使得其行为的创伤性能够被"排除

---

[1] 周敬敏:"我国生命权宪法保障的现实路径探析",载《公安学刊》2017年第3期。

违法性"。《执业医师法》《医疗机构管理条例》《侵权责任法》中均明确规定,医疗机构施行手术、特殊检查或者特殊治疗时,必须征得患者同意,并应当取得其家属或者关系人同意并签字。实际上,在美国的医疗侵权判例中并不将知情同意视为一种权利,而是将其作为医疗行为性质区分的判断尺度,将医疗侵权案件分为两类——人身伤害(Battery)和过失侵权(Negligence)[1]:

1. 在医疗侵权案件中,除非法律法规有特别规定,如果医务人员没有取得合法授权就对患者实施了创伤性医疗行为,则此类案件应当视为人身伤害(Battery),无须进行诊疗行为合理性的鉴定,医务人员不得以医疗行为对患者生命健康有益进行抗辩。

2. 如果医务人员已经按照法律法规取得了患者的合法授权,但是由于发生了不合理的缺陷(按照同行标准予以认定),则此类案件应当视为过失侵权(Negligence),必须进行诊疗行为合理性的鉴定,医务人员可以医疗行为对患者生命健康有益进行抗辩。

三、生育权

(一) 生育权的法律性质及权属主体

学界对生育权的法律性质存在较大分歧,大概有三类观点:

1. 人格权说。有学者认为,该说称生育权是已婚妇女享有的"生育自由权",认为"生育自由权是指妻或已婚妇女有权按照国家有关规定生育子女,也有按照个人意愿不生育子女的自由,并依法获得相应保障的权利"[2]。该说认为,生育权的主体仅为已婚妇女,则男性、未婚女性或离异女性无生育权。可见,该说认为生育权存在于婚姻存续期间,因结婚而取得,划归于女性的行为能力范畴而非属权利能力范畴,与其定性为"生育自由权"的人格权定性相矛盾。[3] 有学者认为,生育权是人格权,自然人都享有生育权,但具有身份性和相对性,是一种受限制的自由。[4] 该说以生育权的实现需要得到配偶的配合为由,即认为生育权具有相对性,这没有分清生育权行使和实现方式上的特殊性与生育权本身的绝对性的关系。权利的享有与权利的行使不同,既然认为生育权是人格权,那么自然人即使没有行使生育权,也不否定自然人享有作为绝对权的生育权。自然人行使和实现生育权的方式具有特殊性并不否定生育权本身的绝对性,不能因此认为生育权具有相对性和身份性,这种行使和实现生育权的方式的特殊性是自然人的生理特征所致,也是尊重异性生育权和人格的必须。[5] 也有学者认为,生育是夫妻或个人选择是否要子女的行为,本

---

[1] 徐爱国:《哈佛法律评论·侵权法学精粹》,法律出版社2006年版,第105页。
[2] 李洪祥、王雪梅:"已婚妇女在夫妻关系中的人身权探析",载《行政与法》1999年第3期。
[3] 刘道云:"生育权基本问题的探讨及其法律保护",载《中国卫生法制》2011年第6期。
[4] 陈玉玲:"论生育权的权利属性及其侵权责任",载《法治论丛》2009年第6期。
[5] 刘道云:"生育权基本问题的探讨及其法律保护",载《中国卫生法制》2011年第6期。

质上是人的行为自由，因此应将生育权归入一般人格权[1]。该说是建立在卡尔·拉伦茨对一般人格权的定义上，认为"一般人格权是指受尊重的权利、直接言论（如口头和书面言论）不受侵犯的权利以及不容他人干预其私生活和隐私的权利"[2]，其主要包括了生命、身体、健康和自由，因此得出生育权也属一般人格权范畴。而卡尔·拉伦茨对一般人格权下的定义到了现代已不能完全适用，随着适应理论和实践的发展，在法律保护人格的过程中，提炼出了一些具体人格权，如生命权、健康权等，现代民法意义上的一般人格权是指民事主体基于人格独立、人格自由、人格尊严全部内容的一般人格利益而享有的基本权利[3]。我国2002年实施的《人口与计划生育法》明确规定了男女享有平等的生育权，生育自由已不再是抽象一般的意义上的人格利益，可见该说已丧失了立论的理论基础[4]。也有学者认为，生育权与生俱来，天赋人权，与自然人人身不可分离，是绝对权和支配权，无论性别、年龄、婚姻状况如何，都不影响生育权的存在，它是人格权而非身份权，男女享有平等的生育权[5]。这种观点看到了生育权的人格权性质及特征，也看到了男女生育权平等，但是没有很好地解释清楚男女生育权是否同等、是否存在差异和生育冲突等问题[6]。

2. 身份权说。有观点认为，生育权是夫妻共同享有之权利。从生育权属性来看，它应当是公民人身权中的一种身份权，生育权只能基于丈夫、妻子的这一特定身份，在合法婚姻的基础上产生、由双方共同享有[7]。也有认为生育权是夫妻平等享有的权利。该说认为，法律认可和保护的生育，应该在夫妻间进行，为了更加明确生育权的性质，认为将生育权定位为配偶权，在现在和将来相当一段时间内较为恰当[8]。生育权属于夫妻身份权范畴，只能基于丈夫和妻子的特定身份在合法婚姻关系中产生，理论上将其归入配偶权是合适的[9]。身份权论的学者没有深入了解生育权的演变史，只看到了现代社会需要在婚姻的框架下完成生育并实现生育权的特点，即武断地对生育权定性。也没有认识到生育权的享有与生育权的行使和实现的区别，从而将生育权的形式外观误认为是其权利本质[10]。

3. 其他权益说。有学者认为，生育权的本质是天赋人权，因为生育权是人类延

---

[1] 王世贤："生育权之检讨"，载《河北师范大学学报（哲学社会科学版）》2006年第3期。
[2] ［德］卡尔·拉伦茨：《德国民法通论》，法律出版社2003年版，第171页。
[3] 杨立新：《人身权法论》，人民检察出版社1996年版，第694页。
[4] 刘道云："生育权基本问题的探讨及其法律保护"，载《中国卫生法制》2011年第6期。
[5] 吴国平："夫妻生育权冲突的法律救济"，载《政法学刊》2007年第4期。
[6] 刘道云："生育权基本问题的探讨及其法律保护"，载《中国卫生法制》2011年第6期。
[7] 马慧娟："生育权：夫妻共同享有的权利"，载《中国律师》1998年第7期。
[8] 姜玉梅："生育权辨析"，载《西南民族学院学报（哲学社会科学版）》2002年第12期；"生育权的法律定位"，载《人口与经济》2004年第1期。
[9] 樊林："生育权探析"，载《法学》2000年第9期。
[10] 刘道云："生育权基本问题的探讨及其法律保护"，载《中国卫生法制》2011年第6期。

续的前提，是与生俱来的权利。[1] 在国际上，1968 年 5 月《德黑兰宣言》第 16 条明确规定："父母享有自由负责决定子女人数及其出生时距的基本人权。"另外，1974 年《世界人口行动计划》、1984 年《墨西哥城宣言》和 1994 年《国际人口与发展大会行动纲领》也都指出："所有夫妇和个人都享有负责地自由决定其子女人数和生育间隔以及为达此目的而获得信息、教育与方法的基本权利。"还有学者基于我国《宪法》第 49 条之规定，提出既然"夫妻双方有实行计划生育的义务"，那么根据权利义务相统一理论，承担义务必然享有对应的权利，因此，夫妻的生育权是宪法权利。宪法所规定的计划生育义务是建立在夫妻共同享有生育权基础上的，只有享有共同权利，才可能共同履行义务。[2] 基本人权说和宪法权利说并非从民事权利的角度来分析生育权的性质。随着理论研究的深入，此类观点已逐渐被学者所抛弃或深化。

综上所述，学界的主流观点认为生育权是专属于特定自然人主体，与自然人的人身不可分离，且不具有直接财产内容的基本民事权利，主流观点对生育权的人身权属性不作争论。但学界没有真正分清生育权究竟属于人身权中的人格权还是身份权，没有清晰界定生育权的权属主体。而实际上，生育权的主体应是自然人，不因性别差异而不同，也不是特殊身份主体享有的特权。[3]

（二）女性生育权的优先保护制度

男性与女性的生理特征决定了女性的生育权应当比男性的生育权得到更优先的法律保护。法律平等地保护男人与女人，这是一种法之精神或者法律所体现的价值观念。而由于男人与女人在生育方面的生理基础不同或者说不平等，所以，法律必须给予女人更优先的保护以体现法律希望彰显的价值观念。我国《妇女权益保障法》第 51 条即作出了专门针对女性生育权优先保护的特别规定："妇女有按照国家有关规定生育子女的权利，也有不生育的自由。"而《最高人民法院关于适用〈中华人民共和国婚姻法〉若干问题的解释（三）》第 9 条也作出了相同的规定，即夫以妻擅自中止妊娠侵犯其生育权为由请求损害赔偿的，人民法院不予支持；夫妻双方因是否生育发生纠纷，致使感情确已破裂，一方请求离婚的，人民法院经调解无效，应准予离婚。

四、身体权

由于代表民法传统的罗马法没有规定身体权，原《中华人民共和国民法通则》关于人身权的规定也没有涉及身体权，身体权是不是一个独立的权利，法学界存在不同的看法。在我国民法理论和实践中，对于身体权是否是自然人的一种独立民事

---

[1] 朱建忠："论罪犯的生育权"，载《山西高等学校社会科学学报》2002 年第 11 期。

[2] 汤擎："单身女性生育权与代际平等——评《吉林省人口与计划生育条例》第 30 条第 2 款的非合理性"，载《法学》2002 年第 12 期。

[3] 刘道云："生育权基本问题的探讨及其法律保护"，载《中国卫生法制》2011 年第 6 期。

权利，以前的通说持否定态度，只承认自然人享有生命权、健康权，不承认身体权为一项独立之民事权利。但是近些年，更多的人认为身体权是一项自然人的独立人格权，并在《民法总则》第110条中被明确确立。

(一) 身体与身体权的概念

身体，指"一个人或一个动物的生理组织的整体"，即"人和动物的躯体"。从这个角度上说，人和动物的生理组织的整体即躯体，都称之为身体。由此可以看出，在汉语中的身体，不分人和动物，其躯体均为身体。

法律学意义上的身体，是躯体和身体附属物的总称，它具有自然属性和社会属性。为方便对身体权的理解，可将自然人的身体组成分为三个基本部分：一是主体部分，它是指人的肉体主要组成部分，包括头颅、躯干、内脏器官和肢体等身躯部分，这些身躯的主要构成部分的缺失，将直接造成人体健康水平的降低或残疾。二是附属部分，它指人体的主体部分按照人体新陈代谢规律产生的身体衍生物，如毛发、指甲、胡须等。这些身体组成部分与身体分离，不会形成人体的痛苦，也不会造成人体某种机能的丧失和健康水平的降低。三是镶装、配置的人工制作的残缺身体部分的代替物，如心脏起搏器、假肢等。

镶装、配置的人工制作的残缺身体部分的代替物，应当说原本并非人体的天然组成部分，从民法的角度来讲，具有物的属性，但当这些器件经过加工与人体结合，成为人体的非天然组成部分时，它们就失去了其单纯的物的属性，而具有了一定的生物属性和社会属性，再以物权的方式对其进行法律保护显然不妥。当然，这些器件虽然附属于人体，但与人体的天然器官还有本质区别，不能算是人体的实质组成部分，因此也就不能以其是否遭受损坏作为衡量健康权受到侵害的标准。对于损坏这些器件所造成的自然人精神利益和身体利益的损害，其法律救济途径就只能通过对身体权的保护来实现了。

镶装、配置的人工制作的残缺身体部分的代替物，如假肢、假牙、义眼、隆胸而注射入胸部的凝胶、人工心脏瓣膜、人工关节、助听器等，能否都构成身体的组成部分，还必须区别对待。我们认为，并非所有基于医疗目的而附加于人体的器具都是身体的组成部分。判断这些附加的器具是否构成人体的组成部分，关键是看该器具和人体结合的紧密程度，看该器具是否可以不依赖于专业人员的技术而进行自由拆卸。心脏起搏器、需要专业人员的技术才能拆卸的假肢、已植入牙床的假牙、骨折后需暂时固定骨头而使用的钉子或钢板、植入体内的人工关节，还有一些女性接受隆胸手术而注射入胸部的凝胶等，显然都是身体的组成部分。而不需要专业技术就可以自由拆卸的假牙和假肢则不是身体的组成部分。这些不需要技术就可以自由拆卸的辅助医疗器具是民法上的物。而固定的身体引流管因为其并非"身体部分的代替物"，所以尽管也需要依赖于专业人员的技术而进行拆卸，但是不应视其为身体的延伸。

患者移植的器官和其他组织是否为身体的组成部分？随着现代医学科学的发展，

人类对自身身体认识的不断发展，目前可以做多种器官和其他人体组织的移植。最简单的如输血、植皮，复杂的如肾脏移植、心脏移植、角膜移植等。移植以后的器官和其他人体组织与受移植人成为一体的，即成功的移植，应为受移植人身体的组成部分，他人不能再主张这些器官、组织的身体权。

法学界的主要观点认为："身体权是自然人依法维护其身体完整，并支配其身体器官和其他组织的具体人格权[1]。"这种观点所讲的身体权在内容上包括两个方面：一是自然人维护自己身体完整性的权利；二是自然人对自己身体组成部分的支配权。它强调身体权所维护的利益，是自然人身体组成部分完整性的不可侵犯。对身体权的这些解释，形成了目前我国民法学理论关于身体权概念的通说。

（二）医学领域侵害身体权的情形

1. 对尸体的损害。自然人死亡后，民事权利丧失，尸体应依法给予保护。但有些医生及法医在尸体解剖的过程中，为了积累科研资料或进行教学，擅自留取死者的组织或器官（如毛发、牙齿、髌骨、耻骨、胸骨等）。

2. 对身体组织的非法保留、占有。2005年卫生部针对青岛市卫生局《关于产妇分娩后医疗机构如何处理胎盘问题的请示》作出的《关于产妇分娩后胎盘处理问题的批复》（卫政法发［2005］123号）明确指出："产妇分娩后胎盘应当归产妇所有。产妇放弃或者捐献胎盘的，可以由医疗机构进行处置。任何单位和个人不得买卖胎盘。如果胎盘可能造成传染病传播的，医疗机构应当及时告知产妇，按照《传染病防治法》《医疗废物管理条例》的有关规定进行消毒处理，并按照医疗废物进行处置。"

身体权以身体为客体，最重要的就是保持其身体的完整性、完全性。所以，任何人（包括医务工作者）未得到公民允许，破坏公民身体完整性的行为都构成对身体权的侵害。例如，在医院中，有些医生同时有科研任务，所以经常会需要活体材料（血液、胃内容、肠内容等，其中以血液最为常见）做实验。在多数情况下，他们利用工作之便，亲自或托他人通过多取检材的方法，为自己的实验留出足够量的活体材料。

3. 对身体组织之不疼痛的侵害。一般认为，对身体组织的破坏，只要不造成严重的痛楚，不认为是对健康权的侵害，而认为其行为对身体权构成侵害。身体权与健康权紧密联系，但内容却非同一。身体权所保护的是肢体、器官和其他组织的完整状态；而健康权所保护的是各个器官和整个身体功能健全。根据这一标准，构成身体权侵害的行为，一般是对人体无感觉神经分布组织［头发、眉毛、体毛、指（趾）甲、牙釉质等］的实施行为。

4. 实施过度的外科手术。外科医生的工作，是以较小的代价换取患者的生命和

---

[1] 杨立新、扈艳："《中华人民共和国人格权法》建议稿及立法理由书"，载《财经法学》2016年第7期。

健康。绝大多数医生行医目的是崇高而正义的,但也有例外。如果医师因不合于手术之方法或治疗之目的及施行过度,致侵害患者之身体者,构成对患者身体之侵害,将成为损害赔偿的原因。例如,有些产科医生为减小医疗风险,并不考虑剖腹产的适应症,或自行扩大适用剖腹产的范围。

五、隐私权

在诊疗活动中,患者出于治疗疾病的目的之需要向医生如实陈述病史及诊断疾病所需的个人信息,在一定情况下还应接受对其隐私部位进行的以诊断和治疗为目的的医学检查。患者的隐私是指患者在就诊过程中向医师公开的,但不愿让其他人知道的信息、空间和活动。在患者的隐私信息方面,医生尤其要注意的是:①患者的一般个人信息,如家庭住址、电话号码、工作单位、年龄、籍贯、经济状况等;②患者的既往史,如疾病史、家族史、生活史、婚姻史、生育史等;③患者身体的隐秘部位及通过诊疗探知或查明的心理生理缺陷;④患者的病名及病情;⑤血液、精液、血型等检查的报告单。

因治疗疾病所需,患者必须将上述内容向与诊疗相关的人员公开,这是患者基于其隐私支配权而作出的对隐私的有限放弃。医生等与治疗有关的人员因治疗疾病所需获知患者的个人信息,以及在患者的知情同意前提下对患者的身体隐秘部位实施医学检查具有正当性,并不构成对患者隐私权的侵犯。对患者隐私的获知或对其身体隐秘部位的检查具有正当性,必须同时具备五个条件:①主体合法,即是依法注册的经治执业医师等与治疗有关的人员;②程序合法,主要是指对患者身体的隐秘部位进行医学检查之前,必须事先告知患者此项检查的有关情况,并且取得患者的同意;③目的合法,即获知患者的隐私或对患者身体隐秘部位的检查只能是为了治疗疾病所需,而非出于其他与诊疗无关的目的;④范围合法,医生所获知的患者隐私或所进行的医学检查必须限定在治疗疾病所需的范围之内;⑤手段合法,医生在询问涉及患者隐私的病史或有关信息时,或者对其身体隐秘部位进行医学检查时,必须以适当的方式进行,避免与医疗无关的第三人在场或得知患者的隐私。而且,医生在获知患者的隐私之后,负有尊重患者隐私、保守秘密的义务。

侵害患者隐私权的行为,应由四个要件构成:①侵害行为及其违法性,即违反法律的禁止性规定或无法律依据而泄露医疗秘密的行为存在;②损害后果,即侵害行为客观上导致了对患者利益的损害,主要表现为精神损害;③必须存在过错,即加害人主观上存在故意或过失;④存在一个明确的因果关系,即侵害行为与损害后果存在内在客观的因果联系。侵害患者隐私权的构成上是有其特点的,表现为加害人是履行职务的医护人员,但承担责任的主体一般是加害人所在的医疗机构,这是我国现行法律所规定的替代责任或称雇主责任;医护人员所泄露的隐私必须是从履行职务过程中获取的,否则应由医护人员本人承担法律责任。

早在二千多年前,《希波克拉底誓言》就明确强调:"在治病过程中,凡我所见所闻,不论与行医业务有无直接关系,凡我认为应予保密的事项坚决不予泄漏。"患者与医生之间存在一定的信任依赖关系，医护人员应对患者保持忠实、勤勉的义务，除认真负责地诊治外，必须尊重患者的人格，保守医疗秘密。我国的卫生法律法规对患者的隐私保护问题也作出了明确规定，不泄露患者隐私已成为我国医护界必须遵守的职业道德规范。比如，《执业医师法》第37条明确规定了医师在执业活动中必须履行保护患者隐私的义务，医师在执业活动中若违反执业医师法的规定，泄露患者隐私，造成严重后果的，由县级以上卫生行政部门给予警告或者责令暂停6个月以上1年以下的执业活动；情节严重的将吊销执业证书。《护士条例》第18条也规定，护士应当尊重、关心、爱护患者，保护患者的隐私。《侵权责任法》第62条也规定了医疗机构及其医务人员对患者隐私的保密义务，即"医疗机构及其医务人员应当对患者的隐私保密。泄露患者隐私或者未经患者同意公开其病历资料，造成患者损害的，应当承担侵权责任"。

（一）患者的隐私信息保护

患者的隐私信息范围很广，实际上患者到医院就诊，从坐下听医生询问开始，便存在一个隐私权问题。如医生通过问诊，可知悉患者的病因、病史、不良嗜好、生活习惯、夫妻生活等；医生对患者进行检查时，可以接触患者的隐秘部位，发现患者的病理和生理缺陷、疾病状况等。

患者的隐私信息，是指在不妨碍他人与社会公共利益的前提下，患者个人内心与身体上存在的不愿让别人知晓的秘密信息。这些秘密信息包括：①患者身体存在的生理特点、生殖系统、生理缺陷或影响其社会形象、地位、从业的特殊疾病；②患者既往的疾病史、生活史、婚姻史；③患者的家族疾病史、生活史、情感史；④患者的人际关系状况、财产及其他经济能力状况等等。

这里需要注意的2015年《刑法修正案（九）》第17条之规定："违反国家有关规定，向他人出售或者提供公民个人信息，情节严重的，处3年以下有期徒刑或者拘役，并处或者单处罚金；情节特别严重的，处3年以上7年以下有期徒刑，并处罚金。违反国家有关规定，将在履行职责或者提供服务过程中获得的公民个人信息，出售或者提供给他人的，依照前款的规定从重处罚。窃取或者以其他方法非法获取公民个人信息的，依照第一款的规定处罚。单位犯前三款罪的，对单位判处罚金，并对其直接负责的主管人员和其他直接责任人员，依照各该款的规定处罚。"

（二）患者的隐私空间保护

患者的隐私空间，是指在医院就诊过程中，暂时为患者占有、使用，而其不愿意被他人侵入的场所。医院应当充分保护患者的隐私空间，首先要为患者尽量营造隐秘空间；其次，未经患者同意，不应擅自、草率侵入这些私密空间。例如，医生对患者采取药物和手术措施的同时，还要注意要为患者提供私密的诊疗环境，这才有可能最大限度调动患者自身的自愈能力。而在某些乡镇卫生院，不但医疗设备条件有限，而且医院管理人员和医务人员丝毫没有意识到在病床间拉上隔帘的必要性。

(三) 患者的隐私行为保护

患者的隐私行为，是指在医院就诊过程中，除法律法规特别规定外，患者具有行动自由的权利，医院不得限制患者的行为。例如，有些医院明确规定患者住院期间一概不得外出。而有些医院则规定，患者住院期间有权外出，但是必须告知主治医生。主治医生从患者病情角度认为不宜外出的，书面告知患者外出的医疗风险，患者仍坚持者，始可外出。住院患者临时外出是医院管理中常见的情况，医院的上述两种不同处理方法，我们认为后者是对的。

(四) 患者隐私权的限制

隐私权是自然人享有的对其个人的、与公共利益无关的个人信息、私人活动和私有领域进行支配、不受非法干扰或侵犯的一种人格权。医事人员因业务知悉病人的秘密，不得无故泄漏。病人有权要求医师守密，不得无故对外泄漏。但下列情形不属于无故泄漏：

1. 依法作证。我国法律未确立医生的拒证特权，在法律有要求时，即便是医生也必须依法履行作证义务，就其所知道的案件情况作证，其证言有可能涉及患者的隐私，但这具有法律依据，并不构成对患者隐私权的侵害。

2. 向有关机构报告。医师执行业务时，遇有法定的报告情形，必须依法定时间向相应的主管机关报告。例如，医生将法定传染病的患者信息报告给卫生行政部门或疾病预防控制部门；医生发现患者涉嫌伤害事件或者非正常死亡时，应当按照有关规定向有关部门报告；等等。

3. 为开展医学教学或学术研究而引用病历信息时，有可能将病人的隐私信息泄漏于外，此时应该注意选择以损害最小的方法进行，采取必要的技术处理，将可能造成的损害降低到最小限度。

六、平等医疗保健权

所谓平等医疗保健权，是指每位患者对医疗资源（包括机构设备与人力）所享有的权利，不因男女、老幼、贫贱富贵而有所不同，应一律平等。对此可从实质意义与形式意义两方面来探讨。

实质意义的平等医疗保健权，是指社会各成员都具有平等享受合理质量医疗资源的权利，即不分"男女、宗教、种族、阶级、党派"，在国家提供的医疗卫生服务面前享有一律平等的权利。公共医疗服务资源是社会资源，也是国家资源，理应归全体国民所共有，亦应由全体国民所共享。因此，每位国民都有一律平等地享受相同公共医疗资源的权利，且对公共医疗资源的运用与分配，都有参与决策的权利。政府实施的全民医疗保障计划就是为了保证全民能够平等地普遍享受医疗资源。

形式意义的平等医疗保健权，是指相同个案的处理，以相同方式为之，适用相同准则，不能有不同标准；不同的个案，则适用不同的方式处理。其主要内容包括下列两大原则：①先来先受服务原则。患者就医秩序，不论挂号、门诊看病还是领药，一切按照排队秩序办理，依到来时间之先后就诊、缴费或领药，即先来先受服务原则，不允许存在特权阶级，亦不应存在歧视。患者在门诊看病的地位，完全平等。②急症及重症优先原则。医护人员照护患者的顺序，当然应遵循"先来先受服务原则"，但也有例外，即遇有病情最危急或最严重者，应作优先处置。

医疗服务的公平，是指每位国民在需要时均有相等的机会获得应有的医疗服务，达到基本生存标准，主要体现为医疗服务产品在任何地区、任何人群中分配的合理性以及人们在享受基本医疗服务方面的合理性。根据我国《宪法》第45条的规定，中华人民共和国公民在年老、疾病或者丧失劳动能力的情况下，有从国家和社会获得物质帮助的权利。国家发展为公民享受这些权利所需要的社会保险、社会救济和医疗卫生事业。可见，医疗服务的公平，对公众而言体现为公众的"平等医疗保健权"，对国家而言体现为国家对公众的"国家照顾义务"[1]。

七、自主决定权

法治社会应当是"自由""自治"的社会。一般而言，自由与否的判定标准就是——"就与他人无关的事情，自己有决定权。仅仅对自己有害的行为，由自己承担责任"。自主决定权，就是自己的私事由自己决定的权利。患者自主决定权（Patients' Right of Self-Determination），是指患者对与自己的身体、生命相关利益的自己决定权。这一权利肇始于美国，1914年，美国纽约州地方法院的法官卡多佐（Benjamin Nathan Cardozo）在 *Schloendorff v. Society of New York Hospital* 案的判决中首次明确地提出了患者的自主决定权这一概念。在该案中，法官认为："所有具有健全精神状态的成年人，都有决定对自己身体作何处置的权利。医生如不经患者同意而对其进行手术，则构成伤害罪，应承担损害赔偿的责任[2]。"从此，这一概念很好地植根于美国的判例法和宪政法律中，并逐渐为现代文明国家所普遍接受。尽管在具体法律规定上，各国有所差异，但以知情同意为核心的主要内容是大致相同的：有决定能力的患者在被告知有关自己病情、治疗的足够信息的前提下，有权自己决定是否接受治疗、在哪里治疗、选择何种治疗方案等。有些国家的法律还规定，患者在有决定能力时，可事先为自己患病失去决定能力后，对治疗作出具体的指令或指定代理人，以保证患者一旦失去决定能力仍能按自己的意愿进行治疗。此外，在很多国家，选择"安乐死"的权利也被视为患者自己决定权的内容。

患者的自主决定权强调的是尊重患者自己的意愿，决定的是与个体价值取向有关的事项，是道德决定权，而医生是对治疗中的技术问题有决定权。例如，一名患者被诊断出患了淋巴结癌，医生告诉他三种可选择的方案：打开胸部手术、化疗或骨髓移植。患者得知在手术或化疗之后癌肿瘤很可能复发，而骨髓移植则可能带来危及生命的贫血、出血、感染和疼痛等症状，采取哪一种治疗方案，最终由患者自己决定。由此可以看出，有关具体医疗技术的三种方案由医生告知，而权衡每一种

---

[1] 郭道晖："人权的国家保障义务"，载《河北法学》2009年第8期。
[2] *Schloendorff v. Society of New York Hospital*, 211NY 125, 1914.

方案的益处与危险并最终选择哪一种治疗方案则由患者决定。

患者自主决定权产生的原因，涉及医学、伦理、法律、文化等社会各个层面。在西方传统医学中，医学被看作艺术（art）或技艺（skill）；在中国传统医学中，医乃仁术，医乃仁道。医生们接受了职业的训练，再加上拥有正直、诚实的性格，人们便相信其能以道德的模式为医疗行为负责。那时，有利原则（Principle of Beneficence）是治疗患者的首要原则，虽然也需要取得患者的同意，但它并不是法律或道德的先决条件，取得同意的手段从强迫性、威胁性的语言，到利用谎言，都被认为是必要的，因为它是以保护患者的利益为基本出发点的。这是医学原有的"父权主义"的传统，即由医生为了患者本身的利益作出医疗决定，而不考虑患者的意愿。

进入20世纪以来，随着社会的进步和医疗科学的发展，产生了自主原则（principle of autonomy）。自主（autonomy）是由希腊文 autos（自身）和 nomos（控制法则）组成的，是指"人们对自身的控制权，这种控制既不受其他人的影响，也不受个人条件（如个人不能充分理解等）的限制[1]"。在医疗领域，自主原则便体现为患者的自己决定权，即在医疗活动中，患者有独立的、自愿的决定权利。

医疗决定权由历史上"父权主义"的医生决定权向现代尊重自主权的患者自己决定权的演变，一方面是由于医学上先进技术的大量运用及医学专业的分化，出现了"见物不见人""治病不治人"、医患关系演化等倾向，人体研究和实验中用患者进行不道德实验的丑闻也时有发生，市场经济对医疗领域的冲击、医疗事故的大量出现，都使社会公众及患者怀疑医生能否完全代表患者的根本利益；现代社会个人价值观的多元化也使得在医疗决策的技术方面，在医疗决策的个人价值取向方面，比患者懂得多的医生不能代替患者作出决定。例如，临终患者是否愿意承受手术的极大痛苦以换取生命的短暂延长，只有患者个人知道。另一方面，在法律上，患者自己的决定权是消费者权利运动、患者权利运动发展的必然结果，也是人们就其人格权、对自己生命身体健康及自由享有的自主权在宪法上的确立。近些年来，在宪法学研究中，将自己决定权作为一项基本人权来认识的见解逐渐取得支配地位。

在1996年我国参加的"14国宣言"中，新的医学目的和原则就含有：尊重人的选择和尊严。这实际上表明我国政府对患者的自主权予以认可。《医疗机构管理条例》规定，医疗机构施行手术、特殊检查或者特殊治疗时，必须征得患者同意。《执业医师法》第26条之规定更是体现了对患者自主权的尊重。患者对医生的诊治手段（包括人体实验）有权知道其作用、成功率或可能发生的并发症等危险，在患者同意后方可实施。患者也有权拒绝某一诊治手段和人体实验，不管是否有益于患者。这些有关患者知情同意权的规定同时也是对病人自主权利的认可和保护。

根据我国现行法律法规，自主决定权的实施具有相对性，主要包括：①有权自主选择医疗单位、医疗服务方式和医务人员。②有权自主决定接受或不接受任何一

---

[1] 李菊明："自己决定权的确立与保护"，载《政法论丛》2014年第8期。

项医疗服务,特殊情况下如病员生命危急、神志不清不能自主表达意见可由病员家属决定。③有权拒绝非医疗性活动。④有权决定出院时间。但病人只能在医疗终结前行使此权利,且必须签署一项声明或说明,说明病员的出院与医疗单位判断相悖。⑤有权决定转院治疗,但在病情极不稳定或随时有危及生命可能情况下,应签署一份书面文件,说明在临床医师的充分说明和理解基础上作出的决定。⑥有权根据自主原则自付费用与其指定的专家讨论病情。⑦有权拒绝或接受任何指定的药物、检查、处理或治疗,并有权知道相应的后果。⑧有权自主决定其遗体或器官如何使用。⑨有权享受来访及与外界联系,但应在遵守医院规章制度的基础之上。⑩其他依法应当由病员自主决定的事项。

第五节　法律责任:医疗过失与注意义务

医事法律责任,是指医疗机构或医务人员在诊疗活动中,因故意或者过失,违反有关法律、法规、规章、诊疗规范、诊疗常规以及执业纪律,损害了患者的合法权益,所应承担的法律后果。

因为医学伦理道德要求医师"视病如亲""永不存损害妄为之念",[1] 所以医疗损害之发生主要是因为医师的过失所致。当然这也不排除医师为打击报复而故意造成患者损害的可能性,只是这种可能性很小而已。"医疗过失是医师在医疗过程中违反业务上必要的注意义务,从而引起对患者生命、身体伤害的情形。"[2] 医疗机构及其医务人员对损害的发生具有主观上的过失,正是作为现代侵权法基本归责原则的过错责任的要求。德国著名法学家耶林精辟地指出了现代侵权法采纳过错责任的根本原因,他说:"使人负损害赔偿的,不是因为有损害,而是因为有过失,其道理就如同化学上的原则,使蜡烛燃烧的,不是光,而是氧气一样的浅显明白[3]。"医疗服务是一种以人的躯体或精神治疗为标的的特殊技术服务,医疗领域与其他服务领域相比,的确有其特殊性和复杂性,在医疗过失的判断上也日益显现出这一问题。王利明教授在阐明我国司法实践运用客观认定过错标准的必要性的同时,强调客观标准在认定过错方面的合理性,取决于这一标准本身的合理性,提出认定过错的客观标准应该采取"中等偏上"的标准[4]。从归责意义上说,过失的核心在于行为人违反了对他人的注意义务并造成对他人的损害,注意义务是过错的逻辑前提。

---

[1] 龚赛红:《医疗损害赔偿立法研究》,法律出版社2001年版,第116页。
[2] 艾尔肯:《医疗损害赔偿法研究》,中国法制出版社2005年版,第96页。
[3] 栾元铎:"浅析民事侵权行为中过失程度的划分",载《人民论坛》2013年第6期。
[4] 王利明:《侵权行为法归责原则研究》,中国政法大学出版社2004年版,第229~230页。

一、过失认定的主观性标准和客观性标准

大陆法系侵权法上的过失，指应注意、能注意而不注意，即行为人得预见其行为的侵害结果而未为避免。普通法系的侵权法，过失是一种在特定的情况下未能履行合理的注意义务而导致不合理损害危险的行为。不论是大陆法系还是普通法系，判断过失的标准都存在两大类——主观性标准和客观性标准。

（一）主观标准说

主观标准说认为，过错是由行为人内在的意志决定的，主观过错表明行为人具有道德上应受非难性。主观标准说主要是通过判断行为人的心理状况来确定其有无过失，其核心在于判断行为人能否预见其行为的后果。主观标准说强调有过错的行为人对其造成的损害负责，才能督促人们正确的行为，承担对社会和他人的责任。所以，过错责任应惩罚的对象是有过错心理的行为人。主观标准说认为，故意和过失是行为人的基本过错方式，但在行为人实施侵权行为时，由于不同行为人的内在的心理过程对其行为及其后果所持的态度各不一样，这就决定了过错程度是有区别的。考察过错，需要分析行为人对自己的行为或后果的理解、判断、控制、认识等方面的状况及能力，从意志的活动过程来确定过错程度，并决定行为人的责任和责任范围，如放任、严重疏忽、不注意等心理态度就表现为不同的过错程度。

根据主观标准说，过错仅是一种心理状态，并不包括行为人的外部行为。在归责时，还应根据违法性要件确定行为人是否合法。行为人行为的违法性和过错一样，也是行为人应对所发生的损害赔偿负责任的依据。以主观过错为归责要件并取代结果责任，是法律文明的表现和社会进步的标志。在19世纪的资本主义社会，主观标准说的运用对于保障资本自由竞争所要求的个人活动自由，促进商品交易的正常发展起到了重要作用。在我国，民法以主观过错为归责要件，对于发挥侵权行为法的教育和预防作用是十分必要的。但是，主观标准说的不足之处在于：一方面，对行为人的心理状态进行精确的检验，对于法官来说是一种负担，人的主观意志因受各种因素的影响，从而具有对其行为及其后果的不同认识和判断能力，同时各个行为人在实施民事侵权行为时，由于受特定环境的影响，其认识能力也将发生变化，法官要对每一个行为人实施行为时的心理状态和意志过程作出准确判断是极为困难的。另一方面，主观标准说给受害人强加的过重的举证负担，使受害人的利益难以获得保护。因为如果是由于缺乏知识、记忆、观察、想象、预见、智力、判断、迅速的反应等产生的危险行为时，心理状态标准会给受害人带来过重的举证责任，受害人要证明行为人的主观状态，尚需要有心理学专家的证词。更何况，某个人因缺乏技术和能力而造成对他人损害，很难说他具有心理状态上的过错。同时，主观标准说不能解释团体的过错，尤其是法人的过错，人们只能指责法人有悖于某种行为标准，而不能将其归结于心理状态的过错。现代社会团体的责任在不断增加，因此心理状态说的适用范围也越来越狭窄。因此，由于上述原因，主观标准说在适用中常常限制了行为人的责任，不能达到有效保护受害人的利益、使受害人所受损害得以及时补救的目的。这与现代社会的发展要求扩大行为人的责任、及时填补不幸的受害人的损害的要求是不相符合的[1]。

主观说认为:"过错是一种心理状态,所以在司法实践中,对行为人过错的认定就是这种心理状态的再现性描述。"[2] 行为人"主观上无法预见自己的行为引起的结果,他对此结果则不负任何责任;相反,如果他能够预见这种结果,就要承担责任"。[3] 能够预见或不能预见的标准是行为人自身的各种要素诸如年龄、经验、学识等,而不是以行为人之外的第三人的预见能力作为标准,这就是主观标准说的实质。主观标准说具体适用分为三个步骤,如图 6-1 所示:

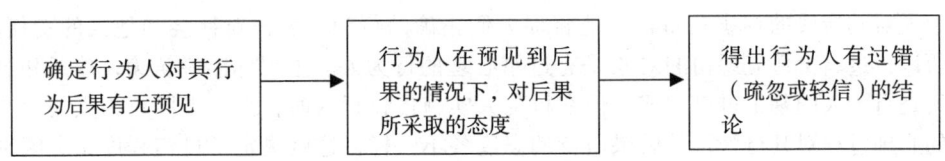

图 6-1 主观标准说的三个步骤

(二) 客观标准说

不是以行为人的预见能力或识别(判断)能力作为过失的认定标准,而是以某种客观的行为标准来衡量行为人的行为,进而作出其有无过失的判断:如果其行为达到了该客观行为标准的要求,则认定没有过失;反之,则认定有过失。这就是过失认定的客观标准说。在立法例和侵权法理论中,这个"客观的行为标准"可能是"良父"(bonus pater familias),或法律拟制的"理性人"(reasonable man)。

所谓"良父",即"善良家父",是一个谨慎的、勤勉的人的别称。在古代罗马法,家父享有处理家族事务的全权,因而要求他具有比一般人更重的责任心。"良父"的注意即一个勤勉之人所应尽的注意,没有尽到此种注意即为过失。"良父"标准对大陆法系国家所采取的认定过错标准影响很大,是过失判断客观标准说的罗马法渊源[4]。

英美法系的学者、法官往往这样描述"理性人":一个理性人被认为既不会过于担惊受怕,也不会过于胆大妄为[5]。一般的普通人偶尔会做出鲁莽的行为,而理性的人则永远是一个谨慎的人、细心的人,永远遵守其行为标准。理性人是一种理想、一种标准,谨慎是他的向导,安全第一是他的生活准则[6]。可见,理性人是法学家、

---

[1] 王利明:《民商法研究(修订本第 3 辑)》,法律出版社 2009 年版,第 712 页。
[2] 王卫国:《过错责任原则:第三次勃兴》,中国法制出版社 2002 年版,第 258 页。
[3] 魏振瀛、王小能:"论民事责任条件中的过错",载《中国法学》1985 年第 5 期。
[4] [意] 里卡尔多·卡尔迪利、翟远见:"'善良之人'与'诚实信用'",载《苏州大学学报(法学版)》2014 年第 8 期。
[5] Glasgow corporation v. Muir (1943) A. G. 448, 457.
[6] Vaughan v. Men love (1837) 3BingN. C. 468, 4Scott 455.

法官所拟制出来的用以衡量所有人的行为在法律上是否合适的一个模范式标准人物。理性人的行为标准既要高于容易疏忽出错的普通人，又要低于基于职业原因负有高度注意义务的专业人士。理性人在英美普通法的审判实践中成为人们耳熟能详的经典概念，形成判断行为人承担过错责任的主要标准。

比较各国的司法实践，多数国家民法都采取客观标准来判断行为人的过失，即把行为人的行为与一个拟制的标准行为进行比较来确定行为人是否有过失。我国侵权责任法原则上也应当采用客观标准判断行为人有无过失。其要点在于：①法律、行政法规及司法解释等对许多特定情况下的行为标准作出了规定，当事人和法官可以依据这一规定对特定案件中的过失问题作出明确的、统一的判断；②一些行业规范如医疗操作规则已为特定行业和职业的人员规定了行为标准，这样的行为标准可以补充法定标准作为判断过失的依据，使得当事人和法官在同类案件中作出明确和统一的判断；③"理性人"的判断标准为法官提供了一般的判断尺度，经过严格技术训练的法官对"理性人"的把握应当是没有问题的。虽然这其中也包含某些不确定性，但是较之对个案中当事人的内在心理状态判断显然有效率得多，也更具有确定性。采客观说的结果是，受害人能够得到相对公正的救济。

二、医疗过失判断之一般客观标准

（一）"良父"的标准与"理性人"的判断标准本质近似

无论是大陆法系的"良父"标准，还是英美法系的"理性人"标准，都属于过失的客观判断标准：不是以行为人自身的预见能力来断定其心理状况具有不良性，而是以一个良父或理性人在当时当地条件下应当达到的注意程度来判断行为人有无过失。如果达到了良父的注意程度就没有过失；反之，就有过失。

我国民国时期的最高法院在其判例中阐述了这一观点："因过失不法侵害他人之权利者，固应负损害赔偿责任，但过失之有无，应以是否怠于良父之注意义务为断者，苟非怠于此种注意，即不得谓之有过失。"判例和学说的主导观点认为：行为人之行为免于过失（责任）之标准，为合理人于同样情况下应当遵循之标准；即使心神或身体有缺陷之人也如此；惟未成年人，应遵守免于过失责任之标准，为与其年龄、智力、经验类似之合理人同样情况下应当遵守的标准。学者认为，大陆法上"良父"的注意与英美法上的"理性人"（"合理人"）的注意一样，都是合理人的注意，属于一种客观化的过失标准，即行为人应具有其所属职业、某种社会活动的成员或某种年龄通常所具有的知识能力。

尽管在大陆法系侵权法中，过失的判断标准是一个一般性问题，即所有过错责任案件都需要判断行为人有无过错（过失）；而英美法中对过失的判断作为一种技术方法仅适用于过失侵权案件，这是各种无名侵权的集合类案件。在那些有名侵权案件中，是否需要过失或故意为构成要件以及其所要求的过失程度等，都适用这个诉因所确定的特别规则，但是作为过失之判断标准，大陆法系"良父"的注意与英美法系的"理性人"的注意却有异曲同工之妙。

(二)注意义务是一般人的注意还是"中等偏上"之人的注意

无论是大陆法系的"良父",还是英美法系的"理性人",都不是指社会生活中某个具体的实在的人,而是一种法律上的虚拟或拟制:是对全体社会成员或某类社会成员的知识、经验、能力、道德水准等进行抽象后的一种塑造。这个"虚拟人"应当达到何种注意程度呢?学界有不同认识,一种观点认为,他应当达到的是一般的或平均注意程度,因此将"理性人"与"一般人"(the average person)等同[1]。"良父"不是一个具有崇高觉悟的社会先进分子,也不是受过特别高级教育的知识分子或者掌握特别技能的技术人员;他也不是道德水平低下、缺乏一般教育、没有任何谋生技能的人。他代表了其所处的社会的一般道德水平、一般教育程度等"一般性"的特征。

而另一些学者则认为,从这一标准所具有的内容来看,不是"最高的行为标准",也不是"一般标准",而是"中等偏上"的标准。"良父"和"理性人"基本上都是采用"中等偏上"的标准,即一个合理的谨慎的人的行为标准[2]。此外,苏联的一些学者提出了更高的注意标准。在侵权责任法中主张"中等偏上"的注意标准去认定过错,具有教育和预防之功能,对于社会之进步无疑具有积极意义[3]。

(三)良父或理性人标准的具体适用方法

将良父或理性人的注意作为过失的判断标准,在适用方法上需要注意如下几点:①这一标准为过失判断的一般标准,即在没有特别标准(如法定标准)时一般适用该标准,但是对于需要证明行为人故意的案件和无过错责任案件的责任承担,则无适用本标准的余地(但是证明第三人过错或者受害人过错减轻责任的除外)。②适用这一标准本身需要考虑两个层次的问题,即社会全体成员(有辨别能力者)中之中等偏上者在当时当地的同等条件下所应达到的注意程度,和在行为人所处的群体中之中等偏上者在当时当地同等条件下所应当达到的注意程度。③既如前所述,在坚持客观标准的前提下,适当考虑当事人的自身因素。学者正确指出,运用"中等偏上"的客观标准,也需要考虑行为人的自身因素,需要考虑其所在的特定人群,考虑其行业、职业特征。

这就表明,将良父或理性人标准适用到具体案件的过程是一个从抽象到具体、从一般到个别的过程。在这一过程中,案件的具体情况使得抽象的概念和虚拟人的标准在实践中获得了生命,成为生动的法律规则。

三、医疗过失判断之其他因素

在具体进行医疗过失判断时,还应当综合考虑以下客观因素:

---

[1] [美]理查德·波斯纳:《法律的经济分析(上)》,蒋兆康译,中国大百科全书出版社1997年版,第216页。

[2] 王利明:《侵权行为法研究(上卷)》,中国人民大学出版社2004年版,第511页。

[3] [苏]马特维也夫:《苏维埃民法中的过错》,法律出版社1958年版,第317~318页。

(一) 不同地区的医疗水平的差异

在我国这样一个幅员辽阔、人口众多、经济文化发展水平极不平衡的大国，在东部经济发达地区，医疗水平自然也相对较高；但在西部一些地区，人们的基本医疗都难以保障。因此，在进行医疗过失判断时，必须考虑地区差异，以当地的医学科学发展状况来综合判断医生的过失。例如，在落后地区的乡村医生，在为患者进行诊查治疗时，凭他的医学知识和技术水平，根本无法对某些疾病进行判断，他可能只会按他的认识来进行治疗。这其中出现的误诊误治并非少数。另外，我国目前尚未实行专科医生制度，没有对医生进行专科医生与普通医生的区别管理。在有些落后地区，由于缺医少药，根本无法实现科别划分，一个医生往往要充当全科医生。这样一旦发生过失，以专科医生的注意义务标准来要求该医生就是不合适的。可以说，医疗水准和医师水准都与地区差异有关。这是判断医疗过失时必须要首先考虑的因素。

(二) 不同类别的医生的注意义务有所不同

现代医学的发展趋势是分工越来越细，在传统的内、外、妇、儿等科别划分外，同一科系中还分有不同组别，如呼吸组、肾病组等。这导致医生的注意义务也发生变化。已有的规章和常规中，对传统的不同科系的医生职责有明确的规定，但有些更细致划分的组别的医生的注意义务就没有规定了。因此，在判断医生具体医疗过失时，不仅应按其所在的科别划分，还要考察其所在的组别，以促使医生尽其最善良谨慎的注意义务。

(三) 不同级别的医生的注意义务也不同

目前我国各级各类医疗机构中的医务人员，都统一实行了医生的职称评定体系。医生分为高级、中级、初级等不同层次的职称。对于不同职称级别的医生的职责，规章已有明确规定，而对于三甲医院的专家应当以最善之注意义务的水平对医疗行为是否存在过失进行判断。因此，在判断医生过失时，应考虑其所具有的职称和所应负有的相应的岗位职责。

(四) 临床医疗的特殊性

临床医疗的特殊性决定了在目前的医学科学发展水平下，临床医疗中还存在一定比例的误诊，国内外都是如此，这也是判断医生医疗过失时不容忽视的问题。据统计，我国目前临床误诊率在30%左右，而某些疑难病例的误诊率达到40%以上。例如，北京医科大学毛一翀教授调查随访到的128例直肠癌（均经病理证实）在出现症状后即确诊的仅5例，误诊率为96.1%。导致如此高的误诊率的原因，医生的医疗过失是一方面，其他还有诸如医疗水平、患者个体差异、临床诊断技术和设备等原因。但我国目前临床医疗界尚未就误诊的概念、定义和诊断标准等形成统一和客观的认识。笔者认为，在判断医生的医疗过失时：①应当考虑一定的疾病临床可允许的误诊率。对于依据特定疾病临床误诊诊断标准规定，在可允许的误诊率之内的误诊，不应追究医生的医疗过失责任；而对于依据特定疾病临床误诊诊断标准规定,在不应当误诊情形下的误诊,应追究医生的医疗过失责任。②还要区分责任性误诊和技术性误诊。对于责任性误诊,一定要追究医生的过失责任;但对于技术性误诊,则应根据具体情况而定,可以参照一般医师的过失判断标准而定。对于一般医师都不会发生的技术性误诊,就应追究其过失责任。

(五)急诊抢救中医疗过失的特殊判断标准

急诊抢救中医疗过失的判断标准应区别于一般临床医疗中医疗过失的判断标准。由于急诊抢救活动具有急迫性,一般不允许医生进行非常周密的思考和准备,在此种情况下,就不能以普通临床医生的高度注意义务来严格苛求急诊医生。在各国的通常实践中,对于急诊医生注意义务的要求一般都比普通临床医生的注意义务更低。

(六)医生在医疗中有一定的自由裁量权

医生在医疗中有一定的自由裁量权,这点是公认的。当存在两个以上的治疗方案需要作出选择时,如果患者将选择权授权给医生,医生进行了选择,而选择的方案却导致了患者损害。这时判断医疗过失,就应遵循这样的原则,即只要医生选择的该方案也是目前一般医生所普遍认可的符合医疗常规的治疗措施,就不应追究医生的过失责任。因为这是医疗的容许性风险。但如果医生发生责任性误治和一般医师不会发生的技术性误治,则该医生应承担过失责任。

四、我国立法中医疗过失的演变

(一)《医疗事故处理办法》

1987年《医疗事故处理办法》第2条将医疗事故行为主体的主观过错规定为"因诊疗护理过失"。在1988年卫生部《关于〈医疗事故处理办法〉若干问题的说明》中,将诊疗护理过失分为了疏忽大意过失和过于自信过失,并提出构成医疗事故过失行为,必须具有违法性和危害性双重特点。在医疗事故中,违法性主要是指违反诊疗护理规章制度和技术操作规程,可以是成文的,也可以是约定俗成大家都在实践中遵循的。可见,《医疗事故处理办法》界定的医疗过失仅指"诊疗护理过失",而对应的判断标准就是"诊疗护理规范与常规"。

(二)《医疗事故处理条例》

2002年《医疗事故处理条例》在起草过程中,司法机关指出,"诊疗护理规范与常规"不足以涵盖所有医疗过失,如果医务人员连法律规定的对于他人的权利与利益的一般性法律义务都没有尽到,则其行为显然属于重大过失[1]。起草机关采取了上述意见,遂将判断医疗机构和医务人员医疗过失的标准修改为"医疗卫生管理法律、行政法规、部门规章和诊疗护理规范、常规"。

(三)《侵权责任法》

在我国民法学界,对侵权行为之构成要件虽有"三要件说"和"四要件说"之别,但两说均承认过错是侵权行为构成之必备要件。除了少数学者坚持过错是一种

---

[1] 唐德华:《医疗事故处理条例的理解与适用》,中国社会科学出版社2002年版,第37页。

行为、是客观概念外，绝大多数学者认为过错就其属性而言，是人的主观心理状态，因而是主观的概念[1]。当然还是有学者坚持过错是一个主客观因素相结合的概念[2]。虽然主流观点认为，过错是主观的概念，但过错的判断标准却呈现客观化的趋势。所谓过错标准，是指用什么来判断侵权人实施侵权行为时是否具有过错。英国侵权法是以"应当达到的注意程度"作为过错判断之标准的。而"应当达到的注意程度"在理论上又有"主观标准说"和"客观标准说"之争。"主观标准说"是通过判断侵权人心理状态来确定有无过错。而今占据主流观点的"客观标准说"则是通过某种客观行为标准来比对侵权人行为，是从侵权人行为的外在表现与特征推定其主观方面有无过错[3]。

2010年《侵权责任法》正式实施后，如何理解《侵权责任法》第57条所指的"未尽到与当时的医疗水平相应的诊疗义务"则是一个非常重要的问题。《侵权责任法》的主要参与起草者王胜明认为，《侵权责任法》第57条所指"尽到诊疗义务"首先当然包括法律、行政法规、规章以及诊疗规范的要求。但是，医务人员完全遵守了上述要求，仍然有可能存在过错，关键是看是不是其他的医务人员一般都不会犯这种错误[4]。类似观点也认为，未尽到与当时的医疗水平相应的诊疗义务，应限定在一般情况下医务人员可以尽到的，通过谨慎的作为或不作为能避免患者受到损害的义务[5]。也有观点认为，医务人员的注意义务是医务人员最基本的义务，要求医务人员在为患者提供医疗服务过程中，对患者尽到最善良的谨慎和关心，从而保护患者的生命健康不受医疗容许性危险以外的侵害[6]。有学者认为，医务人员的注意义务包括一般注意义务和特殊注意义务，前者包括合法执业医师均应注意的义务，后者则包括说明义务、告知义务、转医义务、问诊义务、观察护理义务等[7]。还有学者认为，医务人员在医疗活动过程中承担高度注意义务。通常认为，高度注意义务是比善良管理人的注意义务更高的注意义务。也有学者提出，"当时的医疗水平"不等于"当时的医学水平"，应当考虑地区因素。且"当时的医疗水平"不是一个抽象概念，它必须包括广度和深度两个维度。广度就是当时的医疗水平下，注意义务的范围问题；深度就是当时的医疗水平条件下，注意义务所要达到的程度问题[8]。

---

[1] 杨立新：《侵权行为法》，复旦大学出版社2005年版，第114页。
[2] 王利明：《侵权责任法》，中国人民大学出版社2016年版，第89页。
[3] 张新宝：《中国侵权行为法》，中国社会科学出版社1998年版，第135~136版。
[4] 王胜明：《〈中华人民共和国侵权责任法〉条文理解与立法背景》，人民法院出版社2010年版，第221页。
[5] 王利明、周友军、高圣平：《侵权责任法疑难问题研究》，中国法制出版社2012年版，第470页。
[6] 奚晓明：《〈中华人民共和国侵权责任法〉条文理解与适用》，人民法院出版社2010年版，第407页。
[7] 龚赛红：《医疗损害赔偿立法研究》，法律出版社2001年版，第167~168页。
[8] 张柳青、单国军：《医疗损害责任纠纷裁判精要与案例解读》，法律出版社2012年版，第188~189页。

从比较法上看，过错判断标准的客观化确实是 20 世纪以来侵权法的发展趋势，即从保护受害人的需要出发，减轻受害人的举证负担，使法官对过错的判断更为简便，从而使过错的判断更好地服务于归责的需要[1]。所以，《侵权责任法》在过错标准上采纳了"客观标准说"理论。"客观标准说"在大陆法上被拟制为"善良家父"（bonus pater familias）标准，而在英美法上被拟制为"理性人"（the reasonable man）标准[2]。这种法律上拟制的人不是"最高的行为标准"，也不是"一般标准"，而是"中等偏上"的标准，即一个合理谨慎人的行为标准[3]。

（四）司法实践中医疗过失认定的发展方向

1. 法院会对医疗技术鉴定意见进行充分质证与审查。2005 年施行的《关于司法鉴定管理问题的决定》（后于 2015 年修正）首次出现"鉴定意见"一词，2012 年修正的《刑事诉讼法》第 48 条（2018 年修正后的第 50 条）体现了我国司法鉴定的一大进步——将相关法律规定的"鉴定结论"一词改成了"鉴定意见"。有的学者认为，"鉴定结论"到"鉴定意见"的变化仅使"鉴定意见"这一用语体现鉴定意见是言词证据的本质，除此之外再无其他降低鉴定意见证明力的"意思表示"[4]，但是，从近年来的司法实践中可以看出，从"鉴定结论"到"鉴定意见"，是一次证据理念的重大转变，而非文字游戏，法院应当对鉴定意见进行充分质证和审查，并根据质证和审查的效果来决定是否最终采信该鉴定意见。

实际上，医疗纠纷的医疗技术鉴定往往会出现不同专家观点的问题，而从《医疗事故处理办法》（现已失效）到《医疗事故处理条例》的医疗技术的鉴定都遵循"少数服从多数"制。早有学者提出，医疗事故鉴定不应具有终局性[5]。在《侵权责任法》实施之后，虽然绝大多数法官几乎完全按照医疗技术鉴定意见认定医疗过错，但是也有少部分法官已经开始对医疗技术鉴定意见进行比较充分的质证和审查，并开始尝试干预医疗技术鉴定意见。法官确实已经开始倾向于以"患者为中心"的标准来衡量医师是否履行了注意义务。例如，当需要判断医师告知信息是否充分时，法院往往不是推测一个医学专家的看法；而是询问，一个理性的患者在此种情形下希望知道什么。或在实践中可以这样解释："医师自己处于相同的情况下时希望知道什么，或者医师的朋友和家人处于类似境地时希望了解什么。"

在医疗损害赔偿诉讼中，法官永远是一个艰难的角色，因为他们必须仔细权衡对医疗专业人士的尊重和对患者的同情。虽然，法定的注意义务始终应当是相同的，

---

[1] 王利明：《侵权责任法研究》，中国人民大学出版社 2010 年版，第 330 页。

[2] 王岳：《医事法》，人民卫生出版社 2009 年版，第 88～89 页。

[3] 王利明：《侵权行为法研究（上卷）》，中国人民大学出版社 2004 年版，第 511 页。

[4] 张高霞："从'鉴定结论'到'鉴定意见'"，《"决策论坛——管理决策模式应用与分析学术研讨会"论文集（下）》2016 年版。

[5] 赵西巨："医疗诉讼中的医疗专家意见和法官自由裁量：谁主沉浮？"，载《法律与医学杂志》2007 年第 3 期。

但是近年来开始有了明显的转变，法院越来越希望通过提高医师的注意义务标准，指引医疗行业不断完善自我、不断改进工作。

2. 法院应根据具体案情区别适用判决或调解结案。在医疗诉讼中，医疗机构和医务人员往往都非常看重胜诉或败诉的结果，因为在公众和医疗行业观念中，胜诉就是没有过错，败诉就是有过错，似乎民事判决就是一种非黑即白的道德判断。而实际上，如前所述，民事侵权中的过错认定标准往往具有一定的超前性或前瞻性，并不一定是对侵权人道德层面的否定。当然，这里特别应当注意的是，过错不等于主观上或道德上应受谴责性，并非反过来也成立，即并非应当承担赔偿责任的被告在主观上或道德上都不应当受到谴责，而只是说明主观过错或道德上的应谴责性与过失之间无必然的一一对应的关系[1]。

这就需要法院在日后医疗诉讼中恰当地适用"判决"或"调解"结案，如果医务人员违反现行"医疗卫生管理法律、行政法规、部门规章和诊疗护理规范、常规"的医疗过失，不应当以"调解"结案，而应当通过判决彰显法院对医疗过失的否定态度，但是，如果医务人员虽然没有违反"医疗卫生管理法律、行政法规、部门规章和诊疗护理规范、常规"，但是确实未达到职业者的谨慎注意义务，则应当尽量通过调解结案[2]。

3. 法律必将加速"家父主义"向"患者中心主义"的转变。实际上，我国目前临床情况，非常类似于30年前的英国，医师不重视尊重患者自主权的现象在临床实践和医学研究中是很常见的。患者有权自己作出决定的想法往往淹没在医疗行业泛滥的家长主义中。而今英国的主流口号已经不再是"医师最懂你"。"医患伙伴关系"是这届英国政府喜欢的口号，为了确保患者最大利益，普遍接受的原则是：医师应当协商而不是独断。这种伦理观点的转变，最显著地体现在当前行业性和法律性规范中，即要求从有决定能力的患者那里获取知情同意。行业性规范正如英国医学总会（General Medical Council）声称的："成功的医患关系建立在信任的基础上。要建立信任，就必须尊重患者的自主权——由他们来决定是否进行一项医学干预……必须以他们能理解的方式向他们提供充分的信息，使他们能够在知情的前提下作出医疗决定。[3]"

就像医方将不会简单地仅因为"负责任同行"的观点认为医师所做的是正确的，继而胜诉，患方也同样不会简单地仅因为"负责任同行"的观点认为医师所做的是不正确的，继而胜诉。在这两种情况下，"负责任同行"的观点虽然重要，但是这种观点并不自动等同于法律结论，法官具有对"负责任同行"证言认定和审查判断的权力。显然，从"家父主义"到"患者中心主义"的转变，从专家证人垄断事实认

---

[1] 胡雪梅：《英国侵权法》，中国政法大学出版社2008年版，第119页。
[2] 王岳："英国侵权法视野下中国医疗过失的流变与展望"，载《医学与哲学》2016年第12期。
[3] General Medical Council, *Seeking Patients' Consent: the Ethical Considerations.* London: GMC, 1999: 2.

定,到法官介入事实认定,都让医疗行业感觉非常不满和艰难。因为诉讼无疑具有强大的威慑效果,使得临床工作的人员时刻保持警惕。

一直以来,医疗行业堪比一个独立王国,自己制定自己的游戏规则。法官也都很尊重医师这一专家群体。医师、护士、理疗师、药师以及其他医务人员都是尊重艺术、科学,拥有重要技能的专业人员。一般来讲,公众十分信任这些学科,医疗行业对患者来说也是十分重要的,这同时也意味着医务人员不是昂贵和具有潜在破坏性的诉讼的对象。所以法官也一直在很大程度上允许医师们设置自己的行业标准,进行集体专业评估,只要标准能被同伴广泛接受。这样的方式也许不能使标准在很高的水平上,可能仅仅是可以容忍的最低程度。而这样的观念,就意味着患者很难去证明医师的过失责任,更为可怕的是,医疗行业缺乏不断改进和完善自我的动力。事实表明,这种医疗行业高度自治的态度导致他们并不总是制定非常高的行业标准,相反,可能仅仅是一个基本的、不符合国家卫生政策的意图,即对患者最大利益的标准。中国传统司法立场也类似英国正处于转变中,即从传统医学主导的立场开始向司法主导的立场转变。尽管法官仍不愿轻易挑战临床标准,他们似乎更愿意挑战个案中的医师,期待行业的观点可以更加靠近司法审查的立场。

当然,负面影响也是存在的,那就是一个富有创意、治疗方法新颖而非常规的医师,他的做法虽然受到负责人医疗群体的观点的支持,但是如果在法官看来,这是自大的、不正常的实验,将患者置于不必要的危险之中,则医师也可能要承担医疗过失责任[1]。

第六节 违法阻却:知情同意及其他事由

违法阻却性事由是大陆法系中的一个重要概念,也可以称为正当化事由,是指在通常情况下符合违法性要件但由于其他事由的存在而被认为没有违法性,从而消除本来可能需要承担的责任。违法阻却事由的特性在于法律的明确规定。一般而言,违法阻却事由包括以下几种:正当防卫、紧急避险、无因管理、自力救济、正当职务行为、受害者承诺。

医疗行为往往是一柄"双刃剑",在治疗患者疾患的同时,往往也具有侵袭性(创伤性)的特点,特别是手术、特殊检查或者特殊治疗。所以,在实施医疗行为前,法律规定通过知情同意使得其行为的创伤性能够被"阻却违法性"。患者同意而产生的违法阻却事由,其先决条件是医疗机构及其医务人员在医疗活动中必须履行对患者的注意义务。注意义务,主要是说明、告知、解答咨询等义务,如果医疗机构及其医务人员没有履行说明、告知、解答咨询义务或履行说明、告知、解答义务

---

[1] 王岳:"英国侵权法视野下中国医疗过失的流变与展望",载《医学与哲学》2016年第12期。

不全，那么就应视其未尽到合理的注意义务，就可能构成过失侵权，而不会产生阻却违法的结果。在医疗领域中，违法阻却事由主要包括以下几种：受害者承诺（知情同意）、无因管理和正当职务行为。但是，实际上还有其他常见医疗阻却违法理由被司法工作者和鉴定人所忽略。

一、知情同意的概念及源起

知情同意（informed consent），是指患者在取得医师提供其医疗决定所必需的足够信息的基础上作出医疗同意的过程。知情同意权是患者自己决定权的最重要的体现。"知情同意"的概念来源于第二次世界大战后的纽伦堡审判，审判中揭露了纳粹医师强迫受试者接受不人道的野蛮实验的大量事实。在审判后通过的《纽伦堡法典》规定，人类受试者的自愿同意是绝对必要的，应该使他能够行使自由选择的权利，而没有任何暴力、欺骗、欺诈、强迫、哄骗以及其他隐蔽形式的强制或强迫等因素的干涉；应该使他对所涉及的问题有充分的知识和理解，以便能够作出明智的决定。这要求在受试者作出决定前，使他知道实验的性质、持续时间和目的；进行实验的方法和手段；可能发生的不方便和危害；他的参与对他的健康和个人可能产生的影响。纽伦堡审判后，知情同意逐渐成为医患关系中最受人注意的原则之一。

知情同意的概念在普通法历史上是"加害行为"（battery）的逻辑产物。20世纪初期，加害行为被定义为"不经同意的不法接触"（unlawful, nonconsensual touching）。医师即使是为了治疗，不经患者的同意，也没有接触患者的特权。一段时期以后，医师应告知信息成为更普遍的义务，其前提是因医患双方处不平等地位，医师有专业医学知识，处于优势，患者不懂医学，处于劣势，故医师有照顾患者的义务，照顾义务必然包括告知并取得同意的义务。医师应告知患者其建议的检查和治疗的性质与后果，取得患者的同意。医师未尽此义务则构成民事上的"过失行为"（negligence），而不是刑事上的"加害行为"（assaulted battery）。

过失理论取代加害理论使医师面临更多的法律责任。例如：一个医师如果没有告诉患者放弃某种治疗的危险，不会构成"加害"，因为在医师和患者之间没有接触或接触的威胁，就不构成"加害"，但这样的医师却有潜在的过失责任。医师没有告知患者其作医疗决定所需要的信息就违反了他的义务。到20世纪50年代后期，医师告知的范围进一步扩大：医师不仅应告知患者被推荐检查或治疗的信息，还应告知其他可供选择的治疗方案的信息。患者只有在清楚了各种治疗方案的益处和危险之后才能作出同意，这一思想已得到法律承认。在美国法上，"知情同意"最早出现在1957年加利福尼亚州上诉法院对Salgo事件的判决中，法官一方面首次导入了"知情同意"这一词汇，另一方面，也承认医师在告知的范围程度上有很大的裁量权。Salgo事件3年后，堪萨斯州地方法院对 *Natanson v. Kline* 案的判决及密苏里州地方法院对 *Mitchell v. Robinson* 案的判决，都以知情同意理论，即以没有履行说明治疗风险为由,否定了形式上存在的患者的同意效力[1]。由此,知情同意理论在判例法上得到了确立。

二、医师的说明义务

患者应知悉治疗的信息,对患者来说是权利,对医师而言则是医师的充分说明的义务。因为患者知情同意的前提是患者从医师处获知足够的信息,信息大体包括三类:有关疾病病情、可选择治疗方案以及每一治疗方案的利弊后果的信息。具体而言,医生的告知至少应当满足患者的以下知情权:①患者有权知道医疗机构的名称及如何就诊,因此,医疗机构应将其开业执照、诊疗时间、诊疗规则等悬挂在明显处所。以医疗规则来说,如挂号程序、候诊、就诊、检验、领药与办理住院出院等规定,宜公告周知,由患者参照办理。又如遇空袭、火灾、地震或暴徒入侵时,如何避难逃亡等紧急应变措施,亦需让患者知道,以备不时之需。②患者有权知道医师的姓名、职称,作为建立对医师的信任的基础,故医师需佩带名牌或服务证,除可当通行证外,亦可作为患者认识医师的基本资料。③患者有权知道医药收费标准的明细,以判断费用是否合理。如为超收,则可要求退费。故医疗机构收取医疗费用,应依患者要求,制给收费明细表及收据,并应备置收费标准明细表供患者查阅,医疗机构最好将收费标准明细表公告,让患者一目了然,既可做缴费的心理准备,也可做判断收费是否合理的基准,以减少不必要的纠纷。④患者有权知道疾病名称、病情、治疗方案、预后情形。医师解说病情时,应用浅显易知的口语、生活用语,不可用艰深难懂的学术用语,以增进沟通的效果。⑤患者有权知道手术原因、手术成功率或可能发生的并发症及危险,医师有说明的义务。例如,患者接受颈部脊椎病手术前,医师需详加说明该病况、今后可能的进展、改善的可能性、手术的有效性、可能造成上下肢完全麻痹等危险,医师均应一一说明,让患者了解详情后,再决定是否开刀。⑥患者有权要求说明用药的方法、有关用药的疗效、副作用、不良反应,以及如产生副作用时,如何应对、用药禁忌等,医师宜一并告知。⑦患者接受人体试验时,医院应向受试者或其法定代理人说明如下事项:试验目的及方法;可能产生的副作用及危险;预期试验效果;其他可能的治疗方法及说明;等等。接受试验者得随时在开始试验前撤回同意,或在试验进行中撤销同意,因此不会承担不利的法律后果。

在判断医生是否履行了说明义务时,法律必须提供一个标准,用以决定医生是否向患者提供了足够的信息。美国司法判例中,"合理的医生标准"(reasonable physician standard)最早在1960年堪萨斯州的 *Natanson v. Kline* 案中被明确提出。法院认为说明义务应"限于一个合理的医务人员在相同或类似的条件下将作出的说明"。适用此标准时,患者必须提供其他医生的专家证明以表明在相同情势下被告没有提供一个合理的医生(a reasonable physician)将提供的足够多的信息。在 *Canterbury* 案

---

[1] Paul S. Applbaum et al. *Informed Consent*, Oxford press 1987 at 39.

和 *Cobbs* 案中,法院认为职业标准违背了患者的自己决定权,患者有权决定对其身体所做的处置,如此,焦点应是患者为作决定需要怎样的信息,而不是一个合理的医生在此位置上为怎样的行为。审理 *Canterbury* 案的法院认为,为作出知情同意,患者必须得到所有重要(material)的信息,有关"建议方案的固有的及潜在的危险、可选择的其他治疗方案、如果患者坚持不治疗的可能的后果"。法院对"重要"(materiality)作出了详尽的定义:"如依一个合理的患者,处于医生知道或应当知道的患者所处的位置,认为该危险或该几种危险对其决定是否放弃医生建议的治疗而言是不可或缺的,该危险即是重要的。"这是客观标准,原告如想获胜,必须证明他如果得知足够多的信息则他不会同意,一个正常的人此时也会拒绝[1]。目前,美国的州与州之间法律规定的医生说明义务的标准是不同的,一些州采用合理的医生标准,另一些州则采用合理的患者标准。

关于医生说明义务的标准,日本学界有四种学说:①合理的医生说;②合理的患者说。这两种与英美法上的相同。③具体的患者说,此说认为,医生对他每位患者的具体情况应有所了解,对于患者重视何种情报能作出预见,因而医生所应加以说明的内容就是他认为患者应重视、应该希望了解的情报。④具体的患者与合理医生两重基准说,该学说认为,应考虑患者与医生两方面的因素,医生若能预见该患者有意思决定表示重视该信息,且该信息为这位医生知道或应当知道时,医生对这类信息具有说明义务[2]。

综观各国判例、学说中关于医生说明义务的标准,大致可分为两类:一类以医生为中心,另一类以患者为中心。从保护患者自己决定权的角度而言,以患者为中心的标准更为有利。

三、患者的同意

患者在知情的基础上作出的同意,是患者自己决定权的重要体现。同意是医师获得合法授权的合意结果,因此其意思表示必须真实。同意在医患关系中发挥着两种不同的作用:一是法律上的作用,它为医疗提供了合法的理由,没有这种同意的治疗是不法行为。二是临床上的作用,它能获得患者的信任与合作。同意作为医疗合法的理由,有时与传统的伦理原则相矛盾,尤其是当医师的治疗方案对患者无害甚至有利时。例如,患者出于宗教信仰拒绝输血,肢体生蛆的患者宁愿死也不同意截肢,患有不宜怀孕疾病的患者坚持保胎等,在此种情形下,即使在医师看来患者的选择是不明智的,甚至会危及患者的生命,不经患者同意也不能对患者进行输血、截肢、流产的治疗。

---

[1] 赵西巨:"论违反告知义务之医疗侵权形态的特殊性",载《山东大学法律评论》2009 年第 8 期。
[2] 姜春玲:"论患者的知情同意权——判例调查基础上的理论与立法检讨",载《南京大学法律评论》2006 年第 8 期。

（一）同意的能力（competence capacity）

就患者而言，只有具备同意的能力，其所作的同意才可能有效。关于患者同意的能力，或称自己决定的能力，各国法律都没有一个精确的标准来衡量，它取决于患者理解治疗的性质（nature）和目的（purpose）的能力，包括如接受治疗将对身体所作的处置、不治疗的可能的后果、理解医师对其说明的各种危险及副作用等。理解的水平必须与所作决定的重要性呈适当的比例，决定的重要性越大，能力应越高。所以，必须根据个案的具体情况来具体分析。一般认为，精神状况健全的成年患者有自己决定的能力，但这并不等于头脑不健全的成年人和未成年人都没有自己作出医疗决定的能力。

一般情况下，对病情、治疗充分理解的未成年人有作出医疗决定的能力。美国的大多数州都规定，不满14周岁的未成年人没有能力对医疗行为作出知情同意，而14周岁以上的青少年，有能力理解治疗方案的，包括它的风险、利处、可选择的其他方案等，有权不经其父母同意而决定接受治疗。这类青少年常被称为"成熟的未成年人"（mature minors）。在部队服役的未成年人、离家自己谋生的未成年人等都有权自己作出医疗同意。此外，某几类医疗，无论未成年人的状况如何，都不需其父母的同意。这些例外在各州的医疗自主法规中有明确规定，最典型的是未成年人有权同意接受有关怀孕、避孕、性病的治疗及酒精、药物滥用的治疗。有的州还允许未成年人不经父母同意接受精神健康治疗[1]。

（二）同意有效的条件

就患者而言，必须具备以下条件，所作的同意方为有效：①具有同意的能力；②理解知情同意的内容；③自愿地作出同意。患者具有同意的能力，如前所述，指患者必须有能力理解治疗的性质、目的和效果。这种能力在不同的场合有不同的要求。一般而言，精神健全的成年人、对治疗有理解能力的未成年人、对治疗有理解能力的精神不健全的成年人，都被认为有同意的能力。不具有同意能力的患者作出的同意无效。

如果患者未能真正理解被告知的信息内容，则同意无效。这一方面要求医师履行告知义务时，应全面、真实地向患者说明信息，不能出于恶意故意隐瞒信息或对建议治疗的性质作出不实描述；另一方面，也要求医师应用患者理解的语言说明信息内容，如果医师用复杂难懂的语言向文化程度不高的患者解释医学概念，或向只懂西班牙语的患者讲英语，患者就不会完全理解信息的内容，所作的同意无效。

（三）代替的同意（substituted consent）

当患者没有作出医疗同意的能力时，法律允许患者的亲属或监护人为他作出同意，这就是代替的同意理论。

美国的多数涉及代替的同意的法律关系都产生于父母子女关系。在很多州，没

---

[1] 黄丁全：《医事法》，中国政法大学出版社2003年版，第270页。

有决定能力的未成年人的医疗决定权通常由其父母或监护人行使。通常，父母更适合于为没有能力的孩子作出医疗选择，当然父母必须精神健全，有作出同意的能力。父母代替的同意应符合孩子的最佳利益。

（四）医师治疗特权（therapeutic privilege）

在通常情况下，医师的一般权利常服从于患者的权利是实现患者自由、自治的基本要求。但在极其特定的情况下，需要限制患者的自主权利，实现医师自己的意志，以达到完成医师医师对患者的应尽的义务和医师对患者的根本权益负责的目的，这种权利就称为医疗治疗特权。

（五）医疗拒绝权

查阅我国现行法律，虽然没有明文宣示医疗拒绝权的存在，但依一般医疗惯例，大家都默认患者有"自动出院""放弃 C.P.R（心肺复苏术）"的权利。我国台湾地区的"安宁缓和医疗条例"明确了绝症晚期患者享有医疗自主权，就包括医疗拒绝权在内。因此，患者不想继续接受医疗时，医师依法尊重其意愿。

当患者决定放弃医疗时，医师应告知其后果可能非常危险，或将加速死亡的来临，或有变成植物人的可能。曾有美国耶和华见证人信徒，以信仰理由拒绝输血而导致死亡，其意愿与决定仍然受到尊重。最近数年来，耶和华见证人信徒在我国台湾地区的教友，也陆续发生拒绝输血的案例。台大附设医院、台北马偕医院、台中仁爱医院的医师，碰到这种情况，也只能表示尊重其决定，无法违背其本人意愿。

为使面对"生死关头"有个妥善安排，免得突遭变故，无法表达意愿，以致不知所措，不妨效仿美国法制，健康时就立下"生前遗嘱"，以备不时之需。按美国加利福尼亚州1976年通过的《自然死亡法案》，推行"生前遗嘱"，呼吁世人在健康时，以书面预先表示将来病危时放弃 C.P.R 等无意义急救；也可预先确立医疗委托代理人，在其昏迷无法表示意愿时，由委托代理人决定执行或放弃 C.P.R. 等急救措施，让患者自然往生。曾出任台北医学院董事长、高雄医学院院长的谢献臣博士，就曾立下"生前遗嘱"，并经高雄地方法院认可。"生前遗嘱"预先声明，要是不幸得了绝症，一旦病危，请其家属或医师不要用呼吸器等痛苦疗法，让患者自然死亡。这种预先表示放弃医疗等声明，依法应受尊重。

但是对于强制诊疗关系下的患者（如患法定传染病、严重精神病），依法均须接受隔离治疗、强制检查、强制治疗与强制鉴定或强制住院，甚至得拘禁患者，剥夺其自由，以维护社会安全。因此，此类患者不得享有医疗拒绝权。另外，如孕妇拒绝医疗的行为存在死亡危险，为保全其胎儿的生命，孕妇也不得拒绝医疗行为。

四、我国现行法律关于知情同意的规定

我国现行法律规定，医疗机构必须将《医疗机构执业许可证》、治疗科目、诊疗时间和收费标准悬挂在医院的明显之处；医疗机构工作人员上岗工作必须佩带本人姓名、职务或者职称的标牌；医疗机构实施手术、特殊检查、特殊治疗时，必须征得患者同意，并应当取得其家属或者关系人同意。

所谓特殊检查、特殊治疗，是指下列情形之一的诊断、治疗活动：①有一定危险性，可能产生不良后果的诊断、治疗活动；②由于患者体质特殊或者病情危重，可能对患者产生不良后果和危险的检查与治疗；③临床试验性检查和治疗；④收费可能对患者造成较大经济负担的检查和治疗。

根据临床医学实践，下列诊疗活动应该充分告知并征得患者或患者家属的同意：①构成对躯体侵袭性伤害的治疗方法与手段；②需要患者承担痛苦的检查项目；③使用药物的毒副作用和个体素质反应差异性；④需要患者暴露隐私部位；⑤从事医学科研和教学活动的；⑥需要对患者实施行为有限制的。

《医疗机构管理条例》第33条规定："医疗机构施行手术、特殊检查或者特殊治疗时，必须征得患者同意，并应当取得其家属或者关系人同意并签字；……"但是这一规定在执行过程中显然存在问题：①患者不一定与家属或关系人意见一致；②患者的自主决定权受到严重限制与干预。所以，1999年全国人大常委会在起草《执业医师法》的过程中，将签字制度进行了修改，在第26条规定："医师应当如实向患者或者其家属介绍病情……"废除了"双签字"制度，一个人签字就可以手术，如果患者本人意识清楚，应当征得患者本人意见；如果患者本人意识不清，可以征得患者家属意见。当然由于法律措辞不严谨，很容易被医务人员理解为患者或家属有一个人签字即可以了。2002年国务院《医疗事故处理条例》第11条规定："在医疗活动中，医疗机构及其医务人员应当将患者的病情、医疗措施、医疗风险等如实告知患者，及时解答其咨询；……"显然，在一般情况下，医务人员知情同意的告知对象是患者，而非家属。2010年《侵权责任法》第55条和第56条除了坚持患者本人自主决定权外，可喜地将《执业医师法》当年界定的"家属"缩小到了"近亲属"（包括：配偶、父母、子女、兄弟姐妹、祖父母、外祖父母、孙子女、外孙子女），以便在患者意识不清的情况下，由近亲属作出更接近患者本人真实意愿的决定。

虽然早在1994年，《医疗机构管理条例》第33条就设定了我国意识不清的患者紧急救治代理人制度，但是，主治医师应当提出医疗处置方案、在取得医疗机构负责人或者被授权负责人员的批准后实施救治的"其他特殊情况"一直未能细化。《侵权责任法》颁布后，针对第56条规定的"不能取得患者或者其近亲属意见"中的"不能"，究竟仅指客观上不能取得患者或其近亲属意见的[1]，即患者本人无法表达意志而一时又无法查明患者的近亲属或联系其近亲属，还是包括患者近亲属拒绝同意或无法达成一致意见等主观上不能取得患者或其近亲属意见的情形，一直存在学术争鸣。是否赞成"不能"包括"患者或者其近亲属明确表示拒绝采取医疗措施的

---

[1] 陈特："谈医疗机构告知义务的特殊规定——李某某等与北京某医院医疗损害赔偿纠纷案法律问题探讨"，载北京市高级人民法院编：《审批前沿：新类型案件审判实务（总第34集）》，法律出版社2011年版，第53页。

情况",学界大概可以分为"赞成说"和"反对说"。

赞成说不在少数。根据全国人大法工委的立法说明,早在2008年12月,《侵权责任法(草案)》提请全国人大常委会二审时,这一条款的规定是:"因抢救生命垂危的患者等紧急情况,难以取得患者或者其近亲属同意的,经医疗机构负责人批准可以立即实施相应的医疗措施。"这里的"难以"的表述易被理解为包括了"患者或者其近亲属明确表示不同意的情况"。后来,根据各方面意见对其修改为"不能",考虑到虽然"患者或者其近亲属明确不同意治疗的情况"在实践中确有发生,但对于如何处理,认识上不一致,分歧较大,待今后条件成熟时再作明确规定[1]。所以认为,"不能取得患者或者其近亲属意见",是指患者不能表达意志,也无近亲属陪伴,又联系不到近亲属的情况,不包括患者或者其近亲属明确表示拒绝采取医疗措施的情况[2]。

反对说则认为,在患者、医疗机构和患者的近亲属的三角关系之间,不能过高地设定患者近亲属的主体地位和决定权,如果不能取得患者的意见,只能取得其近亲属的意见,医疗机构如何采取紧急救治措施应有一定的判断余地,在患者近亲属的意见严重且明显地损害患者利益时,医疗机构应当拒绝接受患者近亲属意见[3]。杨立新教授则将其归为伦理性过失。认为因抢救危急患者等紧急情况,如果难以取得患者或其近亲属同意的,可以经医疗机构负责人批准,立即实施相应的医疗措施。违反上述救助义务,构成医疗过失[4]。张新宝教授也认为,卫生部2010年颁布的《病历书写基本规范》第10条[5]赋予了医疗机构负责人在患者近亲属无法签字的情况下,以抢救患者为目的,签字准许实施抢救措施,以避免在危及患者生命的紧急情况下,能决定患者生死的抢救行为不得不受制于不懂医学的患者家属的无奈情形发生[6]。当然,此说也同意作为患方对自身权利的处置,在不违反强行法和社会基本伦理观念的前提下,应当得到法律的尊重和保护[7]。

---

[1] 王胜明:《〈中华人民共和国侵权责任法〉条文解释与立法背景》,人民法院出版社2010年版,第220页。

[2] 王胜明:《〈中华人民共和国侵权责任法〉条文解释与立法背景》,人民法院出版社2010年版,第220页。

[3] 奚晓明:《〈中华人民共和国侵权责任法〉条文理解与适用》,人民法院出版社2010年版,第404~405页。

[4] 杨立新:《侵权责任法(第二版)》,北京大学出版社2017年版,第370~371页。

[5] 《病历书写基本规范》第10条规定:对需取得患者书面同意方可进行的医疗活动,应当由患者本人签署知情同意书。患者不具备完全民事行为能力时,应当由其法定代理人签字;患者因病无法签字时,应当由其授权的人员签字;为抢救患者,在法定代理人或被授权人无法及时签字的情况下,可由医疗机构负责人或者授权的负责人签字。

[6] 张新宝:《侵权责任法》,中国人民大学出版社2016年版,第222页。

[7] 艾尔肯、秦永志:"论医疗知情同意书——兼评《侵权责任法》第55条、第56条的规定",载《东方法学》2010年第3期。

司法解释在两派观点间艰难抉择。《最高人民法院关于审理医疗损害责任纠纷案件适用法律若干问题的解释（征求意见稿）》（以下简称《征求意见稿》）第20条规定了紧急救治的情形与法律责任，并细化规定："下列情形，患者生命垂危且不能表达意见，经医疗机构负责人或者授权的负责人批准，为挽救患者生命，可以立即实施相应的医疗措施：①近亲属不明或者无联系方式的；②有联系方式但联系不到近亲属的；③近亲属拒绝发表意见的；④近亲属的意见不一致且形不成多数意见的；⑤近亲属的意见明显不利于患者利益的；⑥法律、法规规定的其他情形。前款情形下，医疗机构及其医务人员怠于立即实施相应的医疗措施造成患者损害，患者请求医疗机构承担赔偿责任的，人民法院应予支持。"该《征求意见稿》尚未正式通过颁布，2015年广州市中级人民法院率先借鉴了《征求意见稿》第20条之规定，在其颁布的《医疗损害责任纠纷案件审理指引》第36条作出了完全相同的规定。

但是，非常遗憾的是，《征求意见稿》在各方反复讨论的过程中，最具争议的就是"近亲属的意见明显不利于患者利益的"最终还是被删除了。实际上，主要反对将其纳入司法解释的是医方代表，因为担心这一规定在临床实践中难以把握。鉴于有关医事法律法规以及诊疗规范的规定，并结合具体案件情况进行判断，这不仅涉及对医患利益的平衡保护问题，也涉及医学伦理问题，应当审慎把握，比如，对于不能表达自己意见的危重病人，且存在上述不能取得近亲属意见情形的，应进行必要救治，这属于《执业医师法》已作出明确规定的内容，但救治到什么程度，其中的诊疗风险多大，这首先要尊重医疗机构的专业判断，也应当审慎考虑。"好死"与"赖活着"这一重大医学伦理关系问题，还有必要在实践中进一步探索[1]。

但起草者也在对该条兜底条款（"法律、法规规定的其他情形"）的解释中指出，虽然有意见认为，该条不必写明兜底条款。但是经研究，考虑到社会生活的复杂性，这一法律法规规定的其他情形有保留的必要。这不仅能保持司法解释本身适用的开放性，更能针对患者病情紧急程度，将来不及征求患者近亲属意见的情形包含在其中。当然，来不及征求患者近亲属意见的情形如何认定，也是一个专业判断问题，对此，既要尊重诊治过程中医务人员的专业判断，又要在事后纠纷处理中尊重有关的专业意见[2]。

《侵权责任法》第56条规定的"不能取得患者或者其近亲属意见"中的"不能"是否包括"患者或者其近亲属明确表示拒绝采取医疗措施的情况"，应视具体情况而定。笔者还是比较赞成《征求意见稿》中的表达方式（将"近亲属的意见明显不利于患者利益的"作为一种特殊情形）。根据民法理论，亲权人和监护人如果实施

---

[1] 郭锋、吴兆祥、陈龙业：《最高人民法院关于医疗损害责任纠纷司法解释条文释义与实务指南》，中国法制出版社2018年版，第215~216页。

[2] 郭锋、吴兆祥、陈龙业：《最高人民法院关于医疗损害责任纠纷司法解释条文释义与实务指南》，中国法制出版社2018年版，第212页。

明显不利于行为能力欠缺人的行为时，该民事行为当属无效。首先，如果是绝症或治愈机会极小的患者，濒死前其近亲属明确表示拒绝采取医疗措施的，医务人员应当尊重其近亲属的意愿。如前文所述，这种情况实际上并不属于"近亲属的意见明显不利于患者利益的"，应当首先剔除，避免混淆视听[1]。

  但是有以下三种常见情形，医务人员不应听从近亲属拒绝医疗措施的意见：①由于医患双方知识不对称，而造成患者近亲属重大误解医务人员的告知内容，拒绝对有抢救希望患者的救治；②患者近亲属对医务人员告知的内容不存在重大误解，但是存在伤害患者生命安全之恶意；③患者本人轻生自杀，近亲属拒绝对有抢救希望患者的救治。主要理由有三：其一，由于临床紧急救治往往时间紧迫，如果真正了解医学情况就会发现，医务人员面对缺乏医学背景又往往缺乏足够信任基础的近亲属，很难在短暂时间内达到法律上要求的"知情同意"、让近亲属"充分理解"并获得近亲属的"真实意思表示"，所以，近亲属产生"重大误解"现象不足为奇；其二，当患者或近亲属存在上述三种情形时，医务人员必须给予干预，因为这不是"伦理"问题，而是"法律"问题，因为患者步入医疗机构时已经与医疗机构之间形成了法律关系，而非社会关系；其三，民事行为具有法律效力的前提是"真实意思表示"且与公序良俗不悖。在上述三种情形中，第一种是近亲属意思表示明显存在重大误解，非真实意思表示（此种情形往往表现为近亲属一边拒绝医务人员建议的某种救治措施，却又同时要求一定要救治患者生命。这一点非常重要，很多学者将"拒绝治疗"和"拒绝医生给出的治疗措施"混为一谈，极易引发误判[2]），后两种情形则是有悖公序良俗，故医务人员必须干预。虽然有学者引用美国耶和华见证人案例佐证尊重患者或近亲属意思自治[3]，而这种案例无法为医务人员的行为辩护[4]。在美国，之所以法官要求医务人员尊重患者的意愿，是因为在法律所保护的利益之中，生命要让位于信仰，当我们权衡生命权与信仰自由权利时，我们要意识到，有虔诚信仰的人，是可能舍弃生命而捍卫信仰的，是可能因为违背信仰而生不如死的；且本人为了信仰愿意放弃抢救是"真实意思表示"，完全有别于患者在紧急情况下，由于"重大误解"而做出"明显不利于患者的意思"[5]。鉴于"近亲属的意见明显不利于患者利益的"已经在司法解释中被删除，所以建议利用兜底条款，将此种情形涵盖进去，否则我们表面上看是严格遵守了法律法规，实质上却是在违反

---

[1] 郭锋、吴兆祥、陈龙业：《最高人民法院关于医疗损害责任纠纷司法解释条文释义与实务指南》，中国法制出版社2018年版，第212页。

[2] 苏力："医疗的知情同意与个人自由和责任"，载《中国法学》2008年第2期。

[3] 苏力："医疗的知情同意与个人自由和责任"，载《中国法学》2008年第2期。

[4] 庄晓平："也谈医疗的知情同意与个人自由和责任——与苏力教授商榷"，载《自然辩证法通讯》2012年第1期。

[5] 王岳："论急危病症抢救中的医师治疗特权——《侵权责任法》第56条之适用范围"，载《中国司法鉴定》2011年第7期。

法律法规[1]。

五、其他违法阻却事由

对于医疗过失的免责，当寻求法律上之医疗阻却违法理由作为依据。目前学术界和司法实务中普遍认为，由于医疗意外、难以避免的并发症、患者自己的原因等因素给患者生命健康造成损害的，不属于医疗过失，医师不承担责任。因为这几种情况的发生，与医师是否尽到注意义务和尽到注意义务的程度没有直接的因果关系，所以可以成为医疗过失的免责事由。《医疗事故处理条例》第33条规定了不属于医疗事故的6种情形：①在紧急情况下为抢救垂危患者生命而采取紧急医学措施造成不良后果的；②在医疗活动中由于患者病情异常或者患者体质特殊而发生医疗意外的；③在现有医学科学技术条件下，发生无法预料或者不能防范的不良后果的；④无过错输血感染造成不良后果的；⑤因患者原因延误诊疗导致不良后果的；⑥因不可抗力造成不良后果的。《侵权责任法》第60条也规定，患者有损害，因下列情形之一的，医疗机构不承担赔偿责任：①患者或者其近亲属不配合医疗机构进行符合诊疗规范的诊疗；②医务人员在抢救生命垂危的患者等紧急情况下已经尽到合理诊疗义务；③限于当时的医疗水平难以诊疗。这几种情形是符合医疗过失的免责事项，对维护医方的合法权益以及医学科学发展而言是必要的。

但是，目前在司法实践中，医疗阻却违法理由却有时往往被人忽略，有时又被过度滥用，成为一些医疗机构或医务人员免除责任的常用手段。医疗意外就是如此，现代医学研究和法学研究观点证明，一般医疗意外是就医者的特殊体质、病情和异常反应所导致的结果，但是不应完全对此适用不可抗力学说而绝对免除法律责任，这主要是基于：现代医学经过大量的经验积累，已经对常见的易引起过敏反应的药物有充分的认识，并从临床治疗上进行了规范制定，在药物说明书中予以说明，以此引起医方的高度注意。经过临床治疗和社会生活活动，不少患者已经知晓自己对某些物质存在过敏状况，能够提供警觉与依据，因此高度重视问诊是医方的义务。另外，有的医疗意外是因为没有严格按照医学操作规范要求所导致的。因此，必须对是否属于医疗意外进行严格审定。

（一）无因管理

医疗法律关系中，也有因医疗机构或医务人员对患者事实上的医疗法律行为而产生的医疗法律关系。医疗事务的无因管理，是指医疗机构或医务人员在没有约定义务和法定义务的情况下，为避免患者的生命健康利益受到损害，自愿为患者提供医疗服务的行为。

但是，由于目前我国卫生立法的不明确性，导致广大医务人员对无因管理行为概念模糊、混淆，直接导致医务人员对自身行为的法律结果缺乏预见能力，也间接

---

[1] 上官丕亮："要用生命权至上理念来理解医疗法规——'孕妇死亡'事件留给我们的启示"，载《法学》2007年第12期。

构成对医疗正义的伤害。例如,《执业医师法》第 24 条规定,对急危患者,医师应当采取紧急措施进行诊治;不得拒绝急救处置。试问:医务人员在医院外,发现患者而不加以治疗是否违反《执业医师法》? 是否要承担法律责任? 如果此医务人员系牙科医师但为火车上的孕妇分娩,由于差错造成母子双亡,该医师是否应承担法律责任? 试问对自杀未遂而不愿就医者,医务人员是否有法定义务予以救治? 无监护人在场的情况下,医院直接针对无行为能力的"非急危"患者是否有义务予以救治? 鉴于《执业医师法》第 24 条处在第三章"执业规则"中,所以第 24 条的救治应当只能约束医师在医院内的职务行为[1]。

(二) 职务行为

国家基于医疗的特殊性和对国民生命和身体健康的维护,在法律上赋予医疗机构或医务人员以强制诊疗和患者的强制受诊义务。这在医疗法律关系中属特殊的情况,此为公权力的行使,即医疗机构或医务人员作为国家的使用人、代理人,医疗法律关系是存在于国家和患者之间的,这种医疗法律关系可称之为强制医疗关系。此种情况下,医师的职务行为成为一种阻却违法事由。

例如,《传染病防治法》所规定之甲类(鼠疫、霍乱)传染病患者和部分乙类(非典型肺炎、高致病性禽流感、肺炭疽)传染病患者的强制性治疗就属于此种情形。2013 年实施的《精神卫生法》第 28 条针对有公共危害的精神障碍者也作出此类规定。另外,医师给死刑犯实施注射死亡也应当是基于职务行为阻却了其违法性。

(三) 医疗行为符合国家法律法规的要求

例如,在 e HIV Haemophiliac Litigation(1990)案中,血友病患者接受了受污染的因子Ⅷ,结果感染了艾滋病病毒。患者指控医院存在违法行为。法院认为本案中医院这里并不存在违反法定义务的行为,不构成医疗过失。医疗过失不成立的原因在于缺少近因要素。根据英国《国家健康服务法》(National Health Service Acts, 1977)的规定,卫生大臣负有提供综合性健康服务的义务。所以,不是说所有法律义务都是医疗机构的医疗义务,有些义务是行政义务[2]。

(四) 医疗行为符合行业医疗指导准则

医疗指导准则是医疗行业制定的具有重要指导意义的医疗诊治规范。各个专业医学学术团体所提出的专业指导准则,例如中华医学会各专业委员会、中国抗癌协会等制定的各疾病的诊疗方案。医疗指导准则对于确定医师的医疗注意义务有一定的参考价值。在医疗的综合流程过程中,医方诊断、检查、治疗、手术、护理等环节均符合医疗常规和就医者疾病和身体状况。

(五) 医疗行为符合医疗实践的惯例与医疗水准

医师在进行医疗行为时,其学识、注意程度,技术以及态度均符合具有一般医

---

[1] 王岳:《医事法》,人民卫生出版社 2013 年版,第 83~84 页。
[2] Junior Counsel for the successful claimants in HIV Haemophilia Litigation. [1996] PNLR 290.

疗专业水准的医师于同一情况下所应遵循的标准，符合专业技能医疗水准的要求。医疗界普遍接受的医疗实践做法通常是一个成功的抗辩。从医疗水准判断医师是否有过失时，应当以医疗时的医学水准为判断标准。后来的医学水平的提高，不能作为判断医疗过失的根据。

（六）医师的专业水准

医师水准与医疗过失的关系，学界的观点是区分全科医师和专科医师。全科医师与专科医师的注意义务是不同的；另外，不同的专科，专科医师的注意义务也是不同的。还有，全科医师在接诊需要专科医师诊治的患者时，应有义务劝告患者去专科诊治的注意义务，除非遇到紧急情况或者患者的明确要求。另外，关于医师水准的确定，应当以当时全科或者该专科的社会一般医学知识作为判断医疗过失的标准。

（七）可容许的医疗风险

尽管医学技术水平在不断提高，但很多医学问题仍在探索之中，医学发展还具有相当的局限性，医疗行为固有的风险性还是一种客观存在。医学的进步需要相应的医学风险的承担，这种医学风险既是医方承担的，也是患者在作出利益最大化选择的前提下承诺承担的风险。医学的进步是经历了千千万万次的反复实验和数次的失败才得到的。如果将医方无过错而纯粹由于医学发展局限性造成的患者损害也归责于医方，显然有失法律的公正。

（八）医学进展的无限性

所有医师应当跟踪其专业领域的主要进展。例如，一位肿瘤治疗专家应当知道最新的重要治疗手段。然而，法院认为法律并不期待医师了解每一个新的进展。

（九）医学界的不同学术观点

在医学领域存在不同的学术观点完全是正常的。如果医师坚持了少数学术观点的做法，是不是就是医疗过失呢？《侵权责任法》第60条也规定，如果是限于当时的医疗水平难以诊疗的原因，即使患者有损害，医疗机构也可以不承担赔偿责任。

（十）新的治疗方法与医疗尝试

法律允许医师尝试新的医疗措施和新的药物，否则医学发展会止步。在认定某个新的医疗方法是否存在过失时，法院一定会考虑这几个方面：是不是现有的治疗方法已经失败；如果不尝试新的医疗方法将导致的后果是什么；尝试新的医疗方法面临的风险。

（十一）医疗水准的地区差异

不同的国家、一个国家内部不同的地区，医疗水准是存在差异的。尤其是我国这样的大国，强求医师具有相同程度的注意义务是不合理的。对此，美国早期是承认地域差异的，但是随着医疗水准全国的普遍化，地域差异渐渐不再考虑。在可能的范围内，医师应有使患者向医疗水准较高地区的医院就医的注意义务。所以，从发展趋势来看，医师不得以医疗水准的地区差异作为医疗过失的抗辩。

(十二) 医师的自由裁量范围

医疗行为具有高度的知识性和技术性，而且在医疗过程中，常须经过尝试错误的阶段，并因时间的经过而有变化，这就是医师自由裁量的问题。在医师的自由裁量范围内，应无过失而言的。但是，其基于裁量范围所采取的医疗行为，尤其是按照医师个人的独特习惯采取相关行为时，其方法应以不违反医学常识，且是医疗界公认的合理方法为标准。如果不是医疗界公认的合理方法而造成患者损害，则应推定医师有医疗过失。

(十三) 患者的身体特征

如果患者身体有特殊情况使得治疗变得困难复杂，这在认定医疗过失时应当考虑进去。例如，医生静脉注射外溢导致注射口脓肿是因为患者过度肥胖，使得医生难以找到静脉的抗辩得到支持，被告无医疗过失。

(十四) 患者本身过错

只有当这种过错是引起不适当后果的直接、主要和不能免除的原因的情况下，才属于主要过错。某些情况下，即使患者本身有不配合治疗、甚至放弃有效治疗方法等过错，也应分析具体情形，不能因此全部免除医方的告知义务和适当治疗的相应义务。

如果医师了解患者的一些特别情况，诸如特别年轻、特别年老、过敏体质、暴力倾向等，则医师对于患者的注意义务也应随之提高。《侵权责任法》第60条也规定，如果患者或者其近亲属不配合医疗机构进行符合诊疗规范的诊疗，即使患者发生了人身损害后果，医疗机构也不承担赔偿责任。

(十五) 医疗意外

医疗意外主要指的是不能预见和预防的并发症、难以预知的患者特殊体质、不能预见和避免的意外情况。在医疗实践中，医疗意外有多种情况，《江苏省医疗事故处理办法实施细则》规定了8种医疗意外：①病情危重，抢救过程中发生死亡或者术后出现后遗症；②由于手术部位严重粘连，解剖关系不清或畸形等，导致手术操作困难，损伤周围组织；③按技术操作规程进行手术，手术后发生粘连等影响生理功能；④患者体质低下或患有潜在性疾病，术后发生切口裂开、切口出血、吻合口萎缩、继发性感染；⑤在药物正常剂量治疗过程中，患者发生严重的副反应或药物过敏；⑥在医疗过程中，患者属特异性体质，目前医学科学技术上难以解决发生的损害；⑦在医疗过程中，发生难以预料的突变；⑧按操作规程进行肝、肾、心包等重要脏器穿刺及心导管、各种窥镜等特殊检查时发生的意外。这种类似规定虽然并不具有据此免责的当然效力，但对于医疗过失认定有一定借鉴意义。

(十六) 知情同意不可行 (not feasible)

美国联邦法院在一个判决中认为：在特定的情况下取得知情同意是"不可行的"时，则可不要求同意。在1991年联邦上诉法院哥伦比亚特区巡回法庭审理的 *Doe v. Sullivan* 案中，原告称在未取得知情同意的情况下，政府在海湾战争中对驻扎在沙特阿拉伯的军人使用了未经同意的调查性药品。法院认为，取得所有备战军人的同意是不切实际的，这时并非必须取得知情同意[1]。这一例外原则对不涉及军事装备的情况并不适用。

---

[1] *Doe v. Sullivan*. U. S. Court of Appeals, District of Columbia Circuit. Fed Report. 1991 Jul 16; 938: 1370-86.

第七章 药事法

第一节 药事法概述

一、药事法的概念

（一）药事

药事，从广义角度看，一般泛指所有与药物有关的事务。从狭义角度看，药事是指与用药安全有效、药品质量有关的事项，即药品的研制、生产、经营、使用及药品监督管理等过程中与用药安全有效、药品质量有关的事项和活动。[1] 我们认为，药事是指一切与药物有关的事务，包括药物、医疗器械、化妆品等的研制、生产、经营、使用等全部活动的事项。

药事是一个历史悠久的用词。中国古时的药事主要是政府主管的与皇室用药有关的事务，早在南北朝时期（420~589年），医药管理就成为政府管理的一个部分，史书《册府元龟》中记载："北齐门下省尚药局，有典御药二人，侍御药二人，尚药监四人，总御药之事。"随着社会的发展与医药知识的普及，药事活动也逐步发展，已经演变成需要众多社会团体、组织以及个人广泛参与、协作的社会活动与事业。而药事活动的范围也不再仅仅局限于药品，还包括了医疗器械、化妆品等与药品关系密切的领域和事项。

（二）药事法

关于药事法的概念，学界有不同的认识。有学者认为，药事法是指国家制定或认可并由国家强制力保证实施以药品为物质对象，以保障人体用药安全、维护人民身体健康和用药合法权益为宗旨的，具有普遍约束力的药事行为规范的总和。[2] 这种定义主要从内容的角度阐述了药事法的含义。这种定义的特点是揭示了药事法的特殊之处在于以药品为物质对象，以保障人体用药安全、维护人民身体健康和用药合法权益为宗旨。也有人认为，药事法是指调整药学事业发展过程中产生的行政关系和经济关系的法律规范的总和。[3] 这种定义主要从药事法调整对象的角度来进行

---

[1] 黄庶亮主编：《药事法规概论》，中国医药科技出版社2010年版，第2页。
[2] 刘新社主编：《药事法学》，对外经济贸易大学出版社2010年版，第153页。
[3] 徐蓉主编：《药事法教程：要点探讨·案例分析》，化学工业出版社2008年版，第1页。

定义。

上述定义都有其合理性。我们认为，药事法是指国家制定或认可的，旨在调整和保障药事活动的各种法律规范的总称。通过法律来规范和管理药事活动，是近代和现代以来大多数国家药事管理的一个显著特点。例如，英国在19世纪出台了控制毒药零售供应的法规和药剂师注册的规定，随后又陆续出台了众多的规范药事活动的法律。

在我国，药事法有狭义和广义之分。狭义的药事法，仅指全国人民代表大会及其常委会制定的各种药事法律规范。如我国《宪法》第21条第1款规定："国家发展医疗卫生事业，发展现代医药和我国传统医药，鼓励和支持农村集体经济组织、国家企业事业组织和街道组织举办各种医疗卫生设施，开展群众性的卫生活动，保护人民健康。"此外，《药品管理法》对我国药品生产、经营等活动进行了规范，标志着我国药品管理进入法治化。广义的药事法则不仅包括了法律，还包括我国其他的具有立法权的国家机关依照《立法法》的规定制定的行政法规、地方性法规、行政规章等。如国务院于2002年8月4日颁布、自2002年9月15日起施行的《药品管理法实施条例》。此外，国务院药品监督管理部门颁布的《药品召回管理办法》《药品不良反应报告和监测管理办法》《药品经营质量管理规范》等均属于广义的药事法的范畴。

二、药事法律关系

（一）药事法律关系的特征

药事法律关系是药事法所调整的，在药事活动和药事服务中形成的不同主体间的权利义务关系。药事法律关系具有以下几个方面的特征：

第一，药事法律关系是一种复合法律关系。它包括两个方面的法律关系：①药事民事法律关系。即在药事活动中不同民事主体之间发生的法律关系。药事服务关系即属于药事民事法律关系，在该法律关系中，一方主体是提供药事服务的主体，如医药生产企业、流通企业等，另一方则是接受药事服务的主体，如患者等。这双方主体之间形成的是民事法律关系。②药事行政法律关系。药事行政法律关系形成于药事监管机关与药事活动主体之间，双方之间存在着管理关系。药事行政法律关系的一方是药事监管机关，另一方则是药事活动主体，既可以是药事服务主体，也可以是接受药事服务的主体。

第二，药事法律关系的形成基础是保障和维护公众的身体健康。无论是药事民事关系还是药事行政关系，均是基于维护身体健康的需要而产生的，目的都是保障身体健康。

第三，药事法律关系的形成以药事法律规范的存在为前提。药事法律规范是将药事关系转变为药事法律关系的前提。没有药事法律规范，也就不存在药事法律关系。

(二) 药事法律关系的构成要素

药事法律关系与其他法律关系一样，也由三个基本要素构成，即法律关系的主体、内容以及客体。

1. 药事法律关系的主体。药事法律关系是复合法律关系，因此，在药事法律关系中，既有行政法律关系的主体，又有民事法律关系的主体。总体而言，在药事法律关系中，主要有以下几类主体：一是药事监管部门，即各级药品监督管理机构，他们与各类提供药事服务的主体之间形成行政法律关系，对提供药事服务的主体的行为进行监管；二是提供药事服务的各类主体，包括研发企业、生产企业、流通企业等各类市场主体；三是药品使用单位，即各类依法设立的医疗卫生组织，如医院、妇幼保健院等；四是接受药事服务的自然人，他们是药事服务企业的服务对象，既包括中国公民，也包括外国人和无国籍人等；五是其他主体，包括医药协会、医药院校等。

2. 药事法律关系的内容。药事法律关系的内容，即药事法律关系的主体所依法享有的权利和所应当承担的义务。药事权利是指由药事法规定的，药事主体根据自己的意愿实现某种利益的可能性，主要体现为在法律规定的范围内，权利主体可以根据自己的意愿为一定行为或者不为一定的行为。药事义务则是指依照药事法的规定，药事义务主体为了满足权利主体的利益而为一定行为或者不为一定行为的必要性。药事义务是一种法定义务，义务主体如果没有依法履行相应的义务，就要依法承担相应的责任。在药事行政法律关系中，药事监管部门的权利体现为职权，而其义务则体现为职责。而根据行政主体的权责一致原则，药事监管部门的职权同时也是其职责，如果没有履行，则也需要依法承担相应的责任。

3. 药事法律关系的客体。药事法律关系的客体是药事法律关系主体的药事权利和药事义务所指向的对象。法律关系的客体通常称为权利客体，而任何权利都指向一定的利益。因而法律关系的客体实质上就是一种利益，药事法律关系的客体也是如此。利益是指能够满足人们某种需要的客观事物，包括物质利益（如金钱）和精神利益（如身体健康、人格等）。在上述利益中，生命健康权益是药事法律关系中最为重要的利益之一。生命健康是人生存的自然基础，保障和维护生命健康也是药事法的基本立法目的。

三、药事法体系

我国当前的药事法体系主要由以下几个部分组成：

(一) 法律

除我国《宪法》第 21 条第 1 款的规定外，我国当前对药事活动进行规范的法律主要包括：

1. 《药品管理法》。《药品管理法》于 1984 年 9 月 20 日由第六届全国人民代表大会常务委员会第七次会议通过，自 1985 年 7 月 1 日起施行。之后，该法于 2001 年 2 月 28 日由第九届全国人民代表大会常务委员会第二十次会议修订，2015 年 4 月 24

日第十二届全国人大常委会第十四次会议又对该法进行了修正。该法对药品的生产、经营、使用等环节进行了规范，明确了相关主体的行为规范以及相应的法律责任。

2.《食品安全法》。我国高度重视食品安全，早在1995年就颁布了《食品卫生法》，在此基础上，2009年2月28日，第十一届全国人大常委会第七次会议通过了《食品安全法》。2015年4月24日，经第十二届全国人大常委会第十四次会议审议通过了新修订的《食品安全法》。修订后的《食品安全法》共十章，于2015年10月1日起正式施行。为保障食品安全，2015年修订的《食品安全法》大幅度提高了处罚标准，堪称我国"史上最严格的食品安全法"。该法于2018年12月29日又进行了部分修正。

3.《中医药法》。《中医药法》由第十二届全国人民代表大会常务委员会第二十五次会议于2016年12月25日通过，自2017年7月1日起施行。《中医药法》充分考虑到中医药的特点和发展需要，对执业医师法、药品管理法、医疗机构管理条例等规定的管理制度进行了改革完善，对于促进我国中医药事业的发展具有重要作用。

（二）行政法规

1.《药品管理法实施条例》。该条例于2002年8月4日由国务院令第360号公布，根据2016年2月6日《国务院关于修改部分行政法规的决定》修订。该条例根据《药品管理法》制定，对《药品管理法》的规定进行了详细、具体的解释和补充，是我国药品管理法律体系中最重要的行政法规之一。

2.《食品安全法实施条例》。该条例于2009年7月8日由国务院第73次常务会议通过，自2009年7月20日起施行。根据2016年2月6日《国务院关于修改部分行政法规的决定》进行了修订，对我国《食品安全法》的规定进行了细化和补充。

3.《乳品质量安全监督管理条例》。该条例经2008年10月9日国务院第28次常务会议通过公布施行。目的是加强乳品质量安全监督管理，保证乳品质量安全，保障公众身体健康和生命安全，促进奶业健康发展。

4.《国务院关于加强食品等产品安全监督管理的特别规定》。该规定于2007年7月26日由国务院第186次常务会议通过，并颁布施行。该法规主要是规范食品、食用农产品、药品等与人体健康和生命安全有关的产品。

5.《中药品种保护条例》。该条例于1992年10月14日由国务院令第106号发布，1993年1月1日起施行。中药品种保护的目的是提高中药品种的质量，鼓励中药继承与创新，进一步规范中药品种生产秩序，促进中药事业的健康发展。

6.《医疗用毒性药品管理办法》。该办法于1988年11月15日由国务院第25次常务会议通过后发布施行。

7.《放射性药品管理办法》。该办法于1989年1月13日由国务院令第25号发布，根据2011年1月8日国务院令第588号《国务院关于废止和修改部分行政法规的决定》修订，根据2017年3月1日国务院令第676号《国务院关于修改和废止部分行政法规的决定》进行了第二次修改。

8.《反兴奋剂条例》。该条例于2004年1月13日由国务院令第398号公布，根据 2011 年 1 月 8 日《国务院关于废止和修改部分行政法规的决定》第一次修订，根据 2014 年 7 月 29 日《国务院关于修改部分行政法规的决定》第二次修订。

9.《疫苗流通和预防接种管理条例》。该条例于 2005 年 3 月 16 日由国务院第 83 次常务会议通过后公布，自 2005 年 6 月 1 日起施行，根据 2016 年 4 月 23 日《国务院关于修改〈疫苗流通和预防接种管理条例〉的决定》修订。

10.《麻醉药品和精神药品管理条例》。该条例于 2005 年 7 月 26 日由国务院第 100 次常务会议通过，2005 年 8 月 3 日以国务院令第 442 号公布，根据 2013 年 12 月 4 日国务院第 32 次常务会议通过、2013 年 12 月 7 日国务院令第 645 号发布的《国务院关于修改部分行政法规的决定》第一次修改，根据 2016 年 2 月 6 日发布的国务院令第 666 号《国务院关于修改部分行政法规的决定》第二次修改。

11.《化妆品卫生监督条例》。该条例于 1989 年 9 月 26 日由国务院批准，于 1989 年 11 月 13 日由卫生部令第 3 号发布，自 1990 年 1 月 1 日起施行。

12.《医疗器械监督管理条例》。该条例于 2000 年 1 月 4 日由国务院令第 276 号公布，2014 年 2 月 12 日由国务院第 39 次常务会议修订通过，2014 年 3 月 7 日由国务院令第 650 号公布，自 2014 年 6 月 1 日起实施，并根据 2017 年 5 月 4 日《国务院关于修改〈医疗器械监督管理条例〉的决定》予以修订。该条例对医疗器械的研制、生产、经营、使用活动等进行了规范。

（三）地方性立法

为进一步加强药事活动的监管，一些地方性法规陆续出台，如《江苏省药品监督管理条例》《兰州市药品和医疗器械流通监督管理条例》等。

除前述的法律、法规外，国务院药品监督管理部门还制定了大量的部门规章，如《药品召回管理办法》《食品经营许可管理办法》《食品药品行政处罚程序规定》等。此外，具有地方立法权的地方人民政府也通过了数量众多的药事规章，如《宁夏回族自治区药品流通监督管理办法》《湖北省药品使用质量管理规定》《安徽省药品和医疗器械使用监督管理办法》《浙江省医疗机构药品和医疗器械使用监督管理办法》等。

四、药事法的基本原则

药事法的基本原则是指贯穿于药事法始终的，指导和规范药事执法、药事活动的基本准则。药事法的基本原则贯穿于药事法具体规范之中，但又高于药事法的具体规范，具有高度的概括性，体现了药事法的基本价值观念。药事法的基本原则主要包括以下几项。

（一）安全原则

安全原则是药事监管以及药事活动均需遵守的一项基本原则，是指药事产品应当符合安全的要求，以维护人民群众的身体健康和生命安全。药事产品不同于一般的产品，对药品最基本的要求就是安全。无论是《药品管理法》《食品安全法》，还是《医疗器械监督管理条例》，均把保障产品安全作为基本的立法目的。安全原则也是贯穿药事法律规范始终的一项基本原则。

（二）有效原则

有效原则是指药事产品应具备其应有的功用，从而能够有效保障人民群众的身体健康。有效原则与安全原则是相互关联的两项原则。这两项原则的根本目的都是为了维护人民群众的身体健康，但各自的具体要求又有所侧重。安全原则侧重于药事产品的无危害，不能因使用药事产品而危及身体健康。有效原则则在安全性的基础上更进一步，强调不仅仅是无危害，还要发挥药事产品应有的功能，如发挥药品的治疗功能等。

（三）预防风险原则

预防风险原则是指在药事活动中应当事前预防风险，从而避免药事危害事故的发生。无论是药事产品的生产还是流通等，均应当采取有效的措施，避免风险的发生。此外，预防风险原则也是药事监管所遵守的一项基本规则。对于药事产品，监管的重点是采取有效的措施从而预防风险的发生，而不能在发生风险后再采取事后的补救措施。预防风险原则是目前各国药事法通行的一项基本原则，无论是设置严格的事前许可制度，还是要求企业遵守"药品生产质量管理规范"（Good Manufacturing Practice, GMP）或者"药品经营质量管理规范"（Good Supply Practice, GSP），其目的均是预防风险的发生。预防风险原则也是药事监管与一般产品监管的一项重要区别。

（四）可及性原则

药品可及性（Access to Medicines 或者 Drug Access）是一个常被提及的问题。简而言之，药品可及性是指人人能够无歧视地以可承受的费用，实际地获得安全、有效并有质量保障的药品。众所周知，药品研发具有投入大、耗时长、风险高等特点，其所导致的结果是药品价格昂贵。然而，及时获得药物治疗疾病，尤其是一些重大、急性疾病，事关患者的生命健康权益。有关人权国际公约都确认了健康权作为基本人权的法律地位。如《世界人权宣言》第 25 条第 1 项规定："人人有权享受为维持他本人和家属的健康和福利所需的生活水准，包括食物、衣着、住房、医疗和必要的社会服务；在遭到失业、疾病、残废、守寡、衰老或在其他不能控制的情况下丧失谋生能力时，有权享受保障。"[1]《消除一切形式种族歧视国际公约》第 5 条也规定人人有权"享受公共卫生、医药照顾、社会保障及社会服务的权利"。[2]

世界卫生组织明确提出了可及性原则的具体含义。世界卫生组织在一份报告中指出，从患者或者消费者的角度看，药品的可及性应当包括以下三个方面的基本要求：①药品可在合理的距离范围内获得，即地理上的可及性；②药品可在医疗机构

---

[1] 北京大学法学院人权研究中心编：《国际人权文件选编》，北京大学出版社 2002 年版，第 5 页。
[2] 北京大学法学院人权研究中心编：《国际人权文件选编》，北京大学出版社 2002 年版，第 71 页。

中实际获得,即物理上的可及性;③需求方可承受药品的价格,即经济上的可及性。[1]

药品可及性原则的价值追求在于公平、合理地维护患者、消费者以一种便捷、经济、安全、无歧视的方式实际获取药品的权利,从而现实地维护患者的生命健康权益。其中,最为关键的两个要素是所需要的药品实际存在以及药品价格可承受,特别是后者,对于发展中国家和最不发达国家及其国民来说,昂贵的药品价格始终构成对获取药品的巨大阻碍。要实现药品的可及性要求,不但要从患者、消费者需求的角度加以考虑,也要从药品供给侧加以衡量。药品的可及性原则强调的是药品获取的方便性、有效性等要素,但药品的研发和生产需要投入大量人力、物力和财力,也存在巨大的风险。因此,无论在立法上,还是在执法上,都应合理地衡量二者的关系,否则药品的可及性很可能会陷入无源之水的尴尬境地。

第二节 药事活动主体

在我国,药事活动的主体,即从事药事活动的企事业单位、社会组织和个人,包括药事研制、生产、经营、使用和服务等主体。

一、药事研制主体

根据统计数据显示,药物从最初的实验室研究到最终摆放到药柜销售平均需要花费12年的时间,进行临床前试验的5000种化合物中,只有5种能进入到后续的临床试验,而这其中又仅有1种化合物可以最终得到上市批准。可见,药品的研发是一项时间和经济成本投入相当大的工作。目前,我国药品研发能力总体水平较低,研发主体主要集中在科研机构和部分医学类高校。总体而言,制药企业表现出规模小、数量多、行业集中度低等特点。此外,许多医药产业研发的重点是仿制和抢注国外未在中国申请专利和专利已过期的药品,生产的化学药品97%以上为仿制药品,品种重复现象严重,药品创新能力较低。

为了确保药品的安全、有效和质量可控,非临床研究和临床试验是药品研发中的两个重要环节。根据《药品管理法》及其实施条例,国家制定了《药物非临床研究质量管理规范》(Good Laboratory Practice, GLP)和《药物临床试验质量管理规范》(Good Clinical Practice, GCP),对药品研发进行了科学、严格的规定。

(一)药品非临床研究

非临床研究是新药研制过程中的基础性研究阶段,其所提供的安全性、有效性、

---

[1] WHO Medicines Strategy: Framework for Action in Essential Drugs and Medicines Policy, 2000 – 2003. http://apps.who.int/medicinedocs/pdf/whozip16e/whozip16e.pdf。最后访问时间:2017年11月18日。

可控性等数据资料是后续研究阶段及进行药品注册的前提和基础，更是药品进入国内和国际市场的必要手段。

根据GLP的规定，实施药品研发的机构，应当建立完善的组织管理系统，配备机构负责人、质量保证部门负责人和相应的工作人员。工作人员应当具备严谨的科学作风和良好的职业道德以及相应的学历，经过专业培训，应当具备所承担研究工作需要的知识结构、工作经验和业务能力，并且根据研究工作的需要，建立配套的实验设施。研究室需要制定与实验工作相适应的标准操作规程，具体实验制定实验方案；工作结束后，对实验方案、标本、原始资料、总结报告等记录归档保存。申请GLP认证的药物非临床安全性评价研究机构，应当向国家药品监督管理部门报送申请材料，经材料审查和现场检查通过后，予以认证公告。

（二）药品临床试验

药物临床试验是新药研发的必经阶段，对评价新药的疗效和安全性起着无可替代的作用。所有以人为对象的研究必须符合《世界医学大会赫尔辛基宣言》的要求，即公正、尊重人格、力求使受试者最大程度受益和尽可能避免伤害。

根据GCP的规定，进行临床试验必须有充分的科学依据，权衡对受试者和公众健康预期的收益及风险，选择的临床试验方法必须符合科学和伦理要求。受试者的权益主要包括对参加临床试验的知情权、隐私权、自愿参加和退出权，试验用药物的免费使用权，发生不良事件时获得及时救治权，发生严重不良反应事件时的索赔权等。GCP对其他事项，包括实验人员的职责要求、临床试验数据资料的管理、临床试验的管理及临床试验机构的资格认定等，都进行了严格的规范。

在药品临床试验阶段，伦理委员会与知情同意书是保障受试者权益的主要措施。

伦理委员会，其组成成员应当包括从事医药相关专业的人员、非医药专业人员、法律专家以及来自其他单位的人员，其职责为核查临床试验方案及附件是否合乎道德，并为之提供公众保证，确保受试者的安全、健康和权益受到保护。伦理委员会独立组成，并向国家药品监督管理部门备案，其成立和工作不受任何参与试验者的影响。在临床试验中，伦理委员会还承担着监督职能，主要是对无行为能力的受试者的知情同意以及在紧急情况下，对无法取得本人及其合法代表人同意的受试者，实施试验药物有望救助生命的，需要取得伦理委员会的同意；发生药品实验中的不良反应事件后，要及时向伦理委员会报告等。

知情同意书，是每位受试者表示自愿参加某一实验的文件证明。研究者须向受试者说明实验性质、实验目的、可能的受益和风险，可供选用的其他治疗方案及符合《世界医学大会赫尔辛基宣言》规定的受试者的权利和义务，使受试者充分了解后表达其同意。

二、药事生产主体

药事生产管理是药事管理的重要内容，它涉及的范围广、内容精细，程序化和科学化较强。对药事生产主体的管理不仅包括药品、医疗器械等生产企业的设置规范，还包括生产质量的管理规定。

（一）药事生产企业的设立

根据《药品管理法》的规定，开办药品生产企业，须经企业所在地省、自治区、直辖市人民政府药品监督管理部门批准并发给《药品生产许可证》。生产证标明有效期和生产范围，到期需重新审查发证。

开办药品生产企业，必须具备四项基本条件：①具有依法经过资格认定的药学技术人员、工程技术人员及相应的技术工人；②具有与其药品生产相适应的厂房、设施和卫生环境；③具有能对所生产药品进行质量管理和质量检验的机构、人员以及必要的仪器设备；④具有保证药品质量的规章制度。

药品生产必须按照国家药品标准和国务院药品监督管理部门批准的生产工艺进行生产，生产记录需完整准确；中药饮品的炮制按照国家药品标准炮制；生产药品所需的原料、辅料，必须符合药用要求。

（二）药事生产质量管理规范

药事生产的质量管理是药品生产管理的核心内容，通过在药品生产的全过程中实施科学的全面质量管理和严密的监控来保证获得预期的质量。药事生产具有生产技术性强、机械化程度高、卫生要求严格、原辅料品种多等显著特点[1]，为此，各国均制定了被药品生产企业和药事监督管理部门共同认可的一种规范，即《药品生产质量管理规范》（Good Manufacturing Practice，GMP）。

新开办药品生产企业，需向药品监督部门申请GMP认证，并取得《药品GMP认证书》。根据我国GMP的规定，药品生产企业必须建立质量保证系统，同时建立完整的文件体系，以保证系统的有效运行。企业内部各机构和人员职责明确，具有相应的药品生产和质量管理经验；配备合格的厂房、设施、设备、仪器，确保物料或产品在放行前完成必要的检验，确保质量控制；药品必须按照国家药品标准和国务院药品监督管理部门批准的生产工艺进行生产，生产记录必须完整准确；在药品的整个生命周期中，根据科学知识和经验对药品质量风险进行评估。同时，根据《药品召回管理办法》的规定，药品生产企业应当建立和完善药品召回制度，收集药品安全相关信息，对可能具有安全隐患的药品进行调查评估，及时召回存在安全隐患或发生不良反应的药品。

党的十九大报告明确指出要"深化医药卫生体制改革，全面建立中国特色基本医疗卫生制度、医疗保障制度和优质高效的医疗卫生服务体系，健全现代医院管理制度"。现有规定中，上述GMP制度包含了药品生产活动必须符合相应药品生产质量管理规范，以及新开办药品生产企业需向药品监督部门申请GMP认证两项内容。前者属于药品生产企业的法定义务，而后者则属于一种行政许可。也就是说，现行法律、法规是采用事先许可为主的方式来保证企业符合法律要求。不过，在深化医

---

[1] 黄庶亮主编：《药事法规概论》，中国医药科技出版社2010年版，第210~211页。

药卫生领域审评审批制度改革、及时满足公众用药需求的大背景下，法律规定应当在保障公众生命健康权益、鼓励药品创新、保障公众用药权益等方面找到合理衡量。在目前日益严格的监管体系下，药事监管部门可以通过有效的事后监管手段对药品生产企业进行监管。而过于严格的事前认证可能限制药品研发和生产的市场活力，不利于满足公众的用药需求。因此，取消 GMP 认证制度代之以备案管理、事后监督管理等管理方式，符合我国医疗体制改革的方向以及医药监管的发展趋势。通过保证企业生产过程持续合规、落实动态检查制度、强化企业质量管理体系等方式未尝不能达到与认证相同甚至更好的监管效果。

三、药事经营主体

药事经营活动按其工作内容可分为进货、验收与检验、储存、养护、出库、运输、销售、售后服务以及药品的广告、定价、进出口等一系列环节。药事经营是药事生产者与用户之间的桥梁。[1] 针对药品流通中的诸环节，为防止药品质量事故发生，确保药品符合质量标准，国家对药品经营主体的资质及经营过程中药品质量的管理，均从法律层面进行了严格的规范，并建立了一整套管理标准和规程，即《药品经营质量管理规范》（GSP）。与 GMP 相同，GSP 是一种强制性的认证标准。在深化医药卫生领域审评审批制度改革、及时满足公众用药需求的大背景下，GSP 认证制度也面临着改革的现实需要，以进一步适应药品生产经营活动以及公众用药权益的需要。

根据《药品管理法》第 14~20 条的规定，开办药品批发企业，须经企业所在地省、自治区、直辖市人民政府药品监督管理部门批准并发给《药品经营许可证》；开办药品零售企业，须经企业所在地县级以上地方药品监督管理部门批准并发给《药品经营许可证》。许可证应当标明有效期和经营范围，到期重新审查发证。

开办药品经营企业应当具备的基本条件包括：①具有依法经过资格认定的药学技术人员；②具有与所经营药品相适应的营业场所、设备、仓储设施、卫生环境；③具有与所经营药品相适应的质量管理机构或者人员；④具有保证所经营药品质量的规章制度。药品经营企业购进药品，必须建立并执行进货检查验收制度。购销药品，必须有真实完整的购销记录；销售药品必须准确无误，并正确说明用法、用量和注意事项；调配处方必须经过核对，对处方所列药品不得擅自更改或者代用；对有配伍禁忌或者超剂量的处方，应当拒绝调配；必要时，经处方医师更正或者重新签字，方可调配。药品经营企业要按规范制定和执行药品保管制度，采取必要的冷藏、防冻、防潮、防虫、防鼠等措施，保证药品质量。药品入库和出库必须执行检查制度。

基于药品对于人体健康的影响，不同国家对于药品标准进行了不同的规定，因此企业间从事的药品进出口活动受到了国家的特别规制和管理。药品进出口管理是

---

[1] 黄庶亮主编：《药事法规概论》，中国医药科技出版社 2010 年版，第 243 页。

依照《药品管理法》、国家其他法规以及有关国际公约，为加强对药品的监督管理，保证药品质量，保障人体用药安全，维护人民身体健康和用药合法权益，对药品进出口实施监督管理的行政行为，其监管部门为国家药品监督管理部门。

我国进出口药品管理实行分类和目录管理，即将药品分为进出口麻醉药品、进出口精神药品以及进出口一般药品。国家药品监督管理部门会同国务院对外贸易主管部门对上述药品依法制定并调整管理目录，以签发许可证件的形式对其进出口加以管制。

根据《药品管理法》第 39、40、42、44、45 条的规定，药品进口，须经国务院药品监督管理部门组织审查，经审查确认符合质量标准、安全有效的，方可批准进口，并发给进口药品注册证书。药品必须从允许药品进口的口岸进口，并由进口药品的企业向口岸所在地药品监督管理部门登记备案。海关凭药品监督管理部门出具的《进口药品通关单》放行。口岸所在地药品监督管理部门应当通知药品检验机构按照国务院药品监督管理部门的规定对进口药品进行抽查检验，检验不合格的，不允许进口或者销售。

对麻醉药品、精神药品等特殊药品的进出口，必须持有国务院药品监督管理部门发给的《进口准许证》《出口准许证》。对国内供应不足的药品，国务院有权限制或者禁止出口。已经进口的药品，如果药品监督管理部门在调查中发现药品有疗效不明确、不良反应大或其他危害人体健康的情形，应及时撤销相关批准证书，并对药品进行销毁或其他处理。

四、药事使用主体

药事使用主体，从国家监管层面来讲，主要是各医疗机构。作为药品使用最集中的单位，医疗机构无疑在保证用药安全、有效以及药品的科学管理方面都承担着重要责任。医疗机构的药事管理内容丰富，涉及医疗机构人员配备、药品制剂管理、医院药物质量和用量管理、药品购进等诸多方面。

药学部门在医疗机构中是一个专门负责药事活动的部门，它不仅承担着日常的药事管理工作，还对药学领域的科研进展情况和药学人才培养计划发挥着重要作用。药学部门一般包括药剂科以及药剂科以下所负责的办公室、制剂科、药品库房、药检室等。医疗机构必须配备具备资质的合格药学人才，建立健全与药事工作相关的各项工作制度和技术操作规程，药学部门与医事服务部门相协调，共同保证患者用药安全和生命健康。

根据《药品管理法》和《药品采购供应质量管理规范》等的规定，医疗机构在采购药品之前应事先编制药品采购计划，对于实行药品招标活动的，应采取公开、透明的招投标活动，并建立执行药品进货检查验收制度，保证药品价格和质量。购进的药品，要严格制定和执行药品保管制度，采取必要的冷藏、防冻、防潮、防虫、防鼠等措施。

对于医疗机构需要但市场上没有供应的药品，医疗机构可以自制制剂。医疗机构配置制剂的，需要经过省级卫生行政部门的批准，核发《医疗机构制剂许可证》后方可自行配置制剂。配置的制剂，只能在医疗机构内部使用，不得有任何医疗机构外的市场销售行为。医疗机构配制制剂，必须具有能够保证制剂质量的设施、管理制度、检验仪器和卫生条件。所有制剂的使用需经医师开具处方，并且不得擅自更改。

第三节　药事活动的监管

一、药事监管的主体

药事监管主体是指依据药事管理法律规范，在药事管理法律关系中享有法定职权、负有法定职责，对药事生产、经营、使用等活动依法进行监督和管理的组织。药事监管主体通过综合运用监督检查、许可、处罚、强制等法律手段，可以及时有效地预防、制止、惩治违法的药事活动，从而维护了正常的药事活动秩序，也使得人民群众的生命健康权益和社会公共安全有了可靠的制度和组织保障。

根据现行法律、法规的规定，药事监管的主体主要是药品监督管理部门。国务院药品监督管理部门主管全国药品监督管理工作；国务院有关部门在各自的职责范围内负责与药品有关的监督管理工作。省、自治区、直辖市人民政府药品监督管理部门负责本行政区域内的药品监督管理工作；省、自治区、直辖市人民政府有关部门在各自的职责范围内负责与药品有关的监督管理工作。国务院药品监督管理部门应当配合国务院经济综合主管部门，执行国家制定的药品行业发展规划和产业政策。可见，我国现行的药事监管体制是以药品监督管理部门为主、其他相关部门为辅的模式。这就意味着，药品监督管理部门主管中央和地方的药事监管工作，其他部门（如公安、市场监管、卫生、生态环境等部门）在自己的职责范围内履行与药品有关的监管职责。

我国药品监督管理部门分为中央和地方两个层次。国家药品监督管理部门是国务院综合监督管理药品、医疗器械、化妆品安全的机构，主要履行下列职责：

1. 负责起草药事监督管理的法律法规草案，拟订政策规划，制定部门规章，建立药品重大信息直报制度，并组织实施和监督检查，着力防范区域性、系统性药品安全风险。

2. 负责组织制定、公布国家药典等药品和医疗器械标准、分类管理制度并监督实施。

3. 制定药品和医疗器械研制、生产、经营、使用质量管理规范并监督实施。

4. 负责药品、医疗器械注册并监督检查，建立药品不良反应、医疗器械不良事件监测体系，并开展监测和处置工作。

5. 拟订并完善执业药师资格准入制度，指导监督执业药师注册工作。

6. 参与制定国家基本药物目录，配合实施国家基本药物制度。

7. 负责建立药事监督管理的稽查制度并组织实施，组织查处重大违法行为。建立问题产品召回和处置制度并监督实施。

8. 负责药品安全事故应急体系建设，组织和指导药品安全事故应急处置和调查处理工作，监督事故查处落实情况。

9. 负责制定药品安全科技发展规划并组织实施，推动药品检验检测体系、电子监管追溯体系和信息化建设。

10. 负责开展药品安全宣传、教育培训、国际交流与合作，推进诚信体系建设。

11. 指导地方药品监督管理工作，规范行政执法行为，完善行政执法与刑事司法衔接机制。

地方各级药品监督管理部门是地方药事监管主体，在自身的职责权限范围内，依法履行本行政区域内的药事监管职责。地方各级药品监督管理部门的职责权限主要包括：

1. 贯彻实施上级药品、医疗器械、化妆品监督管理法律法规、规章政策和标准规范，起草相关地方性法规、规章草案，拟订政策规划并监督实施，推动建立落实药品安全企业主体责任、县（市）区人民政府负总责的机制，组织实施药品重大信息直报制度，防范区域性、系统性药品安全风险。

2. 负责实施和监督药品、医疗器械行政许可。

3. 监督实施国家药典等药品和医疗器械标准及分类管理制度。

4. 监督实施药品和医疗器械研制、生产、经营、使用质量管理规范。

5. 组织开展药品监督抽样检验工作。

6. 建立药品不良反应、医疗器械不良事件监测体系并开展监测和处置工作，贯彻执行执业药师资格准入制度。

7. 配合实施国家基本药物制度，监督实施中药饮片炮制规范，负责化妆品监督管理。

8. 负责制定药品、医疗器械、化妆品监督管理的稽查制度并组织实施，组织查处重大违法行为，监督实施问题产品召回和处置制度。

9. 负责药品安全事故应急体系建设，组织和指导药品安全事故应急处置和调查处理工作，监督事故查处落实情况。

10. 负责开展药品安全宣传、教育培训、对外交流与合作，推进诚信体系建设。

11. 掌握分析药品、医疗器械、化妆品安全形势和存在问题，提出完善制度机制和改进工作的建议，指导督促、检查本行政区域内下级药事监督管理工作。

此外，药品检验机构也配合药品监督管理部门承担着一定的药事监管职责。所谓药品检验机构，是指承担药品法定检验工作的机构。根据《药品管理法》第6、69条的规定，药品监督管理部门设置或者确定的药品检验机构，承担依法实施药品审批和药品质量监督检查所需的药品检验工作。药品监督部门及其设置的药品检验机构和确定的专业从事药品检疫的机构不得参与药品生产经营活动，不得以其名义推荐、监制、监销药品，药品监督部门及其设置的药品检验机构和确定的专业从事药品检疫的机构的工作人员不得参与药品生产经营活动。

2016年12月25日第十二届全国人民代表大会常务委员会第二十五次会议通过了《中医药法》，该法已于2017年7月1日生效。《中医药法》第5条规定："国务院中医药主管部门负责全国的中医药管理工作。国务院其他有关部门在各自职责范围内负责与中医药管理有关的工作。县级以上地方人民政府中医药主管部门负责本行政区域的中医药管理工作。县级以上地方人民政府其他有关部门在各自职责范围内负责与中医药管理有关的工作。"据此，在中医药监管领域中，除了各级药品监督管理部门之外，县级以上各级人民政府中医药主管部门也是法定的药事监管主体。

二、药事监管的对象

药事监管的对象是药事监管主体行使监督管理职权所直接发生作用的对象。对此，可以从静态和动态两个维度加以考察。

从静态的角度看，药事监管的对象是药物及其相关物质或者物品。药物是指能影响机体生理、生化和病理过程，用以预防、诊断、治疗疾病和计划生育的化学物质。药品是指经国家正式批准，有批准文号，能上市销售的药物。由此可见，药物的外延比药品广，二者是一种包含与被包含的关系。药品在没有取得国家批准前仍然可称为药物，如我们进行临床试验时都称之为"药物临床试验"，而不是药品临床试验。传统观点认为药事监管的对象就是药品，[1] 这种观念主要是以《药品管理法》为依据的。《药品管理法》第100条规定："药品，是指用于预防、治疗、诊断人的疾病，有目的地调节人的生理机能并规定有适应症或者功能主治、用法和用量的物质，包括中药材、中药饮片、中成药、化学原料药及其制剂、抗生素、生化药品、放射性药品、血清、疫苗、血液制品和诊断药品等。"显然，实践的发展已经使得药事监管的对象范围远远超出了药品的范畴。药事监管的对象也不再仅局限于药品，除研发、临床试验中的药物等外，还包括医疗器械、化妆品等与药品密切相关的物质或者物品。

从动态的角度看，药事监管的对象是指药事活动。所谓药事活动，如前文所述，一般泛指所有与药品有关的事务，包括药品的研制、生产、使用等全部活动的事项。可见，动态意义上的药事监管对象体现为一种现实的药事活动的过程，由不同的阶段、环节组成。在这一系列阶段、环节中，药事活动必须遵守相关药事法律规范，

---

[1] 传统的理论和实践都将监管的对象定位于药品，忽视了药品、药物及其相关的物质、物品之间在管理上的共同规律。例如，只强调对药品的监管，就可能轻视或者忽视对处于研发阶段的药物、临床试验中的药物、医疗器械、化妆品等的监管。从另一个角度来讲，如果对不同的对象分别监管，而不重视其普遍规律性，则将导致监管和执法中的尺度不一、标准混乱等问题，不利于对整个行业进行统一、有效监管。具体请参阅刘新社主编：《药事法学》，对外经济贸易大学出版社2010年版，第317~320页。

配合药事监管主体的监督管理工作。随着社会的发展与医药知识的普及，药事活动也逐步发展，药事活动已经演变成需要众多社会团体、组织以及个人广泛参与、协作的社会活动与事业，其专业性和复杂程度正不断增强。也正因为如此，其中也蕴藏着巨大的风险。为了切实保障公众的生命健康权益，维护正常的药事活动秩序，有必要加强对药事活动各个环节的有效监管。

三、药事监管的手段

（一）药事行政许可

1. 药事行政许可的含义和特征。药事行政许可是指具有许可职权的药事监管主体对行政相对人提出的申请依法进行审查，并作出是否赋予其从事某种药事活动的权利或资格的行政行为。

药事行政许可具有以下特征：

（1）药事行政许可的行为主体是具有法定药事许可职权的特定主体。药事行政许可作为一种具体行政行为，其行为主体当然是享有行政许可权能的药事监督管理部门或法律、法规、规章授权的组织。

（2）药事行政许可是一种应申请的行政行为。以行政行为的启动是否需要行政相对人的申请为标准，可将行政行为分为依职权的行政行为和应申请的行政行为。行政相对人的申请是药事行政许可作出的前提，药事监管主体应当针对行政相对人的申请，依法作出是否准予特定药事行政许可的决定，而不能主动地给行政相对人颁发药事许可证或执照。

（3）药事行政许可是一种要式行政行为。药事行政许可必须采取书面形式或者法定的其他形式，这是药事行政许可产生法律效力应当具备的特定形式要件。在实践中，药事行政许可的外部形式主要有药事许可证、资格证、资质证、合格证、检验检测检疫印章、批准文件以及其他证明文件等。当然，在少数情况下也存在非要式的药事行政许可。

（4）药事行政许可是一种授益性质的行政行为。药事行政许可赋予行政相对人从事药事生产、经营、使用等活动的某种权利和资格，这意味着药事行政相对人一旦获得药事许可，便取得了从事药事活动的相应权利和资格。例如，药品生产经营企业获得了《药品生产许可证》《药品经营许可证》，其就享有从事药品生产、经营的权利和资格。

（5）药事行政许可以一般禁止为前提。这里所说的"一般禁止"，是指不经过个别批准、认可、核准等，便不能从事相应的活动。作为一种相对禁止，一般禁止在一定条件下是可以解除的。药事行政许可的设定就是对药事活动一般禁止的规定，而药事行政许可的实施就是对一般禁止的解除。[1] 药事行政许可关系到公民的生命

---

[1] 姜明安主编：《行政法与行政诉讼法》，北京大学出版社、高等教育出版社2011年版，第225~226页。

健康权益，同时也关乎社会公共卫生安全，因此必须通过这种事前的监管手段来有效维护正常的药事活动秩序。

2. 药事行政许可的原则。

（1）许可法定原则。药事许可法定是依法行政原则在药事行政许可领域的具体体现。药事许可法定原则的具体要求是：①药事许可的设定必须法定，即许可的设定必须依法进行；②药事许可的实施必须法定，即药事行政许可必须由法定的行政主体在法定权限内，按照法定的程序实施。

（2）公开、公平、公正原则。《行政许可法》第5条第1款规定："设定和实施行政许可，应当遵循公开、公平、公正的原则。"药事行政许可作为行政许可的一种具体形态，其设定和实施也必须遵循公开、公平、公正的基本原则。许可公开原则的具体要求是：有关行政许可的规定应当公布；未经公布的，不得作为实施行政许可的依据。行政许可的实施和结果，除涉及国家秘密、商业秘密或者个人隐私外，也应当公开。许可公平是对结果的要求，要求行政许可的决定做到公平、合理。许可公正是对许可程序的要求，要求行政主体在许可程序上应当做到：①不偏不倚；②与许可事项有利害关系时进行回避；③认真听取行政相对人意见；等等。

（3）高效便民原则。高效是指药事监管主体在履行药事许可职责时应当以尽可能小的社会成本来实现既定的行政管理目标，以使药事监管和社会效益最大化。便民原则要求药事监管主体提高效率，而药事监管主体工作效率的提高则会方便行政相对人获得许可目的的实现。便民原则是指药事行政许可的实施应尽可能简化手续、做到方便快捷，从而使许可申请人以最低的成本和最便捷的方式获得许可。

（4）权利救济原则。药事行政许可的权利救济原则是指应当为行政相对人提供多种权利救济手段，以避免其合法权益因行政机关实施行政许可而受到侵害。权利救济原则要求行政相对人在药事许可的实施过程中享有陈述、申辩权，有权依法申请行政复议或者提起行政诉讼，当合法权益因行政机关违法实施行政许可而受到侵害时，有权依法要求赔偿。

（5）信赖保护原则。信赖保护原则是诚信原则在行政法中的运用。信赖保护原则的基础在于，药事监管主体应当保持药事行政许可的稳定性和持续性，不得在没有正当法定理由的情况下随意变更或者撤回药事行政许可。当然，在具备法定的理由或者条件的情况下，有权的行政机关是可以变更或者撤回药事行政许可的。药事行政许可所依据的法律、法规、规章修改或者废止，或者准予行政许可所依据的客观情况发生重大变化的，为了公共利益的需要，药事监管主体可以依法变更或者撤回已经生效的行政许可。由此给公民、法人或者其他组织造成财产损失的，应当依法给予补偿。信赖保护原则要求当行政相对人对许可行为形成值得保护的信赖时，行政机关不得随意撤销或废止该行为，否则必须合理补偿行政相对人信赖该许可行为有效存续而获得的利益。

（6）药事许可不得转让原则。药事行政许可必须依法取得，必须符合法定条件、标准。而一旦转让,接受转让的一方很可能并不具备取得许可的条件,那么设立许可的目的就会落空,公民的生命健康权益和社会公共利益也将遭受潜在的威胁。因此,除法律、法规特别规定外,被许可人取得的许可一般不得转让。

(7) 许可与监督相结合原则。药事许可主要体现为一种事前的监管手段,但药事监管主体作出行政许可决定后并非意味着其许可职责已经履行完毕。为了保证许可申请人依法从事药事活动,符合许可条件,药事监管主体还必须跟踪监督许可的实施情况,并根据被许可人实施许可的情况作出相应处理。因此,确立许可与监督相结合原则,对于规范行政许可行为,保护行政相对人的利益和促进法治建设具有重要意义。

3. 药事行政许可的设定和种类。

(1) 药事行政许可的设定。药事行政许可的设定是指有权的国家机关,通过制定法律、法规和规章,对公民、法人或其他组织从事某些特定活动设置一定的限制条件,并规定许可的主体、许可的程序以及法律责任的活动。

根据我国有关法律的规定,药事行政许可的设定权限和形式具体划分为:①法律可以设定行政许可。②尚未制定法律的,行政法规可以设定行政许可;必要时,国务院可以采用发布决定的方式设定行政许可。实施后,除临时性行政许可事项外,国务院应当及时提请全国人民代表大会及其常务委员会制定法律,或者自行制定行政法规。③尚未制定法律、行政法规的,地方性法规可以设定行政许可。④尚未制定法律、行政法规和地方性法规的,因行政管理的需要,确需立即实施行政许可的,省、自治区、直辖市人民政府规章可以设定临时性的行政许可;临时性的行政许可实施满一年需要继续实施的,应当提请本级人民代表大会及其常务委员会制定地方性法规。

此外,药事行政许可的设定受到法律的严格限制。例如,地方性法规和省、自治区、直辖市人民政府规章,不得设定应当由国家统一确定的公民、法人或者其他组织的资格、资质的行政许可,不得设定企业或者其他组织的设立登记及其前置性行政许可。其设定的行政许可,不得限制其他地区的个人或者企业到本地区从事生产经营和提供服务,不得限制其他地区的商品进入本地区市场。行政法规、地方性法规、规章可以在上位法设定的行政许可事项范围内,对实施该行政许可作出具体规定,但不得增设行政许可,对行政许可条件作出的具体规定,不得增设违反上位法的其他条件。

(2) 药事行政许可的种类。根据我国《行政许可法》的规定,法定的许可种类包括一般许可、特许、认可、核准和登记五大类。药事行政许可作为行政许可的一种,也包括这五种许可。所谓一般许可,是指只要申请人向药事监管主体提出申请,经依法审查核实并符合法定条件的,就能够获得从事药事活动的权利和资格,对申请人并无特殊限制的许可。所谓特许,是指药事监管主体代表国家向申请人授予某种特定的权利,在药事活动领域主要涉及有限公共资源的配置、直接关系公共利益的垄断性企业的市场准入等事项。所谓认可，是指药事监管主体对申请人是否具备特定的药事活动技能的认定。所谓核准，是指药事监管主体通过检验、检疫、检测，对某些事项是否达到特定的技术标准或规范进行判断，并根据结果作出许可决定的许可类型。所谓登记，是指药事监管主体确立个人、企业或者其他组织的特定主体资格的行为。

从药事行政许可的形式来看，主要包括许可证、批准文号、合格证书等。其中，许可证是最常见和最重要的许可形式。在日常生活中，这种许可证主要包括许可证、注册证、许可登记证、批准文件等形态。在药事行政领域主要包括以下几种形式：①许可证，如药品生产许可证、药品经营许可证、医疗机构制剂许可证、放射装置试运行许可证等；②注册证、准许证，如进口药品注册证、麻醉药品进出口准许证等；③批准文件、批准书，如一次性进口药品批件等。批准文号是对一些国家予以特殊限制的产品在进入生产、流通领域前进行严格审查，获得批准文号是这些产品取得行政许可的特殊标志，如新药生产批准文号、放射性药品批准文号、一般药品生产批准文号等。合格证书包括新药证书、中药保护品种证书等。

4. 药事行政许可的实施程序。药事行政许可的实施主要包括申请、受理、审查、决定四个阶段。

（1）申请。相对人要获得药事许可，必须首先向有权的行政机关提出许可申请，并按照法律的规定提交申请材料。相对人的许可申请标志着许可程序的开始。

（2）受理。相对人提出药事许可申请并不必然地导致获得许可的理想结果。相对人提出申请后，收到申请的行政机关经审查后如果发现申请人不符合申请条件，可能要求更正或补充材料，或者不予受理。当然，如果申请人的申请符合法定申请条件，行政机关应当依法受理。

（3）审查。行政机关受理药事许可申请后，应当组织开展许可事项的审查工作，以调查和判断申请人是否符合法定的许可条件。

（4）决定。行政机关经过审查后，如果认为申请人符合法定的许可条件，应当依法作出许可决定；如果申请人不符合法律规定的要求，则不能作出许可决定。

（二）药事监督检查

1. 药事监督检查的内涵和类型。药事监督检查是指药事监管主体为了实现药事监督管理目标和任务，依法对药事活动主体遵守药事法律规范和履行行政决定的情况所进行的查看、调查和监督等。药事监督检查是药事监管的重要常规手段，它是及时预防、发现和处置违法药事活动的重要途径。

根据不同的分类标准，可以将药事监督检查分为不同的类型：

（1）根据药事监督检查的具体阶段的不同，可以分为事前监督检查、事中监督检查和事后监督检查。监督检查发生在相对人某一行为开始之前的为事前监督检查，在相对人行为过程中实施的监督检查为事中监督检查，而在相对人行为结束之后才实施的监督检查为事后监督检查。

（2）根据药事监督检查的方式不同，可以分为现场监督检查和书面监督检查。现场监督检查是指药事监管主体的工作人员亲临现场实施的监督检查，具有直观、真实的特点。书面监督检查是指药事监管主体根据相对人的书面材料所进行的监督检查。

（3）根据药事监督检查的对象特定与否，可以分为一般监督检查和重点监督检查。一般监督检查是指药事监管主体对其管辖范围内的相对人依法进行的普遍性的监督检查。重点监督检查是指药事监管主体对某类特定的相对人、特定的药事活动及产品进行有针对性的监督检查。

（4）根据监督检查频率的不同，可以分为定期检查和不定期检查。

2. 药事监督检查的方式。药事监管主体为了达到监督检查的目标，可以视不同情况和具体需要灵活采取不同的监督检查方式。

（1）查阅材料。查阅材料是一种书面的监督检查方式。药事监管主体可以根据法律、法规和规章的规定，要求查阅相对人的与药事活动相关的文件和材料并要求作出有关说明，通过对书面材料的查证、核实，判断其真实性与合法性。被监督检查的药事行政相对人有义务配合药事监管主体的监督检查工作。查阅材料具体又分为报送审查和就地查阅两种方式。查阅材料是药事监管主体对药事活动及其主体进行有效监管的重要手段，也是了解和掌握药事活动主体贯彻执行药事法律规范情况的重要途径。

（2）调查。调查是药事监管主体为了全面了解药事活动及药事活动主体的客观情况所进行的走访、考察等活动。调查作为药事监管部门获取第一手资料的常见手段，是药事监管主体了解和考察药事行政相对人守法情况的基本方式。调查一般分为一般调查、专项调查和联合调查。一般调查是对药事活动及其主体的一般情况所做的基础性调查。专项调查是指药事监管主体对某一专门问题所进行的调查。联合调查是指由多个部门联合开展的协同调查，以发挥各自的专长和优势，从而取得更为全面、客观的调查结果。调查结束后，应当及时形成书面报告，全面客观地反映调查的基本情况，并辅以确凿的证据和详实的资料佐证。

（3）查验。查验是指药事监管主体指派药事监督检查人员深入现场，对相对人的相关物品、场所等直接进行检查或者验证。查验作为药事监管主体的主要手段之一，是药事监管主体发现问题、消除隐患并总结经验的前提条件。查验包括全面查验、抽样查验、综合查验、临时查验等。

3. 药事监督检查程序。药事监督检查程序是药事监管主体及药事监督检查人员进行药事监督检查所应遵循的步骤、方式、方法、时限规则的总称。为了保障监督检查人员的监督检查工作顺利进行，维护相对人的合法权益，有必要对药事监督检查活动进行程序规范和约束。

（1）进入现场。虽然监督检查包括现场监督检查和非现场监督检查两种方式，但很显然是为了获得确实、客观的信息，药事监管主体及其工作人员为了执行公务的目的，在很多情况下需要进入相对人生产、经营、作业等场所进行现场监督检查，以充分了解和掌握相对人的守法情况。不过，药事监管主体及其工作人员实施现场监督检查必须要有法律、法规、规章的明确授权才能进行，否则不能随意进行现场监督检查。一般而言，进入现场前应当做好以下准备工作：①药事监管主体应当指派至少2名现场监督检查人员负责现场监督检查；②现场监督检查人员应当提前熟悉有关现场监督检查的内容和被检查人的基本情况；③备好现场监督检查所需要的文件、物品及取证工具；④在进入对卫生和安全有较高要求的区域时，现场监督检查人员应当尊重和遵守被检查人的卫生安全规定。

（2）表明身份。监督检查人员实施现场监督检查时应当首先表明身份。在进入有关现场时，现场监督检查人员应当向相对人出示监督检查文件、证明文件等，并表明自己的身份，否则相对人有权拒绝接受现场监督检查。值得注意的是，现场监督检查人员的工作证和制服只能表明其某一国家机关工作人员的身份，不能实际表明其享有具体的现场监督检查的权限，尚需药事监管主体的特殊执法证明。

（3）说明理由。药事监管主体及其监督检查人员在进入现场并表明身份后，应当及时地向相对人说明检查的目的、依据和内容。在现场监督检查过程中，相对人也有权要求药事监管主体及现场监督检查人员说明理由，如药事监管主体及现场监督检查人员未说明理由或者说明理由不充分的，相对人可以拒绝接受现场监督检查。

（4）调查取证。监督检查的最直接目的就在于监督相对人是否遵守了药事法律规范，如果现场检查人员发现相对人有违法行为或者存在安全隐患等情形，可以依法采取固定和提取证据的措施，以为后续的处理程序打好基础。根据法律规定，固定和提取证据的方式主要有：①制作现场监督检查笔录、询问笔录；②现场采样或者检测；③提取相关物证；④调阅、复制相关书面材料；等等。

（5）形成报告。监督检查结束后，现场监督检查人员应当根据了解到的情况，书写现场监督检查报告，根据有关事实和证据，客观描述监督检查的情况，并提出发现的问题和解决问题的建议等，以供药事监管主体在后续监管工作中进行参考。

此外，根据《药品管理法》的规定，药事监督检查的实施还应当遵守一些特殊的程序要求：①药事监管主体及监督检查人员对监督检查中知悉的被检查人的技术秘密和业务秘密应当保密；②药品监督管理部门对有证据证明可能危害人体健康的药品及其有关材料可以采取查封、扣押的行政强制措施；③对已确认发生严重不良反应的药品，国务院或者省、自治区、直辖市人民政府的药品监督管理部门可以采取停止生产、销售、使用的紧急控制措施，并应当在5日内组织鉴定，自鉴定意见作出之日起15日内依法作出行政处理决定；④当事人对药品检验机构的检验结果有异议的，可以自收到药品检验结果之日起7日内向原药品检验机构或者上一级药品监督管理部门设置或者确定的药品检验机构申请复验，也可以直接向国务院药品监督管理部门设置或者确定的药品检验机构申请复验。受理复验的药品检验机构必须在国务院药品监督管理部门规定的时间内作出复验结论。

(三) 药事行政处罚

1. 行政处罚的概念及特征。行政处罚是指具有法定权限的行政主体依据法定的程序，对违反行政法规范但尚未构成犯罪的行政相对人实施的行政制裁。药事行政处罚作为行政处罚的一种，是指药事监管主体依照法律、法规和规章的规定，对公民、法人或者其他组织违反药事法律规范且尚未构成犯罪的违法行为给予制裁的行政执法行为。

行政处罚具有以下基本特征：

（1）实施药事行政处罚的主体是具有法定药事监管职权的药事监管主体。因此，药事监管主体之外的行政主体实施的行政处罚或者不具有药事监管主体资格的个人、企事业单位和其他组织按照内部组织章程等实施的处罚措施不属于这里所说的药事行政处罚。

（2）药事行政处罚的对象是违反药事行政法律规范并应当给予行政处罚的行政相对人。没有违反行政法规范或者违反了刑事法律规范的，就不能给予行政处罚。如根据《药品管理法》第 73 条之规定，生产、销售假药的，没收违法生产、销售的药品和违法所得，并处违法生产、销售药品货值金额 2 倍以上 5 倍以下的罚款；有药品批准证明文件的予以撤销，并责令停产、停业整顿；情节严重的，吊销《药品生产许可证》、《药品经营许可证》或者《医疗机构制剂许可证》。但是如果上述违法行为已经触犯《刑法》第 141 条的生产、销售假药罪，则不能对其进行行政处罚，而应移送司法机关依法追究行为人的刑事责任。

（3）药事行政处罚是一种制裁行为。从相对人角度来看，受药事行政处罚的相对人需要承担一定的行政法律责任，其人身权、财产权等受到剥夺或限制，或者被科以一定的义务。因此，行政处罚具有惩戒性。

2. 药事行政处罚的基本原则。

（1）处罚法定原则。我国行政处罚法实行处罚法定原则。药事行政处罚必须依法进行，这是依法行政原则在药事监管中的体现。药事行政处罚的设定和实施都必须遵守处罚法定原则。处罚法定原则具体包含三个要求：①处罚的主体必须是法定的主体，并且具有法定的处罚权限。除法律、法规、规章规定的具有处罚权的行政机关以及法律、法规、规章授权的组织外，其他任何组织、机关和个人都不得行使行政处罚权。并且，具有法定主体资格的行政主体必须在法定的权限范围内行使行政处罚权，不得超越职权和滥用职权。例如，药品监督管理部门可以依法对生产、销售假药的相对人处以罚款，但不得超越职权对违反交通管理秩序的相对人罚款。②处罚依据法定。实施药事行政处罚必须以法律、法规和规章为依据，法无明文规定不处罚。③处罚程序法定。药事行政处罚必须遵循法定的程序，《行政处罚法》第 3 条规定："没有法定依据或者不遵守法定程序的，行政处罚无效。"药事行政处罚也适用上述规定。

（2）处罚公正、公开原则。处罚公正原则要求药事行政处罚必须公平、公正、不偏不倚。处罚公正原则要求：①处罚要以事实为依据。药事行政处罚机关应当在查明违法事实与情节的基础上，对相对人药事活动中的违法行为的性质和社会危害程度进行客观评价，然后再依法予以处罚，而不能先处罚后查证。②要求过罚相当。相对人受到的药事行政处罚应与其应当承担的违法责任相适应，不能畸轻畸重，出现过罚失当的情形。处罚公开原则要求行政处罚依据、程序和结果都要公开。

(3) 处罚与教育相结合原则。行政处罚是通过对违法者的惩戒来制止违法行为，弥补国家、社会、公民个人因此遭受的损失，以达到恢复社会正常秩序的目的。但这并不是行政处罚的唯一和最终目的，国家通过处罚还希望违法者能够因此得到醒悟，培养起自觉遵守法律的意识，从而停止侵害社会的行为。因此，药事监管主体在实施药事行政处罚时不能单纯以处罚为目的，否则就会陷入为了处罚而处罚的误区，违法者在受罚过程中也不能认识到自己行为的违法性，难以保证其以后能够自觉守法。为了达到制裁与预防的双重目的，就应当坚持处罚与教育相结合的原则。

(4) 保障相对人权利原则。在药事行政处罚中，与药事监管主体相比，相对人处于弱者地位。因此，保障相对人的权益就非常重要。根据法律的规定，相对人对受到的药事行政处罚享有以下权利：陈述权、申辩权、申请复议权、提起诉讼权以及请求国家赔偿权等救济权。陈述和申辩是为相对人提供的事前救济途径，复议、诉讼和国家赔偿是为相对人提供的事后救济途径。相对人在药事行政处罚过程中权利受到侵害的，必须为其提供适当的救济途径，使遭受违法处罚的相对人得到及时补救，才能保证药事行政处罚的正确适用。

(5) 一事不再罚原则。一事不再罚原则的基本要求是：①同一行政主体对同一违法行为不能给予两次以上的处罚，即不能重复处罚；但同一行政主体可以给予两种不同类型的处罚；不同行政主体对同一违法行为不能给予两次以上的罚款。《行政处罚法》第24条规定："对当事人的同一个违法行为，不得给予两次以上罚款的行政处罚。"②在构成犯罪时，行政机关必须将案件移送司法机关，依法追究刑事责任，但行政机关不能再给予人身自由的处罚。③违法行为构成犯罪，人民法院判处拘役或者有期徒刑时，行政机关已经给予当事人行政拘留的，应当依法折抵相应的刑期。违法行为构成犯罪，人民法院判处罚金时，行政机关已经给予当事人罚款的，应当折抵相应的罚金。

3. 药事行政处罚的种类。药事行政处罚的种类是药事监管主体对违反药事监管法律规范的违法行为实施制裁的具体形式。现实生活中，行政处罚主要分为以下四种类型：①人身自由罚，即对公民的人身自由进行限制或者剥夺；②财产罚，即强制行为人履行金钱给付义务或者剥夺其财产；③行为罚，即依法对行为人的行为能力进行限制或者剥夺；④申诫罚，即依法对行为人的名誉、荣誉、信誉等精神上的利益造成一定的损害，以督促其纠正违法行为并自觉守法。根据《行政处罚法》第8条的规定，行政处罚的法定种类由轻到重依次是：①警告；②罚款；③没收违法所得、没收非法财物；④责令停产停业；⑤暂扣或者吊销许可证、暂扣或者吊销执照；

⑥行政拘留；⑦法律、行政法规规定的其他行政处罚。

4. 药事行政处罚的设定。同其他类型的行政处罚一样，药事行政处罚的设定也要遵守处罚法定原则，其设定权限受到法律的严格限制。

（1）法律的设定权。法律可以设定各种药事行政处罚，限制人身自由的药事行政处罚只能由法律设定。

（2）行政法规的设定权。行政法规可以设定除限制人身自由以外的药事行政处罚。法律对违法行为已经作出药事行政处罚规定的，行政法规须在法律规定的给予药事行政处罚的行为、种类和幅度的范围内作出具体规定。

（3）地方性法规的设定权。地方性法规可以设定除限制人身自由和吊销企业营业执照以外的药事行政处罚。法律、行政法规对违法行为已经作出药事行政处罚规定的，地方性法规须在法律、行政法规规定的给予药事行政处罚的行为、种类和幅度的范围内作出具体规定。

（4）规章的设定权。规章可以在法律、法规规定的给予药事行政处罚的行为、种类和幅度的范围内作出具体规定。尚未制定法律、法规的，可以设定警告或者一定数量罚款的行政处罚。

5. 药事行政处罚的实施程序。药事行政处罚的实施程序包括一般程序和简易程序。一般程序是药事行政处罚的基本实施程序，在不能适用简易程序的情况下药事监管主体都应适用一般程序进行处罚，因此，一般处罚程序也相对完善和详细。以下主要介绍药事行政处罚的一般程序。

（1）立案。立案是药事处罚程序的开端，除依法适用简易程序的案件外，药事监管主体查处违法案件均应当立案，即使在执法检查过程中遇到紧急情况需要立即采取措施的，也应当在事后补办立案手续。药事监管主体立案的线索来源主要包括：①在监督检查及抽验中发现的；②公民、法人或者其他组织投诉、举报的；③上级机关交办或者下级机关报请查处的；④有关部门移送或者经由其他方式、途径披露的。但是针对上述案件线索，药事监管主体并不当然予以立案，而是要审查是否符合规定的立案条件。根据《食品药品行政处罚程序规定》第18条的规定，药事行政处罚立案的条件包括：①有明确的违法嫌疑人；②有违法事实；③属于药品监督管理行政处罚的范围；④属于本部门管辖。符合立案条件的，应当报分管负责人批准立案，并确定2名以上执法人员为案件承办人。

（2）调查取证。调查取证是药事监管主体收集与案件有关的事实材料、获得相关证据的活动，是作出最终处罚决定的事实基础和程序保障。药事监管主体调查取证应当做到全面、客观、公正。药事监管主体进行案件调查时，执法人员不得少于2人，并应当出示执法证件。办案人员应当依法收集与案件有关的证据。证据包括书证、物证、视听资料、证人证言、当事人陈述、检验报告、鉴定意见、调查笔录、电子数据、现场检查笔录等。立案前调查或者检查过程中依法取得的证据，可以作为认定事实的依据。案件调查终结后，案件承办人应当撰写调查终结报告（简易程序除外）。调查终结报告内容包括：当事人基本情况、案由、违法事实及证据、调查经过等；拟给予行政处罚的，还应当包括所适用的依据及处罚建议。

(3) 处理决定。承办人提交案件调查终结报告后，药事监管主体应当组织 3 名以上有关人员对违法行为的事实、性质、情节、社会危害程度、办案程序、处罚意见等进行合议。合议应当根据认定的事实，提出予以处罚、补充证据、重新调查、撤销案件或者其他处理意见。药事监管主体应当充分听取当事人的陈述和申辩。当事人提出的事实、理由或者证据经复核成立的，应当采纳，不得因当事人申辩而加重处罚。在作出责令停产停业、吊销许可证、撤销批准证明文件、较大数额罚款、没收较大数额财物等行政处罚决定前，应当告知当事人有要求举行听证的权利。当事人要求听证的，应当按照法定程序组织听证。拟作出的行政处罚决定应当报药事负责人审查。药事监管主体负责人根据不同情况，分别作出如下决定：①确有应受药事行政处罚的违法行为的，根据情节轻重及具体情况，作出药事行政处罚决定；②违法行为轻微，依法可以不予处罚的，不予行政处罚；③违法事实不能成立的，不得给予行政处罚；④违法行为已经构成犯罪的，移送公安机关。

(4) 处罚的执行。处罚的执行分为自愿执行和强制执行。药事行政处罚决定书送达后，当事人应当在处决定的期限内予以履行。依法当场作出行政处罚决定，有下列情形之一的，执法人员可以当场收缴罚款：①依法给予 20 元以下罚款的；②不当场收缴事后难以执行的。在边远、水上、交通不便地区，药事监管主体及其执法人员依法作出处罚决定后，当事人向指定的银行缴纳罚款确有困难的，经当事人提出，执法人员可以当场收缴罚款。如果当事人不能在规定期限内自愿履行有关义务，将会引起强制执行。根据法律规定，当事人在法定期限内不申请行政复议或者提起行政诉讼，又不履行行政处罚决定的，药品监督管理部门应当向人民法院申请强制执行。

以上是药事行政处罚的一般程序。当满足特定条件时，执法机关也可以适用简易程序进行处罚。根据法律规定，违法事实确凿并有法定依据，对公民处以 50 元以下、对法人或者其他组织处以 1000 元以下罚款或者警告的行政处罚的，可以当场作出行政处罚决定。执法人员当场作出药事行政处罚决定的，应当向当事人出示执法证件，填写预定格式、编有号码并加盖药品监督管理部门公章的当场行政处罚决定书。当场药事行政处罚决定书应当当场交付当事人，由当事人签字或者盖章签收。

(四) 药事行政强制

1. 药事行政强制的概念和种类。行政强制是指行政主体为实现行政目的，对行政相对人的人身、财产等予以强制而采取的措施，具体包括行政强制措施和行政强制执行两种。

行政强制措施，是指行政机关在行政管理过程中，为制止违法行为、防止证据损毁、避免危害发生、控制危险扩大等情形，依法对公民的人身自由实施暂时性限制，或者对公民、法人或者其他组织的财物实施暂时性控制的行为。

行政强制执行，是指行政机关或者行政机关申请人民法院，对不履行行政决定的公民、法人或者其他组织，依法强制履行义务的行为。

药事行政强制属于行政强制的一种，是指药事监管主体为实现药事活动监管目标，对行政相对人的人身、财产等予以强制而采取的措施，具体包括药事行政强制措施和药事行政强制执行两种。

2. 药事行政强制的主要方式。

（1）药事行政强制措施的方式。根据对象的不同，行政主体可以实施的行政强制措施的方式可以分为两种，即对人身的强制和对财产的强制两大类。行政强制措施的法定方式包括：①限制公民人身自由；②查封场所、设施或者财物；③扣押财物；④冻结存款、汇款；⑤其他行政强制措施。可见，行政强制措施的设定和实施仅限于上述规定的种类，不得随意创设新的行政强制措施。

药事行政强制措施的方式主要是对财产的强制，即查封、扣押、冻结等。如《药品管理法》第64条第2款规定："药品监督管理部门对有证据证明可能危害人体健康的药品及其有关材料可以采取查封、扣押的行政强制措施，并在7日内作出行政处理决定；药品需要检验的，必须自检验报告书发出之日起15日内作出行政处理决定。"这里规定了查封和扣押两种方式。

（2）药事行政强制执行的方式。行政强制执行可以分为间接强制执行和直接强制执行两种。其中，间接强制执行是通过间接的强制方式达到迫使行政相对人履行义务或者达到与履行义务同一状态的强制执行方式。间接强制执行包括执行罚和代履行两种。直接强制执行，是指在采用间接强制执行未能达到目的时，强制执行机关直接对负有义务的相对人的人身或财物予以强制力，以达到与相对人履行义务同一状态的强制执行方式。根据我国现行法律的规定，药事监管主体目前具有采取执行罚的权力，但是没有直接强制执行的权力，在需要采取直接强制执行的情况下只能申请法院强制执行。

（五）药品不良反应报告

药品的安全性关系到患者的生命健康权益，因此需要一种机制来发现并及时处理不良药品。世界卫生组织国际药物监测合作中心认为，药品不良反应是指正常剂量的药物用于预防、诊断、治疗疾病或调节生理机能时出现的有害的和与用药目的无关的反应。[1]根据《药品不良反应报告和监测管理办法》的规定，药品不良反应是指合格药品在正常用法用量下出现的与用药目的无关的有害反应。药品不良反应可能严重影响或者威胁人们的用药安全和效果，损害人们的生命健康权益。而药品不良反应报告是指有关主体将其发现或知悉的药品不良反应的事件向有关部门或者机构进行报告，以及时了解并处置有关药品安全或者风险事件。药品不良反应报告制度是及时发现、调查、分析、评价、处理药品不良反应的制度保障，目的是及时

---

[1] 丁朝刚主编：《卫生法学》，北京大学出版社2015年版，第434页。

防止药品损害事件的发生，以科学地指导合理用药、保障上市药品的安全有效。[1] 我国已经初步建立起了药品不良反应报告制度。

1. 药品不良反应的报告主体。药品不良反应的报告主体是根据有关规定，在发现或者获知药品不良反应后，依法应当向有关机构或者部门及时报告的个人或者组织。根据有关规定，药品不良反应的报告主体包括以下几类：①公民个人；②药品生产企业；③药品经营企业；④医疗机构；⑤药品不良反应监测机构。

2. 药品不良反应报告和处理的基本要求。由于药品不良反应危及公众的用药安全，因此必须符合一定的基本要求方能保证其准确及时性。药品生产、经营企业和医疗机构获知或者发现可能与用药有关的不良反应，应当通过"国家药品不良反应监测信息网络"报告；不具备在线报告条件的，应当通过纸质报表报告所在地药品不良反应监测机构，由所在地药品不良反应监测机构代为在线报告。报告内容应当真实、完整、准确。各级药品不良反应监测机构应当对本行政区域内的药品不良反应报告和监测资料进行评价和管理。药品生产、经营企业和医疗机构应当配合药品监督管理部门、卫生行政部门和药品不良反应监测机构对药品不良反应或者群体不良事件的调查，并提供调查所需的资料。药品生产、经营企业和医疗机构应当建立并保存药品不良反应报告和监测档案。

3. 药品不良反应报告的种类。

（1）个例药品不良反应报告。药品生产、经营企业和医疗机构应当主动收集药品不良反应，获知或者发现药品不良反应后应当详细记录、分析和处理，填写《药品不良反应/事件报告表》并报告。新药监测期内的国产药品应当报告该药品的所有不良反应；其他国产药品，报告新的和严重的不良反应。进口药品自首次获准进口之日起5年内，报告该进口药品的所有不良反应；满5年的，报告新的和严重的不良反应。药品生产、经营企业和医疗机构发现或者获知新的、严重的药品不良反应应当在15日内报告，其中死亡病例须立即报告；其他药品不良反应应当在30日内报告。有随访信息的，应当及时报告。药品生产企业应当对获知的死亡病例进行调查，详细了解死亡病例的基本信息、药品使用情况、不良反应发生及诊治情况等，并在15日内完成调查报告，报药品生产企业所在地的省级药品不良反应监测机构。个人发现新的或者严重的药品不良反应，可以向经治医师报告，也可以向药品生产、经营企业或者当地的药品不良反应监测机构报告，必要时提供相关的病历资料。

（2）药品群体不良事件报告。药品群体不良事件是指同一药品在使用过程中，在相对集中的时间、区域内，对一定数量人群的身体健康或者生命安全造成损害或者威胁，需要予以紧急处置的事件。药品生产、经营企业和医疗机构获知或者发现药品群体不良事件后，应当立即通过电话或者传真等方式报所在地的县级药品监督管理部门、卫生行政部门和药品不良反应监测机构，必要时可以越级报告；同时填

---

[1] 吴崇其主编：《中国卫生法学》，中国协和医科大学出版社2011年版，第505页。

写《药品群体不良事件基本信息表》，对每一病例还应当及时填写《药品不良反应/事件报告表》，通过"国家药品不良反应监测信息网络"报告。

(3) 境外发生的严重药品不良反应报告。进口药品和国产药品在境外发生的严重药品不良反应（包括自发报告系统收集的、上市后临床研究发现的、文献报道的），药品生产企业应当填写《境外发生的药品不良反应/事件报告表》，自获知之日起 30 日内报送国家药品不良反应监测机构。国家药品不良反应监测机构要求提供原始报表及相关信息的，药品生产企业应当在 5 日内提交。国家药品不良反应监测机构应当对收到的药品不良反应报告进行分析、评价，每半年向国家药品监督管理部门和卫生管理部门报告一次，发现提示药品可能存在安全隐患的信息应当及时报告。进口药品和国产药品在境外因药品不良反应被暂停销售、使用或者撤市的，药品生产企业应当在获知后 24 小时内书面报告国家药品监督管理部门和国家药品不良反应监测机构。

(4) 定期安全性更新报告。药品生产企业应当对本企业生产药品的不良反应报告和监测资料进行定期汇总分析，汇总国内外安全性信息，进行风险和效益评估，撰写定期安全性更新报告。定期安全性更新报告的撰写规范由国家药品不良反应监测机构负责制定。设立新药监测期的国产药品，应当自取得批准证明文件之日起每满 1 年提交一次定期安全性更新报告，直至首次再注册，之后每 5 年报告一次；其他国产药品，每 5 年报告一次。首次进口的药品，自取得进口药品批准证明文件之日起每满 1 年提交一次定期安全性更新报告，直至首次再注册，之后每 5 年报告一次。定期安全性更新报告的汇总时间以取得药品批准证明文件的日期为起点计，上报日期应当在汇总数据截止日期后 60 日内。国产药品的定期安全性更新报告向药品生产企业所在地省级药品不良反应监测机构提交。进口药品（包括进口分包装药品）的定期安全性更新报告向国家药品不良反应监测机构提交。

(六) 药品召回

1. 药品召回的概念和基本要求。药品召回，是指药品生产企业（包括进口药品的境外制药厂商，下同）按照规定的程序收回已上市销售的存在安全隐患的药品。安全隐患，是指由于研发、生产等原因可能使药品具有的危及人体健康和生命安全的不合理危险。

药品生产企业应当按照规定建立和完善药品召回制度，收集药品安全的相关信息，对可能具有安全隐患的药品进行调查、评估，召回存在安全隐患的药品。药品经营企业、使用单位应当协助药品生产企业履行召回义务，按照召回计划的要求及时传达、反馈药品召回信息，控制和收回存在安全隐患的药品，并且在发现经营、使用的药品存在安全隐患时，立即停止销售或者使用该药品，通知药品生产企业或者供货商，并向药品监督管理部门报告。药品生产企业、经营企业和使用单位应当建立和保存完整的购销记录，保证销售药品的可溯源性。

召回药品的生产企业所在地的省、自治区、直辖市药品监督管理部门负责药品召回的监督管理工作，其他省、自治区、直辖市药品监督管理部门应当配合、协助做好药品召回的有关工作。国家药品监督管理部门监督全国药品召回的管理工作。

2. 药品安全隐患的调查与评估。药品安全隐患的调查与评估是指药品生产企业和药品监督管理部门对由于研发、生产等原因可能使药品具有的危及人体健康和生命安全的不合理危险进行考察、核实、查证，并对药品安全隐患进行科学评估的活动。药品安全隐患调查与评估是药品召回分类的基础。

（1）药品安全隐患调查的内容。药品安全隐患调查的内容应当根据实际情况确定，可以包括：①已发生药品不良事件的种类、范围及原因；②药品使用是否符合药品说明书、标签规定的适应症、用法用量的要求；③药品质量是否符合国家标准，药品生产过程是否符合 GMP 等规定，药品生产与批准的工艺是否一致；④药品储存、运输是否符合要求；⑤药品主要使用人群的构成及比例；⑥可能存在安全隐患的药品批次、数量及流通区域和范围；⑦其他可能影响药品安全的因素。

（2）药品安全隐患评估的内容。药品安全隐患评估的主要内容包括：①该药品引发危害的可能性，以及是否已经对人体健康造成了危害；②对主要使用人群的危害影响；③对特殊人群，尤其是高危人群（如老年、儿童、孕妇、肝肾功能不全者、外科病人等）的危害影响；④危害的严重与紧急程度；⑤危害导致的后果。

3. 药品召回的分类。在科学、合理的药品安全隐患调查和评估的基础上，可以根据药品安全隐患的严重程度，将药品召回分为三级：

（1）一级召回：使用该药品可能引起严重健康危害的。

（2）二级召回：使用该药品可能引起暂时的或者可逆的健康危害的。

（3）三级召回：使用该药品一般不会引起健康危害，但由于其他原因需要收回的。

药品生产企业应当根据召回分级与药品销售和使用情况，科学设计药品召回计划并组织实施。

4. 药品召回的方式。药品召回包括主动召回和责令召回两种法定方式。

（1）主动召回。主动召回是指在药事监管主体采取监管措施前，药品生产企业主动收回存在安全隐患的已上市药品，以及时消除安全隐患。

药品生产企业在作出药品召回决定后，应当制订召回计划并组织实施，一级召回在 24 小时内，二级召回在 48 小时内，三级召回在 72 小时内，通知到有关药品经营企业、使用单位停止销售和使用，同时向所在地省、自治区、直辖市药品监督管理部门报告。药品生产企业在启动药品召回后，一级召回在 1 日内，二级召回在 3 日内，三级召回在 7 日内，应当将调查评估报告和召回计划提交给所在地省、自治区、直辖市药品监督管理部门备案。省、自治区、直辖市药品监督管理部门应当将收到的一级药品召回调查评估报告和召回计划报告国家药品监督管理部门。

药品生产企业对上报的召回计划进行变更的，应当及时报药品监督管理部门备案。药品生产企业在实施召回的过程中，一级召回每日，二级召回每 3 日，三级召回每 7 日，向所在地省、自治区、直辖市药品监督管理部门报告药品召回进展情况。药品生产企业对召回药品的处理应当有详细的记录，并向药品生产企业所在地省、自治区、直辖市药品监督管理部门报告。药品生产企业在召回完成后，应当对召回效果进行评价，向所在地省、自治区、直辖市药品监督管理部门提交药品召回总结报告。

药品生产企业在召回完成后，应当对召回效果进行评价，向所在地省、自治区、直辖市药品监督管理部门提交药品召回总结报告。

(2) 责令召回。所谓责令召回，是指药品监督管理部门认为存在药品安全隐患，药品生产企业应当召回药品而未主动召回的，从而责令药品生产企业召回药品。药品监督管理部门经过调查评估，认为存在《药品召回管理办法》第 4 条所称的安全隐患，药品生产企业应当召回药品而未主动召回的，应当责令药品生产企业召回药品。必要时，药品监督管理部门可以要求药品生产企业、经营企业和使用单位立即停止销售和使用该药品。

责令召回应当由药品监督管理部门作出责令召回决定。药品监督管理部门作出责令召回决定，应当将责令召回通知书送达药品生产企业。药品生产企业在收到责令召回通知书后，应当按照规定通知药品经营企业和使用单位，制定、提交召回计划，并组织实施。总的来说，责令召回本质上只是由药品监督管理部门责令药品生产企业进行召回，召回的主体仍然是药品生产企业，因此其召回程序与主动召回的程序基本相同，只是启动程序稍有不同。

第四节 药事活动的法律责任

一、药事活动法律责任概述

(一) 药事活动法律责任的概念和特征

药事活动法律责任是指行为人在药事活动中由于违反药事有关的法律规定或者违反约定而应当承受的不利后果。从本质上讲，药事活动法律责任体现了药事法律规范对违反规范的行为的否定态度，是隐含在药事法律规范当中的价值观念对违反规范行为的一种评价结果。

理解药事活动法律责任的概念，应当重点把握以下几个方面的特征：

第一，责任主体具有广泛性。药事活动法律责任的承担主体涉及范围很广，只要违反了药事活动的法律规定或者约定就会产生法律责任的问题，药事活动的多领域性和多环节性决定了法律责任承担主体的广泛性。一般而言，药事活动涉及药品、化妆品、医疗器械等多个领域，每一个领域又包括注册、研制、生产、流通、使用、广告等多个环节。针对各个领域的每个环节，国家都有相应的管理规范，市场主体没有遵守法律规定，监管主体没有履行监管义务，都要依法承担相应的法律责任。

因此，相比一般的其他领域而言，药事活动法律责任覆盖的义务主体要更为宽广。

第二，责任产生原因具有多样性。从法理上来讲，法律责任既可能产生于违法行为，也可能来源于违约行为，还有可能是因为法律的特别规定。药事活动法律责任的产生原因包括违反药事有关的法律规范和违反当事人之间的合同，违反法律规范产生的责任有民事责任、行政责任和刑事责任，而违反合同则只能导致民事责任。药事活动由于其涉及领域广、环节多，违法和违约行为也多种多样。这一特性决定了药事活动较一般领域的法律责任往往要更为复杂，不同性质的法律责任纵横交错。

第三，责任后果具有不利性。法律责任源自于行为人不遵守法律的行为，是行为人为自己的行为必须付出的一种代价，具有一定的惩罚性，对行为人而言是一种不利的后果。药事活动与人体健康密切相关，药事活动中的违法行为往往严重损害人们的健康，甚至引发社会公共安全事故，因而药事活动法律责任后果的不利性更为值得强调。

第四，责任实现具有强制性。法律的实施具有国家强制力作为保障，法律责任的实现具有国家强制性，当责任主体没有自觉承担责任时，有关国家机关将采取强制措施强迫其承担法律责任。药事活动法律责任作为药事领域的法律责任，具有法律责任的一般特点，是以国家强制力为后盾的。

（二）药事活动法律责任的作用

"法律责任是法学范畴体系的基本范畴之一，法律责任的认定、归结和执行是法律运行的保障机制，是维护法制的关键环节。"[1] 法律责任是药事活动法律法规的重要组成部分，对发挥药事活动法律法规的功能具有至关重要的作用。通过追究药事活动违法行为的法律责任，能够最大程度保证药品的安全有效，保障人民群众的身体健康和生命安全，维护良好有序的药事公共秩序。药事活动法律责任的缺失或者过轻都会损害药事法治的权威，导致药事违法犯罪活动猖獗，人民群众的合法权益无法保障，药事领域曾经发生的众多安全事件无不折射出这一道理。除了上述社会功能以外，药事活动法律责任还具有以下规范作用：

第一，评价作用。法律责任通过设定一定的不利后果，对行为人的行为作出否定性的评价。这种否定性评价是行为人没有遵守药事法律规范的法律后果，彰显了药事法律规范对违法行为的谴责，间接体现出对合法从事药事活动的倡导。

第二，指引作用。法律规范对人们在法律上的权利和义务作出规定，合法的行为受法律保护，违法的行为需承担法律责任。在法律规范的指引下，人们认识到哪些活动能够从事，哪些事情不能去做，从而使自己的行为得到调整。药事活动法律责任作为法律后果的一种形式，主要起着指引人们对药事法律禁止的行为不可为的作用。

第三，预防作用。法律责任明示了违反法律规定的法律后果，对已经违法的行

---

[1] 张文显：《二十世纪西方法哲学思潮研究》，法律出版社2006年版，第392页。

为进行责任追究,让没有违法的人接受教育和警示,使其意识到从事违法的药事活动必然产生不利的后果,在思想观念上树立不想违法、不能违法、不敢违法的坚定信念,使潜在的违法行为人放弃违法的行动计划,从而达到减少、预防违法犯罪的效果。

第四,惩罚作用。法律责任因其结果的不利性,本身体现了对违法者的惩罚性。法律责任的惩罚作用可以说是其首要功能。在人类早期的法律当中,人们通过以牙还牙、同态复仇的形式实现对违法者的惩罚。随着社会的发展,法律责任的其他功能日益突显,但是惩罚违法行为人仍然是其重要的功能。国家特定机关通过一定的法定程序,对违法行为进行制裁、惩罚,实现社会的公平正义。

第五,救济作用。这是针对药事活动中的受害者而言的。法律责任一方面惩罚违法行为人,另一方面对受害者提供物质和精神上的补偿,填补其遭受损失的权益,将受损的权利恢复至被侵犯前的状态,抚慰其受伤的心灵,从而使违法者与受害者之间的关系重新达到平衡,最终维护正常的社会秩序。

(三)药事活动法律责任的构成

"法律责任的构成是指认定法律责任时所必须考虑的条件和因素。"[1] 法律责任的认定和归结对责任主体将产生不利的影响,有时给违法者带来的是终身禁入特定行业的制裁。一般而言,药事活动法律责任的构成包括责任主体、违法或违约行为、主观过错、损害后果、因果关系五个方面。

第一,责任主体。责任主体是因违法、违约或者法律的特别规定而承担责任的自然人、法人和非法人组织。责任主体与行为主体密切相关,是构成法律责任的必备条件。通常情况下责任主体也是违法或者违约行为的主体,行为主体违反了药事活动的法律规范或者契约,根据法治的基本原则,必然要依法承担相应的法律责任。在药事活动中,责任主体范围很广泛,既可能是从事药事研制、生产、流通、使用、价格、广告等工作的市场主体,也可能是履行监管职责的监管主体,还包括参与监测、评估、检验、认证、监督等活动的社会团体、行业组织。

第二,违法或违约行为。违法或违约行为是法律责任的核心构成要素。法律责任的认定是以行为主体的违法行为或者违约行为为前提的,只有思想上的活动而没有行为的存在则不可能产生法律责任。违法或违约行为包括作为和不作为,作为是行为人以积极的行为活动违反法律的禁止性规定,不作为是负有作为义务的主体在能够履行义务的情况下以消极的身体活动不履行义务。这里违法行为的"法"含义很广,违反不同性质的法律会产生不同性质的法律责任。

第三,主观过错。主观过错是指承担法律责任的主观心理状态,包括故意和过失。在药事刑事法律责任中,主观过错对犯罪构成的认定和刑事责任的确定具有相当重要的意义。在药事活动民事和行政法律责任中,主观过错则没有那么重要,甚

---

[1] 张文显主编:《法理学》,高等教育出版社、北京大学出版社2011年版,第124页。

至是不以是否存在过错为前提。

第四，损害后果。损害后果是指违法或违约行为给他人或者社会造成的损失和伤害，包括人身伤害、财产损失和精神损失。损害后果应当具有确定性，它应当是行为造成的真实的损害事实，在客观上能够根据法律规定、一般社会观念、公众意识等因素认定，而不是推测的、虚构的、臆想的。在药事活动法律责任中，损害后果不是所有责任都必备的构成要素，有些行为没有造成实际损害也应当承担法律责任。

第五，因果关系。因果关系是行为与损害结果之间的客观联系。法律责任上的因果关系具有客观性，不以人的意志为转移。因果关系的判断是极为复杂的活动，不同性质的法律责任判断标准也是不一样的，如民事侵权法中因果关系的判定就有条件说和相当因果关系说两种理论。在药事活动中，法律责任的认定一般要求违法或者违约行为与损害后果之间存在因果关系。

（四）药事活动法律责任的种类

对药事活动法律责任进行分类，是客观全面认识各种药事活动违法行为性质的必然要求，是对不同性质的违反规范之行为合理界定责任、做到责任大小与行为轻重相适应的必然结果，有利于使复杂的、无序的法律责任更加简单化、条理化，对不同类型的法律责任分别设计不同的实现机制，达到法律责任认定、归结和追究的科学性。言及某个事物的种类，必然涉及一定的分类标准。例如，按照责任承担主体的不同，可以将法律责任分为个人责任、单位责任和国家责任；按照承担的责任之不同内容，可以将法律责任分为财产责任和非财产责任。药事活动法律责任最常见的分类是以责任主体和行为性质为划分标准的两种分类。

1. 按责任主体划分。按照责任主体的不同，药事活动法律责任可以分为市场主体的法律责任、监管主体的法律责任和中间主体的法律责任。

（1）市场主体的法律责任。药事活动从产品研发、制造到使用、消费涉及很长的过程，参与其中的市场主体很多。在药事活动当中，市场主体是最为重要、也是最为庞大的主体，市场主体直接从事药品、化妆品、医疗器械的生产经营，并且市场主体以营利为目的，在趋利性的目的下容易出现违法行为。由于药品的特殊性，一旦市场主体违法违规生产经营，对消费者、社会公众极易造成严重的损失，扰乱正常的社会秩序。因此，药事活动市场主体的法律责任在设置上不能过轻，过轻的法律责任使违法成本过低，不能实现对违法者的惩罚，也无法达到对其他市场主体的震慑作用。正是基于这样的考虑，在总结过去一系列药事安全事件经验教训的基础上，2014年《医疗器械监督管理条例》的修订强化了生产经营者的法律责任，加大了对违法行为的处罚力度。

（2）监管主体的法律责任。国家对药事活动实行严格监管的态度，对药品的生产经营构建了全过程、全方位的监管制度，目的是让老百姓吃的、用的药品足够安全、放心。药事活动监管存在大量的行政许可、行政处罚、行政强制等行政权力，同时还涉及许多新型的监管权力。权力和责任是相伴相随的，不存在无责任的权力，也不存在无权力的责任。有权必有责、用权受监督是行政法治的基本精神。上述这些权力赋予行政机关后，如果行政机关没有认真履行监管职责，就要依法承担相应的法律责任，即监管主体的法律责任。监管主体的法律责任对实现药事活动安全、有序具有重要的意义。大量的事实表明，药品重大安全事件中往往存在或多或少监管失职的问题。

（3）中间主体的法律责任。这里的中间主体是指在药事活动中从事评估、检验、认证等工作的社会团体、行业组织。对药事活动中的这些主体进行法律责任的规制，是药事活动法治化不可或缺的一个部分。以往我们对这一方面缺少应有的关注，导致药品的评估、检测管理不规范，出现了很多问题，因此，必须加强这些中间主体的法律责任。

2. 按行为性质划分。按照违法或者违约行为性质的不同，药事活动法律责任可以分为行政责任、民事责任和刑事责任。

（1）药事活动行政责任。药事活动行政责任是指违反药事行政管理规范而应当承担的行政法律后果，包括监管主体违法的行政法律责任和行政相对人违法的行政法律责任，前者的责任形式体现为行政处分，主要有警告、记过、记大过、降级、撤职、开除等；后者的责任形式主要为行政处罚，包括警告、没收违法所得、没收用于违法生产经营的物资、罚款、责令停产停业、吊销许可证、吊销执业证书、终身禁业、行政拘留等。在针对药事活动的规制手段当中，行政监管措施占有相当重要的地位，起着非常重要的作用。药事活动行政责任是与行政监管措施相配套的必要部分。如果没有相应的行政法律责任，一方面，监管主体的规制手段犹如没有牙齿的老虎，面对药事活动市场主体的违法行为就会无计可施；另一方面，监管主体及其工作人员违法、失职、滥用职权、徇私舞弊等情形也不能得到有效治理。

（2）药事活动民事责任。药事活动民事责任是发生在平等主体之间的违反民事法律规范或者约定而应承担的不利后果。《民法总则》第176条规定："民事主体依照法律规定和当事人约定，履行民事义务，承担民事责任。"民事法律责任可以分为赔偿性责任和惩罚性责任。赔偿性责任重在填平受害者所受到的损失，对受害者给予补救；而惩罚性责任对责任人来说则要承担远远大于受害者损失的责任，对行为人起到了一种巨大的震慑作用，近年来在我国药事领域有逐渐兴起之势。民事责任还可以分为违约责任和侵权责任。违约责任是违反合同而引起的责任，一般只发生在合同相对方之间；侵权责任是因为侵权行为而引起的，责任双方的范围比违约责任要宽泛得多。在药事活动民事责任中，侵权责任要比违约责任更为常见。承担民事责任的方式主要有：停止侵害，排除妨碍，消除危险，返还财产，恢复原状，修理、重作、更换，继续履行，赔偿损失，支付违约金，消除影响、恢复名誉，赔礼道歉等。

（3）药事活动刑事责任。药事活动刑事责任是违反刑法的法律后果。因为药事刑事犯罪对社会危害最为严重，所以，药事活动刑事责任在所有的法律责任当中最为严厉。根据罪刑法定原则，被追究刑事责任的行为都必须以触犯刑法规定为前提。刑事责任的完善和追究，能够有效惩治犯罪行为人，减少药事违法犯罪活动，保障人民群众的生命健康。当然，刑法也要保持一定的谦抑性，始终作为保障药事活动安全、有序的最后一道防线。刑事责任的承担方式有主刑和附加刑，主刑包括管制、拘役、有期徒刑、无期徒刑和死刑，附加刑包括罚金、剥夺政治权利和没收财产，对于犯罪的外国人，可以独立适用或者附加适用驱逐出境。

二、药事违法的行政责任

（一）药品监管领域违法行为的行政责任

1. 无证经营的行政法律责任。《药品管理法》第72条规定："未取得《药品生产许可证》、《药品经营许可证》或者《医疗机构制剂许可证》生产药品、经营药品的，依法予以取缔，没收违法生产、销售的药品和违法所得，并处违法生产、销售的药品（包括已售出的和未售出的药品，下同）货值金额2倍以上5倍以下的罚款。"

2. 生产、销售假药、劣药的行政法律责任。《药品管理法》第73条和第74条分别对生产、销售假药和劣药的行政责任作了规定，第73条规定："生产、销售假药的，没收违法生产、销售的药品和违法所得，并处违法生产、销售药品货值金额2倍以上5倍以下的罚款；有药品批准证明文件的予以撤销，并责令停产、停业整顿；情节严重的，吊销《药品生产许可证》、《药品经营许可证》或者《医疗机构制剂许可证》；……"第74条规定："生产、销售劣药的，没收违法生产、销售的药品和违法所得，并处违法生产、销售药品货值金额1倍以上3倍以下的罚款；情节严重的，责令停产、停业整顿或者撤销药品批准证明文件、吊销《药品生产许可证》、《药品经营许可证》或者《医疗机构制剂许可证》……"法律还对单位生产、销售假药、劣药明确了双罚制，即情节严重的，不仅惩罚单位，其直接负责的主管人员和其他直接责任人员10年内不得从事药品生产、经营活动。对生产者专门用于生产假药、劣药的原辅材料、包装材料、生产设备，予以没收。

3. 假劣药品流通环节的行政法律责任。《药品管理法》第76条规定："知道或者应当知道属于假劣药品而为其提供运输、保管、仓储等便利条件的，没收全部运输、保管、仓储的收入，并处违法收入50%以上3倍以下的罚款；……"该条规定的责任主体是为假劣药品提供运输、保管、仓储等便利条件的法律主体，主观方面要求行为人必须知道或者应当知道属于假劣药品。

4. 违反药品质量管理规范的行政法律责任。《药品管理法》第78条规定："药品的生产企业、经营企业、药物非临床安全性评价研究机构、药物临床试验机构未按照规定实施《药品生产质量管理规范》、《药品经营质量管理规范》、药物非临床研究质量管理规范、药物临床试验质量管理规范的，给予警告，责令限期改正；逾期不改正的，责令停产、停业整顿，并处5000元以上2万元以下的罚款；情节严重的，吊销《药品生产许可证》、《药品经营许可证》和药物临床试验机构的资格。"

5. 违反进货渠道规定的行政法律责任。《药品管理法》第79条规定:"药品的生产企业、经营企业或者医疗机构违反本法第34条的规定,从无《药品生产许可证》、《药品经营许可证》的企业购进药品的,责令改正,没收违法购进的药品,并处违法购进药品货值金额2倍以上5倍以下的罚款;有违法所得的,没收违法所得;情节严重的,吊销《药品生产许可证》、《药品经营许可证》或者医疗机构执业许可证书。"

6. 违反进口药品备案要求的行政法律责任。《药品管理法》第80条规定:"进口已获得药品进口注册证书的药品,未按照本法规定向允许药品进口的口岸所在地的药品监督管理部门登记备案的,给予警告,责令限期改正;逾期不改正的,撤销进口药品注册证书。"

7. 违反药品证照管理规定的行政法律责任。一是伪造、变造、买卖、出租、出借许可证或者药品批准证明文件。根据《药品管理法》第81条的规定,没收违法所得,并处违法所得1倍以上3倍以下的罚款;没有违法所得的,处2万元以上10万元以下的罚款;情节严重的,并吊销卖方、出租方、出借方的《药品生产许可证》《药品经营许可证》《医疗机构制剂许可证》或者撤销药品批准证明文件。二是非法获取许可证或药品批准证明文件。根据《药品管理法》第82条的规定,违法提供虚假的证明、文件资料、样品或者采取其他欺骗手段取得《药品生产许可证》《药品经营许可证》《医疗机构制剂许可证》或者药品批准证明文件的,吊销前述许可证或者撤销药品批准证明文件,5年内不受理其申请,并处1万元以上3万元以下的罚款。

8. 销售医院制剂的行政法律责任。《药品管理法》第83条规定:"医疗机构将其配制的制剂在市场销售的,责令改正,没收违法销售的制剂,并处违法销售制剂货值金额1倍以上3倍以下的罚款;有违法所得的,没收违法所得。"

9. 违反药品购销记录和销售注意事项的行政法律责任。《药品管理法》第84条规定:"药品经营企业违反本法第18条、第19条规定的,责令改正,给予警告;情节严重的,吊销《药品经营许可证》。"

10. 药品标识不当的行政法律责任。《药品管理法》第85条规定:"药品标识不符合本法第54条规定的,除依法应当按照假药、劣药论处的外,责令改正,给予警告;情节严重的,撤销该药品的批准证明文件。"

11. 药品检验机构违法的行政法律责任。《药品管理法》第86条规定:"药品检验机构出具虚假检验报告,构成犯罪的,依法追究刑事责任;不构成犯罪的,责令改正,给予警告,对单位并处3万元以上5万元以下的罚款;对直接负责的主管人员和其他直接责任人员依法给予降级、撤职、开除的处分,并处3万元以下的罚款;有违法所得的,没收违法所得;情节严重的,撤销其检验资格。……"

12. 其他行政法律责任。《药品管理法》第88~91条,分别规定了违反药品价格管理、药品商业贿赂、违反药品广告管理的行政责任;第93~96条,分别规定了药监部门行政许可、行政确认行为渎职,药监机构违反从业禁止,药监机构违法收取检验费用，药监部门未履行监督检查职责的行政责任；第98条规定，药品监督管理人员滥用职权、徇私舞弊、玩忽职守，尚不构成犯罪的，依法给予行政处分。

（二）中医药监管领域违法行为的行政责任

1. 主管及其他部门行政不作为的行政法律责任。《中医药法》第53条规定："县级以上人民政府中医药主管部门及其他有关部门未履行本法规定的职责的，由本级人民政府或者上级人民政府有关部门责令改正；情节严重的，对直接负责的主管人员和其他直接责任人员，依法给予处分。"近年来，中医药主管部门行政不作为的现象较为突出，依法对未履行法定职责的行为给予惩戒，有利于改正行政不作为，及时履行法定职责。

2. 中医诊所超出备案范围开展诊疗活动的行政法律责任。《中医药法》第54条规定："违反本法规定，中医诊所超出备案范围开展医疗活动的，由所在地县级人民政府中医药主管部门责令改正，没收违法所得，并处1万元以上3万元以下罚款；情节严重的，责令停止执业活动。中医诊所被责令停止执业活动的，其直接负责的主管人员自处罚决定作出之日起5年内不得在医疗机构内从事管理工作。医疗机构聘用上述不得从事管理工作的人员从事管理工作的，由原发证部门吊销执业许可证或者由原备案部门责令停止执业活动。"

3. 中医药师超出注册执业范围从事医疗活动的行政法律责任。《中医药法》第55条规定："违反本法规定，经考核取得医师资格的中医医师超出注册的执业范围从事医疗活动的，由县级以上人民政府中医药主管部门责令暂停6个月以上1年以下执业活动，并处1万元以上3万元以下罚款；情节严重的，吊销执业证书。"

4. 违反备案规定的行政法律责任。《中医药法》第56条规定："违反本法规定，举办中医诊所、炮制中药饮片、委托配制中药制剂应当备案而未备案，或者备案时提供虚假材料的，由中医药主管部门和药品监督管理部门按照各自职责分工责令改正，没收违法所得，并处3万元以下罚款，向社会公告相关信息；拒不改正的，责令停止执业活动或者责令停止炮制中药饮片、委托配制中药制剂活动，其直接责任人员5年内不得从事中医药相关活动。医疗机构应用传统工艺配制中药制剂未依照本法规定备案，或者未按照备案材料载明的要求配制中药制剂的，按生产假药给予处罚。"

5. 违法发布医疗广告的行政法律责任。《中医药法》第57条规定："违反本法规定，发布的中医医疗广告内容与经审查批准的内容不相符的，由原审查部门撤销该广告的审查批准文件，1年内不受理该医疗机构的广告审查申请。违反本法规定，发布中医医疗广告有前款规定以外违法行为的，依照《中华人民共和国广告法》的规定给予处罚。"

6. 在中药材种植过程中使用剧毒、高毒农药的行政法律责任。《中医药法》第58条规定："违反本法规定，在中药材种植过程中使用剧毒、高毒农药的，依照有关法律、法规规定给予处罚；情节严重的，可以由公安机关对其直接负责的主管人员和其他直接责任人员处 5 日以上 15 日以下拘留。"

(三)化妆品监管领域违法行为的行政责任

1. 违反生产许可的行政法律责任。《化妆品卫生监督条例》第 24 条规定:"未取得《化妆品生产企业卫生许可证》的企业擅自生产化妆品的,责令该企业停产,没收产品及违法所得,并且可以处违法所得 3 到 5 倍的罚款。"第 25 条规定:"生产未取得批准文号的特殊用途的化妆品,或者使用化妆品禁用原料和未经批准的化妆品新原料的,没收产品及违法所得,处违法所得 3 到 5 倍的罚款。并且可以责令该企业停产或者吊销《化妆品生产企业卫生许可证》。"

2. 违反进口管理规定的行政法律责任。《化妆品卫生监督条例》第 26 条规定:"进口或者销售未经批准或者检验的进口化妆品的,没收产品及违法所得,并且可以处违法所得 3 到 5 倍的罚款。对已取得批准文号的生产特殊用途化妆品的企业,违反本条例规定,情节严重的,可以撤销产品的批准文号。"

3. 生产、销售不符合卫生标准的化妆品的行政法律责任。《化妆品卫生监督条例》第 27 条规定:"生产或者销售不符合国家《化妆品卫生标准》的化妆品的,没收产品及违法所得,并且可以处违法所得 3 到 5 倍的罚款。"

4. 其他行政法律责任。《化妆品卫生监督条例》第 28 条规定:"对违反本条例其他有关规定的,处以警告,责令限期改进;情节严重的,对生产企业,可以责令该企业停产或者吊销《化妆品生产企业卫生许可证》,对经营单位,可以责令其停止经营,没收违法所得,并且可以处违法所得 2 到 3 倍的罚款。"第 32 条规定:"化妆品卫生监督员滥用职权,营私舞弊以及泄露企业提供的技术资料的,由卫生行政部门给予行政处分,……"

需要注意的是,《化妆品卫生监督条例》制定于 1989 年,距今已有近 30 年的时间。随着经济社会和化妆品产业的快速发展,该条例已经不适应形势发展需要,其法律责任也难以适应实际需求,亟待进行全面修订。目前该条例存在的具体问题有如下几个方面:①处罚力度过轻。目前规定罚款在违法所得的 2~5 倍之间,罚款额度偏低,不利于惩治违法者及警戒潜在违法者。对此,我们建议应当适当提高对违法行为的罚款额度,将罚款基数由违法所得调整为货值金额,并规定最低罚款数额。②法律责任不能覆盖各种违法情形。由于条例规范的范围有限,导致法律责任的覆盖范围也有限。对此,我们建议应当扩大条例的适应范围,并且按照违法行为的轻重分条设置全面的法律责任。③处罚种类单一。我们建议应当增加对违法生产经营、检验机构违法等的资格罚。④企业违法的处罚制度不完善。目前企业违法的未实行双罚制,对此,我们建议应当增加同时对负有责任的责任人的处罚。⑤无免责条款。我们认为,对于在化妆品质量安全管理规定中未违反规定的,应当设置免责条款。

(四)医疗器械监管领域违法行为的行政责任

1. 违反医疗器械许可、备案管理规定的行政法律责任。《医疗器械监督管理条例》第 63~65 条分别规定了未注册或未经许可生产经营医疗器械、配置使用大型医用设备，骗取及违规使用许可证件，未备案或提供虚假备案材料的法律责任。2017年国务院修改《医疗器械监督管理条例》，将大型医用设备配置审批由非行政许可审批事项调整为行政许可事项，并在第63条增加了相应的法律责任。

2. 违反医疗器械生产经营管理规范的行政法律责任。《医疗器械监督管理条例》第66~68条分别规定了生产、经营、使用不合格的医疗器械，违规生产、经营、运输、贮存、转让医疗器械，违反医疗器械生产、经营、使用各项日常管理规范的法律责任。2017年条例修改时在第66条增加了一款，规定了医疗器械经营企业、使用单位的免责情形。

3. 违反医疗器械临床试验、检验、广告、审评、监测活动管理规定的行政法律责任。《医疗器械监督管理条例》第69~72条分别规定了临床试验活动违规，医疗器械检验机构违规，医疗器械广告活动违规，医疗器械技术审评机构、医疗器械不良事件监测技术机构违规的法律责任。《医疗器械注册管理办法》第73条对违法开展临床试验的法律责任进行了补充。

4. 监管部门违法的行政法律责任。相关内容规定在《医疗器械监督管理条例》第74条，该条规定："违反本条例规定，县级以上人民政府食品药品监督管理部门或者其他有关部门不履行医疗器械监督管理职责或者滥用职权、玩忽职守、徇私舞弊的，由监察机关或者任免机关对直接负责的主管人员和其他直接责任人员依法给予警告、记过或者记大过的处分；造成严重后果的，给予降级、撤职或者开除的处分。"

三、药事活动的民事责任

药事活动的民事责任是由于民事违法行为而引起的法律责任。狭义上，药事活动的民事责任仅包括围绕药事注册、研制、生产、流通、销售、使用等核心活动引发的民事责任。广义上，药事活动的民事责任还包括与药事有关的广告、检验、评估、认证、涉知识产权等行为产生的民事责任。调整药事民事法律关系的法律规范有药事领域的特别法律，如《药品管理法》，也包括一般民事法律规范，主要是《民法总则》《合同法》《侵权责任法》《产品质量法》《消费者权益保护法》等。此外，最高人民法院于2013年发布了《最高人民法院关于审理食品药品纠纷案件适用法律若干问题的规定》（以下简称《食药纠纷案件适用法律规定》），对法院审理药品纠纷案件作了规定，化妆品、保健品等产品的民事纠纷参照适用该规定。

（一）药事活动违约责任

《合同法》第107条规定："当事人一方不履行合同义务或者履行合同义务不符合约定的，应当承担继续履行、采取补救措施或者赔偿损失等违约责任。"违约责任是药事活动民事责任的一种类型，如《产品质量法》第40条规定的产品质量瑕疵担保责任在责任性质上即属于违约责任。

1. 药事活动违约责任的构成要件。违约责任的构成要件与归责原则具有密切的关系。我国合同法采取的归责原则既有严格责任原则也有过错责任原则，以严格责任为一般情况,过错责任为特殊情况。按照过错责任原则,损害赔偿责任构成要件包括损害事实、违约行为、违约行为与损害事实之间的因果关系、过错;严格责任下违约责任的构成要件主要包括:违约行为、不存在法定和约定的免责事由。[1]《食药纠纷案件适用法律规定》第5条第1款规定:"消费者举证证明所购买食品、药品的事实以及所购食品、药品不符合合同的约定,主张食品、药品的生产者、销售者承担违约责任的,人民法院应予支持。"从该条关于举证责任的规定来看,一般而言,药事活动的违约责任以严格责任为归责原则,其构成要件主要有违约责任主体、违约行为、无免责事由。

2. 药事活动违约责任的责任形式。根据《合同法》第107条的规定,违约责任的承担形式主要有继续履行、采取补救措施、赔偿损失三种基本类型。根据《合同法》第111条、《产品质量法》第40条、《消费者权益保护法》第24条和第52条的规定,违约责任的具体承担形式有更换、退货、补足商品数量、减少价款、退还货款、赔偿损失等。除此之外,根据合同当事人之间的约定,违约责任还有支付违约金、承担定金责任等责任形式。在药事活动中,守约方可以根据违约责任形式的适用条件和具体实际情况,要求违约方承担上述一种或者多种违约责任。

3. 药事活动违约责任的免责事由。"免责是指在合同的履行过程中,因出现了法定的免责条件和合同约定的免责事由而导致合同不能履行,债务人将被免除履行义务。这些法定的免责条件和约定的免责事由统称为免责事由。"[2]我国《合同法》第117条规定了一种法定的免责事由,即不可抗力。根据该条规定,因不可抗力不能履行合同的,根据不可抗力的影响,部分或者全部免除责任,但法律另有规定的除外。当事人迟延履行后发生不可抗力的,不能免除责任。除了法定的免责事由,当事人还可以在合同中约定免责条款。

(二)药事活动侵权责任

药事活动侵权责任是指药事活动主体实施侵权行为而应当承担的不利法律后果。《侵权责任法》第2条第1款规定:"侵害民事权益,应当依照本法承担侵权责任。"以下所讲的药事活动侵权责任是最狭义的药事侵权责任,即药品缺陷致人损害的责任。《侵权责任法》第五章对产品责任的规定、第七章对医疗损害责任的规定,《产品质量法》对产品缺陷责任的规定,《消费者权益保护法》对商品致害的损害赔偿责任的规定,以及药事法的有关规定共同构成了药事活动侵权责任的法律渊源。

1. 药事活动侵权责任的归责原则。药事活动侵权责任采用过错责任和无过错责任并存的归责原则,根据具体的侵权情形、法律依据而选择适用。过错责任以行为人的过错作为认定侵权责任的基础条件之一,"无过错即无责任",行为人如果不存在主观上的过错,即使满足其他构成要件,也不承担侵权责任。《侵权责任法》第42

---

[1] 参见王利明、房绍坤、王轶:《合同法》,中国人民大学出版社2013年版,第202~204页。
[2] 王利明:《合同法研究(第二卷)》,中国人民大学出版社2003年版,第459页。

条、《产品质量法》第 42 条规定的销售者承担的产品缺陷责任是过错责任。根据这两条的规定，由于销售者的过错使产品存在缺陷，造成人身、他人财产损害的，销售者应当承担赔偿责任；销售者不能指明缺陷产品的生产者也不能指明缺陷产品的供货者的，销售者应当承担赔偿责任。采用过错推定的归责方式，若销售者不能举证证明自己无过错，则不能免除侵权责任。无过错责任在认定行为人的侵权责任时不考虑其有无过错。《侵权责任法》第 7 条规定："行为人损害他人民事权益，不论行为人有无过错，法律规定应当承担侵权责任的，依照其规定。"无过错责任是社会变化为了更好地保护被侵权人而发展出来的归责原则。《侵权责任法》第 41 条、《产品质量法》第 41 条规定的生产者承担的产品缺陷责任，以及《侵权责任法》第 59 条规定的因药品、消毒药剂、医疗器械的缺陷产生的医疗产品责任都是无过错责任。

2. 药事活动侵权责任的构成要件。采用过错责任情况下，药事活动侵权的构成要件包括产品存在缺陷、损害事实、产品缺陷与损害事实之间的因果关系、行为人的过错；在无过错责任归责原则下，药事活动侵权的构成要件包括产品存在缺陷、损害事实、产品缺陷与损害事实之间具有因果关系。所谓产品缺陷，是指产品质量不合格。《产品质量法》第 46 条规定："本法所称缺陷，是指产品存在危及人身、他人财产安全的不合理的危险；产品有保障人体健康和人身、财产安全的国家标准、行业标准的，是指不符合该标准。"产品是否存在缺陷的判断标准，分为法定标准和一般标准，前者是关于产品质量的国家标准和行业标准，后者是一个理性人在一般情况下对产品安全性的期望。

3. 药事活动侵权责任的责任形式。《侵权责任法》第 15 条规定了承担侵权责任的主要方式：停止侵害、排除妨碍、消除危险、返还财产、恢复原状、赔偿损失、赔礼道歉、消除影响、恢复名誉。在药事活动中，根据药事法律的具体规定，药事侵权的责任形式主要有：

（1）排除妨碍、消除危险、召回。《侵权责任法》第 45 条规定："因产品缺陷危及他人人身、财产安全的，被侵权人有权请求生产者、销售者承担排除妨碍、消除危险等侵权责任。"第 46 条规定："产品投入流通后发现存在缺陷的，生产者、销售者应当及时采取警示、召回等补救措施。未及时采取补救措施或者补救措施不力造成损害的，应当承担侵权责任。"

（2）赔偿损失。因药品存在缺陷造成消费者的合法权益受到损失的，应当赔偿损失。根据《侵权责任法》第 16 条、《产品质量法》第 44 条、《消费者权益保护法》第 49 条等的规定，因产品存在缺陷造成受害人人身伤害的，侵害人应当赔偿医疗费、护理费、交通费、因误工减少的收入；造成残疾的，还应当赔偿残疾生活辅助具费、生活补助费、残疾赔偿金以及由其扶养的人所必需的生活费等费用；造成受害人死亡的，并应当支付丧葬费、死亡赔偿金以及由死者生前扶养的人所必需的生活费等费用。根据《侵权责任法》第 22 条的规定，侵害他人人身权益，造成他人严重精神损害的，被侵权人可以请求精神损害赔偿。

(3) 惩罚性赔偿。《侵权责任法》第 47 条、《消费者权益保护法》第 55 条、《食品安全法》第 148 条规定了药事活动中的惩罚性赔偿。

4. 药事活动侵权责任的免责事由。《产品质量法》第 41 条第 2 款规定："生产者能够证明有下列情形之一的，不承担赔偿责任：①未将产品投入流通的；②产品投入流通时，引起损害的缺陷尚不存在的；③将产品投入流通时的科学技术水平尚不能发现缺陷的存在的。"

（三）药事活动民事责任的其他问题

1. 违约责任和侵权责任的竞合。民事责任竞合是指行为人实施了一个违法行为，同时符合多个民事责任的构成要件，从而导致多种民事责任。其基本特征是：同一个民事行为主体；有且只有一个不法行为；违反两个或者两个以上民事规范，产生多种民事责任；多种民事责任相互冲突。药事活动领域中，违约责任和侵权责任的竞合是常有之事。对这两种民事责任的竞合如何处理，是一个复杂又极具争议的话题。对此，《合同法》采取了限制竞合的态度，该法第 122 条规定："因当事人一方的违约行为，侵害对方人身、财产权益的，受损害方有权选择依照本法要求其承担违约责任或者依照其他法律要求其承担侵权责任。"《侵权责任法》关于产品责任的规定也涉及此问题。上述法律规定应当如何理解，司法实践中究竟采取何种立场，还有待进一步地探讨。

2. 民事责任优先。药事活动民事责任不仅存在内部的竞合，还涉及同行政责任、刑事责任的关系问题。当同一责任主体同时面临民事赔偿、行政罚款和刑事罚金的时候，如果责任人的财产不足以承担全部责任，就会产生如何执行的问题。我国法律规定应当优先承担民事责任。《侵权责任法》第 4 条第 2 款规定："因同一行为应当承担侵权责任和行政责任、刑事责任，侵权人的财产不足以支付的，先承担侵权责任。"《民法总则》第 187 条规定："民事主体因同一行为应当承担民事责任、行政责任和刑事责任的，承担行政责任或者刑事责任不影响承担民事责任；民事主体的财产不足以支付的，优先用于承担民事责任。"

3. 首负责任制。首负责任制，就是消费者在合法权益受到损害，向生产者或者经营者要求赔偿时，由首先接到赔偿要求的生产者或者经营者负责先行赔付，再由先行赔付的生产者或者经营者向相关责任人追偿。首付责任制有利于防止生产经营者相互推诿，维护消费者合法权益。[1]《产品质量法》第 43 条规定："因产品存在缺陷造成人身、他人财产损害的，受害人可以向产品的生产者要求赔偿，也可以向产品的销售者要求赔偿。属于产品的生产者的责任，产品的销售者赔偿的，产品的销售者有权向产品的生产者追偿。属于产品的销售者的责任，产品的生产者赔偿的，产品的生产者有权向产品的销售者追偿。"此外，《消费者权益保护法》第 40 条第 2

---

[1] 全国人大常委会法制工作委员会行政法室编著：《中华人民共和国食品安全法解读》，中国法制出版社 2015 年版，第 392 页。

款也有类似的规定。

4. 惩罚性赔偿。《消费者权益保护法》第 55 条规定:"经营者提供商品或者服务有欺诈行为的,应当按照消费者的要求增加赔偿其受到的损失,增加赔偿的金额为消费者购买商品的价款或者接受服务的费用的 3 倍;增加赔偿的金额不足 500 元的,为 500 元。法律另有规定的,依照其规定。经营者明知商品或者服务存在缺陷,仍然向消费者提供,造成消费者或者其他受害人死亡或者健康严重损害的,受害人有权要求经营者依照本法第 49 条、第 51 条等法律规定赔偿损失,并有权要求所受损失 2 倍以下的惩罚性赔偿。"

5. 连带责任。连带责任是指依照法律规定或者当事人约定,两个或者两个以上当事人对其共同债务全部承担或部分承担,并能因此引起其内部债务关系的一种民事责任。根据《产品质量法》《消费者权益保护法》《广告法》《食药纠纷案件适用法律规定》的有关规定,药事活动中承担连带责任的情形主要有:

(1) 网络交易平台提供者知道或者应当知道药品的生产者、销售者利用其平台侵害消费者合法权益,未采取必要措施,给消费者造成损害,与生产者、销售者承担连带责任。

(2) 广告经营者、发布者设计、制作、发布药品虚假广告,使消费者的合法权益受到损害的,应当与生产经营者承担连带责任。

(3) 社会团体或者其他组织、个人,在虚假广告中向消费者推荐药品,使消费者遭受损害,与生产者、销售者承担连带责任。

(4) 药品检验机构故意出具虚假检验报告,造成消费者损害,与生产经营者承担连带责任。

(5) 产品质量认证机构违法出具虚假认证,造成消费者损害,与产品的生产者、销售者承担连带责任。

四、药事犯罪的刑事责任

药事犯罪的刑事责任规定在我国刑法中。与药事犯罪有关的罪名主要有:

(一) 市场主体的刑事责任

1. 生产、销售伪劣产品罪。《刑法》第 140 条规定:"生产者、销售者在产品中掺杂、掺假,以假充真,以次充好或者以不合格产品冒充合格产品,销售金额 5 万元以上不满 20 万元的,处 2 年以下有期徒刑或者拘役,并处或者单处销售金额 50% 以上 2 倍以下罚金;销售金额 20 万元以上不满 50 万元的,处 2 年以上 7 年以下有期徒刑,并处销售金额 50% 以上 2 倍以下罚金;销售金额 50 万元以上不满 200 万元的,处 7 年以上有期徒刑,并处销售金额 50% 以上 2 倍以下罚金;销售金额 200 万元以上的,处 15 年有期徒刑或者无期徒刑,并处销售金额 50% 以上 2 倍以下罚金或者没收财产。"

生产、销售伪劣产品罪与生产、销售特定种类伪劣产品犯罪存在区别。《刑法》第 141~148 条规定了生产、销售假药、劣药、不符合标准的医疗器材、不符合卫生标准的化妆品等多种特定种类伪劣产品的犯罪,它们之间的区别主要有:①犯罪对象不同。本罪是生产、销售一般的伪劣产品,没有对产品进行特别限定,后几种罪名是以特定产品为犯罪对象。②犯罪构成的客观要件不同。本罪要求销售金额5万元以上,后几种罪名在犯罪构成的客观要件上不尽一致。

本罪与生产、销售特定种类伪劣产品犯罪属普通法与特别法关系,一般情况特别法应当优于普通法适用,但是,《刑法》第149条规定,生产、销售第141~148条所列产品,构成各该条规定的犯罪,同时又构成第140条规定之罪的,依照处罚较重的规定定罪处罚。当不构成各特别犯罪,但是销售金额在5万元以上时,依照第140条的规定定罪处罚。

2. 生产、销售假药罪。生产、销售假药罪,是指生产者、销售者违反国家药品管理法规,生产、销售假药的行为。所谓假药,是指依照《药品管理法》的规定属于假药和按假药处理的药品、非药品。

根据《刑法》第141条和第150条的规定,生产、销售假药的,处3年以下有期徒刑或者拘役,并处罚金;对人体健康造成严重危害或者有其他严重情节的,处3年以上10年以下有期徒刑,并处罚金;致人死亡或者有其他特别严重情节的,处10年以上有期徒刑、无期徒刑或者死刑,并处罚金或者没收财产。单位犯本罪的,对单位判处罚金,并对其直接负责的主管人员和其他直接责任人员,依照该条的规定处罚。

根据《最高人民法院、最高人民检察院关于办理危害药品安全刑事案件适用法律若干问题的解释》第2~4条的规定,生产、销售假药,具有下列情形之一的,应当认定为《刑法》第141条规定的"对人体健康造成严重危害":①造成轻伤或者重伤的;②造成轻度残疾或者中度残疾的;③造成器官组织损伤导致一般功能障碍或者严重功能障碍的;④其他对人体健康造成严重危害的情形。生产、销售假药,具有下列情形之一的,应当认定为《刑法》第141条规定的"其他严重情节":①造成较大突发公共卫生事件的;②生产、销售金额20万元以上不满50万元的;③生产、销售金额10万元以上不满20万元,并具有该解释第1条规定情形之一的;④根据生产、销售的时间、数量、假药种类等,应当认定为情节严重的。生产、销售假药,具有下列情形之一的,应当认定为《刑法》第141条规定的"其他特别严重情节":①致人重度残疾的;②造成3人以上重伤、中度残疾或者器官组织损伤导致严重功能障碍的;③造成5人以上轻度残疾或者器官组织损伤导致一般功能障碍的;④造成10人以上轻伤的;⑤造成重大、特别重大突发公共卫生事件的;⑥生产、销售金额50万元以上的;⑦生产、销售金额20万元以上不满50万元,并具有该解释第1条规定情形之一的;⑧根据生产、销售的时间、数量、假药种类等,应当认定为情节特别严重的。

3. 生产、销售劣药罪。生产、销售劣药罪,是指违反国家药品管理法规生产、销售劣药,对人体健康造成严重危害的行为。由于劣药的危害较假药小,因此本罪是实害犯,以对人体健康造成严重危害为成立要件。根据《药品管理法》第 49 条的规定,药品成分的含量不符合国家药品标准的,为劣药。有下列情形之一的药品,按劣药论处:①未标明有效期或者更改有效期的;②不注明或者更改生产批号的;③超过有效期的;④直接接触药品的包装材料和容器未经批准的;⑤擅自添加着色剂、防腐剂、香料、矫味剂及辅料的;⑥其他不符合药品标准规定的。

根据《刑法》第 142 条和第 150 条的规定,犯本罪的,处 3 年以上 10 年以下有期徒刑,并处销售金额 50% 以上 2 倍以下罚金;后果特别严重的,处 10 年以上有期徒刑或者无期徒刑,并处销售金额 50% 以上 2 倍以下罚金或者没收财产。单位犯本罪的,对单位判处罚金,并对其直接负责的主管人员和其他直接责任人员,依照上述规定处罚。

4. 生产、销售不符合标准的医用器材罪。生产、销售不符合标准的医用器材罪,是指生产不符合保障人体健康的国家标准、行业标准的医疗器械、医用卫生材料,或者销售明知是不符合国家标准、行业标准的医疗器械、医用卫生材料,对人体健康造成严重危害的行为。

根据《刑法》第 145 条和第 150 条的规定,犯本罪的,处 3 年以下有期徒刑或者拘役,并处销售金额 50% 以上 2 倍以下罚金;对人体健康造成严重危害的,处 3 年以上 10 年以下有期徒刑,并处销售金额 50% 以上 2 倍以下罚金;后果特别严重的,处 10 年以上有期徒刑或者无期徒刑,并处销售金额 50% 以上 2 倍以下罚金或者没收财产。单位犯本罪的,对单位判处罚金,并对其直接负责的主管人员和其他直接责任人员,依照上述规定处罚。

5. 生产、销售不符合安全标准的产品罪。生产、销售不符合安全标准的产品罪,是指生产不符合保障人身、财产安全的国家标准、行业标准的电器、压力容器、易燃易爆产品或者其他不符合保障人身、财产安全的国家标准、行业标准的产品,或者销售明知是以上不符合保障人身、财产安全的国家标准、行业标准的产品,造成严重后果的行为。

根据《刑法》第 146 条和第 150 条的规定,犯本罪的,处 5 年以下有期徒刑,并处销售金额 50% 以上 2 倍以下罚金;后果特别严重的,处 50 年以上有期徒刑,并处销售金额百 50% 以上 2 倍以下罚金。单位犯本罪的,对单位判处罚金,并对其直接负责的主管人员和其他直接责任人员,依照上述规定处罚。

6. 生产、销售不符合卫生标准的化妆品罪。生产、销售不符合卫生标准的化妆品罪,是指行为人违反有关化妆品管理法规,生产、销售不符合卫生标准的化妆品,并造成严重后果的行为。根据《刑法》第 148 条和第 150 条的规定,犯本罪的,处 3 年以下有期徒刑或者拘役,并处或者单处销售金额 50% 以上 2 倍以下罚金。单位犯本罪的,对单位判处罚金,并对其直接负责的主管人员和其他直接责任人员,依照上述规定处罚。

7. 非法经营罪。本罪是指违反国家规定,故意从事非法经营,扰乱市场秩序,情节严重的行为。在药事活动领域，根据最高人民法院、最高人民检察院、公安部《关于办理走私、非法买卖麻黄碱类复方制剂等刑事案件适用法律若干问题的意见》，非法买卖麻黄碱类复方制剂或者运输、携带、寄递麻黄碱类复方制剂进出境，没有证据证明系用于制造毒品或者走私、非法买卖制毒物品，或者未达到走私制毒物品罪、非法买卖制毒物品罪的定罪数量标准，构成非法经营罪、走私普通货物、物品罪等其他犯罪的，依法定罪处罚。

根据《刑法》第225条，犯本罪的，处5年以下有期徒刑或者拘役，并处或者单处违法所得1倍以上5倍以下罚金；情节特别严重的，处5年以上有期徒刑，并处违法所得1倍以上5倍以下罚金或者没收财产。单位犯本罪的，对单位判处罚金，并对其直接负责的主管人员和其他直接责任人员，依照上述规定处罚。

8. 虚假广告罪。虚假广告罪，是指广告主、广告经营者、广告发布者违反国家规定，利用广告对商品或服务作虚假宣传，情节严重的行为。根据《刑法》第222条的规定，犯本罪的，处2年以下有期徒刑或者拘役，并处或者单处罚金。单位犯本罪的，对单位判处罚金，并对其直接负责的主管人员和其他直接责任人员，依照上述规定处罚。

9. 逃避商检罪。逃避商检罪，是指违反进出口商品检验法的规定，逃避商品检验，将必须经商检机构检验的进口商品未报经检验而擅自销售、使用，或者将必须经商检机构检验的出口商品未报经检验合格而擅自出口，情节严重的行为。根据《刑法》第230条的规定，犯本罪的，处3年以下有期徒刑或者拘役，并处或者单处罚金。单位犯本罪的，对单位判处罚金，并对其直接负责的主管人员和其他直接责任人员，依照上述规定处罚。

（二）监管主体的刑事责任

1. 滥用职权罪。滥用职权罪，是指国家机关工作人员超越职权，违法决定、处理其无权决定、处理的事项，或者违反规定处理公务，致使公共财产、国家和人民利益遭受重大损失的行为。根据《刑法》第397条的规定，犯本罪处3年以下有期徒刑或者拘役；情节特别严重的，处3年以上7年以下有期徒刑。国家机关工作人员徇私舞弊，犯前款罪的，处5年以下有期徒刑或者拘役；情节特别严重的，处5年以上10年以下有期徒刑。

2. 玩忽职守罪。玩忽职守罪，是指国家机关工作人员严重不负责任，不履行或者不认真履行职责，致使公共财产、国家和人民利益遭受重大损失的行为。本罪的刑事责任和滥用职权罪相同。滥用职权罪与玩忽职守罪的区别：故意实施的违背职责的行为，是滥用职权罪；过失实施的违背职责的行为，是玩忽职守罪。[1]

3. 徇私舞弊不移交刑事案件罪。徇私舞弊不移交刑事案件罪，是指行政执法人员徇私舞弊，对依法应当移交司法机关追究刑事责任的案件不移交，情节严重的行

---

[1] 张明楷：《刑法学》，法律出版社2011年版，第1097页。

为。根据《刑法》第402条的规定，犯本罪的，处3年以下有期徒刑或者拘役；造成严重后果的，处3年以上7年以下有期徒刑。

4. 食品监管渎职罪。食品监管渎职罪，是指负有食品安全监督管理职责的国家机关工作人员，滥用职权或者玩忽职守，导致发生重大食品安全事故或者造成其他严重后果的行为。根据《刑法》第408条的规定，犯本罪的，处5年以下有期徒刑或者拘役；造成特别严重后果的，处5年以上10年以下有期徒刑。徇私舞弊犯本罪的，从重处罚。

5. 商检徇私舞弊罪。商检徇私舞弊罪，是指国家商检部门、商检机构的工作人员徇私舞弊，伪造检验结果的行为。根据《刑法》第412条第1款的规定，犯本罪的，处5年以下有期徒刑或者拘役；造成严重后果的，处5年以上10年以下有期徒刑。

6. 商检失职罪。商检失职罪，是指国家商检部门、商检机构的工作人员严重不负责任，对应当检验的物品不检验，或者延误检验出证、错误出证，致使国家利益遭受重大损失的行为。根据《刑法》第412条第2款的规定，犯本罪的，处3年以下有期徒刑或者拘役。

7. 动植物检疫徇私舞弊罪。动植物检疫徇私舞弊罪，是指动植物检疫机关的检疫人员徇私舞弊，伪造检疫结果的行为。根据《刑法》第413条第1款的规定，犯本罪的，处5年以下有期徒刑或者拘役；造成严重后果的，处5年以上10年以下有期徒刑。

8. 动植物检疫失职罪。动植物检疫失职罪，是指动植物检疫机关的检疫人员严重不负责任，对应当检疫的检疫物不检疫，或者延误检疫出证、错误出证，致使国家利益遭受重大损失的行为。根据《刑法》第413条第2款的规定，犯本罪的，处3年以下有期徒刑或者拘役。

9. 放纵制售伪劣商品犯罪行为罪。放纵制售伪劣商品犯罪行为罪，是指对生产、销售伪劣商品犯罪行为负有追究责任的国家机关工作人员徇私舞弊，不履行法律规定的追究职责，情节严重的行为。根据《刑法》第414条的规定，犯本罪的，处5年以下有期徒刑或者拘役。

第八章

公共卫生法

第一节 公共卫生法概述

一、公共卫生

公共卫生是卫生服务的重要组成。公共卫生具有公共产品属性,其核心是公众健康,其实施状况直接关系到社会大众的健康水平。在世界范围内,"公共卫生"都具有丰富的内涵和外延,其涵盖面甚广,没有公认的概念。

美国公共卫生领袖人物美国耶鲁大学 Winslow 早在 1920 年就描述了什么是公共卫生。他将公共卫生定义为:"通过有组织的社区努力来预防疾病,延长寿命和促进健康和效益的科学和艺术。这些有组织的社区努力包括改善环境卫生,控制传染病,教育每个人注意个人卫生,组织医护人员为疾病的早期诊断和预防性治疗提供服务,建立社会机构来确保社区中的每个人都能达到适于保持健康的生活标准。组织这些效益的目的是使每个公民都能实现其与生俱有的健康和长寿权利。"该概念 1952 年为世界卫生组织接受,一直沿用至今。[1] 1988 年,美国理论界普遍接受的定义是:"公共卫生的使命是确保人民处于健康的状态,实现社会利益。"[2] 1988 年,美国医学科学院出版了一份对美国公共卫生法治具有深远意义的报告《公共卫生的未来》,提出公共卫生系统应努力完善 3 项公共卫生核心职能,即"评估卫生状态和卫生需求、制定政策和保证提供必需的服务"。2003 年 7 月 28 日,中国副总理兼卫生部部长吴仪在全国卫生工作会议上对公共卫生作了一个明确的定义:公共卫生就是组织社会共同努力,改善环境卫生条件,预防控制传染病和其他疾病流行,培养良好卫生习惯和文明生活方式,提供医疗服务,达到预防疾病,促进人民身体健康的目的。有学者认为,狭义的公共卫生指的是防治疾病和健康促进(或健康教育),例如免疫、疾病筛查、传染病管理、慢性病管理、卫生习惯的培育等;而广义的公共卫生包括所有促进健康的举措,例如环境污染的防治、应急(或大型公共事件)管理、职场安全与卫生、食品与药品安全、营养促进、上瘾与健康有损类食品(酒精、烟

---

[1] 黄建始:"什么是公共卫生?",载《中国健康教育》2005 年第 1 期。
[2] 汪建容、沈洁、何昌龄主编:《用法律保护公众健康——美国公共卫生法律解读》,中国科学技术出版社 2008 年版,第 15 页。

草以及毒品）管制，以及减少有损健康的其他社会经济问题（例如贫困和收入不平等）。[1] 现代公共卫生最简单的定义为"3P"，即 Promotion（健康促进）、Prevention（疾病预防）、Protection（健康保护）。

从公共卫生的上述涵义中，我们可以发现公共卫生的基本特点：

1. 公共卫生的目标在于促进公众健康，延长人群寿命。公共卫生工作的目的是监控和评估健康状况，设计出各种策略和手段来减轻伤害、疾病和残疾带来的困苦，更为普遍地促进公众的健康和安全。公共卫生措施降低死亡率和发病率，从而在人群层面挽救生命和预防疾病。公共卫生致力于探索人群整体罹患疾病（及健康）的条件及原因，力图确保人民能够维持健康的适宜环境。[2]

2. 公共卫生涉及多个学科。公共卫生的学科基础包括流行病学、生物统计学、医学、社会学、心理学等多个学科。

3. 公共卫生是一个社会问题而非技术问题，公共卫生的实施涉及社会的方方面面，因此，应加强医防结合和多部门参与，强调社区的广泛参与。[3]

在《WTO 与公共卫生协议案》中，公共卫生分为八大类：一是传染病的控制，二是食品的安全，三是烟草的控制，四是药品和疫苗的可得性，五是环境卫生，六是健康教育与促进，七是食品保障与营养，八是卫生服务。其中，在全球，在不同国家，每年都有新的传染病发生，传染病是公共卫生防治的重点之一。我国国家基本公共卫生服务项目自 2009 年启动，卫生部颁布了《国家基本公共卫生服务规范（2009 年版）》，在此基础上，专家对服务规范内容进行多次了修订和完善，当前我国的公共卫生主要包括以下类别：城乡居民健康档案管理、健康教育、预防接种、0 至 6 岁儿童健康管理、孕产妇健康管理、老年人健康管理、慢性病（高血压、糖尿病）患者健康管理、重性精神疾病患者管理、结核病患者健康管理、传染病及突发公共卫生事件报告和处理服务、中医药健康管理、卫生监督协管服务。

同许多国家一样，中国政府在公共卫生事业的发展上发挥了决定性的作用。国务院 2009 年 4 月 6 日发布《中共中央国务院关于深化医改意见》（以下简称《新医改意见》），《新医改意见》界定的公共卫生机构包括各级卫生行政机构、疾病控制机构、卫生监督机构、妇幼保健机构、慢性病防治机构、社区卫生服务机构及公共卫生研究机构。

---

[1] 顾昕："中国公共卫生的治理变革：国家—市场—社会的再平衡"，载《广东社会科学》2014 年第 6 期。
[2] [美] 劳伦斯·戈斯廷："公共卫生法的理论与定义"，赵晓佩译，载 [美] 马克斯韦尔·梅尔曼等：《以往与来者——美国卫生法学五十年》，唐超等译，中国政法大学出版社 2012 年版，第 252 页。
[3] 龚向光："从公共卫生内涵看我国公共卫生走向"，载《卫生经济研究》2003 年第 9 期。

二、公共卫生法

（一）公共卫生法的概念

简言之，公共卫生法是指调整公共卫生活动中形成的社会关系的一系列法律规范的总和。公共卫生法并不是一部法典，而是由一系列不同效力的法律法规组成的体系，从广泛意义上，它包括所有有关预防疾病、增进和保障公众健康的法律规范。

公共卫生法主要起到如下作用：

1. 促进依法治国基本方略的落实。我国《宪法》第 5 条第 1 款规定："中华人民共和国实行依法治国，建设社会主义法治国家。"贯彻依法治国，落实法治首先要有法可依。公共卫生领域同样也是如此。

2. 规范公共卫生工作，为确保政府公共卫生职能的有效落实，保障公共卫生事业稳定、健康和有序发展，提供必要的制度保障。

3. 保护公众健康权益，维护社会安定和谐，促进社会与经济的健康与可持续发展。

据统计，我国已颁布《国境卫生检疫法》《红十字会法》《母婴保健法》《献血法》《执业医师法》《药品管理法》《职业病防治法》《人口与计划生育法》《传染病防治法》《食品安全法》等 10 部公共卫生方面的法律，《传染病防治法实施办法》《医疗机构管理条例》《血液制品管理条例》《医疗器械监督管理条例》《母婴保健法实施办法》《计划生育技术服务管理条例》《医疗事故处理条例》《中医药条例》《突发公共卫生事件应急条例》《医疗废物管理条例》《乡村医生从业管理条例》《艾滋病防治条例》《人体器官移植条例》《护士条例》等 38 部公共卫生行政法规以及《医疗机构管理条例实施细则》《血站管理办法》《医师资格考试暂行办法》《医疗事故技术鉴定暂行办法》《卫生行政执法文书规范》《托儿所幼儿园卫生保健管理办法》《公共场所卫生管理条例实施细则》《食品安全国家标准管理办法》《抗菌药物临床应用管理办法》《医疗机构临床用血管理办法》等 173 部公共卫生部门规章[1]，初步形成了我国的公共卫生法律体系。

（二）公共卫生法的主要特点

1. 不属于严格意义上国内公法或私法，具有较强的社会法属性。美国学者海伦·克拉克在其所著的 Social Legislation 一书中对社会法所下的定义广为援引，她指出："我们今天所称之'社会法'，这一名词的第一次使用与俾斯麦的贡献有关，他在 1880 年就曾立法规定社会保障，以预防疾病、灾害、残废、老年等意外事故。其立法意义一是为了保护在特别风险下的人群利益，二是为了大众的利益，我们今天使用这一名词必须包括这两个方面的意义。"[2]

从这个著名的论断就可以看出，公共卫生法有着很强的社会法的属性，这是公

---

[1] 杨彤丹："公共卫生法之现代阐释"，载《学习与探索》2012 年第 12 期。
[2] 转引自吕小平："对社会法概念的思考"，载《西部法学评论》2012 年第 5 期。

共卫生法在卫生法体系中最为重要的根本特征。具体而言，公共卫生法所具有的社会法特征主要体现在：

（1）在调整对象上，它所涉及的领域并不局限于公法或私法，而是既有公法规范，也有私法规范；公共卫生法体现了公法、私法法域的相互渗透，而不是相互对立。

（2）在内容上，公共卫生法既有个人意思自治的内容，又对私权附以社会义务，对于绝对的私权自治进行必要的限制；同时，又与传统公法不同的是，它并不局限于强制性的行政管理法律关系，还有许多服务性、政策性的内容。

（3）在法律原则上，既不能完全适用公法原则，又不能完全适用私法原则。

2. 范围广泛，渊源丰富，变动性较强。

（1）公共卫生涉及的社会领域的广泛性决定了公共卫生法调整的范围非常广泛。从传染病、流行病防治，到职业卫生、环境卫生等诸多领域，均有法律法规及其他规范性文件。例如，在传染病与流行病防治方面主要有：《传染病防治法》《传染病防治法实施办法》《国境卫生检疫法》《国境卫生检疫法实施细则》《突发公共卫生事件应急条例》《医疗废物管理条例》《国内交通卫生检疫条例》《食盐加碘消除碘缺乏危害管理条例》《病原微生物实验室生物安全管理条例》《疫苗流通和预防接种管理条例》《血吸虫病防治条例》《艾滋病防治条例》等。又如，在职业卫生方面主要有：《职业病防治法》《尘肺病防治条例》《使用有毒物品作业场所劳动保护条例》《放射性同位素与射线装置安全和防护条例》等。在食品安全方面主要有：《食品安全法》《食品安全法实施条例》《乳品质量安全监督管理条例》等。在环境和学校卫生方面有：《公共场所卫生管理条例》《学校卫生工作条例》《化妆品卫生监督条例》等。

（2）相比于其他法律部门包括卫生法在内，公共卫生法渊源的丰富性更为突出。首先，公共卫生法调整范围的广泛性本身就决定了其渊源的丰富性。其次，公共卫生立法很大程度上受到各地的社会经济历史传统等具体情况的影响，因此难以用全国性法律予以整齐划一地规范，而应当允许各地及相关部门根据实际情况具体进行变通性规定。再者，公共卫生法所调整的诸如传染病、流行病防治、突发公共卫生事件等事项，本身就随着社会经济与科技发展状况而变动不居，并具有突发性、难以预料性。这决定了公共卫生法既需要高位阶立法，也应当允许大量的灵活性更强的规范性文件或政策予以调整。

（3）公共卫生法渊源的丰富性，尤其是它需要有更多的灵活性较强的规范性文件或政策的特点，也决定了公共卫生法有着更强的变动性。

3. 具有更强的专业技术性与政策性。公共卫生立法以与公众健康相关的各种领域广泛的科学与技术为基础和依据，公共卫生工作也是技术性很强的工作。公共卫生技术性规范一经有权机关通过法定程序制定或颁布，无论是国家标准还是地方标准，均不仅是评价公共行政活动的规范依据，也是直接用以判断当事人行为是否合法的规范依据。

同时，由于公共卫生法调整范围广泛，受具体的社会经济状况影响较大并具有较强的变动性，又直接关乎公众健康权益这一重大事项，因此公共卫生法又具有很强的政策性。

4. 法律关系主体的多样性。公共卫生首先是政府责任，因而相关的公共卫生机关自然是公共卫生法律关系的不可或缺的重要主体。有关机关根据国家法律法规的规定执行公共卫生公务，并承担相应的法律责任。

同时，公共卫生事业又决定了它不能仅仅依赖于政府，而是还需要充分发挥社会公益组织、市场主体和每个公众的作用。他们相应的权利义务同样应当受到法律的规范和调整。例如，公民不仅有义务维护公共卫生状况，而且对于危害公共卫生的行为有权检举和控告，对于重大公共卫生事项有了解、咨询和提出建议的权利，对于有损公共卫生权益的违法行为还有权依法提起诉讼，并在遭受损害或特别牺牲时请求赔偿或补偿。

三、公共卫生法的基本原则

法的基本原则是指贯穿于法的始终、指导法的制定和实施的基本准则。具体来说，公共卫生法的基本原则是指集中反映公共卫生法的本质和精神，指导整个公共卫生法体系，调整公共卫生关系所应遵循的基本准则。它是公共卫生法的核心和灵魂，具有指导性、普遍性和稳定性。

1. 平等原则。我国现行《宪法》第 33 条第 2 款明确规定："中华人民共和国公民在法律面前一律平等。"这一规定既表明平等是我国一项基本宪法原则，也意味着平等权是我国公民的一项基本权利。宪法的这一规定要求，无论是在公共卫生管理还是公共卫生服务中，对所有公民应一视同仁，"相同情形下相同对待，不同情形下根据情形不同的程度予以不同的对待"；而不得采取不合理的差别待遇，侵犯公民平等权。同时，坚持平等原则，并不排除基于合理理由，对特殊地区、特殊群体在具体公共卫生标准上实现特别对待。例如，在基本公共卫生服务上，每个公民，无论其性别、年龄、种族、居住地、职业、收入，都能平等地获得基本公共卫生服务。基本公共卫生服务主要包括：逐步在全国统一建立居民健康档案，并实施规范管理；定期为 65 岁以上老年人做健康检查，为 3 岁以下婴幼儿做生长发育检查，为孕产妇做产前检查和产后访视，为高血压、糖尿病、精神疾病、艾滋病、结核病等人群提供防治指导服务等。

2. 管理与服务并重、强制与自愿相结合原则。

（1）公共卫生法既要重视调整公共卫生管理关系，也要重视调整相关的公共服务关系，不能偏废。公共卫生有着非常典型的管理和服务并存的特点，而管理和服务的最终目的，都是为了维护和促进民众的健康权益。因此，不能割裂了管理与服务的联系，使之成为"两张皮"，把管理与服务对立起来，只偏重一端；也不能混淆了管理与服务的不同范畴，机械地用服务代替管理或者用管理代替服务。而要做到这些要求，就需要公共卫生立法提供应有的制度保障。

（2）由于公共卫生事关公共健康这一重大公共利益，因此，在维护公众健康所必需的情形下，例如，在烈性传染病预防、食品安全、环境卫生等方面，必须设定适当的强制性义务，并认真执行。

此外，公共卫生法也应尽可能地尊重个人必要的意思自治。例如，日本在疫苗接种问题上就经历了一个由强制到自愿的过程。过去强制接种作为一项法律义务被明文规定。婴儿出生后2个月就要注射一系列疫苗。但种种原因导致一些人因为接种问题疫苗染上了乙型肝炎等疾病。1994年10月新修订的《预防接种法》删除了作为法定义务的接种规定，疫苗接种以自愿为原则，行政机关对于预防接种的实施采用行政指导和行政奖励相结合的方式，并采取诸如对疫苗进行严格检测，在疫苗进入市场后进行跟踪调查再次确认其安全性等一系列措施。[1]

3. 政府与社会组织、个人，政府与市场并重原则。政府对民众承担的公共卫生职责是一项重要的国家义务，但这并不等于政府要大包大揽、越俎代庖。事实证明，没有社会成员的积极参与，公共卫生事业会成为政府难以承受的负担，也难以长久。因此，公共卫生法应当充分发挥政府、社会组织、个人以及市场机制的作用，形成合力，合理均衡各相关主体的权利、义务。

总之，凡是个人或单位自己能够解决的，政府不必大包大揽；凡是市场竞争机制能够自行调节的，政府不必进行干预；凡是社会公益组织包括国际公共卫生组织能够提供公共卫生服务或能够自我管理的，政府不必越俎代庖。因此，公共卫生法应当同时重视社会化、市场化原则，尽可能动员最广大的社会力量共同参与公共卫生事业。

4. 与社会经济状况相适应原则。基于社会经济条件的限制，不同国家、不同地方可以并应当根据自身的社会经济状况适当地制定、实施相应的公共卫生法，不应过高或过低。一方面，允许各国与各地方的公共卫生立法和执法标准，可以根据各自的实际情况有所差异，逐步提高，而不能削足适履，做过高要求；另一方面，也不能以社会经济条件不具备为由，人为地降低公共卫生立法或执法的标准，或只考虑部分群体的公共卫生权利，而应使公共卫生立法和执法水平随着社会的发展而不断提高。

5. 应急性原则。应急性原则是现代法治原则的重要内容，是指在某些特殊的紧急情况下，出于国家安全、社会秩序或公共利益的需要，行政机关可以采取没有法律依据的或与法律相抵触的措施。应急性原则是合法性原则的例外，但是它并非排斥法律控制。

---

[1] ［日］阿部泰隆：「予防接種禍をめぐる国の補償責任」，『判例タイムズ』1986年8月604号、第7页。转引自杜仪方："'恶魔抽签'的赔偿与补偿——日本预防接种损害中的国家责任"，载《法学家》2011年第1期。

公共卫生法可以说是应急性原则存在的主要领域。诸如突然发生造成或者可能造成社会公众健康严重损害的重大传染病疫情、群体性不明原因疾病、重大食物和职业中毒以及其他严重影响公众健康的事件等这些重大公共卫生事件，正是需要应急性原则发挥作用的典型情形。这些情况的发生会对大众的生命健康、社会秩序的稳定乃至国家安全，造成严重威胁，因此，就完全有必要采取相应的应急措施，即使没有法律规定或与法律相抵触，也应视为有效。

对此，我国依照《传染病防治法》的规定，特别是针对2003年防治非典型肺炎工作中暴露出的突出问题制，专门制定《突发公共卫生事件应急条例》，以有效预防、及时控制和消除突发公共卫生事件的危害，保障公众身体健康与生命安全，维护正常的社会秩序。

四、公共卫生法的法律渊源

公共卫生法的渊源是指公共卫生法律规范的各种具体表现形式。学习公共卫生法的法律渊源对于全面了解掌握公共卫生法律依据、准确实施和适用公共卫生法，都非常重要。

1. 宪法。宪法是国家的根本大法，具有最高的法律地位和效力，是制定其他法律和法规的法律依据。我国现行《宪法》对公民健康保护的多项规定，都与公共卫生紧密相关。其中第21条"国家发展医疗卫生事业，……，开展群众性的卫生活动，保护人民健康"的规定，是公共卫生立法的最主要和直接的宪法依据。另外，第26条有关于国家保护和改善生活环境和生态环境、防治污染和其他公害，第42条有关于国家加强劳动保护改善劳动条件等规定，也与公共卫生法联系紧密。

对于宪法的上述规定，有必要通过具体的法律法规予以不断落实。

2. 法律。法律是指由全国人民代表大会及其常务委员会制定颁布的规范性文件，其效力仅次于宪法。迄今为止，我国已经制定了《传染病防治法》《红十字会法》《母婴保健法》《食品卫生法》《献血法》《药品管理法》《职业病防治法》等多部公共卫生法律。

3. 行政法规。由国务院根据宪法和法律制定和颁布的规范性文件，其效力低于宪法和法律。在公共卫生方面，国务院已经制定颁布了《公共场所卫生管理条例》《放射性同位素与核射线装置放射防护条例》《传染病防治法实施办法》《红十字标志使用办法》《国内交通卫生检疫条例》《使用有毒物品作业场所劳动保护条例》《艾滋病监测管理规定》《突发公共卫生事件应急条例》《化妆品卫生监督条例》等。

4. 部门规章。规章是指国务院各部门制定发布的规范性文件，规章不得与宪法、法律、行政法规相抵触。目前，国务院卫生行政主管部门已制定颁布有《消毒管理办法》《生活饮用水卫生监督管理办法》等有关公共卫生的部门规章。

5. 地方性法规与地方政府规章。地方性法规、规章在公共卫生法法源中也占有重要地位，它们分别是由《立法法》所规定的地方人民代表大会及其常务委员会、地方人民政府制定的规范性文件。这些规范性文件只能在制定机关管辖范围内有效。

目前，我国各地已经普遍出台了数量庞大的公共卫生方面的地方性法规和地方政府规章。

6. 其他规范性文件。其他规范性文件，是指国家机关及被授权组织为实施法律和执行政策，在法定权限内制定的除行政法规或规章以外的决定、命令等具有普遍性行为规则的总称。其他规范性文件的法律效力等级最低，不能设定行政处罚。

7. 公共卫生技术标准。根据原卫生部制定的《卫生标准管理办法》，我国的卫生标准分为国家标准、部标准和地方标准：①国家标准是指对保障人民健康、促进生产发展有重大意义，而必须在全国范围内各部门、各地区统一执行的标准；②部标准是指全国性的专业范围内统一执行的标准；③尚未制定国家标准和部标准的，或本地区有特殊需要的，可制定地方标准。就公共卫生领域而言，主要的技术标准生活饮用水标准、食品卫生标准、放射卫生防护标准和职业病诊断标准等。

严格来讲，这种技术标准并无直接的法律效力。但在具体的执法过程中，它们实际上有着极高的法律效力。因为法律、法规或规章对公共卫生管理往往只能进行较为一般性、原则性的规定，而具体技术标准则仍要参照这些具体技术标准规范。所以，从一定意义上说，只要卫生法律、法规对某种行为作了规范，那么卫生标准、规范和规程对这种行为的控制就有了。

8. 国际条约。公共卫生法的国际条约法源是指我国参加、承认并内化为国内法的公共卫生公约（条约）。对此前文已有论述，此处不再重复。

以上各种公共卫生法法源的效力等级，对公共卫生法的实施和救济，都非常重要。根据宪法和有关法律的规定，《立法法》确定了法律冲突适用原则，包括上位法优于下位法原则、特别法优于一般法原则、新法优于旧法原则、不溯及既往原则、特定区域适用原则等。这些原则同样适用于公共卫生法律。

第二节　传染病防治法律制度

一、概述

传染病具有传染性、流行性和发病率高等特点。一旦开始流行，就会严重危害人类健康，对公共健康造成巨大威胁，还可能导致大批人员死亡。传染病的传播和流行的原因有三：传染源（能排出病原体的人和/或动物）、传播途径（病原体传染他人的途径）及易感者（对该种传染病无免疫力者）。若能完全切断其中的一个环节，即可防止该种传染病的发生和流行。传染病防治措施往往涉及公共利益和人身自由等重大权益，于是将传染病防治工作纳入法制化轨道就成为必然。

传染病防治法是指调整预防、控制和消除传染病发生和流行，保障人体健康活动中产生的各种社会关系的法律法规规范的总和。传染病防治法制化进程主要经历了三个阶段。第一阶段：1949 年 10 月，人民政府颁布了《传染病预防及处理暂行办法》，确定了 14 种法定传染病，并且对疫情报告、访视调查、消毒清洁、患者隔离、尸体处理及带菌检查等卫生防疫问题作了规定。到了 1955 年 6 月，卫生部发布了《传染病管理办法》，规定的法定传染病调整为 18 种。卫生部又于 1978 年 9 月颁布了《急性传染病管理条例》，增加 7 种应该管理的传染病。第二阶段：始于 1988 年，我国中心城市——上海大规模暴发了甲肝疫情。该事件直接推动了我国公共卫生领域第一部法律——《中华人民共和国传染病防治法》的诞生。第三阶段：鉴于 2003 年抗击非典过程中暴露出疫情信息报告、通报渠道不畅，传染病暴发时紧急控制措施的制度不够完善等立法问题，有权机关对 1989 年《传染病防治法》作了修正。

二、基本原则

（一）全社会共同参与原则

传染病防治是一项系统工程，必须依靠政府领导、有关部门及全社会的参与、互相配合才能完成。《传染病防治法》规定了国家、地方人民政府、各级卫生行政部门、各级疾病预防控制机构、医疗机构以及公民的义务和责任，具体体现为：①中央和地方各级政府应把传染病的防治事业列入经济和社会发展总体规划，加强对染病防治工作的宏观管理。一旦发生传染病疫情，国务院和省、自治区、县级以上地方人民政府应在各自的职责范围内做好应急处理的有关工作。②各级各类卫生行政部门应认真组织实施卫生监督管理工作，加强对医疗卫生机构和卫生技术人员的管理，强化卫生监督执法，政府其他各职能部门应努力配合，积极履行相应的职责，承担和完成一定的任务。③卫生机构承担具体的防治工作。各级各类医疗机构承担与医疗救治有关的传染病防治工作和责任区域内的传染病预防工作。各级疾病预防控制机构承担传染病监测、预测、流行病调查、疫情报告以及其他预防、控制工作。④其他社会组织、各社会团体、企事业单位和公民应积极参与传染病防治工作。比如，新闻媒体应当无偿开展传染病防治和公共卫生教育的公益宣传；各级各类学校应当对学生进行健康知识和传染病预防知识的教育。

（二）分类管理原则

根据各种传染病的传染性强弱、传播途径难易、传播速度的快慢、人群易感范围等因素对其进行分类，对于不同类型传染病采取不同的预防、控制措施，在科学分类的基础上实行分类监测、分类监督管理。《传染病防治法》将 37 种急性和慢性传染病（目前增加为 39 种）列入法定管理的传染病，分为甲类、乙类和丙类。甲类传染病是指：鼠疫、霍乱。乙类传染病是指：传染性非典型肺炎、艾滋病、病毒性肝炎、脊髓灰质炎、人感染高致病性禽流感、麻疹、流行性出血热、狂犬病、流行性乙型脑炎、登革热、炭疽、细菌性和阿米巴性痢疾、肺结核、伤寒和副伤寒、流行性脑脊髓膜炎、百日咳、白喉、新生儿破伤风、猩红热、布鲁氏菌病、淋病、梅毒、钩端螺旋体病、血吸虫病、疟疾。丙类传染病是指：流行性感冒、流行性腮腺炎、风疹、急性出血性结膜炎、麻风病、流行性和地方性斑疹伤寒、黑热病、包虫病、丝虫病，除霍乱、细菌性和阿米巴性痢疾、伤寒和副伤寒以外的感染性腹泻病。

对于甲类传染病实行强制管理，对于乙类传染病实行严格管理，对于丙类传染病实行监测管理。

另外，法律授权国务院卫生行政部门可以根据传染病暴发、流行情况和危害程度，决定是否将上述规定以外的其他传染病列入乙类、丙类传染病。比如，卫生部于2008年5月2日将手足口病纳入法定报告的丙类传染病之中，按照乙类传染病管理。在此之前，手足口病为非法定报告传染病，这就意味着医疗机构在此之前发现并诊断此病，无需报告，疾病预防控制机构也无需介入和处理。

（三）传染病人、病原携带者和疑似传染病人合法权益保护原则

《传染病防治法》保护高度重视与传染病防治有关的权利保护，强调制约行政权力，保护隐私权、人格权、生活权、工资报酬权、物权，致力于行政权力和公民权利的平衡或者公民权利与义务的对等。

比如，《传染病防治法》规定，国家和社会应当帮助传染病病人、病原携带者和疑似传染病病人，使其得到及时救治。任何单位和个人不得歧视传染病病人、病原携带者和疑似传染病病人。疾病预防控制机构、医疗机构不得泄露涉及个人隐私的有关信息、资料。这是保障人权、保护人格尊严的必然要求，体现了对于传染病病人、病原携带者和疑似传染病病人的人文关怀及法律保障。只不过，相较于该法第12条对公民配合义务的规定，"在中华人民共和国领域内的一切单位和个人，必须接受疾病预防控制机构、医疗机构有关传染病的调查、检验、采集样本、隔离治疗等预防、控制措施，如实提供有关情况"，对权利保护方面的规定仍然存在过于原则、操作性不够、权利保护均等化有待提高等不足。

三、主要制度

（一）疫情报告、通报和公布制度

近年来暴发的一系列传染病疫情时刻警示我们必须加强对传染病的监测和报告工作，只有在尽可能短的时间内发现疫情、了解疫情并上报，才能为及时科学的防治决策提供全面真实的疫情信息，进而才能有效预防、及时控制和消除传染病疫情对公众和社会的损害，保障公众身体健康与生命安全。疫情信息及时、准确的公布有利于人民群众的参与，符合政府信息公开的法治要求，也是社会公众对疫情享有知情权的必要保障。

1. 疫情报告制度。

（1）疫情报告主体。报告义务主体主要有四类：第一类为相关医疗机构及其工作人员。疾病预防控制机构、普通医疗机构、军队医疗机构和采供血机构及其执行职务的人员发现《传染病防治法》规定的传染病疫情或者发现其他传染病暴发、流行以及突发原因不明的传染病时，应当遵循疫情报告属地管理原则，按照国务院规定的或者国务院卫生行政部门规定的内容、程序、方式和时限报告。第二类主体是非专业机构和非专业人员。任何单位和个人发现传染病病人或者疑似传染病病人时，应当及时向附近的疾病预防控制机构或者医疗机构报告。第三类主体是民航铁路等

部门。港口、机场、铁路疾病预防控制机构以及国境卫生检疫机关发现甲类传染病病人、病原携带者、疑似传染病病人时,应当按照国家有关规定立即向国境口岸所在地的疾病预防控制机构或者所在地县级以上地方人民政府卫生行政部门报告并互相通报。第四类主体是疾病预防控制机构。疾病预防控制机构应当主动收集、分析、调查、核实传染病疫情信息。接到甲类、乙类传染病疫情报告或者发现传染病暴发、流行时,应当立即报告当地卫生行政部门,由当地卫生行政部门立即报告当地人民政府,同时报告上级卫生行政部门和国务院卫生行政部门。疾病预防控制机构应当设立或者指定专门的部门、人员负责传染病疫情信息管理工作,及时对疫情报告进行核实、分析。

(2)报告程序及要求。根据《传染病信息报告管理规范》,责任报告单位和责任疫情报告人发现甲类传染病和乙类传染病中的肺炭疽、传染性非典型肺炎、脊髓灰质炎、人感染高致病性禽流感的病人或疑似病人时,或发现其他传染病和不明原因疾病暴发时,应于2小时内将传染病报告卡通过网络报告;未实行网络直报的责任报告单位应于2小时内以最快的通讯方式(电话、传真)向当地县级疾病预防控制机构报告,并于2小时内寄送出传染病报告卡。对其他乙、丙类传染病病人、疑似病人和规定报告的传染病病原携带者在诊断后,实行网络直报的责任报告单位应于24小时内进行网络报告;未实行网络直报的责任报告单位应于24小时内寄送出传染病报告卡。县级疾病预防控制机构收到无网络直报的条件责任报告单位报送的传染病报告卡后,应于2小时内通过网络直报。同时,法律对疫情报告的真实性和准确性作了要求,要求以上部门、机构及工作人员不得隐瞒、谎报、缓报传染病疫情,否则将承担相应的法律责任。

2. 疫情通报制度。根据相关立法规定,通报主要体现在政府部门平级之间信息互通以及信息由上往下的传递。县级以上地方人民政府卫生行政部门应当及时向本行政区域内的疾病预防控制机构和医疗机构通报传染病疫情以及监测、预警的相关信息。接到通报的疾病预防控制机构和医疗机构应当及时告知本单位的有关人员。国务院卫生行政部门应当及时向国务院其他有关部门和各省、自治区、直辖市人民政府卫生行政部门通报全国传染病疫情以及监测、预警的相关信息。毗邻的以及相关的地方人民政府卫生行政部门,应当及时互相通报本行政区域的传染病疫情以及监测、预警的相关信息。不仅人与人之间传染病疫情信息需要通报,动物防疫机构和疾病预防控制机构也应当及时互相通报动物间和人间发生的人畜共患传染病疫情以及相关信息。

3. 疫情公布制度。国家建立传染病疫情信息公布制度。根据法律规定,传染病疫情信息的公布要及时、准确、全面。国务院卫生行政部门定期公布全国传染病疫情信息。省、自治区、直辖市人民政府卫生行政部门定期公布本行政区域的传染病疫情信息。传染病暴发、流行时,国务院卫生行政部门负责向社会公布传染病疫情信息,并可以授权省、自治区、直辖市人民政府卫生行政部门向社会公布本行政区域的传染病疫情信息。

我国从 2004 年就建立了传染病网络直报系统。各级各类医疗机构在发现传染病人或疑似病人后，直接通过传染病网络直报系统报告个案信息，国家卫生部门通过传染病网络直报数据库的分析，可以及时全面了解全国传染病疫情。而当前我国传染病疫情信息的真实度、全面度还不能达到法律的预期，主要的原因有：①传染病报告卡并不包含感染途径、地域等流行病学内容，部分病例由属地的疾病预防控制中心做详尽的流行病学调查，但报告系统中并没有补充录入该病例流行病学调查内容的模块。建议借鉴日本的经验，尽早修改传染病报告卡，增加对主要症状、感染源、感染途径、感染地域等流行病学信息的收集，并对国家传染病信息报告系统做相应的改动。②目前我国相关机构和部门公布的有关传染病流行的信息量是非常有限的，一般由卫生行政部门定期公布，数字不详尽，时效性差，说服力不强，达不到及时向公众、有关医务人员进行宣传，从而有效预防和控制传染病的效果。[1]

（二）疫情控制制度

1. 医疗机构发现传染病时应采取的控制措施。医疗机构发现甲类传染病时，对病人、病原携带者，予以隔离治疗，隔离期限根据医学检查结果确定；对疑似病人，确诊前在指定场所单独隔离治疗；对医疗机构内的病人、病原携带者、疑似病人的密切接触者，在指定场所进行医学观察和采取其他必要的预防措施。拒绝隔离治疗或者隔离期未满擅自脱离隔离治疗的，可以由公安机关协助医疗机构采取强制隔离治疗措施。

发现乙类或者丙类传染病病人，应当根据病情采取必要的治疗和控制传播措施。

对本单位内被传染病病原体污染的场所、物品以及医疗废物，必须依照法律、法规的规定实施消毒和无害化处理。

患甲类传染病、炭疽死亡的，应当将尸体立即进行卫生处理，就近火化。患其他传染病死亡的，必要时，应当将尸体进行卫生处理后火化或者按照规定深埋。为了查找传染病病因，医疗机构在必要时可以按照国务院卫生行政部门的规定，对传染病病人尸体或者疑似传染病病人尸体进行解剖查验，并应当告知死者家属。

2. 人民政府在掌握疫情后可以采取的控制措施。

（1）采取隔离措施。对已经发生甲类传染病病例的场所或者该场所内的特定区域的人员，所在地的县级以上地方人民政府可以实施隔离措施，并同时向上一级人民政府报告；接到报告的上级人民政府应当实时作出是否批准的决定。上级人民政府作出不予批准决定的，实施隔离措施的人民政府应当立即解除隔离措施。在隔离期间，实施隔离措施的人民政府应当对被隔离人员提供生活保障；被隔离人员有工作单位的，所在单位不得停止支付其隔离期间的工作报酬。隔离措施的解除，由原决定机关决定并宣布。

---

[1] 吕良勇等：“日本传染病监测制度对我国的启示"，载《中国国境卫生检疫杂志》2011 年第 6 期。

(2) 采取紧急措施。传染病暴发、流行时,县级以上地方人民政府应当立即组织力量,按照预防、控制预案进行防治,切断传染病的传播途径;必要时,报经上一级人民政府决定,可以采取下列紧急措施并予以公告:限制或者停止集市、集会、影剧院演出或者其他人群聚集的活动;停工、停业、停课;封闭或者封存被传染病病原体污染的公共饮用水源、食品以及相关物品;控制或者扑杀染疫野生动物、家畜家禽;封闭可能造成传染病扩散的场所。县级以上地方政府接到下一级政府关于采取前款所列紧急措施的报告时,应当在规定的时限内作出决定。

(3) 征调、征用资源。传染病暴发、流行时,根据传染病疫情控制的需要,国务院有权在全国范围或者跨省、自治区、直辖市范围内,县级以上地方人民政府有权在本行政区域内紧急调集人员或者调用储备物资,临时征用房屋、交通工具以及相关设施、设备。紧急调集人员的,应当按照规定给予合理报酬。临时征用房屋、交通工具以及相关设施、设备的,应当依法给予补偿;能返还的,应当及时返还。

(4) 宣布疫区、实行强制检疫。甲类、乙类传染病暴发、流行时,县级以上地方人民政府报经上一级人民政府决定,可以宣布本行政区域部分或者全部为疫区;国务院可以决定并宣布跨省、自治区、直辖市的疫区。县级以上地方人民政府可以在疫区内采取《传染病防治法》第42条规定的紧急措施,并可以对出入疫区的人员、物资和交通工具实施卫生检疫。省、自治区、直辖市人民政府可以决定对本行政区域内的甲类传染病疫区实施封锁;但是,封锁大、中城市的疫区或者封锁跨省、自治区、直辖市的疫区,以及封锁疫区导致中断干线交通或者封锁国境的,由国务院决定。疫区封锁的解除,由原决定机关决定并宣布。

(5) 实施交通卫生检疫。发生甲类传染病时,为了防止该传染病通过交通工具及其乘运的人员、物资传播,可以实施交通卫生检疫。具体办法由国务院制定。

(三) 控制措施与公民自由权

从抗 SARS 到防控甲型 H1N1 流感的经验表明,为控制传染病的传播、切断传染病传播途径,而对特定相对人实施的限制其人身自由并予以强制治疗或检查的强制措施,无疑是十分必要的。但这些控制措施确实也直接影响着公民的人身自由权利。公民的人身自由属于公民的基本权利,受到宪法的保护。公民的自由权利为成对控制措施进行限制的主要理由。但公民的权利也不是绝对的,其行使的界限在于"不得损害国家的、社会的、集体的利益和其他公民的合法的自由和权利"。

传染病若未受到控制,对于社会及人民将产生极大之损害,故而均涉及强制性规定,在必要情况下,必须限制或牺牲少数人的权利,保护大多数人的利益。公民人身自由权、工作权及财产权等基本权,均可能受到传染病防治法之限制。德国

《基本法》第 11 条和第 13 条[1]规定，对人身自由之限制的目的和理由之一便是"公共健康"，即存在着危及公众健康的传染病源体和病源区或者其他危及健康的区域等。但实施限制必须严格依照法定的方式、步骤、时限进行，即程序法定原则。以日本为例，《日本传染病预防及针对传染病患者之医疗相关法律》规定，都道府县认定有必要防止第一类传染病蔓延时，得劝告该传染病患者应该至特定传染病指定医疗机构或第一种传染病指定医疗机构住院，或劝告其保护人该患者应住院。但是，因情况紧急及有其他不得已的理由时，得至该都道府县认定适切之特定传染病指定医疗机构或第一种传染病指定医疗机构以外之医院或诊所住院，或劝告该患者应该住院。都道府县于接受依前项规定之劝告者不遵照该劝告时，得强制将该劝告之患者送至特定传染病指定医疗机构或第一种传染病指定医疗机构。而且前两项规定之住院期间不得超过 72 小时。都道府县认定有必要防止第一类传染病蔓延时，对于依前条规定住院中之该传染病患者，得规定 10 日以内的期限，至特定传染病指定医疗机构或第一种传染病指定医疗机构住院，或劝告其保护人该住院之患者应住院。由此我们可以看出日本主管行政机关在强制行为之前，先行劝告当事人或其保护人，不听劝告者始加以强制，并且强制之实施有日数之限制。

遗憾的是，我国在现行的《传染病防治法》等相关疾病防治法律中，基本没有涉及隔离等强制性控制措施的程序限制或者规定。

（四）预防接种制度

随着医学模式转变、疾病防治"关口前移"，预防接种已成为防控传染病、保障公民健康、促进公共卫生的重要手段之一。《传染病防治法》规定，为有效预防和控制传染病的传播，国家实行有计划的预防接种制度，并根据经济发展情况逐步扩大计划免疫的范围。

预防接种是指把疫苗（用人工培育并经过处理的病菌、病毒等）接种在健康人的身体内使人在不发病的情况下，产生抗体，获得特异性免疫。因此，它具有以下特点：①公益性。预防接种工作是社会保障体系的组成部分，形成群体免疫的效果可使公众共享。②风险性。从疫苗研发、生产、适用，具有极强的专业性，而且其效果具有一定的未知性（比如受种者的个体差异存在未知性），所以，接种同时存在"获益"和"致害"的双向可能性，并存在一定的风险。这些风险包括：接种环境，

---

[1] 德国《基本法》第 2 条第 1 款规定："人人都有自由发展其个性的权利，但不得侵犯他人的权利或者触犯宪法秩序或道德准则。"该法第 11 条规定，迁徙自由"只能受法律限制或依法予以限制，并且只有在下列情况下才能限制：缺乏适当的生活基础，由此将造成当地社会的特殊负担，为避免对联邦或某一州的存在或自由民主秩序的紧迫危险，为与流行病的危险作斗争，为应付自然灾害或特别重大事故，为保护少年幼儿不使处于无人照管状态，或为防止犯罪而必须作出这种限制"。该法第 13 条规定，住宅不受侵犯，只有在下列条件下受到限制：为避免共同的危险或个人的致命危险，或依法防止对公共安全和秩序的紧迫危险，特别是为缓和房屋短缺状况，同流行病的危险作斗争或保护遭受危险的少年等情况。

以及注射器械和冷链设备能力有限造成的潜在风险；对接种反应发生、发展认识局限造成的潜在风险；接种工作人员技术水平局限造成的潜在风险。为了加强对疫苗流通和预防接种的管理，明确各级政府以及政府部门之间在实施国家免疫规划中的职责，使预防接种异常反应的处理有法可依，2005 年 3 月 16 日，国务院发布了《疫苗流通和预防接种管理条例》（以下简称《条例》）。在 2016 年初山东疫苗事件后，2016 年 4 月 23 日，国务院总理李克强签署国务院令，对该《条例》进行了修改。

根据《条例》规定，疫苗分两类加以管理，第一类疫苗是指政府免费向公民提供、公民应当依照政府的规定受种的疫苗；包括国家免疫规划确定的疫苗，省、自治区、直辖市人民政府在执行国家免疫规划时增加的疫苗，以及县级以上人民政府或者其卫生主管部门组织的应急接种（传染病暴发流行时）或者群体性预防接种（根据检测预警信息，防止传染病暴发流行）所使用的疫苗；第二类疫苗是指由公民自费并且自愿受种的其他疫苗。不同类型的疫苗在接种过程中形成的法律关系性质不同。两种疫苗形成两类不同的法律关系。

基于接种第一类疫苗形成的法律关系的突出的特点在于强制性。《条例》规定：国家对儿童实行预防接种证制度。在儿童出生后 1 个月内，其监护人应当到儿童居住地承担预防接种工作的接种单位为其办理预防接种证。儿童入托、入学时，托幼机构、学校应当查验预防接种证，发现未依照国家免疫规划受种的儿童，应当向所在地的县级疾病预防控制机构或者儿童居住地承担预防接种工作的接种单位报告，并配合疾病预防控制机构或者接种单位督促其监护人在儿童入托、入学后及时到接种单位补种。有学者认为这属于行政法律关系。基于接种第二类疫苗形成的法律关系的突出的特点在于自愿性，这属于民事法律关系。不同性质的法律关系，其立法设计理念、原则不同，制度构建内容不一样。2005 版《条例》的框架下，一类疫苗由政府免费向公民提供，负责采购第一类疫苗的部门应当依法与疫苗生产企业或者疫苗批发企业签订政府采购合同。而二类疫苗由公民自费并且自愿受种，其流通环节相对多元化。[1] 疫苗监管的重心相对侧重于一类疫苗，而二类疫苗引入了市场调节机制。而事实证明，恰恰是对于二类疫苗监管的缺失引发了山东疫苗事件。

---

[1] 2005 版《疫苗流通和预防接种管理条例》第 15 条第 1 款规定"疫苗生产企业可以向疾病预防控制机构、接种单位、疫苗批发企业销售本企业生产的第二类疫苗。疫苗批发企业可以向疾病预防控制机构、接种单位、其他疫苗批发企业销售第二类疫苗。"当时确立的"第二类疫苗市场调节机制"，其目标在于以期推动生物医药产业发展，迫使虚高价格回归理性。因为在引入市场调节机制前，疾病预防控制机构"垄断"第二类疫苗供应，无论供需关系如何，疫苗价格"雷打不动"；加之第二类疫苗通过"疾控途径"供销，环节繁冗，我国药品领域存在的"层层加成、药品回扣"等现象，亦存在于第二类疫苗流通领域，无形中抬高了价格。

第三节　烟草控制法律制度

一、概述

烟草消费和接触烟草烟雾是许多疾病的致病因素，给人类健康带来了巨大危害，而且造成了卫生资源和经济的极大浪费。人们已经认识到这种危害并积极开展控烟运动。

当前控烟已经成为世界性课题，成为国际化的有组织、有计划的运动。世界卫生组织于2003年5月在日内瓦召开的第56届世界卫生大会上通过了《烟草控制框架公约》（FCTC，以下简称《公约》）。该《公约》是世卫组织主持达成的第一个具有法律效力的国际公共卫生公约，目前已经有180多个国家签署了该《公约》，包括欧盟、英国、法国、澳大利亚、印度和南非等国。中国于2003年11月成为该《公约》的第77个签约国。2005年8月全国人大常委会第十七次会议批准了公约并于2006年1月9日生效。《公约》规定缔约方应提高烟草价格和税收，禁止烟草广告，禁止向未成年人出售香烟，在烟盒上标明健康警示等。

美国虽未签署《公约》，但其十分重视烟草管控，通过法律对烟草实施控制。美国自20世纪60年代末先后通过国会立法实施控烟，主要措施包括限止烟草广告，规定卷烟包装盒上应印上健康警示，禁止向未成年人销售烟草，公共场所禁止吸烟等。1995年，在联邦政府的激励下，州政府掀起控烟的高潮，多州纷纷制定本州法律实施控烟。2009年6月22日，奥巴马总统签署的《家庭吸烟预防和烟草控制法》生效。该法赋予食品和药品管理局对烟草制品的生产和销售实施严格监管的权力，有助于预防青少年吸烟。

我国台湾地区"烟害防治法"（2009年）规定，烟品应征健康福利捐，用于全民健康保险准备、烟害防治、卫生保健等事务；禁止儿童及少年、孕妇吸烟行为；实施禁止和限制场所分类管理制度。我国香港地区经多次修订于2012年颁布的《吸烟（公众卫生）条例》禁止在某些区域吸烟，规定烟草产品包装应标明健康忠告，限制烟草广告。

我国的烟草生产量和消费量均居世界第一，我国吸烟人数占全世界吸烟人数的1/3。改革开放以来，我国政府一直关注烟草控制问题。1979年，国务院批准卫生部、财政部、农业部、轻工业部联合发出了《关于宣传吸烟有害与控制吸烟的通知》之后我国颁布的有关烟草控制的立法主要有全国人大常委会颁布的《中华人民共和国烟草专卖法》《中华人民共和国未成年人保护法》《中华人民共和国广告法》，原卫生部颁布的《公共场所卫生管理条例实施细则》，国家烟草局、国家质检总局制定的《中华人民共和国境内卷烟包装标识的规定》，国家税务总局印发《关于调整烟产品消费税政策的通知》和《关于进口环节消费税有关问题的通知》，全国爱卫会、卫生部、铁道部、交通部、建设部、民航总局共同制定的《关于在公共交通工具及其等候室禁止吸烟的规定》等。

除此之外，许多省市颁布有地方性立法控烟，如《北京市控制吸烟条例》《上海市公共场所控制吸烟条例》《四川省公共场所卫生管理办法》《天津市控制吸烟条例》《广州市控制吸烟条例》《杭州市公共场所控制吸烟条例》《哈尔滨市防止二手烟草烟雾危害条例》等。

二、基本原则

（一）依法控烟、全面履约原则

烟草控制应依法进行，这是我国建设法治国家的基本要求。法治要求政府应遵守法律，在法律范围内活动，应不断强化控烟执法机制和能力建设。

我国当前烟草控制的法律体系已经基本建立，国家和地方公共场所禁烟的规定正在逐渐完善，但是烟草控制的基本法律尚未制定，不少省市的地方性立法缺失，对烟草控制的重视程度需要提升，因此应快速推进我国烟草控制的法制化、规范化进程。

烟草控制工作还应全面履行《公约》明确规定的责任和义务，在减少烟草需求、供应和危害等方面不断取得新进展，实现烟草使用和接触烟草烟雾持续大幅度下降，从而保护当代和后代免受烟草消费和接触烟草烟雾对健康、社会、环境和经济造成的破坏性影响。

（二）预防宣教原则

烟草控制应以预防为主，通过宣传教育使人们尤其青少年了解烟草消费和接触烟草烟雾造成的健康后果、成瘾性和致命威胁，以保护所有人免于接触烟草烟雾。重点针对政府机关、医院、学校开展创建"无烟单位"活动，采取多种形式加强吸烟危害健康的宣传工作。广播、电视、报纸、网络等新闻媒体应当开展控制吸烟的公益宣传，加强舆论监督。

（三）政府主导、单位负责、公众参与原则

控烟应为政府的重要职责，强化政府监督和管理，政府应制定相关立法、通过各项有效措施防止公众接触烟草，减少烟草危害。

在具体实施方面，各单位应负起责任，有效控制烟草消费，主要包括公共场所经营者应当在禁止吸烟场所设立醒目的禁止吸烟警语和标志，开展吸烟危害健康的宣传；在禁止吸烟场所不得设置烟草广告标志，不放置吸烟器具；公共交通工具车身不得设置烟草广告标志；指定吸烟的区域和设置的吸烟室必须设立准许吸烟的明显标志；配备专（兼）职人员对吸烟者进行劝阻；禁止吸烟场所的经营者或管理单位必须对禁止吸烟的工作进行严格管理，设置卫生检查员监督管理本场所的禁烟工作。

禁烟工作应广泛调动和鼓励社会公众参与控烟，发挥人民群众的监督力量，有效防止公共场所吸烟行为。鼓励、支持志愿者组织、其他社会组织和个人开展控吸烟宣传教育、劝阻违法吸烟行为、监督场所的经营者和管理者开展控制吸烟工作、提供戒烟服务等活动。

（四）未成年人保护原则

父母或者其他监护人应当关注未成年人的生理、心理状况和行为习惯，以健康的思想、良好的品行和适当的方法教育和影响未成年人，引导未成年人进行有益身心健康的活动，预防和制止未成年人吸烟。禁止或者限制青少年吸烟，禁止中小学生吸烟。禁止向未成年人出售烟酒，经营者应当在显著位置设置不向未成年人出售烟酒的标志；对难以判明是否已成年的，应当要求其出示身份证件。任何人不得在中小学校、幼儿园、托儿所的教室、寝室、活动室和其他未成年人集中活动的场所吸烟、饮酒。

三、主要制度

（一）公共场所吸烟控制

1. 公共场所、工作场所的室内区域禁止吸烟。经营者须在这些公共场所设置醒目的禁烟警语和标志。一旦出现违规吸烟情况，经营者将受到处罚。

2. 公共场所的室外区域限制吸烟。公共场所的室外区域应设置吸烟区，吸烟区不得位于行人必经的通道上。但以下公共场所或工作场所的室外区域禁止吸烟：幼儿园、中小学校、少年宫、儿童福利机构等以未成年人为主要活动人群的场所；对社会开放的文物保护单位；体育场、健身场的比赛区和座席区；妇幼保健机构、儿童医院。政府可以根据举办大型活动的需要，临时划定禁止吸烟的室外区域。

3. 除特别制定区域外，公共交通工具及其等候室禁止吸烟。包括：各类旅客列车的软卧、硬卧、软座、硬座、旅客餐车车厢内；各类客运轮船的旅客座舱、卧舱及会议室、阅览室等公共场所，长途客运汽车；民航国内、国际航班各等客舱内；地铁、轻轨列车，各类公共汽车、电车（包括有轨电车）、出租汽车，各类客渡轮（船）、游轮（船）、客运索道及缆车；各类车站、港口、机场的旅客等候室、售票厅及会议室、阅览室等公共场所。

4. 公共场所不得设置自动售烟机。公共场所主要包括：宾馆、饭馆、旅店、招待所、车马店、咖啡馆、酒吧、茶座；公共浴室、理发店、美容店；影剧院、录像厅（室）、游艺厅（室）、舞厅、音乐厅；体育场（馆）、游泳场（馆）、公园；展览馆、博物馆、美术馆、图书馆；商场（店）、书店；候诊室、候车（机、船）室、公共交通工具。

（二）境内卷烟包装标识的规定

卷烟包装体上应使用中华人民共和国的规范汉字印刷警语。警语内容分三组：第一组为"吸烟有害健康 请勿在禁烟场所吸烟"；第二组为"尽早戒烟有益健康 戒烟可减少对健康的危害"；第三组为"劝阻青少年吸烟 禁止中小学生吸烟"。第一组警语应在包装体正面警语区内使用；第二、三组警语在包装体背面警语区内轮换使用，在市场流通环节中的同一品牌、同一规格、同一包装、同一条码的卷烟，其条、盒每年应轮流或同时使用两组不同警语标识，使用时不要求条、盒警语一一对应。

卷烟包装体上及内附说明中禁止使用误导性语言，如"保健""疗效""安全""环保""低危害"等卷烟成分的功效说明用语；"淡味""超淡味""柔和"等卷烟品质说明用语；"中低焦油""低焦油""焦油量低"等描述用语。

（三）价格和税收措施

《公约》指出，价格和税收措施是减少各阶层人群特别是青少年烟草消费的有效和重要手段。缔约国应酌情对烟草制品实施税收政策并在适宜时实施价格政策；并酌情禁止或限制向国际旅行者销售和/或由其进口免除国内税和关税的烟草制品。根据我国2004年《财政部、国家税务总局关于调整进口卷烟消费税税率的通知》和《海关总署关于国家将调整进口卷烟消费税税率执行中有关问题》的规定，对进口卷烟征收进口环节消费税时，应同时征收消费税定额税和从价税。

（四）烟草制品披露

《公约》规定，每一缔约方应根据其国家法律采取和实行有效的立法、实施、行政或其他措施，要求烟草制品生产商和进口商向政府当局披露烟草制品成分和释放物的信息。每一缔约方应进一步采取和实行有效措施以公开披露烟草制品有毒成分和它们可能产生的释放物的信息。

2009年国家烟草专卖局、国家质量监督检验检疫总局联合颁布的《中华人民共和国境内卷烟包装标识的规定》要求卷烟包装体应按照国家标准要求标注焦油量、烟气烟碱量及烟气一氧化碳量等烟气成分和释放物的信息，中文字体高度不得小于2.0毫米。

（五）烟草广告控制

禁止利用广播、电影、电视、报纸、期刊发布或变相发布烟草广告。在国家禁止范围以外的媒介或者场所发布烟草广告，必须经省级以上广告监督管理机关或者其授权的省辖市广告监督管理机关批准。在各类临时性广告经营活动中，凡利用烟草经营者名称、烟草制品商标为活动冠名、冠杯的，不得通过广播、电视、电影、报纸、期刊发布带有冠名、冠杯内容的赛事、演出等广告。

禁止在各类等候室、影剧院、会议厅堂、体育比赛场馆等公共场所设置烟草广告。

烟草经营者或者其被委托人直接向商业、服务业的销售点和居民住所发送广告品，须经所在地县级以上广告监督管理机关批准。烟草经营者利用广播、电视、电影、报纸、期刊发布下列广告时，不得出现烟草制品名称、商标、包装、装潢；出现的企业名称与烟草商标名称相同时，不得以特殊设计的办法突出企业名称：社会公益广告；迁址、换房、更名等启事广告；招工、招聘、寻求合作、寻求服务等企业经营广告；广播、电影、电视节目首尾处出现的鸣谢单位或者赞助单位名称；报纸、期刊报花、栏头上标明的协办单位名称。

烟草广告中不得有下列情形：吸烟形象；未成年人形象；鼓励、怂恿吸烟的；

表示吸烟有利人体健康、解除疲劳、缓解精神紧张的。

烟草广告中必须标明"吸烟有害健康"的忠告语。忠告语必须清晰、易于辨认，所占面积不得少于全部广告面积的10%。

其他商品、服务的商标名称及服务项目名称与烟草制品商标名称相同的，该商品、服务的广告，必须以易于辨认的方式，明确表示商品名称、服务种类，并不得含有该商品、服务与烟草制品有关的表示。广告主发布前款规定的广告，应当提供下列证明文件：由政府有关部门出具的该企业生产或者经营该商品、服务的资格证明文件；该商品或者服务在我国取得的商标注册证；该企业在我国境内实际从事该商品、服务的生产或者经营活动的证明；广告管理法律、法规规定的其他证明文件。

第四节 精神卫生法律制度

一、概述

近年来，随着我国经济体制改革的不断深入和居民经济文化水平的逐步提高，社会竞争日趋加剧，人们面临各种压力，精神健康问题获得越来越多的关注。精神疾病不仅关系到患者的身心健康，长期不治、任其恶化会对他人甚至社会造成严重的危害。有数据显示，截至2014年，我国各类重性精神病人已达210万余人，全国累计筛查出危险等级在三级以上的精神障碍患者有30多万名。精神病人已经成为我国社会治安防控中不可忽视的对象。一方面，重性精神病人制造的重大恶性事件频发，如云南大火案，严重侵害了社会公共安全；另一方面，一些正常的公民被强行送去精神病院接受治疗，"被精神病"事件的披露折射出精神卫生领域的乱象。

精神障碍患者较躯体疾病患者更加脆弱，他们几乎在任何社会领域都属于最弱势的一个群体。社会同情、接纳、治疗精神障碍患者的历史，远远短于驱赶、囚禁、迫害他们的历史。[1] 所以，精神卫生是卫生体系中最迫切需要立法的领域。《中华人民共和国精神卫生法》（以下简称《精神卫生法》）已于2013年5月1日起正式生效实施，这标志着我国精神障碍患者人权保障水平和社会文明程度上升到一个新的高度。

二、基本原则

（一）自愿医疗原则

《保护精神疾病患者和改善精神保健的原则》（1991年联合国大会46/119号决议）规定：除另有规定的外，未经患者知情同意，不得对其施行任何治疗。如果患者需要在精神卫生机构接受治疗，应尽一切努力避免非自愿住院。顺应世界精神卫

---

[1] 谢斌等："精神卫生立法的国际视野和中国现实——来自中国医师协会精神科医师分会的观点"，载《中国心理卫生杂志》2011年第10期。

生立法潮流，坚持国际立法基本准则，吸收其先进理念。我国《精神卫生法》确立了"精神障碍的住院治疗实行自愿原则"。精神障碍的住院治疗与其他疾病的住院治疗一样，原则上要根据患者的意愿进行，实行自愿原则。除法律另有规定的外，患者不同意住院治疗的，医疗机构不得对患者实施住院治疗。

自愿医疗的原则还体现在"出"的环节，自愿住院医疗的精神障碍患者可随时要求出院，医疗机构应当同意。医疗机构认为不宜出院的，应告知理由；如患者仍坚持出院，则由医疗机构在病历中记录，并提出出院后治疗建议，由患者签字确认。这样的立法设计体现了对于患者自决权的尊重。就精神障碍患者而言，由于各种原因其自身存在感知、情感和思维等精神活动的紊乱或者异常，导致明显的心理痛苦或者社会适应等功能损害，在很多情况下，他们无法自主表达其内心真实的意愿，人们也很难准确把握其自主表达是否能够反映其真实意愿。但这仅仅是权利实现的途径问题，我们并不能以此否定精神障碍患者的自决权，其自决权仍应受到最大限度的尊重和最低限度的限制。

（二）共同治理原则

世界范围内的精神卫生实践表明，精神疾病的严重性、复杂性、社会性，在本质上要求其防治机制的综合性。第66届世界卫生大会通过的《2013～2020年精神卫生综合行动计划》再次重申建立多部门合作的"伙伴关系"。《全国精神卫生工作体系发展指导纲要（2008～2015年）》指出，我国尚未建立有效的机构间工作衔接机制。精神疾病的预防、治疗和康复是一个社会系统工程，既不是卫生计生部门一家的事，也不是几个有限的部门之间的合作，需要促进社会力量广泛参与，激发社会形成重视精神卫生、关爱精神障碍患者的社会环境。在制度建构方面，不应仅仅强调有关职能部门之间的合作，还要主动社会动员，开启"民智"，整合社会资源，促进包括志愿者组织在内的公益性组织、社团和患者及其家属共同参与精神卫生的全面治理中来。《精神卫生法》第6条规定："精神卫生工作实行政府组织领导、部门各负其责、家庭和单位尽力尽责、全社会共同参与的综合管理机制。"从应然意义上讲，精神卫生法律制度属于社会法范畴，它不应当局限于精神卫生工作的管理法律制度的范畴，而应当是一部精神疾病患者权益保障法，并且是一部精神卫生的社会促进法，因此，如何动员全社会的资源，形成"政府领导、部门合作、社会参与"的社会协同机制，是精神卫生立法的一个重要价值追求。

（三）精神障碍患者合法权益保护原则

精神障碍患者这类特殊群体，因其自身精神活动的紊乱或者异常导致心理痛苦或者社会适应等功能损害，加之病因和发病机理不明，缺乏针对性的防治手段和措施，治愈率低，病残率高，社会危害性难以预料和控制；而且对于精神卫生知识的缺失，使公众对于精神障碍患者普遍存在反感甚至歧视，自古以来，精神障碍患者就属于社会的弱者，他们大多受到孤立和歧视。值得欣慰的是，为改变这种状态，国际社会、各国政府和广大精神卫生工作者进行了长期不懈的努力。对于精神疾病患者的权利保护，各国普遍选取了精神卫生立法的权利保护机制。相比较于制定精神卫生政策等其他保护机制，精神卫生立法更具稳定性和强制性，从而更有利于精神疾病患者权利的实现。有学者研究发现，世界范围内精神卫生立法的发展大致分成两个阶段：第一阶段的重点是保护社会，其内容主要为重性精神病患者的收治；第二阶段则为保护患者，扩大精神卫生服务，促进精神健康。从20世纪50年代开始，世界各国相继对精神卫生法规进行了大规模的修订，既往的社会防卫性的司法模式逐步演变成治疗性的尊重人权的医学模式的精神卫生法。[1] 我国的《精神卫生法》关于"发展精神卫生事业，规范精神卫生服务，维护精神障碍患者的合法权益"的立法宗旨顺应了国际精神卫生立法的时代潮流。

三、主要制度

（一）非自愿医疗的规范化

《精神卫生法》规定了精神障碍的住院治疗实行自愿原则，同时对非自愿治疗甚至是强制治疗规定了详细的要求。

1. 送治主体。《精神卫生法》规定，疑似精神障碍患者发生伤害自身、危害他人安全的行为，或者有伤害自身、危害他人安全的危险的，其近亲属、所在单位、当地公安机关应当立即采取措施予以制止，并将其送往医疗机构进行精神障碍诊断。由此我们可以看出，送治主体比较宽泛，除了公安机关，还包括近亲属和所在单位。

2. 收治标准。如果诊断结论、病情评估表明，就诊者为严重精神障碍患者并有下列情形之一的，应当对其实施住院治疗：①已经发生伤害自身的行为，或者有伤害自身的危险的；②已经发生危害他人安全的行为，或者有危害他人安全的危险的。

首先，《精神卫生法》的规定区分了"送治标准"和"收治标准"，前者是"疑似"，后者是"表明"，无疑这样的表述比较科学、合理。其次，进一步区分了不同类型的严重障碍患者及其不同的法律待遇。因为他们存在制度性基础的差异，一种以监护权为基础，"已经发生伤害自身的行为，或者有伤害自身的危险的"；另一种一种以警察权为基础，"已经发生危害他人安全的行为，或者有危害他人安全的危险的"。立法在设计时出发点不相同，监护权侧重于保护被监护人的利益；而警察权侧重于保护公共利益。

3. 收治决定主体及程序。如上所述，两种非自愿医疗的法理基础是不同的，所以法律对其进行了不同的设计。《精神卫生法》规定，伤害自身及有伤害自身之危险的患者的住院治疗，其监护人拥有否决权。伤害他人及具有伤害他人危险的患者住院治疗，给予了监护人享有程序上的救济权利。如果监护人寻求救济，但是再次诊断结论或者鉴定报告表明，精神障碍患者伤害他人或者具有伤害他人危险的，其监护人应当同意对患者实施住院治疗。但是如果监护人仍不配合，公安机关就可以依法介入非自愿住院治疗。

---

[1] 彭少慧："论精神卫生法的基本原则"，载《湖南公安高等专科学校学报》2010年第6期。

通过比较不难看出，从患者权利角度而言，警察权是一种危险的权力，因为任何个人均可能因为该权利而被剥夺自由自主权。因此，法律必须对这一权力的行使作出必要的更严格的限制。所以《精神卫生法》只赋予"伤害他人及危险"的监护人申请再次诊断和鉴定的救济权利。

4. 收治住院。精神障碍患者有《精神卫生法》第30条第2款第2项之情形，其监护人不办理住院手续的，由患者所在单位、村民委员会或者居民委员会办理住院手续，并由医疗机构在患者病历中予以记录。

5. 出院。《精神卫生法》第44条规定了精神障碍患者的出院程序。除了比较强调患者的法律地位之外，每条都与患者的疾病严重程度、住院医疗类型相互对应，分为以下三种情形：①自愿入院的患者，可以随时要求出院；②伤及自身的高危患者监护人可以随时要求出院；③医院针对伤害他人的高危患者，根据患者病情，及时组织进行检查评估后，认为可以出院的，立即通知告知患者和监护人。

（二）精神障碍患者监护制度

精神障碍患者的早期发现、诊断、治疗和康复都离不开监护人的看护和居家管理。由于当时《中华人民共和国民法通则》规定，为成年精神疾病患者设定监护人的前提是其为无民事行为能力人或者限制民事行为能力人。而认定精神疾病患者为无民事行为能力人或者限制民事行为能力人，必须经其利害关系人依法向法院申请并由法院宣告。由于申请程序复杂、周期冗长，要求利害关系人付出一定的时间和经济的成本，并承担一定程度的申请失败的风险，因此，实践中，利害关系人很少主动向法院申请。这种"无申请则无宣告"的状况就决定了我国精神疾病患者的监护人设立难，造成许多精神疾病患者没有监护人的现状。针对这种现实，《精神卫生法》第83条规定精神障碍患者的监护人，是指依照《民法通则》的有关规定可以担任监护人的人。

我国精神障碍患者监护制度的性质在本质上仅为监护人的一项民事法律义务。精神障碍患者的监护在概念上是指监护人对精神障碍患者权益的保护，其目的是保护精神障碍患者的合法权益以及维护正常的经济秩序。精神障碍患者的监护并不同于公法上的保护，它是通过设立一个民事主体作为监护人来实现的保护，即在我国，精神障碍患者监护制度实质上是纯粹的民事法律制度。

此外，在我国民法体系中，精神障碍患者监护人制度的法律性质更多的是一项义务。但我国精神障碍患者监护人制度表现出了明显的重家庭责任、轻国家责任，重私力自治、轻公力干预的特点。因此，现实生活中经常发生监护人难找、监护人不尽职责却没有相应的国家公权力加以干预的现象，从而严重损害了精神障碍患者的合法权益。

由于监护人监督制度的缺失，一方面，相当数量的监护人不能或者不能很好地履行监护责任，导致一些精神病人缺乏监护，致使精神病人流落街头或者衣食无着；另一方面，监护人滥用监护权的现象也较普遍，一些监护人采用暴力或者其他关押措施管制精神病人,还有的监护人为自己利益随意处置精神病人的财产。相关调查结果显示:相当数量的监护人送患者入院后对患者不闻不问、不接不管的情况使精神障碍患者长期滞留医院。

(三) 严重精神障碍发病报告制度

随着循证卫生决策(Evidence-based)的理念深入到政府、政策制定者的观念之中,利用监测数据了解某卫生问题的现状、构建政策问题等已非常普遍。《精神卫生法》第24条规定:国务院卫生行政部门建立精神卫生监测网络,实行严重精神障碍发病报告制度,组织开展精神障碍发生状况、发展趋势等的监测和专题调查工作。精神卫生监测和严重精神障碍发病报告管理办法,由国务院卫生行政部门制定。国务院卫生行政部门应当会同有关部门、组织,建立精神卫生工作信息共享机制,实现信息互联互通、交流共享。

2012年卫生部制定的《重性精神疾病信息管理办法(卫办疾控发〔2012〕81号)》规定需要报告的重性精神疾病共有6种,具体是:①精神分裂症;②分裂情感性障碍;③偏执性精神病;④双相情感障碍;⑤癫痫所致精神障碍;⑥精神发育迟滞。同时该文件还规定,省、市两级建立卫生部门与公安部门之间的重性精神疾病信息定期交换与共享机制。但是交换的范围仅限于危险性评估3级以上患者相关信息。[1] 该制度具体要求:首先医疗机构应当按照卫生行政部门规定的内容、程序、时限和方式将确诊患有精神疾病的患者情况,向该医疗机构所在区、县的精神疾病预防控制机构报告。区、县精神疾病预防控制机构应当对信息进行核实,并向市精神疾病预防控制机构报告。其次,区、县精神疾病预防控制机构应当对重性精神疾病患者建立档案,并将重性精神疾病患者信息通报社区卫生服务机构和街道办事处、乡镇人民政府。街道办事处、乡镇人民政府应当及时了解本辖区重性精神疾病患者的情况,并与精神疾病预防控制机构建立患者信息沟通机制。最后,区、县精神疾病预防控制机构和社区卫生服务机构应当定期访视重性精神疾病患者。居民委员会、村民委员会应当协助进行定期访视,并根据精神疾病患者的病情需要,协助其进行治疗。无论是"信息报告制度""信息通报制度",还是"定期访视制度",我们看到的立法表述均使用的是"应当",亦即无需征得精神疾病患者或者监护人的同意。《精神卫生法》第4条规定:"有关单位和个人应当对精神障碍患者的姓名、肖像、住址、工作单位、病历资料以及其他可能推断出其身份的信息予以保密;但是,依法履行职责需要公开的除外。"那么我们是否可以理解为医务人员对患者登记建档的过程属于"依法履行职责需要公开"的范畴?这样的立法规定,造成实践中纠纷矛

---

[1] 我国对严重精神障碍患者的危险性评估共分为6级(其中0至2级不予赘述)。3级:明显打砸行为,不分场合,针对财物;不能接受劝说而停止。4级:持续的打砸行为,不分场合,针对财物或人,不能接受劝说而停止;包括自伤、自杀。5级:持管制性危险武器的针对人的任何暴力行为,或者纵火、爆炸等行为。无论在家里还是公共场合。

盾突出。由于精神病患者的歧视问题是较为普遍的，调查表明，80%的患者遭遇过歧视，从而使患者陷入了"病耻感——歧视——受伤害——自信心降低——社会功能下降"的怪圈。所以，精神疾病患者或者监护人非常敏感，通常认为自己或者家人患有精神疾病属于个人隐私的范围，然而按照法律规定，对每个从医院回到社区的重性精神病患者，辖区内的精防医生都要定期探访，通过观察他们的神情举止，作出危险性评估记录在案，并指导病人吃药、复查，降低患者的复发率，这样的做法极容易招致其反感和拒绝。实践中，家属关于"谁泄露了我们的信息"的抱怨和投诉比比皆是。这样的问题折射了公权力和私权利、公共利益和个人合法权益之间的平衡始终是立法设计的难题，未来立法需要明确精神障碍患者隐私权的边界，为了公共利益需要牺牲公民个人权利应该贯彻正当程序原则和最小限制原则。

（四）区分心理咨询与治疗

心理咨询的对象一般不是病人，大部分是精神状态基本健康但心理上存在冲突的亚健康状态的人，目的是帮助求助者发现问题，靠挖掘求助者自身的潜能来解除心理困扰，防止心理问题演变为精神障碍。心理治疗，是指借助心理学的、非药物的技术和方法改变患者的心理状态来达到治疗精神障碍的目的。临床上，心理治疗的最常见对象是神经症等强度精神障碍患者，也包括需配合药物治疗进行心理治疗的严重精神障碍患者。心理咨询和心理治疗的不同点决定了他们在规制过程中需要区别对待，在立法时应区分心理咨询和心理治疗的执业范围，对二者的权利和义务进行不同的规定，这样才能使二者在规范的过程中更加科学。

《精神卫生法》规定了心理咨询的职业范围和义务，即心理咨询人员应当提高业务素质，遵守执业规范，为社会公众提供专业化的心理咨询服务。心理咨询人员不得从事心理治疗或者精神障碍的诊断、治疗。心理咨询人员发现接受咨询的人员可能患有精神障碍的，应当建议其到符合《精神卫生法》规定的医疗机构就诊。心理咨询人员应当尊重咨询人员的隐私，并为其保守秘密。但是涉及机构和人员的职业准入均未加以规定，于是滋生了心理咨询市场人员鱼目混杂、乱收费，甚至使得一些轻微患者病情加重的乱象。

心理治疗不同于心理咨询，它属于医疗行为，所以，心理咨询人员不可以从事心理治疗。目前，从事心理治疗的人员主要有两类：医师是开展临床心理诊疗的精神科医师（临床心理专业属于精神科的二级科目），有精神障碍的诊断权、心理治疗权、药物处方权。另一类是专门的心理治疗师（技师类），属于卫生技术人员，只有精神障碍的心理诊断（不可出具诊疗证明）、心理治疗权，无药物处方权。

第五节 食品安全法律制度

一、概述

俗话说"民以食为天",食品是人们赖以生存的物质基础,食品安全重于一切。随着人们生活水平的日益提升和国际国内问题食品事件的频发,食品安全问题日趋成为人们关注的焦点并发展成为世界性问题。而完善的法律制度对于保障食品安全尤为重要,任何组织和国家都应在法律框架下对食品安全给予监管与治理。

美国《FDA食品安全现代化法案》(FDA Food Safety Modernization Act,FSMA)于2011年1月4日由美国总统奥巴马签署。该法对《联邦食品药品化妆品法》(Federal Food, Drug, and Cosmetic Act, FD&C Act)予以了重大修订,赋予了FDA更强有力的职权以确保食品安全监管体系。该法既强调预防性控制,也强化事后应对措施。英国食品安全的法律规范十分严格,1902年出台了第一部食品法。1990年出台的《食品安全法》对各种食品质量和卫生标准作出了详细规定。欧盟于2000年2月发布了《食品安全白皮书》,提出完善欧盟"从农田到餐桌"的食品安全保证措施,成为欧盟食品安全法律体系的核心和基础。2002年1月欧盟制定了欧洲议会和理事会第178/2002(EC)号法令——《基本食品法》,并于2006年1月1日开始实施,确立了食品法的基本原则和要求。之后欧盟又陆续颁布了多项食品安全法规,逐步构建起完整严格的食品安全法律体系。

我国全国人大常委会于1993年颁布了《中华人民共和国产品质量法》(后于2000年、2009年、2018年修正),该法旨在加强产品质量的监督管理,提高产品质量水平,保护消费者合法权益。1995年全国人大常务委员会颁布《中华人民共和国食品卫生法》,该法的目的在于保证食品卫生,防止食品污染,保障人们身体健康。为保证食品安全,保障公众身体健康和生命安全,2009年全国人民代表大会常务委员颁布《中华人民共和国食品安全法》,自2009年6月1日起施行,该法后于2015年4月24日修订通过,自2015年10月1日起施行。2015年《食品安全法》以建立科学、严格的监督制度为目标,对食用农产品、食品生产加工、销售、餐饮服务等各环节实施最严格的全过程管理和严格的监管处罚制度,同时加重了对地方政府的问责,并确立和完善了风险监测、评估、食品安全标准、食品追溯和召回等制度。2018年12月29日第十三届全国人民代表大会常务委员会第七次会议对该法进行了二次修订,基于2018年3月17日第十三届全国人民代表大会第一次会议批准的国务院机构改革方案,明确国家食品安全监督管理部门负责食品安全监管工作。

除了法律,其他有关机关还颁布了诸多规章。例如,2003年,国家质量监督检验检疫总局颁布《食品质量安全市场准入审查通则》,切实从源头加强食品的监督管理,规范食品生产企业;2003年,国务院办公厅发布《国务院办公厅关于实施食品药品放心工程的通知》;2003年,国家质量监督检验检疫总局颁布《食品生产加工企业质量安全监督管理办法》;2004年,卫生部颁布《食品卫生监督量化分级标示管理规范》。除此之外,国家食品安全监督管理部门针对食品问题颁布了诸多规定以规范食品问题,确保食品安全,主要有《保健食品注册与备案管理办法》《食用农产品市场销售质量安全监督管理办法》《食品经营许可管理办法》《食品生产许可管理办法》《食品召回管理办法》等。

二、基本原则

(一) 预防为主原则

问题食品往往会对人的身体健康产生不同程度的、甚至是不可逆的危害,因此,现代食品法强调防患于未然的预防原则。在没有确实的科学依据证明存在危险或风险的情况下,也要采取风险管理的措施。[1]《欧盟食品安全基本法》第7条对预防原则给予了明确规定。美国《食品安全现代化法案》规定每个企业的所有者、经营者或代理人应当按要求评估可能会影响企业安全生产、加工、包装或储存食品的危害因素,确定并实施预防性控制措施以使危害最小化,或是杜绝危害的出现。

我国食品安全法中预防性原则的适用更加宽泛,主要体现在以下制度:①食品生产经营许可制度。从事食品生产、食品流通、餐饮服务,应当依法取得食品生产许可、食品流通许可、餐饮服务许可。国家对食品添加剂的生产实行许可制度。②食品安全标准制度。严格的食品安全标准是确保食品源头安全的前提。食品安全标准为强制执行的标准,除食品安全标准外,不得制定其他的食品强制性标准。食品安全标准分为国家标准、地方标准和企业标准。③食品安全强制检验制度。未经检验或经检验不合格的食品不准出厂销售。

(二) 风险管理原则

《欧盟食品安全基本法》规定了风险管理的含义,风险管理不同于风险评估,要求与利益相关方磋商之后权衡政策选择,考虑风险评估和其他法律因素,必要时选择适当的预防和控制措施。[2] 为有效管理和控制食品安全风险,我国《食品安全法》确立了风险管理原则,即针对风险检测和评估结果制定管理方案,实施风险分级管理,主要体现在:①国家建立食品安全风险监测制度,对食源性疾病、食品污染以及食品中的有害因素进行监测。②国家建立食品安全风险评估制度,运用科学方法,根据食品安全风险监测信息、科学数据以及有关信息,对食品、食品添加剂、食品相关产品中生物性、化学性和物理性危害因素进行风险评估。③县级以上人民政府食品安全监督管理部门和其他有关部门根据食品安全风险监测、风险评估结果和食品安全状况等,确定监督管理的重点、方式和频次,实施风险分级管理。

---

[1] 弗瑞德海姆·胡芬:"德国食品法中健康保护的机构、方法和程序",喻文光译,载《行政法学研究》2015年第4期。

[2] 任端平、郏文静、任波:"新食品安全法的十大亮点(一)",载《食品与发酵工业》2015年第7期。

（三）全程控制原则

食品安全涉及原料、生产加工、储存、运输、销售等所有环节，任何一个环节出现问题都会影响最终的食品安全。因此，食品安全控制应实现从农田到餐桌的全过程控制。2013 年，中央农村工作会议明确提出"用最严谨的标准、最严格的监管、最严厉的处罚、最严肃的问责，确保广大人民群众'舌尖上的安全'"。食品安全的全程控制也是确立有效的追溯制度的基础。我国《食品安全法》确立的全程控制原则主要体现在《食品安全法》的具体制度规范了从农产品、食品生产加工到食品流通销售的全过程，并确立食品安全追溯体系，保证食品可追溯。国家鼓励食品生产经营者采用信息化手段采集、留存生产经营信息，建立食品安全追溯体系；要求县级以上地方人民政府对本行政区域的食品安全监督管理工作负责，统一领导、组织、协调本行政区域的食品安全监督管理工作以及食品安全突发事件应对工作，建立健全食品安全全程监督管理工作机制和信息共享机制。

（四）社会共治原则

食品安全保障不应成为单一主体的职责，食品涉及的所有环节，政府、食品生产经营者、消费者、行业协会、新闻媒体等都应参与其中，为保障食品安全履行好自己的责任，我国《食品安全法》确立了社会共治的原则，主要体现在：

1. 政府方面，国务院设立食品安全委员会统筹指导食品安全工作；食品安全监督管理部门对食品生产经营活动实施监督管理；卫生行政部门组织开展食品安全风险监测和风险评估；其他有关部门依法承担有关食品安全工作。各级人民政府应当加强食品安全的宣传教育，普及食品安全知识，鼓励社会组织、基层群众性自治组织、食品生产经营者开展食品安全法律、法规以及食品安全标准和知识的普及工作，倡导健康的饮食方式，增强消费者食品安全意识和自我保护能力。

2. 食品生产经营者对其生产经营食品的安全负责。食品生产经营者应当依照法律、法规和食品安全标准从事生产经营活动，保证食品安全，诚信自律，对社会和公众负责，接受社会监督，承担社会责任。

3. 食品行业协会应当加强行业自律，按照章程建立健全行业规范和奖惩机制，提供食品安全信息、技术等服务，引导和督促食品生产经营者依法生产经营，推动行业诚信建设，宣传、普及食品安全知识。消费者协会和其他消费者组织对违反《食品安全法》规定，损害消费者合法权益的行为，依法进行社会监督。

4. 新闻媒体应当开展食品安全法律、法规以及食品安全标准和知识的公益宣传，并对食品安全违法行为进行舆论监督。有关食品安全的宣传报道应当真实、公正。

5. 任何组织或者个人有权举报食品安全违法行为，依法向有关部门了解食品安全信息，对食品安全监督管理工作提出意见和建议。

三、食品安全具体制度

（一）食品安全风险监测和评估

1. 食品安全风险监测制度。食品安全监测是指卫生行政部门会同食品安全监督管理等部门，制定食品安全风险监测计划，对食源性疾病、食品污染以及食品中的有害因素进行监测。

根据《食品安全法》的规定，国务院卫生行政部门会同国务院食品安全监督管理等部门，制定、实施国家食品安全风险监测计划。省、自治区、直辖市人民政府卫生行政部门会同同级食品安全监督管理等部门，根据国家食品安全风险监测计划，结合本行政区域的具体情况，制定、调整本行政区域的食品安全风险监测方案，报国务院卫生行政部门备案并实施。

根据《食品安全法》的规定，承担食品安全风险监测工作的技术机构应当根据食品安全风险监测计划和监测方案开展监测工作，保证监测数据真实、准确，并按照食品安全风险监测计划和监测方案的要求报送监测数据和分析结果。食品安全风险监测工作人员有权进入相关食用农产品种植养殖、食品生产经营场所采集样品、收集相关数据。采集样品应当按照市场价格支付费用。

2. 食品安全风险评估制度。食品安全风险评估指运用科学方法，根据食品安全风险监测信息、科学数据以及有关信息，对食品、食品添加剂、食品相关产品中生物性、化学性和物理性危害因素进行风险评估。

根据《食品安全法》的规定，国务院卫生行政部门负责组织食品安全风险评估工作，成立由医学、农业、食品、营养、生物、环境等方面的专家组成的食品安全风险评估专家委员会进行食品安全风险评估。食品安全风险评估结果由国务院卫生行政部门公布。对农药、肥料、兽药、饲料和饲料添加剂等的安全性评估，应当有食品安全风险评估专家委员会的专家参加。

根据《食品安全法》的规定，有下列情形之一的，应当进行食品安全风险评估：①通过食品安全风险监测或者接到举报发现食品、食品添加剂、食品相关产品可能存在安全隐患的；②为制定或者修订食品安全国家标准提供科学依据需要进行风险评估的；③为确定监督管理的重点领域、重点品种需要进行风险评估的；发现新的可能危害食品安全因素的；④需要判断某一因素是否构成食品安全隐患的；⑤国务院卫生行政部门认为需要进行风险评估的其他情形。

根据《食品安全法》的规定，经食品安全风险评估，得出食品、食品添加剂、食品相关产品不安全结论的，国务院食品安全监督管理等部门应当依据各自职责立即向社会公告，告知消费者停止食用或者使用，并采取相应措施，确保该食品、食品添加剂、食品相关产品停止生产经营；需要制定、修订相关食品安全国家标准的，国务院卫生行政部门应当会同国务院食品安全监督管理部门立即制定、修订。

（二）食品安全标准

根据《食品安全法》的规定，食品安全标准是强制执行的标准。食品安全标准应当包括下列内容：①食品、食品添加剂、食品相关产品中的致病性微生物，农药残留、兽药残留、生物毒素、重金属等污染物质以及其他危害人体健康物质的限量规定；②食品添加剂的品种、使用范围、用量；③专供婴幼儿和其他特定人群的主辅食品的营养成分要求；④对与卫生、营养等食品安全要求有关的标签、标志、说明书的要求；⑤食品生产经营过程的卫生要求；⑥与食品安全有关的质量要求；⑦与食品安全有关的食品检验方法与规程；⑧其他需要制定为食品安全标准的内容。

根据《食品安全法》的规定，食品安全国家标准应当经国务院卫生行政部门组织的食品安全国家标准审评委员会审查通过。对地方特色食品，没有食品安全国家标准的，省、自治区、直辖市人民政府卫生行政部门可以制定并公布食品安全地方标准，报国务院卫生行政部门备案。

根据《食品安全法》的规定，省级以上人民政府卫生行政部门应当在其网站上公布制定和备案的食品安全国家标准、地方标准和企业标准，供公众免费查阅、下载。

(三) 食品生产经营制度

根据《食品安全法》的规定，食品生产经营应当符合食品安全标准，同时场所、设备或者设施、人员、规章制度、设备布局、工艺流程、容器包装等方面应保证生产安全食品的具体要求。

禁止生产经营以下食品、食品添加剂、食品相关产品：①用非食品原料生产的食品或者添加食品添加剂以外的化学物质和其他可能危害人体健康物质的食品，或者用回收食品作为原料生产的食品；②致病性微生物，农药残留、兽药残留、生物毒素、重金属等污染物质以及其他危害人体健康的物质含量超过食品安全标准限量的食品、食品添加剂、食品相关产品；③用超过保质期的食品原料、食品添加剂生产的食品、食品添加剂；④超范围、超限量使用食品添加剂的食品；⑤营养成分不符合食品安全标准的专供婴幼儿和其他特定人群的主辅食品；⑥腐败变质、油脂酸败、霉变生虫、污秽不洁、混有异物、掺假掺杂或者感官性状异常的食品、食品添加剂；⑦病死、毒死或者死因不明的禽、畜、兽、水产动物肉类及其制品；⑧未按规定进行检疫或者检疫不合格的肉类，或者未经检验或者检验不合格的肉类制品；⑨被包装材料、容器、运输工具等污染的食品、食品添加剂；⑩标注虚假生产日期、保质期或者超过保质期的食品、食品添加剂；⑪无标签的预包装食品、食品添加剂；国家为防病等特殊需要明令禁止生产经营的食品；⑫其他不符合法律、法规或者食品安全标准的食品、食品添加剂、食品相关产品。

1. 食品生产经营许可制度。根据《食品安全法》的规定，从事食品生产、食品销售、餐饮服务、食品添加剂生产，应当依法取得许可。销售食用农产品除外。

根据《食品安全法》的规定，县级以上地方人民政府食品安全监督管理部门应当依照《中华人民共和国行政许可法》的规定，审核申请人提交的以下相关资料：①具有与生产经营的食品品种、数量相适应的食品原料处理和食品加工、包装、贮存等场所，保持该场所环境整洁，并与有毒、有害场所以及其他污染源保持规定的距离；②具有与生产经营的食品品种、数量相适应的生产经营设备或者设施，有相应的消毒、更衣、盥洗、采光、照明、通风、防腐、防尘、防蝇、防鼠、防虫、洗涤以及处理废水、存放垃圾和废弃物的设备或者设施；③有专职或者兼职的食品安全专业技术人员、食品安全管理人员和保证食品安全的规章制度；④具有合理的设备布局和工艺流程，防止待加工食品与直接入口食品、原料与成品交叉污染，避免食品接触有毒物、不洁物。必要时对申请人的生产经营场所进行现场核查；对符合规定条件的，准予许可；对不符合规定条件的，不予许可并书面说明理由。

根据《食品安全法》的规定，食品生产加工小作坊和食品摊贩等从事食品生产经营活动，应当符合与其生产经营规模、条件相适应的食品安全要求，保证所生产经营的食品卫生、无毒、无害，食品安全监督管理部门应当对其加强监督管理。食品生产加工小作坊和食品摊贩等的具体管理办法由省、自治区、直辖市制定。

2. 食品安全全程追溯制度。食品生产经营者应当依照《食品安全法》的规定，建立食品安全追溯体系，保证食品可追溯。国家鼓励食品生产经营者采用信息化手段采集、留存生产经营信息，建立食品安全追溯体系。

国务院食品安全监督管理部门会同国务院农业行政等有关部门建立食品安全全程追溯协作机制。

3. 生产经营过程控制制度。

（1）食品生产经营企业应健全食品安全管理制度。食品生产经营企业应对职工进行食品安全知识培训；应当配备食品安全管理人员，加强对其培训和考核。

根据《食品安全法》的规定，食品生产经营者应当建立并执行从业人员健康管理制度。患有霍乱、细菌性和阿米巴性痢疾、伤寒和副伤寒、病毒性肝炎（甲型、戊型）、活动性肺结核、化脓性或者渗出性皮肤病的人员，不得从事接触直接入口食品的工作。从事接触直接入口食品工作的食品生产经营人员应当每年进行健康检查，取得健康证明后方可上岗工作。

根据《食品安全法》的规定，食品生产经营者应建立食品安全自查制度，定期对食品安全状况进行检查评价。

（2）食品生产经营者查验、检验记录制度。食品生产者采购食品原料、食品添加剂、食品相关产品，应当查验供货者的许可证和产品合格证明并建立进货查验记录制度；食品、食品添加剂、食品相关产品生产企业应当建立食品出厂检验记录制度，查验出厂食品的检验合格证和安全状况。

根据《食品安全法》的规定，食品或食品添加剂经营者采购产品，应当查验供货者的许可证和食品、添加剂出厂检验合格证或者其他合格证明；应当建立产品进货查验记录制度。从事食品批发业务的经营企业应当建立食品销售记录制度。食品经营者应当按照保证食品安全的要求贮存食品，定期检查库存食品，及时清理变质或者超过保质期的食品。

根据《食品安全法》的规定，餐饮服务提供者应当制定并实施原料控制要求，倡导餐饮服务提供者公开加工过程，公示食品原料及其来源等信息；应当按照要求对餐具、饮具进行清洗消毒；餐具、饮具集中消毒服务单位应当具备相应的作业场所、清洗消毒设备或者设施，用水和使用的洗涤剂、消毒剂应当符合食品安全国家标准和相关卫生规范。餐具、饮具集中消毒服务单位应当对消毒餐具、饮具进行逐批检验，检验合格后方可出厂，并应当随附消毒合格证明。

(3) 食品召回制度。食品生产者发现其生产的食品不符合食品安全标准或者有证据证明可能危害人体健康的，应当立即停止生产，召回已经上市销售的食品，通知相关生产经营者和消费者，并记录召回和通知情况。食品生产经营者应当对召回的食品采取无害化处理、销毁等措施，防止其再次流入市场。但是，对因标签、标志或者说明书不符合食品安全标准而被召回的食品，食品生产者在采取补救措施且能保证食品安全的情况下可以继续销售；销售时应当向消费者明示补救措施。

根据《食品安全法》的规定，食品经营者发现其经营的食品不符合食品安全标准或者有证据证明可能危害人体健康的，应当立即停止经营，通知相关生产经营者和消费者，并记录停止经营和通知情况。食品生产者认为应当召回的，应当立即召回。由于食品经营者的原因造成其经营的食品有问题的，食品经营者应当召回。

根据《食品安全法》的规定，食品生产经营者未依照规定召回或者停止经营的，县级以上人民政府食品安全监督管理部门可以责令其召回或者停止经营。

4. 标签、说明书和广告制度。根据《食品安全法》第67条的规定，预包装食品的包装上应当有标签，标签应当标明下列事项：①名称、规格、净含量、生产日期；②成分或者配料表；③生产者的名称、地址、联系方式；④保质期；⑤产品标准代号；⑥贮存条件；⑦所使用的食品添加剂在国家标准中的通用名称；⑧生产许可证编号；⑨法律、法规或者食品安全标准规定应当标明的其他事项。专供婴幼儿和其他特定人群的主辅食品，其标签还应当标明主要营养成分及其含量。

根据《食品安全法》的规定，食品经营者销售散装食品，应当在散装食品的容器、外包装上标明食品的名称、生产日期或者生产批号、保质期以及生产经营者名称、地址、联系方式等内容。生产经营转基因食品应当按照规定显著标示。食品添加剂应当有标签、说明书和包装。

根据《食品安全法》的规定，食品和食品添加剂的标签、说明书，不得含有虚假内容，不得涉及疾病预防、治疗功能。食品广告的内容应当真实合法，不得含有虚假内容，不得涉及疾病预防、治疗功能。

（四）食品检验

根据《食品安全法》的规定，食品检验机构应按照国家有关认证认可的规定取得资质认定，法律另有规定的除外。原国家食品药品监管总局《食品检验机构资质认定条件》规定了检验机构在组织、管理体系、检验能力、人员、环境和设施、设备和标准物质等方面应当达到的要求。

根据《食品安全法》的规定，食品检验由食品检验机构指定的检验人独立进行。检验人应当依照有关法律、法规的规定，并按照食品安全标准和检验规范对食品进行检验，尊重科学，恪守职业道德，保证出具的检验数据和结论客观、公正，不得出具虚假检验报告。

根据《食品安全法》的规定，食品检验实行食品检验机构与检验人负责制。食品检验报告应当加盖食品检验机构公章，并有检验人的签名或者盖章。食品检验机构和检验人对出具的食品检验报告负责。

（五）食品进出口

根据《食品安全法》的规定，国家出入境检验检疫部门对进出口食品安全实施监督管理。进口的食品、食品添加剂、食品相关产品应当符合我国食品安全国家标准。

根据《食品安全法》的规定，境外出口商、境外生产企业应当保证向我国出口的食品、食品添加剂、食品相关产品合法，并对标签、说明书的内容负责。进口商应当建立境外出口商、境外生产企业审核制度，重点审核上述内容；审核不合格的，不得进口。

进口的预包装食品、食品添加剂应当有中文标签；依法应当有说明书的，还应当有中文说明书。标签、说明书应当合法，并载明食品的原产地以及境内代理商的名称、地址、联系方式。预包装食品没有中文标签、中文说明书或者标签、说明书不符合《食品安全法》第97条规定的，不得进口。

（六）食品安全事故处置法律规定

根据《食品安全法》第102条的规定，国务院组织制定国家食品安全事故应急预案。各级人民政府应当制定本行政区域的食品安全事故应急预案。食品安全事故应急预案应当对食品安全事故分级、事故处置组织指挥体系与职责、预防预警机制、处置程序、应急保障措施等作出规定。食品生产经营企业应当制定食品安全事故处置方案。

根据《食品安全法》第103条的规定，发生食品安全事故的单位应当立即采取措施，防止事故扩大。县级以上人民政府农业行政等部门在日常监督管理中发现食品安全事故或者接到事故举报，应当立即向同级食品安全监督管理部门通报。发生食品安全事故，接到报告的县级人民政府食品安全监督管理部门应当按照应急预案的规定向本级人民政府和上级人民政府食品安全监督管理部门报告。县级人民政府和上级人民政府食品安全监督管理部门应当按照应急预案的规定上报。任何单位和个人不得对食品安全事故隐瞒、谎报、缓报，不得隐匿、伪造、毁灭有关证据。

（七）食品安全监督管理

根据《食品安全法》第109条的规定，县级以上人民政府食品安全监督管理部门根据食品安全风险监测、风险评估结果和食品安全状况等，确定监督管理的重点、方式和频次，实施风险分级管理。县级以上地方人民政府组织本级食品安全监督管理、农业行政等部门制定本行政区域的食品安全年度监督管理计划，向社会公布并组织实施。食品安全年度监督管理计划应当将下列事项作为监督管理的重点：①专供婴幼儿和其他特定人群的主辅食品；②保健食品生产过程中的添加行为和按照注册或者备案的技术要求组织生产的情况，保健食品标签、说明书以及宣传材料中有关功能宣传的情况；③发生食品安全事故风险较高的食品生产经营者；④食品安全风险监测结果表明可能存在食品安全隐患的事项。

根据《食品安全法》第110条的规定，县级以上人民政府食品安全监督管理部门履行食品安全监督管理职责，有权采取下列措施，对生产经营者遵守《食品安全法》的情况进行监督检查：①进入生产经营场所实施现场检查；②对生产经营的食品、食品添加剂、食品相关产品进行抽样检验；③查阅、复制有关合同、票据、账簿以及其他有关资料；④查封、扣押有证据证明不符合食品安全标准或者有证据证明存在安全隐患以及用于违法生产经营的食品、食品添加剂、食品相关产品；⑤查封违法从事生产经营活动的场所。

根据《食品安全法》第113条的规定，县级以上人民政府食品安全监督管理部门应当建立食品生产经营者食品安全信用档案，记录许可颁发、日常监督检查结果、违法行为查处等情况，依法向社会公布并实时更新；对有不良信用记录的食品生产经营者增加监督检查频次，对违法行为情节严重的食品生产经营者，可以通报投资主管部门、证券监督管理机构和有关的金融机构。

根据《食品安全法》第114、117条的规定，食品生产经营过程中存在食品安全隐患，未及时采取措施消除的，县级以上人民政府食品安全监督管理部门可以对食品生产经营者的法定代表人或者主要负责人进行责任约谈。食品生产经营者应当立即采取措施，进行整改，消除隐患。责任约谈情况和整改情况应当纳入食品生产经营者食品安全信用档案。县级以上人民政府食品安全监督管理等部门未及时发现食品安全系统性风险，未及时消除监督管理区域内的食品安全隐患的，本级人民政府可以对其主要负责人进行责任约谈。地方人民政府未履行食品安全职责，未及时消除区域性重大食品安全隐患的，上级人民政府可以对其主要负责人进行责任约谈。被约谈的食品药品安全管理等部门、地方人民政府应当立即采取措施，对食品安全监督管理工作进行整改。责任约谈情况和整改情况应当纳入地方人民政府和有关部门食品安全监督管理工作评议、考核记录。

根据《食品安全法》第115条的规定，县级以上人民政府食品安全监督管理等部门应当公布本部门的电子邮件地址或者电话，接受咨询、投诉、举报。接到咨询、投诉、举报，对属于本部门职责的，应当受理并在法定期限内及时答复、核实、处理；对不属于本部门职责的，应当移交有权处理的部门并书面通知咨询、投诉、举报人。有权处理的部门应当在法定期限内及时处理，不得推诿。对查证属实的举报，给予举报人奖励。有关部门应当对举报人的信息予以保密，保护举报人的合法权益。举报人举报所在企业的，该企业不得以解除、变更劳动合同或者其他方式对举报人进行打击报复。

根据《食品安全法》第118、120条的规定，国家建立统一的食品安全信息平台，实行食品安全信息统一公布制度。国家食品安全总体情况、食品安全风险警示信息、重大食品安全事故及其调查处理信息和国务院确定需要统一公布的其他信息由国务院食品安全监督管理部门统一公布。食品安全风险警示信息和重大食品安全事故及其调查处理信息的影响限于特定区域的，也可以由有关省、自治区、直辖市人民政府食品安全监督管理部门公布。未经授权不得发布上述信息。县级以上人民政府食品安全监督管理、农业行政部门依据各自职责公布食品安全日常监督管理信息。公布食品安全信息，应当做到准确、及时，并进行必要的解释说明，避免误导消费者和社会舆论。任何单位和个人不得编造、散布虚假食品安全信息。

四、特殊食品

国家对保健食品、特殊医学用途配方食品和婴幼儿配方食品等特殊食品实行严格监督管理。生产保健食品、特殊医学用途配方食品、婴幼儿配方食品和其他专供特定人群的主辅食品的企业，应当按照良好生产规范的要求建立与所生产食品相适应的生产质量管理体系，定期对该体系的运行情况进行自查，保证其有效运行，并向所在地县级人民政府食品安全监督管理部门提交自查报告。

（一）保健食品

根据《食品安全法》第75、76、78、79条的规定，保健食品声称保健功能，应当具有科学依据，不得对人体产生急性、亚急性或者慢性危害。保健食品原料目录和允许保健食品声称的保健功能目录，由国务院食品安全监督管理部门会同国务院卫生行政部门、国家中医药管理部门制定、调整并公布。

使用保健食品原料目录以外原料的保健食品和首次进口的保健食品应当经国务院食品安全监督管理部门注册。但是，首次进口的保健食品中属于补充维生素、矿物质等营养物质的，应当报国务院食品安全监督管理部门备案。其他保健食品应当报省、自治区、直辖市人民政府食品安全监督管理部门备案。

保健食品的标签、说明书不得涉及疾病预防、治疗功能，内容应当真实，与注册或者备案的内容相一致，载明适宜人群、不适宜人群、功效成分或者标志性成分及其含量等，并声明"本品不能代替药物"。保健食品的功能和成分应当与标签、说明书相一致。保健食品广告应当声明"本品不能代替药物"。

（二）特殊医学用途配方食品

根据《食品安全法》第80条的规定，特殊医学用途配方食品应当经国务院食品安全监督管理部门注册。注册时，应当提交产品配方、生产工艺、标签、说明书以及表明产品安全性、营养充足性和特殊医学用途临床效果的材料。

（三）婴幼儿配方食品

根据《食品安全法》第81条的规定，婴幼儿配方食品生产企业应当实施从原料进厂到成品出厂的全过程质量控制，对出厂的婴幼儿配方食品实施逐批检验，保证食品安全。生产婴幼儿配方食品使用的生鲜乳、辅料等食品原料、食品添加剂等，应当符合法律规定和食品安全国家标准，保证婴幼儿生长发育所需的营养成分。婴幼儿配方乳粉的产品配方应当经国务院食品安全监督管理部门注册。注册时，应当提交配方研发报告和其他表明配方科学性、安全性的材料。不得以分装方式生产婴幼儿配方乳粉，同一企业不得用同一配方生产不同品牌的婴幼儿配方乳粉。

第六节　公共卫生应急法律制度

一、概述

公共卫生应急制度是指面对突发公共卫生事件情况的反应制度。突发公共卫生事件指突然发生，造成或者可能造成社会公众健康严重损害的重大传染病疫情；群体性不明原因疾病；重大食物中毒；重大职业中毒；以及其他严重影响公众健康的事件。其特点包括：①突发性事件，它是突如其来的、不易预测的；②在公共卫生领域发生，具有公共卫生属性；③对公众健康已经或可能造成严重损害。

这类突发公共卫生事件给经济和社会带来巨大破坏和威胁，随之产生了一些法律问题：一方面，常态社会下运行的法律在突发公共事件中可能被闲置，取而代之的是突发事件应对法；另一方面，常态社会下畅行无阻的私权在非常态社会下随着突发公共事件的发生、救援和恢复重建，可能会受到种种限制、克减甚至是剥夺，这类冲突表现形式多样，如财物的征收征用、人身自由的限制、病患的强制隔离治疗、飞行登机的安全检查、药品专利的强制许可、疫区辐射区的管制等，而透过诸多非常态社会中的法律难题，可以抽离出其共有的内在的核心问题，即突发公共卫生事件中公共利益和私权之间的冲突，这种公共利益与私权冲突的命题存在于多种场域，具有很强的普在性[1]。公权力和私权利、公共利益和个人合法权益、突发事件应急处置和正常秩序有效维护之间的平衡始终是关于应急法律制度构建和运行的难题。在紧急状态期间，首要目标是控制突发事件并消除影响，使社会恢复到正常、安全、稳定的状态，即安全和秩序价值具有优先性，因此，必须以一定的私权克减措施为代价。但是，这里需要指出的是，对私权的克减并不是无条件的和绝对的，它必须有严格的适用条件和程序、强度的限制，必须受到一系列诸如法律保留原则、比例原则、适当原则等基本原则的限制，而不是依公权力的需要恣意而为。

我国公共卫生应急法制化历程可分为三个阶段：

1. 第一阶段：在 SARS 爆发而现行的实定法不敷使用的情况下，国务院及其卫生行政部门制定了不少规范性文件。[2] 尽管这类努力不能完全消除有关限制人身自

---

[1] 伏绍宏、牛忠江："突发公共卫生事件中公共利益与私权冲突法律平衡的路径选择"，载《社会科学研究》2012 年第 2 期。

[2]《卫生部关于将传染性非典型肺炎（严重急性呼吸道综合征）列入法定管理传染病的通知》（卫疾控发［2003］84 号）；《卫生部、财政部、铁道部、交通部、民航总局关于严格预防通过交通工具传播传染性非典型肺炎的通知》（卫机发［2003］8 号）；《卫生部关于印发〈传染性非典型肺炎临床诊断标准（试行）〉的通知》（卫机发 8 号）等。

由措施的合法性缺陷,其制定和发布规范的行为在程序上也可能或多或少地存在着瑕疵,但是毕竟迈出了走向形式合法的步伐。与此同时,《突发公共卫生事件应急条例》于2003年5月9日发布实施,由此,隔离与医学观察等限制人身自由的措施实现了从正当性迈向合法性的重要一步。然而,国务院制定的该条例并不能从根本上消除这些措施在法律根据方面的合法性瑕疵。《立法法》第8条、第9条规定涉及限制人身自由措施设定的事项必须制定法律,并且这类事项属于不得委托国务院先行制定行政法规的绝对保留事项。因此,有关法律制度的建设和完善在此后仍在继续。

2. 第二阶段：2004年12月1日,2013年修正的《传染病防治法》施行,该法从实现个人权利与公共利益的平衡出发,设定了有关限制人身自由的措施。这就从根本上消除了这些措施在法律根据方面的合法性缺陷,完成了立法领域的决定性工作。[1]

3. 第三阶段：2007年颁布实施的《突发事件应对法》进一步确立了比例原则,规定："有关人民政府及其部门采取的应对突发事件的措施,应当与突发事件可能造成的社会危害的性质、程度和范围相适应；有多种措施可供选择的,应当选择有利于最大程度地保护公民、法人和其他组织权益的措施。"

二、基本原则

（一）社会协同治理原则

《突发公共卫生事件应急条例》（以下简称《条例》）的主要目的是建立一个统一、高效、有权威的突发公共卫生应急处理机制。有学者将其确立的应急管理机制称为公共危机的单边治理模式,"在公共危机的单边治理模式下,国家和政府组织由于其所承担的社会服务职能以及其拥有的权力和资源,往往被视为危机管理的唯一主体,至少是政府处于单一主体的地位上,其他社会组织和民众被置于被动和配合的执行地位"。[2] 然而突发事件的发生涉及面广、持续的时间长、耗费的社会资源巨大,由于政府在资源掌握、人员结构、组织体系等方面的局限性,仅靠政府一元主体已经无法有效应对危机。在当下社会利益多元化的背景下,单向度的以义务为特征的单一治理的应急管理机制的实施效果已经很难得到保证。随着国家治理的转型,部分国家应急权力开始向社会或非政府组织转移,他们利用自己的专业特长积极参与突发公共卫生事件应对,取得了良好的社会效果,社会组织的自治权得到尊重和重视,民主和法治得到进一步张扬和体现。2007年《突发事件应对法》第11条第2款规定："公民、法人和其他组织有义务参与突发事件应对工作。"第34条规定："国家鼓励公民、法人和其他组织为人民政府应对突发事件工作提供物资、资

---

[1] 陈越峰："从形式合法到裁量正义——传染病防治中限制人身自由措施的合法性证成",载《政治与法律》2011年第10期。

[2] 胡向明、唐波勇："论利益相关者合作逻辑下的公共危机之力——以汶川五·一二地震为例",载《武汉大学学报：哲学社会科学版》2010年第2期。

金、技术支持和捐赠。"第49条规定,自然灾害、事故灾难或者公共卫生事件发生后,履行统一领导职责的人民政府可以采取组织公民参加应急救援和处置工作,要求具有特定专长的人员提供服务。第55条规定:"突发事件发生地的居民委员会、村民委员会和其他组织应当按照当地人民政府的决定、命令,进行宣传动员,组织群众开展自救和互救,协助维护社会秩序。"政府虽然是危机应对中的最主要角色,但不是唯一的参与主体。不管是在危机预警、危机准备阶段,还是在灾难救助阶段,都不应该忽视甚至排斥非政府组织、各类企事业单位以及个人,而应当积极吸纳、引导和发挥他们的作用。在危机状态下,应该构建一种政府为主导、所有利益相关者共同参与的协同治理的应对模式。

(二) 比例原则

《突发事件应对法》第11条规定:"有关人民政府及其部门采取的应对突发事件的措施,应当与突发事件可能造成的社会危害的性质、程度和范围相适应;有多种措施可供选择的,应当选择有利于最大程度地保护公民、法人和其他组织权益的措施。"这体现了行政法上的一个重要原则——比例原则。

在卫生应急法律制度的建设初期,受到追问的主要是相关限制人身自由措施的采取是否有法律上的依据。在相关法律制度基本建设完成后,尤其是在《传染病防治法》完成修订之后,有关行政措施的采取固然仍需要具备法律上的依据,但仅仅如此已不能确保有关措施的合法性,还必须体现有关措施运用的合目的性、必要性和平衡性。在防控甲型H1N1流感的过程中,公共舆论就对政府提出了"过度反应"的质疑,以及对于"密切接触者"限制人身自由措施的设定和运用进行检视的质疑。从中可以看出,合乎比例逐渐成为判断限制人身自由措施合法性的重心所在。

(三) 公民权利保障原则

《条例》强调公民服从义务、忽视了公民权利保障,涉及权利的条款稀少,只有因参与应急处理工作致病、致残、死亡的人员,具有获得相应的补助和抚恤的权利等3条规定。《条例》更多的内容强调了公民有义务服从政府的决定和命令,配合政府采取的应急处置措施,积极参加应急救援工作,协助维护社会秩序等。这种权利义务结构说明了《条例》追求秩序价值的指引下,义务本位的权益结构的设计。以行政征用为例,征用在应对突发性公共卫生事件中具有重要的作用。在应对紧急事件的时候,需要大量的设备、物资,这些完全靠政府临时采购甚至建造都是不现实的。在这种情况之下,必须征用公民或者其他社会组织的财产。但是非常遗憾的是,《条例》及2013年修订后的《传染病防治法》对于行政征用的程序、补偿等问题语焉不详。2007年颁布的《突发事件应对法》第12条规定:"有关人民政府及其部门为应对突发事件,可以征用单位和个人的财产。被征用的财产在使用完毕或者突发事件应急处置工作结束后,应当及时返还。财产被征用或者征用后毁损、灭失的,应当给予补偿。"虽然没有更为详细的具有可操作性的规定,但是,对行政征用作出了"应当给予补偿"的规定不得不说是一大立法上的进步。由此我们可以看出,《突发事件应对法》在秉承公共利益优先的原则的同时，也非常重视公民权利保障。

三、主要法律制度

（一）突发公共卫生事件预案的制定与应急准备

根据《突发事件应对法》第17条的规定，国家建立健全突发事件应急预案体系。国务院制定国家突发事件总体应急预案，组织制定国家突发事件专项应急预案；国务院有关部门根据各自的职责和国务院相关应急预案，制定国家突发事件部门应急预案。地方各级人民政府和县级以上地方各级人民政府有关部门根据有关法律、法规、规章、上级人民政府及其有关部门的应急预案以及本地区的实际情况，制定相应的突发事件应急预案。应急预案制定机关应当根据实际需要和情势变化，适时修订应急预案。应急预案的制定、修订程序由国务院规定。

《条例》第26、27条规定了应急预案的启动程序。突发公共卫生事件发生后，卫生行政主管部门应当组织专家对突发公共卫生事件进行综合评估，初步判断突发公共卫生事件的类型，提出是否启动突发应急预案的建议。在全国范围内或者跨省、自治区、直辖市范围内启动全国突发公共卫生事件应急预案，由国务院卫生行政主管部门报国务院批准后实施。省、自治区、直辖市启动应急预案，由省、自治区、直辖市人民政府决定，并向国务院报告。

另外，基于非典的暴发、流行，反映出一些部门和地方对突发公共卫生事件预警能力不足、监测系统反应不灵敏，因此需要建立和完善突发公共卫生事件监测和预警机制。《条例》第14、15条规定，国家建立统一的突发公共卫生事件预防控制体系。县级以上地方人民政府，应当建立和完善突发公共卫生事件监测和预警系统。县级以上各级人民政府卫生行政主管部门，应当指定机构负责开展突发公共卫生事件的日常监测，并确保监测和预警系统的正常运行。监测和预警工作应当根据突发公共卫生事件的类别，制定监测计划，科学分析综合评价监测数据。对早期发现的潜在隐患以及可能发生的突发公共卫生事件，应当依照规定的程序和时限及时报告。

（二）报告与信息发布制度

《条例》第19条规定，国家建立突发事件应急报告制度。国务院卫生行政主管部门制定突发公共卫生事件应急报告规范，建立重大、紧急疫情信息报告系统。对于发生或者可能发生传染病暴发、流行的；发生或者发现不明原因的群体性疾病的；发生传染病菌种、毒种丢失的；发生或者可能发生重大食物和职业中毒事件的，省、自治区、直辖市人民政府应当在接到报告1小时内，向国务院卫生行政主管部门报告。国务院卫生行政主管部门对可能造成重大社会影响的突发公共卫生事件，应当立即向国务院报告。报告主体除了责任报告单位和责任报告人之外，《条例》第22~24条还规定，任何单位和个人都有权向国务院卫生行政部门和地方各级人民政府及其有关部门报告突发公共卫生事件及其隐患，也有权向上级政府及其有关部门举报不履行或者不按照规定履行突发公共卫生事件应急处理职责的部门、单位和个人。接到报告的地方人民政府、卫生行政主管部门依照《条例》规定报告的同时，应当立即组织力量对报告事项调查核实、确证,采取必要的控制措施,并及时报告调查情况。国务院卫生行政主管部门应当根据发生突发公共卫生事件的情况,及时向国务院有关部门和各省、自治区、直辖市人民政府卫生行政主管部门以及军队有关部门通报。突发公共卫生事件发生地的省、自治区、直辖市人民政府卫生行政主管部门,应当及时向毗邻省、自治区、直辖市人民政府卫生行政主管部门通报。接到通报的省、自治区、直辖市人民政府卫生行政主管部门,必要时应当及时通知本行政区域内的医疗卫生机构。县级以上地方人民政府有关部门,已经发生或者发现可能引起突发公共卫生事件的情形时,应当及时向同级人民政府卫生行政主管部门通报。《条例》第24、25条还规定了突发公共卫生事件的信息举报制度和信息发布制度。对举报突发公共卫生事件有功的单位和个人,县级以上各级人民政府及其有关部门应当予以奖励。

(三) 应急处理制度

为确保快速、有效地应急处理突发公共卫生事件,《条例》第29、30、32、33、34条规定了应急处理的五大措施:①国务院卫生行政主管部门对新发现的突发传染病,根据危害程度、流行强度,依照《传染病防治法》的规定及时宣布为法定传染病;宣布为甲类传染病的,由国务院决定。②省级以上人民政府卫生行政主管部门或者其他有关部门指定的突发公共卫生事件应急处理专业技术机构,负责突发公共卫生事件的技术调查、确证、处置、控制和评价工作。③突发公共卫生事件发生后,国务院有关部门和县级以上地方人民政府及其有关部门,应当保证突发公共卫生事件应急处理所需的医疗救护设备、救治药品、医疗器械等物资的生产、供应;铁路、交通、民用航空行政主管部门应当保证及时运送。④根据突发公共卫生事件应急处理的需要,突发公共卫生事件应急处理指挥部有权紧急调集人员、储备的物资、交通工具以及相关设施、设备;必要时,对人员进行疏散或者隔离,并可以依法对传染病疫区实行封锁。⑤突发公共卫生事件应急处理指挥部根据突发公共卫生事件应急处理的需要,可以对食物和水源采取控制措施。县级以上地方人民政府卫生行政主管部门应当对突发公共卫生事件现场等采取控制措施,宣传突发公共卫生事件防治知识,及时对易受感染的人群和其他易受损害的人群采取应急接种、预防性投药、群体防护等措施。

(四) 终止和善后处理相关制度

《突发事件应对法》和《条例》相比,从内容上看,它覆盖了"预防、预备、监测、预警、处置、恢复重建"的全过程。以前的应急法律法规一般都重点着眼于"危机处置",而该法做到了以"危机处置"为中心向两端延伸,前端以"监测"为重点,重在规范判断进入应急管理阶段的依据,保证信息畅通和判断准确;后端延伸到"恢复重建"。这样该法实现了"从预防开始到重建结束"的整体覆盖,提供了一个系统、完备的权利、义务框架。

根据《突发事件应对法》第58、59、61、63条的规定,突发事件的威胁和危害得到控制或者消除后，履行统一领导职责或者组织处置突发事件的人民政府应当停止执行依照《突发事件应对法》规定采取的应急处置措施，同时采取或者继续实施必要措施，防止发生自然灾害、事故灾难、公共卫生事件的次生、衍生事件或者重新引发社会安全事件。善后处理主要包括：①后期评估。突发事件应急处置工作结束后，履行统一领导职责的人民政府应当立即组织对突发事件造成的损失进行评估，组织受影响地区尽快恢复生产、生活、工作和社会秩序，制定恢复重建计划，并向上一级人民政府报告。②奖励。对参加突发事件应急处理作出贡献的人员，给予表彰和奖励。③抚恤和补助。对因参与应急处理工作致病、致残、死亡的人员，按照国家有关规定，给予相应的补助和抚恤。④征用物资劳务的补偿。突发公共卫生事件应急工作结束后，地方各级人民政府应组织有关部门对应急处理期间紧急调集、征用有关单位、企业、个人的物质和劳务进行合理评估，给予补偿。⑤责任追究。对在突发公共卫生事件的预防、报告、调查、控制和处理过程中，有隐瞒、缓报、谎报突发公共卫生事件的，玩忽职守、失职渎职的，拒绝配合调查的，扰乱社会和市场秩序的，依法追究法律责任。

第七节 人口与计划生育法律制度

一、概述

新中国成立初期，人口与计划生育工作并没有受到重视，那时党和政府的首要任务是巩固刚刚诞生的政权，迅速恢复遭到战争破坏的国民经济，使社会秩序得到安定、国民百姓得以休养生息，为有计划的经济建设创造条件。当时的中国战乱初平，社会各方面都迅速发展，为繁衍后代提供较好的条件，同时，政府有关部门制定的社会经济政策也多是鼓励多生。随着社会的稳步发展，人口增长过快所带来的问题也渐渐显现，虽然当时的新中国各方面都欣欣向荣，但国民经济的发展速度与人口的增长速度还是不相匹配，控制人口增长势在必行；当时的妇女也越来越多地走向社会，投身劳动，生育子女过多，必然影响她们的工作、学习和生活，因而越来越多的妇女要求实行避孕节育，为此，党和国家积极开展各种措施，并在1966年将计划生育列为我国的基本国策。随后1978年计划生育作为我国的一项基本国策载入宪法。《宪法》第25条规定："国家推行计划生育，使人口的增长同经济和社会发展计划相适应。"第49条第2款规定："夫妻双方有实行计划生育的义务。"

改革开放以来，社会主义市场经济体制的逐步建立和社会主义民主法制进程的逐步加快，对依法治理人口与计划生育工作提出更高的要求，从前那种依靠政策和地方立法开展工作的状况已经无法适应新形势发展的需要，因此，2001年12月29日，第九届全国人民代表大会常务委员会正式通过《中华人民共和国人口与计划生育法》，将计划生育从基本国策提升至基本法律；近几年来，计划生育的弊渐渐超过利，劳动力持续问题、老龄化问题以及人口结构性问题越来越成为困扰国民经济健康发展的重要因素，为此，2015 年 12 月 27 日，第十二届全国人民代表大会常务委员会第十八次会议对《中华人民共和国人口与计划生育法》进行修改，在坚持计划生育的基本国策的同时，全面实施"二孩政策"，积极开展应对人口老龄化等问题的行动。

二、基本原则

（一）计划生育综合治理的原则

在人口与计划生育工作中动员全社会力量，建立政府领导、部门指导、各方配合、群众参与的工作机制，做到优势互补、资源共享、各负其责。采取法律、教育、经济、行政等措施综合治理人口问题。

人口与计划生育工作是一项政策性强、涉及广大群众切身利益的社会系统工程，计划、教育、科技、民族、公安、民政、司法、财税、人事、劳动保障、建设、国土资源、农业、文化、卫生、广播电视、统计、工商等部门要明确在人口与计划生育工作中的职责和任务，制定具体措施。各级政府和有关部门制定土地、企业、医疗、社会保障、户籍、劳动、教育、财税等制度和改革措施，要统筹考虑，相互协调，有利于人口与计划生育工作。

（二）公民权利义务相统一的原则

生育权是公民的一项基本权利。《妇女权益保障法》第 51 条第 1 款明确规定："妇女有按照国家有关规定生育子女的权利，也有不生育的自由。"我国已加入的国际公约规定：所有夫妇和个人都有自由和负责任地决定生育数量和间隔并为此获得信息、教育和手段的基本权利。公民依法行使生育权应当受到法律保护。借鉴有关国际公约关于生育权的规定，总结我国计划生育工作以宣传教育为主、服务为主、避孕为主的经验，《人口与计划生育法》第 17 条规定："公民有生育的权利，也有依法实行计划生育的义务，夫妻双方在实行计划生育中负有共同的责任。"第 13 条规定："计划生育、教育、科技、文化、卫生、民政、新闻出版、广播电视等部门应当组织开展人口与计划生育宣传教育。大众传媒负有开展人口与计划生育的社会公益性宣传的义务。学校应当在学生中，以符合受教育者特征的适当方式，有计划地开展生理卫生教育、青春期教育或者性健康教育。"第 31 条规定："各级人民政府应当采取措施，保障公民享有计划生育技术服务，提高公民的生殖健康水平。"第 19 条规定："实行计划生育，以避孕为主。国家创造条件，保障公民知情选择安全、有效、适宜的避孕节育措施。实施避孕节育手术，应当保证受术者的安全。"第 21 条规定："实行计划生育的育龄夫妻免费享受国家规定的基本项目的计划生育技术服务。前款规定所需经费，按照国家有关规定列入财政预算或者由社会保险予以保障。"这样规定，保护了公民的生育权，并为公民生育权的行使提供了保障条件。同时，任何权利的行使也意味着责任。夫妇和个人在行使生育决定权时，应认真考虑他们的情况以及他们的决定对其子女和他们所生活的社区的平衡发展有何影响。个人的生殖行为与社会的需要和愿望应该互相协调。

三、主要制度

（一）人口发展规划的制定和实施制度

人口是人类社会存在和发展的前提，对社会发展起着促进或延缓的作用。人口是社会生活的基本前提和出发点，是社会物质生活条件的必要因素；人口的发展变化和经济的发展变化是相互依存、相互制约的。如果人口发展目标与经济发展相协调，就能促进和加快经济的发展；如果人口发展与经济发展比例失调，就会延缓经济的发展。因此，人口与发展问题密切相关，控制人口增长有利于经济和社会的发展，只有经济和社会发展了，才能提高人们的生活水平。必须坚持人口与发展综合决策，制定符合国情的人口发展规划，并将其纳入国民经济和社会发展的总体规划之中，采取有效措施，确保人口计划的实现。

我国自20世纪70年代起开始制定全国人口发展规划，并将人口发展规划纳入国民经济与社会发展总体规划之中。按照《人口与计划生育法》第9条的规定，人口发展规划由国务院编制，纳入国民经济和社会发展规划。人口发展规划按规划的期限，可以分为年度计划、五年计划和远景（长期）规划；按规划的区域范围，可分为基层人口发展规划、地区人口发展规划和全国人口发展规划。地方的人口发展规划，由县级以上地方各级人民政府编制，并纳入国民经济和社会发展计划。实践证明，通过制定人口发展规划，调节人口与经济、社会、环境的关系，是我国人口与计划生育工作的一个重要的调控手段。

根据我国《宪法》的规定，地方各级人民政府依照法律规定的权限，管理本行政区域内的计划生育工作。管理本行政区域内的计划生育工作包括两方面的内容：一是制定人口与计划生育实施方案；二是组织人口与计划生育实施方案的实施。其中，县级以上地方各级人民政府制定实施方案并组织实施；乡、民族乡、镇的人民政府和城市街道办事处不能制定实施方案，只能贯彻落实实施方案。人口与计划生育实施方案是指为保证人口与计划生育法律法规和人口发展规划在本行政区域内得到全面贯彻实施而依据人口发展规划制定的工作计划、目标、任务、措施、要求和方法的总称。制定人口与计划生育实施方案是落实人口与计划生育法律法规和人口发展规划的必要条件。人口与计划生育方案的实施与教育的普及、妇女地位的提高、医疗卫生条件的改善、妇幼保健水平的提高、社会福利和社会保障体系的健全和完善以及帮助贫困地区摆脱贫困等密切相关。

各级政府及领导人应有力支持和参与计划生育工作，建立一套切实可行的机制，贯彻落实人口与计划生育实施方案：各级政府主要领导人定期召开计划生育工作会议，部署工作；各级政府把人口计划纳入本地区的国民经济和社会发展的总体规划，把计划生育工作列入重要议事日程，确保人口计划的实施；各级政府建立以计划生育委员会为主的、各部门齐抓共管的计划生育管理体制，并建立实施计划生育方案的多种服务机构，包括宣传教育、技术服务、药具供应、科学研究和信息传播等；

加强对各级干部、职工的培训,使他们增强人口意识和人均观念。要求干部带头实行计划生育;政府逐年增加对计划生育的资金投入。

(二) 生育调节制度

1. 生育权的内容。公民的生育权是一项基本的人权,如何正确看待和理解生育权,是我们进行计划生育立法不容回避的问题。公民的生育权是与生俱来的,是先于国家和法律发生的权利,作为人的基本权利,生育权与其他由宪法、法律赋予的权利不同。因此,多年来,有一种观点主张,生育是完全自由的,生不生、生多少、跟谁生,都是当事人自己的事,不需要法律的规定;但随着社会的发展,国际社会对生育权问题提出的新的观点,就是自由且负责任地行使生育权,强调夫妻和个人对子女、家庭和社会的"责任",强调夫妻在行使生育权时,要考虑到将来子女的需要和对社会的责任。从这个意义上讲,公民有生育的权利,但同时应当承担对家庭、子女和社会的责任。法律规定的生育权是指公民享有生育子女及获得与此相关的信息和服务的权利。应当包括以下几部分内容:

第一,自由而负责地决定生育子女的时间、数量和间隔的权利。这一理论最早见于1968年国际人权会议,声明"每对夫妻都享有自由负责地决定其子女人数和间隔的基本人权以及在这方面获得教育和信息的权利"。1979年联合国《消除对妇女一切形式歧视公约》首次以国际公约的形式规定了"男女有相同的权利,自由负责地决定子女人数和生育间隔,并有机会获得使他们能够行使这种权利的知识、教育和方法"。在一个法治社会里,对权利的限制需要法律、法规的明示,如果没有明示,公民的权利是不应受到限制的。而在我国,由于人口压力大,根据国情的需要,国家要求控制人口过快增长,实行计划生育,国家在规定公民享有生育权的同时,规定夫妻有实行计划生育的义务,因此,在我国公民生育权的行使要符合我国法律、法规的规定,决定生育子女时间、数量和间隔时,要依照有关法律、法规的规定去做。从表面上看,我国公民的生育意愿受到了一定的限制,但从国家和公民的长远利益考虑,我们对社会是负责任的。

第二,公民有生育的权利,也有不生育的自由。公民有权利选择生育与不生育,不生育也不应当受到歧视。《人口与计划生育法》第22条规定,禁止歧视、虐待生育女婴和不育的妇女;我国《妇女权益保障法》第51条第1款规定,"妇女有按照国家有关规定生育子女的权利,也有不生育的自由"。

第三,在生育权问题上,夫妻之间享有平等的权利。从理论上说,生育是男女双方的共同行为,不可能依靠单方实现,因此,一方不能强迫另一方实现这个权利,这个权利应当是以双方协商为基础的,两个人共同的意愿才能实现。

第四,生殖健康权。生殖健康表示人们能够有满意而且安全的性生活,有生育能力,可以自由决定是否和何时生育及生育多少。公民有权获得科学知识和信息、有避孕措施的知情权和安全保障权利,患不孕症公民有获得咨询和治疗的权利。国家创造条件,保障公民知情选择安全、有效、适宜的避孕节育措施。实施避孕节育手术，应当保证受术者的安全；防止非意愿妊娠。计划生育技术服务人员应当指导实行计划生育的公民选择安全、有效、适宜的避孕措施。

2. 公民也有依法实行计划生育的义务。我国《宪法》第49条规定："夫妻双方有实行计划生育的义务。"我国公民应当履行的计划生育义务包括：

第一，要依照法律、法规的规定决定生育子女的数量和间隔时间。《人口与计划生育法》第18条规定：国家提倡一对夫妻生育两个子女。符合法律、法规规定条件的，可以要求安排再生育子女。具体办法由省、自治区、直辖市人民代表大会或者其常务委员会规定。少数民族也要实行计划生育，具体办法由省、自治区、直辖市人民代表大会或者其常务委员会规定。夫妻双方户籍所在地的省、自治区、直辖市之间关于再生育子女的规定不一致的，按照有利于当事人的原则适用。

第二，依照法律规定，自觉落实避孕节育措施。根据《人口与计划生育法》第19、33、34条的规定，实行计划生育，以避孕为主。对已生育子女的夫妻，提倡选择长效避孕措施。计划生育技术服务机构和从事计划生育技术服务的医疗、保健机构应当在各自的职责范围内，针对育龄人群开展人口与计划生育基础知识宣传教育，对已婚妇女开展孕情检查、随访服务工作，承担计划生育、生殖保健的咨询、指导和技术服务。计划生育技术服务人员应当指导实行计划生育的公民选择安全、有效、适宜的避孕措施。作为公民有义务配合计划生育技术服务机构做好避孕节育工作。

第三，对于违反国家生育政策，超计划生育子女的公民，要依法缴纳社会抚养费，同时针对不同对象分别给以行政处分或者纪律处分。《人口与计划生育法》第41条规定，不符合《人口与计划生育法》第18条规定生育子女的公民，应当依法缴纳社会抚养费。未在规定的期限内足额缴纳应当缴纳的社会抚养费的，自欠缴之日起，按照国家有关规定加收滞纳金；仍不缴纳的，由作出征收决定的计划生育行政部门依法向人民法院申请强制执行。规定征收社会抚养费，是因为实行计划生育是公民的法定义务。公民违背法律法规规定生育子女，给社会增加了负担，采取征收抚养费的办法，适当补偿所增加的社会公共投入是必要的，征收社会抚养费具有强制性和补偿性，是要求违反计划生育政策超生的人承担一定的经济责任。《人口与计划生育法》第42条规定，按照《人口与计划生育法》第41条规定缴纳社会抚养费的人员，是国家工作人员的，还应当依法给予行政处分；其他人员还应当由其所在单位或者组织给予纪律处分。

3. 夫妻双方在计划生育工作中负有共同的责任。生育是男女双方的共同的行为，是建立在双方协商的基础上的，生育权的实现应当是夫妻二人共同的意愿。从这个意义上说，夫妻在生育问题上享有平等的权利。计划生育是生育权的一部分，因此，在计划生育工作中，夫妻也是平等的，应当承担共同的责任。我国《宪法》第49条规定："夫妻双方有实行计划生育的义务。"《婚姻法》第13、16条也规定："夫妻在家庭中地位平等。""夫妻双方都有实行计划生育的义务。"但在实际生活中，男尊女卑的观念，男女不平等的现象依然存在，在家庭生活中，妇女的生育意愿常常被忽视，权利常常被剥夺。因此，《妇女权益保障法》第51条第1款才明确规定，"妇女有按照国家有关规定生育子女的权利，也有不生育的自由"，以进一步强调妇女在生育权问题上的自主地位。我国自开展计划生育工作以来，女性一直是避孕措施的主要承担者，实行计划生育被认为是妇女一方的责任。在世界许多国家，也不同程度地存在这样的问题，因此，联合国《行动纲领》提出，应作特别努力，强调男子应当分担职责，促使他们积极参与负责任的生育、性和生殖行为，包括计划生育、防止性传染病、意外怀孕和高危怀孕。《人口与计划生育法》第17条明确规定，夫妻双方在计划生育工作中负有共同的责任。在表明是否生育、何时生育、采取何种方式避孕、由谁来承担避孕措施等问题上，夫妻双方有共同的参与权、决定权，也有共同的职责。

（三）奖励和社会保障制度

计划生育奖励与社会保障是指运用补偿、奖励、优惠、优先、扶持等经济手段，对群众实行计划生育、落实避孕节育措施给予基本的社会保障，并使实行计划生育的家庭得到多方面的实惠，激励育龄群众自觉实行计划生育。《人口与计划生育法》专设了"奖励与社会保障"一章，其中，第23条明确规定："国家对实行计划生育的夫妻，按照规定给予奖励。"第23条是关于国家对实行计划生育的夫妻予以奖励的原则性规定，意图运用物质利益原则，对实行计划生育的家庭给予各种经济补偿、奖励、优先优惠和精神鼓励，保障实行计划生育的群众及其家庭基本项目的避孕节育服务的需要，以启动实行计划生育的内在动力，引导人们主动地、自觉地实行计划生育的各项措施。

计划生育奖励和社会保障制度具体包括：国家建立、健全基本养老保险、基本医疗保险、生育保险和社会福利等社会保障制度。计划生育社会保障体系是为解除计划生育家庭的后顾之忧而建立的各种社会保障制度和措施，包括计划生育社会保险、社会福利和社会救助制度等。同时，国家鼓励保险公司举办有利于计划生育的保险项目。商业保险区别于社会保险的一个本质特征就在于商业保险是以营利为目的的。我国目前的财力还比较弱，社会保障体系也还不够完善。在这种情况下，各种商业保险公司所开展的各类商业保险活动、提供的商业保险产品是对我国社会保障制度的重要的补充。因此，国家鼓励商业保险公司开展有关计划生育的保险项目。

在我国生产力不够发达的情况下，劳动力是群众赖以生存和发展的重要条件，是农村家庭养老的主要依靠。因此，农村养老问题是我国计划生育工作的关键所在。我国虽然已经在城市基本建立了基本养老保险制度，但由于国家财力有限，各地的经济社会发展又很不平衡，还没有能够在农村建立必要的统一的养老保障制度，所以《人口与计划生育法》第24条第3款规定："有条件的地方可以根据政府引导、农民自愿的原则，在农村实行多种形式的养老保障办法。"

不仅仅是社会保障制度，法律还规定了一些奖励制度。法律规定，符合法律、法规规定生育子女的夫妻，可以获得延长生育假的奖励或者其他福利待遇。妇女怀孕、生育和哺乳期间，按照国家有关规定享受特殊劳动保护并可以获得帮助和补偿。公民实行计划生育手术，享受国家规定的休假；地方人民政府可以给予奖励。对于农村，实施计划生育的家庭在发展经济和扶贫贷款、以工代赈、扶贫项目和社会救济等方面给予优先照顾。

另外，需要注意的是，《人口与计划生育法》第27条第1~3款规定："在国家提倡一对夫妻生育一个子女期间，自愿终身只生育一个子女的夫妻，国家发给《独生子女父母光荣证》。获得《独生子女父母光荣证》的夫妻，按照国家和省、自治区、直辖市有关规定享受独生子女父母奖励。法律、法规或者规章规定给予获得《独生子女父母光荣证》的夫妻奖励的措施中由其所在单位落实的，有关单位应当执行。"这一规定，明确了"老人老办法"的原则。

（四）计划生育技术服务制度

在各级人民政府的管理和保障下，计划生育技术服务机构和从事生育技术服务的医疗、保健机构对育龄人群开展了计划生育宣传教育、技术指导、咨询以及与计划生育有关的医疗服务。具体内容有：计划生育技术服务机构和从事计划生育技术服务的医疗、保健机构应当在各自的职责范围内，针对育龄人群开展人口与计划生育基础知识宣传教育，对已婚育龄妇女开展孕情检查、随访服务工作，承担计划生育、生殖保健的咨询、指导和技术服务。计划生育技术服务人员应当指导实行计划生育的公民选择安全、有效、适宜的避孕措施。对已生育子女的夫妻，提倡选择长效避孕措施。

另外，在我国的人口结构中，农村人口比重大，农村劳动生产力落后，许多地区的农业生产还主要靠人力、畜力，男性在农业生产中的作用无法替代，加上农村的社会保障制度尚未建立起来，养儿防老有现实的社会需求，因此，生男孩的意愿非常强烈。出生人口性别比长期偏高，将会产生一系列严重的社会、经济问题，影响未来的社会稳定和发展。这一问题已引起国家的重视。控制出生人口性别比，需要各级计划生育行政部门和卫生行政部门加强对医疗、保健机构的管理，严禁非医学需要的胎儿性别鉴定和非医学需要的选择性别的人工终止妊娠，也需要立法加以保障。《人口与计划生育法》第35条规定，严禁利用超声技术和其他技术手段进行非医学需要的胎儿性别鉴定，严禁非医学需要的选择性别的人工终止妊娠。第36条规定，利用超声波等仪器和其他技术手段进行非医学需要的胎儿性别鉴定或者选择性别的人工终止妊娠的，由计划生育行政部门或者卫生行政部门依据职权责令改正，给予警告，没收违法所得并进行处罚；情节严重的，由原发证机关吊销执业证书。

第八节 母婴保健法律制度

一、概述

母婴保健问题不但关系到个体健康,而且反映了一个国家的政治、经济和文化水平,它是直接关系到家庭稳定和社会稳定的重要问题。世界上许多国家或地区制定了保护母婴健康权利的法规文件,如韩国除《母子保健法》外,在刑法第27章规定堕胎是犯罪行为。英国于1803年通过的《妇女流产法》规定,胎动前堕胎是重罪,胎动后堕胎是死罪。我国台湾地区于1984年正式公布"优生保健法",针对人工流产、结扎等议题进行规范,2003年改为"生育保健法"。我国香港地区颁布了《性别歧视条例》,规定在雇佣和教育等指定范畴,基于性别、婚姻状况或怀孕的歧视均属违法。

我国一直十分重视对母婴权利的保障。现行《宪法》第49条规定:"婚姻、家庭、母亲和儿童受国家的保护。"除此之外,保障母婴权利的其他相关立法包括《妇女权益保障法》《未成年人保护法》《婚姻法》《劳动法》等。国务院、卫生部等机构也颁布了一系列保障母婴权利的行政法规和部门规章,包括《女职工劳动保护特别规定》(2012年发布)、《新生儿疾病筛查管理办法》(2009年发布)、《婚前保健工作规范》(1997年发布,2002年修订)、《产前诊断技术管理办法》(2002年发布)、《禁止非医学需要的胎儿性别鉴定和选择性别人工终止妊娠的规定》(2016年发布)、《母婴保健医学技术鉴定管理办法》(1995年发布,现已失效)、《母婴保健专项技术服务许可及人员资格管理办法》(1995年发布)、《母乳代用品销售管理办法》(1995年发布,现已失效)、《妇幼卫生工作条例》(1986年发布,现已失效)等。

《中华人民共和国母婴保健法》(以下简称《母婴保健法》)于1994年10月27日由第八届全国人民代表大会常委会第十次会议审议通过,以中华人民共和国主席令第33号发布,于1995年6月1日起施行,2009年、2017年分别进行两次修正。《母婴保健法》的立法宗旨就是保护母亲和婴儿健康,提高出生人口素质。这是我国第一部保护母婴健康权利的专门法律。它的颁布实施,对于保障母婴健康权利意义重大。为更好地实施《母婴保健法》,2001年6月20日国务院颁布了《母婴保健法实施办法》,并于2017年进行修正。该实施办法明确了当前我国母婴保健技术服务的范围主要包括下列事项:有关母婴保健的科普宣传、教育和咨询;婚前医学检查;产前诊断和遗传病诊断;助产技术;实施医学上需要的节育手术;新生儿疾病筛查;有关生育、节育、不育的其他生殖保健服务。

二、基本原则

(一)分级分类指导原则

母婴保健应根据不同地区的不同情况,实行分级分类指导的原则。各级政府可以针对本地区医疗保健机构和医疗机构的具体情况确定不同的服务内容和标准，保障农村母婴保健工作的顺利开展，充分发挥各级医疗保健机构的作用。

（二）严格管理原则

母婴保健关乎人口素质和民族未来，各级政府应严格管理，保障相关工作的顺利开展。《母婴保健法》第五章明确规定各级政府具有监管职责。各级人民政府应当采取措施，加强母婴保健工作，提高医疗保健服务水平，促进母婴保健事业的发展。县级以上地方人民政府卫生行政部门管理本行政区域内的母婴保健工作。

三、主要制度

（一）母婴保健机构和人员

母婴保健工作是一项技术性极强的工作。在我国，承担母婴保健工作的机构是医疗保健机构。《母婴保健法》确立了医疗保健机构许可制度和母婴保健技术服务人员的资格考核制度。

1. 医疗保健机构。医疗保健机构指经卫生行政部门批准并登记注册的各级妇幼保健院和有关医疗机构。医疗保健机构按照国务院卫生行政部门的规定，负责其职责范围内的母婴保健工作，建立医疗保健工作规范，提高医学技术水平，采取各种措施方便人民群众，做好母婴保健服务工作，对托幼园、所卫生保健工作进行业务指导。

根据 2017 年修正的《母婴保健法实施办法》第 11、12、35 条的规定，从事婚前医学检查的医疗、保健机构，由其所在地设区的市级人民政府卫生行政部门进行审查；符合条件的，在其《医疗机构执业许可证》上注明。申请从事婚前医学检查的医疗、保健机构应当具备下列条件：①分别设置专用的男、女婚前医学检查室，配备常规检查和专科检查设备；②设置婚前生殖健康宣传教育室；③具有符合条件的进行男、女婚前医学检查的执业医师。县级以上地方人民政府卫生行政部门负责本行政区域内的母婴保健监督管理工作，履行下列监督管理职责：①依照《母婴保健法》和该办法以及国务院卫生行政部门规定的条件和技术标准，对从事母婴保健工作的机构和人员实施许可，并核发相应的许可证书；②对《母婴保健法》和该办法的执行情况进行监督检查；③对违反《母婴保健法》和该办法的行为，依法给予行政处罚；④负责母婴保健工作监督管理的其他事项。

2. 母婴保健工作人员。医疗保健机构应当根据其从事的业务，配备相应的人员和医疗设备，对从事母婴保健工作的人员加强岗位业务培训和职业道德教育，并定期对其进行检查、考核。

根据 2017 年修正的《母婴保健法实施办法》第 35、36、37 条的规定，从事遗传病诊断、产前诊断的医疗、保健机构和人员，须经省、自治区、直辖市人民政府卫生行政部门许可。从事婚前医学检查的医疗、保健机构和人员，须经设区的市级人民政府卫生行政部门许可。从事助产技术服务、结扎手术和终止妊娠手术的医疗、保健机构和人员，须经县级人民政府卫生行政部门许可，并取得相应的合格证书。

卫生监督人员在执行职务时，应当出示证件。卫生监督人员可以向医疗、保健机构了解情况，索取必要的资料，对母婴保健工作进行监督、检查，医疗、保健机构不得拒绝和隐瞒。卫生监督人员对医疗、保健机构提供的技术资料负有保密的义务。医疗、保健机构应当根据其从事的业务，配备相应的人员和医疗设备，对从事母婴保健工作的人员加强岗位业务培训和职业道德教育，并定期对其进行检查、考核。医师和助产人员（包括家庭接生人员）应当严格遵守有关技术操作规范，认真填写各项记录，提高助产技术和服务质量。助产人员的管理，按照国务院卫生行政部门的规定执行。从事母婴保健工作的执业医师应当依照《母婴保健法》的规定取得相应的资格。

(二) 婚前保健法律规定

婚前保健服务是对准备结婚的男女双方，在结婚登记前所进行的婚前医学检查、婚前卫生指导和婚前卫生咨询服务。根据《母婴保健法》第 7 条，婚前保健包括婚前卫生指导、婚前卫生咨询和婚前医学检查三项内容。

1. 婚前卫生指导。婚前卫生指导，指关于性卫生知识、生育知识和遗传病知识的教育。其内容包括：①有关性保健和性教育；②新婚避孕知识及计划生育指导；③受孕前的准备、环境和疾病对后代影响等孕前保健知识；④遗传病的基本知识；⑤影响婚育的有关疾病的基本知识；⑥其他生殖健康知识。

婚前卫生指导由省级妇幼保健机构根据婚前卫生指导的内容，制定宣传教育材料。婚前保健机构应通过多种方法系统地为服务对象进行婚前生殖健康教育，并向婚检对象提供婚前保健宣传资料。宣教时间不少于 40 分钟，并进行效果评估。

2. 婚前卫生咨询。婚前卫生咨询，指对有关婚配、生育保健等问题提供医学意见。

医师进行婚前卫生咨询时，应当为服务对象提供科学的信息，对可能产生的后果进行指导，并提出适当的建议。婚检医师应针对医学检查结果发现的异常情况以及服务对象提出的具体问题进行解答、交换意见、提供信息，帮助受检对象在知情的基础上作出适宜的决定。医师在提出"不宜结婚"、"不宜生育"和"暂缓结婚"等医学意见时，应充分尊重服务对象的意愿，耐心、细致地讲明科学道理，对可能产生的后果给予重点解释，并由受检双方在体检表上签署知情意见。

3. 婚前医学检查。婚前医学检查，指对准备结婚的男女双方可能影响结婚和生育的疾病进行医学检查。

婚前医学检查项目包括询问病史、体格检查、常规辅助检查和其他特殊检查。经婚前医学检查，医疗、保健机构应当向接受婚前医学检查的当事人出具婚前医学检查证明。

婚前医学检查证明应当列明是否发现下列疾病：①在传染期内的指定传染病；②在发病期内的有关精神病；③不宜生育的严重遗传性疾病；④医学上认为不宜结婚的其他疾病。

（三）孕产期保健

根据《母婴保健法》第 14 条的规定，医疗保健机构应当为育龄妇女和孕产妇提供孕产期保健服务。孕产期保健服务包括以下内容：

1. 母婴保健指导：对孕育健康后代以及严重遗传性疾病和碘缺乏病等地方病的发病原因、治疗和预防方法提供医学意见。

2. 孕妇、产妇保健：为孕妇、产妇提供卫生、营养、心理等方面的咨询和指导以及产前定期检查等医疗保健服务。根据《母婴保健法实施办法》第 18 条，医疗、保健机构应当为孕产妇提供下列医疗保健服务：①为孕产妇建立保健手册（卡），定期进行产前检查；②为孕产妇提供卫生、营养、心理等方面的医学指导与咨询；③对高危孕妇进行重点监护、随访和医疗保健服务；④为孕产妇提供安全分娩技术服务；⑤定期进行产后访视，指导产妇科学喂养婴儿；⑥提供避孕咨询指导和技术服务；⑦对产妇及其家属进行生殖健康教育和科学育儿知识教育；⑧其他孕产期保健服务。

根据 1994 年通过，2009、2018 年修正的《劳动法》第 61、62、63 条的规定，不得安排女职工在怀孕期间从事国家规定的第三级体力劳动强度的劳动和孕期禁忌从事的劳动。对怀孕 7 个月以上的女职工，不得安排其延长工作时间和夜班劳动。女职工生育享受不少于 90 天的产假。不得安排女职工在哺乳未满一周岁的婴儿期间从事国家规定的第三级体力劳动强度的劳动和哺乳期禁忌从事的其他劳动，不得安排其延长工作时间和夜班劳动。

3. 胎儿保健：为胎儿生长发育进行监护，提供咨询和医学指导。

4. 新生儿保健：为新生儿生长发育、哺乳和护理提供的医疗保健服务。

根据《母婴保健法实施办法》第 25~28 条的规定，医疗、保健机构应开展新生儿先天性、遗传性代谢病筛查、诊断、治疗和监测。医疗、保健机构应当按照规定进行新生儿访视，建立儿童保健手册（卡），定期对其进行健康检查，提供有关预防疾病、合理膳食、促进智力发育等科学知识，做好婴儿多发病、常见病防治等医疗保健服务。医疗、保健机构应当按照规定的程序和项目对婴儿进行预防接种。婴儿的监护人应当保证婴儿及时接受预防接种。国家推行母乳喂养。医疗、保健机构应当为实施母乳喂养提供技术指导，为住院分娩的产妇提供必要的母乳喂养条件。医疗、保健机构不得向孕产妇和婴儿家庭宣传、推荐母乳代用品。

根据《母婴保健法实施办法》第 30 条，妇女享有国家规定的产假。有不满 1 周岁婴儿的妇女，所在单位应当在劳动时间内为其安排一定的哺乳时间。

孕产期保健的服务方式包括以下方式：

1. 医学指导、医学意见、医学检查。对患严重疾病或者接触致畸物质，妊娠可能危及孕妇生命安全或者可能严重影响孕妇健康和胎儿正常发育的，医疗保健机构应当予以医学指导。

根据《母婴保健法实施办法》第 17 条第 2 款，医师发现或者怀疑育龄夫妻患有严重遗传性疾病的,应当提出医学意见;限于现有医疗技术水平难以确诊的,应当向当事人说明情况。育龄夫妻可以选择避孕、节育、不孕等相应的医学措施。

根据《母婴保健法实施办法》第19条,医疗、保健机构发现孕妇患有下列严重疾病或者接触物理、化学、生物等有毒、有害因素,可能危及孕妇生命安全或者可能严重影响孕妇健康和胎儿正常发育的,应当对孕妇进行医学指导和必要的医学检查:①严重的妊娠合并症或者并发症;②严重的精神性疾病;③国务院卫生行政部门规定的严重影响生育的其他疾病。

根据《母婴保健法实施办法》第22条,生育过严重遗传性疾病或者严重缺陷患儿的,再次妊娠前,夫妻双方应当到县级以上医疗保健机构进行医学检查。医疗、保健机构应当向当事人介绍有关遗传性疾病的知识,给予咨询、指导。对诊断患有医学上认为不宜生育的严重遗传性疾病的,医师应当向当事人说明情况,并提出医学意见。

2. 产前诊断。产前诊断,是指对胎儿进行先天性缺陷和遗传性疾病的诊断,包括相应筛查。产前诊断技术项目包括遗传咨询、医学影像、生化免疫、细胞遗传和分子遗传等。

经产前检查,医师发现或者怀疑胎儿异常的,应当对孕妇进行产前诊断。根据《母婴保健法实施办法》第20条,孕妇有下列情形之一的,医师应当对其进行产前诊断:①羊水过多或者过少的;②胎儿发育异常或者胎儿有可疑畸形的;③孕早期接触过可能导致胎儿先天缺陷的物质的;④有遗传病家族史或者曾经分娩过先天性严重缺陷婴儿的;⑤初产妇年龄超过35周岁的。根据《产前诊断技术管理办法》第19~27条,开展产前检查、助产技术的医疗保健机构在为孕妇进行早孕检查或产前检查时,遇到上述情形的孕妇,应当进行有关知识的普及,提供咨询服务,并以书面形式如实告知孕妇或其家属,建议孕妇进行产前诊断。孕妇自行提出进行产前诊断的,经治医师可根据其情况提供医学咨询,由孕妇决定是否实施产前诊断技术。确定产前诊断重点疾病,应当符合下列条件:①疾病发生率较高;②疾病危害严重,社会、家庭和个人疾病负担大;③疾病缺乏有效的临床治疗方法;④诊断技术成熟、可靠、安全和有效。开展产前诊断技术的医疗保健机构出具的产前诊断报告,应当由2名以上经资格认定的执业医师签发。对于产前诊断技术及诊断结果,经治医师应本着科学、负责的态度,向孕妇或家属告知技术的安全性、有效性和风险性,使孕妇或家属理解技术可能存在的风险和结果的不确定性。当事人对产前诊断结果有异议的,可以申请技术鉴定。开展产前诊断技术的医疗保健机构不得擅自进行胎儿的性别鉴定。对怀疑胎儿可能为伴性遗传病,需要进行性别鉴定的,由省、自治区、直辖市人民政府卫生行政部门指定的医疗保健机构进行鉴定。

3. 终止妊娠。根据《母婴保健法》第18、19条,经产前诊断,有下列情形之一的,医师应当向夫妻双方说明情况,并提出终止妊娠的医学意见:①胎儿患严重遗传性疾病的;②胎儿有严重缺陷的;③因患严重疾病,继续妊娠可能危及孕妇生命安全或者严重危害孕妇健康的。施行终止妊娠或者结扎手术，应当经本人同意，并签署意见。本人无行为能力的，应当经其监护人同意，并签署意见。

根据《产前诊断技术管理办法》第 25 条，开展产前诊断技术的医疗保健机构对经产前诊断后终止妊娠娩出的胎儿，在征得其家属同意后，进行尸体病理学解剖及相关的遗传学检查。

4. 分娩服务。根据《母婴保健法实施办法》第 24 条，国家提倡住院分娩。医疗、保健机构应当按照技术操作规范，实施消毒接生和新生儿复苏，预防产伤及产后出血等产科并发症，降低孕产妇及围产儿发病率、死亡率。没有条件住院分娩的，应当由经县级地方人民政府卫生行政部门许可并取得家庭接生员技术证书的人员接生。高危孕妇应当在医疗、保健机构住院分娩。

根据《母婴保健法》第 23 条，医疗保健机构和从事家庭接生的人员按照规定出具统一制发的新生儿出生医学证明；有产妇和婴儿死亡以及新生儿出生缺陷情况的，应当向卫生行政部门报告。

（四）母婴保健医学技术鉴定

母婴保健医学技术鉴定，是指接受母婴保健服务的公民或提供母婴保健服务的医疗保健机构，对婚前医学检查、遗传病诊断和产前诊断结果或医学技术鉴定结论持有异议所进行的医学技术鉴定。

当事人对诊断结果有异议，可以申请母婴保健医学技术鉴定。医学技术鉴定的范围为：①当事人对婚前医学检查结果有异议；②当事人对遗传病诊断记过有异议；③当事人对产前诊断结果有异议。

县级以上地方人民政府可以设立母婴保健医学技术鉴定委员会，负责本行政区域内有异议的婚前医学检查、遗传病诊断、产前诊断结果和有异议的下一级医学技术鉴定结论的医学技术鉴定工作。医学技术鉴定委员会应由妇产科、儿科、妇女保健、儿童保健、生殖保健、医学遗传、神经病学、精神病学，传染病学等医学专家组成。

根据《母婴保健法实施办法》第 31～33 条，母婴保健医学技术鉴定委员会分为省、市、县三级。

母婴保健医学技术鉴定委员会的组成人员应当符合下列任职条件：①县级母婴保健医学技术鉴定委员会成员应当具有主治医师以上专业技术职务；②设区的市级和省级母婴保健医学技术鉴定委员会成员应当具有副主任医师以上专业技术职务。

当事人对婚前医学检查、遗传病诊断、产前诊断结果有异议，需要进一步确诊的，可以自接到检查或者诊断结果之日起 15 日内向所在地县级或者设区的市级母婴保健医学技术鉴定委员会提出书面鉴定申请。母婴保健医学技术鉴定委员会应当自接到鉴定申请之日起 30 日内作出医学技术鉴定意见，并及时通知当事人。当事人对鉴定意见有异议的，可以自接到鉴定意见通知书之日起 15 日内向上一级母婴保健医学技术鉴定委员会申请再鉴定。

母婴保健医学技术鉴定委员会进行医学鉴定时须有 5 名以上相关专业医学技术鉴定委员会成员参加。医学技术鉴定实行回避制度。凡与当事人有利害关系，可能影响公正鉴定的人员，应当回避。

鉴定委员会成员应当在鉴定结论上署名；不同意见应当如实记录。鉴定委员会根据鉴定结论向当事人出具鉴定意见书。

（五）母婴保健工作的监督管理

各级人民政府领导母婴保健工作。国务院卫生行政部门主管全国母婴保健工作，根据不同地区情况提出分级分类指导原则，并对全国母婴保健工作实施监督管理。

根据《母婴保健法实施办法》第 7、34 条，国务院卫生行政部门主管全国母婴保健工作，履行下列职责：①制定《母婴保健法》及《母婴保健法实施办法》的配套规章和技术规范；②按照分级分类指导的原则，制定全国母婴保健工作发展规划和实施步骤；③组织推广母婴保健及其他生殖健康的适宜技术；④对母婴保健工作实施监督。县级以上地方人民政府卫生行政部门负责本行政区域内的母婴保健监督管理工作，履行下列监督管理职责：①依照《母婴保健法》和《母婴保健法实施办法》以及国务院卫生行政部门规定的条件和技术标准，对从事母婴保健工作的机构和人员实施许可，并核发相应的许可证书；②对《母婴保健法》和《母婴保健法实施办法》的执行情况进行监督检查；③对违反《母婴保健法》和《母婴保健法实施办法》的行为，依法给予行政处罚；④负责母婴保健工作监督管理的其他事项。

第九章 健康保障法

第一节 健康保障概述

一、健康及健康保障

厘清健康与健康保障的内涵,是理解本章内容的基础;同时,只有界定了概念,我们才能明确健康保障体系的构建思路。正如本书第三章所言,在现代社会中,健康往往具有双重含义:一方面,健康权是一种民事权利,我国包括《侵权责任法》在内的多部法律都明确了在私益关系中公民的健康权不容侵犯;另一方面,健康权是一种社会权利,我国《宪法》明确规定国家发展医疗卫生事业及现代医药和传统医药,保护人民健康。由此可见,广义上的健康权因其性质的不同往往涵盖了诸多相关权利,而如若将这些权利都纳入健康保障体系中,则难以突出健康保障制度的独特性,更会导致体系冗杂繁复、政策难以执行。

那么,健康保障法中的健康应当是什么呢?本书第三章已经指出了卫生法体系所指向的健康权核心内容,即基本医疗与卫生保健(如基本药物获得权和获得医疗救助权、疾病防控保健权)以及健康有关的基本前提条件(如免于严重的环境健康威胁、劳动和职业健康条件)两个方面。作为卫生法体系的组成部分,健康保障制度所指向的健康权也在这两方面内容之内,在此不做赘述。

关于保障一词在法律中的含义,本书在前文中也做出了探讨。结合卫生法,其应有两层含义:其一,消极的防护之意,使健康权益免受侵犯和破坏;其二,积极的扶助之意,为卫生事业的发展提供支持与帮助。考虑到健康权兼具社会权利、民事权利的双重特点,那么健康保障也指向了两个层次、四种方向。当然,这是广义上的健康保障。为使得这一理论便于理解,我们在此构建一个模型,如图9-1所示。

图9-1 健康保障的丰富内涵

在传统民法体系中，健康权的民事属性已经得到了充分的体现与保护。我们认为，在卫生法的框架内讨论健康保障制度，其所指向的健康权益的属性理应与民法体系中有所不同，即其指向的应是健康权作为社会权利须得到的防护与帮扶。因此，本章将着重讨论国家作为义务主体时应当承担的健康保障责任，这些责任与义务有些已经通过法律的形式加以确立，如《社会保险法》中关于医疗保险的个别规定；有些则以行政法规与规章的形式存在。需要说明的是，国家主体所承担的健康保障责任也有两个方面的含义：一是加强立法、促进政策法律化的义务；二是推动法律法规贯彻执行，并对其他相关主体加以监督的义务。由于我国目前健康保障立法稀缺，大量保障措施以政策或者位阶较低的地方性法规的形式存在，给健康保障事业的可持续性发展带来了不小的影响，故而国家主体的立法义务显得更为重要。

综上，我们认为，卫生法框架内的健康保障制度，是在多渠道筹集、宏观管理、公平分配、有效使用基金和各种资源，用于保护和增进健康支出的规程。

二、我国的健康保障制度体系

健康是人类进行各种活动的身心基础，个人的幸福和社会的发展都有与其有着密切的联系，因而各个国家都将健康保障视作一项极其重要的社会制度并加以建构完善。英国在1948年颁布了《国家卫生服务法》，逐步建立起了具有高度福利性质的国民卫生保健制度（NHS）。新加坡则建立了一个以保健储蓄账户为核心，涵盖大病保险、老年护理计划等的全民健康保障体系。可以说，每个国家的健康保障制度体系都是不尽相同的，各个健康保障制度的受益人员范围、筹资运作模式等都存在着较大的差异。国家在建设健康保障体系时，一定要充分考虑历史沿革、国情民情。我国也是如此，在借鉴其他国家的健康保障制度时，切不可照搬照抄，要摸索建立一个有中国特色、符合中国国民健康状况的保障体系。

虽然各个国家健康保障制度的具体内容及组合方式大相径庭，但多数国家都将医疗保障视作健康保障制度的重要组成部分。我国的健康保障制度究竟应当包括什么内容，学界尚有诸多争论。传统理论大多认为，健康保障制度就是医疗保障制度。实际上，我们应当建立的是以医疗保障为主的丰富体系，生育保障也可以纳入这一体系中来。

第二节 医疗保障概述

医疗保障既是社会保障制度的重要组成部分，也是实现国民健康的重要社会经济政策，直接关系到一个国家社会文明和国民经济的发展，乃至社会的稳定，因此始终受到各国政府的高度重视。世界上绝大多数国家都制定了相应的医疗保障措施，以免费或较低价格的医疗保健服务提高人民的健康水平，解决国民患病就医的困难。

一、医疗保障制度的概念

医疗保障制度是国家和社会团体对劳动者或公民因疾病或其他自然事件（如生育、伤残等）造成的收入损失和发生的医疗费用给予经济补偿而实施的各种制度的统称。医疗保障制度可以有几种基本的实现方式，如采取医疗救助的形式、医疗保险的形式或免费医疗等方式。

医疗保障制度在各国有不同的制度模式和组织形式。例如，德国、法国、中国、日本、韩国等国家把社会医疗保险制度模式作为医疗保障制度体系中的主体制度；英国、加拿大、西班牙等国家把国家卫生服务保障制度模式作为医疗保障制度体系中的主体制度；美国等少数国家把市场医疗保险制度模式作为医疗保障制度体系中的主体制度；新加坡、马来西亚、印度等国家把个人储蓄医疗保障制度模式作为医疗保障制度体系中的主体制度。

二、我国医疗保障制度的发展

我国是一个二元经济结构的国家，在城镇以第二产业、第三产业为主，农村以第一产业为主，城镇劳动者与农村劳动者的生产方式和生活水平都有很大的区别，医疗消费水平也存在很大的差距。从这一国情出发，我国政府从新中国成立初期便开始在城镇和农村实行了不同的医疗保障政策。但是，随着我国城乡一体化发展进程的加快，"城乡分立"的医疗保障体系对实现公平、高效、可持续的全民健康覆盖提出了挑战。在社会保障制度建设转向"以人为本"的大趋势下，各项医疗保障制度迫切需要系统性、制度化整合。

（一）城镇职工医疗保障制度的发展

在新中国成立以来改革开放之前相当长的一个阶段，公有制、按劳分配和计划经济被认为是社会主义经济的三大基本特征。马克思主义经典理论认为，公有制占据着各种所有制形式的最高地位。在这种理论和指导思想下，我国逐步形成了与计划经济体制相适应的全民所有制和集体所有制经济，人人都是国家的主人，生、老、病、死都是国家的事。职工从来也不考虑个人要承担什么责任，个人有事靠国家、靠单位。改革开放后，国家、集体、个人的责任开始明晰，国家在经济生活中不再大包大揽，而是对有限的领域进行干预，承担有限责任。用人单位有义务为雇员缴纳医疗保险费，个人也有责任为自己的健康负责。

随着经济制度与责任分配的变化，我国城镇职工医疗保障制度的发展大体经历了以下三个阶段：

1. 计划经济体制下的公费医疗制度与劳保医疗制度。从新中国成立到改革开放时期，我国实行高度集中的计划经济体制，同时建立了与这一经济体制相配套的城镇职工医疗保障制度。这一制度包括两部分：

（1）公费医疗制度。1952年，政务院发布的《关于全国各级人民政府、党派、团体及所属事业单位的国家工作人员实行公费医疗预防的指示》明确规定，国家机关和事业单位工作人员、革命伤残军人、高校学生为公费医疗对象。此后，国家卫生部、财政部等部门又先后颁布了《关于改进公费医疗管理问题的通知》等一系列行政法规，扩大了公费医疗制度覆盖的范围，享受公费医疗的人员包括：各级党政机关、社会团体以及文化、教育、科研、卫生、体育等事业单位的工作人员及其离、退休人员，在乡二等乙级以上革命残废军人，大专院校在校学生，等等。公费医疗经费由各级政府财政预算拨款，一般按人均标准划拨到各单位包干使用。各级政府都建立了公费医疗管理委员会，并设立办事机构，负责管理辖区内的公费医疗事务。享受公费医疗人员在指定医疗机构就诊、住院（经批准转院），符合规定的医疗费用，从公费医疗经费中报销。

（2）劳保医疗制度。1951年政务院颁布的《劳动保险条例》及之后劳动部颁布的《劳动保险条例实施细则修正草案》规定，全民所有制工厂、矿场、铁路、航运、邮电、交通、基建、地质、商业、外贸、粮食、供销合作、金融、民航、石油、水产、国营农牧场、造林等产业和部门的职工及其供养直系亲属均可享受劳保医疗制度。城镇集体所有制企业参照执行。劳保医疗经费按照企业及职工工资总额的一定比例提取，在企业生产成本项目中列支。其中，在职职工从职工福利费中开支，离、退休人员从劳动保险费中开支，由企业自行管理。企业根据国家规定制定劳保医疗政策，自行组织实施。享受劳保医疗的患病职工在本企业自办医疗机构或指定的社会医疗机构就医，可享受近乎免费的医疗待遇，其供养的直系亲属可享受半费医疗待遇。

我国的公费医疗制度与劳保医疗制度，在保障城镇职工的身体健康、维护社会稳定、恢复和促进经济建设方面曾发挥了一定的积极作用。但是，随着改革开放、社会主义市场经济体制的建立以及国有企业改革的不断深化，原有的医疗保障制度已经难以解决市场经济条件下职工的基本医疗保障问题，其弊端日益显现，主要表现在以下几个方面：

第一，覆盖范围窄，缺乏互助共济。劳保医疗和公费医疗仅包括全民、集体企业的职工和机关事业单位的职工。改革开放以后发展起来的外商投资企业、股份制企业、私营企业及其职工和个体工商户基本上没有被纳入医疗保险的范围。这种状况很不适应我国当时多种经济成分并存的经济格局，不利于人才流动和劳动力的优化配置。非公有制企业职工得不到应有的医疗保障，即使国有企业职工也基本上以企业保险为主，造成医疗风险不能分担，没有体现出医疗保险的互助共济功能，管理和服务的社会化程度低，抗风险能力弱的结果。

第二，医疗费膨胀严重，国家和企业已经不堪重负。由于是免费医疗，缺乏节约医药费用的约束力，医疗费用增长的速度比较快。各地乱开处方、开大处方以及"职工一人看病、全家吃药"的现象相当普遍。

第三，企业和个人医疗费用分配不均。劳保医疗实际上是企业的自我保障，与企业自身的经营状况密切相关。所以在一些经济落后的地区或经济效益不好的企业，许多职工的医疗费一年仅有几十元钱，很难起到保障作用，甚至不少单位职工的医疗费长期得不到报销；而效益好的企业职工可以随便报销。另外，企业效益好的时候，医疗报销的财务管理较松，资金大量浪费；而企业效益差的时候，企业卡紧了报销关，职工切实的医疗保障问题无法解决，打击了职工的工作积极性，损害了企业的经济效益。再者，劳保医疗和公费医疗制度板块结构的特点，使政府在分配医疗保险资源上受到很大的限制，医疗卫生设施在部门间、行业间、城乡间的差别巨大。同时，由于医疗保险供给是由劳动者所处的经济组织的性质决定的，医疗费用主要由劳动者所在单位进行核算，单位供款、职工年龄结构、身体素质、职业病概率等差异，使单位或企业之间医疗费用负担畸轻畸重。

第四，管理不规范。劳保医疗和公费医疗一直没有建立科学、规范的法律、法规，它的运行管理完全靠行政命令公布施行，一直缺乏一个专门的机构进行统一管理、协调、监督，管理体系不科学。又由于二者分属不同的部门管理，致使政策不统一，各自为政，医疗资源的配置常常出现重重浪费的现象。参保对象因所在单位不同，待遇差别较大，容易产生社会矛盾，引发社会问题。

总之，随着市场经济的不断深化，原有的公费医疗和劳保医疗制度已经越来越不能满足广大民众的需要。其弊端可以概括为：个人看不起病，单位掏不起钱；医疗费用直线上升，享受范围日益缩小；医疗权益得不到保障，社会矛盾日益突出。在这种背景下，医疗保障制度改革迫在眉睫。

2. 经济转型时期的医疗保障制度改革。公费医疗制度与劳保医疗制度实际上是在计划经济条件下分配制度和保障制度的具体体现，而这种国家医疗保障制度的历史局限性集中地表现在只能与计划经济体制相适应。随着计划经济向市场经济的转变，其赖以存在的经济基础不复存在，在此情况下，进行相应改革顺理成章。

(1) 对公费医疗制度与劳保医疗制度的改革。从改革开放初期到1992年前，公费医疗制度改革的主要内容是探索更优化的公费医疗经费管理体制；劳保医疗制度改革的重点则是探索职工大病医疗费统筹和离退休人员医疗费社会统筹的有效形式和方法。这些改革探索使我们在建立社会化的医疗保障制度方面丰富了认识，积累了经验。总体来说，根据侧重点的不同，改革探索分两个阶段：

第一阶段：1985年以前，主要是针对需方，实行费用分担措施。20世纪70年代末到80年代中期，公费医疗和劳保医疗的享受人数逐年增多，由于对享受公费医疗和劳保医疗的职工所提供的医疗服务几乎全部免费，导致医疗服务机构和患者缺乏费用意识。再加上政府对医疗机构的经费投入不足，从而刺激了不合理的医疗消费，职工医疗费用上涨较快。因此，这一阶段的改革主要是针对消费者采取一些控制费用的措施。例如：个人要支付少量的医疗费用，即所谓的"挂钩"，但各地分担的比例不同，一般为10%~20%。职工个人的费用意识有所增强，这在一定程度上抑制了对医疗服务的过度需求。

第二阶段：1985~1992年，将费用控制的重点由需方转向供方，加强对医疗服务机构的约束。在这一时期，随着公办医疗机构的不断扩张，财政对医疗机构的经费投入日趋不足，医疗机构通过扩大收费服务进行"创收"逐步成为不得已而为之的措施。这刺激了医疗机构提供过度的服务，甚至是不必要的服务，如贵重仪器检查服务等，"看病贵"逐渐成为一个比较突出的问题。在这一阶段，除继续强化需方的费用意识外，费用控制的重点转移到医疗服务的供给方。采取的主要措施有：一是改革支付方式，将经费按享受人数和定额标准包给医院，节支留用，超支分担，激励医院主动控制成本和费用开支；二是制定公费医疗用药报销目录，以控制药品费用的过多支出；三是加强公费医疗和劳保医疗的管理，即提供经费的政府、享受者所在单位和提供医疗服务的医疗机构，都要承担部分经济责任。

在此期间还重点探索了推进离退休人员医疗费统筹、解决企业离退休人员医疗费苦乐不均和降低在职职工的大病风险的问题。一些地区还建立了大病统筹制度，即以地区和行业为单位，由各企业缴纳保险费，形成统筹基金，对发生大额医疗费用的患者给予补助。这些措施和办法使医疗保障的社会化程度有所提高，企业之间互助共济、分担风险的能力有所增强，对控制医疗费用的过快增长、缓解财政经费紧张和改善企业之间医疗费用负担的畸轻畸重现象起到了一定的作用。这些政策可以看成是我国社会医疗保险的初步探索。

这一时期改革的主要目的是控制医疗费用的支出，虽然采取了各种措施，但效果并不明显，所以当时的研究人员和实际工作者开始探索和研究对公费医疗制度与劳保医疗体制本身进行改革。

（2）建立城镇职工医疗保险制度的探索。1992年，广东省深圳市在全国率先开展了职工医疗保险制度改革，从而拉开了我国职工医疗保障制度的全局性和根本性改革的序幕。党的十四届三中全会通过的《中共中央关于经济体制改革若干问题的决定》明确提出，要在我国建立社会统筹和个人账户相结合的社会医疗保险制度。为加强对医疗保险改革工作的领导，国务院成立了职工医疗保障制度改革领导小组。1994年，国家体改委、财政部、劳动部、卫生部共同制定了《关于职工医疗制度改革的试点意见》，经国务院批准，在江苏省镇江市、江西省九江市进行了试点。1996年，国务院办公厅转发了国家体改委等四部委《关于职工医疗保障制度改革扩大试点的意见》，进行更大范围的试点。与此同时，海南、深圳、青岛等地按照"统账结合"的原则，对支付机制进行了一些改革探索。此外，上海等地探索了先从住院医疗保险起步，再逐步建立个人医疗账户的办法。

经过"两江"试点和扩大试点，证明采取社会医疗保险的方式解决医疗保障的思路在我国是可行的，也符合国际社会保障制度改革的趋势；实施统账结合的基本医疗保险制度，重点解决大额医疗费用风险的思路也是正确的。尽管这种制度模式本身还需要进一步完善，但改革的方向确立了。

3. 市场经济体制下新型城镇职工医疗保障制度的建立。1998年12月，《国务院关于建立城镇职工基本医疗保险制度的决定》由国务院颁布实施。以这一文件的发布为标志，我国城镇职工医疗保险制度的建立进入了全面发展的阶段。此次改革的任务是要在全国范围内建立与社会主义初级阶段生产力水平相适应的、符合社会主义市场经济体制要求，充分考虑财政、企业和个人承受能力，切实保障职工基本医疗需求的基本医疗保险制度。该决定涉及的范围十分广泛，主要政策包括明确了强制性参保人员的范围、建立医疗保险费由用人单位和个人共同缴纳的机制、分别建立社会统筹医疗基金和个人医疗账户、建立医疗费用分担机制、强化医疗服务管理措施、对部分人群实行照顾政策等。

1999年，中央军委和国务院办公厅共同下发了《中国人民解放军军人退役医疗保险暂行办法》，同年人力资源和社会保障部发布了《关于铁路系统职工参加基本医疗保险有关问题的通知》，城镇职工医疗保险的参保范围逐步涉及各个领域的劳动者。

2002年底，一个适应社会主义市场经济体制的城镇职工基本医疗保险制度已经初步建立，与基本医疗保险制度相配套的各项医疗保障制度也在积极探索和建立。①基本医疗保险制度的政策体系初步形成，覆盖范围稳步扩大，新制度运行平稳。②公务员医疗补助、大额医疗费用补助、企业补充医疗保险和商业医疗保险正在建立和发展。各地根据国务院《关于实行国家公务员医疗补助的意见》（国办发【2000】37号）的精神，积极探索建立公务员医疗补助办法。大额医疗费用补助主要是依据《国务院关于建立城镇职工基本医疗保险制度的决定》的精神，为了解决参保职工在基本医疗保险统筹基金封顶线以上的大额医疗费用负担问题，根据当地实际建立的，其措施集中在企业中实施。按照《关于建立城镇职工基本医疗保险制度的决定》（国发【1998】44号）的规定，企业可以在职工工资总额4%以内利用税前列支建立企业补充医疗保险。此时，商业医疗保险在国内的发展还处于起步阶段，主要的产品是针对健康人群，如学生等。此外，这几年也开发了一些住院保险和特大疾病保险。③部分大城市积极探索建立社会医疗救助制度。

2003年5月26日，劳动和社会保障部出台了《关于城镇职工灵活就业人员参加基本医疗保险的指导意见》（以下简称《意见》）。《意见》指出，随着我国社会主义市场经济的发展以及经济体制改革的深入推进，临时工、非全日制和灵活就业者逐渐增多，现有的医疗保障制度面临着巨大的挑战。因此，各地区应该制定相关措施，合理解决灵活就业者的医疗保障问题，并应结合本区域的经济发展水平和财政承受能力，合理安排城镇非在职人员的就业、医疗服务。这是我国第一次对非正式工作人员出台的医疗保障政策，这表明城镇医疗保障的改革在进一步深入和完善。

城镇职工基本医疗保险制度在全民所有制企业迅速推广，与此相对，城镇职工基本医疗保险制度在混合所有制企业和非公有制企业却并不能很好地被推广。劳动与社会保障部2004年发布的《关于推进混合所有制企业和非公有制经济组织从业人员参加医疗保险的意见》（劳社厅发【2004】5号）明确要求，推进混合所有制企业和非公有制企业人员参加城镇职工基本医疗保险制度。2006年《国务院关于解决农民工问题的若干意见》（国发【2006】5号）要求，有条件的地方直接将稳定就业的农民工也纳入城镇职工基本医疗保险中。随后，劳动和社会保障厅又发出《关于开展农民工参加医疗保险专项扩面行动的通知》（劳社厅发【2006】11号），提出了农民工医疗保障的重点对象，确定了城镇农民工医疗保险"低费率、保大病、保当期、以用人单位缴费为主"的建设原则。但是，由于各地情况的极大差异，相关政策文件并没有统一规定缴费率与保障方式，只能由各地根据自己的情况来制定政策。

（二）城乡居民医疗保障制度的发展

20世纪90年代末以来，我国逐渐建立了城镇职工基本医疗保险、新型农村合作医疗保险和城镇居民基本医疗保险制度，形成三险分立的局面。三项制度因城乡有别、制度分设、管理分割导致覆盖人群区别对待、保障待遇相差悬殊、管理服务不统一等问题，并由此引起人们对制度公平性不足以及管理服务中存在关系转续难、重复建设、重复参保等问题的批评。城镇居民医保与新型农村合作医疗（以下简称"新农合"）在许多地方显示出相似性，因此，城镇居民医保和"新农合"具有整合可行性，先行完成了整合，为将来城乡医疗保险制度一体化发展奠定了基础。下面对城镇居民医疗保障制度的发展、农村医疗保障制度的发展及二者的整合进行简单的介绍：

1. 城镇居民医疗保障制度的发展。随着试点工作的推进，我国城镇居民医疗保障制度的发展大体经历了以下三个阶段：

（1）试点起步和配套政策出台阶段。在2007年政府工作报告精神的指导下，按照符合条件、地方自愿、平稳起步的原则，每个省确定2~3个，合计共79个城市为2007年城镇居民基本医疗保险试点城市。2007年7月10日成立了国务院城镇居民基本医疗保险部际联席会议，并在7月23日的第一次部际联席会议上出台了《国务院关于开展城镇居民基本医疗保险试点的指导意见》（国发【2007】20号，以下简称《指导意见》）。根据《指导意见》，城镇居民基本医疗保险的保障对象包括：不属于城镇职工基本医疗保险制度覆盖范围的中小学阶段的学生（包括职业高中、中专、技校学生）、少年儿童和其他非从业城镇居民。坚持自愿参加的原则，以家庭缴费为主，政府给予适当补助，基金重点用于参保居民的住院和门诊大病医疗支出，有条件的地区可以逐步实行门诊医疗费统筹。

城镇居民基本医疗保险要通过试点检验政策、找出问题、发现规律，探索和完善城镇居民基本医疗保险的政策体系，形成合理的筹资机制、健全的管理体制和规范的运行机制。试点工作应重在制度建设。为配合《指导意见》，人社部、发展改革委员会、财政部、卫生部、食品药品监管局、中医药局等部门或联合或单独发文，明确城镇居民医保实施的具体政策，具体包括：2007年9月4日的《关于印发城镇居民基本医疗保险经办管理服务工作意见的通知》；2007年9月10日的《关于下发城镇居民基本医疗保险基金报表和统计临时报表的通知》；2007年9月27日的《关于城镇居民基本医疗保险儿童用药有关问题的通知》；2007年10月10日的《关于城镇居民基本医疗保险医疗服务管理的意见》等。

（2）试点扩大和政策完善阶段。经国务院同意，按照符合条件、地方自愿的原则，在全国选定229个城市和地区列入2008年城镇居民基本医疗保险扩大试点范围。各个试点城市按照《指导意见》的精神，结合本地实际，深入调研，反复论证，周密测算，严格按照低水平起步原则制定好试点实施方案和各项配套政策。这一阶段，政策亮点是《国务院办公厅关于将大学生纳入城镇居民基本医疗保险试点范围的指导意见》（国办发【2008】119号）将享受低费用的公费医疗的大学生纳入城镇居民基本医疗保险的范围。

（3）制度全面覆盖阶段。城镇居民基本医疗保险从2009年开始在所有城市实施。这一阶段，人社部力推在地级以上城市全面推开城镇居民基本医疗保险制度，目标是到2011年，城镇居民基本医疗保险基本实现地市级统筹。

2. 农村医疗保障制度的发展。在我国农村，直到北洋军阀统治时期，现代意义上的农村医疗卫生体制还没有建立，农村医疗保障一般以家庭或家族内部为主来承担。一是因为相对于生存和养老而言，医疗保障问题并不是最紧迫的，在当时的生产力条件下，政府和社会不具有提供医疗保障的能力。二是因为在相对封闭和独立的社会背景下，疾病的外部效应并不突出，农民患恶性传染疾病的风险并不是太大。当然，在当时公共卫生条件和医疗条件相对较差的情况下，一旦有疫情发生，后果也是相当严重的。

新中国成立后，随着社会性质和社会制度的改变，农村的生产组织形式和分配方式发生了根本变化。同时，随着党和政府对社会主义本质和发展社会主义生产力的认识不断深入，农村工作战略经历了重大调整，农村的生产力水平、生产组织形式和分配方式也随之发生变化。与之相适应，农村的医疗保障模式大致可分为两个发展阶段：一是20世纪50年代至70年代末的旧合作医疗时期；二是80年代至今农村医疗保障的调整和重构时期。

（1）旧农村合作医疗制度。我国学界普遍认为，旧合作医疗是指20世纪50年代中期由山西和河南等省的农民自愿发起，70年代在政府的引导下得到普及的一项农民互助共济的医疗制度。其发展进程实际上经历了计划经济体制下的两种不同经济发展阶段：一是合作经济阶段，在20世纪50年代伴随着农村合作化运动逐渐兴起；二是集体经济阶段，即70年代前后的集体经济基础上建立发展起来的合作医疗。由于经济制度的性质不同，两个建立在不同经济发展阶段的合作医疗，尽管名称没有变化，但是性质却发生了变化。前者带有合作社的性质，目的是通过个体间的自愿联合，共同抵御和分担合作社社员医疗方面的风险，是集体互助的医疗保障制度。后者则是通过"政社合一"的集体经济强制性地将剩余产品分配用于医疗保障，是在集体经济公有制基础上的强制性社区医疗福利保障制度。

在1955年农业合作化高潮时期，山西省高平县米山联合保健站，在农业社保健站中最先实行了"医社结合"，并采取由社员群众出"保健费"和生产合作公益金补助相结合的办法建立起集体医疗保健制度。

1959年,卫生部党组肯定了人民公社社员集体保健医疗制度,发布了《关于全国农村卫生工作山西稷山现场会议情况的报告》及附件《关于人民公社卫生工作几个问题的意见》,并提出了具体建议:关于人民公社的医疗制度,目前主要有两种形式,一种是"谁看病谁出钱";另一种是实行人民公社社员集体保健医疗制度。根据群众觉悟程度和生产发展水平等实际情况,实行人民公社社员集体保健医疗制度为宜。

旧农村合作医疗筹资要点:社员看病时只交药费或挂号费;社员每年交纳一定的保健费;其他费用由公社或大队的公益金中补助一部分,具体的做法可根据各地条件制定实施。实行这种制度对于开展卫生预防、巩固公社的医疗卫生组织和保证农村社员有病能及时就医都较为有利。

1958年实现"人民公社化"后,合作医疗迅速发展。1960年全国农业生产大队举办的合作医疗制度达到40%。[1]

1960年2月2日,为了推动农村合作医疗制度的发展,中共中央转发了《关于全国农村卫生工作山西稷山现场会议情况的报告》文件,并要求各地参照执行。

毛泽东于1965年6月作出"把医疗卫生工作的重点放到农村去"的指示。1965年9月21日,中共中央批转卫生部党委《关于把卫生工作重点放到农村的报告》,强调加强农村基层卫生保健工作,这些都极大地推动了农村合作医疗的发展。

1966年8月10日,我国第一个农村合作医疗的试点湖北省长阳土家族自治县乐园公社杜家村卫生室挂牌,农民医生覃祥官竖起了合作医疗的牌子。[2]

1968年,毛泽东亲自批发了湖北省长阳县乐园人民公社举办合作医疗的经验,肯定了农村合作医疗。此后合作医疗迅速在全国发展起来。

当时农村生产资料是集体所有制,村医务室一些是村集体所建,一些由公社建立。由集体提留中预留出来合作医疗的费用,从而得以保证。实行合作医疗的村、乡的农民,在村卫生室看病减免诊疗费则称为"合医",有的减免药费,则称为"合药",两种费用都减免的,称为"合医合药"。在经济条件比较好的地方,农民去公社或乡村看病,都可以减免部分诊疗费或药费。

1978年3月5日通过的《中华人民共和国宪法》(现已修正)第50条第1款规定:"劳动者在年老、生病或丧失劳动能力的时候,有获得物质帮助的权利。国家逐步发展社会保险、社会救济、公费医疗和合作医疗等事业,以保证劳动者享受这种权利。"这样,我国以宪法的形式明确规定了农民看病就医存在困难时获得帮助的权利。

到20世纪70年代末,全国共有赤脚医生477万余人,卫生员166万余人,全国农村实行合作医疗的覆盖率达到90%以上,80%~85%的人口享有基本医疗保健,

---

[1] 袭维斌等:《中外社会保障体制比较》,国家行政学院出版社2008年版,第112页。
[2] 丁纯:《世界主要医疗保障制度模式绩效比较》,复旦大学出版社2009年版,第372页。

基本做到"小病不出村、大病不出乡",做到"哪里有人,哪里就有医有药",合作医疗与农村"保健站"及庞大的"赤脚医生"队伍一起成为解决我国广大农村缺医少药的三件法宝。[1]当时,中国民众的健康指标由新中国成立前位于世界最低水平的国家,一跃成为拥有最全面医疗保障体系的国家之一。世界卫生组织为此给予了极高评价,把中国称为"发展中国家解决卫生经费的唯一范例",并积极向其他发展中国家推荐中国农村卫生工作经验。

但到了20世纪80年代初,农村经济体制开始进行改革。政社合一的"人民公社"取消,家庭联产承包责任制代替了"队为基础,三级所有"的核算体系,以农村合作社为依托的合作医疗制度随之出现滑坡的局面。到90年代,曾经享誉国内外的中国农村合作医疗制度已经面临解体的危险。

(2) 新农村合作医疗制度。20世纪90年代以来,农村缺医少药的问题越来越突出,国家有关部门加强了合作医疗的重建工作。1991年1月,国务院批转了卫生部、农业部、人事部、国家教委、国家计委《关于改革和加强农村医疗卫生工作的请示》的通知,其中,对农村合作医疗工作作出了专门指示。1993年,中共中央在《中共中央关于建立社会主义市场经济体制若干问题的决定》中也提出,要"发展和完善农村合作医疗制度"。1994～1998年,国务院研究室、卫生部、农业部与世界卫生组织合作,在全国不同经济发展地区的7个省14个县(市)开展"中国农村合作医疗制度改革"试点及跟踪研究工作。1996年7月,卫生部在河南省召开全国农村合作医疗经验交流会,提出发展与完善农村合作医疗的具体措施。1996年12月,中共中央、国务院召开了新中国成立以来第一次全国卫生工作大会,再次强调了合作医疗对于提高农民健康、发展农村经济的重要性。1997年1月,中共中央、国务院在《中共中央、国务院关于卫生改革与发展的决定》中再次对农村合作医疗制度的发展作出指示。1997年5月,国务院批转了卫生部、国家计委、财政部、农业部、民政部《关于发展和完善农村合作医疗的若干意见》,对《中共中央、国务院关于卫生改革与发展的决定》中的农村合作医疗制度发展的方针加以坚持和细化。国家对农村合作医疗的重建作出了很大的努力,但是,其成效不大,进展缓慢,难以满足广大农民群众对医疗保健的需求,除部分试点地区和上海、苏南等城市郊区合作医疗制度建设外,农村合作医疗并没有像预期的那样恢复和重建。经过几年的改革和试点探索,据统计,到1997年,农村合作医疗的覆盖率仅占全国行政村的17%,农村居民参加合作医疗的仅为9.6%。1998年,卫生部进行"第二次国家卫生服务调查"显示,全国农村居民中得到某种程度医疗保障的人口只有12.6%,其中合作医疗的比重仅为6.5%。合作医疗制度的人口覆盖率在高收入地区达22.2%,但在中等和欠

---

[1] 张琪:《中国医疗保障理论、制度与运行》,中国劳动社会保障出版社2003年版,第147页。

发达地区仅为 1% ~ 3%。[1]

2002 年 10 月 29 日,在总结重建农村合作医疗的经验和教训的基础上,中共中央、国务院作出《关于进一步加强农村卫生工作的决定》,并召开了全国农村卫生工作会议,提出建立和完善"新农合"制度和农村医疗救助制度,同时明确了"新农合"制度的粗略框架和主要原则。2003 年开始了"新农合"的试点工作。2003 年 8 月 28 日成立由卫生部、财政部等 11 个部委组成的国务院新型农村合作医疗部际联席会议,并建立了专门的会议制度,每半年召开一次会议,负责建立完善新型农村合作医疗制度,并负责组织协调和宏观指导工作,研究制定相关政策,督促检查资金筹措等政策的落实。2005 年按照每一个市(地)有一个试点县(市)的原则扩大了试点面。2005 年 9 月 13 日召开了全国"新农合"第二次会议,会议要求加快试点进度。2007 年 1 月 22 日召开了全国"新农合"第三次会议,会议总结了 4 年来合作医疗制度建设的经验,认为全面推进"新农合"已具备了基本条件,要求从 2007 年开始,全面推进"新农合",并确保 2007 年覆盖全国 80% 以上县(市、区),2008 年基本上覆盖全国县市区。自 2002 年以来,"新农合"制度运行良好,在及时结报、信息公开、门诊统筹、大病保障、支付方式改革、商保经办及支持传染病防控等方面,引领医保政策的改革与发展。

3. 城乡居民基本医疗保险制度的整合。1998 ~ 2007 年间,我国先后建立了城镇职工医疗保险(简称"城职医保")、新型农村合作医疗(简称"新农合")和城镇居民医疗保险(简称"城居医保")三大基本医疗保险制度,后又逐步实现了基本医疗保险的"制度全覆盖"与"人员全覆盖"。但是城乡分割、三元并立的医疗保障体系,制度"碎片"化、管理分离、重复参保、资源浪费、保障水平城乡和地域差异较大等问题,严重影响了"人人公平享有基本医疗保障"目标的实现。健康公平一直被世界卫生组织(WHO)看作人类健康事业和医疗保障制度的核心目标和价值取向。推进城乡医疗保险制度整合是深化我国医疗保障体制改革的优先目标,目的是促使全民医保体系由形式普惠向实质公平转变。

2009 年的《中共中央、国务院关于深化医药卫生体制改革的意见》中明确提出建立城乡一体化的基本医疗保障管理制度。党的十八大和十八届三中全会都明确提出整合城乡居民基本医疗保险制度。该制度的整合是建立更加公平、可持续的全民医保制度的必然要求和基础条件,是我国医保制度发展与完善的必经之路。截至 2015 年 3 月底,在区域内全部实现整合的有重庆、天津、青海、广东、宁夏、山东、浙江、新疆建设兵团等 8 个省级行政区和其他省份的 38 个地级市,另有 45 个地市的

---

[1] 卫生部统计信息中心:《卫生改革专题调查研究:第三次国家卫生服务调查社会学评估报告》,中国协和医科大学出版社 2004 年版,第 45 页。

91个县（区）开展整合工作。[1] 国务院于2016年初出台了《国务院关于整合城乡居民基本医疗保险制度的意见》，对城乡基本医疗保险制度整合提出统一覆盖范围、统一筹资政策、统一保障待遇、统一医保目录、统一定点管理、统一基金管理的"六统一"要求。

第三节 医疗保障政策的法治化

政府基本医保公共政策的确立，是基本医保立法的前提，这是各国社会保障立法的普遍规律。在我国，对改革试验、政策试点的可操作性规范予以总结，是改革开放许多领域立法的经验总结和强力逻辑。

一、医疗保障政策法治化概况

医疗保障是社会保障体系中的一个重要组成部分，是为补偿疾病所带来的医疗费用的一种制度，它不仅是基本人权保障的重要内容，而且关系到社会的稳定与生产发展。新中国成立至今，我国逐步建立起相应的医疗保障制度，但是相关立法仍然滞后，随着市场经济的发展，医疗保障显现出了诸多问题。

依照党和政府依法治国、依法行政的总体要求，加强医疗保障法治建设是当前社会保障事业发展的一项重要任务。当前，医改进入攻坚阶段，利益格局深刻调整，改革难度明显加大，医疗保障面临的任务和压力越来越大；同时，医保制度体系建设、全民参保推进、筹资与待遇保障、经办服务管理也需要在法治条件下推进完善。因此，建立一套行之有效的医疗保障法律制度，关系着国家社会保障事业的发展和社会的稳定，关系到国民的生命健康权和医疗保障权的实现。

医疗保障立法先行是世界各主要国家医疗保障制度建设的普遍做法。当前我国推进医疗保障制度建设、深化医药卫生体制改革，在法律层面仅有2010年制定、2018年修正的《社会保险法》。但由于《社会保险法》中有关医疗保险的规定多是原则性的，还不能适应加快建立公平可持续的全民医保体系的需要，因此，国务院的决定、行政法规、部门规章和政策文件就成为推动深化医疗保障改革的主要动力。总的来说，当前的医疗保障立法滞后于医疗保险事业发展的实践，国家应进一步加强医疗保障法治建设：一是加快与《社会保险法》相配套的《基本医疗保险条例》的立法步伐，使《社会保险法》确立的医疗保险的原则性规定更加明确具体，增加具体的、可操作的程序性规定；二是加强医疗保障管理服务的法治队伍建设和医疗保险基金运行的依法监督检查，建立健全医疗保障法治管理体系；三是逐步制定《商业医疗保险法》《医疗救助法》等法律，形成与基本医疗保险法律相配套的医疗

---

[1] 王东进：“整合城乡居民医保的关键在于认识自觉与责任担当”，载《中国医疗保险》2015年第8期。

保障法律框架体系。

二、医疗保障政策法治化建设发展与现状

完善的医疗保险法是社会经济发展和医疗保障制度完善的重要保障。随着我国社会主义市场经济的不断完善,有必要通过立法形式明确社会医疗保险中的各种法律关系,并对其予以规范。

(一)医疗保障政策法治化建设的必要性

基本医疗保险制度是医疗保障制度的主体部分,覆盖了我国人口的绝大多数。以下就医疗保险立法的必要性进行简单的介绍。

1. 保证医疗保险资金有长期、稳定的来源。参保人数越多,保险系统的共济能力和抗风险能力就越强,因此,为了保证医疗保险资金有长期、稳定的来源,提高医疗保障水平,应尽可能地扩大参保对象的规模。但是,由于保险的特殊性,如果没有法律作保证,医疗保险的覆盖面很难扩大。同时,没有强有力的强制措施,医疗保险的参保率就很难提高,即使参加了也可能少缴、拖欠保险费,甚至退出医疗保险,从而导致医疗保险基金入不敷出,难以为继。因此,医疗保险必须通过立法,才能保证医疗保险资金有长期、稳定的来源。

2. 转变人们的消费观念,节约医疗卫生资源。医疗制度改革本身就是一次社会财富的再分配。它必定要触及一些人的个人利益,改革的阻力是可想而知的。要转变人们的医疗消费观念,节约卫生资源,医疗保险必须立法。

3. 保障广大劳动者的基本医疗需求。我国越来越重视对劳动者医疗需求的保障,但是,有些企业特别是一些私营企业、外资企业和合资企业的经营者出于经济利益的考虑,一般都不大愿意为员工购买医疗保险。只有通过立法的形式强制企业经营者为员工购买医疗保险,才能使广大劳动者享受基本医疗服务的权利得到保障。

4. 协调好各方利益关系,保证医疗保险系统正常运转。

第一,如果医疗保险不立法,对医疗保险管理机构没有约束,权利、职权以及责任不明确,就可能导致管理混乱,不能确保保险基金的投资安全有效,进而损害定点医疗单位、用人单位及参保人的利益。

第二,如果医疗保险不立法,对参保人没有约束,对不遵守医疗保险规定,违法使用各种不当手段要求享受不合理医疗待遇的少数人将无法可依、束手无策。

第三,如果医疗保险不立法,制裁医疗服务提供者违反医疗保险相关规定的行为将缺乏法律依据,很难制止医疗资源被恶意浪费的不当现象发生。

总之,没有法律的约束,参加医疗保险的各方不能协调一致,医疗保险管理系统就很难正常运转。

(二)我国医疗保障政策法治化建设的发展及现状

我国基本医疗保险立法,依循了"政策构建、试点探索、法律总结"的路径。

城镇职工基本医疗保险制度、新型农村合作医疗制度和城镇居民基本医疗保险制度三项基本医疗保险制度的构建,始于20世纪90年代初,是与计划经济时期医疗

保障制度的改革齐头并进的。内生于城乡"二元"经济社会的基本医疗保险制度构建，依赖计划经济时期城乡分离的路径，并遵循我国经济改革"摸着石头过河"的哲学，采取"渐进"改革和创新方式。具体而言，从正式从业人群开始，先改革和设计了城镇职工基本医疗保险制度，然后是新型农村合作医疗制度，最后是城镇居民基本医疗保险制度。三项基本医疗保险制度分别构建，分类推进，用了将近20年时间，实现了基本医疗保险制度覆盖全民的目标。

如何在"转型"时期以及经济社会被"二元"割裂的不发达国情下建立城乡基本医疗保险制度，理论上争论不休，实践中设计和实验了各种方案和模式。这主要是因为基本医疗保险制度建设不仅关涉错综复杂的利益关系，而且牵涉到社会分层、收入分配再分配、公共财政、公共管理等宏观经济和社会问题的解决。因此，在我国"转型"时期所具有的开创性、灵活性的经济社会制度背景下，适应城乡"二元"经济社会和地区发展不平衡的国情以及就业形式、劳动关系多元化、非就业人群普遍存在的民情，不会存在"放之四海而皆准"的基本医疗保险制度模式，只有通过试验、探索，不断地进行制度选择和制度完善才是可行的路径。武断抑或是谨慎地确立单一的模式并以法律这种"硬法"的治理模式予以推行，我们所承担的制度推行成本以及付出的代价都将是巨大的。中央政府最终在争论中，以政策形式"创制"了三项基本医疗保险制度的粗略框架。

三项基本医疗保险制度的政策框架能否如政府所愿"入乡随俗"，在幅员辽阔、经济发展水平不同的地域顺利施行，实在是一个巨大的社会系统工程。三项基本医疗保险制度通过政策这种灵活的、柔性的治理模式，提出指导原则，明确制度目标，进行试点并观察各种方案和模式的实施效果。因此，三项基本医疗保险制度作为我国政府的公共政策选择，其制度内容是由党的执政纲领性文件、政府各相关部门的规范性政策文件、各试点省（市、区）执行政策的规范性文件等自上而下确立下来的。

政府基本医疗保险公共政策的确立，是基本医疗保险立法的前提。三项基本医疗保险制度的政策实践，不仅为基本医疗保险立法提供了政策支持，其政策的试点实践也为基本医疗保险立法提供了可资借鉴的制度渊源。三项基本医疗保险政策的实践，基于先行的、分散的、试验性的经验与教训，立法可以直接将既有的已取得成效的政策规范转变成法律的一个条款，用规范的行为模式与法律后果巩固政策摸索取得的成绩，保证成功的行为模式可以通过国家强制力予以深化执行。此外，在三项基本医疗保险政策试点实践中，一些地方进行了地方立法实践，为基本医疗保险全国层次的立法提供了非常宝贵的实验，也为基本医疗保险立法积累了资源。2010年颁布的《社会保险法》（2018年修正）总结了我国近20年社会保险制度改革和探索的经验，对包括基本医疗、基本养老、工伤、失业、生育五项社会保险的基本方针、基本制度、基本概念作了框架性、综合性、概括性、原则性的立法规范。

党的十七届三中全会明确提出加速我国城乡经济社会"一体化"体制机制建设。

但是，决定基本医疗保险项目的经济、社会、政治等很多因素还处于渐变过程中，新情况、新问题不断出现，诸如基本医疗保险的行政管理、基金筹集、基金的统筹层次、待遇支付等关键性环节制度还在具体探索中，有些制度尚未定型，有些则争议较多，有些还尚未经过较为充分实践，这些都决定了我国基本医疗保险制度仍然处于改革进程中。为此，我国《社会保险法》是理想和现实的调和物，《社会保险法》相关基本医疗保险的立法只是对现行政策和行政规范经验的概括总结后而进行的原则性、概括性立法，是我国基本医疗保险制度由实验阶段走向定型、稳定、可持续发展的重大转变的产物，是为我国基本医疗保险制度进一步改革提供基本依据的法律。《社会保险法》以参保人制度、筹资制度为首要环节，以基本医疗保险待遇支付制度、医保管理制度为辅助环节，界分并确立了城乡二元、三元制的基本医疗保险制度体系。但是，相关城乡三项基本医疗保险制度的条款仅十多条，宣示性、弹性和授权性规范较多。为此，《社会保险法》授权国务院制定"基本医疗保险条例"和"新农合管理条例"，以保证基本医疗保险制度的稳定实施。

然而，如何制定"基本医疗保险条例"和"新农合管理条例"仍然存在诸多争议。特别是城乡三项基本医疗保险制度之间多年形成人社部门与卫生部门分散管理、制度分割、城乡差异较大等深层次矛盾，使得争议复杂化，甚至在人社部门与卫生部门之间展开拉锯。争议主要围绕新型农村合作医疗能否与城镇职工基本医保、城镇居民基本医保统一制度，能否由"基本医疗保险条例"统一规范展开。特别是在我国正加快城乡"一体化"体制机制的建设步伐的背景下，整合城乡三项基本医疗保险制度已成为理论界、实务界、决策高层的共识。但是，整合的实施路径和步骤依然存在较大的争论，这也是制定基本医疗保险实施条例无法回避的问题。

三、进一步推动医疗保障政策法治化

二十多年来，在建立、发展和改革我国医疗保障制度的过程中，医疗保障法治建设取得了显著进步。从最初的《社会保险费征缴暂行条例》到《社会保险基金行政监督办法》，再到2010年10月28日第十一届全国人大常务委员会第十七次会议通过的《中华人民共和国社会保险法》，都为医疗保障事业的发展提供了强有力的法律保障。《社会保险法》以基本法的形式总结和确立了我国城乡二元、三分格局的基本医疗保险制度体系。但是，《社会保险法》采取了支架性、综合性、概括性的立法体例，主要是在第三章用十个条款规定了三项基本医疗保险制度，就相关制度作了原则性、框架性的规定（2018年12月的修正，又对基本医疗保险基金与生育保险基金合并建账、核算和预算编制进行了规定）。因此，它仅仅是进一步制定基本医疗保险操作性实施办法所必须遵循的依据。虽然有所不足，《社会保险法》出台后，还是带来了几点显著的改变：①在筹资制度上，《社会保险法》不仅明确了个人和用人单位的责任，更明确了各级政府的责任。《社会保险法》规定，在困难人群缴费和医疗保险基金支付不足时，政府应当给予补贴。这一规定明确了政府对医疗保险的财政责任，使得筹资制度更为完善。②在职工医保的相关规定中，对"个人账户"只字未

提。有观点认为，其隐含的意思是医疗保险的制度定位是社会统筹，个人账户将逐步取消。2013 年，国务院基于《社会保险法》的立法原则，出台了《中华人民共和国城镇职工基本医疗保险条例》，更进一步推动了医疗保险制度改革，对《社会保险法》中的一些原则性规定进行了程序和内容上的细化。

在依法治国背景下，国家各项制度建设都须纳入法治轨道。如果要解决现存的问题，必须通过法治方式，将医疗保障制度建设纳入法治化轨道。可以从以下几方面着力：

第一，加强医疗保障政策立法。良法善治，立法先行。目前我国规范医疗保障制度的立法层次还不高，除了《社会保险法》和《中华人民共和国城镇职工基本医疗保险条例》外，规范医疗保障制度的正式文件主要停留在国务院出台的规范性文件和地方法规的层次上。对于医疗保障改革，我们必须通过立法明确医疗保障关系的发展。

关于进一步完善我国医疗保障立法的对策有以下几点：①应当加紧制定《基本医疗保险条例》。我国正处于医疗保障制度深化改革的关键时期，社会医疗保障体系需要不断地完善，研究制定《基本医疗保险条例》已迫在眉睫，只有单行的《基本医疗保险条例》才能弥补《社会保险法》第三章规定得过于粗疏、操作性不强的不足，才能在坚持《社会保险法》所确立的基本原则的基础上，详细规定其相关内容以赋予其可操作性。立法时要做到：一是尊重国情；二是由于《基本医疗保险条例》是配套《社会保险法》来制定的，所以其必以《社会保险法》的立法精神为出发点；三是具有前瞻性，能兼顾未来发展变化的可能性。另外，在细节制定时着重考虑基本医疗保险的城乡统筹问题，以及新型城镇化进程中农业转移人口的医疗保障权益市民化的问题。②提高医疗保险的立法层次。我国现行医疗保险法除《社会保险法》和《中华人民共和国城镇职工基本医疗保险条例》的相关规定外，基本上都是国务院及其职能部门以及地方政府出台的一些相关政策，且不同级别和地区的行政部门提出的法律法规及政策各自为政、分布零散，不具有全国性和权威性。针对以上现象，建议从两方面进行立法：一是从分散的行政立法向相对集权的机关立法过渡；二是在总结以地方试点为主的立法上统一制定适合全国各地的医疗保险法，树立法律的权威性和统一性。③加强与其他法律的衔接。医疗保险立法涉及的主体较多，包括医、药、患、保等，立法内容涵盖了保障的对象、相关筹资机制、待遇水平和基金管理等。在医疗保险立法过程中，不仅要遵循《社会保险法》的相关原则，保持与其政策的衔接，更要加强与其他法律相结合，比如要注意与刑法的衔接。在社会生活中，医患关系产生矛盾的问题时有发生，医患信息不对称，同时也产生一定的道德风险。为适应社会经济的快速发展，顺应时代的需求，医疗保险立法不仅要具有前瞻性，更要与其他法律做好衔接，为医疗保险法的适用打下良好的基础。④我国应逐步制定《商业医疗保险法》《医疗救助法》等其他医疗保障法律，形成与基本医疗保险法律制度相配套的医疗保障法律整体框架。同时，借鉴国外的立法经验,制定《医疗保险税法》《医疗保险基金审计法》等,增加社会医疗保险基金的来源,保障医疗保险基金的有效运行。

第二,加快推进城乡居民医疗保险制度和职工医疗保险制度的整合,以解决基本医疗保险的公平性、效率性和保障性问题。应当实行强制参保制度,强调个人的缴费义务,但同时要为低收入人群和特殊困难人群提供必要的补贴或减免缴费制度。

整合城乡基本医疗保障的理念经历了一个从简单到复杂、从低级到高级、从经验型到理论型的嬗变过程。首先,大多数地方整合立法的理念,起源于提高管理效率的简单理念,以管理节约、经办效率为本位,先行将分割在人社部门与卫生部门之间的管理经办整合归属一个部门。这样的理念是简单的、经验的,基本医保的管理和经办制度,作为基础和重点制度,如果能够统一行政管理,无疑更有利于顶层设计的构建和该制度自身的顺畅实施。其次,进一步整合立法遵循"优先次序"的理念,这种整合理念主要基于"新农合"和城镇居民医保"两制"内容高度相似的现实。在基本医保制度多元化向一体化目标转型的过程中,在城乡经济社会发展差距较大的地区,探讨制度相近的城镇居民医保和"新农合"的整合更具有优先性和现实意义,也容易实施。最后,最高层次的整合理念是"增强城乡医保制度公平性",即所有城乡居民,不论是正式从业、非正式从业还是无业,不分户籍,在参保机会上公平,参保缴费水平和医保待遇上相对公平。

在当今城乡居民从业方式多元、收入水平缺乏客观测定的约束条件下,以参保权利公民身份平等为突破口,消除参保者城乡、户籍、职业歧视,打破了"三元"医保参保人制度的分割,为"三元"医保制度渐进性走向"一体化"开通了"渠道"。"全统一"的整合立法模式中,以参保人基本医保待遇公平实现为目标,实现了城乡"三元"医保制度的"全面整合"。"全面整合"城乡医保的全国性立法过程既是全方位利益博弈的过程,也是社会共识的凝聚过程。通过立法的全国性整合推进"全面整合"城乡基本医保,深化基本医保体制改革,促进基本医疗服务均等化,实现社会公平正义,已经不容置疑。

第三,进一步完善医疗保障治理体系。一是厘清中央政府和地方政府在医疗保险中的事权、筹资给付责任,提高医疗保障统筹层次,以解决转移接续、异地就医等困难;二是理顺政府各部门之间对医疗保障的权责划分,将基本医疗保险的管理权统一在一个主管部门;三是实行管办分离,政府作为管理者,负责相应的政策法规制定和管理职责,设立独立运行的医疗保险经办和服务机构,以政府购买服务的方式推动社会保障经办服务的社会化,通过引入竞争机制,调动民间组织参与到医疗保障服务中。

分割医保行政管理体制,是我国城乡三项基本医保制度分割的关键环节。时至今日,基本医疗保险立法要改进提升,必须反思"部门分割制定政策和行政法规"这一机制。在我国,对计划经济体制下的城乡医保制度进行改革的主体是人社部门、卫生部门,主导和创新城乡"分割"医保制度的主体也是这两个分管部门,导致今天基本医保实质性立法难的仍然是行政部门分管。直面这一立法症结,继续完善基本医保立法的逻辑因此凸显,即整合城乡基本医保管理权,去除城乡三项基本医保制度建设的"部门化",是实现整合式立法突破的决定性力量。

第四节 基本医疗保障制度

一、城镇职工基本医疗保险

目前,我国基本医疗保障制度中的重头戏——城镇职工基本医疗保险基本覆盖城镇就业人群,对释放公众的医疗需求以及逐年提高制度的保障水平发挥了很大的作用。

城镇职工基本医疗保险是我国医疗保险的组成部分之一,是为了补偿劳动者因疾病风险遭受经济损失而建立的一项社会保险制度。通过用人单位和个人缴费,建立医疗保险基金,参保人员患病就诊发生医疗费用后,由医疗保险经办机构给予一定的经济补偿,以避免或减轻劳动者因患病、治疗等所承受的经济风险。

(一)城镇职工基本医疗保险制度的覆盖范围

中国共产党第十八次全国代表大会对社会保障工作给予了高度的重视,将社会保障摆在了更加突出的位置。在十八大报告中更是旗帜鲜明地提出了社会保障的基本方针和体系特征,即要坚持全覆盖、保基本、多层次、可持续方针,以增强公平性、适应流动性、保证可持续性为重点,全面建成覆盖城乡居民的社会保障体系。其中,主要方针中的"全覆盖"取代了十八大之前主要方针中的"广覆盖",这是对社会保障工作理论与实践的概括总结和党在这方面的理论创新。由于这一基本方针的实施,使得城镇职工医疗保险得以稳定持续地发展,参保人数逐年增加。在中国共产党第十九次全国代表大会中,更是进一步强调了加强社会保障体系建设,全面建成覆盖全民、城乡统筹、权责清晰、保障适度、可持续的多层次社会保障体系。根据人社部网站发布的《2016年度人力资源和社会保障事业发展统计公报》可知,截止到2016年,全国参加城镇基本医疗保险人数为74 392万人,比上年末增加7810万人。其中,参加职工基本医疗保险人数29 532万人,比上年末增加638万人;参加城镇居民基本医疗保险人数为44 860万人,比上年末增加7171万人。在参加职工基本医疗保险人数中,参保职工21 720万人,参保退休人员7812万人,分别比上年末增加358万人和280万人。年末参加城镇基本医疗保险的农民工人数为4825万人,比上年末减少340万人。[1]

---

[1] 《2016年度人力资源和社会保障事业发展统计公报》,http://www.mohrss.gov.cn/SYrlzyhshbzb/zwgk/szrs/tjgb/201705/t20170531_ 271671.html,最后访问时间:2017年8月3日。

（二）城镇职工基本医疗保险制度的缴费办法

我国城镇职工医疗保险制度的财源采取职工个人和单位双方共同分担机制。医疗保险费由用人单位和个人共同缴纳，其中，用人单位按照职工工资总额的6%缴纳，个人按基本工资的2%缴纳。[1] 随着经济发展，用人单位和职工缴费率可作相应调整。

由于城镇职工医疗保险制度财源实施个人与用人单位并行缴纳的双渠道机制，为实现资金的合理配置，以最大程度地保障城镇职工的基本医疗需求，城镇职工医疗保险制度财政方式采取的是统账结合的方式。设立医疗保险基金的个人账户和社会统筹账户，职工个人缴费全部记入个人账户，单位缴费的30%记入个人账户，剩余部分用于建立社会统筹基金。城镇职工医疗保险制度给付结构可以用"板块式"的结构图加以描述（如图9-2）。[2] 个人账户用于支付门诊和小额医疗费，统筹基金用于支付住院和大额医疗费。社会统筹基金设置起付线和封顶线，分别为当地职工年平均工资的10%和400%。职工住院医疗费用中起付线以上、封顶线以下的部分也需要职工自付一部分，自付比例由地方政府自行决定。超过统筹基金最高支付限额以上的部分可以通过企业补充保险、商业保险等各种补充医疗保险的途径解决。

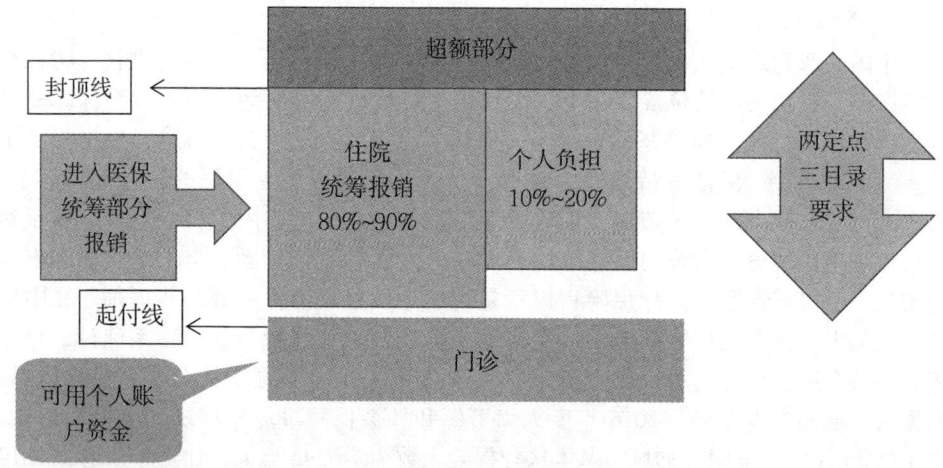

图9-2 医保费用分担结构

为保证城镇职工医疗保险制度的顺利运行，以及与城镇职工医疗保险费用分担制度的承接，立法者在基金的收缴与管理方面也进行了规制。城镇职工基本医疗保险的管理和服务实行社会化，即由社会化的医疗保险经办机构负责基本医疗保险基金的收缴、管理和支付。医疗保险统筹管理层次原则上以地级以上行政区为统筹单位，也可以以县（市）为统筹单位。北京、上海、天津3个直辖市原则上在全市范

---

[1] 楚廷勇："中国医疗保障制度发展研究：基于国际比较的视角"，东北财经大学2012年博士学位论文。
[2] 楚廷勇："中国医疗保障制度发展研究：基于国际比较的视角"，东北财经大学2012年博士学位论文。

围内实行统筹，对医疗保险统筹基金纳入单独的社会保障基金财政账户专款专用，并实行收支两条线管理。此外，为实现城镇职工基本医疗保险管理和服务的社会化，各地政府还建立健全了基金预决算制度、财务会计制度和社会保险经办机构内审制度。

（三）城镇职工医疗保险制度的特殊政策

近年来，为了推进医疗机制的改革，政府出台了诸多政策，例如，通过制定基本医疗保险药品名录、诊疗项目和医疗服务设施标准以及相应的管理办法，确定了基本医疗服务的范围和标准；实行医、药分开核算，分别管理，对提供基本医疗服务的医疗机构和药店实行定点管理；对医疗机构进行调整、改革，规范医疗行为，减员增效，提高卫生资源的利用效率；积极发展社区卫生服务项目，其中基本医疗服务项目可以纳入基本医疗保险支付范围。

作为提高医疗服务质量和水平的主要制度之一的城镇职工医疗保险制度，也通过特殊政策推进医疗机制的改革。主要体现有：离休人员、老红军、二等乙级以上革命伤残军人的医疗待遇不变，医疗费用由原渠道解决；退休人员个人不缴费，其账户资金全部从单位缴费中划出，划入比例或资金总量要高于在职职工；国家公务员参加基本医疗保险的同时，享受医疗补助待遇；允许符合条件的企业建立职工补充养老保险。[1]

作为我国基本医疗保障制度中的重要组成部分，城镇职工基本医疗保险制度不仅提高了人们的生活水平及生活质量，而且为我国经济建设提供了可靠保证，贡献了力量。总体来说，我国城镇职工医疗保险制度正逐步走向完善。

二、城乡居民基本医疗保险

城镇居民基本医疗保险是社会医疗保险的组成部分，是一种采取以政府为主导，以居民个人（家庭）缴费为主，政府适度补助为辅的筹资方式，按照缴费标准和待遇水平相一致的原则，为城镇居民提供医疗需求的医疗保险制度。

城乡居民基本医疗保险是城镇居民基本医疗保险（以下简称"城镇居民医保"）和新型农村合作医疗（以下简称"新农合"）两项制度整合的产物。建立统一的城乡居民基本医疗保险（以下简称"城乡居民医保"）制度，是推进医药卫生体制改革、实现城乡居民公平享有基本医疗保险权益、促进社会公平正义、增进人民福祉的重大举措，对促进城乡经济社会协调发展、全面建成小康社会具有重要意义。

城乡居民基本医疗保险是对城镇居民医保及新农合两种制度的全面整合，因此，与城镇居民医保及新农合相比，城乡居民基本医疗保险的推行对相关部门提出了新的要求：

（一）整合基本制度政策

1. 统一覆盖范围。城乡居民医保制度覆盖范围包括现有城镇居民医保和新农合所有应参保（合）人员，即覆盖除职工基本医疗保险应参保人员以外的其他所有城

---

[1] 郑功成：《社会保障学》，中国劳动社会保障出版社 2005 年版，第 326~327 页。

乡居民。农民工和灵活就业人员依法参加职工基本医疗保险，有困难的可按照当地规定参加城乡居民医保。各地要完善参保方式，促进应保尽保，避免重复参保。

2. 统一筹资政策。坚持多渠道筹资，继续实行以个人缴费与政府补助相结合为主的筹资方式，鼓励集体、单位或其他社会经济组织给予扶持或资助。各地要统筹考虑城乡居民医保与大病保险保障需求，按照基金收支平衡的原则，合理确定城乡统一的筹资标准。现有城镇居民医保和新农合个人缴费标准差距较大的地区，可采取差别缴费的办法，利用 2~3 年时间逐步过渡，整合后实施完善的筹资动态调整机制，包括：在精算平衡的基础上，逐步建立与经济社会发展水平、各方承受能力相适应的稳定筹资机制；逐步建立个人缴费标准与城乡居民人均可支配收入相衔接的机制；合理划分政府与个人的筹资责任，在提高政府补助标准的同时，适当提高个人缴费比重。

3. 统一保障待遇。遵循保障适度、收支平衡的原则，均衡城乡保障待遇，逐步统一保障范围和支付标准，为参保人员提供公平的基本医疗保障。妥善处理整合前的特殊保障政策，做好过渡与衔接。

城乡居民医保基金主要用于支付参保人员发生的住院和门诊医药费用。要稳定住院保障水平，政策范围内住院费用支付比例保持在 75% 左右；同时进一步完善门诊统筹，逐步提高门诊保障水平，从而逐步缩小政策范围内支付比例与实际支付比例间的差距。

4. 统一医保目录。统一城乡居民医保药品目录和医疗服务项目目录，明确药品和医疗服务支付范围。各省（区、市）要按照国家基本医保用药管理和基本药物制度有关规定，遵循临床必需、安全有效、价格合理、技术适宜、基金可承受的原则，在现有城镇居民医保和"新农合"目录的基础上，适当考虑参保人员需求变化进行调整，有增有减、有控有扩，做到种类基本齐全、结构总体合理。

5. 统一定点管理。统一城乡居民医保定点机构管理办法，强化定点服务协议管理，建立健全考核评价机制和动态的准入退出机制。对非公立医疗机构与公立医疗机构实行同等的定点管理政策。原则上由统筹地区管理机构负责定点机构的准入、退出和监管，省级管理机构负责制订定点机构的准入原则和管理办法，并重点加强对统筹区域外的省、市级定点医疗机构的指导与监督。

6. 统一基金管理。城乡居民医保执行国家统一的基金财务制度、会计制度和基金预决算管理制度。城乡居民医保基金纳入财政专户，实行"收支两条线"管理。基金独立核算、专户管理，任何单位和个人不得挤占挪用。

结合基金预算管理全面推进付费总额控制。基金使用遵循以收定支、收支平衡、略有结余的原则，确保应支付费用及时足额拨付，合理控制基金当年结余率和累计结余率。建立健全基金运行风险预警机制，防范基金风险，提高使用效率。

强化基金内部审计和外部监督，坚持基金收支运行情况信息公开和参保人员就医结算信息公示制度，加强社会监督、民主监督和舆论监督。

(二) 理顺管理体制

1. 整合经办机构。鼓励有条件的地区理顺医保管理体制，统一基本医保行政管理职能。充分利用现有城镇居民医保、新农合经办资源，整合城乡居民医保经办机构、人员和信息系统，规范经办流程，提供一体化的经办服务。完善经办机构内外部监督制约机制，加强培训和绩效考核。

2. 创新经办管理机制。完善管理运行机制，改进服务手段和管理办法，优化经办流程，提高管理效率和服务水平。鼓励有条件的地区创新经办服务模式，推进管办分开，引入竞争机制，在确保基金安全和有效监管的前提下，以政府购买服务的方式委托具有资质的商业保险机构等社会力量参与基本医保的经办服务，激发经办活力。

(三) 提升服务效能

1. 提高统筹层次。城乡居民医保制度原则上实行市（地）级统筹，各地要围绕统一待遇政策、基金管理、信息系统和就医结算等重点，稳步推进市（地）级统筹。做好医保关系转移接续和异地就医结算服务。根据统筹地区内各县（市、区）的经济发展和医疗服务水平，加强基金的分级管理，充分调动县级政府、经办管理机构基金管理的积极性和主动性。鼓励有条件的地区实行省级统筹。

2. 完善信息系统。整合现有信息系统，支撑城乡居民医保制度运行和功能拓展。推动城乡居民医保信息系统与定点机构信息系统、医疗救助信息系统的业务协同和信息共享，做好城乡居民医保信息系统与参与经办服务的商业保险机构信息系统之间必要的信息交换和数据共享，强化信息安全和患者信息隐私保护。

3. 完善支付方式。系统推进按人头付费、按病种付费、按床日付费、总额预付等多种付费方式相结合的复合支付方式改革，建立健全医保经办机构与医疗机构及药品供应商的谈判协商机制和风险分担机制，推动形成合理的医保支付标准，引导定点医疗机构规范服务行为，控制医疗费用不合理增长。

通过支持参保居民与基层医疗机构及全科医师开展签约服务、制定差别化的支付政策等措施，推进分级诊疗制度建设，逐步形成基层首诊、双向转诊、急慢分治、上下联动的就医新秩序。

4. 加强医疗服务监管。完善城乡居民医保服务监管办法，充分运用协议管理，强化对医疗服务的监控作用。各级医保经办机构要利用信息化手段，推进医保智能审核和实时监控，促进合理诊疗、合理用药。卫生计生行政部门要加强医疗服务监管，规范医疗服务行为。

(四) 精心组织实施，确保整合工作平稳推进

1. 加强组织领导。整合城乡居民医保制度是深化医改的一项重点任务，关系城乡居民切身利益，涉及面广、政策性强。各省（区、市）卫生计生行政部门要在省委、省政府的领导下，按照全面深化改革的战略布局要求，充分认识这项工作的重要意义，加强领导，精心组织，确保整合工作平稳有序推进。各省级医改领导小组要加强统筹协调，及时研究解决整合过程中的问题。

2. 明确工作进度和责任分工。根据《国务院关于整合城乡居民基本医疗保险制度的意见》，各省（区、市）要于 2016 年 6 月底前对整合城乡居民医保工作作出规划和部署，各统筹地区要于 2016 年 12 月底前出台具体实施方案。截止到 2017 年，全国各地政府要根据当地具体情况，依照《国务院关于整合城乡居民基本医疗保险制度的意见》制定并印发关于整合城乡居民基本医疗保险制度的实施意见，以保证各项政策措施落实到位。

各地人力资源、社会保障、卫生计生部门要完善相关政策措施，加强城乡居民医保制度整合前后的衔接；财政部门要完善基金财务会计制度，会同相关部门做好基金监管工作；保险监管部门要加强对参与经办服务的商业保险机构的从业资格审查、服务质量和市场行为监管；发展改革部门要将城乡居民医保制度整合纳入国民经济和社会发展规划；编制管理部门要在经办资源和管理体制整合工作中发挥职能作用；医改办要协调相关部门做好跟踪评价、经验总结和推广工作。

3. 做好宣传工作。要加强正面宣传和舆论引导，及时准确解读政策，宣传各地经验亮点，妥善回应公众关切，合理引导社会预期，努力营造城乡居民医保制度整合的良好氛围。

依据《国务院关于整合城乡居民基本医疗保险制度的意见》的要求，到目前为止，安徽、河南、江苏、海南等省已经制定出台了具体实施方案，城乡居民医保整合工作正在顺利地进行中。

三、城乡医疗救助制度

城乡医疗救助制度通过对困难家庭成员的直接救助[1]与资助[2]参加社会医疗保险，对缓解困难家庭医疗支出负担起到了积极作用。作为构建多层次医疗保障和卫生服务体系的重要组成部分，该制度对于缓解贫困群众就医难，实现病有所医具

---

[1] 民政部发布的《关于进一步加强医疗救助与城乡居民大病保险有效衔接的通知》规定：一、加强保障对象衔接 ①做好资助困难群众参加基本医疗保险工作。各地要全面落实资助困难群众参保政策，确保其纳入基本医疗保险和大病保险范围。根据本地区医疗救助资金筹集情况、基本医疗保险缴费标准以及个人承担能力等明确资助额度，对于特困人员给予全额资助，对于低保对象、建档立卡贫困人口给予定额资助。对按规定纳入定额资助范围的人员，要做好参保动员工作，加大参费征缴力度，提高参保意愿，可由其先行全额缴纳参保费用，相关部门再将资助资金支付本人，确保人费对应、足额缴纳、及时参保。

[2] 民政部发布的《关于进一步加强医疗救助与城乡居民大病保险有效衔接的通知》规定：一、加强保障对象衔接 ②拓展重特大疾病医疗救助对象范围。各地要贯彻落实国务院办公厅转发民政部等五部门《关于进一步完善医疗救助制度全面开展重特大疾病医疗救助工作的意见》（国办发〔2015〕30 号），对经大病保险报销后仍有困难的低保对象、特困人员、建档立卡贫困人口、低收入重度残疾人等困难群众（含低收入老年人、未成年人、重病患者）实施重特大疾病医疗救助，积极探索做好因病致贫家庭重病患者救助工作。省级民政部门要会同相关部门综合考虑家庭经济状况以及医疗费用支出、医疗保险支付情况等因素，完善低收入救助对象和因病致贫家庭重病患者的认定办法，指导市、县民政部门依托社会救助家庭经济状况核对机制，准确认定救助对象，及时落实救助政策。

有重要意义。

(一) 城乡医疗救助制度概况

城乡医疗救助制度是指通过政府拨款和社会捐助等多种渠道筹集建立基金,对患大病的农村五保户和贫困农村家庭、城市居民最低生活保障对象中未参与城镇职工基本医疗保险人员、已参加城镇职工基本医疗保险但个人负担仍然较重的人员以及其他特殊困难群众给予医疗费用补助(农村医疗就诊也可以资助救助对象参加当地新型农村合作医疗)的救助制度。

城乡医疗救助制度是弥补低保和基本医疗保险制度的不足、解决城乡特殊群体医疗困境的有效措施,是人权保障的重要内容。医疗救助问题不仅是一个公共卫生问题,也是重大的社会问题。它作为社会救助制度的组成部分和医疗保障体系的最后屏障,以发挥兜底作用的最后安全网形态存在,对改善城乡贫困家庭的生活、推进医疗制度改革和维护社会和谐等发挥着不可替代的作用,承载着社会的底线公平。

(二) 城乡医疗救助制度的演变

改革开放以来,在医疗保险体系新旧转换过程中,城乡困难群体的医疗问题十分突出,进而对医疗救助制度提出客观的要求。医疗救助制度先从农村开始建立,逐步扩大至城市,历经十多年,形成了并不成熟的城乡医疗救助制度。

1. 建立历程。自 20 世纪 80 年代以来,医疗保障问题逐渐成为困扰中国社会的一个"老大难"问题。医疗保障问题对城乡贫困家庭的影响很大,新华网 2004 年 9 月 15 日发布的《低收入国家每年 2%~7% 的人口因病致贫》中显示,从国际经验看,世界卫生组织的数据显示,在低收入国家,每年大约有 2%~7% 的人口因病致贫[1]。中国红十字基金会网站发布的《红十字天使计划》中写道:在中国的贫困人口中,因病致贫、因病返贫的因素要占 30%~60%,个别地区高达 70%。国务院发展研究中心 2004 年的相关调查数据表明,农村贫困户中,约 41% 由于疾病导致了家庭贫困。浙江省卫生厅的《仅 7% 城市低保人员参加医保》中记载:据民政部发布的信息,城市中因病致贫、因病返贫的家庭占城市低保家庭的 58%,而城市低保人员参加城镇职工基本医疗保险的只占低保人数的 7%。

(1) 农村医疗救助制度的建立。基于以上背景,2002 年中共中央、国务院制定并出台了《中共中央、国务院关于进一步加强农村卫生工作的决定》,首次提出了在中国农村建立医疗救助制度,实施以大病补偿为主,对贫困家庭参加合作医疗给予资金补助的救助形式。

为贯彻此文件,2003 年 11 月,民政部、卫生部、财政部三部委联合下发了《关于实施农村医疗救助的意见》,对农村医疗救助的目标和宗旨、医疗救助对象的选择、救助基金的筹集和管理、组织与实施等方面作出了进一步的细化。自此,农村

---

[1] 对于因病致贫,世界卫生组织将其定义为"家庭因支付医疗卫生费用而导致家庭整体经济低于贫困线"。

的医疗救助逐渐展开。

（2）城市医疗救助制度的建立。2005年国务院办公厅转发了民政部、卫生部、劳动和社会保障部、财政部联合发布的《关于建立城市医疗救助制度试点工作意见》，提出用2年的时间在各省、自治区、直辖市的部分县（市、区）进行试点，再用2~3年的时间在全国建立起管理制度化、操作规范化的城市医疗救助制度。之后，城市医疗救助试点在全国展开。

2. 实施情况。

（1）农村医疗救助制度的实施。根据民政部提供的资料，截至2006年第一季度，全国所有有农村人口的县（市、区）基本上都建立了农村医疗救助制度。在已开展新型农村合作医疗的地区，资助医疗救助对象缴纳个人应负担的全部或部分资金，使之能够参与当地合作医疗，享受合作医疗待遇。对患大病且合作医疗补助后个人负担医疗费用仍过高的，影响家庭基本生活的，再给予适当的医疗救助。在未开展新型农村合作医疗的地区，对患大病个人负担费用难以承担，影响家庭生活的，给予医疗救助。国家规定的特种传染病救治费用按有关规定给予补助。另外，医疗救助对象全年个人累计享受医疗补助金额原则上不超过当地对等的医疗救助标准，对于特殊困难人员可适当提高医疗救助水平。

（2）城市医疗救助制度的实施。进入21世纪，虽然一些省市（主要在东部发达地区）政府已经开始实施对贫困人员的医疗救助。但是从总体上看，这项制度仍然处于探索和起步阶段，患病的贫困人口因负担不起医疗费用而得不到治疗，或因患病和治病导致家庭生活陷入困境，仍是常见现象和突出问题。

城市居民最低生活保障对象中未参加城镇职工医疗保险的人员、已参加城镇职工医疗保险但个人医疗费用负担仍然较重的人员和其他有特殊困难的群众是城市医疗救助制度的对象。其主要实施方式是：对救助对象看病产生的医疗费用，在扣除各项医疗保险可支付部分、单位应报销部分以及社会互助帮困给予的补贴后，对须由个人负担的超过一定金额的医疗费用或政策规定的特殊病种的医疗费用，再按一定比例或确定金额给予一定的补助。

在城乡医疗救助制度实施过程中，各地普遍建立了"政府领导、民政牵头、部门协作、社会参与"的管理体制。财政部、民政部先后出台《农村医疗救助基金管理试行办法》《关于加强城市医疗救助基金管理的意见》等文件，对医疗救助基金的筹集、管理和使用作出明确规定，各级地方政府及财政、民政等职能部门不断完善监管办法，采取专项检查等措施不断加强医疗救助基金的监督检查工作。

四、职工互助医疗保险制度

职工互助医疗保险旨在通过职工互助互济，帮助患病住院职工解决个人自付医疗费用过高的困难，使职工在患病住院时，除享受基本医疗保险待遇外，还可以从职工互助补充医疗保险基金中领取一定的费用，以减轻职工的经济负担。该制度发扬了中国工人阶级团结互助的光荣传统，发挥了工会组织在构建社会主义和谐社会中的积极作用。职工互助医疗保险不是基本医疗保险,也不是商业医疗保险,而是一项群体性保障事业,是国家基本医疗保险的补充,是我国多层次医疗保障体系的重要组成部分。它的目的不是为了营利,而是为了配合医疗保险制度改革,进一步解除职工的后顾之忧,增进职工福利并完善新型社会保障制度。[1]

(一) 职工互助医疗保险制度基本理论

职工互助医疗保险是职工互助保险的一类险种,职工互助保险源于社会互助保障,其内涵高于"互助会"的保障形式,是社会互助保障的高级组织形式。

1. 职工互助医疗保险的概念与参保对象范围。职工互助医疗保险是在职工及家属患大病、重病,享受国家基本医疗保险待遇后,个人负担医疗费用较高的情况下,给予职工的医疗帮助。职工互助医疗保险金一般都是职工个人一次性缴纳,当个人负担的医疗费用超过一定数额时,可以从职工互助补充医疗保险基金中领取一定费用。

我国职工互助医疗保险的参保对象主要为中小企业职工以及新的基本医疗保险制度取消的原享受半费医疗待遇的职工家属。我国职工互助医疗保险一般由工会等独立机构承办,职工自愿参加,费用主要由职工个人缴纳。参加互助医疗保险的职工及家属可按规定享受相应的互助医疗保险待遇。

2. 职工互助医疗保险的经办条件与审批。为了保证互助医疗保险基金的共济能力,抵御基金营运风险,申请并经办职工互助医疗保险的机构必须是地级市以上城市工会等独立法人团体,并经统计社会保障行政管理部门严格审批。

3. 职工互助医疗保险的缴费与待遇。职工互助医疗保险费用主要由职工自愿为本人和家属缴纳互助医疗保险费,并按照费用期限和缴费额享受相应的互助医疗保险待遇。

用人单位也可以自愿为职工缴纳部分互助医疗保险费用,所缴费用须按国家有关规定渠道列支。如果企业未参与企业补充医疗保险,其为职工缴纳互助医疗保险的费用,可经主管财政部门审核同意,允许工资总额的一部分列入成本之内。

4. 职工互助医疗保险的基金管理与运营。职工互助医疗保险经办机构应加强互助医疗保险基金管理,并建立健全各项规章制度,接受政府、社会和投保企业、职工的监督,保证基金的安全和及时发放。

职工互助医疗保险经办机构原则上不以营利为目的。经批准运行一定期限后,确有基金投资运营能力的,必须经当地社会保障行政管理部门和金融保险行政管理部门审批,并严格限定运营范围,才能进行基金的投资运营。

(二) 职工互助医疗保险制度的演变

当前,全国各省市工会组织的职工医疗互助活动经过几十年的运行和发展,已初显成效。针对现存的社会医疗保险覆盖范围狭窄、改革不配套、投入不足等问题,

---

[1] 姚海明、段昆:《保险学》,复旦大学出版社1999年版,第16~31页。

需要通过建立多层次的职工医疗互助保障体系,加大政府对职工医疗互助活动领域的资金投入,加快社会医疗保障的补充保险立法进程,从而推动加快社会医疗保险改革步伐。

我国的医疗制度改革已经取得了重要的进展,其主要标志就是确立了新型的城镇职工基本医疗保险制度模式。与此同时,针对基本医疗保险的制度缺陷,逐步发展了各种形式的职工医疗互助补充保险。2016年10月31日,深圳市职工保障互助会在工会大厦会议室召开第一次会员大会,会议审议并通过了《深圳市职工保障互助会章程(草案)》,选举产生了第一届理事会和监事会成员。据不完全统计,截止到2016年10月底,深圳累计参加省职工医疗互助保障计划人数近70万人次,参保金额达7200万元,惠及1897名患病职工,发放互助保障金2459万元。目前,各地举办的职工医疗互助,在互助范围、互助对象、互助期限上有所不同,有的以企业自身为互助组织开展,有的以系统为互助组织开展,有的以协会为互助组织开展,有的以行业为互助组织开展。特别是省市级工会组织,为了更加科学、合理、规范地开展好这一项工作,专门成立相关的组织机构,如职工医疗互助指导委员会、职工互助补充保险理事会、职工互助补充保险基金会、医学专家顾问委员会等;同时,还制定了职工互助互济会章程、实施原则、管理办法、监督机制及经费审计制度等。

目前,职工医疗互助组织已经成为建设中国特色的多支柱社会医疗保障体系中的新生力量,在改革与完善社会保险制度中发挥积极作用,主要体现在以下几个方面:

1. 对城镇职工基本医疗保险起到了重要的补充作用。基本医疗保险虽解决了参保人的基本医疗需求,但实际上由于国家生产力和国民经济发展水平还不高,政府难以投入更多的资金用于提高职工的社会保险待遇。在这种情况下,职工医疗互助活动可以保证职工在享受了基本医疗保险待遇后,还能得到一定的经济补偿,从而消除职工看病的后顾之忧。

2. 发扬职工团结友爱、互助互济的优良品德。通过互助,实现互利,达到互济,使职工群众在热情参与中受到团结友爱等道德风尚教育,是一项促进经济发展和社会进步紧密结合的群众性精神文明创建活动。

3. 拓宽工会的工作领域,增强工会组织的凝聚力。职工医疗互助活动是工会组织为职工排忧解难、办实事好事、调动职工积极性的好办法,是一件民心工程。它对于密切工会与职工群众关系、增强工会组织凝聚力和影响力、充分体现工会作为党联系职工群众的桥梁纽带发挥了积极的促进作用。

尽管目前职工医疗互助在不断的改革与建设过程中已经取得了长足的进展,但总体上看,职工医疗互助工作的进展还不尽人意,在运行过程中存在的问题还有很多,有些问题仍然突出,例如,社会互助范围狭窄,多支柱互助体系尚未形成,互助工作水平有待提高等,职工互助医疗保障制度若想真正发展起来仍有较长的路要走。

第五节 生育保障制度

一、生育保障的概念

生育保障是国家通过立法以及政策，对于因怀孕、分娩等相关情况而暂时中止劳动的妇女劳动者给予津贴、产假、医药服务，以保障母婴健康、促进妇女劳动能力保持与恢复的保障制度。通过生育保障制度，妇女在行使生育权时的各种权利与正当利益能够得到更好的维护。

大多数国家在构建生育保障制度时，都将生育保险或生育基金作为最主要的运作模式。实际上，关于生育保障制度是否属于卫生法体系，学界是有诸多争议的。一些学者主张，生育保障制度是社会法或社会保险法的组成内容。而我们认为，生育保障制度具有多重目的，它不仅具有社会保障制度的互助共济的特点，它所保障的对象也直接指向了妇女劳动者的生育健康。因此，我们将生育保障也作为健康保障的一部分，放入卫生法的体系中加以讨论。

二、外国生育保障制度概述

综观整个国际社会，对于妇女生育健康、生育权与劳动权协调保护的关注，开始于近现代工业社会。随着经济的发展以及社会分工的细化，加上两次世界大战的影响，妇女的社会角色逐渐产生了变化。越来越多的妇女走出家庭加入到社会工作中，成为劳动者队伍的重要组成部分。与此同时，妇女与男性的生理差异、传统社会对于妇女与男性社会角色定位的认知差异，使得妇女在劳动过程中的一些权利很难得到保障。生育权与劳动权的不协调是其中重要的体现。妇女在行使生育权时，其生理、心理健康状况往往会受到较大的影响，在此阶段内，妇女通常不适合或者不能够继续进行劳动，这直接导致了妇女的生活收入骤减，进一步影响到了妇女在生育阶段内的生活质量。生育保障制度，对于确保妇女生育权的顺利行使、维护母婴健康、提升国民人口健康素质，都有着极其重要的作用。因此，国际范围内对此都十分重视。

（一）国际生育保障制度的发展

1919年第一届国际劳工大会上通过了涉及女工产前及产后就业的第一个《保护生育公约》，这是最早的生育保险国际公约。二战以后，生育保险在世界范围内迅速发展。一方面，战后世界的重建使得更多的妇女进入社会，成为社会劳动者；另一方面，工业化的深入发展导致了社会分工的进一步精确划分，妇女劳动者权利保障的问题呈现出了前所未有的重要性。

1952年，第35届国际劳工大会通过的《社会保障最低标准公约》（第102号），对生育补助金作了专门规定，随后又通过了《保护生育公约（修订）》（第103号）和《保护生育建议书》（第95号）。1975年，国际劳工组织通过了《女工机会均等和待遇平等声明》，其中明确规定：由于生育是一种社会职能，所有女工有权根据《保护生育公约（修订）》（第 103 号）和《保护生育建议书》（第 95 号）规定的最低标准享有充分的生育保护，其费用应由社会保障、其他公共基金或通过集体协议承担。2000 年，第 88 届国际劳工大会为了促进劳动力中的所有妇女享有平等和母子的健康与安全，又通过了《保护生育公约》（第 183 号）和《保护生育建议书》（第 191 号）。

目前，世界上建立社会保险体系的国家和地区中，绝大多数都已经建立了生育保障制度。德国、英国和日本的生育保障制度都具有一定的代表性，我们在此作简单介绍。

（二）德国的生育保障制度

德国是近代最早构建保险制度的国家，德国的社会保险体系也最为完善。在早期阶段，德国并没有将生育保险作为单独的保险类别，而是将其归入到 1887 年的《疾病保险法》中，通过发放分娩补助的形式保障妇女的生育健康利益。

进入到 20 世纪后半段，生育保障的重要性日益突出，传统模式下生育保险的优势无法继续发挥。1965 年，德国开始了生育保障制度改革，将分娩补助改为生育补助，并将其从原来的疾病保险体系中分离出来，构建了一项独立的生育保险制度。除了注重津贴补足，新的生育保险制度还规定了妇女产后照料、待产及哺乳妇女的工作保护措施，由原来较为单一的津贴帮扶制度转变成了津贴帮扶与服务保障并重的制度。随着社会保险制度的整体发展，生育保险的相关规定也得到了进一步的完善，包括享有生育保险的标准、期限以及补助金的给付费率等问题都纳入了生育保障体系的范围。

（三）英国的生育保障制度

英国的生育保障也主要是通过保险的形式加以运作。与德国早期的保险制度类似，英国没有通过单行法的形式规定生育保险制度，而是将生育保险与疾病保险合为一体进行立法。英国的生育保险实施的是社会保险与普遍保障相结合的双重制度体系，既有现金补助，也有相应的医疗照顾和医疗服务。

由于新生儿出生率较低，人口呈现负增长趋势，英国的生育保障制度还规定了一系列鼓励生育的措施。例如，新生婴儿可获得一定数额的津贴，每一家庭的首名婴儿还可按周获得福利。

（四）日本的生育保障制度

日本也存在生育率低的问题。为了刺激鼓励生育，日本政府在 20 世纪 90 年代曾相继推出了"天使计划"以及一些儿童权益保障政策。

高昂的医疗费用也是日本生育率低的原因之一。因此，日本建立了多层次的生育保险制度。一方面，加入了国民健康保险的妇女可以领取一定的生育医疗补助费用；另一方面，职工保险制度中也有关于女职工生育保险补助的相关规定，例如给予生育女职工产前产后假期，并在此期间提供本人月工资的 60% ~ 80% 的工资。正常分娩的女职工，保险机构会给付一定的生育补助金，而难产者则由保险机构支付其医疗费用。

三、我国的生育保障制度

（一）生育保障制度发展情况

1. 早期阶段。按照马克思主义观点，"妇女解放的第一个先决条件就是一切女性重新回到公共的劳动中去"[1]。20 世纪 50 年代，中国社会主义建设正在如火如荼地进行中，恢复经济发展工业成为这一阶段的工作重心。在这样的情况下，国家制定的生育保障政策主要是为了鼓励妇女参加劳动、壮大社会主义建设者的队伍。

1951 年政务院颁布《中华人民共和国劳动保险条例》，作出了实行劳动保险的企业内的女工人、女职工以及男职工的妻子，可享受产假、产假工资、生育补助费等不同程度的生育保险待遇的规定。1955 年国务院发布《国务院关于女工作人员生产假期的通知》，对机关、事业单位女职工生育保险作了规定。与医疗保险相同，这一时期的生育保险由国家统筹、由企业缴费和支付，个人不承担费用支付责任。此时保险的覆盖面不仅包括机关事业和城镇企业的正式女职工，还包括女性临时工、季节工和试用工。

2. 计划经济时期。进入到 20 世纪 60 年代，随着计划经济体制的确立，我国的生育保障制度也发生了明显的改变。覆盖范围缩小，只限于国家机关企事业单位的女职工。

计划经济模式下的生育保险，使城镇妇女逐渐形成了"一高两低"（高就业、低工资、低效益）的就业模式[2]。这样的模式促使广大妇女参与社会劳动，为社会经济建设贡献了自己的力量；同时，妇女通过就业实现了权利解放、经济独立，促进了男女就业平等权利的发展。

3. 转型时期。20 世纪 80 年代，随着改革开放的深入发展以及社会主义市场经济的逐步确立，多种成分的经济主体进入到市场中，企业的市场属性愈加明显。在自负盈亏的经营模式下，由企业承担全部生育保障成本的弊端也显现了出来。为了追赶改革开放的发展大潮，保持竞争环境下企业的盈利水平，不少企业逃避生育保障责任、克扣基金，使得妇女的生育健康权益无法得到真正落实。

1994 年 12 月颁布的《企业职工生育保险试行办法》（劳部发［1994］504 号），对企业职工生育保险的基本原则、实施范围、待遇标准、基金管理、监督机制等作出了明确规定。此后，全国各省（区、市）出台了生育保险方面的地方性法规、地方政府规章或者其他规范性文件，对本省（区、市）生育保险制度作出了具体安排。其中，多个省份已将机关、事业单位和企业等用人单位全部纳入生育保险覆盖范围。截至 2012 年 9 月，全国生育保险参保人数已达 1.5 亿人。

---

[1]《马克思恩格斯选集（第 4 卷）》，人民出版社 1995 年版，第 16 页。
[2] 刘咏芳："生育保险制度构建理念之基本取向探索"，载《东岳论丛》2012 年第 3 期。

2010年10月通过、2018年12月修正的《社会保险法》第2条进一步明确规定："国家建立基本养老保险、基本医疗保险、工伤保险、失业保险、生育保险等社会保险制度，保障公民在年老、疾病、工伤、失业、生育等情况下依法从国家和社会获得物质帮助的权利。"并在第六章专门规定了生育保险的覆盖范围、筹资和待遇项目。2012年，人力资源和社会保障部依据《社会保险法》的规定，以完善生育保险制度，进一步促进妇女公平就业，保障女职工生育期间获得经济补偿和基本医疗服务为目的，起草了《生育保险办法（征求意见稿）》。在这一意见稿中，对生育保险适用范围、生育保险基金的筹集和使用、生育保险待遇、生育保险经办管理和监督、相关法律责任等内容作了具体规定，共6章26条。同年颁布实施的《女职工劳动保护特别规定》不仅增加了娩后产假日期，对于流产女职工的产假也进行了规定。

转型期间，随着社会主义市场经济的不断发展，旧有的生育保障制度已经不能适应经济社会的需要。主要原因是多成分主体进入到了社会主义市场经济中，原有的以国营企业筹资为基础的模式很难再继续经营下去。同时，城镇化浪潮推动了诸多农村妇女进入城市务工，旧有的体系无法保障新型劳务关系中的妇女的生育权利。应当说，为了进一步保障妇女生育健康，国家积极制定并调整了一系列的法律政策，这一点是值得赞扬的。但是，现有的生育保障制度仍然存在不少问题，亟待解决。

（二）当前生育保障制度的问题与改革

1. 生育保障制度观念落后。无论是《社会保险法》还是《女职工劳动保护特别规定》，都将女性作为了关注重心，给予女性休假权利、领取补贴权利以及相应的劳动保护。然而，过度的女性本位思想下指导的生育保障制度，很可能起不到预想的积极作用。可以说，制度给予女性职工的多重保护很可能使得用人单位"望而却步"，在招用工过程中很可能出现排斥女性劳动者的情况，这样反而不利于打破劳动力市场中的性别歧视壁垒。

除此之外，现有的政策及法规基本上都忽视了男性有关生育权的责任与权利，这样的做法其实是延续了"女性是生育的唯一责任主体"这样的刻板印象。在以后的立法以及政策的制定过程中，应当注意两点：①注意采取措施，协调好女性的劳动权与生育权的双重保障。改变女性责任本位的生育保障制度观念，规范引入包括生育商业险在内的多种保障模式，减轻企业压力，推动女性生育权益得到真正的落实。加强生育保障实施过程中的监督管理，对于牺牲女性生育健康权益换取自身发展的企业和单位要严加处理。②适当引入男性生育权利与责任的规定，在较高位阶的法律规范中强调男性享有的生育权益，例如产假陪护权等。

2. 生育保障水平差异大。不仅仅是医疗保障，在生育保障制度内也存在着城乡保障水平不平衡的情况。现有的生育保障制度与职业相挂钩，农村妇女只能通过新农合制度得到生育费用的一些补贴，实际上这是从医疗保障层面讲的。这不仅与职业本位的生育保障制度有关，也和以城镇人口为重心的生育保障观念有关。所以，即使同样从事非农就业，非农户口女性的产假时间达到国家规定的比例也远远高于农业户口女性的比例,产假期间有工资或补贴的非农户口女性比例是农业户口女性的 4 倍。消除城乡户籍差异,是建立公正生育保障的一个必要条件[1]。

3. 生育保障法规体系不完善。目前,《社会保险法》对于生育保障的具体内容作出了一些规定,除此之外,我们并没有一部位阶较高的有关生育保障的专门法。我们认为,可以仿照《工伤保险条例》制定一部《生育保险条例》,对生育保险的待遇标准、权利与义务主体等问题进行规定。

---

[1] 黄桂霞:"中国生育保障水平的现状及影响因素分析——基于第三期中国妇女社会地位调查的实证研究",载《妇女研究论丛》2015 年第 5 期。

第十章
医学伦理法

第一节 医学伦理法的基本原理

一、概念和调整范围

(一)医学伦理法的概念

就广义而言,医学伦理法是所有调整医疗、医学伦理事件的法律规范的总称,它的调整范围非常广泛,既包括对普通医患关系的调整,也包括对"安乐死"、辅助生育等前沿性医学事件的调整。就狭义而言,医学伦理法是调整具有伦理敏感性和争议性、可以且需要由国家介入的医学伦理事件的法律规范的总称。狭义的医学伦理法有三个重要的限定:其一,所调整的医学事件具有伦理敏感性和争议性,或者说具有一定的前沿性和探索性,已有定论的领域如普通医患纠纷被排除在外;其二,所调整领域可以由国家介入,而诸如医生行医之态度、情感、动机等非外在行为则无法由国家介入调整,被排除在外;其三,所调整领域需要由国家介入,而诸如同性之间的恋爱关系等则无需国家介入,权由道德调整即可。本书主要采狭义概念。

时至今日,医学伦理法已经成为卫生法学一个热门且重要的分支。一方面,随着科技的发展,很多曾经的幻想如今成为现实,试管婴儿、器官移植等逐步走向公众视野,很多人都可能且可以利用这些技术解决"难题",由此也衍生出许多新的问题,需要法律及时做出回应,有些问题甚至将影响全人类的延续和发展,例如,是否以及如何对克隆对象(如人)进行限制?被克隆出来的人,究竟是人还是一个由人类制造的产品?他(还是它?)是否应当和正常人一样,拥有同等的权利和义务?克隆人是否会干扰或阻断人类以后的进化过程并最终危及人类的延续?[1]等等。另一方面,法律具有先天的滞后性,很多新产生的医学命题尚未进入法律的视野,或者未予细致、完善的规范,以至于成为法律漏洞,如我国关于"安乐死"的法律规定还非常少,不够系统完善,认定和处理不一致,很多"安乐死"事件都是通过适用一般法和相邻法来解决的,而且,这些新问题也在不断挑战着既有法律理念、原则和规则,例如,器官移植对于物权法律制度的"叩问"、"安乐死"对于人的生命权的"质问",等等。总之,医学伦理法需要引起我们足够的重视,需要我们不断去

---

[1] 参见孙福川、王明旭主编:《医学伦理学》,人民卫生出版社2013年版,第211页。

探索、完善。

（二）医学伦理法的调整范围

医学伦理法的调整范围非常广泛，而且处于不断的发展变化之中。就目前而言，医学伦理法的调整范围主要包括以下几类事件：

第一，生殖伦理事件，具体包括辅助生育、计划生育、优生优育等。

第二，器官移植伦理事件，具体包括活体器官移植、尸体器官移植、器官商业化、器官分配、异种移植等。

第三，死亡伦理事件，具体包括死亡的认定和控制、"安乐死"、临终关怀等。

第四，医学科研伦理，具体包括人体实验、动物实验等。

第五，性伦理事件，具体包括变性手术、同性婚姻等。

第六，其他前沿医学伦理事件，如克隆技术的研究和应用、人类基因组学的研究和应用等。

本书仅对其中最具代表性和启发性的内容进行介绍和探讨。

二、医学伦理、医学道德与医学法律

要想深入学习医学伦理法，首先需要厘清医学伦理、医学道德和医学法律的概念以及它们之间的相互关系和界限。

（一）概念解读

在古代汉语中，"伦"和"理"两个字最早是分别使用的，《说文解字》有云："伦，从人，辈也，明道也；理，从玉，治玉也。""伦"本义为辈分、人伦，"理"本义为玉石的纹理，二者连用即为"伦理"，意为处理人与人之间关系的道理。[1] 现代意义上的伦理是从西方引进的，我们接受的是西方的词义。伦理的英文表述为ethics，来自希腊语ethika，早在古希腊荷马史诗中就出现过，原意为公共场所和驻地，后来专指一个民族特有的生活惯例，与汉语的风尚、习俗相当，再引申为性格、品格、品质和德行等含义。[2] 美国《韦氏大辞典》对伦理作如下定义：伦理是一门探讨什么是好、什么是坏以及道德责任义务的学问。应当说，医学与伦理具有天然的联系，自诞生时起，医学就是专门关注人的生命和健康的，医学乃"人学"[3]，伦理乃医学之本质属性之一。医学伦理即伦理规范在医学领域中的具体体现，是医学实践中善恶判断之具体标准。

"道""德"二字在古代汉语最早也是分别使用的，《道德经》就由《道经》和《德经》两个篇目共同构成。[4] "道"本义为道路，后引申出反映客观规律的道理、法则等含义；"德"通"得"，原意为获得财富，意为奴隶主拥有荣耀，后引申为人

---

[1] 参见程炼：《伦理学导论》，北京大学出版社2008年版，第3页。
[2] 参见程炼：《伦理学导论》，北京大学出版社2008年版，第3页。
[3] 参见孙福川、王明旭主编：《医学伦理学》，人民卫生出版社2013年版，第2页。
[4] 参见程炼：《伦理学导论》，北京大学出版社2008年版，第4页。

类遵从人伦之理所形成的德行、德行和品德等含义。二者连用即为"道德",是指衡量行为正当的观念标准。现代意义上的"道德"亦是从西方引进的,道德的英文表述为 morality,源于拉丁文的 mores,原意为风俗、习俗、性格,后引申为道德规范、行为品质、善恶评价等含义。[1] 医学道德是一种职业道德,一般指医务生活中的道德现象和道德关系,可简称为"医德",它是社会一般道德在医学领域中的具体表达。一般来说,在日常生活中,道德和伦理两个词语是通用甚至并用的,二者之间的共性大于个性,所以伦理学的经典定义通常表述为:"伦理学是研究道德现象并揭示其起源、本质及其发展规律的学科或科学。"[2]

古汉语中,"法""律"也是分别使用的,"法者,平之如水,从水;廌,所以触不直者去之,从去",故,法有辩曲直、明是非之意;"律者,所以范天下之不一者而归一,故曰均布也",均布是音乐中调律的工具,具有规范、和谐的功能。[3] 二者连用即为"法律",意为辨明是非曲直的强制性规范。现代意义上的法律是从西方引进的,法律的英文表述为 law,有法则、公平、正义之内涵。法律就是由国家专门机关经过一定的程序制定,以国家权力强制实行的调整行为关系的社会规范的总称。[4] 医学法律就是法律调整在医学领域中的具体体现。

由于医学伦理、医学道德和医学法律只是伦理、道德和法律在医学领域中的具体体现,下文主要以伦理、道德和法律之间的关系为例进行阐释。

(二)伦理道德与法律的关系

伦理道德和法律之间既有联系又有区别。伦理道德和法律的调整对象都是社会关系,属社会规范的范畴,且互有交叉,有些事实既由道德调整,亦需法律介入,例如"安乐死",既需医生良好医德的保证,又需法律的严密规定,以防恶性事件的发生。此外,无论违背伦理道德还是法律,都有相应的惩罚机制,行为人都会承担或内或外的不利后果。不过,二者之间的区别更加显著。

第一,就调整对象而言,伦理道德既调整人的外在行为,如医生的诊疗行为,亦调整人的内在思想,如医生行医的良好品德和动机,而法律只能调整人的外在行为,而不及思想、动机等内在情绪。就此而言,伦理道德对社会关系的调整较之法律更加深刻。

第二,就调整范围而言,伦理道德的调整范围较之法律更加宽泛,几乎所有人与人之间的关系都可由伦理道德调整,而只有那些道德调整无力解决、需由法律介入的问题,才有必要经立法程序上升为法律。通常来说,法律调整较之道德调整成本更高,需要立法、司法和执法机关的协作配合,需要人、财、物的综合投入,因

---

[1] 参见程炼:《伦理学导论》,北京大学出版社 2008 年版,第 4 页。
[2] 罗国杰主编:《伦理学》,人民出版社 2007 年版,第 3 页。
[3] 参见张晋藩主编:《中国法制史》,中国政法大学出版社 2016 年版,第 14 页。
[4] 参见舒国滢主编:《法理学导论》,北京大学出版社 2012 年版,第 7 页。

此，只有经论证确需法律调整的事实才会上升为法律。[1]

第三，就保障机制而言，伦理道德主要靠行为人的高度自觉和内心自省来保障，外在约束仅限于无国家强制力的社会舆论等，而法律则靠国家强制力保障实施，如非法实施"安乐死"可能因触犯刑法而被定罪量刑。

第四，就具体表现形式而言，伦理道德通常更加模糊、笼统、概括，绝大多数道德规范是非成文的，它隐于人们的日常生活和固有观念中，而法律则更加具体、明确、可操作，通常会有文本进行记载表述，包括立法文件或司法判例，例如，在承认"安乐死"的国家，会制定专门的"安乐死"法规，对"安乐死"的实施条件、实施程序等进行细致规定。

第五，就要求程度而言，伦理道德对人的要求更高，通常表述为"你最好应该……"，强调的是善恶的判断，而法律的要求相对较低，通常表述为"你必须……"，属底线性规定，强调的是对是非的辨别，例如，对于器官移植而言，法律仅要求医院及医生事先征询病人及其家属的同意，并履行特定的程序，而伦理道德则会进一步要求医生谨慎行事，为病人及其家属作细致且长远的考虑，寻求最优解决方案。

（三）伦理和道德的关系

虽说伦理和道德十分相似，在日常生活中也多通用，但二者仍有细微的差别，而了解这些差别有助于我们更深入的学习医学伦理法。伦理和道德的区别如下：

第一，就范畴相关性而言，道德更多与个体相联系，而伦理则更多与国家和社会相联系。黑格尔在其《法哲学原理》中如是说，道德（morality）与个体联系在一起，而伦理（ethics）与国家和社会联系在一起，这也从根本上决定了伦理较之道德更接近法律。当代伦理学家多主张对道德和伦理作必要区分：道德用于描述与个人实践相联系的客观现象，伦理用于描述与社会理性相联系的客观规律。[2]

第二，就呈现形式而言，伦理较之道德更具体，伦理的明确性和操作性介于道德和法律之间。道德是最高的、抽象的存在，"德"是"道"的目的，而伦理是次高的、具体的存在，"理"是"伦"的制约原因；道德规范缺乏操作性，而伦理则更具体、实在、具有可操作性。

第三，就要求程度和保障机制而言，伦理的要求程度较之道德更高，约束机制也更强硬。"道德对应该与否非常宽容，其劝说留有一定余地，不是命令，而是靠高度的自觉和省悟来选择自己的行动，而伦理是道德与法律中间的宽阔地带，伦理是一种强硬的律令，是自律和他律之间的规范，是一种特殊的强制力，有来自于道德但又不是道德的觉悟，有来自于法律但又不是法律的强迫。"[3]

---

[1] 参见葛洪义主编：《法理学》，中国政法大学出版社2012年版，第25页。
[2] 参见［美］大卫·莱昂斯：《伦理学与法治》，商务印书馆2016年版，第13页。
[3] 樊民胜、张金钟主编：《医学伦理学》，中国中医药出版社2009年版，第2页。

(四) 小结

伦理、道德和法律三者之间既有联系又有区别，既要严格区分其适用范围、调控方式和调整效果等，又要认清各自的优势和劣势，相互配合、综合运用，共同调控各种复杂前沿的医学伦理事件。以人体实验为例，既要求科研人员具有正当目的，恪守医学目的原则，"涉及人类受试者的医学研究的主要目的在于提高疾病的诊断、治疗和预防方法，进一步了解疾病病因及其发病机制"[1]，同时，法律亦须规定正当程序和必要底线，如人体实验须经受试者知情同意，并保障受试者无理由随时退出的法律权利。

三、医学伦理法的原则

"法律原则是指在一定的法律体系中作为法律规则的指导思想、基础或本源的综合的、稳定的法律原则和准则。法律原则对于法的制定及后续实施具有重要的指导意义。"[2] 医学伦理法的原则是对其具体规则的高度抽象和概括，具有基础性价值，学习医学伦理法，需首先了解其原则。

(一) 生命神圣优先且兼顾生命价值和生命质量原则

生命神圣原则强调人的生命至高无上、神圣不可侵犯。生命神圣原则具有当然优先性，它从道德的角度强化了医学的宗旨，并为其他原则的形成和发展奠定基础。但是，过度偏执地理解和执行生命神圣原则亦存问题，将可能与人道主义、自决权等相冲突，故应在严格限定的前提下，承认生命神圣原则的适当例外即生命质量论和生命价值论，前者强调不同生命的质量在极端情况下确有不同，有时甚至低到不应继续维持的程度，如无脑儿、严重的先天性畸形等[3]，后者强调不同生命对其自身、他人和社会具有不同的价值，因而在严格限定的情况下可予适度选择，这为"安乐死"、器官移植等实践提供了理论支持。总之，生命神圣论是医学伦理法的起点和基础，生命质量和生命价值论是对传统生命神圣论的补充和发展，三者相辅相成，共同构成整个医学伦理法体系的基石。

(二) 伦理约束优先兼顾科技促进原则

医学伦理法作为卫生法中一个敏感且影响深远的分支，首先需确保正确的伦理取向，需以人类整体价值为衡量标准，保障科学技术朝着有利于人的生命健康的方向发展：克隆技术、基因技术、生物智能技术等先进科技，既可造福人类，方向失当亦可危及人类安全，《摩根》《机械姬》等科幻电影已给我们许多警醒。当然，在伦理约束的前提下，我们亦应通过法律手段促进科技进步，如通过合理的医疗侵权法律制度保障必要科学实验的开展、通过知识产权法律制度充分保护医学智慧财产、通过公司证券法律制度保障生物医疗科技公司的成长发展等。

---

[1] 《赫尔辛基宣言》2000年版。
[2] 高其才：《法理学》，清华大学出版社2015年版，第283页。
[3] 参见孙福川、王明旭主编：《医学伦理学》，人民卫生出版社2013年版，第37页。

（三）实体和程序调整兼顾而程序优先原则

医学伦理法由实体法和程序法融合而成，前者如"安乐死"的适用条件，后者如"安乐死"的审批和执行流程。但是应当指出，在医学伦理法中，程序法具有优先性，因为医学伦理事件多为敏感事件，有些争议还很大，在具体执法中有时需予实质性回避，例如，对于同性婚姻或者变性人婚姻等问题，法律并未予明确规定，采实质性回避立场，此时遵循法定婚姻缔结登记等流程即可，不必作过多的实质审查。而且，程序的保障功能在医学伦理法中更为突出，以"安乐死"为例，即使在承认"安乐死"的国家也规定了极其细致甚至繁琐的流程，如由病人或家属亲自提出申请（有些国家甚至仅承认病人本人的申请）、经权威机构鉴定为适宜适用"安乐死"的疾病、由2名以上医生出具独立意见等。[1]

（四）国际统筹与本地适应相结合原则

医学伦理法的调整对象具有全球共通性，有些甚至关乎全人类的利益，如基因编组和克隆技术，因而需要进行充分的国际统筹，一方面，各国应于国际法层面进行沟通协调，确定若干共同原则或规则，例如，关于器官移植，世界卫生组织早在1987年即通过了9条人体器官移植指导原则，这也得到了各国的认可和支持；另一方面，各国之间应加强协作，共同规制一些需相互配合的事件，如关于人体实验，发达国家不得利用其资金、技术等优势在发展中国家进行高风险的人体实验，美国公司在中国进行的"转基因黄金大米"实验曾引起舆论风暴；[2] 再如，人类基因组计划（Human Genome Project，HGP）需要多国的共同参与和配合。同时，医学伦理法应充分考虑地方域情和传统，制定符合本地历史、文化及发展程度的法律规则，例如，关于"安乐死"，少数国家如荷兰承认其合法性，允许由医师执行自愿主动"安乐死"，这和其极高的社会发展程度及完善的医疗支持体系密不可分，而多数国家如我国仍选择不承认自愿主动"安乐死"。

第二节 "安乐死"的法律规制

"死亡"始终是一个严肃且敏感的话题，虽然我们每个人终将走向死亡。随着科技的发展和社会的进步，人们对死亡的认识更加深刻，也更加开放。更重要的是，人类已经开始有限地掌控死亡，既可以通过各种生命维持技术如心脏起搏技术、呼吸机、肿瘤生长抑制药物等来延长人类的寿命，也可以通过"安乐死"等人性化技术缩短人的寿命从而减轻痛苦。应当说，有些时候，死亡已经从自然性死亡演变为医学化死亡，这些新变化亟待法律的及时介入和反馈。

---

[1] 参见孙福川、王明旭主编：《医学伦理学》，人民卫生出版社2013年版，第173页。
[2] 参见沈铭贤主编：《生命伦理学》，高等教育出版社2003年版，第152~153页。

一、"安乐死"的概念与分类

（一）"安乐死"的概念

"安乐死"一词源于希腊文"euthanasia"，即"美丽的死"，又称"安死术"或"怜杀"（Mercy killing），本意是指"无痛苦的幸福死亡"[1]。《布莱克法律辞典》对"安乐死"的定义是"出于怜悯而造成或加速一个遭受不可治愈疾病或末期疾病（特别是痛苦难耐的那种疾病）的人的死亡的行为"。《牛津法律指南》对"安乐死"的定义是"在不可救药的或病危的患者自己要求下，所采取的引起或加速死亡的措施"。1985 年出版的《美国百科全书》中把"安乐死"称为"一种为了使患有不治之症的病人从痛苦中解脱出来的终止生命的方式"。《中国大百科全书·法学卷》对"安乐死"如此解释："对于现代医学无可挽救的逼近死亡的病人，医师在患者本人真诚的委托的前提下，为减少病人难以忍受的剧烈痛苦，可以采取措施提前结束病人的生命。"

从上述定义中我们大致可以总结出"安乐死"的必备要件：①"安乐死"的对象须限定为患有不可治愈、濒临死亡的病人；②患者机体须有剧烈的、持续的、难以忍受的疼痛——只有精神上的疼痛不能实施"安乐死"；③"安乐死"的实施必须采用尽可能无痛苦死亡的医疗方式；④患者必须是完全自愿，其他任何机构或个人不可引导、引诱、干涉患者实施"安乐死"，须保证患者的绝对自由；⑤实施"安乐死"的目的是缓和患者的机体痛苦，其他任何目的如节约医疗资源、缓解家庭财务压力等均不构成实施"安乐死"的正当理由；⑥"安乐死"须由医务人员以医学手段实施，排除个人的、私下的"安乐死"。总之，所谓"安乐死"，就是指在病人身患无法治愈的疾病、已处于不可逆的濒临死亡且备受剧烈疼痛折磨的状态之中，为消除其肉体痛苦，应其要求，应用医学手段使其无痛苦的结束生命的死亡方式。

（二）"安乐死"的分类

"安乐死"按照不同的标准可以进行不同的分类，主要有以下两种分类方法。

1. 主动"安乐死"和被动"安乐死"。依医师执行方式的不同可分为主动"安乐死"（active euthanasia）和被动"安乐死"（passive euthanasia）[2]。前者又称为"积极安乐死"或"仁慈助死"，是指鉴于病人治愈无望，应病人或其家属的请求，医务人员采用药物或其他手段主动结束病人生命，让其安然死去；后者又称为"消极安乐死"或"听任死亡"，是指医务人员应病人或家属的请求，不再给以积极治疗，而仅仅给以减轻痛苦的适当维持治疗措施，或者撤除生命的支持措施如呼吸器、进气管等，任其自行死亡。二者虽然都指向死亡的结果，但具有显著差异：前者是以特定方式刻意结束患者的生命，也就是缩短生命；而后者则非缩短患者的生命，而是不刻意延长死亡的过程，让患者伴随不可治愈之疾病自然死亡。也就是说，"积

---

[1] 参见沈铭贤主编：《生命伦理学》，高等教育出版社 2003 年版，第 251 页。

[2] 参见樊民胜、张金钟主编：《医学伦理学》，中国中医药出版社 2009 年版，第 147～148 页。

极安乐死"是向患者加入特定因素，而"消极安乐死"则是从患者去除特定因素。随着认识之深化，被动"安乐死"之概念逐渐转变为"尊严死"（Death with Dignity），即认为各种不必要之维生器具附加在末期病患身上，且世人均给予同情、怜悯、轻蔑等异样眼光，对其人格尊严有莫大伤害，撤除维生器具，听其自然死亡，反而是对末期患者最后尊严的维护。[1]"尊严死"鲜明地诠释了患者的拒绝治疗权，是对末期患者自行选择生存方式及状态的尊重。试举一例：

某医科大学附属医院的医学博士陈某，在得知父亲身患恶性肿瘤晚期后，并没有选择放疗化疗，而是把父亲送回了老家，让父亲安享最后的人生。陈某还向母亲交代，万一父亲出现昏迷或者呼吸心跳停止，不要采取积极的抢救措施，如果可能，就适当作镇静催眠处理，让父亲安详地离开人世。2012年3月，陈某父亲陷入深度昏迷后，其家人没有采取任何抢救措施，让其平静地离去。陈某说，如果父亲一直在医院里，现在肯定还活着，身上插着七八根管子，每天消瘦下去、脱发、腹胀，父亲平静而有"尊严"地走了，父亲如果还能自己选择的话，一定会同意他的决定。[2]

2. 自愿"安乐死"和非自愿"安乐死"。依患者同意方式的不同可分为自愿"安乐死"（voluntary euthanasia）和非自愿"安乐死"（non-voluntary euthanasia）。[3] 前者是指患者有过或表达过同意"安乐死"的愿望，患者本人要求"安乐死"；后者是指患者没有表达过同意"安乐死"的意向，根据患者家属的请求，由医生依据实际情况决定给予"安乐死"。这种情况主要是针对那些无行为能力的病人，如婴儿、昏迷不醒的病人、精神病患者等。

综合上面两种标准，"安乐死"可分为四种类型，即自愿主动"安乐死"、自愿被动"安乐死"、非自愿主动"安乐死"和非自愿被动"安乐死"。

二、"安乐死"合法化之争

"安乐死"合法化是个极其复杂的问题，不但涉及法学，更涉及哲学、伦理学、社会学、医学等广泛的学科领域，需综合分析、辩证对待。应当说，"安乐死"自出现始，其合法化问题便引起极大争论，时至今日，争论还在继续。

（一）"安乐死"合法化的法律影响

"安乐死"合法化与否的首要影响体现在刑事法律领域。我国《刑法》第232条规定了故意杀人罪："故意杀人的，处死刑、无期徒刑或者10年以上有期徒刑；情节较轻的，处3年以上10年以下有期徒刑。"根据德日各国的主流刑法理论，成立

---

[1] 参见孙也龙："安乐死、尊严死和医师协助自杀的世界立法趋势与我国选择"，载《中国卫生法制》2015年第3期。

[2] 参见陈薪宇、王坤明："痛苦地多活几月还是安享最后人生？"，载《福建日报》2012年5月24日，第10版。

[3] 参见樊民胜、张金钟主编：《医学伦理学》，中国中医药出版社2009年版，第148~149页。

犯罪需依次满足构成要件符合性、违法性、有责性三大要件，即所谓的"三阶层体系"，构成要件符合性是指符合刑法规定的客观定型，违法性是指行为为法律所禁止，有责性是指非难可能性，是个别的、内部的、主观的判断。[1]"三阶层体系"对犯罪的认定是由客观（外部）到主观（内部）、由抽象（一般）到具体（个别）、由定型到非定型的逐层递进判断。[2] 就"安乐死"而言，从客观形态来看，和故意杀人无异；从主观形态来看，通常也不具有免责可能性，所以问题的关键便在于"违法性"的认定上。若认可"安乐死"的合法性，则可排除故意杀人罪；反之则否，由此可见"安乐死"合法化问题对刑事定罪之深远影响。

1986年，陕西省汉中市发生了一起医生（蒲连升）遵照患者家属（王明成）请求对重危病人（王明成母亲夏素文）注射冬眠灵致死的案件，即"中华'安乐死'第一案"。该案在法学界、医学界及社会各个方面引起了极大的反响。法院经审理认定蒲连升的行为属故意杀人，不过，由于注射"冬眠灵"的行为只是促进了夏素文的死亡，而非直接致其死亡，夏素文的直接死因是肝性脑病、严重肝肾功能衰竭等，遂以"情节显著轻微、危害不大"为由认定蒲连升的行为违法但不构成犯罪。[3] 该案最后虽未定罪，但理由并非"安乐死"本身具有合法性，而是"情节显著轻微、危害不大"，法院实质上确认了"安乐死"行为本身的违法性。值得一提的是，本案的当事人之一王明成在2003年时已到胃癌晚期，因不堪病痛折磨而要求医院对其实施"安乐死"，却遭到医院拒绝。最终，王明成带着遗憾离开人世。回首17年前，王送其母安然无痛离世，而17年过去自己却遭受病痛折磨，让人唏嘘不已。

"安乐死"合法化问题也影响着民事法律的适用，这主要集中于侵权责任领域。构成侵权责任一般需满足四大要件，即侵害行为、损害事实、因果关系和主观过错。[4] 就"安乐死"而言，它显然包含了故意杀人的行为，造成了死亡的事实，具有因果关系和主观过错，符合侵权责任的构成要件。但根据侵权责任的免责法理，如具备正当化事由，须以合法性为由免除其侵权责任，如依法执行公务的行为（如行刑人员对犯人实施枪决）、受害人的同意和其他正当事由（如拳击比赛中的损害行为）等。因此，若认可"安乐死"的合法性，则可免除当事人的侵权责任。同样，以上述陕西汉中案的判决为例，蒲连升的行为虽不构成犯罪，但已构成违法，就此而言，如果王明成及其他相关人以此为由请求侵权损害赔偿，法院似应予支持。

应当指出的是，"安乐死"合法化中争议最大的是"积极安乐死"，而"消极安乐死"即尊严死则相对缓和。一般认为，"尊严死"是患者拒绝治疗权的体现，是对患者人格尊严的尊重和维护而非侵害，除非该种权利的行使影响到他人合法权益或

---

[1] 参见张明楷：《刑法学》，法律出版社2011年版，第97~98页。
[2] 参见张明楷：《犯罪构成体系与构成要件要素》，北京大学出版社2010年版，第49页。
[3] 参见倪正茂、李惠、杨彤丹：《安乐死法研究》，法律出版社2005年版，第56~58页。
[4] 参见魏振瀛主编：《民法》，北京大学出版社、高等教育出版社2007年版，第682~691页。

社会公共利益，法律不得强行干涉。"拒绝治疗乃病患的基本权利，若医师在尊重病患意愿下终止治疗，导致病患死亡的结果，自与医学伦理、法律无违，否则便是强人所难。"[1] 各国和地区对尊严死的态度普遍较为宽松。美国联邦最高法院通过 *Cruzan* 诉 *Director, Missouri Department of Health* 案确认了患者享有拒绝治疗的宪法权利。[2] 1976 年，美国加利福尼亚州颁布了《自然死亡法》，认可了尊严死的合法性，后来其他各州纷纷予以效仿。现在美国所有州都认可患者尊严死的自决权。[3] 澳大利亚 2006 年的《自然死亡法》、奥地利 2006 年的《生前预嘱法》、新加坡 1996 年的《预先医疗指示法》、我国台湾地区 2000 年的"安宁缓和医疗条例"等都直接或间接地认可了患者尊严死的权利。当然，即使认可尊严死，亦须予以严格限制，正如学者所言，"如果患者确实处于难以救治或者濒死的状态，再继续进行医疗，就应当说不具有医学上的适当意义，应当终止医疗。但是，即便是这种场合，也应当继续补充水分和营养，让患者维持等待死亡降临的姿态"。[4]

（二）支持"安乐死"合法化的理由

赞成"安乐死"者认为"安乐死"是对生命的尊重，是人类文明进步的表现，应该随着时代的发展和社会的进步而逐步立法认可"安乐死"。具体理由如下：

第一，"安乐死"是对人的更高层次的关怀。一个人既有选择生存的权利，也应该享有选择死亡的权利。如果禁止"安乐死"，将剥夺人的这一自然权利。而且，明知病人不可逆转地濒临死亡并且处于不堪忍受的极端痛苦之中，而禁止其选择结束痛苦，这既是对病人肉体的摧残，也是对其家属和亲友的折磨。当患者感到死亡比生存更幸福的时候，为何还要反对其选择"安乐死"呢？这是极其不人道的！就此而言，法律应该认可救治无望的濒死病人选择体面死去的权利。

第二，"安乐死"对病患家属及社会有积极意义。绝望的治疗不仅是对患者肉体的折磨，更是对患者家属的巨大精神折磨。事实上，这已经成为一个不可回避的社会问题。据统计[5]，目前我国每年约有 160 万人身患绝症，130 万人痛苦地死去，而在救治绝症病患的过程中，很多家庭再无安宁，甚至倾家荡产，这也造成了后继的连锁社会问题。但是应当指出，我们绝不可简单地以社会功利主义作为认可"安乐死"的依据。社会功利主义以追求"最大多数人的最大幸福"为宗旨，认为社会卫生资源是有限的，"安乐死"有利于医疗卫生资源更充分、更合理的使用和分配。但是，允许一个人死亡的法理基础应该是他本人的利益和安宁，是对他本人价值和

---

[1] 黄丁全：《医疗 法律与生命伦理》，法律出版社 2007 年版，第 172 页。
[2] *Cruzan v. Director. Missouri Department of Health*, 497 U.S. 261.
[3] 参见孙也龙："安乐死、尊严死和医师协助自杀的世界立法趋势与我国选择"，载《中国卫生法制》2015 年第 3 期。
[4] 莫洪宪、杨文博："论安乐死的分类与概念清理——安乐死研究误区的批判"，载《刑法论丛》2011 年第 3 期。
[5] 参见孙福川、王明旭主编：《医学伦理学》，人民卫生出版社 2013 年版，第 175 页。

意愿的尊重，而不是基于对他人和社会的考量。

第三，除救死扶伤外，医生还负有减轻病人痛苦的职责。生命至高无上，医生需恪守"生命神圣"之公理，肩负救死扶伤之重任。但应当指出，救死扶伤并非医生的唯一职责，减轻病人痛苦亦是其职责之一。对于不可治愈且有经受剧烈肉体折磨的终末期病人来说，如果所采取的医疗措施效果甚微，却只是延长了疼痛的周期，这并非医疗的唯一目的。

第四，生命价值论和生命质量论的补充和指引。生命是可贵的，但生命的价值和质量在特定情形下亦需考量。人应该尊重生命，也应该有勇气接受死亡，当疾病确定无法治愈、死亡不可避免时，此时须更多地考量生命的质量及生命之于患者的意义，并在严格限定的条件下帮助患者接受死亡或者加速死亡。

（三）反对"安乐死"合法化的理由

反对"安乐死"者认为生命具有绝对价值，"尊重生命之理念是人类从事社会生活的最基本要求"[1]。生命至上，任何人无权通过任何方式以任何理由擅自剥夺他人生命。具体理由如下：

第一，"安乐死"有违生命神圣原则。生命神圣不可侵犯，任何人包括医生不得以任何理由剥夺他人生命，甚至自杀者也要受到严厉谴责。正如中世纪基督教神学家托马斯·阿奎那所言："谁杀死自己就是对上帝的犯罪。"除非由国家法定机关、经由法定程序并由法定人员执行，任何人的生命神圣不可侵犯。

第二，"安乐死"可能会给末期患者带来不必要的威胁和打击。如果认定"安乐死"合法化，可能会为某些不义亲属或歹毒之人打开谋财害命的方便之门，给末期患者的生命带来威胁。法律再完善，也可能为别有用心之人所利用。根据《一周》周刊的报道，2002 年荷兰率先实现"安乐死"合法化后，随后几年内荷兰大批老年人和病人担心被害纷纷逃往德国。德国格丁根大学 2004 年对荷兰出现的 7000 起"安乐死"案例进行了分析，发现了不少医生和亲属联手操纵老年人和病人生命的案件。[2] 二战时，德国纳粹就是以"安乐死"之名屠害了大批犹太人和吉卜赛人。而且，承认"安乐死"合法化，将给病患以沉重的心理打击，削弱人的求生欲望，患者也可能基于减轻家庭负担等方面的考量"坦然"地选择"安乐死"。

第三，"安乐死"可能为医务人员的医疗懈怠甚至罪责提供规避借口。救死扶伤永远是医生的第一要务，即使对于身患绝症之病人仍需尽心尽力。如果认定"安乐死"合法化，则可能诱发医务人员的懈怠、过失甚至导致医疗事故等，并成为其摆脱或掩盖罪责的可能选择。著名的英国"死亡医生"事件仍在警醒我们。哈罗德·希普曼是英格兰北部的一位家庭医生，于 2000 年 1 月以谋杀 15 名老年病人的罪名被判处终身监禁。其后英国政府发表的一份正式调查报告显示，希普曼在 1975～1998

---

[1] 夏强："安乐死合法化探究"，载《中国刑事法杂志》2001 年第 5 期。
[2] 参见倪正茂、李惠、杨彤丹：《安乐死法研究》，法律出版社 2005 年版，第 59 页。

年间至少杀害了215名病人，遇害者中最年长的是一名93岁的妇女，最年轻的是一名41岁的男子，实在令人毛骨悚然。[1] 无独有偶，巴西女医生德苏扎以腾出特护病房为由，擅自"扮演上帝角色"，以减轻痛苦、救助更值得救助的病人之名，与其他3名医生和1名护士合谋杀害300多名病人。[2] "安乐死"合法化看似迎来了一位天使，却也可能释放出更多的恶魔。

第四，不可治愈的疾病难以进行绝对的判定。"安乐死"的实施对象为身患不治之症的终末期病人，但是何为"不可治愈"？这难以进行绝对的判定。一来受限于医师水平及医疗器械等方面的因素，误诊的案例时有发生；二来医疗技术进步迅速，现在看似无可救药的疾病，可能在短期内被科学家所攻破；三来将某种疾病冠以"绝症"之名本身就是对医学进步动能的削弱，医学家的目标就是要不断攻克各种不可能之疾病。"安乐死"事关人命，容不得半点或然。

第五，难以忍受的痛苦难以作出精确的认定。"安乐死"实施的重要条件之一便是患者经受剧烈的持续的难以忍受的痛苦，"安乐死"的目的是尽快结束这种痛苦。然而，何为"难以忍受"，事实上很难界定。一来疼痛是人的主观感受，难以精确量化；二来不同的人疼痛的反应和阈值不同，忍受度各有差异，有的人仅些微疼痛便有巨大的反应，谓之"难以忍受"。而且，在面对严重的疾病时，心理煎熬往往比肉体疼痛更让人难以忍受，据哈佛大学医学院伊齐基尔·伊曼纽尔教授的研究表明，寻求"安乐死"的病人大多不是因为无法忍受的肉体疼痛，而更多的是出于心理上的抑郁、绝望和焦虑。[3] 显然，我们很难简单地将心理痛苦纳入"安乐死"的"痛苦"之中。

三、"安乐死"之历史发展及各国对待"安乐死"之立法态度

（一）"安乐死"之历史发展

"安乐死"是一个古老的概念。早在史前时代，四处漂泊的游牧部落在迁移时常把老人、病人留下来让他们自己结束生命；子女有义务帮助年迈的父母死亡。在古斯巴达时期，人们即认为，不健康的婴儿可予处死，而留下"安乐死"的记录。[4] 在古希腊和古罗马，杀死婴儿、自杀和各种"安乐死"行为为人们所广泛接受。英国著名思想家培根在《新大西洋》中即说："医生的职责是不但要治愈病人，而且还要减轻他的痛苦和悲伤。这样做，不但会有利于他健康的恢复，而且也可能当他需要时使他安逸地死去。"这是"安乐死"的雏形。

进入20世纪30年代，主张"安乐死"合法化的运动开始兴起。1936年，英国

---

[1] 参见纪欣：《生死一线间：安乐死与死刑制度之探讨》，商周出版社2003年版，第42页。
[2] 参见王渤文："巴西女医生涉嫌杀300病人腾床位"，载《北京青年报》2013年3月27日，第A16版。
[3] 参见孙福川、王明旭主编：《医学伦理学》，人民卫生出版社2013年版，第176页。
[4] 参见樊民胜、张金钟主编：《医学伦理学》，中国中医药出版社2009年版，第150页。

率先成立了由许多社会名流参加的自愿"安乐死"协会,并几度提议立法,但未获通过。之后,在欧洲、日本、澳大利亚等国家相继出现争取"安乐死"合法化的社会团体,但是他们的活动始终未能推动"安乐死"立法。二战中,纳粹德国拟定了所谓的"安乐死"纲领,大量无辜的犹太人和吉卜赛人惨死于纳粹的"安乐死中心"。据不完全统计,1938~1942 年,希特勒以"安乐死"的名义杀死慢性病、精神病患者以及异己种族达数百万人。[1] 这是借"安乐死"之名,行屠杀之实。这也使"安乐死"声名狼藉,甚至被与纳粹主义画等号。"安乐死"运动一度沉寂。

自 20 世纪 50 年代起,"安乐死"运动再次兴起。1950 年 4 月,东京地方法院在一个"安乐死"判决中将"安乐死"解释为刑法中的紧急避险行为,不应受到刑罚惩罚。[2] 这使日本成为亚洲第一个在法律上有条件承认"安乐死"的国家,不过迄今为止,日本尚无有关"安乐死"的成文立法。1969 年之后,美国各州的"安乐死"运动风起云涌,至少有 35 个有关"安乐死"的法案递交给 22 个州的立法机构审议。[3] 1994 年 11 月,俄勒冈州通过的一项议案使"安乐死"实现了有条件的合法化。2001 年 4 月,荷兰议会上院以 46 票赞成、28 票反对通过了"安乐死"法案,2002 年 4 月 1 日,该法案正式生效,荷兰成为世界上第一个正式批准并允许由医师执行自愿主动"安乐死"的国家。2002 年 9 月 23 日,世界上第二部允许"安乐死"的法案在比利时生效。2009 年 3 月 5 日,美国华盛顿州有关允许"安乐死"的法律生效,该州成为继俄勒冈州之后,美国第二个允许医师帮助身患不治之症的病人实施"安乐死"的州。在瑞士和德国,经过修改的刑法规定,"安乐死"不被判作谋杀,在挪威的刑法中,将"仁慈杀人"作为一项特殊的罪行处理,不过,这些国家并无关于"安乐死"的成文立法。

(二)世界各国对待"安乐死"之立法态度

除上文所说的"尊严死"外,世界各国对待"安乐死"基本持反对态度,只有极个别国家和地区颁布了"安乐死"合法化的法案。美国多个州曾向州立法机关提出过"安乐死"议案,如纽约州(1952 年)、康涅狄克州(1951 年)、爱达荷州(1969 年)、佛罗里达州(1970 年)、蒙大拿州(1973 年)等,但均未获得通过。1996 年 5 月 25 日,澳大利亚北部地区议会通过了《晚期病人权利法》,但实施一年后即被推翻。德国、法国、日本等国的"安乐死"立法均未取得进展。

就目前来说,成功进行"安乐死"立法的国家仅包括荷兰、比利时、美国的俄勒冈州和华盛顿州等个别国家和地区。可以看出,当今公开立法认可"安乐死"的国家,一般均是经济文化比较发达、法制比较完备、个人自由与权利意识较强和医疗保障水准较高的国家。而且,即使认可"安乐死"合法化,也设定了极其严格的

---

[1] 参见李惠:《生命、心理、情境:中国安乐死研究》,法律出版社 2011 年版,第 124 页。
[2] 参见纪欣:《生死一线间:安乐死与死刑制度之探讨》,商周出版社 2003 年版,第 102 页。
[3] 参见纪欣:《生死一线间:安乐死与死刑制度之探讨》,商周出版社 2003 年版,第 103 页。

条件和程序。以荷兰为例，其 2002 年生效的《依请求终止生命和协助自杀（程序审查）法》规定："首先，病人必须是成人，申请'安乐死'的病人必须自愿，而且必须是病人深思熟虑之后所作出的坚定不移的决定；其次，病人必须在无法忍受病痛的情况下才能申请'安乐死'；再次，病人所患疾病必须是无法治愈的，病人除'安乐死'外无其他选择；最后，为慎重起见，申请'安乐死'的病人必须要经过 2 名医生的诊断，慎重地确定'安乐死'的方式。"[1]

综观各国的"安乐死"提案和立法，无不设定了严格的条件和程序，通常来说，一个合格的"安乐死"事例须具备以下条件和流程：

第一，须由病人或其家属提出请求，一般不允许通过委托代理等间接方式进行意思表示，而且，为了谨慎起见，还要考察病人意愿的真实性和坚定性，并需经过特定时间的等待期方可实施，其间，病人可随时反悔。

第二，"安乐死"的对象仅限于患有不治之症并处于危重濒死状态的病人，医生和病人须就每一种可能的治疗手段进行讨论，只要存在某种医疗方案可供选择，就不得实施"安乐死"。一般认为，"安乐死"的对象可以归纳为以下几类：晚期恶性肿瘤失去治愈机会者；不可逆转的脑病和脑外伤，有脑死亡或经长期治疗恢复无望的"植物人"生存状态者；有严重缺陷的新生儿；重要脏器严重衰竭且不可逆转者等。[2] 而且，病患所遭受的痛苦和折磨须依通常标准被认为是无法忍受的，单纯的精神痛苦不包括在内。

第三，负责治疗的主治医生须与另一名医生进行磋商以获取独立意见，而另一名医生则就该病人的病情、治疗手段以及病人是否自愿等作成书面意见。而且，患者所患疾病的"不可治愈"、疼痛的"无法忍受"及提出申请的"自愿性"等关键事实的认定须经权威医学鉴定机构的鉴定。

第四，"安乐死"必须由专业的医务人员以法律所规定的医学上适合的方式实施，并且在实施后须立即向当地政府报告。

第五，"安乐死"的实施目的和动机——虽然有时较难查明，必须是为了减轻或消除病人的痛苦，其他任何目的包括减轻家庭负担等均不具正当性。

第六，除"安乐死"外，无其他可供选择的方法来减轻或消除痛苦。

四、我国的现行立法态度及未来发展展望

（一）我国的现行立法态度

迄今为止，我国对"安乐死"（包括"积极安乐死"和"消极安乐死"即"尊严死"）尚未立法确认，也未颁布过相关的政策、条例。1986 年陕西汉中案之后，擅自实施"安乐死"在法律上被认定为故意杀人，是一种严重的犯罪行为，"安乐死"的官方态度较为明确。虽然仍有不少人呼吁我国加速"安乐死"立法，自 1994 年

---

[1] 樊民胜、张金钟主编：《医学伦理学》，中国中医药出版社 2009 年版，第 173 页。
[2] 参见李惠：《生命、心理、情境：中国安乐死研究》，法律出版社 2011 年版，第 124 页。

起，几乎在每年的全国人大会议上，都有代表提出"安乐死"的提案，但至今未有议案获得正式讨论机会。根据中国天虎网 2001 年的网上调查结果显示，在 32 000 名参与调查的人中，74% 的受访者赞成"安乐死"，反对者仅占 26%，这在一定程度上说明我国社会对"安乐死"已经表现出一种较为开放和宽容的态度。

应当指出的是，严格来说，我国对尊严死并未有实质性的干涉，即经深思熟虑之后，患者及其家属强烈要求医务人员不给予或撤除生命维持措施，经劝解无效后，医务人员只能予以默许，这是患者拒绝治疗权的体现，医务人员事实上无权也无法干涉，前文所引案例即是明证。我国现实中也常有尊严死的案例。2012 年 2 月 2 日，张爱萍将军的夫人——93 岁高龄的李又兰在家人和 301 医院的帮助下，实现了尊严死。[1] 当然，我国亦未立法明示尊严死的合法性。

(二) 未来发展展望

就尊严死而言，笔者认为，我国应尽快通过立法形式予以确认，这也是世界各国的普遍选择。从法理上说，任何患者都享有拒绝治疗的权利，医师应终末期患者之要求撤除其身上的生命维持措施或者停止治疗，是尊重患者自决权的表现，其结果只是将患者引向自然死亡，伦理上的冲击并不大。我国的人口老龄化日趋严重，据相关研究预计，在 21 世纪中叶，我国老年人口将到达 4.4 亿，相当于 3 人中就有 1 个老年人。在此背景下，给予老龄终末期患者以更多的人格尊重，保障其自决权，具有特殊的意义。而且，通过立法明确规定尊严死，既有利于尊严死理念的传播，又有助于人们理性地区分对待"尊严死"和"积极安乐死"。

就"积极安乐死"而言，笔者认为，在相当长的时期内，我国仍应禁止。除前文所列举的各项理由外，禁止"积极安乐死"也是世界上绝大多数国家的共同选择。而且，就已经立法认可"积极安乐死"的极个别国家的情况来看，这些国家均为经济文化比较发达、法制比较完备、个人自由与权利意识比较强烈、社会医疗保障水平较高的国家。显然，我国在相当长的时期内仍不具备上述条件。而且，即使是已经进行了"安乐死"立法的国家如荷兰，也出现了一些难以控制的负面事件，对终末期病患、老年人群等弱势群体的生命权益造成了不必要的威胁。[2] 这些负面影响对于我国这样正处快速发展期、社会结构剧烈变动、社会思潮剧烈波动、区域发展极不平衡的国家更难避免。即使是出于缓解和减轻终末期患者的痛苦的善意的目的，"安乐死"亦非唯一选择，临终关怀也是世界各国普遍接受的帮助患者减轻痛苦、安宁离去的重要方法，诚如前文所述，终末期患者所面对的不只是肉体的疼痛，精神上的打击和折磨可能更让人绝望。应当说，建立完善的临终关怀体系才是当务之急！"安乐死"是一只具有天使和魔鬼双面性格的巨兽，如果我们不能保证驯服它，那就牢牢关紧它！

---

[1] 参见李丽："法律空白处的'尊严死'"，载《法制日报》2012 年 2 月 3 日，第 A3 版。
[2] 参见李惠：《生命、心理、情境：中国安乐死研究》，法律出版社 2011 年版，第 126 页。

第三节　器官移植的法律规制

人体器官移植作为 20 世纪人类医学发展的最重要成就之一，被称为"21 世纪医学之巅"，其在临床上日益广泛的应用为医学领域带来了革命性的变化，为众多身患器质性病变的患者带来了重生的希望。在代表现代生物医学最高成就的三大领域（基因疗法、人工生殖、器官移植）中，器官移植的理论和实践最为成熟，取得了举世公认的重大进展。然而，器官移植领域也存在着各种各样的问题和争议，混杂着法律和伦理的冲突，亟须予以及时回应。试举"我国角膜移植第一案"为例：

1998 年 10 月，北京某医院的眼科博士在准备为两位失去视力的眼疾病人移植角膜时，发现储存的角膜已经坏死。于是他进入停尸房将一名女性尸体的角膜摘除，换上义眼，但事先未告知死者家属并经其同意。在火葬前，家属发现死者角膜已被摘除，于是向公安机关报案，控告医生犯盗尸罪。1999 年 3 月初，北京市西城区人民检察院作出了对这位医生摘取尸体眼球案不予起诉的决定。[1]

类似这样的案件还有很多。应当说，将器官移植纳入法制化轨道是各国面临的共同课题。

一、器官移植的概念、分类和历史沿革

（一）概念

从医学的角度来看，器官移植（Organ Transplantation）有广义和狭义之分。狭义的器官移植仅指器官植入行为，是指通过手术等方法替换体内已经损伤的、病态的或衰竭的器官，以达到治疗目的的一种医疗措施。广义的器官移植除植入行为外，还包括前期人体器官的捐赠、选配、摘取、保存、运送等过程；除整体器官的移植外，还包括细胞移植和组织移植。[2] 在临床上，人们习惯上称提供器官的人为器官供体，接受器官的病人为器官受体。

从法律的角度来看，人体器官移植则是指为医疗目的由器官供给人的捐赠行为、专门医疗机构摘取器官的协助行为和植入器官的治疗行为等构成的相互独立、相互联络的关联结合行为。[3] 可见，器官移植是通过各个部门、各类主体的分工协作共同完成的。

根据国务院 2007 年颁布的《人体器官移植条例》第 2 条第 2 款的规定："本条例所称人体器官移植，是指摘取人体器官捐献人具有特定功能的心脏、肺脏、肝脏、肾脏或者胰腺等器官的全部或者部分，将其植入接收人身体以代替其病损器官的过

---

[1] 参见蔡昱：《器官移植立法研究》，法律出版社 2013 年版，第 162 页。
[2] 参见刘长秋：《器官移植法研究》，法律出版社 2005 年版，第 14 页。
[3] 参见蔡昱：《器官移植立法研究》，法律出版社 2013 年版，第 18 页。

程。"同时，从事人体细胞和角膜、骨髓等人体组织的移植，不适用《人体器官移植条例》的规定，可见，该法采用了狭义的器官移植概念。

（二）分类

依据不同的标准，器官移植可以有不同的分类。

1. 依据器官的提供者（供体）和器官的接受者（受体）是否为生物学之相同物种：同种器官移植和异种器官移植。同种移植是指同一物种内个体内部或个体之间的移植，是临床上最常见的移植类型，如人与人之间的移植、猫与猫之间的移植等。异种移植，又称跨物种移植，是指移植中的供受体来源于不同种族间，例如，把猪的眼角膜移植入人体，将猩猩的心脏移植给人体等。[1] 以前，不同物种间的移植被认为是不可能的，但科技的发展已使其成为现实，例如，1964 年，瑞姆茨玛医生（Reemtsma，1925 年~2000 年）所做的异种肾脏移植手术，6 个病人接受了黑猩猩的肾，其中一位年轻妇女存活了 9 个月。不过，这其中还存在着很大的争议，例如，异种移植可能导致跨物种感染，而人类在进化过程中还没有发展出抵御动物病毒感染的免疫机制，一旦感染，则可能威胁人类整体的生存；异种移植将导致人及其身体的进一步"去人化"，这对人的同一性和完整性也提出了深刻的挑战。

2. 依据器官的提供者和供给者是否为同一人：自体移植和异体移植。自体移植是指摘取自身可再生器官并把它置于同一体中，临床上主要是指植皮术。异体移植是指捐献人和受体非同一人，也就是说，把捐献人的器官移植到受体身上，即我们通常所指的器官移植。[2]

3. 依据器官来源之不同途径：活体器官移植、尸体器官移植和人造器官移植。活体器官移植是指供移植的器官来源于仍然存活的捐献人。2000 年，全球所有移植的肾脏有近一半来自活体捐献者，低收入或中等收入国家中的比例更高，超过 80%。活体器官移植存在着很大的争议，例如，活体器官移植对于捐献人的身体健康有多大影响？对受体有多大益处？二者的风险/受益比是否适当？而且，许多活体捐献自己的器官给家属，是在家庭和社会的压力下作出的决定，并非真正的自愿。尸体器官移植是由死亡后的捐献人提供自身功能健全的器官进行的移植。尸体器官移植相对来说争议较小。在 2005 年 7 月的世界肝脏移植大会上，国家卫生部副部长黄洁夫代表中国政府首度正式承认，目前中国大多数移植器官来源于死刑犯，不过，我国已于 2015 年正式取消死囚器官作为器官移植的来源。[3] 人造器官移植是指利用人造器官进行的移植。所谓人造器官，是指通过人工智能机械或生物仿生学原理，暂时或永久性地代替身体受损器官主要功能的装置，如人工肺、人工心脏、人造肾等。

---

[1] 参见孙福川、王明旭主编：《医学伦理学》，人民卫生出版社 2013 年版，第 156 页。
[2] 参见樊民胜、张金钟主编：《医学伦理学》，中国中医药出版社 2009 年版，第 114 页。
[3] 参见范凌志："黄洁夫：取消死囚器官来源标志中国人权事业进步"，载《环球时报》2015 年 3 月 11 日，第 A1 版。

（三）历史发展

1. 幻想阶段。早在春秋战国时期，《列子·汤问》中便记载过扁鹊换心的故事。埃及也在公元3世纪就有器官移植人面狮身的想法。西方宗教里，最著名的有关器官移植的故事是卡斯莫斯兄弟换腿的故事：卡斯莫斯兄弟在宗教里被奉为圣人，很多人不远万里去向他们朝圣，其中有一个朝圣者下肢得了肿瘤，发生坏疽，无法行走，卡斯莫斯便把病人的腿锯掉，然后把一个刚去世的黑人的腿移植到他的身上，当病人醒来时，发现自己换了一条腿并且已经可以走路了。[1] 不过，从现代医学的角度来看，人体器官移植所必须具备的物质和技术条件，如组织配型术、血管吻合术、免疫排斥解决术等，在远古时代是根本无法达到的，上述故事仅仅是传说和幻想。

2. 实验阶段。医学史上公认的最早的组织移植实验是18世纪英国实验外科的先驱约翰·亨特尔（John Hunter）所做的一个实验：他以鸡为对象，成功地将鸡的脚移植到了鸡冠的位置。1902年，法国医生卡雷尔（Carrell）发明了血管的三点缝合法，这为器官移植奠定了重要的基础。1905年，卡雷尔将一只小狗的心脏移植到一只大狗颈部的血管上，并第一次在器官移植手术中成功地应用了血管缝合技术。尽管这只小狗的心脏只跳动了2个小时，但这一切使得临床器官移植在技术上成为可能。[2] 此后，科学家又对器官移植进行了大量的研究和实验，但成功的案例并不多，因为器官移植还有一个重要的难题尚未攻破，那就是免疫排斥反应。

3. 临床阶段。1954年，美国外科医生约瑟夫·穆雷（JE Murray）在美国波士顿的布里格姆医院进行的同卵双生子肾脏移植手术获得了成功，接受肾移植的哥哥理查德活了8年多，成为移植医学史上首例长期功能存活的案例。当时，穆雷医生选择这对兄弟进行试验主要是考虑到了免疫排斥的问题。[3] 同卵双胞胎，是一个受精卵分裂成的2个相同的个体，由于基因相同，因此发生排斥的几率会小很多。1970年，瑞士山德士药厂的研究人员从土壤样品中分离出一种新的真菌菌株——环孢素。环孢素的出现使器官移植进入了一个黄金时代。在环孢素之后，很多免疫制剂也被陆续开发出来并被应用到临床器官移植治疗上。经过一个世纪的摸索实践与奋斗，人类最终将器官移植幻想转变成现实，存活率、移植量、开展器官移植的单位大幅增加，使器官移植日益成为常规性手术。据统计，从1912～1966年这54年间，全球共有84位诺贝尔医学和生理学奖得主，其中有20位获得者的研究与器官移植相关。[4]

---

[1] 参见樊民胜、张金钟主编：《医学伦理学》，中国中医药出版社2009年版，第114页。
[2] 参见樊民胜、张金钟主编：《医学伦理学》，中国中医药出版社2009年版，第115页。
[3] 参见樊民胜、张金钟主编：《医学伦理学》，中国中医药出版社2009年版，第115页。
[4] 参见蔡昱：《器官移植立法研究》，法律出版社2013年版，第22页。

(四) 我国器官移植的现状

我国器官移植技术的发展起步较晚,但发展迅速。1960年,吴阶平院士率先实施第一例人体肾脏移植手术,开创了我国器官移植手术的先例。目前,我国可从事器官移植的医院很多,至2008年,中国内地已有164家医院被批准实施器官移植手术,每年肾移植手术约有5000例,肾移植量累计已超过2万例次,仅次于美国,且存活率已达到世界先进水平,最长存活可超过20年。[1] 目前,我国能够独立地开展国际上所有类型的器官移植手术,可以说,我国在器官移植技术方面已经走到了世界前列。

不过,我国在器官移植领域仍面临着很多的问题,尤其是器官的供给严重不足——这也是世界各国面临的共同难题。据调查,我国每年有100万尿毒症患者,其中50万名患者等待肾移植,但却只有5000名患者可以得到移植。[2] 美国每年约有9万人在等待肾移植,但也仅有约2万人可以获得移植。[3] 2013年8月,国家卫计委颁布了《人体捐献器官获取与分配管理规定(试行)》,要求省级卫生(卫生计生)行政部门必须在国家卫生计生委的统一领导下,成立一个或多个由人体器官移植外科医师、神经内外科医师、重症医学科医师及护士等组成的人体器官获取组织,即OPO(Organ Procurement Organizations),并筹建了中国人体器官分配与共享计算机系统(网址:www.cot.org.cn),要求对捐献的尸体器官必须通过该系统进行分配。

二、我国器官移植的法律法规体系

(一) 港澳台地区的器官移植立法

我国港澳台地区的器官移植立法活动开展较早,也更为完善,这为大陆地区的相关立法提供了参考。我国台湾地区早在1987年即制定了"人体器官捐献条例",并于同年9月17日颁布了"脑死亡判定步骤",随后于1988年制定了"人体器官移植条例实施细则""人体器官组织细胞输入输出管理办法"等,并在"刑法"和"人口贩运防制法"中设置了一些有关人体器官捐献与移植的条款。这些规范性文件构成了一套完备的器官移植体系。在我国台湾地区,医疗界的共识是:器官移植是一种次优的治疗方案,只有在尝试尽所有办法而无法有效治疗时才考虑器官移植,因此,我国台湾地区对器官移植的规制相对比较严格,如规定了较为严苛的活体器官移植手术的条件。[4]

我国香港地区也于1995年颁布了《人体器官移植条例》,并于1999年和2001年对该条例进行了两次修订。该条例确立了对活体器官移植进行严格限制的原则,只有符合特定血缘关系的人才可进行活体器官移植,否则即构成犯罪,发布器官移植

---

[1] 参见樊民胜、张金钟主编:《医学伦理学》,中国中医药出版社2009年版,第116页。
[2] 参见陈云良:"人体移植器官产品化的法律调整",载《政治与法律》2014年第4期。
[3] 参见陈云良:"人体移植器官产品化的法律调整",载《政治与法律》2014年第4期。
[4] 参见蔡昱:《器官移植立法研究》,法律出版社2013年版,第113页。

广告和进行器官买卖亦构成犯罪。[1] 这显然有助于防范和减少器官移植的风险，但也加剧了可供移植器官短缺的状况。

我国澳门地区则于 1996 年 5 月 23 日颁布了《规范人体器官及组织之捐赠、摘取及移植》（2/96/M 号法律）以及要求进行捐赠记录的相关法律，基本形成了以 2/96/M 号法律为基本法，以第 4/96/M 号法律、第 12/98/M 号法律、第 111/99/M 号法律为补充的器官移植法律体系。[2] 我国澳门地区对待活体器官的移植也相当严苛，并特别规定了医院在器官移植中的管控职责。

（二）大陆地区的器官移植立法

我国的器官移植立法长期处于滞后状态。20 世纪 60 年代我国就开展了首例器官移植手术，至 80 年代器官移植技术已经相当发达，但相关的立法却一直未能出台，直到"骨髓事件"（2005 年）、"行唐事件"（2006 年）、"宿州眼球事件"（2006 年）相继发生后，立法的迫切性才为人们所关注。

1. 地方性立法。在全国性器官移植立法开始之前，各地已经就实践中发生的问题开始了器官移植立法的探索。上海市根据其器官移植实践最先进行了立法尝试。2001 年《上海市遗体捐献条例》开始施行，由于这是我国第一部器官移植的专门立法，上海市的态度较为谨慎，仅对遗体捐献的条件、程序及相关单位的权限进行了规定，未涉及活体器官移植问题。2002 年，贵阳市颁布了《贵阳市捐献遗体和角膜办法》。2003 年的《深圳经济特区人体器官移植条例》具有标志性意义，该条例第一次以法律的形式规定了生前捐献人体器官的条件，它所确立的禁止未成年人进行生前捐献、禁止器官买卖、捐献人知情同意等原则具有重要的示范效应。2005 年 6 月，福建省通过了《福建省遗体和器官捐献条例》，并首次将遗体和生前器官捐献合并在一个法规中。各地器官移植立法的先行探索为全国性立法的开展奠定了基础。

2. 全国性立法。区域性立法毕竟有其无法克服的局限性，在各种人体器官移植热点事件被曝光后，全国性立法被提上日程。2006 年，卫生部印发了《人体器官移植技术临床应用管理暂行规定》，该规定主要从卫生行政管理机构对器官移植事务进行管理的角度进行规范，重点对医院进行器官移植的诊疗科目登记进行了细致的规定，力求通过对医院的严格管理来维护器官移植手术的正常秩序。2009 年 12 月 28 日，卫生部又颁布了《关于规范活体器官移植的若干规定》，专门针对活体器官的捐献和移植设定了操作细则，并对"帮扶关系"进行了明确界定，以防不法分子进行器官买卖。

2007 年 5 月 1 日，国务院制定的《人体器官移植条例》正式生效实施，这部法规揭开了我国器官移植立法的新篇章。该法规共 5 章、32 条，对器官移植的一般原则（第一章）、人体器官的捐献（第二章）、人体器官的移植（第三章）、法律责任

---

[1] 参见何瑞："中国人体器官移植的法律问题探究"，吉林大学 2014 年硕士学位论文。
[2] 参见蔡昱：《器官移植立法研究》，法律出版社 2013 年版，第 117 页。

（第四章）进行了全面的规定，它确立了器官移植领域很多共通且重要的原则，如禁止任何形式的人体器官买卖原则、人体器官捐献的自愿无偿原则和知情同意原则等等，同时也对从器官捐献到器官移植的全过程进行了细致规范，奠定了我国器官移植领域的基本法律框架。当然，该法规也存在一些不足之处，例如，规制范围有限，该法规第2条将人体细胞、角膜和骨髓移植等排除在外；严苛限制且缺乏操作性的人体器官捐献规则在一定程度上导致了器官供给的不足；仍未引入脑死亡的死亡认定标准，这给器官捐献和移植制造了障碍；该法规仅笼统地规定了器官分配应遵循公平、公正、公开、符合医疗需要的原则，但这一标准过于模糊，我国至今仍未建立起全国统一的公开透明的人体器官分配系统；等等。

虽然，《人体器官移植条例》第25条明确规定了违反器官移植规则应当承担刑事责任，并罗列了三种情形：未经公民本人同意摘取其活体器官的；公民生前表示不同意捐献人体器官而摘取其尸体器官的；摘取未满18周岁公民的活体器官的。但是，《刑法》却未有针对器官移植的专门规定，这导致了刑事司法适用的困惑。作为回应，2011年5月1日生效的《刑法修正案（八）》在《刑法》第234条后增加一条即第234条之一，区分情形进行了细致规范：

根据《刑法修正案（八）》第37条第1款之规定，"组织他人出卖人体器官的"，应以"组织出卖人体器官罪"定罪，"处5年以下有期徒刑，并处罚金；情节严重的，处5年以上有期徒刑，并处罚金或者没收财产"。所谓"组织他人出卖人体器官"，是指经营人体器官的出卖或者以招募、雇佣（供养器官提供者）、介绍、引诱等手段使他人出卖人体器官的行为。只要行为人所从事的行为中包含了组织出卖的内容，即可成立本罪。但是，组织他人捐献人体器官的行为，不构成本罪。而且，由于本罪的行为并不是出卖行为，而是组织出卖的行为，所以，出卖者直接将自己的器官出卖给他人的，不成立本罪。出于同样的理由，单纯购买人体器官的行为，也不成立本罪。由于刑法将本罪规定为侵犯他人身体健康的犯罪，所以，只要对被摘取人体器官的出卖者的身体达到了伤害程度，就成立本罪的既遂。[1]

根据《刑法修正案（八）》第37条第2款之规定，"未经本人同意摘取其器官，或者摘取不满18周岁的人的器官，或者强迫、欺骗他人捐献器官的"，应以故意伤害罪或故意杀人罪定罪处罚。上述行为显然已经超出单纯"组织"的范畴，具有更大的社会危害性，应予更严厉的惩罚。其中，未满18周岁的人尚处身体发育期，认知能力亦未健全，尤其需要特殊保护，无论是否经其本人或者监护人的同意，只要摘取了其人体器官，均以故意伤害罪或故意杀人罪定罪处罚。该款明显是对《人体器官移植条例》第25条的直接回应。

根据《刑法修正案（八）》第37条第3款之规定，"违背本人生前意愿摘取其尸体器官，或者本人生前未表示同意，违反国家规定，违背其近亲属意愿摘取其尸体

---

[1] 参见张明楷：《刑法学》，法律出版社2011年版，第773页。

器官的"，应以盗窃、侮辱尸体罪定罪处罚。此类犯罪的社会危害性相对较低。此种情形往往表现为医疗机构、医师或其他人未经死者或其家属同意，擅自摘取尸体器官的行为。这款规定使得医务人员较易成为受罚对象，本节开篇所引之案例，若发生在《刑法修正案（八）》生效之后，处理结果可能会有不同。该款也是对《人体器官移植条例》第25条的直接回应。

三、死亡标准的选取及其对器官移植的影响

死亡标准之确定对于器官移植具有重要影响，但它并非一个简单的法律命题，而是涉及道德、伦理、习俗惯例、经济等方方面面，需谨慎处理。我国《人体器官移植条例》并未明确规定死亡之判定标准及程序，未承认脑死亡标准的合法性，这给器官移植实践带来困扰。当下，世界范围内主要存在两种死亡标准：心肺死亡标准和脑死亡标准。

（一）心肺死亡标准及其对器官移植的影响

心肺死亡标准即以呼吸、心跳的完全停止为死亡标准，这也是最传统的死亡标准。[1]《黄帝内经》指出："脉短、气绝，死。"1951年版的《布莱克法律辞典》关于死亡的定义是："血液循环完全停止，呼吸、脉搏停止。"我国出版的《辞海》关于死亡的定义也是心跳、呼吸停止，所以，我国民间把死亡一直叫做"断气"。

20世纪中期以来，随着现代科学技术的发展，心肺死亡标准受到了挑战和冲击。[2] 在临床中出现过心脏停止跳动后，经抢救"死而复生"的情况，特别是人工复苏术和心脏移植术的运用，从根本上撼动了心肺死亡标准，例如，电疗能使停跳的心脏再度搏动，心脏本身还可用机械泵来替代；呼吸也完全可用人工呼吸器来维持。另外，人们发现人的死亡是分层次进行的，尽管心肺功能的正常运转确实是人类生命存活的重要象征，但是大脑和脑干才是人类生命的中枢和本质，大脑最先死亡，然后才是身体的其他器官和组织，这些都促使人类重新去审视死亡的标准。不过，到目前为止，我国仍采心肺死亡这一唯一的死亡标准。

心肺死亡标准对器官移植具有明显的阻抑作用，严格执行该标准将导致高质量供体器官的短缺。由于人的死亡是分层次、有时间差的，首先是大脑死亡，然后是心脏停止跳动和呼吸的停止，最后才是身体其他器官的停止运动。因此，若以心肺停止运动而非脑死亡作为死亡标准，则只有待该心肺完全衰竭后才可摘取人体的其他器官，这将导致热缺血的时间较长，移植失败的风险显著增加，对于手术实施者的技术要求也更高。[3] 各类人体器官在心脏停止供血后的生存时间相当有限，例如，肾脏一般不超过30分钟，肝脏甚至只有5~8分钟。正如学者所言："器官移植需要从尸体上及时摘取新鲜的、尚存生活机能的器官，这一技术环节要求呼吸循环停止

---

[1] 参见田荣云主编：《医学伦理学》，人民卫生出版社2006年版，第148页。
[2] 参见田荣云主编：《医学伦理学》，人民卫生出版社2006年版，第149页。
[3] 参见田荣云主编：《医学伦理学》，人民卫生出版社2006年版，第148页。

的时间越早越好,如果仅把死亡标准固定在传统的呼吸心跳不可逆转的停止上,则摘取心跳停止已久的死者器官进行移植的成活率会很低甚至接近于零,这将会失去器官移植的救治意义。"[1] 很长一段时间内,我国的器官供体主要来源于死刑犯[2],这也是在传统心肺死亡标准下的无奈选择,我国对同意捐献器官的死刑犯执行枪决后,当即由法医进行死亡判定,由于枪决破坏神经中枢,其他重要脏器有短暂的代偿期,因此迅速摘取脏器仍然有机会进行移植,这事实上是对心肺死亡标准的变通执行,也使我国经常被进行人权抨击。

(二)脑死亡标准及其对器官移植的影响

所谓脑死亡,是指原发于脑组织的严重外伤或原发性疾病,导致包括脑干在内的全脑功能不可逆转的丧失,是整个中枢神经系统的全部死亡。[3] 按照这个死亡定义,即使心跳、呼吸还能依靠人工维持,但是只要全脑功能已经发生不可逆转的损坏,就可以宣布这个病人已经死亡。1959 年,法国学者 P. Mollaret 和 M. Goulon 在第二十三届国际神经学会上首次使用"脑死亡"的概念。1968 年,美国哈佛大学医学院特设委员会首次提出了"脑死亡"的具体诊断标准,即著名的哈佛标准:①对外部的刺激和内部的需要无接受性、无反应性;②自主的肌肉运动和自主呼吸消失;③诱导反射消失;④脑电波平直或等电位。凡符合以上四条标准,持续 24 个小时测定,每次不少于 10 分钟,反复检查多次结果一致者,就可宣告死亡,但体温过低(<32.2°C)或刚服用过巴比妥类等中枢神经系统抑制药物的病例除外。[4] 同年 6 月,世界卫生组织建立的国际医学科学组织委员会借鉴哈佛标准提出了新的死亡标准:①对周遭的环境完全没有反应;②完全失去反射能力和肌肉紧张度;③缺乏自发性的呼吸作用;④如果不用人工辅助器,动脉血压会巨降;⑤在没有任何技术问题的情况下,即使用人为的方式刺激脑部,病人的脑电图仍然呈现绝对的直线反应。[5] 1973 年,第 8 届国际脑波—临床神经生理学大会提出了更为详细的脑死亡标准定义:"脑死亡是包括小脑、脑干甚至第一颈髓的全脑功能的不可逆转的丧失。"[6] 应当说,脑死亡标准突破了纯生物学的界定,它更接近对死亡本质的理解,不过,死亡标准的确立绝不仅仅是一个科学技术问题。

脑死亡标准的确立有利于器官移植的发展。显然,在确定脑死亡后、心跳呼吸停止前立即进行器官的摘取和移植,有助于确保器官的活性和质量,也降低了医生施行移植手术的难度。器官移植的临床实践表明,在人脑机能不可逆转地完全丧失

---

[1] 颜志伟:"人体器官移植供体法律问题研究",载《河北法学》2008 年第 8 期。
[2] 我国已于 2015 年正式取消将死刑犯的器官作为器官移植的来源。参见范凌志:"黄洁夫:取消死囚器官来源标志中国人权事业进步",载《环球时报》2015 年 3 月 11 日,第 A1 版。
[3] 参见田荣云主编:《医学伦理学》,人民卫生出版社 2006 年版,第 150 页。
[4] 参见樊民胜、张金钟主编:《医学伦理学》,中国中医药出版社 2009 年版,第 145 页。
[5] 参见樊民胜、张金钟主编:《医学伦理学》,中国中医药出版社 2009 年版,第 145 页。
[6] 参见樊民胜、张金钟主编:《医学伦理学》,中国中医药出版社 2009 年版,第 145 页。

后，由于呼吸心跳以及血液循环依然存在，器官没有缺血损害，活性和质量最高，此时进行器官移植的成功率最高、效果最好，移植后病人的健康也更容易获得保障。[1]而且，脑死亡标准也使器官捐献更容易实施，在传统心肺死亡标准下，有些医院不愿接受捐献者的器官。试举一真实事例：

2007年，某市一家设备加工厂的实习生小婷出车祸后，被医院诊断为脑干受损，不能自主呼吸，处于"脑死亡"状态。这时，小婷的父母忍住巨大悲痛向医院主动提出捐献女儿器官的愿望，但却被告知，我国目前仅承认"心肺死亡"标准，不承认"脑死亡"，医院无法满足小婷父母的要求，当地红十字会也无法为他们办理器官捐献的相关手续。[2]

我国虽对"脑死亡"标准多有讨论，但至今尚未承认正式认可该标准。1988年，中国内地医学界开始提出"脑死亡"问题。1995年，在武汉召开的全国器官移植法律问题专家研讨会上，与会专家提出了《器官移植法（草案）》和《脑死亡标准及实施办法（草案）》。2002年，卫生部组织专家制订了符合我国国情的《脑死亡诊断标准》初稿，现仍在修改。2007年施行的《人体器官移植条例》仍未承认"脑死亡"标准。[3]

（三）各国死亡标准的立法模式及我国的模式选择

目前世界各国死亡标准的确定主要有两种模式：一元标准模式和二元标准模式。

1. 一元死亡标准。所谓一元死亡标准，是指要么以心肺死亡要么以脑死亡作为死亡认定的标准。有的国家采用一元的心肺死亡标准，即心肺死亡是判断死亡的唯一标准，例如我国；有的国家采用一元的脑死亡标准，例如芬兰，该国于1971年以法律的形式确定了脑死亡为人体死亡的唯一判定标准，成为世界上第一个应用脑死亡一元化标准的国家。[4]不过，虽然脑死亡的科学性已经被广泛认可，截至目前，全世界承认脑死亡状态并以之作为宣布死亡依据国家有80多个，但采用脑死亡一元标准的则是寥寥无几。

2. 二元死亡标准。所谓二元死亡标准，是指将心肺死亡和脑死亡一同作为死亡认定的标准。通常来说，各国将传统的心肺死亡作为主要标准，而脑死亡则作为辅助判定标准。捐献者于生前可明示选择何种死亡标准，一旦选择其中一种标准，则意味着对另一种标准的放弃；如果捐献者生前未作选择，则默认其选择心肺死亡标准，不过，捐献者家属可在其死后代其选择。以日本为例，该国采用了心肺死亡和脑死亡的双重判定标准，2009年7月通过的日本新版《脏器移植法》规定，器官移

---

[1] 参见孙福川、王明旭主编：《医学伦理学》，人民卫生出版社2013年版，第170页。
[2] 参见秦勤、王长久："女生遇车祸脑死亡 欲捐器官却遇难题"，载《西部法制报》2007年4月10日，第3版。
[3] 参见蔡昱：《器官移植立法研究》，法律出版社2013年版，第52页。
[4] 参见冯泽永主编：《医学伦理学》，科学出版社2006年版，第263页。

植须由捐献者生前以书面形式表示同意并选择脑死亡标准，如果捐献者在生前未有特别书面文件表示对器官捐献及死亡标准的选择时，家属有权于其死后代其作出决定。[1] 脑死亡在这部法律中被定义为包括脑干的全脑的不可逆转的功能停止，且只有在器官移植时才可选用脑死亡标准。除日本外，大多数承认脑死亡的国家都采取了类似的标准，如新加坡、美国等。

3. 我国的模式选择。笔者认为，我国应该尽快引入脑死亡标准，并采用以传统心肺死亡标准为主、脑死亡为辅、由当事人及其家属自行选择的二元死亡标准。理由如下：

第一，脑死亡标准是更为科学、客观的死亡标准，这已逐步成为包括医学界在内的各界的共识。自20世纪80年代以来，国内医学界对脑死亡的研究已相当深入，讨论也非常热烈，并使"脑死亡"为公众所熟悉，且已经提出了"脑死亡"标准的相关草案，卫生部也已制定了《脑死亡诊断标准》初稿。这些都为"脑死亡"标准的尽快引入奠定了基础。

第二，众所周知，我国可供移植的器官缺口很大，供不应求，而死亡标准的滞后是其中不可忽略的原因之一，诚如前述，我国曾多次出现过捐献者欲捐献器官却为医院所拒绝的情形。尽快引入"脑死亡"标准乃当务之急。

第三，我国在事实上已经变通执行了脑死亡标准。众所周知，在相当长的时间内，我国器官移植供体主要来源于死刑犯，而在对其进行器官移植时已经在一定程度上适用了脑死亡标准。这种立法和实务相冲突的情况，一方面使我国面临人权保护等国际社会的质疑，另一方面也会损害法律的公信力，因此，我国应尽快立法认可"脑死亡"标准。

第四，二元死亡标准即以心肺死亡为主、脑死亡为辅已成为绝大多数发达国家的共同选择，这种模式也值得我国借鉴。我国的社会文化仍相对保守，医疗技术和经济条件亦未完善，采行二元标准，既能在一定程度上解决器官移植的法律障碍，又能契合我国传统之中庸文化，更具可行性。

四、器官捐献和移植的法律规制

器官捐献是器官移植的前提，器官移植是器官捐献的归宿，二者紧密联系，不可分割。器官捐献和器官移植关涉器官捐献人、器官接受人的重大利益，须予严格规制。我国《人体器官移植条例》第二章、第三章集中规定了器官捐献和移植的法律规范，本节将结合学理和立法予以介绍和讨论。

（一）一般原则

1. 知情同意原则。这是器官捐献移植领域最重要的原则。无论是活体器官捐献还是尸体器官捐献，都必须恪守知情同意原则。知情同意原则是指在器官捐献移植中为了更好地保护供受体双方的生命健康，避免医疗纠纷不必要地发生，医疗机构

---

[1] 参见蔡昱：《器官移植立法研究》，法律出版社2013年版，第87页。

及其医务人员有义务告知供受双方有关器官捐献的基本情况，尤其应告知器官捐献对其自身健康的影响，在双方充分了解知情的基础上完全自愿地作出捐献与否的决定。[1] 对于尸体器官的捐献，应充分尊重死者生前的意愿，如果死者生前明确表示不捐献，近亲属不得代为捐献，而死者生前未明确表示是否捐献时，其近亲属有权代其作出决定。活体器官捐献风险更大，为了最大限度地保护器官捐献人的利益，医务人员必须告知捐献人如下内容：供体身体状况是否适合捐献，器官摘取手术的过程，危险性及救治措施，当前我国关于此类器官移植的现状及成功率和风险性，摘取器官后的心理后果，等等。对于器官接受者，医务人员亦须进行充分告知并征求同意，包括告知器官移植手术的风险、移植后的生理、心理状况、后续的保养及其他注意事项等。[2] 知情同意原则包括知情和同意两个部分，知情是同意的前提，同意是知情的延续。

　　这是各国器官捐献移植法律均认可的基本原则，我国《人体器官移植条例》亦有明确规定。该条例第7条规定，人体器官捐献应当遵循自愿原则，任何组织或个人不得强迫、欺骗或利诱他人捐献人体器官。该条例第8条进一步规定："捐献人体器官的公民应当具有完全民事行为能力。公民捐献其人体器官应当有书面形式的捐献意愿，对已经表示捐献其人体器官的意愿，有权予以撤销。公民生前表示不同意捐献其人体器官的，任何组织或者个人不得捐献、摘取该公民的人体器官；公民生前未表示不同意捐献其人体器官的，该公民死亡后，其配偶、成年子女、父母可以以书面形式共同表示同意捐献该公民人体器官的意愿。"

　　2. 禁止器官买卖原则。一般认为，器官商业化将损害人类的尊严，违背社会公正；器官商业化既可能引发更多的有关器官交易的犯罪，也无法保证器官的质量；器官商业化可能导致一些人因为当下的金钱需要而一时冲动，出售自己的器官，作出日后后悔的选择；器官商业化可能导致不具备条件的医疗机构以赢利为目的开展器官移植，损害供体和受体的利益。[3] 总之，禁止器官买卖是各国的共通性原则。

　　目前，绝大多数国家都明文禁止一切形式的器官买卖。即使商品经济最发达的美国也于1984年发布了《全国器官移植法》，宣布器官买卖为非法。1989年5月，世界卫生组织呼吁制定一个有关人体器官交易的全球禁令，敦促其成员国制定限制器官买卖的法律。我国《人体器官移植条例》第7条规定，人体器官捐献应当遵循无偿原则；第21条亦明确规定，从事人体器官移植的医疗机构实施人体器官移植手术，除向接受人收取手术费、药费、检验费、医用耗材费、保存和运送人体器官的费用外，不得收取或变相收取所移植人体器官的费用。当然，也有认可人体器官买

---

[1] 参见蔡昱：《器官移植立法研究》，法律出版社2013年版，第105页。
[2] 参见刘长秋：《器官移植法研究》，法律出版社2005年版，第83页。
[3] 参见樊民胜、张金钟主编：《医学伦理学》，中国中医药出版社2009年版，第145页。

卖的国家，如伊朗是世界上极少数允许器官买卖的国家。[1]

关于禁止器官买卖原则，曾有学者予以质疑，并提出了将人体移植器官纳入《产品质量法》调控范围予以规制的大胆设想，主张建立一个统一的器官交易市场，制定相应的法律法规，对器官的准入、交易等进行严格规范，从而解决我国当下移植器官的供需矛盾。[2] 不过，对此有学者提出了严厉的批评，指出人体移植器官并非一种产品，将其作为产品而纳入我国《产品质量法》调整范围的做法既缺乏法理基础，也不具备伦理基础，甚至也不具备必要性和可行性，解决我国当下移植器官供需矛盾的根本出路是通过制度激励来激发和保障人们捐献器官尤其是生后捐献器官的热情。[3] 多元化的学术探讨是有益且必要的，不过，就目前来看，理论界和实务界的主流看法仍是坚决否定器官移植的商业化倾向。

3. 未成年人特别保护原则。器官捐献移植对于个体的未来发展影响深远，为了保护认识和控制能力尚未健全的未成年人，世界各国通常明令禁止未成年人的器官捐献，无论其是否出于自愿。国际移植学会1986年公布的人体器官捐献的伦理准则之四规定："捐献者应该已经达到法定年龄。"[4] 世界卫生组织1987年通过的人体器官移植的九大原则中的指导原则四明确规定："不得从活着的未成年人身上摘取移植用的器官，在国家法律允许的情况下对再生组织进行移植的可以除外。"[5] 新加坡1987年通过的《器官移植法》明确规定，新加坡公民及在新加坡长期居住的居民进行器官捐献时须年满21周岁。[6]

我国《人体器官移植条例》第9条规定："任何组织或者个人不得摘取未满18周岁公民的活体器官用于移植。"而且，诚如上述，我国《刑法修正案（八）》规定，摘取未满18周岁的人的器官的，无论是否征得其同意，均应以故意伤害罪或故意杀人罪定罪处罚。

4. 保密原则。人体器官的捐献和移植应当恪守保密原则。医务人员应当对器官捐献者、接受者和申请人体器官的病人的个人信息和病情资料进行保密。无论是供体还是受体，都要为他们保守秘密，防止他们日后受到不必要的歧视。具体来说，除法律法规另有规定外，未经患者或器官提供者同意，其病例资料或捐献资料不得交与他人阅读；临床器官移植报告及研究，未经患者及器官捐献者本人同意，不得使用真实姓名对外进行公开报道。我国《人体器官移植条例》第23条规定，从事人体器官移植的医务人员应当对人体器官捐献人、接受人和申请人体器官移植手术的

---

[1] 参见陈云良："人体移植器官产品化的法律调整"，载《政治与法律》2014年第4期。

[2] 参见陈云良："人体移植器官产品化的法律调整"，载《政治与法律》2014年第4期。

[3] 参见刘长秋："人体移植器官产品化法律调整论批判——兼论人体移植器官来源困境之立法应对"，载《政治与法律》2016年第7期。

[4] 参见孙福川、王明旭主编：《医学伦理学》，人民卫生出版社2013年版，第165页。

[5] 参见孙福川、王明旭主编：《医学伦理学》，人民卫生出版社2013年版，第164页。

[6] 参见孙福川、王明旭主编：《医学伦理学》，人民卫生出版社2013年版，第170页。

患者的个人资料保密。

（二）尸体器官捐献的特别规则

1. 推定同意规则。器官供体的短缺是当今世界各国面临的共同问题。为了解决这一问题，有的国家在尸体器官捐献领域确定了"推定同意规则"，即如果死者在生前未明确表示反对器官捐献，其家属在其死后亦未明确表示反对器官捐献，则法律推定其同意进行器官捐献。由于患者生前未对器官移植进行表态为常态，患者死后，处于悲痛中的亲属基于道德、情感等方面的考量通常亦不愿明确支持器官捐献，若按传统规则处理，很少会有适格的器官捐献供体。因此，有的国家便希望通过确立"推定同意规则"来解决这一难题。若干欧洲国家采用了这一规则，如奥地利、匈牙利、卢森堡、葡萄牙等。最近的一个例子是南美国家哥伦比亚，该国于 2016 年 8 月由总统桑托斯批准了一项器官捐献的新法规，规定所有哥伦比亚公民都被默认为器官捐献者，除非公民在生前表达过不愿捐献器官的意愿，并且该法规取消了家属决定是否捐献死者器官的权利，也就是说，只要公民生前未表示反对器，无论其家属态度如何，均推定死者同意捐献器官。[1]

当然，"推定同意规则"争议目前仍较大，很多学者认为其并能充分体现知情同意原则，是对死者及其家属意志的绑架，绝大多数国家并未确立该规则。不过，作为解决器官供体短缺的尝试，作为具有强烈人文关怀色彩的探索，"推定同意规则"仍有很大的积极意义。我国暂未确立"推定同意规则"。

2. 合理补偿、激励规则。器官捐献的合理补偿、激励和器官买卖有着本质区别：器官买卖过程中，器官是被作为商品对待，商品必须进行等价交换，追求的是利润，而在补偿中，器官是利他主义的礼物，供体及其家庭仍然是无偿的奉献，既不是为了利润，也不讲究等价交换。[2] 这种补偿是象征性的，表示社会对捐献行为的认可和表彰。应当说，适当的合理的补偿、激励规则并不违反器官捐献的非商业化原则，而且可以表明国家及社会对待器官捐献的态度，有助于公众更多的接触和了解器官捐献，形成良好的社会互助氛围。[3] 常见的补偿、激励机制包括：为器官捐献家庭减税；如果家庭内有人捐献器官，当这个家庭需要器官时，可优先供应；给予器官捐献者及其家庭颁发荣誉证书；等等。

当然，补偿和激励规则本身仍有较大争议。反对的人认为，这些激励措施是一种利诱，会使当事人丧失自主决定的能力；还有人认为这会变相鼓励器官商业化。不过，多数学者认为补偿、激励规则仍是必要的，这并不足以构成利诱，捐献者作

---

[1] 参见李家瑞、刘越："哥伦比亚出台新法规 默认公民都为器官捐献者"，载《人民日报》2016 年 8 月 10 日，第 A3 版。

[2] 参见倪正茂：《生命法学探析》，法律出版社 2005 年版，第 140 页。

[3] 参见倪正茂：《生命法学探析》，法律出版社 2005 年版，第 140 页。

出了贡献,不给予任何必要的费用补偿是不公平不科学不可持续的。[1] 因此,大多数国家都设计了补偿、激励规则。我国《人体器官移植条例》第 6 条仅规定了国家有义务通过建立人体器官移植工作体系,开展人体器官捐献的宣传和推动工作,但并未设计具体的补偿和激励规则,这也在一定程度上影响了公众进行器官捐献的积极性。

(三) 活体器官捐献的特别规则

1. 亲属关系限定规则。为了防范道德风险,贯彻器官捐献的非商业化原则,各国或地区通常将活体器官捐献范围限定于有特定身份关系的亲属之间,例如日本、美国和我国台湾地区、香港地区、澳门地区等,仅有少数国家对此未有限定,如英国、瑞典等规定陌生人之间亦可捐献人体器官。

我国《人体器官移植条例》第 10 条明确规定:"活体器官的接受人限于活体器官捐献人的配偶、直系血亲或者三代以内旁系血亲,或者有证据证明与活体器官捐献人存在因帮扶等形成亲情关系的人员。"我国的规定比较严格,这有效地防止了不正当器官买卖的发生。不过,这也遭到了部分人的质疑,有观点认为,我国长期实施独生子女政策,三代以内的旁系血亲太少,而在这些旁系血亲中找到合适的配型更是难上加难,同时这也剥夺了部分不满足上述亲属条件但符合医学标准和自愿捐献规则的人的捐献权利,如出于友情而想为其捐献的情形等。[2]

2. 安全保障规则。活体器官捐献必然会影响到器官供体本身的健康,保障活体器官供体的生命健康权是活体器官捐献中不可回避的话题。施行器官移植的目的是救助患者,但不能因此而损害他人之生命健康。具体来说,在进行活体器官捐献时,首先应确立不使器官供体陷入生命权受损之状态的前提条件;活体器官移植仅在穷尽其他方法后方能实施,只要有其他效果相当之替代方案如选用人造器官等,即不可进行活体器官移植;等等。《人权和生物医学公约关于人体器官、组织移植的附加议定书》明确规定,在摘取器官前必须进行适当的医疗检查以评定并减少器官捐献者的身体和心理危险,如果捐献者的生命或健康存在严重危险,不得进行器官摘取。[3] 其他各国也多有类似之规定,如日本、英国等。

我国《人体器官移植条例》第 19 条也全面体现了安全保障规则,该条规定,从事人体器官移植的医疗机构及其医务人员摘取活体器官前,应当首先向活体器官捐献人说明器官摘取手术的风险、术后注意事项、可能发生的并发症及其预防措施等,并与活体器官捐献人签署知情同意书,然后查验活体器官捐献人同意捐献其器官的

---

[1] 参见刘长秋:"人体移植器官产品化法律调整论批判——兼论人体移植器官来源困境之立法应对",载《政治与法律》2016 年第 7 期。

[2] 参见张海燕:"现代生命科技的伦理问题及其对策思考",载《南京医科大学学报(社会科学版)》2010 年第 3 期。

[3] 参见蔡昱:《器官移植立法研究》,法律出版社 2013 年版,第 109 页。

书面意愿、活体器官捐献人与接受人存在《人体器官移植条例》第 10 条规定关系的证明材料,最后还须确认除摘取器官产生的直接后果外不会损害活体器官捐献人其他正常的生理功能。

(四)器官移植的特别规则

1. 公正分配规则。器官短缺是各国器官移植所面临的共同问题,因此,公正分配有限的器官便成为重中之重。目前,关于器官分配的标准和规则多有争议,主要有医学标准和社会标准。医学标准是由医务人员根据医学发展水平和自身医学知识经验作出判断,主要根据适应症和禁忌症,如病情严重性、免疫相容性等,而社会标准解决从有器官移植适应症的病人中优先选择谁的问题,根据有关的社会因素加以选择,如年龄、已经作出的社会贡献、未来可能对社会作出的贡献、经济支付能力等。目前,除了支付能力外,大多数国家的移植中心依照医学标准、个人应付能力、社会价值的先后次序来进行微观分配。[1]

各国均非常重视器官分配规则、标准及体系的建设,这深刻地影响着一国器官移植的正义性和可持续性。美国是器官移植领域体系建设最完善的国家。美国已建成其国家级的器官分享网络(United Network for Organ Sharing,简称 UNOS),这是世界上最复杂且最有效率的器官分享网络。美国的器官分享网络尽可能设计出一个在科学及医疗上公平客观的器官分配系统,它的分配政策绝不受政治干预,也无人种、族群、性别、社会地位、经济因素等方面的考量。[2] 该机构仍在社会公众的监督下持续的进行改革和完善。我国《人体器官移植条例》第 22 条明确规定,申请人体器官移植手术患者的排序,应当符合医疗需要,遵循公平、公正和公开的原则,具体办法由国务院卫生主管部门制定。这一规定较为笼统,缺乏可操作性。2013 年 8 月,国家卫计委针对尸体器官的捐献和分配颁布了《人体捐献器官获取与分配管理规定(试行)》,并筹建了中国人体器官分配与共享计算机系统,我国器官移植的分配机制在实践中不断探索发展。

2. 建立专门的人体器官伦理审查委员会。医疗机构是实施器官移植的主要机构,在医疗机构内设置专门的人体器官移植伦理审查委员会,对器官移植进行伦理审查,是有序进行人体器官移植的重要保障。各国均要求医疗机构内须设立器官移植的专门委员会进行伦理审查,我国亦不例外。[3]

我国《人体器官移植条例》第 11 条规定,从事人体器官移植的医疗机构须设立由医学、法学、伦理学等方面专家组成的人体器官移植技术临床应用与伦理委员会,该委员会中从事人体器官移植的医学专家不超过委员人数的 1/4。第 17、18 条规定,在摘取活体器官前或者尸体器官捐献人死亡前,负责人体器官移植的执业医师应当

---

[1] 参见孙福川、王明旭主编:《医学伦理学》,人民卫生出版社 2013 年版,第 162 页。
[2] 参见颜志伟:"人体器官移植供体法律问题研究",载《河北法学》2008 年第 8 期。
[3] 参见樊民胜、张金钟主编:《医学伦理学》,中国中医药出版社 2009 年版,第 123 页。

向所在医疗机构的人体器官移植技术临床应用与伦理委员会提出摘取人体器官审查申请,未经审查,医务人员不得摘取人体器官,且只有经 2/3 以上委员同意,人体器官移植技术临床应用与伦理委员会方可出具同意摘取人体器官的书面意见。

3. 行政监督规则。器官移植影响重大,除通过医疗机构内部自设的伦理审查委员会进行自查外,行政力量的介入和监督也是必不可少的。我国《人体器官移植技术临床应用管理暂行规定》集中规定了行政机关对器官移植的监督管理,包括医疗机构开展器官移植业务的诊疗科目登记、临床应用管理等。《人体器官移植条例》对此亦有体现:第 12 条规定,省、自治区、直辖市人民政府卫生主管部门进行人体器官移植诊疗科目登记,除依据该条例第 11 条规定的条件外,还应当考虑本行政区域人体器官移植的医疗需求和合法的人体器官来源情况;第 24 条规定,从事人体器官移植的医疗机构应当定期将实施人体器官移植的情况向所在地省、自治区、直辖市人民政府卫生主管部门报告;该条例第 26~30 条还对医疗机构及其从业人员违反该条例规定时,行政机关的行政处罚权进行了全面细致的规定。

第四节 辅助生殖的法律规制

孕育和繁衍后代是人类的本能需求,然而基于这样或那样的原因,总有部分人无法生育,辅助生殖技术的出现和发展,为这类人群带来了希望,应当说,发展辅助生殖技术的初衷就是为了解决不孕不育问题,这是其最基本的价值。此外,辅助生殖技术还可以实现优生优育,例如,第三代试管婴儿技术,通过胚胎筛选预防遗传病,将有遗传病的夫妇通过体外受精发育成的胚胎进行筛选,将没有遗传病基因的胚胎移植到女方的子宫里,就可以有效地帮助人们实现优生优育的愿望。[1] 辅助生殖技术还可以提供"生殖保险",即利用现代技术把生殖细胞或受精卵、胚胎进行冷冻保存,随时可以取用,一旦他们的子女不幸夭折,便可取用冷冻的生殖细胞或受精卵进行人工授精或体外受精——胚胎移植,再生育一个孩子,即使他们已经失去了生育能力。[2] 辅助生殖技术在为人类带来巨大好处的同时,也引发了很多的伦理和法律难题,例如,亲属关系的确认及相关的法律后果(如抚养、继承、赡养等),代孕的合法性,精液、卵子和胚胎的商品化问题,等等。这些问题的解决,都需要我们在实践中不断反思、不断完善既有制度,以构建平等、公正、有序的辅助生殖法律制度体系。

---

[1] 参见邢玉霞:《辅助生殖技术应用中的热点法律问题研究》,中国政法大学出版社 2012 年版,第 128 页。
[2] 参见孙福川、王明旭:《医学伦理学》,人民卫生出版社 2013 年版,第 150 页。

一、辅助生殖的概念和分类

（一）概念

辅助生殖技术（Assisted Reproductive Technology）是替代人类自然生殖过程某一步骤的医学技术。人的自然生殖过程由性交、输卵管内受精、植入子宫、子宫内妊娠、分娩等步骤组成。人类自然生殖过程有时会发生缺陷，或者不符合人们的需要，此时就需要改变、控制或改造人类的自然生殖过程，这便产生了辅助生殖技术。辅助生殖技术的运用，使生育不再是自发性的偶然事件，而成为人类可以加以控制和利用的必然过程。[1]

（二）分类

辅助生殖技术主要包括两类，即人工体内受精和人工体外受精。

1. 人工体内受精。人工体内受精（Artificial Insemination，AI）简称人工授精，它是用人工的方法将丈夫或捐赠者的精子注入妻子宫腔内，或者将丈夫的精子注入愿意代理妻子怀孕的第三者女性子宫内，以达到受孕目的的生殖技术。这一技术主要用于解决男性不育症。按照精液的来源不同，人工授精可分为夫精人工授精和供体人工授精。

（1）夫精人工授精。夫精人工授精（Artificial Insemination of Husband，AIH）也称同源（或同质）人工授精，即用自己丈夫的精子进行的人工授精。它主要用于男性因生理或心理原因不能通过性交受精或弱精、少精症，也用于因宫颈的免疫因素而难于受精的女性。

（2）供体人工授精。供体人工授精（Artificial Insemination of Donor，AID）也称异源（或异质）人工授精，也就是用捐赠者的精液进行的人工授精。它主要用于男性无精症、男方患有染色体显性遗传疾病、男女双方均是同一常染色体隐性杂合体等。

1770年，英国外科医师约翰·亨特首次在人类身上成功实施夫精人工授精。1844年，供体人工授精开始出现于临床。1953年，美国首先应用低温储藏的精子进行人工授精成功，人类精子库开始在一些国家建立，人工授精技术开始真正广泛地应用于临床。在我国，1983年，湖南医学院生殖工程研究组用冷冻精液进行的人工授精取得成功，婴儿顺利分娩。1984年，上海第二医学院用洗涤过的丈夫精子进行人工授精获得成功。

2. 人工体外受精。人工体外受精（In Virto Fertilization，IVF）又称试管婴儿，它是用人工方法将妻子或第三者的卵子与丈夫或第三者的精子在体外培养皿中受精，待受精卵发育至一定阶段后植入妻子或第三者的子宫内着床、发育或分娩的一种生殖技术。根据精子、卵子及怀孕者是否为配偶的组合方式，这种生殖技术共有4种方式，即丈夫的精子与妻子的卵子、丈夫的精子与第三者的卵子、妻子的卵子与第

---

[1] 参见樊民胜、张金钟主编：《医学伦理学》，中国中医药出版社2009年版，第132页。

三者的精子、第三者的精子与第三者的卵子。上述4种方式体外受精后植入妻子或第三者（代理母亲）的子宫内，所获子女由不孕的夫妻抚养。体外受精主要是为了解决女性不孕的问题，如双侧输卵管梗塞、子宫内膜异位症、原因不明的不孕症等。由于应用范围扩大，现也可用于男性不育。

1978年7月25日，在英国兰开夏奥德姆医院诞生了世界上第一个"试管婴儿"，名字叫路易斯·布朗。我国大陆首例试管婴儿于1988年3月10日在北京医科大学第三医院诞生。

二、亲属关系的确认和继承权问题

（一）问题的提出

辅助生殖技术不可避免地会带来亲属关系的确认难题。利用异源体内受精技术进行辅助生殖，客观上会造成所生孩子有两个父亲：一个是养育他（她）的父亲，另一个是提供他（她）一半遗传物质的父亲。而采用异源体外受精技术进行辅助生殖，则不仅存在着父亲的问题，还存在着母亲的问题，可能会出现多个父母：遗传父母（提供精子和卵子的父母）、养育父母（出生后负责养育的父母）、完全父母（既是遗传父母，又是养育父母）、孕育母亲（提供子宫的母亲）等。那么，在这种情况下，谁应该成为孩子法律上的父母呢？这事关后续的抚养权和继承权等重要法律问题，解决不当就会造成严重的社会问题。试举一例：

1987年1月，美国新泽西州发生了一起代孕母亲违约事件。原告威廉·斯特恩（William Stern）是一位生化专家，40岁。他的夫人伊丽莎白·斯特恩（Elizabeth Stern）是一名儿科学教授，41岁，患有多发性动脉硬化症，一旦怀孕会使病情加重。于是，经纽约不孕不育中心介绍，请玛丽·贝丝·怀特黑德（Mary Beth Whitehead）代孕。孩子出生后，十分可爱，怀特黑德产生了强烈的母爱冲动，不愿与"亲生骨肉"分离。斯特恩夫妇状告怀特黑德非法占有自己的女儿。[1]

（二）亲属关系确认的一般原则

目前，多数国家（包括我国）和地区均确认，利用辅助生殖技术诞生的子女应遵循"抚养—教育"原则认定亲属关系，即以法律形式确认养育父母为真正的父母，因为养育比遗传物质更重要，也比提供胚胎营养、发育场所更重要，同时，这也有利于家庭稳定和生殖技术的开展。[2] 为此，多数国家和地区都倾向于对孩子要保守遗传父母的秘密，例如，我国原卫生部2003年修订的《人类辅助生殖技术和人类精子库伦理原则》规定了保密原则，即凡使用供精实施的人类辅助生殖技术，供方与受方夫妇应保持互盲、供方与实施人类辅助生殖技术的医务人员应保持互盲、供方与后代保持互盲；机构和医务人员对使用人类辅助生殖技术的所有参与者（如卵子捐赠者和受者）有实行匿名和保密的义务；医务人员有义务告知捐赠者不可查询受

---

[1] 参见孙福川、王明旭：《医学伦理学》，人民卫生出版社2013年版，第140页。
[2] 参见樊民胜、张金钟主编：《医学伦理学》，中国中医药出版社2009年版，第134页。

者及其后代的一切信息，并签署书面知情同意书。

简言之，代孕"母亲"有义务将其孕育的子女交予委托采取辅助生殖技术的父母，委托父母和诞生的子女具有法律意义上的父母子女关系，并随之产生以亲属关系为基础的抚养、继承等关系。就此而言，上述案件中，怀特黑德有义务将诞生的子女转交予斯特恩夫妇。

（三）AIH 或 AID 子女确认为婚生子女的条件

虽然生育权是宪法赋予公民的一项基本权利，无论男方或女方都可以主张生育的权利，但是，通过辅助生殖技术诞生的子女并非无条件地与委托人产生父母子女法律关系。在我国，要使 AIH 或 AID 子女（尤其是 AID 子女）成为法律意义上的婚生子女，并适用婚姻法和继承法规定的关于父母子女之间的权利义务关系，必须具备两个前提条件[1]：其一，该子女必须是在夫妻关系存续期间进行人工授精所生，只要该子女是夫妻关系存续期间进行人工授精的，则不论人工授精之后，双方夫妻关系是否因为离婚或者一方死亡而终止，该子女均应视为婚生子女；其二，夫妻双方须一致同意进行人工授精，如果夫妻一方未经对方同意，擅自进行人工授精而生育子女，则不能直接认定为婚生子女。试举一例：

甲男与乙女系夫妻关系，夫妻婚后长期未生育，2004 年，在男方不知情的情况下，女方背着男方接受了人工授精手术并怀孕，后丈夫知道了，急切要求女方堕胎，未果。2005 年，女方生下小孩，男方母亲知晓后，发生激烈的家庭矛盾，丈夫在争吵中因心脏病发作死亡，男方母亲坚持：女方所生小孩不享有继承权，女方则认为享有。女方遂告至法院，请求法律保护所生小孩的继承权。[2]

通常情况下，女方通过人工授精所生子女的法律地位不是当然的、确定的。按我国现行法律的规定，久婚未孕的夫妻在身体条件允许的情况下可以采用丈夫的精子与妻子的卵子经由体外受精的方式培植胚胎，并植入妻子子宫孕育生命，这样生育的孩子因为与夫妻均有血缘关系，在法律上视为婚生子女，享有法律所赋予的全部身份权利，包括继承权。但现实中，久婚不孕的夫妻，往往是一方或者双方都不具有生育能力，即没有有活力的精子或卵子。在这种情况下，如果是丈夫没有生育能力，妻子在征得丈夫同意或丈夫在妻子进行人工授精生育子女后没有表示异议的，虽然妻子所生子女与丈夫没有血缘关系，也应视为婚生子女，享有法律所赋予的各项权利，包括对父母遗产的继承权。如果没有征得丈夫的同意，妻子单方采用人工授精的方式生育子女，事后丈夫始终不认可孩子的身份，则妻子所生子女与丈夫不能形成父子关系，不享有对丈夫财产的继承权。上述案件中，女方未经男方同意而通过异源人工授精的方式生育子女，孩子出生后男方亦未认可，故该子女并不享有男方财产的继承权。

---

[1] 参见最高人民法院《关于夫妻关系存续期间以人工授精所生子女的法律地位的函》。
[2] 参见方德静："人工辅助生育子女的伦理与法律思考"，载《中国性科学》2013 年第 1 期。

但是，如果男方已经同意女方通过异源人工授精的方式生育子女（包括以其行为表明同意的），后又基于各种原因而反悔的，则不得允许，该子女仍享有婚生子女的全部权利。试举一例：

张甲与李甲于2000年7月结婚，多年不育，后检测出丈夫张甲无生育能力。2003年，张甲多次陪同李甲到医院使用人类精子库的精子进行人工授精，2004年，李甲生下一子张乙。刚开始，张甲非常喜欢张乙，经常以父子关系示人，后张甲认为张乙与己无血缘关系，慢慢淡漠。后，张甲与李甲离婚，李甲请求张甲支付孩子张乙抚养费每月1000元，直至张乙成年。张甲不同意，张乙遂诉至法院。[1]

本案中，张甲多次陪同李甲到医院实施人工授精手术，虽未办理书面同意手续，但并未提出反对或不同意见，应视张甲默示同意李甲进行人工授精手术。张乙出生后，张甲多次以父子关系示人，也表明张甲认可张乙为其婚生子女，据此可认定张乙是张甲和李甲协商一致同意进行人工授精所生，张乙为婚生子女，享有《婚姻法》和《继承法》所规定的所有权利。

三、代孕合法化问题

（一）问题的提出

人工授精和体外受精技术在临床上的运用，导致了代孕母亲（Surrogate Mother）的出现。代孕母亲又叫代理母亲，是指代人妊娠的妇女。代理母亲使用的是自己的或捐献者的卵子和委托人或捐献者的精子，通过人工授精或体外受精技术，由代理母亲妊娠，分娩后交给委托人抚养。代孕的出现，解决了部分妇女无法在自身子宫内妊娠而致的不孕不育问题，有其积极意义，但也因其将身体作为商品、贫富不公等问题而备受非议。代孕合法化始终是个敏感且有争议的话题。

（二）代孕合法化的反对和支持理由

1. 代孕合法化的反对理由。

（1）代孕有损人类的人格尊严。代孕行为将女性物体化、将人格商品化，使妇女的生殖器官及身体变成了生产和加工胎儿的机器，这是对女性的剥削和奴役，婴儿变成了商品，这就导致了生育的商品化，是对人类的基本人格和尊严的贬损。[2]

（2）代孕违背了公序良俗。并非所有东西均可交易，交易的底线是公序良俗。代孕的实质就是代孕女性将自己的子宫（及其卵子）出租甚至出卖给代孕需求者，这违背了社会的善良风俗，将使社会尤其是较为保守的东方社会面临道德崩塌的挑战。[3]

（3）代孕的商业化倾向将造成严重的社会不公。代孕通常是代价高昂的，富人可通过资源优势借助代孕生育子女，往往只有穷人才会迫于生活压力替人代孕。

---

[1] 参见徐小飞：“人工授精所生子女的法律地位认定”，载《人民法院报》2011年9月29日，第7版。
[2] 参见樊民胜、张金钟主编：《医学伦理学》，中国中医药出版社2009年版，第134页。
[3] 参见徐国栋："体外受精胚胎的法律地位研究"，载《法制与社会发展》2005年第5期。

2011年,广州一对富商夫妇久婚不孕,于是借助试管婴儿技术一次孕育8个胚胎,竟然全部成功,富商夫妇商议后决定生下所有孩子,为此通过中介找来两位代孕妈妈,再加上自身共3个子宫采取"2、3、3"的方式,在2012年9~10月份前后1个月的时间内先后诞下4男4女共8个孩子。[1]

(4)代孕合法化有可能导致遗传性、传染性疾病监测失控。在我国现有的医学和医疗监督水平下,代孕的开放可能会导致各种传染病的蔓延和缺陷儿童的增多。1983年,美国曾发生代孕当事人都拒养孩子的不幸事件,原因为孕母是HIV感染者,所生孩子也受到感染。[2] 在我国人口众多且医疗资源分配不均的背景下,放开代孕将很有可能导致遗传性、传染性疾病的失控。

(5)代孕合法化将带来很多其他社会问题。例如,代孕可能导致男女比例失调的情况加剧;代孕使得遗传母亲和分娩母亲的身份分离,将对传统家庭伦理观念产生冲击;等等。

2. 代孕合法化的支持理由。

(1)代孕有助于解决不孕不育问题,体现人文关怀。根据2009年《中国不孕不育现状调研报告》显示,截至2009年,我国不孕不育患者数量已超过4000万,不孕不育率由20年前的3%上升至12%,其中很大比例的不孕不育人群需要借助他人的子宫才能实现生儿育女的愿望。

(2)代孕者有权使用自己的身体为他人代孕,这并未贬损人格尊严。公民有身体权,有权自主支配自己的身体,公民的身体权既包含保持自身组织的完整性、禁止他人侵犯的权利,也包括在不损害他人的前提下自由支配自己身体组织如血液等的权利。使用自己的身体为他人代孕,与使用自己的身体(分泌系统和乳房、乳水)喂养他人的孩子、施救时用嘴(肺活力)为他人做人工呼吸等并无本质区别,都是公民支配自己身体的适当行为。[3]

(3)代孕优于收养。[4] 以往人们在不能生育遗传血亲孩子的情况下,通常采取收养的方式来获得"后代"。但是,据研究显示,代孕比收养更为合理,引起的社会问题更少,例如,在欧美国家,代孕家庭的相关法律纠纷只有0.3%,主要是孩子的亲属归属问题,而收养家庭的相关法律纠纷却达到了15%。

(三)代孕法律规制的比较法考察

1. 美国:加州完全开放的代孕法律规制。美国为联邦制国家,没有统一的代孕法律规范,各州的代孕法制各有不同。例如,佛罗里达、内华达等州承认代孕协议

---

[1] 参见方德静:"人工辅助生育子女的伦理与法律思考",载《中国性科学》2013年第1期。
[2] 参见孙福川、王明旭:《医学伦理学》,人民卫生出版社2013年版,第152页。
[3] 参见任汝平、唐华琳:"'代孕'的法律困境及其破解",载《福建论坛(人文社会科学版)》2009年第7期。
[4] 参见任汝平、唐华琳:"'代孕'的法律困境及其破解",载《福建论坛(人文社会科学版)》2009年第7期。

的合法性,但只允许合理补偿代孕;华盛顿、亚利桑那等州认为代孕协议无效且不可强制执行,而这其中,有的州禁止一切形式的代孕,有的州仅禁止商业代孕。在各州中,加利福尼亚州最具特色,该州对代孕秉持完全开放的态度。[1]

加州无专门的代孕法律,法院在裁判时多灵活运用《统一父母身份法》,该法承认代孕协议中关于代孕所生子女的母亲认定的约定,在 1993 年的 Calvert 诉 Johnson 案中,终审法院确认代孕协议有效,判决孕母 Johnson 败诉,委托方 Calvert 夫妇享有对孩子的监护权。此后,加州法院又先后承认了同性恋者、独身男性等所签订的代孕协议的有效性,且不问是否支付对价,均以协议约定确认孩子的父母身份。

2. 英国:限制开放的代孕法律规制。1990 年,英国出台了《人类生殖与胚胎研究法》,该法规定,代孕协议不得由当事人执行,也不得对抗当事人。由此,代孕协议失去了强制执行力,当事人根据代孕协议支付报酬及移交亲权均不受法律保护。[2]

在亲权方面,该法坚持"分娩者为母",即代理孕母依据法律取得孩子的母亲身份。委托夫妇若想取得孩子的父母身份,必须在孩子出生后的 6 个月内向法院申请亲权令。在费用方面,该法禁止收取酬金,只允许在收养子女和申请亲权令时的"合理费用"。另外,该法规定,实施代孕必须得到代孕的法定主管机构——人类受精与胚胎研究管理局(Human Fertilization and Embryology Authority,HFEA)的许可,通过事前预防使代孕置于法律的管辖之下。英国法认可的合理补偿代孕较商业代孕产生的伦理争议较少,为道德留出了空间。

3. 法国:完全禁止的代孕法律规制。1994 年,法国通过了《生命伦理法》,以法律的形式对代孕予以全面禁止。法国坚持否认代孕的合法性,并对代孕行为人予以严厉惩罚。任何涉嫌代孕的夫妇都将受到法国检察机关的严密监控。至于那些组织策划代孕的协会或医生,都将面临 3 年监禁和 4.5 万欧元的罚款。法国否认代孕协议的效力,依据代孕协议代替委托夫妇生育子女的代理孕母只能将所生孩子归为己有,否则将被追究法律责任。[3]

4. 我国台湾地区:争议中艰难前行的代孕规制。我国台湾地区长期以来对代孕持否定态度,1994 年,我国台湾地区颁布了"人类协助生殖技术管理办法",全面禁止代孕辅助生殖。但 1997 年和 2004 年,我国台湾地区先后公布了"人工生殖法(草案)"和"代孕生殖法(草案)",经过"代理孕母全民共识会议"后,基本得出了有条件开放代孕生殖的结论,就其条件而言,主要包括以下几点:①代孕的范围限制在完全代孕,同时要求委托代孕的夫妇属于病理性不孕不育;②代孕者为 20 ~

---

[1] 参见王萍:"代孕法律的比较考察与技术分析",载《法治研究》2014 年第 6 期。
[2] 参见席欣然、张金钟:"美、英、法代孕法律规制的伦理思考",载《医学与哲学(人文社会科学版)》2011 年第 7 期。
[3] 参见席欣然、张金钟:"美、英、法代孕法律规制的伦理思考",载《医学与哲学(人文社会科学版)》2011 年第 7 期。

40 岁有婚史的妇女，且需经过严格的身体检查；③严格禁止商业代孕，以避免代孕商业化所带来的弊端；④代孕者与委托夫妻间产生利益冲突时，采用"子女最佳利益原则"来解决；⑤亲子关系认定上，不采用"分娩者为母"的原则，而采用"血统主义"，若血缘上非委托夫妻之子女，则依照利益风险分担原则由委托夫妻承担。[1] 不过，到目前为止，上述文件尚未正式通过。

（四）我国关于代孕的法律态度及未来发展方向

1. 我国关于代孕的法律态度。我国《人类辅助生殖技术管理办法》第 3 条第 2 款规定，禁止以任何形式买卖配子、合子、胚胎。医疗机构和医务人员不得实施任何形式的代孕技术。据此普遍认为，我国对代孕持全面禁止和否定的态度。

不过，也有学者认为[2]，上述规章并未对"代孕"或"代孕技术"的含义作出解释，而且禁止的人员仅是"医疗机构和医务人员"，而非医疗机构和非医务人员（如大学的医学实验室及其工作人员）实施代孕技术并不违法。这种理解似乎有点牵强，因为《人类辅助生殖技术管理办法》第 3 条前段明确规定，人类辅助生殖技术的应用应当在医疗机构中进行，以医疗为目的，并符合国家计划生育政策、伦理原则和有关法律规定。事实上，难以合法存在医疗机构和医务人员外的辅助生殖技术的应用。

2. 我国代孕法制的发展展望。应当指出，虽然现阶段我国法规规章明确禁止医疗机构和医务人员实施代孕技术，但代孕现象在我国民间以各种隐秘或灰色的形式存在，且需求很大，代孕中介网站如香火代孕网、AA69 代孕网、如家代孕网、新星代孕网等非常火爆[3]，各种代孕广告也以各种形式在社会上散发。总之，虽然法规规章明令禁止代孕行为，公众和学者谴责代孕，但现实中，代孕需求旺盛，市场火爆。在此背景下，始终全面禁止代孕行为，可能并非理性的选择，综合域外代孕立法经验和发展趋势，有条件地放开才应当是我国代孕法制的发展方向。我国未来有条件放开代孕法制时应坚持以下几个关键原则：①严格限制委托代孕的人群范围，应限于治疗目的；②严格限制代理孕母的人群范围，以保证所孕育子女的健康；③严禁商业性代孕；④设定专门机关、进行严格审查和专门许可，确保代孕法律秩序；⑤应确立"子女最佳利益原则"，全面切实保障子女的权益。

四、我国辅助生殖的法规体系、基本原则和制度

（一）我国辅助生殖的法规体系

2001 年，我国卫生部颁布了《人类辅助生殖技术管理办法》（以下简称《办法》）和《人类精子库管理办法》，这是我国现行的关于辅助生殖的最重要的规范性

---

[1] 参见李善国、倪正茂、刘长秋：《辅助生殖技术法研究》，法律出版社 2005 年版，第 123 页。
[2] 参见任汝平、唐华琳："代孕的法律困境及其破解"，载《福建论坛（人文社会科学版）》2009 年第 7 期。
[3] 李立宇、陈巧思："代孕网站明码标价揽客 出 20 万可'自然受孕'"，载《海峡导报》2009 年 12 月 10 日，第 A5 版。

文件。同年，卫生部发布了《人类辅助生殖技术规范》《人类精子库基本标准》《人类精子库技术标准》《实施人类辅助生殖技术的伦理原则》四部文件，主要从技术和伦理的角度对辅助生殖活动进行规范。2003 年，卫生部组织专家对这四部文件进行修订，颁布了《人类辅助生殖技术规范》（以下简称《生殖技术规范》）、《人类精子库基本标准和技术规范》和《人类辅助生殖技术和人类精子库伦理原则》（以下简称《伦理原则》），进一步明确和细化了技术实施过程中的伦理原则。

（二） 我国辅助生殖的基本原则和制度

1. 医疗目的原则。人类辅助生殖技术的运用应以医疗为目的，严格限定技术的使用范围，防止技术滥用而致不可控的后果。《办法》第 3 条前段规定，人类辅助生殖技术的应用应当在医疗机构中进行，以医疗为目的，并符合国家计划生育政策、伦理原则和有关法律规定。

2. 禁止代孕原则。我国法秉持全面禁止代孕的原则，无论是商业代孕还是非商业代孕。《办法》第 3 条后段规定，医疗机构和医务人员不得实施任何形式的代孕技术。此外，《办法》第 22 条还规定了擅自实施代孕技术的行政处罚和刑事处罚条款，严控违规实施代孕。

3. 行政许可原则。开展辅助生殖技术的医疗机构须满足苛刻的条件，并经卫生行政部门审批；未经批准，任何单位和个人不得实施辅助生殖技术。《办法》第 6 条规定了开展辅助生殖技术的医疗机构应当具备的条件，主要包括人员条件、技术设备条件、伦理审查条件等。《生殖技术规范》更是对上述条件予以了进一步细化。《办法》第 12 条规定，人类辅助生殖技术必须在经过批准并登记的医疗机构中实施。未经卫生行政部门批准，任何单位和个人不得实施人类辅助生殖技术。

4. 知情同意原则。实施辅助生殖技术须贯彻知情同意原则，务必详细告知，保障申请人的知情权和自主选择权。《办法》第 14 条前段规定，实施人类辅助生殖技术应当遵循知情同意原则，并签署知情同意书。《伦理原则》对知情同意原则进行了细化，规定：①人类辅助生殖技术必须在夫妇双方自愿同意并签署书面知情同意书后方可实施；②医务人员对人类辅助生殖技术适应症的夫妇，须使其了解，实施该技术的必要性、实施程序、可能承受的风险以及为降低这些风险所采取的措施、该机构稳定的成功率、每周期大致的总费用及进口、国产药物选择等与患者作出合理选择相关的实质性信息；③接受人类辅助生殖技术的夫妇在任何时候都有权提出中止该技术的实施，并且不会影响对其今后的治疗；④医务人员必须告知接受人类辅助生殖技术的夫妇及其已出生的孩子随访的必要性；⑤医务人员有义务告知捐赠者对其进行健康检查的必要性，并获取书面知情同意书。

5. 伦理审查制度。辅助生殖技术关涉人类基本伦理道德，伦理审查是辅助生殖技术实施的重要条件。《办法》第 6 条规定，实施辅助生殖技术的医疗机构须设置医学伦理委员会。《办法》第 14 条后段规定，辅助生殖技术实施中涉及的伦理问题，应当提交医学伦理委员会讨论。《伦理原则》对伦理审查制度进行了细化，规定：

①实施人类辅助生殖技术的机构应建立生殖医学伦理委员会,并接受其指导和监督;②生殖医学伦理委员会应由医学伦理学、心理学、社会学、法学、生殖医学、护理学专家和群众代表等组成;③生殖医学伦理委员会应依据上述原则对人类辅助生殖技术的全过程和有关研究进行监督,开展生殖医学伦理宣传教育,并对实施中遇到的伦理问题进行审查、咨询、论证和建议。

6. 保密制度。实施辅助生殖技术的相关人员须恪守保密义务,并建立完善的保密机制。《办法》第16条规定,实施人类辅助生殖技术的医疗机构应当为当事人保密,不得泄露有关信息。《伦理原则》对此进行了细化,规定:①凡使用供精实施的人类辅助生殖技术,供方与受方夫妇应保持互盲、供方与实施人类辅助生殖技术的医务人员应保持互盲、供方与后代保持互盲;②机构和医务人员对使用人类辅助生殖技术的所有参与者(如卵子捐赠者和受者)有实行匿名和保密的义务;③医务人员有义务告知捐赠者不可查询受者及其后代的一切信息,并签署书面知情同意书。

第三编 域外卫生法

第十一章 法国卫生法

第一节 法国卫生法概述

一、卫生法的概念

法国按照世界卫生组织对健康的定义，对卫生及卫生法做广义理解。健康是指一个人在身体、精神和社会等方面都处于良好的状态。在法国，"无病即健康"的传统健康观如今已为包括躯体健康、心理健康、社会健康、道德健康、环境健康等内容在内的现代整体健康观所取代。这就意味着，健康不仅指没有疾病或病痛，而且是一种躯体、精神和社会角度的全方位的良好状态。也就是说，健康的人不仅要有强壮的体魄和乐观向上的精神状态，还能够与其所处的自然环境及社会和谐共处。

法国卫生法的调整范围十分广泛。不仅包括传统的医疗法，如医疗职业法、医疗机构法、医患关系法等，还包括为大众提供身心健康保障的药事法、生命伦理法，甚至包括与人类健康密切相关的动物健康法。

二、公共卫生体系及卫生法的历史发展

卫生（健康）既是个人问题，也是集体事务。卫生的集体性和公共性使得"公共卫生"概念逐渐形成。法国的公共卫生体系历史久远，其现行制度居于世界前列[1]。该体系始建于20世纪40年代。自20世纪60年代起，法国对其公共卫生体系进行了系列改革，工程浩大，影响深远。

---

[1] 其国民平均预期寿命83.6岁，位列34个发达国家第二。资料来源：中国网：http://news.china.com.cn/world/2014-06/26/content_ 32777330.htm。2000年6月，世界卫生组织发表一份名为《2000年世界卫生报告：争取一个更为优良的卫生体系》的报告，首次将其成员国的卫生体系做了一个排名。而法国排名第一，中国位居第144位。

在公立医疗机构产生之前，基督教收容所扮演着公共卫生提供者的角色。那时的收容所由教会管理，具有强烈的宗教色彩，不仅接纳朝圣者，也为病人提供医疗救助。由于医疗技术较为先进，这些教会机构当时在很大程度上承担起医疗社会职能。自中世纪末至18世纪初，法国医疗机构的宗教色彩越来越淡。1789年的资产阶级大革命后，法国实行医疗机构国有化，教会不再管理医院和收容所，国家变成了公众健康的保障人。

从19世纪开始，法国在大力发展卫生事业的同时，开始注重卫生法律制度建设。1902年2月15日，法国颁布了首部省市级医疗监督框架性法律；1920年，法国设立卫生部，为公共卫生事业发展提供组织上的保障。维希政权时期，法国颁布了《公共卫生法》，进一步肯定了政府在保障公众健康方面的作用。

19世纪中叶，法国开始建立劳动社会保障制度，以满足医疗保健的社会化需求。1893年，法兰西第三共和国颁布《免费医疗救助法》，承认穷人也享有获得医疗服务的权利。1898年的《工伤事故法》规定了劳动者的职业风险赔偿范围。借助1928~1930年间颁布的一系列法律，法国普及了对全体劳动者的强制性社会健康保险。1945年以来，为了扩大保障范围，法国逐步建立起全民医疗系统，特别是1999年颁布的旨在保障低收入群体的医疗普及制度（CMU）。

在完善公立医院体系和医疗卫生规划的同时，法国自20世纪90年代起开始在卫生领域开展地方分权改革。1996年起，由大区管理局（ARH）负责组织和管理本地区的医疗体系。2009年7月21日的《医院改革和医患关系法》更是从医院分布及医生配比、就医便利性、公共卫生和预防措施、区域卫生协调等四个方面向全体国民宣示了法国进行公共卫生体系现代化改革的决心。

三、卫生法法律渊源

法国是一个传统上实行公、私法分立的国家，其卫生法既包括公法规则，也包括私法规则，属于典型的组合法范畴。随着欧洲一体化进程和全球化步伐的加快，法国的卫生法日益呈现出欧洲化和国际化趋势。

（一）《公共卫生法典》

法国早在1935年就尝试着在公共卫生领域推进法典化，但《保健法典》的法案最终不了了之。法国真正意义上的卫生法法典化以1951~1953年间起草的《药物法典》为始点。该法典颁布于1953年10月5日，最初只有七百余条，经过半个多世纪的修改，如今的《公共卫生法典》已包含近万个条款。

1988年12月20日，法国通过《人体试验受试者权利保护法》，规定了独立于医疗过失责任的人体试验赔偿责任。1991年7月31日，法律修订了法典中有关医院管理方面的条款。1994年7月29日，法国颁布《生物伦理法》，2004年8月6日又对该法律作出修改，明确禁止生殖性克隆和治疗性克隆。2002年3月4日通过的《病患权利和卫生体系质量法》将原本由宪法、民法等众多部门法分散加以规定的病患权利集中到《公共卫生法典》中，形成了较为完备的病患权利体系。2004年8月9

日通过的《公共卫生政策法》在落实公共卫生领域尊重卫生事业参与者首创精神、积极预防、长远规划、地方分权和网络协商的"5R规则"的同时,确立了降低酒精及烟草消费、降低肥胖率和增加体育运动的多年期工作目标。

从这些法律改革中,我们可以看出,法国的现代卫生法已大大超越传统医疗法范畴,越来越多地思考并调整生物伦理、卫生安全、生命终止、基因药物等新问题。

(二)《公共卫生法典》以外的重要法律渊源

1. 宪法。在1789年《人权宣言》及法国众多部宪法的序言中,有许多条款涉及国家在卫生和社会保障方面的职责。可以说,宪法其实是公共卫生法律制度产生和发展的摇篮。

在大革命期间,1791年9月3日《宪法》间接涉及社会保障问题。该《宪法》规定:"(国家要)建立公共救助机构,抚养被遗弃的儿童,减轻贫困残疾人的痛苦,为无法维持生计的健壮贫困人提供工作。"1793年《宪法》强调了共和国的社会责任,该《宪法》第21条规定:"公共救助是一项神圣的债务。社会对不幸公民的生存负有责任,或是为其谋得工作,或是保障无劳动能力者之生计。"而在1795年8月22日的热月党人《宪法》中,卫生则作为立法管理的目标,首次出现在《宪法》条文中:"法律尤其要监督涉及公序良俗、公民安全和卫生的职业。"(第356条)

1848年11月4日《宪法》序言中的表述反映了当时的意识形态,也与第二共和国时期的国家实践相一致。该《宪法》第8条规定:"共和国……必须通过兄弟般的帮助,保证贫苦公民的生存,要么使其在能力范围内获得工作,要么对没有家庭且无劳动能力的人给予救济。"第2章第33条规定,"在家庭困难的情况下,社会应向被遗弃的儿童、残疾人、无收入的老人提供救助"。至此,宪法文本确认了国家在必要时代替近亲属帮助弱势公民的责任。

在1946年10月27日《宪法》的序言中,第10条和第11条规定:"国家保障个人和家庭必要的发展条件。国家保障所有人,尤其是儿童、母亲、年老的劳动者的健康、物质安全、休息和娱乐。所有因年龄、身体或精神状况、经济状况而无法工作的人都有权从国家获得维持生计的适当手段。"

现行的1958年《宪法》虽然没有设立权利专章,却明确宣布"忠于1789年《人权宣言》所肯定的、为1946年《宪法》序言所确认并加以补充的各项人权和关于国家主权的原则"。宪法委员会随后也通过判例将1789年《人权宣言》、1946年《宪法》序言、共和国法律承认的基本原则、公共服务的持续性等作为宪法原则纳入1958年《宪法》中,直接或间接地调整着公共卫生问题。

2. 《环境法典》。公共卫生和环境状况息息相关。因此,《公共卫生法典》规定每5年必须制定一份《卫生与环境国家计划》。2004年,法国首次实施《卫生与环境国家计划》,扩展了公共行政的活动范围,更加全面、综合地考虑公共卫生领域的问题。针对提高认知水平、预防和控制与环境相关的公共卫生威胁,该计划采取了45项行动,明确了三个具体目标,即保证空气和水的良好质量、预防源于环境问题的疾病、更好地告知公众并保护敏感人群。同时，法国成立"环境与职业公共卫生安全署"（AFSSET），负责保证卫生安全并提供专业性意见；成立"国家公共卫生监测研究院"，负责持续监测人口健康状况，包括环境对健康的影响等。

法国《公共卫生法典》第1部分第3卷主要涉及卫生和环境的保护。饮用水质量是水资源保护的重要内容，该部分不可避免地要提及《环境法典》相关条文。《环境法典》规定，凡是与水资源开发、利用有关的活动和工程，必须申请许可证和事前申报，而"可能对民众健康和公共卫生造成危害、妨碍水流畅通、减少水源水量、显著增加洪水泛滥可能、对水域质量和多样性构成损害的设施、构筑物、工程及活动，必须取得行政当局颁发的许可证"。

3.《社会保障法典》。公共卫生问题离不开社会保障体系。法国是世界上较早建立社会保障制度的国家。法国的《社会保障法典》发端于《公共卫生法典》，如今二者相互独立。其原因在于：在法国的立法体系中，二者的资金来源和组织规则不同，管理体系也相互独立。

在法国的《社会保障法典》中，有相当数量的条文涉及社会救助、医疗机构的资金来源和医疗费用的报销，还有一些条文涉及医疗保险费用、医疗保险机构、卫生预防和教育以及医疗监控。在医疗保险方面，经过多年努力，法国建立了以基本医疗保险为主、补充医疗保险并存的多层次医疗保险体系。其中，基本医疗保险是全体国民必须参加的，补充医疗保险则是自愿参加。从报销的医疗费用来看，基本医疗保险占75%左右，补充医疗保险占12%左右，个人自付比例为13%左右；从医疗保险的筹资角度来看，基本医疗保险资金的58%来源于雇主和个人缴费，36%来源于社保税收，只有6%的经费由政府财政支持（这部分费用主要用于对经济困难人员的资助）[1]。法国在2000年建立的医疗普及制度使得几乎所有的社会职业和贫困人群受益。根据有关资料，法国医疗保险覆盖率目前约占总人口的99%左右。在社会保障支出中，医疗保险部分的支出大约占总支出的40%左右。根据参保对象，法国医疗保险可以分为：领薪者医疗保险，包括公务员、企事业单位以及无收入的配偶子女等；非领薪者医疗保险，包括手工业者及自由职业者等；农村医疗保险，包括农业从事人员。因此，法国社会保险制度也包含针对此三种对象的制度：一般制度、独立劳动者社保制度和农业社会医疗保险互助会制度。

4.《民法典》。20世纪以前，法国的公共卫生法与民法没有任何联系。随着生物医学在法律与道德方面引发争论，以及生物技术风险责任等问题的出现，越来越多的法律将自然人的民事权利和卫生权利紧密联系起来。这种联系始于1994年7月29日的《人体保护法》[2]。《民法典》对人体保护提出了基本原则，而这些基本原则的落实则需要《公共卫生法典》加以规定。根据2002年3月4日的《病患权利和卫生

---

[1] 梁毅贺聪："法国医药管理体系简介"，载《中国医药报》2011年8月5日，第5版。
[2] Loi n° 94–653 du 29 juillet 1994 relative au respect du corps humain.

体系质量法》，医疗合同被作为特殊合同规定在《民法典》中。《公共卫生法典》第一卷规定了病人的权利。而在民事审判中同样能找到有关医疗赔偿的案件，如因医疗方案失败而遭受损失的患者可以向民事法院起诉，请求赔偿。

实际上，卫生和医疗是民事权利的重要组成部分，而医生的作用也开始渗透到民事关系的方方面面，如对未成年的监护、民事责任的承担、理赔权的实现，甚至成为缔结婚姻关系和劳动关系的条件之一。

四、卫生法体系

按照法国《公共卫生法典》的篇章结构，法国卫生法通常被分成六个模块，分别是：

1. 一般卫生保护法。这部分内容通常涉及个人卫生保护（主要围绕患者法律地位与权利、医疗风险防范及责任承担）、人体器官及组织的捐赠与使用、卫生和环境、卫生管理体制等内容。

2. 生殖健康、妇女及儿童卫生保护法。这部分主要涉及妇女和婴幼儿卫生的保护和促进、人工辅助生殖、人工流产、儿童疾病预防、胚胎和胚胎肝细胞研究等内容。

3. 疾病与瘾疾防控法。根据疾病类型的不同，这部分可分为抗遗传病、抗精神病、反饮食失调类疾病、反酒精类、毒品类疾病以及在打击和治疗性犯罪方面的公共卫生政策和相关举措。

4. 卫生职业法。除了关注卫生从业者间的合作以及用以保障卫生从业者职业持续发展的资金管理等基础性、总括性问题外，《公共卫生法典》分别对医师、药剂师、医疗辅助人员等不同卫生职业人员的法律地位、职业资格和行业管理作出了规定。

5. 卫生产品法。这部分主要包括药品管理法和医疗器械管理法。

6. 卫生机构及服务法。这部分除了规定医院等公立、私立医疗机构外，还规定了公立、私立的医学化验、检验机构，同时还对紧急医药救助、不间断医疗服务、救护交通工具、远程医学等卫生服务予以规定。

第二节　卫生产品法律制度

《法国公共卫生法典》的第五部分的名称为"卫生产品"。这一部分作了细化：第一部分是"药品"，进一步细分为"药物"和"其他产品及规范药剂"；第二部分是"医疗设备与其他有益于公共卫生的物品"。药品行业存在着双重性：一方面它是被垄断且同时存在强烈竞争的领域；另一方面是完全私营的、自由的、商业的、产业的领域，同时受国家、公法人、公权力严格监管的领域[1]。

一、药品、其他卫生产品及医疗设备

（一）人用药品

药品的概念在法国实证法中主要体现在《公共卫生法典》第 5111 - 1 条中。近年来，在技术进步及立法向大量产品扩展的双重影响下，药品的概念呈现不断复杂化的趋势。

1. 初始定义。"药品"定义首先体现在《公共卫生法典》的第 5111 - 1 条第 1 款："药品是指所有对人类或动物有治疗或者预防作用的物质及构成。"药品的概念一方面与产品成分联系密切，另一方面与其被赋予的功效（而非实际功效）产生关联。

2. 对初始定义的补充。"药品"概念随着科研深入不断扩大，逐渐加入如下一些内容：①具有医疗用途，基于功能扩大被视为药品；"在进行药理学、免疫或代谢活动中，为确立医疗诊断，或为恢复、缓和或改变生理功能，可以用于人类或动物的，或可以对其用药的所有产品及构成的"，都视为药品[2]；②基于物品构成被视为药品，用于其构成配方的物质属于营养品的范畴；"在其构成中含有自身不属于药物的化学或生物物质，但是因其出现使得物质或是具有了利于治疗的特殊研究属性，或是具有了实验餐的特性"[3]；③在"情况不明时"时，被视为药品；"鉴于其全部特性，当产品可能既符合药品的定义，又符合欧盟或国家法律所规定的其他产品种类的定义时"。目前有条文明确规定被视为药品的卫生产品如下：

（1）"可以消除吸烟欲望或减少烟瘾的产品被视为药品"（《公共卫生法典》第 5121 - 2 条）。

（2）血液产品中仅有一部分是药品，即"血液衍生品"（《公共卫生法典》第 5121 - 1 条）；此外，以工业方法冷冻的鲜血浆为药品[4]。

（3）组织、细胞、人体产品及其衍生品遵从特殊药剂或其他工业制成药品制度。值得注意的是，《公共卫生法典》第 5111 - 1 条第 3 款指出用于场所消毒或用于假牙的产品不属于药品。

（二）其他产品及规范药剂品

《公共卫生法典》中这一类别包括如下几类：化妆品[5]、文身产品[6]、有毒物质或制剂、避孕用品及会造成人工流产的产品、用于特殊医疗目的的营养食品、用

---

[1] V. not. Droit pharmaceutique, C. Maurain et M. Belanger, dir., LexisNexis, sous reliure mobile.
[2] 《公共卫生法典》第 5111 - 1 条第 1 款。
[3] 《公共卫生法典》第 5111 - 1 条第 2 款。
[4] CE, 23 juill. 2014, Soc. Octapharma France, n°349917, Lebon p. 243, RDSS 2014/6p. 1110 note J. Peignié.
[5] 《公共卫生法典》第 5131 - 1 条及其后条款。
[6] 《公共卫生法典》第 5131 - 10 - 1 条及其后条款。

于制药的原料、微生物及毒素。值得注意的是，这份清单具有混杂性，其中也包含一些药品。如此一来，相关产品用途广泛，其适用条文也数量众多。在法律规范层面可能会导致卫生范围的延伸，需国家药品和卫生产品安全局对其进行类别解释并予以监管。

（三）医疗设备及"其他有益于公共卫生的规范产品或物品"

同上一类别相同，这也是《公共卫生法典》规定的比较混杂的种类。公共卫生法典第5211-1条有明确规定，指出适用这些医疗设备的目的："第1款关于诊断、预防、检查、治疗或缓和疾病；第2款关于诊断、检查、治疗、缓和或弥补伤口或障碍；第3款关于研究、取代或改变组织或生理过程；第4款关于人工辅助受孕。"

此外，《公共卫生法典》第5231-1条及所涉及的产品或物品是与婴儿相关的物品、用于清洁餐厅厨房器皿的产品，以及用于人体其他服务；如理发师、指甲修剪师、修脚师、按摩师的职业用品也在此类物品之列。然而，由于立法的基础在于规范医疗设备，无法应对此类设备越发多样化、数量逐渐增多，因此，立法层面显得比较匮乏，实践中，大量行政规章用以补充规范。

二、国家药品和卫生产品安全局的监管职权

前一节中涉及的所有产品和物品都属于国家药品和卫生产品安全局监管权限范围（《公共卫生法典》法律部分第5311-1条），且该权限逐渐被立法者予以扩大。

（一）监督的产品

1. 国家药品和卫生产品安全局，对人用卫生产品或化妆品的使用，进行益处与风险的评估，监督产品风险并重新评估益处与风险。

2. 国家药品和卫生产品安全局参与法律规章的实施，并在特别条文规定的情况下，在涉及人用产品或化妆品的评估、实验、生产、预防、进口、出口、批量发行、包装情况、保存、经营、投放市场、宣传、使用时，可作出决策。

3. 国家药品和卫生产品安全局针对下列产品履行监管职责（下文中缺少序号的条文是已废除的）：

"①药品，人用包括杀虫剂、杀螨剂及抗寄生虫剂，处方、医院及法定处方药剂、麻醉、精神的物质或其他医用有毒物质，香精油及草药，用于制药的原材料；②避孕以及产品；③生物材料及医疗设备；④试管诊断的医疗设备；⑤不稳定的血液产品；⑥器官、组织、细胞以及出自人体或动物的产品，包括通过外科介入提取的情况；⑦用于医疗的细胞产品；⑧人奶供应站收集、定性、准备及保存的母乳；⑨用于保养及使用隐形眼镜的产品；……⑪在《公共卫生法典》法律部分第3114-1条所规定的情况中，用于清洁场所运输工具的方法及器具；⑫附属医疗产品；……⑭无矫正度数的隐形眼镜；⑮化妆品；⑯《公共卫生法典》法律部分第5139-1条提及的微生物及毒素；⑰文身产品；⑱不属于医疗设备运用《公共卫生法典》法律部分第6211-2条第3款，而产生效用、解释及相应联系时以及将结果存档时，为了进行生物医疗实验，而用于生物医疗实验室的软件；⑲不具有严格医疗目的，为进行生物医疗实验而用于生物医疗实验室的设备;⑳有助于处方的软件及有助于分发的软件。"

(二)职权

1. 市场投放监管。国家药品和卫生产品安全局具有对市场投放进行监管的权力。《公共卫生法典》第5312-1条规定,"满足特殊条件下,可以限制或暂停实验、生产、调制、进口、开发、出口、批量发行、包装情况、保存、免费或有偿投放市场、宣传、使用、处分";依据第5311-1条,国家药品和卫生产品安全局管理产品或产品组合的发放、投放市场,投入服务或使用前进行管理登记。当该产品或产品组合,要么在正常使用情况下或合理可预见的情况下,表现出或可能表现出影响人类健康的危险;要么在违反其适用的法律或规章条款的情况下投放市场的,国家药品和卫生产品安全局可以叫停;国家药品和卫生产品安全局可以在有严重危险或疑似严重危险的情况下,禁止上述所有活动。

2. 责令撤出市场或销毁产品。在上述全部情况下,国家药品和卫生产品安全局也可以命令生产者或发行者撤出市场或销毁产品,以及保管或预留产品(《公共卫生法典》法律部分第5312-3条),而生产者或发行者也应承担其自身造成的警告及监管措施所产生的费用(《公共卫生法典》法律部分第5312-4条)。

3. 处罚。国家药品和卫生产品安全局可以对《公共卫生法典》法律部分第5311-1条涉及产品的生产者或销售者作出处罚,这些处罚与所查明的过失严重性须一致(《公共卫生法典》法律部分第5312-14-1条及规章部分第5312-2条)。

三、药品的法律制度

药品的法律制度旨在保护消费者健康及控制药品消费价格。

(一)成药之市场准入许可

"所有成药或其他所有工业制药都应在其免费流通或发行前获得市场准入许可。"(《公共卫生法典》法律部分第5121-8条第1款)市场准入许可有效期为5年,可申请再次延长。市场准入许可的持有者若不履行法律或规章责任,将面临经济处罚、刑事处罚或职业纪律处分。准入有几种不同程序:

1. 仅涉及在法国许可的颁发,由国家药品和卫生产品安全局局长以国家名义发放。出现下列情况,拒绝授予这一许可(《公共卫生法典》法律部分第5121-9条):①当药品"实际治疗效果与风险比"被认为是弊大于利的;②或者其不具有构成质量或宣称的质量;③或者宣称的治疗效果不足;④当病历与最高行政法院判决所规定内容不符时。

2. 允许在众多欧盟成员国或欧洲经济部门获得市场准入许可后在法国适用;若在一个成员国获得市场准入许可,适用各国相互承认程序,通过《公共卫生法典》规章部分第5121-21-1、2条转移到法国;在相反情况下,适用《公共卫生法典》规章部分第5121-51-3条,若某一成员国不授予,则各国不得互相协调,只能向欧洲药品局提请"仲裁"予以解决。

3. 依据欧洲议会和欧盟理事会（EC）第 726/2004 号规章，建立人用及兽医用药的许可及监管共同程序，成立欧洲药品局。这使得欧洲委员会可以在欧洲药品局的同意下颁发市场准入许可。该许可适用于所有欧盟成员国，其国家机关（在法国是国家药品和卫生产品安全局）不得介入。

（二）药品监管

自 1980 年起，药品在进入市场后，需要遵从药品警戒。为了监管、评估、预防及管理因使用药品或产品而产生不良反应的风险，药品警戒应允许必要措施的快速介入，以避免真实危险的发生。药品警戒的国家体系由国家药品和卫生产品安全局、地方药品警戒中心以及卫生健康职业成员，在国家管理机关协助下及欧洲药品局的管理下组成。

（三）责任

国家责任基于颁发市场准入许可对消费者负责。以前是基于严重错误才负责，如今基于简单错误则必须负责，法国判例法明确生产者的错误并不构成免除国家责任的理由。

四、药品的零售

药品的零售在法律上是复杂的，其既是受一定公法秩序管理的活动，又是一项具有私法自治的商业活动。药品零售由药剂师进行，属于垄断范围；药品的零售需遵守严格的规定。药品零售受到公共卫生药剂检查员或 ARS 检查员的监管，涉及零售药品及卫生产品的责任过失可能会受到经济、纪律及刑事处罚。

（一）从事职业

药剂师执业须满足以下三个条件（《公共卫生法典》法律部分第 4221 - 1 条）：

1. 法国或欧盟成员国或是欧洲经济协定成员国颁发的药剂师证书持有者。

2. 拥有法国国籍或来自欧盟成员国、欧洲经济协定成员国（特殊情况下来自其他国家）。

3. 在药剂师范围内进行了登记。特殊情况下，部长也可以颁发给不满足国籍或证书条件的人员[1]。

（二）药品垄断

《公共卫生法典》第 4211 - 1 条规定了有利于药剂师的职业垄断。垄断的范围超出了药品的概念，不仅包括制剂，也覆盖列入药典的草药的销售；此外，香精油的零售及所有面向公众的发行之稀释液、婴儿的营养乳制品，处于第一阶段儿童的饮食产品等也包含在内。违反垄断构成非法从事药行业的轻罪，受《公共卫生法典》法律部分第 4223 - 1 条规定处罚。

（三）药品管理

1. 责任。药剂师个人对药品发放负责，其应对医生开出的药方严格监管。药剂

---

[1] 参见《公共卫生法典》法律部分第 4221 - 9 条及其后条款。

师应在合法且符合规章的条件下，设法提供所要求的全部获得市场准入许可的药品。可以在医生同意的情况下，用其他药品替代医生开的药品，而当两种药品属于同一类时，可以不经医生的同意。

2. 价格及医疗保险。社会保险代付的药品价格不能自由生成和增减。药品价格的订立通过生产者与卫生产品经济委员会协商确定；在缺乏协商时，由委员会作出决定，且相关部长在委员会决定后的 15 天内没有提出反对，价格可确定。价格的确定主要考虑药品提供量和医疗服务的提升，医疗经济演变产生结果时，用于同等治疗的药品价格、预期或观察到的销售数量，以及可预见的或真实的药品使用情况。

药品可以提供医疗保险报销。依照部长命令将可报销的药品列表并登记，并征得透明委员会的同意。由于财政负担日益沉重，为了减少医疗保险的亏损，公共机关降低了可报销药品的价格，并且通过将列表限于医疗服务不足的情况来减少用量。宪法委员会不反对立法者有权改变报销机制，但认为判决规章不应将可报销药品的价目表定的水平过低，从而强化卫生保障的合宪性要求[1]。

第三节　卫生机构法律制度

一、卫生行业公会制度

诚然，卫生法律关系中存在多重主体关系，既有垂直的行政管理关系，也有水平的权利实现关系，因此，卫生法也兼具公法和私法成分：一方面，健康本质上是个人状态和事务，卫生法本质上具有尊重自由意志契约性，是患者和专业人员两类私人间的关系；另一方面，因为卫生法也具有公法属性，要求国家对个人行为进行干预以保障健康良善之公共利益，因此也允许公权力以多种形式介入卫生事务。公共卫生系统的一部分是公立医院，如今被称为公共卫生机构，由公权力来管理。公权力也执行一些公共卫生政策，例如，为了预防流行病，进行入境产品监管和教育预防。公共卫生职业涉及由公共当局授权的提供医疗服务的人员，其一方面涉及医疗职业（涉及医生、牙医和接生员）以及制药方面的职业（在药房、企业或医院执业的药剂师）；另一方面，涉及辅助医护人员，即护士或物理治疗按摩师。上述职业均受行业和法律监管。

（一）行业公会

在法国大革命之前，卫生行业都在国家干预之外，只有管理医生组织的医生行会及负责管理卫生行业的大学。随着法国大革命和民众对中介机构的不信任，政府当局开始组织卫生行业，人们期望卫生行业从业人员具备两种品格：从事该行业的才能及品行（道德义务）。因为医生对其患者具有权威的地位。这种道德义务出现在

---

[1] Décis. n°2002-463 DC, 12 déc. 2002.

许多行业中，如律师行业。政府当局首先是通过组织行业公会，其次通过组织某些证书的发放介入组织卫生行业。正式制定医生行业公会的法律颁布于 1940 年 10 月 7 日。

除了医生行业公会，法国先后成立了 6 个医疗和辅助医疗方面的行业公会，包括：牙科医师公会，接生员公会，药剂师公会，理疗按摩师公会，手足病医师公会，护士公会。然而，长期以来，行业公会的性质问题是私有还是公有，存有争议。1943 年 4 月 2 日最高行政法院判决行业公会负责公共服务的任务，最高行政法院承认其具有规章条例制定权，但此类规章条例制定权不是普遍的，而是公会对自身组织和行业监督的权力（例如，对于根据进入某行业和该行业的纪律，委员会对专业人员具有纪律惩戒权）。关于行业公会的性质，没有确切的答案，但判例法仍倾向于认为其具有负责公共服务的私有属性。

（二）行业公会的组织

1. 医师公会的组织。正如其他公会一样，医师公会有一个金字塔形的组织，从公会省委员会到公会大区委员会，再到公会国家委员会。

（1）省委员会。在各级委员会中，由医师大会选出任期 6 年的专业人员。由 9～21 名成员（巴黎有 24 名成员）组成省委员会，大会则是由所有注册在录的医生组成。须在公会注册至少满 4 年才能成为委员会成员，委员会每 3 年改选 1/3。

在省委员会内部，没有直接司法意义上的纪律惩戒机构，只设置调解委员会，调解病人和医生之间的纠纷。

（2）大区委员会。大区委员会成员由省委员会选出，而非大区医师选出。任期 9 年，为保持连续性和稳定性，也是每 3 年改选 1/3，由大区委员会选举或重选其会长。大区委员会内设初级纪律委员会，具有司法意义上真正的纪律惩戒职能，初级惩戒委员会由最高行政法院指定行政法院或上诉行政法院一名法官主持，监督大区委员会纪律惩戒职权的运行。

（3）公会国家委员会。国家委员会由《公共卫生法典》第 4132 - 1 条创设，是一个具有国家权限的组织运作良好的重要机构。由省委员会选出 46 名成员，其中，海外代表 4 名，国家医学院代表 1 名。在国家委员会内部，由卫生部部长任命一名国家委员。

在国家委员会内部设有全国纪律委员会（chambre disciplinaire nationale），是大区公会纪律委员会决定的复议机构，该委员会由最高行政法院法官主持。在法律意义上规范医生行为，进行必要的纪律处罚，预防医生作出非正当和非法的诊疗决定。全国纪律委员会公会国家委员会选举 12 名成员组成，任期 6 年，每 2 年改选一次。

2. 其他公会的组织。对于其他医师公会，同样有极其严密的不同的金字塔体系。例如，由于接生员的数量少于医生，因此大区间设置可以互相援助的接生员协会。对于护士，也有和医生一样的组织，即护士公会，但由于其从事职业的范围不同，因此与医师公会略有差别。药剂师公会也根据其从事职业的范围进行不同事项的监管。

（三）行业公会的具体职权范围

如前所述，行业公会不具备普遍规章条例制定权，仅具有由政府当局列出的有限职权。该权限主要包括制定有关行业组织的规定、适用纪律惩戒方面的规则和在公共机构中的代表问题。

1. 参与制定行业规则。公会以不同的方式制定规则。首先，制定行为守则，即研究什么样的人适合该行业。该守则既包括具有普遍性的基本原则，也有极其明确和具体的规定。例如对医生酬金的控制非常严格。其次，公会也注重职业道德规则，保证职业自身的形象。例如，保守医疗秘密，即对患者病情绝对保密及尊重隐私。具体程序为公会制定道德规范，道德规范通过最高行政法院成为政令，并经过委员会同意后生效。

2. 适用行业相关规则。公会在适用该行业执业规则方面发挥作用，由公会决定医生工作的临时中止。例如，如果医生被传讯到卫生部，公会批准暂时停职，则该医生暂时不能从事其职业。然而，暂停执业不一定是纪律处分，后者涉及专业人员在哪些情况下不能再履行其职责（如酗酒、严重意外事故等）。

在纪律处分方面，公会作出的处罚不是行政判决，而是如轻罪法庭一样的司法处罚（1953年12月2日最高行政法院提出：将初审的司法权限转移给公会）。由于属于司法权限，因此，对当事人应适用保护性法律体系，纳入国家责任法律体系。正如2004年2月27日最高行政法院明确指出的：所有法国法院都以国家的名义主持正义。因此，若公会纪律处罚构成重大疏忽并造成损失，则不是医生公会的责任，而应由国家承担相应责任。

然而，公会的处罚权在实践中颇具争议，由于医生的行为可能同时触犯纪律和刑事法律，医生既可以被起诉到公会委员会纪律委员会，也可以被起诉到轻罪法庭。医生可能在轻罪法庭被判无罪，但不一定免除纪律惩罚。例如，有一名医生对死者尸体进行了实验，依据刑法典，"尸体的完整性受到保护"，虽尚未对刑事犯罪定性，这并不妨碍国家纪律委员会根据行为守则对医生进行制裁。

此外，如果刑事法官因医生对病人施暴而对其定罪，那么公会委员会则不可否认施暴行为。在这种情况下，公会也将制裁这种施暴行为。

纪律惩戒程序分以下几个阶段进行：

第一阶段为申诉。公会省委员会或公会国家委员会可自行决定是否受理。一般来说，由病人本人或其家属向省委员会提起申诉。如果病人出庭，公会省委员会首先进行调解，否则直接将诉状提交大区委员会。

第二阶段为预审。公会各级委员会必须预审病人的申诉，不能驳回未预审、未聆讯的病人之申诉。

第三阶段为审理和处罚。公会各级委员会经审理，可以决定是否作出处罚决定。若进行处罚，种类如下：警告，谴责，暂时中止工作（缓期或立即执行），终生不得从事该职业。2009年设置了新型处罚措施，公会可对医生下达培训禁令。

第四阶段为诉讼。如果省或大区委员会会驳回申诉请求，病人可以申诉至公会国家委员会，如若再次驳回，可以向最高行政法院提起诉讼。

3. 公共机构中担任职业代表的职能。长期以来，医师公会委员会都具有较大的政治影响力。公会委员会在政治决策中举足轻重。政府各部门进行医疗有关改革举措前，一般均须咨询公会委员会的意愿。然而，也有政治人物试图削弱公会的影响，认为其构成不利于行业发展的保守势力。

二、医疗卫生机构的法律制度

（一）医疗卫生机构及进行医疗活动的机构的执业许可

在法国公法中，事先获得行政许可义务属于例外情况。医疗卫生机构的执业属于法律上的自由权利，原则上，医疗卫生机构可以自由执业，无需政府批准便可自由进行医疗活动。而医疗卫生机构其实也是一个经济部门，所以也适用营业自由和竞争法。因此，确实存在基于自由原则而需要事先行政许可的例外。

在医疗卫生方面，以公共政策的必要性为由，可对营业自由和执业自由进行限制，但限制必须具有合法性。此限制有两个主要目标：①须旨在领土范围内自主规划医疗保健系统；②须设立对医疗保健活动的监管。

此限制已得到欧盟法院的认可：欧盟法院在2009年3月10日 Hartlauer 判决中提到："必须指出的是，为了整体利益而对营业自由进行限制是可能的，限制需要是适当的，确保能实现所追求的目标且不超出为达到这一目标的必要性范围。"从中我们就能找到设置事先行政许可和保障营业自由之间的比例原则。在法国法律中，此类限制受到刑法规范的认可，在《公共卫生法》第 L. 6125-1 条中得以体现，违反该条规定的可处以150万欧元的罚金。如果屡犯，则还有其他相应的刑罚。

1. 许可范围。事前许可范围是决定限制措施是否合乎比例的重要因素，欧盟法院主张限制必须与目的严格相符。到底何者需要获得事先许可呢？这也是一个现实问题。实体法旨在防范公共权力滥用，《公共卫生法》第 L. 6122-1 条中所列举的包括以住院和非住院两种形式进行的医疗活动都需要经过事前许可，该条规定，需要事先许可的医疗活动包括：医学，外科，妇产科，新生儿学，新生儿复苏，精神病学，术后康复护理，长期护理，器官移植和细胞移植造血，治疗大面积烧伤，心脏手术，等等。该列表也遭到一些学者的批评，认为其非常混杂：一方面，公权力对类似器官移植般非常繁重复杂的医疗活动进行监管是合理的；另一方面，这些监管活动也表明了对类似康复护理这类工作自由的可能的侵犯。

法律还补充说明了：需要行政许可才能开展业务的主体也包括所有配备重型设备的医疗机构。显然，在法律起草过程中，立法者着力公权力机构对此领域进行监管。《公共卫生法典》第 L. 6122-14 条给重型设备下了定义：所谓重型设备，指的是旨在为受伤、患病和怀孕妇女进行治疗时，只能在特别昂贵的安装和操作条件下使用，例如核磁共振成像或减压。

2. 许可的既定程序。该程序是相当严格和正式的。第一个因素是：执业许可的请求只能在区卫生所定义的期限内进行。这一期限需要与区卫生所关于医疗供应和人口需求的报告所规定的时间相吻合。授权申请需要准备复杂的技术文件，只有在符合区卫生所的资产负债表时才可受理。如果不满足区卫生所的条件而提出要求，就不可能成功设立一项执业活动。有时还需要等待在一些专门委员会就重型设备提出咨询意见之后，该区卫生所所长有6个月的时间来审核所提交的请求。这项决定将通过卫生部长逐级上交，最后呈至最高行政法院。

3. 许可条件。《公共卫生法》第 L. 6122-2 条规定：该项目必须满足按地方组织规划来确定的人口的需要，必须符合该规划的目标，且必须符合所有由法令决定的技术操作条件。因此，项目中必须存在有能够对目前技术进步作出反应的设备。

通过减损的方式，上述第三种条件仍然存在，但前两个条件可能被区卫生所忽略，所以还必须论证存在必要的公共卫生利益（如对突发和暂时需要治疗的风险或病理的必要）。此外，执业许可还取决于是否遵守医疗保险（关税、报销等）所规定的所有要求。

4. 许可效力。许可视为受益人的既得利益。区卫生所可暂时吊销、修改或撤回之前的授权许可，这并不是撤回或废除该许可，而是在受益人不遵守有关条件的情况下作出的纪律决定。

这一授权许可是受益人的一项财产权利，《公共卫生法典》第 L. 6122-3 条规定，授权许可受益人的财产可以在许可范围内有偿转让。该权利的让与是有偿的，但在区卫生所的监管下，必须根据事先设立的条件进行授权转让。关于授权许可的期限，最初许可是没有时间限制的，但自1991年7月31日法律颁布以来，授权许可已有固定且可变更的期限。对期限的确定是由于血液污染丑闻而引起的，从而对机构活动定期监管以增强管理。

到期后，可续期许可或不再续期许可。续约并不是默示的，需要对在授权许可期间的活动进行评估，许可的续期比最初的许可审查得更严格，也更难获得。在实践中，区卫生所在授权结束前大约1年收到评估报告。在收到评估文件后，如果区卫生所不作为，即默认接受该评估结果。否则，须由首先须由卫生部长和最高行政法院根据对授权许可的受益人施加的所有条件的多方面评估，方可拒绝许可续期。

《公共卫生法》第 L. 6122-11 条规定，如果授权许可的业务在3年内未开始执行，则任何授权均应视为失效（基于如果项目需要被履行而没被履行的事实）。

有关于暂停、修改或撤回义务的"纪律性"假设：区卫生所可以暂停正在执业的授权，因此申请许可人不能在暂停期间行使权利。区卫生所也可以单方面修改决定或撤回授权。《公共卫生法》第 L. 6122-13 条指出业务和滥用医疗存在着机能障碍的具体情况。

机能障碍出现时，应由区卫生所所长作出决定，区卫生所应向该机构提出纠正措施。如果不纠正，区卫生所将会撤回先前的授权许可，如果区卫生所认为该机构已经作出相应整改,则可再次许可该机构的业务活动。此外,如果机构对授权许可中的强制条件缺乏了解,区卫生所所长将会勒令其强制执行。另一种情况是对区卫生所规定的多年合同的目标和手段实现不足。机构没有实现量化的目标,在严格监管下,例如,处于公共利益的动机下,机构单方面修改授权许可是可行的。在这种情况下,在区卫生所和机构之间的协议存在着自相矛盾之处,在卫生部长采取行动前可以进行分级救济。

(二)适用于医疗卫生机构的法律制度

医疗卫生机构本身不仅仅是有关医疗活动的机构。无论是公立还是私立的医疗卫生机构,法律制度是相同的:这被称为公立或私立医疗卫生机构的共同制度。我们从以下四点来探讨:对医疗卫生服务的调整、国家监管、对患者的义务以及对活动质量的要求。

1. 对医疗卫生服务的调整。所有医疗卫生机构均须遵守本组织的规定以规范医疗服务。对此有两点依据:营业的行政许可和为了实现多年合同的目的和措施。

多年的目标和措施是卫生政策的一部分,这是区卫生所和卫生机构之间的行政合同。这些合同最长为5年,在合同中规定,在区域一级的各机构中存在卫生政策的战略方向。在这份合同中,有确定的目标,即强加于每个医疗卫生机构在病床、床位、药品、重型设施等方面的量化目标。

所有医疗卫生机构都必须遵守这些合同,使国家提供的医疗服务受到相应的管制。由于涉及公共利益,法国试图建立一种可持续的、覆盖全国的公共服务,以便让每个公民都有平等地接受医疗服务的权利。

2. 国家监管。《公共卫生法》第 L.6116 条第 1 款和第 2 款规定,任何医疗卫生机构均受国家监督。国家可以对卫生机构进行处罚,以确保其遵守所有应当适用的公共卫生标准。

一般来说,由区卫生所所长提议监管,但也可以由省长下令在各机构中派出专业代理人行使监管整个医疗服务的权力。例如,来自区卫生所或药剂师检查员、卫生和社会行动检查员、社会事务总督察的专家医生等。因此,存在着一系列专业人员对医疗卫生机构各部门进行干预和控制的情况。

3. 对患者的义务。自 1991 年以来,医院的病人获得了许多有关接受治疗的权利、享受高医疗质量的权利、减缓痛苦的权利、医疗信息的权利、以各种方式来保障其权利得到实施的权利。为了保证其权利真正得到实现,每个机构都有义务设立一个医患关系委员会。

患者的权利曾长期受到漠视,因为其总被认为是医生出于善意对患者的照顾。患者权利开始逐渐出现了双重面向:消极情况下,行政部门没有权力,患者被动接受治疗;积极情况下,行政部门可以干预治疗,患者可因此具有对抗政府的权利。

4. 进行医疗活动的资质要求。所有医疗卫生机构一方面都有义务进行自我评估,另一方面都受到外部监督。

（1）自我评估的义务。自1991年7月31日的法律以来，自我评估的义务就一直存在：《公共卫生法》第 L.6113-2 条规定，所有医疗卫生机构都必须制定一项评估其专业的规章制度，以便安排对病人的看管和有利于进行治疗的活动。根据这一规定，自我评估旨在赋予机构确保其医疗活动的质量和效力的权力。在以前的行政授权中就存在这种自我评估的义务，因此，这就意味着，在没有依照规章进行自我评估的情况下，行政许可将会被撤回。

（2）认证。1996年4月24日的《医院条例》最初设立了一个名为"认证"的程序，而2004年8月13日有关医疗保险的法规则重新规定了认证的资格与证明书的注册期限。这是一个外部评价程序，目的是要设立一个或多个专门对医疗机构的活动资质进行独立的外部评估的程序。当然对于评估也存在一个独立的限制，这就是其作为医疗卫生的最高权威认证程序的原因。

而对于认证中出现的问题——理论引起的技术和法律问题，以及这些评估的可裁判性问题，则需要分别处理。

关于技术问题，法国国家卫生管理局设立的参考基准常常面临医疗服务和机构本身的挑战。这就导致了法国国家卫生管理局必须建立一份认证手册，然而1138个标准中却有40例关于患者的病人的护理、病人的接收、死亡率等问题参考病例被拒绝的问题。

相关的法律问题与评估结果的报告是相联系的。从理论上说，评估不是强制性的，因此，与自我评估不同的是，一个机构可能不被要求从法国国家卫生管理局现有的评估中得到评价。在实践中，不提出申请的机构，会受到区卫生所的怀疑而被要求进行评估。

另一个亟须解决的法律问题是法国国家卫生管理局所做的公开报告。这是一份提交给区卫生所仅供参考的公开报告，而区卫生所并没有义务将这份报告考虑在内，因此本报告并不具有法律约束力，这是一种灵活的权力，只是基于机构声誉的不满，由此提出的上诉将不被受理。然而，公开报告仍然是一种对机构的控诉，且是一个影响机构声誉的决定因素。因为病人有选择权，对于一个机构的负面性公开报告将直接导致病人不接受该机构。但区卫生所也可以依靠这份报告来影响一项中止授权、撤回授权的决定。

三、医疗卫生行业人员

（一）医疗公职人员

共同规则决定了医院存在三种公职人员（国家的、地区的和医院的），而且每种公职人员都各有具体的规则进行管理。

对于医疗公职人员，规章可适用于全职人员或者兼职人员（至少在医疗机构中有半天的工时）。这类人员可以通过竞争性考试来选拔，也可以通过签订合同的方式来应聘。每个公职人员在其机构中均有职级，约有90万人属于这种医疗公职人员。在这90万人中，有不同的职级（A类、B类、C类），且在这些类别中也有各种不同的工作和指标。所有公职人员都受这些类别的约束。行政人员，也包括护理人员（但不包括医生和像护士、助产士、教育家、营养师、言语治疗师这样的药剂师）。还有医疗技术人员，如药房助理、实验室技术员或技术人员（技术维护、医疗卫生机构后勤保障服务或住院服务）。公共医疗机构可以招聘没有公务员职称的合同工。虽然理论上看就是招聘合同工，但在实践中，这种依靠合同来招聘公职人员的方式已有很大程度的发展，且规模基本上已经和私法领域的定期合同相差无几。

此外，在程序方面也有了很大的发展，这些合同工获得了公法层面的肯定，自1996年3月25日的权限裁定法院起就出现了：法庭于1996年6月3日宣判Berkani胜诉，该判例证明医疗卫生机构临时雇佣的合同工也属于公职人员，其管辖权归属于行政法院。关于支配着医院公职人员的规则问题，则存在一套可适用于所有公职人员的共同规则，如竞争性征聘、纪律规则，院长拥有相同的组织公共服务活动的权力。

由于公共卫生服务的对象是人类的健康，所以具有一定的特殊性，这种特殊性体现在适用于医院公共服务的具体特定义务、对罢工权利的限制、疫苗接种义务（《公共卫生法》第L.3111-4条）上。关于工作安排，特别是在安排日常工作节奏和每日工作时间上也有特殊性，对于工作时间的规制比其他公共服务行业要严格得多。最典型的例子就是强制义务和值班义务，即公立医院的公职人员不能拒绝被强加的每周、每晚、甚至每个周末的值班安排。在罢工权方面也有限制。最高行政法院1950年7月7日Dehaene的判决中提出了有关罢工权的宪法原则，但这一判决同时也规定了这一宪法权利受法定权力和公共秩序需求的限制。最高行政法院于1976年1月7日在奥尔良大区医疗中心一案的判决中提出：由行政法官对罢工权进行限制，且调和限制与基本自由的相称性。在发生罢工时，公共服务需履行最低限度的服务义务以及满足人们的潜在需求。

最高行政法院于2013年4月12日能源和矿产工会一案的判决中指出：最高行政法院将法定限制权赋予负责公共服务的个人。在该判决中，法国电力公司限制了在核电厂工作的公职人员的罢工权。鉴于其职业的特殊性，所涉及的法律制度比其他传统公共行业更为严格。

（二）机构内的医生和药剂师

机构内的医生和药剂师不属于医院的公职人员，虽然其拥有特殊的专业身份，但也不能被称为公务员。原则上，公职存在着一种等级制度，对机构内的医生和药剂师存在三种不同的区分。

1. 全日制主治医生。全日制主治医生不是公务员，而是公职人员。他们不经由合同聘用，而是被任命，并处于一个法定的主要位置。虽然是公职职位的拥有者，但并无官阶。这是受到了公职条例的影响，因为医院全职人员拥有公职职位，因此就可适用同公务员一样的规章制度，例如，在纪律处分方面的规章就与公务员相同。全日制主治医生的权利和义务也同公务员一样，如罢工权，且其也必须通过竞争来得到职称。有些岗位是需要参加考核才能被登记到公共卫生机构的候选名单中的。这种登记在册不等于就被招收或可以正式任职，因为之后还要由医疗卫生机构决定是否招录。医疗卫生机构享有选择招聘专业人士的自由，由此就可以在机构内组建出紧密合作的团队，也使处于候选名单上的专业人员之间形成一种竞争关系，与此同时，机构之间也存在竞争。

这就表明了医生在招聘和职位分配方面的自由得到了尊重，在职业选择上的自由也得到了尊重。医生一直拥有与独立原则相关的执业自由。在这种通过候选名单进行招聘的模式中，专业人员有权利拒绝院方的职务分配。事实上，各医疗卫生机构每年都会上交一份职位空缺的清单。通过考核的专业人士被登记在候选人名单上，如果有医疗机构有需要，便可向考核中心的提交委任书，但主任并非必须任命该候选人。且该医疗机构内的领导也可以介入委任活动，对将招入其团队内部的专业人员发表自己的意见。

医生在机构内可以兼任工作和兼领报酬。通过公职身份的例外方式，招录的医生可在机构内自由工作。这种可能性应与机构的利益相一致，也就是说，这种自由工作不应损害机构的利益。卫生机构的医师不能让其客户支付比其公共服务义务更加高昂的费用。有20%的工作是致力于自由客户的医生应向为其提供资源的机构支付一笔费用（具体数额由法令确定）。

2. 兼职主治医生。医院的兼职医生有一套完全不同于全日制主治医生的法律制度。兼职医生每周只需工作6个半天，实际上是卫生机构拥有一些储备专家后所做的调整。这些医生会有一个组织来获得卫生机构中的重型器械，从而在医院里为其病人做手术。

3. 教职人员和其他工作人员兼任两个工作：①机构内的医疗卫生工作；②教学研究活动。作为研究人员，其身份是国家公务员，适用传统国家公务员制度。但作为研究人员，公职条例对其适用，因此受到宪法委员会颁布的1984年共和国《宪法》承认的基本原则的保护，赋予研究人员宪法上保障的研究自由和言论自由。因此，对于该类型的人员适用独立条例。普通研究人员为了进入候选人名单，要通过竞赛招聘，且由研究中心自行招录，并由卫生部长和高等教育部长任命。研究人员根据在每个机构中的工作时间来兼领报酬。研究型医生也有可能拥有自由客户。

第十二章

美国卫生法

第一节 美国卫生法概述

一、卫生法的概念

（一）背景

美国是当今世界最主要的发达国家之一，其市场经济发达，卫生健康产业规模庞大，医学技术先进，药品研发能力也位居世界前列，这与包括法律、公共管理在内的各项相应制度的支持有着密切联系。制度如何分配创新过程中的风险，如何划分各方主体的责任，如何降低不合理的负担，这将对卫生健康事业的发展产生重大影响。其中，卫生法律制度由于直接会调配各方主体的权利和义务关系，调整各方主体在交易过程中的各项成本，因此，更是具有关键的作用。

美国在卫生健康领域的财政投入十分巨大，从 2015 年到 2017 年，联邦层面在卫生健康领域的财政投入更是呈逐年增长趋势，仅以卫生和人类健康事务部（Department of Health and Human Services）的财政预算为例：2015 年，该部门的财政预算开支是 1.04 万亿美元，2016 年增长到 1.11 万亿美元，2017 年的预算更是增长到 1.15 万亿美元。这些财政投入及其引发的一系列活动都需要卫生法律制度予以规范，以此确保资金利用的效率和分配的正义性，确保卫生健康事业能够得到持续不断的发展。

那么，美国在法律实践或学理上，是否存在名称或内涵相对统一确定的"卫生法"呢？关于这一问题的回答，我们首先可以从法律实务入手予以检视。在美国，由于律师执业归各州自行规范，因此，在法律实务中是否存在专门的"卫生法"实务，可以通过观察各州对律师执业的分类来做初步判断。1995 年开始，佛罗里达州律师协会就把卫生法（health law）律师单独归为一类，符合特定条件的律师可以申请成为"卫生法律师"；紧接着，德克萨斯州律师协会也通过其法律专长委员会设置了"卫生法律师"这一类别。目前，全美律师协会已经设置了卫生法律师分会。

此外，由于美国法学院的教育以职业教育为基本导向，因此，对法律实务的进一步观察完全可以借助对美国法学院"卫生法"教育的考察来实施。在美国，与卫生法相关的课程，如公共卫生法、药品法、医事法等课程是部分法学院的选修课程。此外，有包括乔治城大学、南伊利诺伊大学、圣路易斯大学在内的十余所大学法学院设置了卫生法硕士学位，供已经拥有法律博士（Juris Doctor，即美国法学院的基础学位）的学生进一步深造时选择。

（二）界定

尽管如此，作为普通法系国家的美国并没有专门的一部法律叫做"卫生法"。从美国的法律体系来看，"卫生法"有广义和狭义之分。广义的卫生法（health law）包括医事法（medical law）、公共卫生法（public health law）、生物医疗伦理法以及狭义的卫生法等。在这里，与我国有所不同的是食品法和药品管理法通常放在一起构成食品和药品法（food and drug law），而没有在广义的卫生法当中进行研究和讨论。在英文中，狭义的卫生法对应的同样是 health law 一词，但其核心含义是指国家对医事活动的各种介入和干预，包括立法者、行政机关等所制定的各类法律规范，因此，从某种角度来看，狭义的卫生法也可以称之为卫生管理法，它与广义卫生法中的医事法有所不同。虽然两者指向的都是医疗活动，但医事法调整的主要是医师和患者之间横向的法律关系，比如由于医师手术失误引起的医疗事故所导致的侵权责任问题。而狭义的卫生法调整的主要是国家与医师、医院等健康服务机构之间的纵向法律关系，比如，联邦政府通过医疗照顾制度（Medicare）或医疗救助制度（Medicaid）对医院费率的控制、通过卫生资源与服务管理局（Health Resources and Services Administration）来管理弱势群体的卫生服务，提供基本的卫生技术工作人员。

通过以上描述，我们可以看到，在美国，卫生法是一个综合性而且具有相当独立性的法律部门，因此，可以作为一个独立的概念来使用。在本章中，对美国卫生法的讨论既包括广义的卫生法，也包括与之密切相关的药品法。同时，对卫生概念的使用也是如此。

二、卫生法的法律渊源

（一）联邦与州的权限划分

由于美国是一个联邦制国家，不仅联邦有权制定法律、法规，各州也有权制定自己的法律、法规，甚至地方政府也可能基于州宪法的规定，拥有地方法令的制定权。这种特殊的分权结构投射在卫生领域，主要就体现为联邦卫生法与州卫生法的划分。简言之，联邦卫生法与州卫生法构成美国卫生法法律渊源的两个大类。

根据《美国联邦宪法》第6条的规定，"本宪法和依本宪法所制定的合众国法律，以及根据合众国的权力已缔结或将缔结的一切条约，都是全国的最高法律；每个州的法官都应受其约束，即使州的宪法和法律中有与之相抵触的内容"。该条款确立了"联邦最高"的原则，因此，联邦层面的卫生法要高于州层面的卫生法。

在"联邦最高"原则的支配下，联邦宪法采用列举的方式对联邦与州的权力进行了划分，比较有趣的是，列举的对象是联邦的权力而非州的权力。根据《联邦宪法》第1条第8款的规定，联邦有权征税、借款、规制对外贸易和州际贸易、铸币、设立邮局、征召民兵等。而在各州权力问题上，除《美国联邦宪法》明确禁止的事项外（此类事项并不包括卫生事项），并未采用列举限定的方式予以规定，而是将剩余权力交由各州保留。《美国联邦宪法第十修正案》对此予以明确规定:"宪法未授予合众国、也未禁止各州行使的权力,由各州各自保留,或由人民保留。"据此,各州拥有对治安、教育、贸易等事项进行管理的权力。就卫生事项而言,由于内容庞杂、牵涉主体众多,在法律实践中常常存在联邦法律与州法律交错重叠的情况,最为典型的就是州法律对某一卫生事项作出了规定,但联邦法律基于某些特定方法,可以在不违反宪法的情况下介入该事项,由此形成联邦法律与州法律的重叠乃至冲突。那么,联邦法律是基于何种方式可以顺利介入本来属于州权范围的卫生事项呢?主要的方法有两种:

第一,基于"默示权力"条款,亦称为"必要和适当"条款,即根据《美国联邦宪法》第1条第8款最后一句所述,"制定为行使上述各项权力和由本宪法授予合众国政府或其任何部门或官员的一切其他权力所必要和适当的所有法律",该条款的这一表述在马卡洛诉马里兰州案(McCulloch v. Maryland)中得到了充分的挖掘和阐释,联邦最高法院站在"联邦最高"的立场上作出了裁判,"任何会破坏联邦政府合法运作的原则,都是不能被接受的。联邦最高的要旨意味着,并改变次级政府的各项授权,使其自身的运作免受次级政府的影响"[1]。自此以后,联邦政府在包括卫生领域在内的诸多领域,便有可能借助这一条款和解释进入州权管辖的事项范围,并基于联邦最高原则排除州法的适用。

第二,基于管理州际贸易的权力。根据《美国联邦宪法》第1条第8款,联邦政府有权管理州际贸易,随着经济的发展和社会的进步,越来越多的事项牵涉到人、财、物的跨州流动,这些事项逐步被视作州际贸易的一部分,因此应当接受联邦政府的管辖。比如,原来农产品的卫生检验被认为是州权范围,早在1819年,纽约、马萨诸塞等几个州便开始进行农产品如牛奶制品的卫生检验,但是,仍有许多地区并没有开展类似的卫生检验工作。而在科学研究者发现导致疾病的微生物在州际传播模式之后,联邦政府便开始介入这一事项,并实施相应的卫生检验措施。可见,州际贸易条款为联邦政府介入传统州权事项提供了有力支持。

尽管如此,直至今日,在卫生领域,仍有许多事项属于州政府保留范围,联邦政府基于自身执法力量的有限或是基于对州权尊重的传统,而不愿或无法过多涉足,而是采取提供补助或是直接设立公立卫生机构等方式来实现自己的目标。在这一过程中,联邦政府通常会制定相应的法律作为依据,这些法律、法规构成了美国卫生法法律渊源的一部分。下文将主要基于联邦层面的卫生法进行介绍。

(二)法律

美国联邦宪法并没有具体规定卫生事项,因此,卫生领域的大量事务依赖联邦国会制定的法律来处理。基于上文所述"联邦最高"的原则,在不因侵犯州权而违宪的情况下,国会制定的法律是宪法以外位阶最高的法律渊源。国会要就卫生事项

---

[1] See *McCulloch v. Maryland*, 17 U. S. 316.

制定一部法律需要依次经过一名或多名议员提出、委员会讨论、大会讨论并表决的程序。由于美国联邦国会采用的是两院制，因此，需要众议院以简单多数的方式通过之后，再由参议院采取同样的程序进行审议和表决，并以简单多数的方式通过，如果两院通过的法案文本不一致，则需要由众议院对参议院通过的修订版本进行表决，或是由两院代表组成的协商委员会讨论出一个共同的文本，表决通过后交由总统签署生效。比如，第44任美国总统巴拉克·奥巴马力推的《患者保护与平价医疗法》（Patient Protection and Affordable Care Act），便是在2009年10月8日由众议院通过，参议院在当年12月24日通过修订版本，次年3月21日再由众议院表决通过，最后在3月23日由总统奥巴马签署生效的。

除此之外，美国早期的国会立法有1906年的《纯净食品和药品法》（Pure Food and Drug Act），以及1938年制定的作为该法替代者的《联邦食品、药品和化妆品法案》（Federal Food, Drug, and Cosmetic Act）等。

（三）行政命令

根据美国《联邦宪法》第2条第1款规定的"执行权属于美利坚合众国总统"，以及第3款规定的"应负责使法律切实执行"，总统有权通过行政命令（executive order）的方式来实施其在卫生领域追求的政策目标。就表现形式而言，行政命令通常表现为总统向行政官员发布指导其行动的命令，后者如果拒绝遵从，将被总统免职。行政命令的发布无需举行听证或事前公告，无需遵循1946年《联邦行政程序法》（APA）的要求，因此一度招致可能导致总统暴政的批评。尽管如此，即便在今天，虽然面临与国会乃至法院冲突的可能性，但总统通过发布行政命令来贯彻自己的政策理念，仍是一种比较常见的现象，考虑到行政部门一般会执行行政命令，因此，行政命令可以构成美国卫生法的法律渊源。例如，第45任总统唐纳德·特朗普上任不久，便签发行政命令要求最大限度地缩减《患者保护与平价医疗法》给病人、医疗机构、药品生产者等主体带来的经济负担，以等待未来对该法的废除。再比如，奥巴马总统2011年发布的第13563号行政命令要求各部门对已经制定的重要规章进行回溯性审查，以保护公共健康、福利等方面的利益，卫生和人类健康事务部即遵照该命令每年都进行回溯性审查，并发布相应的报告。[1]

（四）行政规章

在美国，行政规章（regulation or rule）是指联邦政府各部门以及独立规制机构根据1946年《联邦行政程序法》的规定，在遵循国会立法的前提下为实现某一项具体政策目标而制定的规范性文件，它从本质上来说属于行政立法的一部分，并基于《联邦行政程序法》的规定而成为美国法律规范体系中重要的组成部分。

联邦政府各部门与独立规制机构制定行政规章可以通过两种方式制定行政规章：

---

[1] 参见席涛等译：《立法评估：评估什么和如何评估——美国、欧盟和OECD法律法规和指引》，中国政法大学出版社2012年版，第15~18页。

一是通过正式程序,即采取准司法式程序,通过举行中立官员主持的听证、允许听证双方交叉质询并禁止单方交流等程序来制定规章;二是通过非正式程序,即通告—评论程序,根据该程序要求,规章草案应当先在《联邦登记》上公布,由利害关系人提交评论意见,制定主体在听取所收集的意见后再确定最后的规章文本。就实践来看,由于《联邦行政程序法》对案卷排他原则适用范围的限制以及司法实践的约束,通过正式程序制定行政规章的情况比较少见,通告—评论程序则较为普遍。在卫生法领域也是如此,卫生和人类健康事务部及其所属的独立规制机构所制定的多数行政规章都是通过第二种方式制定的。

需要注意的是,此类规章的名称十分多样,比如可称之为计划(program)、规则(regulation)、报告(report)、指令(directive)等,也可能并无任何特定称谓,因此,对此类法律渊源的识别需要借助《联邦登记》来进行。

(五)先例

由于美国是一个普通法系国家,法院的判决具有先例地位,因此,先例可以构成美国卫生法的法律渊源。同时,基于前述"联邦最高"的原则,联邦最高法院的判决在诸多判决中占据最高的地位,可供卫生领域的执法机关以及涉及卫生事项争议时,供联邦和州的各级法院援引、适用。

在全国独立商业联合会诉西贝利厄斯案(National Federation of Independent Business v. Sebelius)中,联邦最高法院认定奥巴马总统力促的《患者保护与平价医疗法》并不违宪,对符合条件的个人强制其缴纳保费(individual mandate),否则科以罚款(penalty)的做法属于征税权的行使,因而没有超越联邦政府的权限范围,该裁决生效后即具有先例效力,是美国卫生法的法律渊源之一,最高法院自身及其下级法院应当受到该先例的拘束。[1]

除上述法律渊源外,州和地方政府在其各自的权限范围内也可能就卫生事项(如餐饮卫生、医用大麻种植等)颁布法律、法规、规章或是地方法令,这些同样也可以构成美国卫生法的法律渊源。

三、卫生行政体制

在美国,由于卫生一词涉及诸多事项,因此,与之相应的卫生行政体制也具有多样性、综合性的特征。同时,作为联邦制国家,美国的卫生行政体制也可以分为联邦卫生行政体制和州卫生行政体制两个部分。

(一)联邦卫生行政体制

在联邦层面,其职能涉及卫生事务的部门有不少,国防部负责现役军人及其家属、退役军人的卫生健康服务,农业部负责部分食品的卫生安全,国土安全部负责自然灾害和生化恐怖袭击的预防与应对,劳工部负责退休职工的健康福利项目,劳工部下属的职业安全与健康管理局(Occupational Safety and Health Administration)则

---

[1] See *National Federation of Independent Business v. Sebelius*, 567 U.S. 519.

负责规制劳动场所的安全和职业卫生事项，而最为重要的一个部门莫过于卫生和人类健康事务部。

卫生和人类健康事务部的前身是 1939 年成立的联邦保障局（Federal Security Agency），其组成机构包括社会保障委员会（Social Security Board）、公共卫生署（Public Health Service）、教育办公室（Office of Education）等。如果追根溯源的话，这些机构的前身早在美国建国初期便成立，比如，公共卫生署的成立可以追溯到 1798 年的海事医疗署（Marine Hospital Service），后者于 1912 年改名为公共卫生署。1953 年，为了进一步增强其职能，内设机构和职能历经多次变化的联邦保障局正式改组为内阁级别的卫生、教育和福利部（Department of Health, Education, and Welfare），下设的主要机构有公共卫生署、教育办公室、食品和药品管理局（Food and Drug Administration）、社会保障管理局（Social Security Administration）、职业健康康复办公室（Office of Vocational Rehabilitation）等。1979 年，由于教育职能从卫生、教育和福利部中被剥离出来，部名因此改为现在人们所熟悉的卫生和人类健康事务部。1995 年，社会保障管理局从该部独立出来。

由此可见，卫生和人类健康事务部及其前身的职能范围与内设机构随着时代变化而处于变动之中，以 2017 年 3 月作为一个时间点进行观察，我们可以发现，该部领导层包括一名部长、一名副部长和 7 名助理部长，每一名助理部长均有自己负责的领域，比如立法、筹资、公共事务等，此外，更为重要的是，整个部门的下设机构合计有 11 个，具体包括：①儿童与家庭管理局（Administration for Children and Families），负责为符合条件的儿童提供健康服务；②社区生活局（Administration for Community Living），负责为老年人和残疾人提供基本膳食和出行服务；③卫生保健研究与质量署（Agency for Healthcare Research and Quality），负责提供卫生健康研究的各方面支持；④毒物和疾病登记署（Agency for Toxic Substances and Disease Registry），负责研究危险废弃物堆放场所对健康的影响，并为其他机构或利害关系群体提供信息和建议；⑤疾病控制和预防中心（Centers for Disease Control and Prevention），负责公共卫生的监测和疾病预防工作；⑥医疗照顾和医疗救助服务中心（Centers for Medicare & Medicaid Services），负责管理医疗照顾和医疗救助计划，其预算是所有机构当中最多的；⑦食品和药品管理局（Food and Drug Administration），负责确保食品、化妆品、药品以及医疗器械的安全性，并确保药品等的有效性；⑧卫生资源与服务管理局（Health Resources and Services Administration），主要负责为弱势群体提供必要的健康服务；⑨印第安人卫生服务署（Indian Health Service），负责为全国的土著居民提供卫生健康服务；⑩国家卫生研究院（National Institutes of Health），负责为生物医学和技术研究提供资助并进行管理；⑪药物滥用和精神健康服务管理局（Substance Abuse and Mental Health Services Administration），主要负责为各州的药品管理和精神卫生事务提供资助。这 11 个下设机构内部可能还有具体的内设机构，但总的来说，作为美国联邦卫生行政体制中最为重要的内阁级别部门，卫生和人类健康事务部主要依托这11个下设机构履行其基本职能,并对各类卫生事项进行管理。

除此之外,卫生和人类健康事务部还下设处理卫生附属事项的办公室:①民权办公室(Office for Civil Rights),负责执行反歧视的联邦法律,纠正接受联邦资助的健康服务提供者的歧视行为;②部级上诉委员会(Departmental Appeals Board),负责审查与卫生和人类健康事务部有关的法律争议,尤其是对行政法官进行组织和管理;③咨询建议办公室(Office of the General Counsel),负责为药品、医疗伦理、立法、民权等所有相关事项提供说明和咨询建议;④全球事务办公室(Office of Global Affairs),负责国际卫生事务的协调与合作;⑤总监察办公室(Office of Inspector General),负责调查联邦卫生服务项目中的欺诈行为,如支付欺诈等;⑥医疗照顾计划听证与上诉办公室(Office of Medicare Hearings and Appeals),负责全国医疗照顾计划实施过程中出现的听证和上诉事项;⑦卫生信息技术全国协调事务办公室(Office of the National Coordinator for Health Information Technology),主要负责为卫生信息技术在国家层面的协调和发展提供咨询建议。

卫生和人类健康事务部下设政府间和外部事务办公室(Office of Intergovernmental and External Affairs)还直接领导10个地区办公室(如图12-1所示),以确保与各州、地方政府以及社区的密切联系,通过了解各地的需要来提供相应的帮助。这些地区办公室隶属卫生和人类健康事务部,同样属于联邦卫生行政体制的一部分。

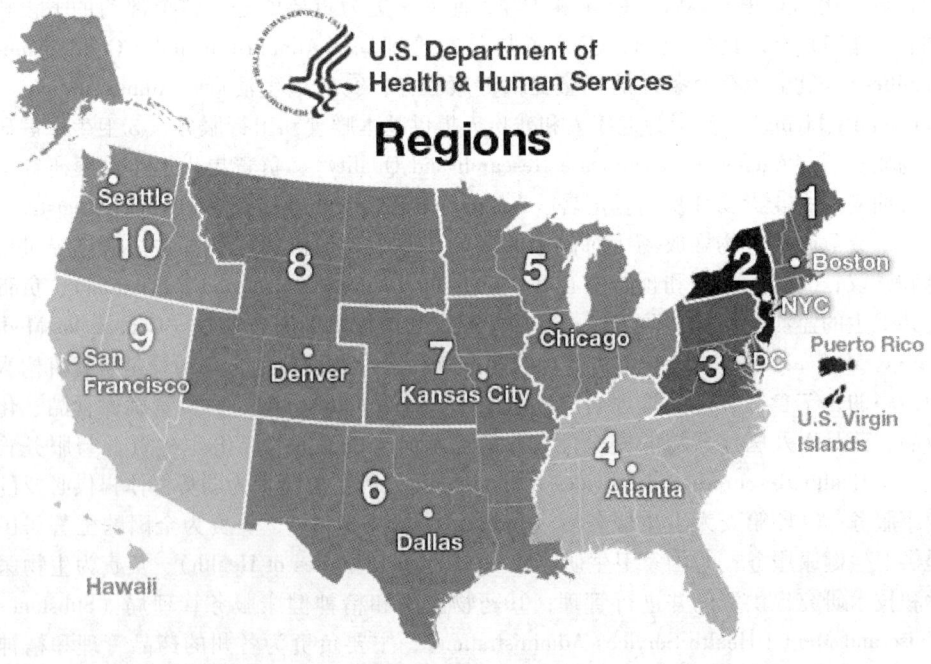

图12-1 美国卫生和人类健康事务部地区办公室辖区分布情况(截至2017年3月)

（二）州卫生行政体制

由于各州的宪法、政府法典不同，地方政府在州内的地位和权限范围也不同，加上美国共有 50 个州，因此，很难对这些州的情况进行一一列举。如前所述，在卫生领域，各州根据联邦宪法的规定依然保留了相当多的职权，并且可能通过治安权（policing power）的形式对诸多卫生事项行使管辖权，所以，各州以及地方政府，尤其是大城市的政府往往都设立了专门的卫生行政部门进行管理。一般来说，在州的层面，这些卫生行政部门的负责人都由州长提名，同时须经过立法机关的批准才能获得任命。此类部门的职责主要是负责州内危害公共卫生安全的因素并加以控制、对卫生规划进行管理、发放医疗机构的设置许可证以及医师的执业许可证并对某些临床操作进行监管等。此外，在州的层面，福利部门和保险部门也可能涉足卫生事务，如管理各州自己的医疗救助制度、监管私人医疗保险的销售以及报销等。

在地方政府尤其是一些大城市政府的层面，其卫生行政部门主要负责公共卫生事项，同时也有权对餐饮卫生状况进行调查和处罚。

（三）其他规制部门

由于卫生事项具有很强的专业性，其中医疗机构和医师等专业人员的管理又有长期的行业自治传统，再加上联邦和州政府之间的权限纷争，因此，在对卫生领域施加规制措施时，有很大一部分并非通过作为国家代表的行政部门力量来实现，而是通过美国医学协会（American Medical Association）、毕业后医学教育认证委员会（Accreditation Council for Graduate Medical Education）、美国医学考试委员会（National Board of Medical Examiners）等行业协会来实施管理。由于此类组织并非真正意义上的"行政体制"，因此，将在下文介绍具体领域时再行介绍其地位和作用。

四、卫生法体系

作为联邦制国家，美国卫生法体系同样可以分为联邦卫生法体系和州卫生法体系。然而，就其构成来说，两者具有很大的相似性。因此，这里对卫生法体系的描述并不有意区分联邦和州，而是在概括的基础上对各个构成部分进行初步描述。

如前所述，如果以我国卫生法体系作为参照对象，美国并不存在统一的"卫生法"。所谓"卫生法"体系，实际上是由广义的卫生法和药事法组合而成的。在广义的卫生法中，医事法调整的是医师等专业人士与患者之间的法律关系，诸如医疗事故的判断、医疗侵权责任的认定、患者知情同意权保护、患者隐私权保护、医疗合同的订立和违反等都属于医事法范畴，甚至某些类型的刑事法律问题也常常需要在该领域中予以讨论，如"安乐死"问题等。

公共卫生法规范的是政府在公共卫生领域的规制活动，凡传染性疾病控制、食源性疾病防治、慢性病防治、有毒环境对人体健康的危害、职业健康、精神卫生等事项的法律问题，都属于公共卫生法规范的对象。

生物医疗伦理法处理的是医学与伦理之间的关系，包括器官移植、代孕、人造干细胞、基因技术等医学新技术对传统法律的挑战，都属于该类卫生法律规范处理的事项。

狭义的卫生法主要调整政府对医疗机构、医师活动的规制和支持，对卫生服务筹资的设计与规制，此外甚至还包括在反垄断、税收征管领域对相关医疗机构、保险公司的规制措施，因此具有比较浓厚的公法色彩。

药事法同样也是更为宽泛的卫生法体系的一部分，它规范的主要是美国食品和药品管理局对药品、医疗器械、生物制品等具有治疗性功能物质的规制活动。而美国食品和药品管理局的规制活动包括新药许可、处方药管理、药品广告、药品标签以及药品管理过程中的行政处罚等。药事法的主要内容便是针对这些规制环节和活动建立起相应的规范体系。

第二节 美国卫生法主要法律制度

一、医事法

医事法调整的对象既包括与医疗机构相关的法律关系，也包括与医师等卫生技术人员相关的法律关系。其中，医院是最为常见的医疗机构，而医师则是最主要的卫生技术人员。

（一）对医院的规制

1. 公私合作的规制模式。在美国，对医院的规制活动及其相关法律规范具有典型的公私合作色彩。作为非政府组织，联合委员会（Joint Commission）对数万家医院就质量标准进行了认证，其认证常常是医疗照顾和医疗救助服务中心准予医院加入医疗照顾等公共医疗保险项目的重要条件。该委员会之所以能够取得这一重要地位包括两方面的原因：一是联合委员会的前身医院认证联合委员会（Joint Commission on Accreditation of Hospitals）是在1951年由美国外科医师协会、美国医院协会、美国医学协会等组织所运作的项目整合而成，这些项目原本就是对医院运作标准的评估，具有行业自律特征，也因此具有专业方面的权威性；二是联邦政府在1965年要求申请加入医疗照顾项目的医院应当获得联合委员会的认证，这便为其权威性提供了官方支持。

从认证流程和内容来看，联合委员会每隔3年会对医院进行新的一次认证。认证采用的是"突袭检查"方式，即在上一次全面检查结束后的第19~36个月之间，不经事先通知就到现场实施检查，以此确保医院各方面的质量始终符合标准。联合委员会的检查内容包括诊疗器材、手术操作流程、质量控制保证、病历等医疗记录的完整性等。

虽然在2010年，国会制定的《为患者和健康服务提供者改进医疗照顾法》（Medicare Improvements for Patients and Providers Act）取消了联合委员会的认证权，转而要求其向医疗照顾和医疗救助服务中心申请，在符合其规定条件的情况下，才能取得附期限的认证权，但由于其专业能力和长期的声望，其认证依然是对医院有力的规制手段之一。

2. 医疗资源的规划和控制。医院是最主要的医疗资源提供者，通常来看，为了弥补医疗资源的不足，就需要增加医院的规划和建设。1946 年，国会通过《医院调查和建设法》（Hospital Survey and Construction Act），规定由联邦政府提供资金在全国范围内新建和扩建医院，实现每千人 4.5 张病床的建设目标，具体规划则由各州专门设立的委员会负责实施。1966 年，国会通过《综合卫生规划和公共卫生服务修正案》（Comprehensive Health Planning and Public Health Services Amendments），进一步强调了医疗资源的地区规划，并明确每个人都有获得健康照顾的权利。1974 年，为了解决医疗资源地区分配不均衡、不同地区的人们获得卫生服务机会不均等、卫生服务开支膨胀等问题，国会将前面两个立法整合在一起，制定了《国家卫生规划和资源发展法》（National Health Planning and Resources Development Act），要求由当时的卫生、教育和福利部负责实施规划。

正是基于这一思路，需求证明书（certificate of need）得到了运用，并在 1972 年的《社会保障法》修订中成为联邦对各州的要求。所谓需求证明书，是指只有在医院的需求得到批准时，才能够增加床位、服务项目、医疗设备和器材，也才能够新建和扩建医院，以此来控制医疗费用的上涨。需要注意的是，需求证明书如今已经不再是联邦对各州的强制要求，而是可以交由各州自己决定是否采用该机制。[1] 这一方面源于该机制与增加医疗资源供给之间存在一定的紧张关系，另一方面则是因为它可能导致垄断，有利于保护既有的医院。

3. 对医院服务的规制。

（1）医疗差错。就公权力机关来说，由于各州政府是主要的规制者，再加上联合委员会的成员通常来自医疗行业，因此，信息缺乏整合、不透明一直以来是对医院服务施加规制的难点，尤其是与医疗差错有关的信息，更是缺乏透明度。医院由于担心成为诉讼的被告而倾向于持保密态度。

为了减少医疗差错、提高患者安全，2005 年，国会制定了《患者安全和质量改进法》（Patient Safety and Quality Improvement Act）。该法为建立患者安全组织（Patient Safety Organization）规定了一些条件，并要求其在卫生保健研究与质量署备案。经备案后，患者安全组织便有权进驻医院等医疗机构，收集和分析其医疗信息并与医院、患者以及其他相关机构交流。

除了患者安全组织这样的非政府组织，在联邦政府层面，卫生保健研究与质量署是维护患者健康安全的主要部门，其职责包括组织协调患者安全维护活动，收集与患者健康安全相关的信息并建立筛选机制，管理并分配联邦资金给其他组织，以

---

[1] [美] Robert I. Field：《美国卫生服务监督概述》，上海卫生监督研究中心译，复旦大学出版社 2014 年版，第 64~65 页。

及为医疗差错行为提供说明范例等。此外，食品和药品管理局也拥有部分与药物使用不当相关的医疗差错监督管理权。

（2）急救服务。对医院急救服务和急救网络建设的规制职能同样主要归属于各州政府，1966年，国会制定《高速公路安全法》（Highway Safety Act），创建国家高速公路管理局（National Highway Safety Bureau），负责车辆在高速公路的行驶安全并降低事故伤亡率，其措施就包括急救体系的建设。根据该法的规定，联邦政府可以为各州高速公路急救服务建设拨付资金支持。

但是，仅仅覆盖高速公路的急救服务网络显然是不够的。1973年，国会专门制定了《急救医疗服务体系法》（Emergency Medical Service Systems Act），要求地方制定急救医疗服务计划，并从联邦财政中拿出资金来支持各地新建或拓展急救医疗服务，以便于能在本地区全境有效地调配包括人员、设备在内的医疗资源。

在微观层面，1986年，国会制定《医疗急救和活跃分娩法》（Emergency Medical Treatment and Active Labor Act），要求不论患者有无支付能力、是否属于美国公民以及法律地位如何，所有参加医疗照顾项目的医院必须为需要急救的患者提供恰当的医疗检查（medical screening examination），不得转送或丢弃此类患者。由于绝大多数医院都从医疗照顾等公共医疗保险项目获得资金，因此可以说，几乎所有医院都有责任提供急救服务。

在组织机构方面，由国家高速公路管理局改组而成的国家高速公路交通管理局（National Highway Traffic Safety Administration）、卫生资源与服务管理局甚至国土安全部都承担部分急救服务管理领域的职责。其中，国土安全部主要负责生物恐怖袭击引起的公共卫生危机，负责协调与之相关的急救服务事项。

（3）反歧视问题。上文提及的《医院调查和建设法》不仅在很大程度上促进了医疗机构的建设，还通过给联邦资助附加条件（比如消除歧视现象等方法）来尽可能地确保医院的普遍服务责任。1964年，国会制定的《民权法》（Civil Rights Act）禁止私人企业实施种族歧视，也禁止接受联邦资助的组织有种族歧视行为。1990年，为了消除对残疾人的歧视，国会制定了《美国残疾人法》（Americans with Disabilities Act），禁止医院因为患者患有特殊疾病而拒绝收治。这两部法律都旨在消除医疗服务中针对某类特殊群体的拒绝和歧视现象，因此，负责处理相关申诉和实施反歧视规定的都是卫生和人类健康事务部下设的民权办公室。

（二）对医师的规制

在美国，对医师的规制有着鲜明的联邦制特征，即各州的医学委员会（state medical board）是最主要的规制机关。同时，与对医院等医疗机构的规制相类似，对医师的规制同样有着比较明显的行业自律、公私合作色彩，所采用的手段则是传统的许可、处罚等措施。

1. 许可权。由于医师的执业活动可能会因从业者专业能力低下、知识匮乏、漫不经心等主观原因导致患者遭受生命、健康利益的损害，因此，有必要通过某种手段介入该行业，对从业者的专业能力、知识水平、执业能力等方面进行审查，设置具有一定门槛的准入制度，即医师执业许可。

各州的医学委员会是颁发医师执业许可的主管机关，在二战之前，各州准许医师执业的条件和程序各不相同，这给医学教育和医师行业的准入标准一致性带来了很大的麻烦。对于医师来说，如果要跨州执业，往往需要仰仗州与州之间的协议，在相互认可对方颁发执业许可的条件下，方能从事诊疗活动。

不论是在哪一个州，执业许可的发放需要以对从业者的专业能力判断为前提，而对专业能力的判断又离不开某种教育和考试形式。为了提高从业者的专业能力，美国医学协会自1847年成立伊始便将促进统一的医学教育作为活动宗旨之一，它在1904年建立医学教育委员会（Council on Medical Education），负责本科、研究生、研究生之后以及职业发展四方面的医学教育，并坚持推动全国医学教育的统一标准。统一的医学教育为统一的医学考试提供了条件准备，同样作为非政府组织，1915年成立的国家医学考试委员会（National Board of Medical Examiners）的目标是实现全国统一的医学考试，并为此付出了许多努力。二战以后，各州逐渐开始采用该委员会组织设计的考试，从而实现了执业资格考试的统一化。1992年开始，美国医师执业考试（United States Medical Licensing Examination）的组织和管理由国家医学考试委员会和各州医学委员会联合会（Federation of State Medical Boards）共同负责。由于各州医学委员会联合会是各州医师执业资格许可的主管机关，这也有助于维护全国统一的医师执业考试的实施。

作为医师执业资格许可的主管机关，各州医学委员会的组成人员通常是医师等专业人员。申请人通过统一的医师执业考试之后，即有权向该委员会申请执业许可，经审查符合该州所规定的条件，即可获得执业许可。

2. 处罚权。各州医学委员会是处罚权行使主体，在作出处罚前，医学委员会应当先展开调查，调查既可能由民众尤其是患者举报引发，也可能是委员会的调查人员在日常工作中发现可疑线索而启动。在寻找到足够证据之后，委员会应当将拟作出的处罚决定通知医师，尽管各州存在一定的差异，但医学委员会对医师的处罚种类大致包括吊销、中止、中止但暂缓执行、公开谴责等。如果是吊销、中止等直接影响其执业的处罚，便应当通知医师举行听证会，由后者自己或聘请律师进行陈述和申辩，以确保其享有联邦宪法所规定的正当法律程序的权利。被处罚医师对医学委员会的处罚决定不服，通常情况下可以在行政系统内向专门的复议委员会申请复议，后者的复议决定代表着行政系统的最终决定。医师对此仍不服的，有权转而向法院提起诉讼。

值得关注的是，1986年，国会制定的《卫生保健质量改进法》（Healthcare Quality Improvement Act）规定各州医学委员会对医师作出的处罚决定信息应当送交至全国执业者数据库（National Practitioner Databank），以避免由于处罚信息不透明和缺乏协调使得被吊销执业资格或不称职的医师能够重新执业。

二、药品法

（一）主管机关和职权划分

美国药品法的发展十分曲折，在这过程中不乏惨痛的教训，同时也有不少成功的经验。正是若干与药品相关的重大事件构成了制度形成和变迁的动力，却也导致了美国药品法极为复杂的体系特征。在整个美国药品法律体系中，有不下百部的国会立法，若从该领域最主要的主管部门即食品和药品管理局出发，我们可以发现，该局需要执行的法律超过200部，其中大多数与药品问题相关。尽管如此，对美国药品法的勾勒依然离不开对食品和药品管理局的观察。

1. 食品和药品管理局的形成。一般认为，食品和药品管理局的前身可以追溯到19世纪下半叶的美国农业部化学司（Division of Chemistry），该部门在19世纪晚期曾对市场上流通的食品和药品掺杂掺假、虚伪标识现象进行过调查研究。1902年，在白喉疫苗致死事件的刺激下，国会制定了《生物制剂控制法》（Biologics Control Act），确立了疫苗、抗体和血清生产与销售的许可制度。1906年，《纯净食品和药品法》（Pure Food and Drug Act）出台，该法禁止药品的掺杂掺假和虚伪标识行为，并为此设定包括没收涉案药品在内的处罚。更为重要的是，该法授权农业部化学局（Bureau of Chemistry）负责对此类行为进行调查和处罚，因此，这一时间点通常被视作为食品和药品管理局的起点。1930年，该部门的名称被改为如今人们所熟知的食品和药品管理局。

2. 职权变化。人们很快就发现，在药品规制领域，事后调查和处罚的措施无力制止掺杂掺假和虚伪标识行为，这使得对人体生命、健康有巨大危害的药品在被发现有问题之前，完全可以合法地生产和流通。1937年的"长生药"事件导致一百多人死亡，这直接促使国会制定了《食品、药品和化妆品法》（Food, Drug, and Cosmetic Act）。与此前相比，该法授予食品和药品管理局如下新的职权：一是有权在药品上市前对其进行安全性审查，这实际上是确立了一种事前许可的制度；二是有权禁止药品生产者和销售者在药品标签上进行不实的疗效宣传；三是有权对药品厂商进行现场检查，并禁止其销售有问题的药品；四是将其职权范围扩大到化妆品和医疗器械等。

1951年，为了对不同药品的风险做区分，国会通过了《达拉姆-汉弗莱修正案》（Durham-Humphrey Amendment），授权食品和药品管理局根据一定的标准区分处方药和非处方药。1962年，国会通过《基福弗-哈里斯修正案》（Kefauver Harris Amendment）对《食品、药品和化妆品法》进行修订，授权食品和药品管理局在审查药品上市时，有权要求申请者提交能够证明该药品有效性的实质证据，而非限于此前的安全性审查。同时还授权其监督药品生产者准确披露药品的副作用信息和疗效情况。

如今，除食品以外，被纳入食品和药品管理局规制范畴的包括处方药（含仿制药）、非处方药、生物制剂（疫苗、血液与血液制品、基因疗法产品等）、医疗器械、放射性电子产品、化妆品以及烟草制品等，其中，最主要的还是对药品的规制。

3. 其他机关。虽然在美国药品法领域，联邦占据主导地位，但通过其医学委员会对医师的规制，各州政府也可能对药品管理产生影响。此外，联邦贸易委员会（Federal Trade Commission）、环境保护署甚至司法部等也可能拥有药品管理领域某些方面的职权，比如联邦贸易委员会对非处方药销售标签文字说明内容的要求等。

（二）新药申请

新药申请制度是美国药品法的核心内容，对新药申请的审查与许可也是食品和药品管理局的核心职能之一。由于1938年的《食品、药品和化妆品法》规定所有新药在生产、销售前都需要经过食品和药品管理局的审查，因此，一般来看，药品企业在生产新药之前需要经过以下三个程序：

1. 试验性新药豁免申请（investigational new drug application）。考虑到新药本身蕴含的风险，食品和药品管理局要求在临床试验之前进行包括动物实验在内的多项测试和研究。这便要求药品企业向食品和药品管理局递交试验性新药投入使用的违法性豁免申请，后者经过审查于30天后作出书面决定，许可或拒绝许可药品企业将试验性新药用于人体。

药品企业在申请时，主要需要递交三方面的材料：一是动物药理学和毒理学研究，以确保新药用于人体的合理安全性；二是新药的生产信息，即生产者、稳定性和生产控制工艺等，以确保新药的稳定生产；三是临床协议和试验组织者信息，以确保临床试验组织者本身有能力实施临床试验。食品和药品管理局的试验性新药豁免申请审查也是从这些方面进行的。

2. 临床试验。药品企业获得试验性新药豁免后，就可以将新药投入临床试验。根据《食品、药品和化妆品法》以及食品和药品管理局制定的规章的规定，临床试验可以分为四个阶段：第一阶段属于安全性或毒性测试，只在一小部分健康的志愿者身上进行测试，目的是观察新药的毒性和可控性程度。通过后方可进入下一阶段。第二阶段的测试包括安全性和有效性两个方面，因此测试群体包括患者，需要观察新药对患者有多大的效果，并测试其副作用。第三阶段的测试属于大范围测试，即需要进入医院临床治疗过程中，采用双盲等方式检验新药的临床效果和有效剂量范围。值得注意的是，严格来说，第四阶段并不属于新药投入市场前的临床试验，而是新药获得许可上市后，要求药品企业收集与之相关的不良反应信息，并向食品和药品管理局报告，属于一种事后规制手段。

3. 正式申请。在完成3个阶段的临床试验并确定新药的安全性和有效性后，药品企业便可以向食品和药品管理局提出正式的新药申请（new drug application），由后者组织专家委员会审查数据材料，并向食品和药品管理局提出审查建议。根据法律、规章的规定，对新药申请数据材料的审查主要包括如下三个方面：一是新药是否兼具安全性和有效性，其产生的收益是否大于风险；二是新药包装或标识内容是否妥当；三是新药的生产工艺和品质保障手段是否足以保证其品质、纯度、属性等。从总体来看，在审查活动中，食品和药品管理局关注的是此前阶段检测的新药成分、动物研究结果、新药在人体中的作用机理,以及新药的生产、处理和包装流程。经审查通过后,药品企业即可获得食品和药品管理局颁发的药品上市许可。

1992年,由于新药(含仿制药)申请数量众多,导致食品和药品管理局审查负担过重,新药申请周期过长,国会制定了《处方药申请者付费法》(Prescription Drug User Fee Act),授权食品和药品管理局可以向新药申请者收取3项费用,分别是申请审查费、设施核查费和产品费,以此确保对新药的审评人力资源和效率。也正是由于这种做法在实践中确实加快了审评速度,将此前30个月的平均审评时间缩减至15个月左右,因此,在1997年,国会制定《食品和药品行政现代化法》(Food and Drug Administration Modernization Act),继续延续了这种做法。

总的来说,美国药品法是一个不断变化和顺应社会、经济需求的法律规范体系,尽管看起来内容庞杂、法律众多,但围绕着药品安全性和有效性搭建起来的规范体系基本上还是起到了保护民众生命、健康的作用,同时也在一定程度上顺应了药品产业的呼声,有利于推动药品的研发和管理。虽然存在一些质疑,比如申请者付费与公共利益之间可能存在一定冲突,但食品和药品管理局在实施诸多与药品相关的法律、规章过程中,基本能够维护自己声誉,并通过新药审查、广告监管、市场监控和调查等方式,与其他联邦机关和州政府一起有效地管理整个药品领域。

三、公共卫生法

(一)形成

在美国,公共卫生法(public health law)是控制和预防疾病传播,促进人口集体健康的法律规范,其内容包括确保食品卫生、避免传染病传播、减少慢性病发生、提高职业健康、避免环境污染带来的健康损害等。但从历史源头来看,当前公共卫生法所涵盖的这些内容并非在一开始便当然地属于其组成部分,而是伴随着政治争议、科学争论以及权限划分的纠葛逐步形成的。从历史发展来看,美国公共卫生法的发展在相当大程度上是规制体制的发展,是国会立法通过创设部门并赋予相应权力以及对部门权限划分所形成的结果,因此,可以通过对公共卫生领域不同部门权限变化的观察来把握其历史发展脉络。

受限于联邦宪法的规定,联邦政府在公共卫生领域一开始并没有建立起统一的规制体制。与公共卫生相关的事务主要是由各州和地方政府来处理,比如白喉、黄热病等传染病,一方面在人口集中度较高的大城市爆发可能性更高,另一方面也是由于此类传染病防治的权力习惯性地由各州保留,因此,当面临传染病等公共卫生风险时,各州和地方政府会设立公共卫生行政部门加以应对。比如,马萨诸塞州是第一个设立卫生委员会的州,设立时间是1869年。上文提及的海事医疗署是与公共卫生事项相关的联邦机构,但其设立时的职能范围极为有限,仅限于为患病船员或残疾船员提供医疗服务,1871年,海事医疗署的力量得到整合强化,并建立起一支机动的而且能及时提供医疗服务的卫生专业人员队伍。1878年,第一部《联邦检疫法》(Federal Quarantine Act)的出台标志着联邦层面公共卫生法律及其执法机构的正式确立，它扩大了海事医疗署的权限，授权其在管辖范围内防止传染性疾病从海外进入美国境内。随着海事医疗署在公共卫生领域从国会那里所获得的授权越来越多，其不但承担边境卫生检疫的职能，还承担国内的卫生检疫职能，有鉴于此，国会在1912年将其改名为公共卫生署，并授权其对包括环境污染导致的疾病在内的疾病传播进行调查。1944年，国会制定《公共卫生服务法》(Public Health Service Act)，该法确立了公共卫生署防止传染性疾病从海外进入美国并传播的职责，并在其后的岁月里经过多次增补修订，比如1970年国会制定《家庭规划服务和人口研究法》(Family Planning Services and Population Research Act)，该法属于对《公共卫生法》的增补；以及1971年的《国家癌症法》(National Cancer Act)等对该法的修订。此后，虽然公共卫生署的组织机构、职权以及隶属关系等多有变化，但联邦政府层面的公共卫生法可以说已然形成。

概览美国公共卫生法的形成过程，可以发现如下几个特征：

第一，联邦与州之间一如既往地存在权限划分方面的紧张关系。公共卫生法的形成过程其实也是联邦与州公共卫生部门权限划分的过程，不管在宪法或国会立法层面如何借助"联邦最高"原则、州际贸易条款等进行论证，患有传染性疾病或是慢性疾病的病人住进的通常是各州和地方政府辖区内的医院，诊疗的医师均从各州医疗委员会获得执业许可，这些临床卫生服务的提供者和规制者实际上是州和地方政府，联邦政府对此难以介入，而只能在财政经费、数据网络、临床卫生标准等方面承担其自身应有的职责。

第二，美国公共卫生法的核心定位是美国人口的群体健康，而非个体健康。个体健康问题不是美国公共卫生法关注的主要问题，甚至可以说不属于其关注的问题。除了数量有限的政府、军队医院，公共卫生法并不调整医疗机构与患者之间的关系，也不直接要求医疗机构对患者个体的健康承担公共卫生方面的职责，比如在面临大范围传染性疾病暴发风险时，是否应由私人医疗机构承担免疫接种便存在争议。这一点从早期海事医疗署管辖的医院（即政府医院）便可见一斑，此类医院服务的人群范围十分有限。究其原因，主要是长久以来私人医疗机构及其医师一直处于私人市场领域，他们对政府卫生行政机构的公共卫生活动存在一定的疑虑，后者也一直秉持不直接提供医疗卫生服务的传统。

第三，美国公共卫生法调整的事项范围处于不断的拓展变化当中，从最初的患病海员救治到传染性疾病控制，到食品卫生安全，到包括传染性疾病、慢性疾病在内的疾病调查、预防和控制，再到环境监控、职业健康保护等。这实际上体现了医学知识和技术不断进步所带来的人们认知的改变，即人们认识到食源性疾病、慢性病、居住环境和工作场所的状况都可能对整个人口健康带来影响，因此都有必要通过国会立法等方式建立相应的规制机构，明确其职权，并纳入公共卫生法调整的范畴。

(二) 内容结构

从内容结构来看,美国公共卫生法可以划分为食品卫生、传染性疾病预防与控制、慢性病预防、精神卫生以及生物恐怖袭击引发公共卫生应急等若干更为具体的事项。在每个事项或领域当中,都存在特定的主管机关,国会在面对不断变化的医学科技、社会带来的新问题时,通过立法明确法律规则,并通过授权主管机关来执行立法,由此形成了美国的公共卫生法律体系。

1. 食品卫生。食品卫生尤其是其中的食源性疾病是较早受到关注的一个公共卫生领域,在19世纪末期,某些州便建立了对肉类进行强制检验检疫的制度。联邦政府的农业部(Department of Agriculture)是食品卫生领域最主要的主管部门,但却长期处于执法权限不足的状况。这种状况直到1906年才得到改变,该年,美国国会通过了《联邦肉类检验法》(Federal Meat Inspection Act)和《纯净食品和药品法》。[1] 前者授权农业部对从事州际贸易的肉类加工企业实施检查,具体包括对活家畜的强制检验检疫、对屠宰后的家畜进行检验、为屠宰场和肉类加工企业建立公共卫生标准以及对整个屠宰和加工过程进行控制和检查;后者则授权农业部的化学品局(Bureau of Chemistry)对州际贸易中的所有食品实施卫生检查。两部法律共同指向的是食品的掺杂掺假和虚伪标签行为,其出台有效地改进了美国食品卫生状况。

1957年,国会通过了《禽类产品检验法》(Poultry Products Inspection Act),将农业部的检查权扩大到禽类产品。1938年的《联邦食品、药品和化妆品法》在很大程度上修订和取代了《纯净食品和药品法》,授权1930年正式定名的食品和药品管理局负责食品安全问题。在其后的岁月里,该法被多次修订,有关部门的职权也随着修订不断扩大。1968年的《基于安全与健康的放射性物质控制法》(Radiation Control for Safety and Health Act)、1990年的《营养标识和教育法》(Nutrition Labeling and Education Act)、1996年的《食品质量保障法》(Food Quality Protection Act)等都将与公共卫生相关的食品卫生事项纳入食品和药品管理局、卫生和人类健康事务部、农业部等部门的职权范围之内。

由于食品卫生领域的权力在传统上属于州的权力,因此常会涉及联邦立法与州法的冲突,2012年,联邦最高法院在"全国肉类制品协会诉哈里斯案"(*National Meat Assn. v. Harris*)中即判决认为,《联邦肉类检验法》在如何对待失去行走能力的家畜问题上,相较州法具有优先适用的效力。[2]

2. 疾病预防与控制。在美国,疾病预防与控制的职权主要由卫生和人类健康事务部下设的疾病控制和预防中心负责。该中心始于1942年成立的战地疟疾控制办公室(Office of Malaria Control in War Areas),1946年,该办公室改名为传染性疾病中心(Communicable Disease Center),其职能是协助各州控制包括疟疾在内的各类传染

---

[1] 吴强:《美国食品药品纯净运动研究》,武汉大学出版社2016年版,第77~78页。
[2] See *National Meat Assn. v. Harris*, 565 U. S. 452.

性疾病。1970 年，中心改名为疾病控制中心（Center for Disease Control），其职权范围从传染性疾病扩大到非传染性疾病，如慢性病等。1980 年，中心再一次被改组，开始强调其健康促进和教育职能，比如，中心在吸烟问题及其引发的疾病、营养不足或饮食缺陷引发的疾病等问题上着力甚多，较之以往更为深入地从事疾病预防工作。正是基于这一原因，1992 年，国会通过了《预防卫生修正案》（Preventive Health Amendments），将其改名为疾病控制和预防中心，据此，其职责范围包括控制和预防传染性与非传染性疾病、食源性疾病、环境监测、职业健康、健康促进和健康教育等。

除疾病控制与预防中心外，环境保护署（Environmental Protection Agency）、职业安全与健康管理局，还有卫生和人类健康事务部下设的卫生资源与服务管理局、印第安人卫生服务署等都拥有疾病控制与预防方面的职权。比如，印第安人卫生服务署通过其医疗机构网络为印第安人提供健康保健服务。再比如，卫生资源与服务管理局依靠建立在各州和地方的社区卫生中心为缺乏医疗服务的群体，如移民、艾滋病患者、母婴等提供卫生资源，国会于 1986 年通过的《国家儿童免疫接种损害法》（National Childhood Vaccine Injury Act）即授权其管理儿童免疫接种事项。

随着医学科技水平的提高，人们逐渐认识到环境、工作场所的状况也可能带来公共卫生问题，尤其是慢性病问题。因此，国会通过制定《清洁水法》（Clean Water Act）、《清洁空气法》（Clean Air Act）、《固体废弃物处理法》（Solid Waste Disposal Act）、《环境响应、赔偿和责任综合法》（Comprehensive Environmental Response, Compensation, and Liability Act）等一系列法律，授权相关机构以及后来成立的环境保护署确保污染物排放符合国家标准、评估受污染场所的风险并进行清理等。

在与职业安全和健康相关的公共卫生事项上，1970 年，国会通过了《职业安全与健康法》（Occupational Safety and Health Act），建立了职业安全与健康管理局。根据《职业安全与健康法》的规定，该局职权包括设立并实施工作场所的职业安全和健康标准，主动或根据申诉对相关场所进行检查，对有违标准的行为处以罚款。从执法对象来看，职业安全与健康管理局有权对除自雇者或受其他联邦机构管辖的企业以外的私人企业进行管理，有权对所有的联邦机构和拥有联邦职业健康项目的州政府和地方政府行使管辖权。《职业安全与健康法》同时明确规定了雇主有义务通过培训、警示标语等方式告知劳动者工作场所存在的化学品危害，并为后者提供安全培训。值得关注的是，该法还科以雇主"一般责任"（general duty），即要求其确保工作场所没有可知的严重危害，并用"一般责任"条款作为兜底条款，补充特定情况下安全和健康标准的缺失。

在整个公共卫生法律体系内，环境污染和工作场所职业健康问题恐怕是最为活跃的两个领域，尽管国会在这两个领域制定了上文提及的大量法律，但由于科学发展的局限、政治与法律的冲突、经济发展与公共卫生事业的矛盾，不少法律争议随之而生，而且常常存在反复，难有定论。比如，工作场所有毒有害物质的暴露、接触标准如何确定，健康利益与经济利益在个案中如何权衡，风险与危险之间的界限如何划分，这些问题既非国会笼统的立法能够解决，也非作为专家的职业安全与健康管理局能够轻易解决。但也正是如此，美国公共卫生法的这一部分也充满许多值得研究和开拓的空间。

3. 精神卫生。1946年，美国国会制定《国家精神卫生法》（National Mental Health Act），授权建立国家精神卫生研究院（National Institute of Mental Health），其职能是为国内精神卫生研究和医疗机构提供研究资助，并自己开展该领域的研究。如今，该研究院是国家卫生研究院，隶属卫生和人类健康事务部。1963年，国会通过《社区精神卫生法》（Community Mental Health Act），其立法宗旨是"去收容化"。在此之前，美国应对精神卫生问题的方法是隔离，即将有精神卫生疾病的患者置于专门的医院，与社会隔离开来，而没有对其进行充分的治疗。随着时间的推移，人们发现这种方法并不能有效解决精神卫生问题，而且对于一些仍然有能力进行正常社会交往和工作的患者并不公平。有鉴于此，在整个公共卫生界出现了一种思想转变，即应当将此类患者进行区别后从专门的精神卫生医院转向社区医疗。秉持这一思路，1963年的《精神卫生法》主张在各州建立一个社区精神卫生中心的网络，为患者提供咨询和医疗服务。对此，联邦政府负责提供资金支持，以确保患者能够在居住的社区得到医疗，同时又不影响其日常生活和工作。国家精神卫生研究院则负责对这些社区中心进行监督。

1992年，国会建立药物滥用和精神健康服务管理局，负责改进精神卫生服务的质量，并对拨付给各州精神卫生和药物滥用服务的经费进行监督和管理。根据国会立法，如《校园照顾和咨询法》（Campus Care and Counseling Act）等法律的授权，药物滥用和精神健康服务管理局包括为涉及精神疾病患者治疗、药物滥用成瘾患者帮助、预防酒精成瘾和吸毒行为提供资金支持，以减少与之相关的死亡、伤残或社会损害。

4. 恐怖袭击带来的公共卫生问题。公共卫生问题不仅可能由自然事件引发，同时也可能来自人为故意，通过人为释放炭疽、埃博拉、禽流感等病毒就有可能造成大面积的疾病暴发。2002年，国会通过《国土安全法》（Homeland Security Act），设立国土安全部（Department of Homeland Security），负责应对包括生物袭击在内的恐怖袭击带来的公共卫生问题，其履行职责的主要方式是协调各个公共卫生主管机构作出应急响应。

国土安全部下设的联邦应急管理署（Federal Emergency Management Agency）曾一度负责国家灾难医疗机制（National Disaster Medical System），该机制主要由医师、护士等专业人员组成，其任务是应对包括恐怖袭击在内造成的公共卫生危机。2006年，国会通过《大流行和所有危害物准备法》（Pandemic and All-Hazards Preparedness Act），将国家灾难医疗机制的组织实施权转交给卫生和人类健康事务部，由其负责在发生恐怖袭击导致的公共卫生事件时组织包括美国公共卫生服务委任队

(Commissioned Corps of the United States Public Health Service) 在内的卫生技术人员投入应急响应。

四、医疗保险法

(一) 背景

就医疗保险而言，美国是欧美发达国家中少有的主要依托商业保险的国家，与英国等采用"单方付费"医疗保险体系国家不同，除了某些特殊群体之外，多数人都需要在商业医疗保险市场内购买保险产品，国家对此并不承担责任。究其原因，这与其医疗行业的自治以及反对政府干预的传统具有密切关系，也与美国政治、经济、社会领域中强调个人责任、警惕"政府大包大揽的计划体制"有关。

尽管如此，随着社会、经济形势的变化，以商业保险为主要依托的医疗保险体系逐渐出现了一些问题，比如医疗费用高、缺乏医疗保险的人数庞大等，这不可避免地给社会带来包括不正义在内的很多问题。同时，在公共医疗保险部分，我们也可以看到，联邦政府的投入极为巨大。以 2017 年为例，卫生和人类健康事务部合计 1.14 万亿美元的支出中，有 86% 用于医疗照顾和医疗救助制度。如何恰当地控制医疗费用，确保此类公共开支获得最大的收益，这也是医疗保险法律制度需要面对和解决的问题。

美国医疗保险可以分为公共医疗保险和商业医疗保险，覆盖的人口范围有所不同，法律制度也可以分为相应的两个部分。

(二) 公共医疗保险法律制度

1960 年，美国国会通过《科尔－米尔斯法》(Kerr-Mills Act)，建立了老年人医疗协助项目 (Medical Assistance for the Aged)，为各州设立的贫困老人群体卫生保健服务提供配套资金。1965 年，国会通过《社会保障法》修正案，正式确立医疗照顾和医疗救助制度，分别主要为老年人群体和贫困群体提供医疗保险。这两类医疗保险制度都属于国家保险，具有明显的"单方付费"特征。

1. 医疗照顾法律制度。医疗照顾制度的资金主要来源于纳税人的工资税和国家财政划拨，覆盖对象是 65 岁以上的老年人，1972 年，国会修法将对象范围扩大到患有终身残疾和晚期肾病的群体。截至 2015 年，全美一共有 5500 万人得到该制度的保障。在费用覆盖方面，一开始，医疗照顾制度只包括 A 部分和 B 部分，其中，前者无需人们每月缴纳保险费，可以为受保群体支付一定期限住院费、住院期间的伙食开支和检查费用；后者需要人们每月缴纳保险费，但可以为其覆盖医生的诊疗费用和门诊费用。1997 年，国会通过《平衡预算法》(Balanced Budget Act)，建立了医疗照顾制度的 C 部分，允许受保群体自费参加私人健康保险计划；2003 年，国会通过《医疗照顾处方药、改良和现代化法》(Medicare Prescription Drug, Improvement, and Modernization Act)，将其改名为医疗照顾优选计划 (Medicare Advantage)，覆盖范围是门诊处方药、牙医、视力矫正、年度体检等费用。该法还设立 D 部分，允许受保群体自愿参保，覆盖范围是自选的处方药费用。

2. 医疗救助法律制度。医疗救助制度同样始于 1965 年国会通过的《社会保障法》修正案，与医疗照顾制度略有不同的是，它由联邦和州政府共同经营，出资比例根据各州的情况有所不同，而且在程序上除非属于身体残疾并且在领取附加保障收入（Supplemental Security Income），否则一般是由符合条件的人们申请，而非自动取得接受救助的资格。从受保对象来看，医疗救助制度针对的是贫困群体，截至 2016 年 12 月，共有 6800 万人被覆盖。进一步来看，贫困本身并不当然构成医疗救助的申请资格，还必须符合联邦和各州规定的身份方能拥有资格，具体包括孕妇、家庭收入低于一定标准的儿童、贫困老人、符合申请资格儿童的父母等，这便导致各州认定的医疗救助申请资格标准不一。2010 年生效的《患者保护与平价医疗法》试图进一步扩大医疗救助制度的受保人群，它要求各州如果希望继续获得联邦医疗救助制度的财政资助，就应当从 2014 年开始，把符合申请资格人群的收入线提高到贫困线的 1.33 倍，即只要是收入低于贫困线 1.33 倍的群体都可能有申请资格。在由此增加的开支中，2014～2016 年的费用由联邦政府完全负担，从 2020 年开始，联邦政府负担 90%。然而，联邦最高法院在上文提及的全国独立商业联合会诉西贝利厄斯案中否定了这种做法，认为这构成了联邦对州的强制，要求无论州政府是否接受该条款，都能够享受 2014 年之前的待遇。这就导致有些州（如加州等）提高了有资格申请者的收入线，而德克萨斯州等州则保持原有做法不变。

从费用覆盖范围来看，由于医疗救助制度是由联邦和州共同运营的，所以，联邦只提供有限的强制性覆盖范围，如住院和门诊服务费用、医师诊疗费用、化验和 X 光检查费用、家庭健康服务费用等，其余部分如处方药、物理疗法、职业治疗法费用等则由各州自行决定是否覆盖。

3. 儿童健康保险项目（Children's Health Insurance Program）。1997 年，国会制定的《平衡预算法》还设计了一项儿童健康保险项目，由联邦为愿意设立儿童健康保险项目的各州政府提供配套资金，来为不符合医疗救助申请条件的儿童提供医疗保险。该项目的资金来源于烟草税，并由各州实际运行。2007 年，该项目实施期满获得国会批准延期。2009 年，国会批准对烟草制品增税以扩大覆盖人群范围。截至 2016 年 12 月，整个项目登记在册的儿童人数为 890 万，至此，根据绝大多数州的规定，收入在联邦贫困线 2 倍或是更高标准以下家庭的孩子均属于有资格参加该项目的人群。

儿童健康保险项目覆盖的费用因州而异，联邦并没有设定强制性范围，各州有权根据资金状况自主设定具体项目，一般来说包括早期疾病的诊断和筛查费用、免疫接种等。需要注意的是，该项目并没有创设出为符合申请资格者提供相应保险的权利，而是需要由各州根据资金状况决定覆盖范围。

4. 运作职权的划分。医疗照顾和医疗救助服务中心是整个公共医疗保险制度最主要的主管机关，负责运行医疗照顾、医疗救助、儿童健康保险项目等多项制度。其主要职权包括两项：一是负责管理公共医疗保险的资金，协调和促进各州医疗保险项目的发展，具体包括是否将新的技术和药物纳入保险范围等；二是通过合同的方式与私人保险公司合作，将理赔、咨询甚至是调查保险欺诈和滥用行为的职责外包出去。

此外，社会保障管理局则负责审查医疗照顾申请人的资格，并负责为医疗照顾项目收取部分费用。

（三）商业医疗保险法律制度

在美国，商业医疗保险可以分成两个部分：一是雇主付费的集体保险；二是自己付费的个人保险。前者覆盖的人群范围占到美国人口的一半，大约有1.5亿多人，这要远远多于前述公共医疗保险覆盖的人群范围；后者由于个人支付能力以及与商业保险公司协商能力低等原因，在2010年《患者保护与平价医疗法》出台之前，大约只有1000万人是自己付费，因此，据估算，还有5000万人左右没有医疗保险，《患者保护与平价医疗法》主要解决这部分人的医疗保险问题。

1. 雇主付费的集体保险。所谓雇主付费的集体保险，是指由雇主出面与保险公司谈判，为其员工购买医疗保险。由于二战时期，美国战时劳动委员会（War Labor Board）裁定企业给员工提供的健康保险可以在税前被扣除，此后便促使许多企业通过提供丰厚医疗保险的方式来吸引员工，1954年，国会出面认定国税局免将健康保险费用纳入应税所得的方式合法，更是刺激了企业的这种做法，由此逐渐造就了当下集体保险占据主流的状况。此外，集体劳动合同和企业对雇员忠诚感的培育也推动了集体保险的普及。[1]

从联邦和州的职权划分来看，根据1945年《麦卡伦-弗格森法》（McCarran-Ferguson Act）的规定，州政府对商业保险承担主要的规制责任，由此就产生了非常多样化的监管要求，同一家保险公司需要在费率制定、合同解释、索赔处理等方面适应不同州的监管要求。国会在1974年制定的《雇员退休金保障法》（Employee Retirement Income Security Act）在一定程度上缓和了不同规制体制带来的压力，这主要体现在雇员福利计划（employee benefit plan）可以优先适用联邦法律。

为了确保员工从雇主那里获得的集体医保不会因为临时失业等非自愿离职的原因而中断，1985年，国会制定的《统一综合预算调节法》（Consolidated Omnibus Budget Reconciliation Act）规定，雇佣关系终止之后的18个月内，员工依然有权留在雇主先前购买的集体医保之内。不过需要注意的是，该法要求员工本人自己缴纳这段时间的保险费用（含雇主应当缴纳的保险费用）。《统一综合预算调节法》的执法机构主要是劳工部，由此可见，该项规定实际上是对劳工权益的保护，只是投射到国家对商业医疗保险的管理当中。

1996年，为了进一步保护员工的权益，稳定医疗保险法律关系，国会制定了

---

[1] [美]兰德·罗森布拉特："卫生法的四个时代"，唐超、张博源译，载[美]马克斯韦尔·梅尔曼等：《以往与来者——美国卫生法学五十年》，唐超等译，中国政法大学出版社2012年版，第90页。

《健康保险流通与责任法》（Health Insurance Portability and Accountability Act），该法同样由劳工部负责执行。根据该法的规定，如果员工此前持续参加保险，保险公司则不得以该员工既有健康状况为由拒绝承保或收取高额保费，也不能基于其健康状况、基因信息等进行区别对待。此外，国会在 1996 年制定的《新生儿和母亲健康保护法》（Newborns' and Mothers' Health Protection Act）和《精神健康平价法》（Mental Health Parity Act）、1998 年制定的《妇女健康与癌症权利法》（Women's Health and Cancer Rights Act）以及 2008 年制定的《精神健康平价和成瘾权益法》（Mental Health Parity and Addiction Equity Act）等都为商业医疗保险所提供的服务设定一些最低标准。例如，《新生儿和母亲健康保护法》便要求保险公司为新生儿支付出生后 48 小时的看护费用。

2. 自己付费的个人保险。由于美国已经形成了商业医疗保险占据主导的格局，医疗机构、医师、保险公司等在某种程度上都不希望改变这一现状，因此，《患者保护与平价医疗法》的目标不是建立一个"单方付费"的公共医疗保险体制，而是希望促使此前缺乏医疗保险的个人都能以某种方式进入医保体系，获得一定的健康保障。对此，该法规定，除非基于宗教原因或是经济上极为困难，所有没有加入医疗保险计划的人都必须购买医保，否则到 2016 年的时候将被处以至少 695 美元或年收入 2.5% 的罚款（penalty）。这在相当程度上可以被视为一种强制征收，而且最高法院也在相应裁判中通过将这笔费用的收取认定为税收权力的形式而判定《患者保护与平价医疗法》并不违宪。

在覆盖费用方面，该法规定符合其标准的商业医疗保险项目应当覆盖基本的健康服务内容，比如急救费用、住院费用、新生儿护理费用、处方药费用等，这一方面是确保购买保险一方的消费者权益得到保障，另一方面则是为了避免出现负向选择，防止保险公司剔除费用高的项目，削弱投保人的投保意愿，最终导致整个医疗保险项目因为缺乏足够的投保人数而难以为继。从效果来看，截至 2016 年，约有 2000 多万人加入了医疗保险。

第三节　美国卫生法的特点及启示

如前所述，从名称上看，在美国，"卫生法"并非一个内在统一的部门法，但就学术研究和法律实践来看，卫生法已经获得了充分的独立性，其内容体系和发展历程对我国来说，有如下几点启示：

1. 卫生法的调整对象涉及医学知识、医疗技术、药品管理乃至医学伦理问题，专业技术性强，而且在医学领域各项技术日新月异的时代，技术发展随时可能会对既有的法律规范体系带来挑战。在美国卫生法体系中，如公共卫生、药品管理等领域的法律规范就随着调整对象的发展而不断自我更新。新技术或重大事件的出现常常可以引起人们的关注和反思,进而推动国会立法或修订法律加以应对。美国卫生法的这种反应模式使其自身拥有较强的包容性,并能够大致有效地平衡以民众生命、健康利益为表现的公共利益与产业利益之间的关系。

2. 美国卫生法具有浓厚的公私合作特征。卫生领域的专业性、对政府的怀疑态度以及行业组织的发达等,这些历史、技术因素共同促成了美国卫生法的公私合作特征,即公权力机关与行业组织等共同合作,实现对医师、医疗机构、药品等对象的有效规制。反观我国,行政机关对医疗行业、药品生产和流通的规制主要还是依托自己的力量,无论是标准制定,还是许可事项的审查、调查与处罚措施的实施,在这些活动中很难看到行业组织的身影。这便不可避免地导致行政机关执法负担过重,同时也不能有效地发挥行业组织乃至企业的专业知识优势。

3. 美国卫生法的规范导向是以市场竞争为基础的。诸如医疗保险制度的设计、药品价格的规制、医疗机构的设置乃至部分地区对医师等专业技术人员的管理等,都有着其他国家未能达到的市场竞争底色。尽管这可能带来包括药品价格偏高、个体缺乏保险等问题,但却有助于在卫生领域形成活跃的市场主体,促进整个医疗、药品研发技术的发展。我国无论是在医疗机构、医师管理等领域,还是在药品管理领域,都有着浓厚的"公共"色彩,实际上更像是政府过多干预的体制,这也是我国卫生体制持续改革的原因所在。有鉴于此,我国卫生法律规范体系的建设和完善有必要思考如何在确保整体民众健康利益的前提下,进一步激发市场活力,进而实现卫生资源的有效配置。

4. 身处联邦制结构中的美国卫生法是一个联邦和各州权力互动形成的法律规范体系。虽然在不同领域,联邦和各州的权限划分有所不同,但整体来看,联邦和州政府都是卫生法的执法机关。我国不是联邦制国家,但就卫生法的贯彻和实施来说,同样有必要在中央和地方之间建立起科学、合理的权限划分,尤其是在简政放权、权力下放的政府职能转型背景下,更是有必要重新思考地方政府的职能范围,有效配置规制资源,实现执法能力的整体提升。

第十三章

日本卫生法[*]

日本位于东亚,领土由北海道、本州、四国、九州四大岛及 7200 多个小岛组成,总面积 37.8 万平方千米。[1] 截至 2014 年 10 月 1 日,日本人口总数为 12 708 万人,其中男性为 6180 万人,女性 6528 万人。2000 年世界卫生组织(WHO)专项报告对其所有成员国的卫生系统排名显示,日本"健康水平"与"总体目标达成"两项指标均为第 1,"健康绩效"位列第 9,财务负担的公平性居于第 8~11,整个卫生系统的总体绩效排名第 10,2012 年,日本卫生总支出占国民生产总值的比重为 10.3%,在 OECD 成员国中列第 10。人均医疗费用为 3649 美元,在 OECD 成员国中居于第 15。2014 年,日本男性和女性的期望寿命分别为 80.50 和 86.83 岁。[2] 日本所取得的良好健康绩效与其健全完备的医疗卫生法律制度密切相关。

第一节 日本卫生法概述

一、法律渊源

日本卫生法的法律渊源包括成文法和不成文法,不成文法主要是指日本最高法院判例,即日本最高法院在各个裁判的理由中所示的法律性判断。[3] 日本医疗卫生领域的成文法占绝大多数,不成文法仅仅作为成文法的补充而存在。在日本现行法之下,成文法优先于作为不成文法的判例而适用,但只要已经生效的判例尚未被新制定的法律所变更,有时就具有代替成文法的效力。

成文法又可分为国法(国家制定的法)和自主法(自治体制定的法)两大体系,国法由宪法、法律、命令等不同层级的法律文件组成。宪法的法律效力最高。法律是经国会两议院决议而成立,由最后作出决议的议长经由内阁奏请天皇公布的规范性法律文件,其效力低于宪法。"命令"也是国家法的法律渊源之一,是由国家行政

---

[*] 本章部分内容已收录于杨杰、刘兰秋、李晶华主编的《部分国家卫生基本法研究》(法律出版社 2017 年版)以及冯玉军主编的《完善以宪法为核心的中国特色社会主义法律体系研究》(中国人民大学出版社 2010 年版),并在本教材编写过程中作了适当修改。

[1] "日本概况",参见新华网,最后访问时间:2014 年 11 月 25 日。

[2] 参见《日本厚生劳动省白皮书(2016)》,http://119.90.25.46/www.mhlw.go.jp/wp/hakusyo/kousei/16-2/dl/00.pdf,最后访问时间:2016 年 10 月 16 日。

[3] [日]中野次雄:《判例及其解读方式》,有斐阁 2009 年版,第 5~9 页。

机关所制定的法的总称，包括日本内阁制定的"政令"[1]（如《医疗法施行令》《医师法施行令》等）和厚生劳动大臣制定的"省令"[2]（如《医疗法施行规则》《医师法施行规则》等）。在国家层面的成文法之外，日本地方自治机关的议会还会基于宪法所规定的自治权制定条例（如《县立医院条例》），自治体的负责人还有权依据法律就某一具体事项制定实施细则（如《某某县医疗法施行细则》）。[3]

二、卫生行政管理体制

在日本，内阁下设的厚生劳动省[4]负责制定并推进国家卫生、社会福祉、社会保障和劳动就业等方面的政策，并且领导全国47个都、道、府、县推行卫生保健计划，以实现"国民生活的保障与提升"和"经济发展"两大目标。

厚生劳动省下设统计信息部、医政局、健康局、医药·生活卫生局、老人保健福利局、保险局等部门。其中：

医政局负责规划制定旨在实现21世纪优质高效的医疗提供体制的政策，下设总务科、地区医疗计划科、医师确保等地区医疗对策室、居家医疗推进室、急救·围产期医疗等对策室、医疗相关服务室、医疗经营支援科、国立医疗机构管理室、地区医疗功能推进机构管理室、医事科、职业资格考试科、医师临床研修推进室、牙科保健科、护理科、医疗器械政策室、研究开发振兴科等科室。

健康局下设总务科、指导调查室、健康科、预防接种室、癌症·疾病对策科、肝炎对策推进室、结核感染症科、疑难病对策科、移植医疗对策推进室等9个科室，负责提升地区保健水平，通过采取控制埃博拉出血热、艾滋病、结核等传染性疾病和糖尿病、癌症等生活习惯病的对策，同时适当推进器官移植事业，以切实有助于每一位国民健康的提升。

医药·生活卫生局下设18个科室，包括总务科、医药品副作用损害对策室、医药品审查管理科、医药品审查管理科化学物质安全对策室、医疗器械审查管理科、安全对策科、监视指导·精神药品对策科、血液对策科、生活卫生·食品安全部等。医药·生活卫生局除了负责制定确保药品、化妆品、医疗器械及再生医疗等制品的有效性与安全性的对策之外，还负责血液事业、精神药品、兴奋剂对策等与国民的生命与健康直接相关的诸问题。[5]

日本47个都、道、府、县都独立设有自己的卫生行政主管部门，但名称各有所异，大多数都将"卫生保健"与"福祉"的功能设置在一起，称为"保健福祉部"或"健康福祉部"。在基层的市、町、村，一般设有保健福利科，其下设有民生系、

---

[1] 大致相当于我国的行政法规。
[2] 大致相当于我国的部门规章。
[3] 参见［日］山口悟：《实践医疗法——医疗的法律体系》，信山社2012年版。
[4] 日本厚生劳动省成立于2001年，由此前的厚生省与劳动省合并而成。
[5] 参见日本厚生劳动省网址：http://www.mhlw.go.jp/kouseiroudoushou/shigoto/，最后访问时间：2016年10月16日。

保险系、卫生系等，主管当地的医疗卫生保健工作。[1]

三、卫生法的体系

日本医疗卫生法律体系是一个由宪法、法律、命令等不同层级的法律文件组成的系统。日本厚生劳动省网站的法令检索系统的检索目录分为14编，涉及医疗卫生的有"总则""医政""健康""医药食品""老年健康""保险"等。截至2016年5月1日，日本现行有效的"医政"类法令共有180件，现行有效的"健康"类法令有254件，"医药食品"类法令有241件。[2] 以下主要研究日本宪法以及国会通过的关于医疗卫生的法律。

（一）宪法中关于医疗卫生的规定

第二次世界大战结束后，日本于1946年2月开始在盟军（美军）总部的领导下着手新宪法的制定工作，新宪法于1946年11月3日颁布，1947年5月3日正式实施。

《日本国宪法》扩大了公民的基本权利和自由，对公民的政治、经济、社会等方面的权利作了比较广泛的规定。[3] 其中，该章第11条、第12条、第13条、第14条之一以及第25条等条款直接或间接地规定了国民在医疗卫生领域的权利。《日本国宪法》第11条规定，"国民享有的一切基本人权不能受到妨碍。本宪法所保障的国民的基本人权，作为不可侵犯的永久权利，现在及将来均赋予国民"。第12条规定，"本宪法所保障的国民的自由与权利，国民必须以不断的努力保持之。又，国民不得滥用此种自由与权利，而应负起不断地用以增进公共福利的责任"。第13条规定，"全体国民都作为个人而受到尊重。对于谋求生存、自由以及幸福的国民权利，只要不违反公共福利，在立法及其他国政上都必须受到最大的尊重"。《日本国宪法》第14条之一规定，"全体国民在法律面前一律平等。在政治、经济以及社会的关系中，都不得以人种、信仰、性别、社会身份以及门第的不同而有所差别"。以上条款可视为宪法间接或暗含性地规定了国民在医疗卫生领域的平等权、可及权以及国家在实现国民上述基本权利上的职责。《日本国宪法》第25条则直接、明确地规定了"国民的生存权与国家保障生存权的义务"，该条第1款规定，"全体国民都享有健康和文化的最低限度的生活的权利"。第2款继而规定，"国家必须在生活的一切方面为提高和增进社会福利、社会保障以及公共卫生而努力"。

（二）医疗卫生法律体系

截至2016年9月1日，日本现行有效的法律共有1958部，[4] 其中至少有148部与医疗卫生相关。这些关于医疗卫生的法律大致可分为医疗卫生领域的综合性法律、

---

[1] 刘芬远、周盈："日本的医疗卫生体系"，载《医院院长论坛》2007年第2期。
[2] http://wwwhourei.mhlw.go.jp/hourei/html/hourei/contents.html，最后访问时间：2016年10月1日。
[3] 林榕年、叶秋华主编：《外国法制史》，中国人民大学出版社2012年版，第247~248页。
[4] http://law.e-gov.go.jp/announce.html，最后访问时间：2016年10月6日。

与医疗相关的法律、与公共卫生相关的法律、医疗相关产品法律以及医疗保障法律五类。

1. 医疗卫生领域的综合性法律。日本医疗卫生领域的综合性法律有 11 部，通过时间先后顺序，依次为《地区保健法》（1947 年第 101 号法律）、《母体保护法》[1]（1948 年法律第 156 号）、《关于精神保健及精神障碍者福祉的法律》（1950 年法律第 123 号）、《老人保健法》（1963 年法律第 133 号）、《保健所执行事业等相关会计事务合理化的特别措施法》（1964 年法律第 155 号）、《母婴保健法》（1965 年法律第 141 号）、《社会福祉士及介护福祉士法》（1987 年第 30 号法律）、《关于促进地区医疗及介护之综合性确保的法律》（1988 年法律第 64 号）、《厚生劳动省设置法》（1999 年法律第 97 号）、《健康增进法》（2002 年法律第 103 号）、《健康医疗战略推进法》（2014 年 5 月 30 日法律第 48 号）。

2. 与医疗相关的法律。日本与医疗相关的法律包括医疗主体法、医疗行为法、医疗损害救济法等多部法律，如《医疗法》（1948 年法律第 205 号）、《医师法》（1948 年法律第 201 号）、《牙科医师法》（1948 年法律第 202 号）、《器官移植法》（1997 年法律第 104 号）、《关于确保再生医疗等的安全性的法律》（2013 年法律第 85 号）、《癌症对策基本法》（2006 年法律第 98 号）、《关于疑难病患者医疗等的法律》（2014 年法律第 50 号）等。

3. 关于公共卫生的法律。日本公共卫生立法较为发达，基本涵盖传染病和流行病防控、职业卫生、环境卫生、食品和营养卫生以及学校卫生等方面，包括《关于传染病预防及传染病患者医疗的法律》（1998 年法律第 114 号）、《肝炎对策基本法》（2009 年法律第 97 号）、《垃圾处理及清扫法》（1970 年法律第 137 号）、《下水道法》（1958 年法律第 79 号）、《食品卫生法》（1947 年法律第 233 号）、《食品安全基本法》（2003 年法律第 48 号）、《食品表示法》（2013 年法律第 70 号）等。

4. 关于药品、医疗器械等医疗相关产品的法律。日本在药品、医疗器械等医疗产品方面的立法有 12 部，包括《关于确保安全血液制剂稳定供给的法律》（1956 年法律第 160 号）、《关于确保医药品、医疗器械等的品质、有效性及安全性等的法律》（1960 年法律第 145 号）等。

5. 关于医疗保障的法律。日本规范医疗保障方面的立法多达 11 部，包括《健康保险法》（1922 年法律第 70 号）、《国民健康保险法》（1958 年法律第 192 号）、《介护保险法》（1997 年法律第 123 号）、《高龄者医疗确保法》（1982 年法律第 80 号）等。

---

[1] 根据该法第 1 条之规定，本法的目的是，通过对绝育手术及人工流产等事项进行规定，以保护女性的生命健康。

第二节　日本主要卫生法律制度

一、医事法律制度

（一）主要法律

根据调整对象的不同，日本的医事法律可以分为关于医疗主体的法律、调整医疗行为和急救的法律以及关于特殊疾病、特殊患者和损害救济的法律三类。

1. 医疗主体法。日本调整医疗主体的法律又可细分为规范医疗机构及研发机构的法律和规范医疗卫生从业人员的法律两类。其中，规范医疗机构及医疗研发机构的法律有 6 部，分别为《医疗法》（1948 年法律第 205 号）、《独立行政法人福祉医疗机构法》（2002 年法律第 166 号）、《独立行政法人国立医院机构法》（2002 年法律第 191 号）、《独立行政法人地区医疗功能推进机构法》（2005 年第 71 号法律）、《关于从事高度专门医疗研究等的国立研究开发法人的法律》（2008 年法律第 93 号）和《国立研究开发法人日本医疗研究开发机构法》（2014 年 5 月 30 日法律第 49 号）。

规范医疗卫生从业人员的法律多达 21 部，除了《医师法》（1948 年法律第 201 号）和《牙科医师法》（1948 年法律第 202 号）外，还有《关于按摩师、针灸师的法律》（1947 年法律第 217 号）、《营养士法》（1947 年法律第 245 号）、《关于临床检查技师等的法律》（1948 年法律第 76 号）、《调理师法》（1948 年法律第 147 号）、《保健师助产师护士法》（1948 年法律第 203 号）、《牙科卫生士法》（1948 年法律第 204 号）、《诊疗放射线技师法》（1951 年法律第 226 号）、《牙科技工士法》（1955 年法律第 168 号）、《理学疗法士及作业疗法士法》（1965 年法律第 137 号）、《柔道整复师法》（1970 年法律第 19 号）、《视力训练士法》（1971 年法律第 64 号）、《关于外国医师及外国牙科医师临床研修的医师法第 17 条及牙科医师法第 17 条之特别规定的法律》（1987 年法律第 29 号）、《临床工学技士法》（1987 年法律第 60 号）、《假肢装具士法》（1987 年法律第 61 号）、《救急救命士法》（1991 年法律第 36 号）、《关于促进护士等人才确保的法律》（1992 年法律第 86 号）、《精神保健福祉士法》（1997 年法律第 131 号）、《言语听觉士法》（1997 年法律第 132 号）、《改善介护障害福祉从业人员处遇以确保介护障害福祉从业人员的法律》（2014 年法律第 97 号）等 19 部医疗从业人员资格法。

2. 医疗行为法。日本调整医疗行为和急救服务的法律共有 10 部，分别为《关于红十字徽章及名称等使用限制的法律》（1947 年第 159 号）、《消防法》[1]（1948 年法律第 186 号）、《尸体解剖保存法》（1949 年法律第 204 号）、《日本红十字会法》（1952 年法律第 305 号）、《关于用于医学及口腔医学教育的人体捐献的法律》（1983 年第 56 号法律）、《器官移植法》（1997 年法律第 104 号）、《关于确保使用急救医疗用直升飞机的急救医疗的特别措施法》（2007 年法律第 103 号）、《关于推进移植用造血干细胞妥切提供的法律》（2012 年法律第 90 号）、《关于综合推进旨在确保国民迅速且安全地获得再生医疗的施策的法律》（2013 年法律第 13 号）和《关于确保再生医疗等的安全性的法律》（2013 年法律第 85 号）。

3. 医疗损害救济及特殊患者、特殊疾病支援法。日本关于特殊疾病、特殊患者及损害救济方面的法律有 15 部，分别为《战伤病人特别援护法》（1963 年法律第 168 号）、《关于援护原子弹爆炸受害人的法律》（1994 年法律第 117 号）、《麻风病疗养所入所者等的补助金支付法》（2001 年法律第 63 号）、《关于在心神丧失等状态下实施重大伤害行为者的医疗及观察等的法律》（2003 年法律第 110 号）、《癌症对策基本法》（2006 年法律第 98 号）、《关于旨在救济因特定纤维蛋白原（fibrinogen）制剂及特定血液凝固第 IX 因子制剂而感染 C 型肝炎的受害人的给付金支付特别措施法》（2008 年法律第 2 号）、《关于促进麻风病问题解决的法律》（2008 年法律第 82 号）、《水俣病受害人救济及水俣病问题解决特别措施法》（2009 年法律第 81 号）、《关于新型流感预防接种所致健康损害救济特别措施法》（2009 年法律第 98 号）、《关于推进牙科口腔保健的法律》（2011 年法律第 95 号）、《关于特定 B 型肝炎病毒感染者给付金等支付特别措施法》（2011 年法律第 126 号）、《酒精健康障害对策基本法》（2013 年法律第 109 号）、《癌症登记等推进法》（2013 年法律第 111 号）、《关于疑难病患者医疗等的法律》（2014 年法律第 50 号）、《过敏疾患对策基本法》（2014 年法律第 98 号）。

（二）法律制度

1. 医疗卫生从业人员法律制度。在日本，医疗卫生从业人员除了医师、牙科医师之外，还包括护士、牙科卫生士[2] 牙科技工士[3] 保健师、助产师、按摩师、

---

[1] 日本《消防法》第七章之二规定了"急救业务"，http://law.e‐gov.go.jp/cgi‐bin/idxselect.cgi?IDX_OPT=4&H_NAME=&H_NAME_YOMI=%82%a0&H_NO_GENGO=H&H_NO_YEAR=&H_NO_TYPE=2&H_NO_NO=&H_FILE_NAME=S23HO186&H_RYAKU=1&H_CTG=13&H_YOMI_GUN=1&H_CTG_GUN=2，最后访问时间：2016 年 10 月 16 日。

[2] 根据《牙科卫生士法》（1948 年法律第 204 号）的规定，所谓"牙科卫生士"，是指经厚生劳动大臣批准，在牙科医师的直接指导下，作为牙齿及口腔疾病的预防措施，而从事该法所规定的业务行为的女性。

[3] 根据《牙科技工士法》（1955 年法律第 168 号）的规定，所谓"牙科技工士"，是指经厚生劳动大臣批准，从事牙科技工业务的人。而"牙科技工"是指制作、修理或加工用于特定人的牙科医疗中的辅助物、填充物或矫正装置，但牙科医师自行对其诊疗中的患者实施的行为除外。

针灸师、营养士、临床检查技师、调理师、诊疗放射线技师、理学疗法士、作业疗法士、柔道整复师、视力训练士、言语听觉士、临床工学技士、假肢装具士、救急救命士、精神保健福祉士等不同职业的专业人员。

上述各类医疗从业人员的执业准入、执业登记、执业规则以及法律责任等都具有明确的、独立的法律依据。需要注意的是，日本对各类医疗从业人员均实行法定的、严格精细的资格考试和持证上岗制度，因此，日本除实行全国统一的医师资格考试、牙科医师资格考试等医疗从业人员国家资格考试之外，还有管理营养士国家资格考试、牙科卫生士国家资格考试、诊疗放射线技师国家资格考试、牙科技工士国家资格考试、临床检查技师国家资格考试等多种多样的医疗从业者资格考试。只有通过某一种类的医疗从业人员执业资格考试，并在厚生劳动省进行执业登记，才能作为医疗从业人员依法从事该种类的医疗相关业务。

根据厚生劳动大臣官方统计信息部于 2012 年开展的"医师·牙科医师·药剂师"调查和医政局的调查数据，日本医师、牙科医师、药剂师及护士等医务人员的数量逐年增加（如图 13-1、图 13-2、图 13-3 所示），截至 2012 年 12 月 31 日，日本共有医师 303 268 人（每 10 万人拥有 237.8 名医师）、牙科医师 102 551 人（每 10 万人拥有 80.4 名牙科医师），药剂师 280 052 人（每 10 万人拥有 219.6 名药剂师），保健师 58 535 人，助产师 36 395 人，护士 1 103 913 人。

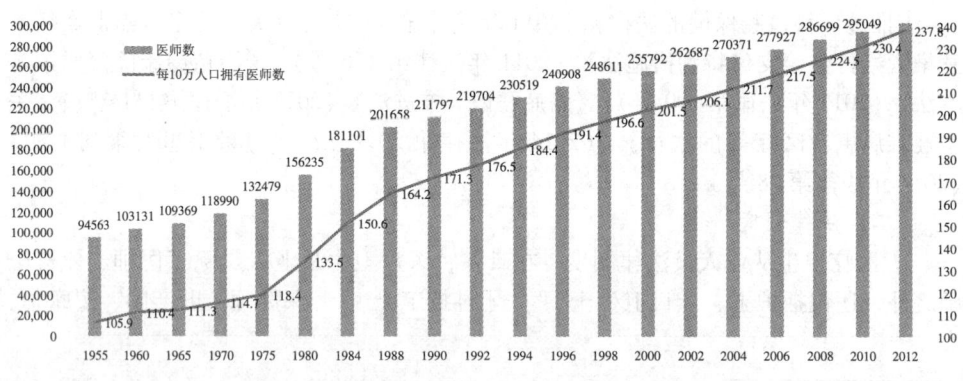

图 13-1　日本 1955~2012 年的医师数量变迁情况

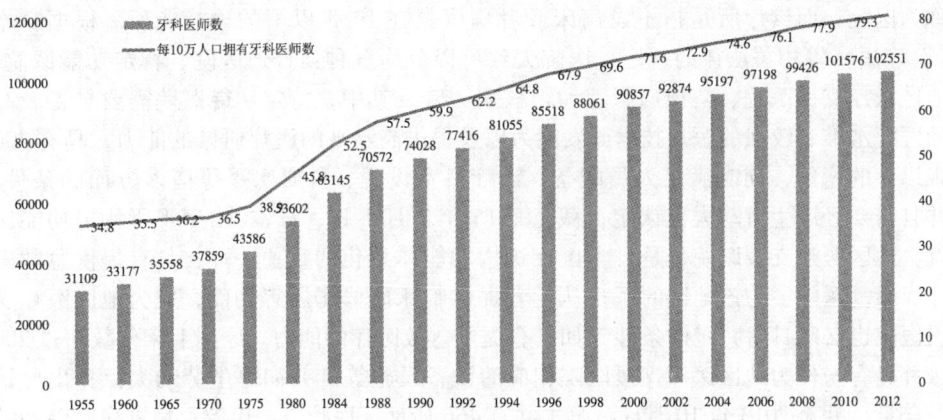

图 13-2　日本 1955~2012 年的牙科医师数量变迁情况

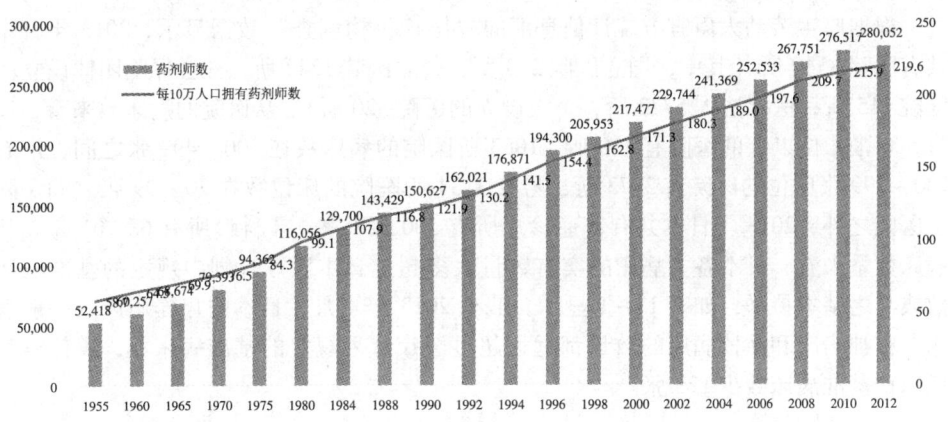

图 13-3　日本 1955~2012 年的药剂师数量变迁情况

2. 医疗机构法律制度。日本的医疗卫生体系可以简单地划分为医疗系统和保健系统,除了医疗内容以外的几乎所有关系到人的健康问题都属于保健的范畴,并且基本上都有立法作为支持。保健服务一般由保健所和市町村的保健中心提供。截至 2016 年 4 月 1 日,日本共设置 480 个保健所,其中都道府县共设有 364 个保健所,政令规定的市共设有 93 个保健所,特别区共设有 23 个保健所。[1]

根据日本《医疗法》的规定,能够开展医疗业务的场所包括医院和诊疗所两种类型,二者的区别在于是否有病床以及病床的数量,如果设有 20 张以上的病床,就

---

[1] 参见日本厚生劳动省白皮书(2016),http://119.90.25.46/www.mhlw.go.jp/wp/hakusyo/kousei/16-2/dl/00.pdf,最后访问时间:2016 年 10 月 16 日。

称为医院；而诊疗所是指不设病床或者病床数在 19 张以下的诊疗场所。根据日本《医疗法》等相关法律的规定，医院大致可以分为五种：普通医院、特定功能医院、地区医疗支援医院、精神病医院和结核病医院，其中，特定功能医院需要具备较高的医疗水准、较强的医疗技术开发能力以及提供高水平的医疗研修的能力，具有 400 张以上的床位，同时满足人员配备、诊疗科室设置、科研水平等诸多方面的条件，并且需要经厚生劳动大臣认定，截至 2015 年 7 月 1 日，日本共有 84 所特定功能医院；地区医疗支援医院也是日本医疗机构功能体系化的重要一环，具有提供急救医疗、康复医疗、为该地区的医疗从业者提供临床研修场所等功能，成为地区医疗支援医院也必须具备特定的条件（如具有提供急救医疗的能力、原则上床位数超过 200 张并具有与作为地区医疗支援医院相应的设备设施等）并向厚生劳动大臣提出申请并获批，截至 2013 年 10 月底，日本共有 466 所地区医疗支援医院；精神病医院和结核病医院是以特定的患者群体为对象的医院，精神病医院内只能设精神病床，结核病医院内只能设结核病床。

根据厚生劳动大臣官方统计信息部的"医疗机构调查"数据显示，2013 年日本共有医院 8540 所（其中，国立医院 273 所，公立医院 1242 所，社会保险团体设立的医院 115 所，医疗法人 5722 所，个人设立的医院 320 所）。从医院的病床数来看，设有 500 张床位以上的医院有 450 所，1083 所医院的病床数在 300~499 张之间，设有 100~299 张床位的医院有 3873 所，另有 3134 所医院的床位数在 20~99 张之间。除了医院之外，2013 年日本共有普通诊疗所有 100 528 家，牙科诊所有 68 701 家。从病床数量来看，日本各类病床的实有数量大多超过日本医疗计划中规定的基准病床数或与之基本持平，如表 13-1 显示，截至 2013 年 4 月，日本的疗养病床及一般病床、精神病床和结核病床的数量都远远超过医疗计划规定的基准病床数，仅传染病病床比基准病床数少 123 张。

表 13-1 日本基准病床数与实有病床数状况（2013 年 4 月）

类　型	基准病床数(张)	实有病床数(张)
疗养病床及一般病床	1 052 631	1 237 464
精神病床	310 510	340 470
结核病床	4377	6777
传染病病床	1899	1776

二、药品、医疗器械等医疗产品法律制度

（一）主要法律

日本关于药品、医疗器械等医疗相关产品的法律共有 12 部，按法律通过时间先

后的顺序依次为《大麻管制法》（1948 年法律第 124 号）、《毒物及剧毒物管制法》（1950 年法律第 303 号）、《兴奋剂管制法》（1951 年法律第 252 号）、《麻药及精神类药品管制法》（1953 年法律第 14 号）、《鸦片法》（1954 年法律第 71 号）、《关于确保安全血液制剂稳定供给的法律》（1956 年法律第 160 号）、《关于确保医药品、医疗器械等的品质、有效性及安全性等的法律》（1960 年法律第 145 号）、《药剂师法》（1960 年法律第 146 号）、《麻醉药品及精神类药品管制法等特例法》（1991 年法律第 94 号）、《关于促进旨在提升国民医疗服务质量的医疗器械研究开发与普及的法律》（2014 年法律第 99 号）、《独立行政法人药品医疗器械综合机构法》（2002 年法律第 192 号）、《独立行政法人医药基础·健康·营养研究所法》（2004 年法律第 35 号）。

（二）法律制度

日本的药品、医疗器械等医疗产品法律制度主要由《关于确保医药品、医疗器械等的品质、有效性及安全性等的法律》（即日本的"药事法"）规定，该法的立法宗旨是提高公众健康水平，确保药品、准药品、化妆品和医疗器械的质量、安全及有效，促进药品和医疗器械的研发。

该法制定于 1960 年，颁行之后历经数次修改，最近一次修改于 2016 年 12 月 16 日进行。日本药事法由 17 章 91 条加附则组成，第一章除规定该法的目的和相关定义之外，原则性地规定了国家、都道府县、医药品相关经营主体、医药相关主体以及国民的义务。第二章规定在各都道府县设置地方药事审议会，以回答都道府县知事的咨询，并就药事有关重要事项进行调查审议。第三章规定了药局的开设审批、审批基准、名称使用限制、药局的管理及管理者、经营者的义务等事项。第四章至第七章规定了医药品、医疗器械、再生医疗制品等的制造和经营等事项。该法还规定了医药品广告、医药品安全对策、罕见病用药以及监督、罚则等事项。

三、公共卫生法律制度

和大多数国家一样，公共卫生法律制度是较为庞杂的。日本在公共卫生方面的立法数量繁多，对传染病、职业卫生、环境卫生、食品和营养卫生以及学校卫生及青少年健康等公共卫生的各个领域都进行了具体详备的法律规制。

（一）传染病、流行病预防与控制法

日本关于流行病、传染病的规制方面的立法有 7 部：《预防接种法》（1948 年法律第 68 号）、《狂犬病预防法》（1950 年法律第 247 号）、《检疫法》（1951 年法律第 201 号）、《关于外国军舰等的检疫法特例》（1952 年法律第 201 号）、《关于传染病预防及传染病患者医疗的法律》（1998 年法律第 114 号）、《肝炎对策基本法》（2009 年法律第 97 号）、《新型流感等对策特别措施法》（2012 年法律第 31 号）。

（二）职业卫生法律

日本在职业卫生领域先后颁行了 5 部法律，分别为《尘肺法》（1960 年法律第 30 号）、《劳动灾害防止团体法》（1964 年法律第 118 号）、《关于煤矿灾害所致一氧化碳中毒症的特别措施法》（1967 年法律第 92 号）、《劳动安全卫生法》（1972 年法律第57号)、《石棉所致健康损害救济法》(2006年法律第4号)。

(三) 环境卫生法律

日本高度重视环境卫生的法律规制,先后颁行了如下35部法律:《理容师法》(1947年法律第234号)、《关于墓地、埋葬等的法律》(1948年法律第48号)、《演出场所法》(1948年法律第137号)、《旅馆业法》(1948年法律第138号)、《公众浴场法》(1948年法律第139号)、《干洗业法》(1950年法律第207号)、《美容师法》(1957年法律第163号)、《水道法》(1957年法律第77号)、《与生活卫生相关的经营业合理运营及振兴法》(1957年法律第164号)、《下水道法》(1958年法律第79号)、《建筑物用地下水开采规制法》(1962年法律第150号)、《大气污染防治法》(1968年法律第97号)、《噪音规制法》(1968年法律第98号)、《关于确保建筑物的卫生环境的法律》(1970年法律第20号)、《废弃物处理及清扫法》(1970年法律第137号)、《水质污染防治法》(1970年法律第138号)、《恶臭防止法》(1971年法律第91号)、《日本下水道事业团法》(1972年法律第41号)、《关于公害健康损害补偿等的法律》(1973年110号)、《含有害物质家庭用品规制法》(1973年法律第112号)、《化学物质的审查及制造等的规制法》(1973年法律第117号)、《关于涉及下水道整备等一般废弃物处理业等的合理化的特别措施法》(1975年法律第31号)、《振动规制法》(1976年法律第64号)、《旨在确保公众浴场的特别措施法》(1981年法律第68号)、《净化槽法》(1983年法律第43号)、《关于促进与产业废弃物处理有关的特定设施整备的法律》(1992年法律第62号)、《特定有害废弃物等进出口规制法》(1992年法律第108号)、《环境基本法》(1993年法律第91号)、《水道水源水质保全事业的实施促进法》(1994年法律第8号)、《关于防止特定水道疏水障碍保全水道水源水域的水质的特别措施法》(1994年法律第9号)、《关于促进对特定化学物质向环境的排出量的把握等及管理改善的法律》(1999年法律第86号)、《二恶英类对策特别措施法》(1999年法律第105号)、《推进聚氯复苯废弃物妥善处理的特别措施法》(2001年法律第65号)、《土壤污染防治法》(2002年法律第53号)、《关于破除特定产业废弃物引起的障碍的特别措施法》(2003年法律第98号)。

(四) 食品与营养卫生法律

在食品与营养卫生方面,日本通过了《屠宰场法》(1943年法律第140号)、《食品卫生法》(1947年法律第233号)、《化制场法》[1](1948年法律第140号)、《糕点卫生士法》(1966年法律第115号)、《关于流通食品中防止混入毒物等的特别措施法》(1987年法律第103号)、《关于食品制造过程管理高度化的临时对策法》(1998年法律第59号)、《关于家禽处理事业规制及家禽检查的法律》(1990年法律

---

[1] 根据该法第1条第1款和第2款之规定,"化制场"是指设立用来从事如下活动的场所:以牛、马、猪、绵羊及山羊的肉、皮、骨、内脏等为原料,制成皮革、油脂、动物胶、肥料、饲料及其他物品,化制场的设立必须取得都道府县知事的许可。

第 70 号)、《食品安全基本法》(2003 年法律第 48 号)、《食品表示法》(2013 年法律第 70 号)、《疯牛病特别对策法》等法律。

(五) 学校卫生与青少年健康法律

在学校卫生与青少年健康方面,日本先后出台了 4 部法律予以规制,包括《未成年人禁烟法》(1900 年法律第 33 号)、《未成年人禁酒法》(1922 年法律第 20 号)、《学校给食法》(1954 年法律第 160 号)、《学校保健安全法》(1958 年法律第 56 号)。

四、医疗保障法律制度

(一) 主要法律

日本关于医疗保障方面的立法多达 11 部,包括《健康保险法》(1922 年法律第 70 号)、《船员保险法》(1939 年法律第 73 号)、《社会保险诊疗报酬支付基金法》(1948 年法律第 129 号)、《国家公务员共济组合法》(1958 年法律第 128 号)、《国民健康保险法》(1958 年法律第 192 号)、《国民健康保险法施行法》(1958 年法律第 193 号)、《地方公务员等共济组合法》(1962 年法律第 152 号)、《老人福祉法》(1963 年法律第 133 号)、《介护保险法》(1997 年法律第 123 号)、《介护保险法施行法》(1997 年法律第 124 号)、《高龄者医疗确保法》(1982 年法律第 80 号)。

(二) 法律制度

从 20 世纪 60 年代起,日本就建立了覆盖全体国民的医疗保险制度,该制度采用公设医疗费保障系统,以社会保险方式的公设医疗保险制度为主,以社会扶助方式的公费负担医疗制度为补充。日本公设医疗保险制度的内容和特征有如下几点:

1. 由多项制度和多个保险人形成国民皆保险体制。日本的医疗保险制度并非是统一的,而是由多项制度组成,保险人也有超过 3400 人之多,既有健保组合或共济组合等公法人型的保险人,也有市町村等公共团体型的保险人。该制度要求"原则上所有国民都必须加入某一形式的公设医疗保险",从而实现了"国民皆保险"这一目标。

2. 主要由雇员保险和地域保险组成。日本的医疗保险制度大致可分为职业保险和地域保险两种类型,职业保险又叫雇员保险,是以职业、职种为基准来判断有无被保险人资格的保险;地域保险是以居住地(住所)为基准来判断有无被保险人资格的保险。职业保险制度主要包括健康保险、船员保险、各种共济以及国民健康保险中的国民健康保险组合。地域保险制度主要包括市町村国民健康保险和后期高龄者医疗保险。

3. 大致共同的给付内容。此前,健康保险和国民健康保险之间的给付率等给付内容有所差别,但自 2003 年 4 月开始,给付率统一为 7 成,各制度之间在医疗给付内容方面不再存在太大差异。保险医疗机构的指定方式和向保险医疗机构支付的诊疗费用在各制度之间也是相同的。

4. 较高的公费补助。对于国民健康保险、全国健康保险协会运营的健康保险、后期高龄者医疗保险等,日本政府均进行较高的公费补助,数据显示,2010 年度日本国民医疗费的经费来源构成比为保险费占 48.5%，公费占 38.1%，患者仅负担 13.4%。[1]

五、日本医疗卫生法律的特点

日本医疗卫生法律具有全面性、系统性、一致性、连续性和适应性等特点，医疗卫生法制从整体上体现出健康促进、疾病预防等大健康理念，全方位、全周期保障国民健康，有利于医患之间的信任与和谐。除此之外，以多部"基本法"规定国家在医疗卫生领域某一问题上的宏观政策也是日本医疗法律制度的突出特点之一。

（一）具有全面性、系统性和统一性

除宪法外，日本现行的148部医疗卫生法律涵盖医疗卫生领域的方方面面，无论是国家在宏观上的健康与医疗对策，还是医疗服务、公共卫生、药品等医疗相关产品以及医疗保障等方面，均实现了有法可依，医疗卫生法制呈现全面性、系统性和精细化等特征。而且，尽管日本的法律体系中包括大量的政令、省令等，但重要领域的问题都是以法律的形式予以规范和调整，政令和省令主要是为保证法律的实施而颁发的配套文件，用以明确某一具体法律条文和用语的含义或具体要求，而非对法律的所有规定进行"细化"，且仅法律中可以设定"罚则"，政令、省令等法律之外的规范性文件并不规定"法律责任"，因此，殊少存在不同法律之间互相冲突的情况，整个法律体系具有较强的协调性和统一性。

（二）具有连续性和适应性

日本现行的148部医疗卫生法律中，有相当一部分是日本大正年间和昭和年间颁布的，有的法律（如《未成年人禁烟法》［1900年法律第33号］）甚至是明治年间颁布的，这些法律在颁行之后大多经过数次甚至几十次修改，以更好地适应不断发展的社会生活实际，通过修法规定健康和医疗体系与制度的新的改革举措，并解决因其他法律的制定或修改而产生的法条冲突问题。例如，日本《健康保险法》（1922年法律第70号）自公布之后共修改过83次，最近几年几乎每年都要对该法进行修改，2011年和2012年分别修改过5次，2013年修改过1次，2014年修改过4次，该法最近的一次修改于2015年完成。日本《医疗法》（1948年法律第205号）自公布以来修改过85次，最近一次修改于2016年5月20日完成。不仅颁行年代久远的法律作过多次修改，即便是刚刚颁布的法律，当其与社会生活不相适应或与其他法律的规定不相协调时，国会也会适时修改法律。如日本2014年通过的《健康医疗战略推进法》至今已修改过2次，最近一次修改于2015年9月11日进行。

---

[1] 参见［日］加藤智章、西田和弘编：《世界医疗保障》，法律文化社2013年版。

(三) 存在多部规定宏观政策的"基本法"

日本素有"基本法"的立法传统，现行法律体系中有47部"基本法"[1]。日本医疗卫生领域也存在多部这样的"基本法"，规定国家在某一问题上的宏观政策和方针，如《癌症对策基本法》《健康医疗战略推进法》《肝炎对策基本法》等。以《癌症对策基本法》为例，该法由四章和附则组成，第一章为"总则"，用8个条文规定了该法的目的、基本理念以及国家、地方公共团体、医疗保险人、国民以及医务人员在癌症防治上的宏观责任与义务；第二章为"癌症对策推进基本计划等"；第三章"基本施策"下设三节，分别对"癌症的预防及早期发现的推进""癌症治疗的均等化的推进等"和"研究的推进等"作出了规定；第四章规定了"癌症对策推进协议会"，该法四章共20个法条并不涉及任何一方的具体权利、义务与责任，更未规定违反该法规定义务的"法律责任"。

(四) 体现健康促进、疾病预防等大健康理念，全方位、全周期保障国民健康

在日本医疗卫生法律体系中，有关疾病预防与控制、健康促进与维护方面的法律占大多数，61部与公共卫生相关的法律分别对环境卫生、职业卫生、食品与营养卫生、学校卫生以及流行病防控方面与人体健康密切相关的问题作出具体、详细的规定，《健康促进法》更是直接规定了增进公众健康的具体举措，包括健康促进的基本方针、国民健康·营养调查、保健指导、特定给食机构的营养管理、被动吸烟的防止等。这些法律与《高龄者医疗确保法》《介护保险法》等医疗保障法律以及规范医疗服务的法律一起为日本国民提供从出生到死亡的全方位、全周期健康保障。

(五) 助益医患之间的信任与和谐

在与医疗直接或间接相关的法律中，多数都有助于维系和促进医患之间的信任与和谐，如《医疗法》《医师法》《药剂师法》等法律从资格准入、运营条件与标准等方面对医疗服务提供主体进行规制，以确保所提供医疗服务的质与量；《关于疑难病患者医疗等的法律》《关于确保医药品、医疗器械等的品质、有效性及安全性等的法律》等法律通过有效救济特殊情境中的患者而使医患之间的关系变得更加融洽；特别是《健康保险法》等医疗保障法律能够确保患者在需要之时获得及时、安全、高质量的治疗，并使得医生能够基于患者的最佳利益而行医，这些法律制度能够切实维护医患之间的"共同体"，有助于实现并增进医患之间的和谐与信任。

---

[1] 截至2014年12月1日，日本现行法律体系中有47部冠以"基本法"之名的法律（包括已经通过但尚未实施的法律，不包括已失效、废止或全部修改过的法律），除《灾害对策基本法》《中小企业基本法》《森林·林业基本法》《消费者基本法》《土地基本法》《交通安全对策基本法》《环境基本法》《老龄化社会对策基本法》《科学技术基本法》《文化艺术振兴基本法》《知识产权基本法》《教育基本法》《海洋基本法》《宇宙基本法》《生物多样性基本法》《国家公务员制度改革基本法》《交通政策基本法》《水循环对策基本法》等。

第三节 日本卫生基本法的立法动态

如前所述，日本素有"基本法"的立法传统，但任何一部"基本法"都未对何谓"基本法"作出规定，[1] 日本《法律用语辞典》对"基本法"给出了如下定义：所谓基本法，是指具有如下特征的法律：①对于国政的重要领域，表明基本政策和基本方针；②优于该领域其他法律；③该领域的单行法多是基于基本法中明示的方针而制定；④往往设置专门负责基本措施推进等事务的行政机关；⑤殊少在基本法中规定直接影响国民权利义务的条文。日本学界也对"基本法"的含义展开了广泛探讨，有学者指出，所谓"基本法"，是指就某一重要的行政领域规定基本理念或方针、国家或地方共同团体的义务，所采取的措施、政策推进体制之整备等内容的法律。[2]

日本自20世纪60年代开始讨论《医疗基本法》的立法问题，至今已制作了多个版本的《医疗基本法》草案，并多次提交日本国会审议[3]，但均未获通过。目前，日本在医疗卫生领域已经制定有140余部法律，医疗卫生领域的各具体事项基本都有法律依据和规范，医疗卫生立法体现出全面化、系统化和精细化的特点，且在该领域已制定有《癌对策基本法》和《肝炎对策基本法》等"基本法"，这些法律作为特定的有限的疾患对策，表明了国家的理念和方向性，除此之外，日本《医疗法》第1条之2至第1条之4还宣示了医疗提供的理念，在一定程度上体现出作为医疗基本法的理念。日本《医疗法》主要是规定医疗机构的管理与运行等事项，但医疗基本法的涵盖范围应不仅包括医疗提供体制这一层面。因此，时至今日，日本各界仍然对于制定医疗领域基本法的必要性持有广泛共识：要解决日本医疗领域面临的四个难题，即保障患者权利、确保医疗质量与安全、充实医疗提供体制以及维护全民保险制度，就必须制定《医疗基本法》。

一、日本医疗"基本法"的制定过程

日本医疗基本法的制定过程可以大致分为三个阶段：1970年前后为第一阶段，1990年前后为第二阶段，2010年前后为第三阶段。日本医疗基本法发展的第一阶段和第二阶段，分别是围绕医疗提供的量和质等问题而进行，并提出了相应的法案。在第三阶段，主要围绕医疗提供的财源问题而展开讨论。

1. 第一阶段。1970年前后，日本发表了3个版本的医疗基本法草案。①1968年3月，日本医师协会发表了《医疗基本法（第一草案）》。②1972年5月，社会党、

---

[1] [日] 塩野宏："关于基本法"，载《日本学士院纪要》第63卷第1号，2008年第9期。
[2] [日] 西川明子：《基本法的意义与课题》，载日本国立国会图书馆：《参考》，2015年2月。
[3] 1972年提交至日本第68次通常国会，2006年提交日本第164次国会审议。

公明党、民社党三个在野党发表了《医疗保障基本法案》，并提交至日本国会讨论。③1972年，日本厚生省事务局5月向第68次通常国会提出《医疗基本法案》。这三个法案讨论的焦点是如何确保医疗提供的量。

2. 第二阶段。这一时期所提出的医疗基本法草案主要围绕如何确保医疗提供的质而展开，患者权利的立法倡议与内容设计成为该时期医疗基本法立法过程中的突出特点。1990年前后，日本各种团体发表了各种各样的患者权利，这一时期提出了制定冠以患者权利法之名的基本法的主张，将讨论的焦点放在尊重患者权利意义上的医疗提供的质上。日本律师联合会于1980年发表了《关于确立"健康权"的宣言》，1992年发表了《关于确立患者权利的宣言》，1984年"患者权利宣言全国起草委员会"发表了《患者的权利宣言（案）》（以下简称"权利宣言案"），其中涉及个人尊严、获得平等医疗的权利、获得最佳治疗的权利、知情权、自我决定权、隐私权等6项权利。1991年，"患者权利法创制会准备会"发表了《规定患者诸权利的法律要纲案》，列举了对医疗的参加权、知情权和学习权、获得最佳治疗的权利、获得平等医疗的权利、医疗中的自我决定权等。

3. 第三阶段。日本医疗基本法的第三阶段，是从20世纪末到目前的十多年时间。目前各个团体所提出的需要制定医疗基本法的主张，主要是以应对医疗崩溃的对策、确保医疗提供的财源而展开的。其中，民主党于2006年第164次国会上提出了《关于促进接受医疗者的尊严保持及有助于自我决定的医疗信息的提供、咨询支援和医疗事故等的原因查明的法律案》，尽管该法案并未获得通过成为正式法律，但2008年民主党发表的《为促进医疗信息的提供、咨询支援及纠纷的妥当解决以及防止医疗事故等的再次发生而部分修改医疗法等的法律案》（即《患者支援法案》）亦是以此为基础的。2009年10月，东京大学医疗政策人才培养讲座（HSP）的"医疗基本法项目团队"（以下简称"HSP基本法PT"）亦提出《医疗基本法》的模型。[1]

二、日本医疗"基本法"草案的主要内容

1972年日本厚生省事务局负责起草的《医疗基本法（草案）》提交至内阁后，在同年5月23日的内阁会议上决定将其提交给国会审议，同年5月26日，该医疗基本法草案被提交至日本第68次通常国会。1972年厚生省事务局的《医疗基本法（草案）》除序言、附则之外，正文部分包括3章10条，第一章为总则，规定了医疗政策的目标、国家和地方在医疗上的指导性方针政策和财政措施；第二章对医疗计划与都道府县医疗计划作了规定；第三章规定了医疗计划审议会、都道府县医疗计划审议会以及地区医疗协调会。

1972年5月15日，日本社会党、公明党、民社党三个在野党共同向国会提出《医疗保障基本法》法案，提请国会审议。三党提请国会审议的《医疗保障基本法》

---

[1] [日]一家纲邦："医疗基本法论的历史与现状"，日本医事法学会编：《日本年报医事法学》2011年第26卷，日本评论社2012年版，第16~22页。

由 8 章 38 条加附则组成，第一章为"总则"，规定了该法的目的、医疗的范围、基本理念以及医疗的民主性、公共性、一贯性、地区性等特征，还规定了国家和地方公共团体的义务以及医疗的经费来源等诸事项；第二章"健康管理体制的确立"就健康管理医师制度和健康管理手册等作了规定；第三章"公费负担医疗的扩充及医疗保险制度的改革"规定了公费负担医疗的理念、公费医疗的扩充以及医疗保险制度的改革内容；第四章"医疗机构的体系整备"对医院与诊疗所的功能划分、医疗机构体系整备、地区基干医院、无医地区对策、急救医疗对策、教育研究医院以及国家及地方公共团体对公共医疗机构的财政负担问题进行了详细规定；第五章"医疗担当者的确保"规定了医务人员的教育培养与数量保障等相关措施；第六章"医药制度的改革"主要规定了医药品制造制度的改革、医药分业的实现以及医用药剂公团的设置等事项；第七章下仅设有 1 条，要求"国家应采取必要施策，为促进医疗事故的妥当处理而设置医疗事故审查委员会，作为判定医疗事故原因的机构，同时创设旨在对医疗事故所致损害进行救济的制度"；该法第八章为"行政机构的改革"，对中央医疗委员会、国民保健厅、医疗保障审议会、医疗事故审查会、药效审查会、地方医疗委员会、健康管理委员会等行政机构的设置以及保健所的整备等事项作出规定。

东京大学公共政策研究生院、医疗政策实践共同体（community）（H-PAC）等组成的"医疗基本法制定小组"于 2012 年 2 月提出的《医疗基本法（草案）》在日本也具有较大的影响，该"医疗基本法制定小组"的组成人员具有较为广泛的代表性，既有政府（厚生劳动省）官员代表，也有参议院议员，还有大学教授、律师、医务人员及医院管理人员，亦有普通市民代表。该法由 4 章 27 条组成，第一章总则部分用 11 个条文规定了该法的目的、基本理念以及国家、地方公共团体、国民、医务人员、医疗机构管理者等各方主体的义务；第二章为"医疗中的基本人权"，规定了患者的平等医疗权、自我决定权、知情权、医疗可及权等基本人权；第三章"基本方略"规定了国家在医疗提供体制方面和医疗政策执行等方面应采取的方略，以及地方公共团体应采取的方略；第四章为"医疗政策基本计划等"，就医疗政策推进基本计划和医疗政策推进协商会等事宜作了规定。

此外，日本医师协会医事法研究委员会于 2012 年 3 月也编制了《医疗基本法（建议稿）》，包括 4 章 21 条，第一章为总则，规定了该法律的目的、定义、基本理念、国家和地方公共团体的义务、医疗提供人的义务、国民的义务；第二章规定了旨在确保医疗提供体制的对策；第三章规定了医疗提供者的义务；第四章规定了患者等的权利和义务。

第十四章
德国卫生法

德国卫生法的法理基础来源于德国《基本法》，德国《基本法》是尊严宪法的典范。《基本法》第 1 条规定：人的尊严（Menschenwürde）不可侵犯。关于人权与人的尊严的关系，在康德看来，人权是从人的尊严的源泉里，汲取它以实定法语言表达出来的道德内涵。[1] 人权作为宪法中的基本权利之一，是先于国家产生的个人权利，是人基于人的本质而与生俱来的权利，如生命、健康权。[2] 德国《基本法》并未对生命、健康权作出明确详细规定，但保护此种权利即在生命健康领域尊重和保护人的尊严，为一切国家权力的义务。另外，《基本法》第 20 条第 1 款规定，德国是民主、社会的联邦国家，在宪法上确立了社会国家原则，对国家设定了促进社会正义的义务，意味着立法者应当制定法律，促进社会正义。此外，按照联邦宪政法院的司法判例，社会国家原则中包含了国家需要致力于构建一个正义的社会秩序这一义务，政府需要承担广泛的社会救济与社会保障的任务。[3] 因此，德国《基本法》的人的尊严及社会国家条款为其卫生法的发展奠定了法理基础。以德国《基本法》为基础的德国卫生法体系主要包括法定健康保险制度、食品安全制度及医事相关法律制度。

第一节　法定健康保险制度
（Die gesetzliche Kranken‑versicherung）

一、历史发展

根据社会国家原则，立法者应当建立社会保险制度，包括养老保险、医疗保险等制度。现代社会保险的发源地是德国，来自俾斯麦时期，因此，德国的医疗保险体系被称为"俾斯麦模式"，它代表着保险制度安排的雏形。1883 年，德国首先颁布了《工人医疗保险法》（*Gesetz betreffend die Krankenversicherung der Arbeiter*），开创了现代社会保险的先河。这部法律不但是世界第一部社会健康保险法，也是世界第一

---

[1] 参见［德］尤尔根·哈贝马斯、鲍永玲："人的尊严的观念和现实主义的人权乌托邦"，载《哲学分析》2010 第 3 期。
[2] 参见陈征：《国家权力与公民权利的宪法界限》，清华大学出版社 2015 年版，第 1 页。
[3] 参见［德］康拉德·黑塞：《联邦德国宪法纲要》，李辉译，商务印书馆 2007 年版，第 165～167 页。

部针对社会保险所立的法。德国健保初期仅针对工人（蓝领）阶级，而后逐步扩及白领阶层、自由职业者及其他职业群体，并让其家属免费参保。1884 年，德国颁布了《工伤保险法》（Unfallversicherungsgesetz）。1889 年，又颁布了《老年和残疾人保险法》（Gesetz über die Alters – und Invaliditätsversicherung）。这三大保险制度的建立，构建了现代社会保险的基础。

二、特征

法定健康保险制度百余年来历经战争、经济萧条与国家转型依然不倒，其制度特色为由工人阶级向外扩张、但未及全民强制参保的社会互助（Solidarität）[1]、风险分摊机制，保险业务由多元复数保险人承担，保险人组织为公法上的社团法人，具备团体自治之功能，在社团主义下，保险人与健保医师就医事服务提供与医疗费用进行集体协商谈判，财务完全由劳资双方以保费负担，国家未给予固定补助。这些基本架构构成比较福利国家论著所称的"俾斯麦模式"特色。[2]

1. 国家监督下行自治管理。德国社会保险组织体制最重要的原则是，在国家监督下行自治管理。国家制定法律，并依法监督健康保险体系。但《法定健康保险法》的具体执行与供需双方的协商等事务，则是通过自我管理组织来个别的（对内）、合作的（共同对外）治理，所以任何合作必须通过双方共同协商，合议完成。除此之外，需求方要求的医疗质量与治疗权益的维护，由需求方组成的邦与联邦保险医师协会、医院协会、药师协会等都交由自治管理与协商。而这种"自治管理"的正当合法性，是通过民主原则/社会选举、社会共识/共同决定而达成。也就是，各联邦保险内的医师协会、医院协会或健保体制内的保险人团体，都是通过自治管理方式来运作。[3]

2. 复数保险人制。保险的管理会多达数百个。每个管理会都有其自治管理机关，由社会选举选出雇主、劳工各半席次代表组成代表大会（Verwaltungsrat）、理事会，设理事主席与执行理事，实际负责推动会务，对外代表管理会。这些管理会分成七大类保险人。这七类保险人[4]不以营利为目的，以职业类别来分类。[5]

3. 费率稳定原则（Prinzip der Beitragsstabilität）。政府认识到健保费率已到达经济不可承受的高点，于是稳定费率，以避免费率不断增加对雇主、劳工负担过重。

---

[1] 1988 年德国《法定健康保险法》（Gesetz zur gesetzlichen Krankenversicherung），位于《社会法典》第 5 编（Sozialgesetzbuch, Fünftes Buch V; SGB V）另有"社会平衡"（sozialausgleich）措施之规定，其系则为达到社会互助功能所采之措施。

[2] 参见孙乃翊："挥别俾斯麦模式社会保险制度？从德国联邦宪法法院几则判决评析德国近二十年健保制度改革方向"，载《欧美研究》2016 年第 3 期。

[3] 参见林志鸿、黄奕潆："认识德国健保"，载《医改双月刊》第 27 期。

[4] 七类保险人以职业区分，分别是一般地区性健康保险人（AOK）、企业健康保险人、自主手工业同业公会健康保险人、渔业健康保险人、农业健康保险人、联邦矿业健康保险人、补充健康保险人。

[5] 参见林志鸿、黄奕潆："认识德国健保"，载《医改双月刊》第 27 期。

除了由"量出为入"改成"量入为出"的随收随付制度外,并推动以下措施:删减浮滥的给付;增加部分负担;以优惠措施诱导民众选择家医制度;固定保险行政费用的额度;健保财源除政府原有27%的补贴之外,再增加税收作为财源,并用来补助儿童缴交保费;健保费用总额与费率由原本的自治协商改由议会决定。[1]

三、改革

自20世纪90年代起,德国医疗保险体系发生了实质性的变化。经历1992年、1997年、2000年、2003年、2007年、2011年6次改革后,"俾斯麦模式"的核心要素继续存在,并被视为一个整体继续发挥作用,但是它不再像以前那样起主导作用。如今,德国法定健康制度与130年前相比已有明显不同。市场化的改革发挥着越来越重要的作用,同时法定医疗保险体系中国家干预越来越强烈,政府为自己分配了一系列重要的管理权限。在这个过程中,自治的范围——无论是由雇主和成员对疾病基金的自我管理,还是由疾病基金和医疗服务供给方组成的集体性自治机构——很明显地被市场和国家所挤压。

2011年改革幅度较小,近年来德国健康保险制度较为重大的改革为2007年改革。2007年3月出台的《加强法定医保竞争法》(GKV-WSG),在多个领域承袭了"渐变"的发展模式,但同时该法也带来了深刻的改革,尤其在行为体格局方面。2009年底德国政府继续推行的(选择性)家庭医生合同,削弱了医保机构签约医生联合会,逐渐取代集体性协议,医疗服务领域逐渐由市场机制所掌控。[2] 而国家则追求着再管制以将参与者的利益和权力带入政府所限制的竞争目标之中。在中观层面,社团主义的控制被人为弱化了;在微观层面,竞争元素逐渐起到支配作用;在宏观层面,社团性的组织仍然是重要的(国家医疗保险基金协会代表了所有的疾病基金和联邦共同委员会),但是它们的运作受到了更加严格的束缚。总之,一个由市场所控制的卫生体系不再需要通过集体性的社团主义协商的方式达成协议。

同时,在医疗保险的筹资方面,税收的重要性越来越大,提高法定医疗保险体系筹资中税收所占的份额,已在各个党派之间达成一致。重要的一点在于,全球化竞争要求医疗保险成本必须从工资成本中脱离出来。其次,出于公平性的考虑,计算缴费水平时,应将其他类型的收入考虑在内。另外,高失业率、劳动力市场放松管制(更多的就业机会将低于社会保障的门槛)、收入的较低幅度的增长以及疾病基金成员由法定医疗保险基金转移到私人医疗保险部门,都使得仅依靠工资和薪水来筹资难以长久。因此,在卫生筹资中,税收的权重很可能继续增加。[3]

---

[1] 参见林志鸿、黄奕潆:"认识德国健保",载《医改双月刊》第28期。
[2] 参见罗伯特·帕奎特、沃尔夫冈·施罗德、俞宙明:"德国医疗卫生改革:行为体、利益与立法过程分析——以《加强法定医保竞争法》(2007)为例",载《德国研究》2009年第4期。
[3] 参见托马斯·格林格尔、罗尔夫·施姆克、苏健:"德国医疗保险体系的渐进式制度变迁——渐行渐远的'俾斯麦模式'",载《江海学刊》2013年第5期。

第二节 食品安全制度[1]

一、概述

在过去的几十年中,德国食品法从刑法和工商警察法的附属领域,发展成为以风险规制和政府食品监管与食品产业合作规制为主要内容的现代法律部门。德国作为欧盟成员国,食品安全同时受到欧盟法的调整。欧盟通过内部市场一体化及其在消费者保护方面的权限,在很大范围内主导决定了欧盟范围内的食品立法。在立法方面,欧盟倾向于通过直接适用的条例规范食品领域。但在食品行政管理方面则没有实现这种一体化,绝大部分管理事务仍由各成员国来决定。

二、食品安全的法律渊源

1. 欧盟法。在优先适用的欧盟法中,对食品法最为重要的主要有:《欧盟工作方式条约》第 4 条,规定了消费者保护和农业/渔业领域欧盟的管辖权;《欧盟工作方式条约》第 26 条,明确了进一步发展统一的共同体市场的任务;《欧盟工作方式条约》第 45 条以下条款,确立了开业自由、服务自由以及禁止歧视等基本自由;《欧盟工作方式条约》第 168、169 条,将健康保护和消费者保护作为欧盟横跨多个领域的重要任务。欧盟条例主要有:《欧盟食品法条例》第 178/2002 号(欧盟食品基本条例)规定了食品法的基本概念、目标和基本原则,欧盟食品机构的设置以及欧盟与成员国之间的权限划分。在某种程度上,该条例实际上是具有决定性作用的"欧洲食品法典",在很大程度上替代了国内法;《健康宣传条例》规定与健康有关的广告必须经过特别的许可程序才被允许;《新型食品条例》规定了新型食品的许可程序;《食品信息条例》自 2014 年 12 月起生效,取代了成员国国内法中关于食品标识和消费者信息方面的规定。

2. 德国法。《食品、日用品和饲料法》(LFGB)自 20 世纪 70 年代以来规范德国的食品和日用品,在动物饲料丑闻发生后又增加了有关饲料的规定。该法今天只作为欧盟食品基本条例的辅助法律发挥作用。其他德国国内法,例如食品标识条例、卫生条例以及消费者信息法都逐渐被欧盟法所取代。目前国内法所调整的范围仅保留了药品法和基因技术法,而且这些法规也在一定程度上受到欧盟指令的影响。

三、立法目的

1. 保护消费者不受有害的、腐烂变质食品的危害,也包括避免消费不适当的食品。

2. 没有健康危害,但比较恶心的食品(例如蠕虫、昆虫)等同于具有健康危害

---

[1] 弗瑞德海姆·胡芬、喻文光:"德国食品法中健康保护的机构、方法和程序",载《行政法学研究》2015 年第 4 期。

的食品。

3. 保护消费者免受欺诈。[1] 免受欺诈不仅关系到消费者的财产保护，也关系到消费者的自我决定权以及其他利益（如伦理和宗教方面的权益）。

4. 保障食物供应的多样性。

5. 动物健康和动物保护。其宪法依据是德国《基本法》第 20a 条规定的动物保护的国家目标。

6. 促进欧洲共同体市场的实现。

四、基本原则

1. 预防原则。在没有确实的科学依据证明存在危险或风险的情况下，也要采取风险管理的措施。适用预防原则也有一定的限制，即必须遵守确定性原则、侵害必须符合比例原则，以及预防措施在适当时间范围内须受到审查。

2. 保护消费者的利益。为消费者提供与消费食品有关的知情选择的依据。

3. 透明原则。透明原则包括及时的协商和对公众的风险信息交流，以及消费者可以依据《消费者信息法》提出信息公开请求。

4. 可追溯性原则。建立"从田间到餐桌的食品安全和保障"。每个食品和相关责任人都必须记录在案，相应的信息系统必须建立。

5. 分级责任。与德国施行的"责任链条"（损害和风险链条上的每一个参与者都要承担责任）有些不同的是，欧盟法规定的是分级责任，即参与者对其领域内的可认知的和可控的风险和危险承担主要责任。这与德国《基本法》的规定相吻合，尤其是符合比例原则以及一般平等原则所禁止的对不同事实的同等对待。

第三节　医事相关法律制度

一、医事法

德国医生适用许可制，这一制度可以追溯到 1869 年的《工商法》。获得许可需要满足一系列条件，其中最为核心的条件是顺利完成至少为期 6 年的大学医学教育。在接受教育的期间，应当在医院或者其他医疗机构参加过 8 个月以上、12 个月以下的实习。申请人必须通过了相应的考试，能够用德语提供医疗服务。此外，申请人还应当为人可靠、身心健康。经过许可之后，申请人有权独立执业。许可构成一个行政行为，符合条件者都有权获得这个许可。申请者符合条件而未能得到许可的，可以向行政法院起诉，要求相关行政机关对其授予许可。从医许可与相关大学教育本身是相互独立的。

---

[1] 参见 2013 年欧洲马肉冒充牛肉事件，http://www.chinanews.com/gj/2013/02-14/4563032.shtml，最后访问时间：2017 年 4 月 8 日。

在欧盟成员国或者相应条约缔约国接受医学教育者，也可以申请德国的许可。在欧盟内部，德国之外的其他国家所接受的医学教育，通常能够比较容易地得到承认。对于在欧盟以外国家接受的大学医学教育，则要求更为严格，例如，应当通过考试等方式来证明其接受的医学教育达到了德国的医学教育的水平。[1]

在一些情况下，医生从业资格可以由本人放弃、由主管机关予以暂停或者撤销。获得医生职业资格之后，申请人可以放弃其资格。根据《联邦医生法》第6条的规定，在特定情况下，主管机关可以暂停相关人的医生从业许可。例如，医生接受刑事调查、身体健康状况变差、具有酒精依赖或者其执业能力受到影响而又拒绝接受相应医学检查。如果事后表明，申请者当初并没有通过必要的医学考试，或者事后发现申请者当时并不符合必要的条件，则主管机关可以撤回从业资格。[2] 医生因为年龄原因无法正常从事医疗活动[3]，或者存在足以破坏公众对执业能力的信任的情形，可以撤销其从业许可。在事后确认医生个人身体健康状况不佳，无法进行相应执业活动的，也可以撤销其许可。另外，医生在执业过程中从事了大量人身伤害或者欺诈行为的，也应当撤销其许可。[4]

二、药事法

在1961年之前，药品的流通没有单独由一部法律予以系统地规范，而是由工商业法一并作出规范。1961年，德国立法者制定了《药品法》，对药物进行了系统的规范。这部法律规定了生产药物所需要满足的条件，尤其是规定了药品生产应当取得许可，同时，药品生产厂商也具有登记义务。这部法律通过之后发生了"反应停"事件[5]，该部法律的相关规定并不能够防止类似事件再次发生，因此，有必要制定一部新的法律对药品的生产和流通进行规范。1978年，德国立法者新制定的《药物法》开始实施。这部法律要求药物在进行流通领域之前，必须被证明是达到质量要求、有效、安全的。与之前的法律不同，这部法律规定了对新药的审查，并且规定了对于药物受损者的客观赔偿责任。从其生效以来，这部法律经常被修改，最后一次修改发生在2017年7月18日。

药事法追求多重目标。首先，立法保障民众对药品的需求能够得到比较充分的

---

[1]《联邦医生法》第3条第2款。
[2]《联邦医生法》第5条。
[3] OVG Lüneburg MedR 2007, 369.
[4] VGH Baden-Würtenbergt, MedR 2010, 431.
[5] 联邦德国（西德）药厂格兰泰（Grünenthal GmbH）研发了药物"反应停"，1957年10月正式投放欧洲市场，为很多孕妇服用。从1960年开始，欧洲新生儿畸形比率异常升高，经过调查研究，人们发现了发现新生儿畸形的发生率与"反应停"的销售量呈现一定的相关性，之后的研究"反应停"具有致畸性。1961年11月，格兰泰撤回联邦德国市场上所有"反应停"。1968年5月27日开始，格兰泰的7名管理人员就其过失杀人和违反药物管理法律规定的指控开始受到刑事审判。这一事件表明，1961年通过的《药品法》根本无法避免类似的事件发生。

满足。其次，鉴于新药的研发对于保障民众健康具有重要意义，特别是新药可能治愈原先无法治愈的疾病，药事法致力于为新药的研发创造良好的环境。在新的药品研发出来之后，药事法应当使得相关药品能够尽快通过审批进入流通。药事法也应当对药品专利规定适当的保护期限，从而对新药研发予以鼓励。再次，由于药品对病人也可能产生不利的影响，因此，在允许药品流通之前，必须对药品的副作用和相互作用进行充分的研究，药品必须附有相应的信息。为了保障病人能够正确地作出决定，药事法规定药品生产厂商应当提供充分的关于药物组成、适用症、副作用、相互作用等信息。除了提供这种预防性的保护以外，药事法还应当对正常服用药品所导致的损害进行规范，合理分配责任。最后，立法也着力于保障药品供应的经济性。专利保护、研发费用等通常导致药品具有较高成本。一方面，只有在药品价格能够为大众所承受的情况下，药品的供应才能够得到保障；另一方面，只有在药品价格达到一定水平的情况下，药品研发和生产才能够正常进行。因此，药事法应当确保药品价格处于适当的水平，使得民众具有相应的经济能力购买相应的药品，同时又使得研发和生产药品在经济上具有可持续性。

第十五章
我国台湾地区"卫生法"

第一节 我国台湾地区"卫生法"概述

我国台湾地区的医事"卫生法"体系已经走在世界的前沿,该地区为居民健康权实现提供了医疗卫生保健方面强大的社会保障。我国台湾地区原是瘴疠之乡,随着社会经济的繁荣以及医药卫生的努力,整体健康水平不断提高,并且在20世纪结束之前,非传染性疾病取代传染性疾病,成为我国台湾地区居民的主要健康问题。[1]到21世纪,我国台湾地区的"公共卫生"以"全面均健（Health for All）"为最高宗旨,使公众不仅免于疾病,更可达到有幸福感（Well being）。[2]

一、历史发展

医事卫生相关制度在我国台湾地区的缘起与发展大致分为4个阶段:

1. 萌芽阶段。自日本殖民时代开始,在政治、经济与社会条件的限制下,我国台湾地区对于民众健康及医疗事业投入有限,医疗人权的相关制度规范并不完善,欠缺实质化的保障。[3]

2. 发展阶段。1986年"医疗法"公布实施期间,由于社会进步与人权意识的高涨,我国台湾地区对于医疗人权的保障逐渐落实到制度化,共同促使了各种医疗卫生法规的制定和各种健康医疗保险法规的颁布[4]。这些法规的颁布使得我国台湾地区基本政策中所保障的健康权在人们的日常生活中具体实现。同时,政治人权和消费者权利与医疗人权的诉求观念也逐渐形成,并进一步与健康权的概念相结合,诸如1980年"财团法人消费者文教基金会"的成立,将消费者运动的概念引入了医疗消费者的权利保障。

3. 全民健保制度阶段。伴随着1995年"全民健康保险法"的颁布及1996年"医疗法"的公布,我国台湾地区健康权的保障进入法制化和加强化的阶段,医患关系不再通过不具规范性的伦理道德和舆论制衡的方式来协调,而是通过明确的"法

---

[1] 参见江东亮、余玉眉:"健康促进：国民健康的新方向",载《中华卫志》1994年第13期。
[2] 吴肖琪、叶馨婷:"公共卫生与医疗品质提升",载《医疗品质杂志》2014年第3期。
[3] 陈荣基:"台湾医疗纠纷的现况与处理",载《健康世界》1993年第8期。
[4] 诸如1950年的"劳工保险"、1958年"公务人员保险"、1964年"退休人员保险"、1983年"公务人员眷属疾病保险"、1985年"退休公务人员及其配偶疾病保险"、1985年"农民保险"等。

律"规范来解决。诸如1995年的"全民健康保险法"的颁布使得民众健康权和医疗人群的保障有了更积极的保障措施。

4. 后健保阶段。"全民健康保险法"的实施，固然使民众的健康及医疗人权有了进一步的具体保障，但相关规范与制度仍然需要进一步修正以符合保障民众健康的精神，如医疗信息的公开与流通、医疗消费权的确立等。总之，后健保阶段的核心内容就是促使健康照护与健康保险制度的本质在全民健康保险的配合与对医疗人权的全面反思下产生根本改变。

二、我国台湾地区"卫生法"的基础——医疗人权的保障

（一）我国台湾地区医疗人权保障概况

医疗人权包含病人的医疗人权（patient rights）、一般民众的医疗人权以及医事人员的医疗人权。[1] 在实践中，应予以贯彻实现。患者医疗人权的内容，包含社会基本权所发展出来的受益权，以及人权基本理念所发展出来的防御权。医疗的受益权是指卫生保健请求权、医疗救助请求权及紧急医疗请求权。医疗防御权则指病人的自主决定权[2]、平等权[3]及隐私权等权利。[4] 病人的医疗人权范围甚广，其中最重要、最核心的是对公民健康权的保障。对于贫困者、残疾人，政府应给予补助。在医疗机构方面，医院及医师应注意患者自主决定权的保护，充分告知病人应知悉的治疗方法及愈后情况等，使病人作出合理的决定。对于病人的医疗信息，医院及医师应绝对尊重，不得任意泄露。

（二）我国台湾地区"大法官解释"对医疗人权保障的见解

我国台湾地区"大法官解释"对于保障民众健康也作出相关解释文。[5]

1. 要求药物广告之商业言论需维护民众的健康。[6] 因药物广告之商业言论涉及维护民众健康及公共利益，应受较严格之规范。同时，对药物广告之限制，与其由言论自由之立场观察，应以基于保护消费大众之利益为重点，限制药物厂商之营业自由，并以保护民众健康为目的。

2. 政府应正确地通过制度设计，来积极维护民众健康，显现健康权作为基本权

---

[1] 参见吴全峰、黄文鸿："论医疗人权之发展与权利体系"，载《月旦法学杂志》2007年第148期。

[2] 患者的自主决定权，是在反省传统父权式医患关系后的产物，目的在于维护病人权益。在医学伦理与法律上，因而发展出"知情同意"（informed consent）的原则。知情同意原则的目的在于提供患者信息，使其积极参与自身的医疗决定。在医学伦理上，知情同意建立在"尊重人格""尊重自主""促进病人健康"等伦理原则的基础上。基于病人自主决定权，病人有选择其所偏好的医院的权利，有同意就医与拒绝医疗的权利，并有转诊、转院及出院的权利。

[3] 医疗平等权是指公民不因种族、经济、社会、地位、疾病种类等因素，影响其要求平等接受政府所推行的医疗保健事业与福利的权利，病人因而具有平等享受医疗资源的权利。

[4] 参见吴全峰、黄文鸿："论医疗人权之发展与权利体系"，载《月旦法学杂志》2007年第148期。

[5] 例如："释字第414号解释"提及维护民众健康、"释字第472号解释"涉及增进民族健康、"释字第476号解释"关于维护民众身心健康、"释字第577解释"说明增进民众健康等。

[6] 详见我国台湾地区"大法官释字第414号"。

利中的时代意义。[1] 为谋社会福利，应实施社会保险制度；为增进民族健康，应普遍推行卫生保健事业及公医制度。[2] 我国台湾地区健保制度的健全化已成为健康权领域中一个重大的课题，因为个人的健康有赖政府的保护，同时也凸显政府保护义务的重要性。

3. 健康权在客观上主要是以政府保护义务之概念为核心，课予政府积极以行为、金钱、组织、程序及制度等方式，排除政府以外之第三人甚至自然灾难等对个人健康之侵害，并进而照顾、保护个人健康的完整性及民族的整体健康的义务和责任。[3]

4. 政府对于不具基本人权保障的吸烟行为得以干涉，唯须受法律保留原则和比例原则等公法上的一般原则拘束；进而解释主张维护自身健康的健康权内涵，剖析具受益权与防御权功能的健康权之公权利面向和具政府保护义务的健康权之客观法效力面向。[4]

第二节　我国台湾地区"卫生法"制度

一、医事法

(一) 行政法对医师医疗行为之规范

医师从事医疗行为，关系患者健康及社会卫生安全。对于医师的资格及医疗行为，法律必须予以严格规范。医事人员的诊断与治疗行为，攸关民众的健康与安全，非属一般商业行为，不得以营利为主要目的，而应顾及患者接受医疗的权利。因而医师收费不得仅以营利与绩效作为衡量标准。医疗行为并非商业行为，更不得从事非法医疗广告活动。至于医师使用药品，若涉及管制药品，须严格遵守"法律"规定。医师从事的医疗行为中具有伦理上的争议，必须经报请主管机构的许可。[5]

行政法规对于医师的资格与执业登记，设有详细规定，以保障医师的专业品质与服务品质。医师的身份取得与医疗从业行为，对于病人的就医权益与社会卫生安全具有重要性。医师法对于医师资格取得与执业登记的规定，在于维护医师的专业品质与服务品质。医师的医疗行为具有一定的风险，为正确诊断病情，进行合理的处置与治疗，且为公共卫生的维护，医疗法规对于医师的医疗行为规定广泛的行政法上的义务，督促医师遵守，以保障病人的就医权益。"医疗法""医师法"对于医

---

[1] 林明昕："基本权各论基础讲座（十六）——以'国家之保护义务'为中心"，载《法学讲座》2005年第32期。

[2] 详见我国台湾地区"大法官释字第472号"，以全民健康保险为例的还有第473、524、533、550号解释等。

[3] 详见我国台湾地区"大法官释字第550号"。

[4] 详见我国台湾地区"大法官释字第577号"。

[5] 参见陈聪富："医疗法：第二讲——医师的行政管制（上）"，载《月旦法学教室》2008年第66期。

师执业行为,包括收费标准及医疗广告,均予以严格规定,目的在于保障患者的就医权益,及排除医疗行为作为商业行为的色彩。此外,许多医疗行为,必须获得主管机构许可后才可为之(如人工生殖),因其涉及社会观念与伦理争议。"医疗法""医师法"及相关行政法规,对于医师赋予广泛的法定义务,不仅关系病人利益的医疗行为上治疗义务与保密义务,且包括给予公共卫生安全、防止及侦查犯罪、保障弱势群体等通报义务。医师在行政法上的义务甚为繁多,因其所从事的职业攸关民众身体健康与卫生安全,甚至与社会道德相牵连,不得不谨慎规范。[1]

(二)民法对医患关系的维护

1. 契约法[2]。我国台湾地区关于医疗事故的处理,原告通常主张侵权行为损害赔偿请求权,依据我国台湾地区"民法"第195条[3],以获得财产上与非财产上的损害赔偿。我国台湾地区"民法"第227条之一就债务不履行侵害人格权时,准用"侵权行为法"的规定请求抚慰金赔偿[4],因而就赔偿范围而言,在医疗事故中主张契约责任或侵权责任,并无重大差异。主张契约责任,依据一般举证责任原则,患者对于医院或医师的过失,不负举证责任,对于患者具有重大实益。[5] 因而目前在诉讼实务中,原告要求侵权行为损害赔偿时,亦同时主张医院或医师的契约责任,以免除自己的举证责任。

患者至医疗机构就诊,多与医院或医师签订医疗契约。医疗契约与一般商业性契约最大的不同之处在于医疗契约涉及患者的生命、身体与健康权益。在医疗过程中,医师与病人比一般商业性契约发生更紧密的信赖关系。医师与病人的互动过程,使医师知悉患者的相关信息。患者就医,常因必要性与紧迫性而无法与医师进行对等的契约谈判。此外,医学具有一定的实验性与不确定性,对医师而言,治疗过程与结果,经常并非其所能控制与掌握,因而发生许多非人力所能预见的风险。简而言之,医疗契约无论对患者或医师,均具有一般商业契约的特殊性,非可全部以商

---

[1] 参见陈聪富:"医疗法:第二讲——医师的行政管制(下)",载《月旦法学教室》2008年第67期。

[2] 参见陈聪富:"医疗法第四讲——医疗契约之法律关系(上)",载《月旦法学教室》2008年第72期。陈聪富:"医疗法第四讲——医疗契约之法律关系(下)",载《月旦法学教室》2008年第73期。

[3] "不法侵害他人之身体、健康、名誉、自由、信用、隐私、贞操,或不法侵害其他人格法益而情节重大者,被害人虽非财产上之损害,亦得请求赔偿相当之金额。其名誉被侵害者,并得请求回复名誉之适当处分。前项请求权,不得让与或继承。但以金额赔偿之请求权已依契约承诺,或已起诉者,不在此限。前二项规定,于不法侵害他人基于父、母、子、女或配偶关系之身份法益而情节重大者,准用之。"

[4] 债务人因债务不履行,致债权人之人格权受侵害者,准用第192条至第195条及第197条之规定,负损害赔偿责任。

[5] 契约责任,虽然学说上认为,基于医疗效果的不确定性与医疗行为的高度风险,认为对于医疗过失的举证责任,不可全部转由医院或医师负担,但外国法院实务及我国台湾地区"民事诉讼法"关于举证责任的规定,均大幅度将医疗过失的举证责任转由医院或医师负担。

业契约的法律关系，否则将过于苛刻或冷漠，而无法创造一个和谐、温暖的医患关系。

2. 侵权法[1]。关于医疗侵权责任归责原则的争议，在我国台湾地区已历经多年，学说讨论激烈，文献繁多；法院见解莫衷一是，无法为医疗人员确立其行为规范。

医疗事故经常来自于人体反应的不确定性与医学的有限性，医师无法完全掌握病人对于治疗手段的反应。对于高科技医疗技术与新药品的处方，也无法全部掌握其时效性。然而医疗事故发生时，经常伴随着患者身体严重受损，甚至死亡，损害十分重大。因此，在医疗损害发生时，究竟应在何种条件下，认定由医院或医师承担患者的损害责任，属于侵权法的重要内容。

关于医疗机构及医师医疗侵权责任的归责原则，涉及医疗事故发生的损害，究竟应于何种条件下，由被害人承担转嫁为医院或医师承担。如果使医师承担过重的责任，将使医师在治疗患者的过程中裹足不前，不利于患者。反之，如果使医院及医师承担责任不足，不仅患者无法获得适当的损害补偿，且无法发挥侵权行为法"预防损害"的功能。因此，如何在患者的损害补偿与医师的执业活动自由间取得平衡，即为侵权法关于医院或医师归责原则应予探究的问题。

学说与实务见解莫衷一是，争论不休，最后是以修订"医疗法"第 82 条[2]的方式，确立医疗行为归责不适用"消费者保护法"的服务无过失责任，司法实务从之。医疗诉讼日益增多，而以过失的认定为主要争点，其被认定医师应负过失责任的，例如，怠于注意，不按时予以 X 光检查，以明了病情，作为应否开刀的决定，致未能为适时治疗；欠缺善良管理人注意，未将病人的骨折处接合，致陈旧性骨折畸形，且肿胀不愈合；应知注射葡萄糖液引发热性副作用致人死亡，注射之初，未密切注意病人反应，对甫行手术的病人，注射 200CC，未审慎施用；未经试验即注射青霉素针剂，致中毒发生过敏性反应，引发心脏肥大等症；注射康必安未预作皮试，致人死亡；手术纱布遗留于腹中。在诸判决中，法院均作过失认定。[3] 至于医疗事故是否属于我国台湾地区"民法"第 191 条之三[4]规定的危险活动，学说见解不一，法院实务中最后以该条立法理由中的例示规定为由，将医疗事故排除于该条适用范围之外。

---

[1] 参见陈聪富："医疗法：第五讲——医疗侵权之归责原则（上）"，载《月旦法学教室》2009 年第 75 期；"医疗法：第五讲——医疗侵权之归责原则（下）"，载《月旦法学教室》2009 年第 76 期。

[2] 医疗业务之施行，应善尽医疗上必要之注意。医疗机构及其医事人员因执行业务致生损害于病人，以故意或过失为限，负损害赔偿责任。

[3] 参见王泽鉴：《侵权行为》，北京大学出版社 2016 年版，第 308～309 页。

[4] 经营一定事业或从事其他工作或活动之人，其工作或活动之性质或其使用之工具或方法有损害于他人之危险者，对他人之损害应负赔偿责任。但损害非由于其工作或活动或使用之工具或方法所致，或于防止损害之发生已尽相当之注意者，不在此限。

3. 知情同意[1]。知情同意在我国台湾地区讨论十余年，讨论的内容涵盖美国法"知情同意原则"以及德国法的契约上说明义务。在学说讨论之际，司法实务中发现，无论案情如何，原告经常主张，患者的并发症或任何医疗损害，均因医师违反告知说明义务，所以医师应负赔偿责任。法院为回应原告的主张，在许多案例中，均于讨论医疗行为是否具有过失后，进一步探求医师是否尽到法律上所要求的告知说明义务。医疗机构与医师给予契约法及侵权行为法上的义务规范，对于患者负有告知说明的义务。知情同意法则保护患者的自主权，体现患者独立、自主、尊重与隐私的价值，具有伦理正当性。知情同意原则建立在维护患者福利的立场上，因而确保患者得到更好的照顾，而不是确保得到自由权利。患者的自主权的真正实现，有赖于医师善意的配合。患者自主权强调，医师应尊重患者的意愿，而非以医师的个人价值取代患者的价值。医患关系是一种"照护"（care）关系，既为"照护"，则无法仅依据法律上权利义务关系的规定，即得以体现最佳的照护结果。医师与患者充分沟通，使患者清楚了解医疗信息，才能实现患者的最大利益。从而知情同意原则所重视的，并非是否取得"患者同意"，而是如何"辅助患者做成决定"，以实现患者的最佳选择。[2]

（三）刑法对医疗犯罪行为的规制

医师作为一种职业，无论其医疗方法为诊断、用药或实施手术，对于社会大众利益，虽然可能引发损害，但为医疗过程所无法避免，因而具有某种仪式的特权，而不应将医师的医疗行为认定为加害行为而成立犯罪。然而，在我国台湾地区的司法实践中，医师却经常被患者控告承担刑事责任。医师的医疗行为，例如在诊断、用药及治疗过程中，经常涉及侵入人体、破坏身体完整性的情形，客观上属于法律上的伤害行为，该当重伤罪（我国台湾地区"刑法"第278条第1款[3]）的构成要件行为，但如果是医生执行医疗的业务行为，即不具有违法性。[4] 只要医疗行为符合医师的医术规制，虽然手术后果不良，或病人身体健康恶化，只要医师的治疗目的在于使病人恢复健康，并非使病人的健康恶化，则不具有伤害罪的构成要件故意。[5] 医师不需要承担刑事责任。医疗行为是否为犯罪行为，在医学界与法律界之间，向来争议甚大。学者认为，医疗行为不应具有刑事责任免除的特权，但在具体案例的认定上，关于医师的刑事责任，应从严认定。[6] 在医疗行为属于一般诊治行

---

[1] 参见陈聪富："医疗法第六讲——告知后同意与医师说明义务"，载《月旦法学教室》2009年第80期、2009年第81期、2009年第82期。
[2] 参见杨秀仪："美国'告知后同意'法则之考查分析"，载《月旦法学杂志》2005年第121期。
[3] 使人受重伤者，处5年以上、12年以下有期徒刑。
[4] 余振华：《刑法总论》，三民书局2013年版，第243页。
[5] 参见林山田：《刑法各罪论（上）》，元照出版社2005年第5版，第157页。
[6] 参见陈聪富："医疗法第三讲：医疗行为与犯罪行为（下）——告知后同意的刑法上效果"，载《月旦法学教室》2008年第69期。

为时，其正当性的基础，即违法阻却事由，在于得到患者的知情同意，不成立刑事责任。在医疗行为属于患者危急情形时，医师可依据紧急避险，主张违法阻却。

学者认为，医师取得病人知情同意，在医疗行为固有的风险范围内，具有违法阻却事由，即使医师实施的医疗行为在形式上符合伤害罪的构成要件，仍不成立刑法上的伤害罪。但医师的医疗行为如果超越医疗行为的固有风险，超出的部分不得阻却违法性，而应依据医师是否具有过失认定医师是否负担过失伤害或过失致人死亡的责任。医师超越患者的同意范围，实施未经患者同意的行为，伤害患者，应构成故意重伤害罪，予以处罚。医师若不告知患者，患者根本无从同意。如果医师告知不实、不详尽时，患者的同意属于无效同意，与未经患者同意情形相同。[1] 医师告知后，患者不同意，医师仍然进行侵入性检查或治疗，无法阻却违法性，但擅自实施对于患者健康有利的医疗行为，且医师已尽注意义务，医师无需为其"伤害行为"负责。但医师所侵害的是患者的自我决定权。医师告知后，未经患者同意而为擅行医疗行为时，若该医疗行为不利于患者的身体健康利益，患者当然具有拒绝的权利与可能，此时应认为医师未告知患者具有过失，无法阻却违法性，且医疗行为的进行应认为有过失，医师因而应负过失伤害的罪责。

二、全民健保制度

（一）全民健保制度下的法律关系解析

在全民健保制度开始实施以后，传统的医疗契约单纯法律关系受到很大程度上的冲击，初步形成一个三方法律关系，这个三方法律关系中的三方分别是作为保险人的台湾健康保险局（以下简称"健保局"）、医事服务机构及作为被保险人的就医患者。在这个三方关系中，共形成三个契约：第一种契约是健保局与医事服务机构的行政契约，该契约已经过"大法官释字"533号确定为行政契约，通说认为属于第三人利益契约的性质；第二种契约是医事服务机构与就医患者之间的医疗契约，该契约建立起医疗服务法律关系即存在于医事服务机构与就医患者之间的法律关系，依通说属于"委任"或者"类似委任"契约；第三种契约是存在于健保局与就医患者之间的保险契约，这种契约是基于"全民健康保险法"所成立的"公法"上的权利义务关系，为全民健保整体基础法律关系。目前学界主要有4种学说，分别是："公法契约说""行政处分说""法定权利义务关系说""公法上法定债的关系说"（亦称"公法上法定债之关系说"），目前第三种学说得到学界的普遍认同。这三方法律关系交互影响，促使医疗契约的内容在履行方面单纯考虑医事服务机构与就医患者的合意变得不切实际，全民健保相关规定和政策的牵制与羁束在所难免。虽然理论上来讲，全面健保制度并没有排除医事服务机构与就医患者之间通过另行合意共同约定超出全民健保范围的医疗服务，但是这样的情形毕竟凤毛麟角，仍然无法撼

---

[1] 参见陈聪富："医疗法第三讲：医疗行为与犯罪行为（下）——告知后同意的刑法上效果"，载《月旦法学教室》2008年第69期。

动典型就医情形下全民健保制度的核心地位。于是引起两方面的冲突，即病人权利观念的提升与医疗资源浪费的冲突及医师医疗专业判断与全民健保规范要求的冲突。

(二) 病人权利观念的提升与医疗资源浪费之间的冲突

传统观念上的就医治疗行为以请求健康的复原为主要目的，基于医疗契约所产生的医疗服务请求权也伴随着支付医疗费用的义务，病患通常会以经济能力为品评标准来请求对其健康予以恢复的必要医疗服务，并自觉避免过度医疗和费用的浪费。然而，在全民健保制度下，所有民众的健康保险及保费负担都具有强制性，具体来讲就是患者生病后，可以向健保局行使保险给付请求权，从而得到医事服务机构"廉价"或者"免费"的医疗服务。在此种利益得失的驱使下，就医患者往往希望医事服务机构提供昂贵和过度的医疗服务，通过就医来得到更多的医疗保障，这样的风气扭曲了风险分担的全民健保制度设计，浪费了宝贵的医疗卫生资源，给政府造成巨大的全民健保财政负担。因此，病人权利观念的提升与医疗资源浪费之间的冲突已经开始影响整个全民健保制度的切实有效的可持续实施，这些负面效应应当得到及时有效的遏制。

(三) 医师医疗专业判断与全民健保规范要求的冲突

在全民健保体制下，医疗卫生服务并不是由健保局直接提供，而是由医事服务机构提供。但是，健保局掌握了绝大多数的医疗卫生资源，实务中，全民健保制度实施后，大约90％以上的医疗院所通过签署特约医事服务机构合约，皆加入健保特约，特约医事服务机构合约由特约医事服务机构向被保险人即就医患者提供医疗服务，对就医患者提供适当的健康照护，使得保险对象恢复健康。这样的制度构建使得多数的医院、诊所都必须依附在全民健保体系下以求得生存与发展。于是，健保局对医事服务机构的医疗卫生服务业务制定分门别类的规范，事无巨细地罗列各类医疗服务的种类、流程、项目、给付的事项，同时将标准制定延伸到诊断、药品、检验及手术的全过程，医事服务机构与医师必须严格遵守，健保局甚至可以通过行政审查与专业审查及司法审查等多种措施严格控制医疗卫生服务市场的活动与运行。时至今日，我国台湾地区为了缓解全民健保的财政投入压力，使得其健保财务出现一定程度的收紧趋势，对医事服务机构作出更强有力的钳制和压缩，使得医师在选择医疗方案和诊断策略时频繁受到行政规定的约束，必须考虑全民健保给付范围和给付项目，医师已不能完全按照医疗专业对就医患者进行诊疗，医疗决定几乎完全取决于全民健保审查的相关规范，这样的运行机制容易导致医疗服务效果和健康权保障力度的下降，造成许多不必要的医疗资源浪费。为了更形象地阐述这种冲突，特别做一个假设：如果健保局的相应规范与医疗专业文献的标准不一样，医师由于要遵守健保规范而对就医患者采用比较次等的医疗救治措施，将导致就医患者病情的延误和加重，严重侵害就医患者的健康权。因此，医师医疗专业判断与全民健保规范要求的冲突亟待解决。

总之，我国台湾地区的"全民健康保险法"的相关规范虽然已经经过多次修正，但对被保险人的具体健康权及医疗权利的保障仍然有所不足，如医疗资源分配不均、医疗纠纷鉴定未臻公平客观、医学与药物试验或使用上的滥用等。在全民健康保险的设计与实施上，主要以效率与损益平衡为首要考量，使得在制度上对公民健康权的保障上难免有些瑕疵。全民健保制度作为一种社会保险与商业保险存在本质区别，我国台湾地区标榜的"世界第一"全民健保制度实施以来，提升了就医民众健康照护的方便性、可及性及公平性，对广大民众健康权的保障做出了极大的贡献，即使各种冲突与负面影响从未停歇，但这些冲突和负面效应不能抹杀全民健保制度的巨大成果，而是应当积极探索全民健保制度的改革与完善之路。

三、伦理争议领域的生命健康权问题

（一）我国台湾地区专业法规对生命健康法益处分权的态度与争议

1. 生命健康法益处分权的保障规范依据。生命健康法益处分权在我国台湾地区的保障规范依据主要是"人体器官移植条例"及"安宁缓和医疗条例"。以下将详细对这两部条例进行阐释。

第一，"人体器官移植条例"是我国台湾地区首部"死亡协助"的规范，在这部法律中关于生命健康法益处分权的内容主要包括：①将"脑死亡"作为患者死亡的时点依据，彻底颠覆了理论界与实务界的"心脏停止说"与"综合判断说"；②在患者"脑死亡"的情况下，医疗机构及医师可以依据患者清醒时的捐赠协议或者病人家属的同意，通过"死亡协助"方式在结束病人的生命后进行相关的器官摘除与移植手术。我国台湾学者普遍认为"安乐死"往往与种族屠杀等联系在一起而带有负面的意义（如德国纳粹党屠杀身心残疾婴幼儿的"儿童安乐死计划"），因此，他们主张以较为中性的"死亡协助"来作为"安乐死""尊严死"等的替代词。

第二，"安宁缓和医疗条例"明确表达了我国台湾地区有关规定对"死亡协助"的态度，这部条例中规定，只要是重病末期患者，可以经由患者本人同意或者在病人陷入严重昏迷时由最近亲属（这里的"最近亲属"的范围包括配偶、直系血亲卑亲属、父母、兄弟姐妹、祖父母、曾祖父母或者三亲等旁系血亲、一亲等直系姻亲）同意等方式拒绝进一步的急救，为末期病人终止与撤除心脏复苏术等医疗救治方式提供依据，最终赋予末期病人生命健康权益的处分权。

总之，我国台湾地区关于"生命健康权益的处分权"的法律议题倾向于赞同危重的末期病人可以在意识清醒或者"脑死亡"的情况下，自主决定或者通过最近亲属的同意，从而享有对自己生命健康法益的选择与处分的权利。

2. 生命健康法益处分权相关争议的解决方案。自然人只要生而为人，生命价值不会因为生命力的强弱、生理或者心理的健康状态、男女性别差异、老幼或者青壮等的不同而存在差异，即使是先天重度残障、心智迟滞、罹患重症或者绝症而命在旦夕、身受重伤或者年老体衰而濒临死亡的边缘等，其生命健康法益仍应受到法律的绝对保护，这就是法律意义上的生命绝对保护原则。但是，随着时代的演进以及公民自主意识的提高，是否应当绝对保护每一个自然人的生命健康法益，自然人是

否享有生命健康法益的处分权,成为法学家们纷纷争议的焦点。通过之前的介绍,我们已经知道我国台湾地区通过颁布"人体器官移植条例"和"安宁缓和医疗条例"赋予了末期病人生命健康法益的处分权,但是,在该权利实现的过程中,却遇到了相关的争议问题,这些争议问题主要包括:①生命健康法益的处分权的实施类型;②生命末期垂危的"末期病人"应当如何界定;③末期病人的最近亲属是否可以签署同意书,要求停止或者撤销原先施予的心肺复苏术;④非末期病人不施行或终止心肺复苏术的伦理与法律困境。

(1) 生命健康法益处分权的实施类型。依据"人体器官移植条例"和"安宁缓和医疗条例"的相关规定,末期病人生命健康法益的处分权实施类型包括:①末期病人在本人清醒时可以签署同意书明确拒绝实施心脏复苏术;②末期病人最近亲属可以在该病人昏迷时签署同意书,要求医疗机构及医师对该病人不实施心脏复苏术;③基于器官移植的需要,在脑死亡患者本人及最近亲属同意的前提下,医疗机构及医师可以终止或者撤销原先实施的心脏复苏术。然而,当末期病人已经开始实施心肺复苏术,该病人的最近亲属能否要求医师或者医疗机构终止或者撤除抢救措施从而对该末期病人的生命健康法益进行处分的问题是生命健康法益处分权实施类型的重点争议问题。

(2) 生命末期垂危的"末期病人"的界定。"安宁缓和医疗条例"第3条第2款明确规定:"末期病人,系指罹患严重疾病,经医师诊断认为不可治愈,且有医学上的证据,近期内病程进行至死亡已不可避免者。"[1] 在法律的解释上,可分为前提要件、主观要件以及客观要件三部分。

第一,"末期病人"界定的前提条件。我国台湾地区安乐缓和医疗的发展虽由恶性肿瘤病人开始,但是该条例中并未将"末期病人"局限于恶性肿瘤病人,该条例将适用范围界定为罹患重伤病的病人。

第二,"末期病人"界定的主要条件。主观条件方面尊重医师的专业判断,但仍然需要经由两位医师的诊断,其中一位医师必须是具有诊断末期疾病的相关专科的医师,但并不以同一时间、同一地点为限制。

第三,"末期病人"界定的客观条件。客观条件方面必须符合条例中规定的"近期内病程进行至死亡已不可避免"的情形,我国台湾地区医学界及法学界关于此部分的通说认为,需要从"存活期长短"与"无效医疗"两个层面思考,预估末期病人存活期为3~6个月且不能超过6个月,同时,必须是医疗对其所罹患疾病已经毫无效果的病人。

总之,对于"末期病人"界定的争议主要集中在客观要件方面,对于"末期病人"的存活期及医疗效果仍然处于不断的探讨之中,因此,只有同时符合以上三部分条件的病人才是享有生命健康权益处分权的"末期病人"。

---

[1] 王岳:"论尊严死",载《江苏警官学院学报》2012年第3期。

(3) 末期病人的亲属要求终止或撤除已经实施的心肺复苏术的合法性。依据"安宁缓和医疗条例"第7条第6款的规定，仅在末期病人本人同意的前提下，才可以终止或者撤除原先施予的心肺复苏术。该条例并未明文规定末期病人的最近亲属是否有权出具同意书要求"终止或者撤除原先施予的心肺复苏术"。我国台湾地区学者从伦理学角度思考认为，"有决定能力的末期病人应有权拒绝维生治疗，选择自然死亡，不应视为自杀；医师应末期病人的要求，撤除已给予的维生治疗不应被视为协助自杀或者杀人行为，此行为应与'积极安乐死'作区分；因此，从伦理学角度观察，'自始不施行心肺复苏术'与'终止与撤除已原先施予的心肺复苏术'并无明显不同"。另有学者从法律解释学角度分析认为："如果采用法的文义性解释方法，因法未明文规定，应系立法者有益区隔，在法的解释层面是不能透过最近亲属的同意书来终止或者撤除已经施予的心肺复苏术；如果采用目的解释的方法，在法律评价上都属于最近亲属的不作为行为，即学说上所谓的'消极安乐死'；既然由最近亲属出具同意书不施行心肺复苏术是合法的，从目的性观察，由最近亲属出具同意书终止或者撤除已经施予的心肺复苏术自属合法。"

我国台湾地区学者在论断中提到的"积极安乐死"是为消除、缓和末期病人身体上所受之痛苦，借由作为的方式而直接积极地缩短其生命，使病人得以解脱之情况，即明确带有生命缩短的死亡协助。而"消极安乐死"则是为了不增加末期病人的痛苦，在尊重病人意愿的前提下，不采取延长生命之积极措施，而导致提早末期病人自然死期的死亡协助。[1] 另外，针对末期病人，使用麻醉药等方法以消除、缓和病人身体上的痛苦，但因副作用而带有缩短病人生命的危险，若危险成真，则病人的死期将因此而提前的情况在我国台湾地区学界被称为"间接安乐死"。因此，无论是"积极安乐死"还是"消极安乐死"又或者是"间接安乐死"，都不过是死亡协助的一种方式，它们讨论的实质无非是要阻却其违法性。由此可见，我国台湾地区学者从伦理学和法律解释学层面诠释了末期病人的亲属要求终止或撤除已经实施的心肺复苏术具有合法性。

(4) 非末期病人生命健康法益处分权的伦理与法律困境。医疗法律实务中经常有被非末期病人明确拒绝急救的情况，医师是否仍然需要履行急救义务又或者多重慢性疾患但未达到末期的高龄病人本人自愿放弃急救，医师法定的紧急救治义务能否免除等问题所困扰。关键是：如果病人不是末期病人，那么就不能适用"安乐缓和医疗条例"，而必须适用我国台湾地区"刑法"的相关规定及法理甚至是"宪法"的基本原则。生命健康权虽然属于个人法益，但是带有法益的特性，不能完全由自己任意处分。我国台湾地区"刑法"第275条以及第282条分别规定了"加工自杀罪"以及"加工致重伤罪"，由此观之，非末期病人拒绝维生医疗在法律上会产生争

---

[1] 赵康、胡芃："浅析德国推定承诺与消极安乐死的司法实践"，载《中国检察官（经典案例版）》2014年第14期。

议。由于医疗行为和效果的不确定性导致救治行为未必对病人有利,同时,每一位病人对待生命健康价值观、生活品质、身体完整性及自主性的诠释各不相同,若是注重生命健康价值,当然是不能赋予非末期病人生命健康法益的处分权;若是注重病人的生活品质、身体完整性及自主性,则可以依照病人的意愿放弃维生治疗。现今医学伦理学较为强调个人自主性,当病人越接近末期时,通常越会倾向于尊重病人的意愿。因此,面对医学伦理学与法学的困境,医疗机构及医师决定是否对非末期病人采取维生治疗时,都必须充分赋予病人及最近家属医疗知情权,在相关法律未明文规定的情况下,对于非末期病人是否能够享有生命健康法益处分权应当采取保留的态度。但是,值得注意的是,2015年12月18日,只有19条的"病人自主权利法"作为一部足以重塑医患关系的法律得以通过,并将于2019年1月6日生效施行。该法案重点强调临终病人有拒绝医疗的权利,特别是在医患关系中,应立以病人为中心的医疗决策模式,进而影响知情同意原则的适用。创设预立医疗照护咨商制度(Advance Care Planning,ACP),让病人得以与医师、家属用协商方式决定特定临床条件下所愿意采取的医疗处置。最后,扩大拒绝或撤除维生医疗适用病人的范围,不限于"安宁缓和条例"所规定的末期病人,并且,一旦纳入拒绝医疗处理病人的范围,将停止采取人工营养等措施,更是冲击现行安宁缓和医疗的现状。[1]

(二)我国台湾地区人体器官移植与生命健康权益相冲突的解决路径

医疗科学技术的迅猛发展,不断为人类攻克疾患带来福音。除了某些俗称"绝症"的疾病诸如末期癌症、艾滋病、罕见疾病等难以通过医疗相关措施达到康复效果外,大多数的疾病能够通过现行常态性的药物、手术、光线疗法等加以有效治疗。其中,器官移植被认为是治疗那些已经不能用其他疗法治愈器官末期疾病的唯一有效方法并且存活率斐然。[2]

1. 人体器官移植与生命健康权益冲突的困境。目前,全球进行器官移植最大的难题即在于器官的来源不敷所需。以我国台湾地区器官移植登录中心的网站统计数据显示:2018年7月3日前,我国台湾地区等待器官捐助的病人高达9649人,接受器官/组织移植406人,然而器官捐赠总人数仅160人,总例数仅470例。[3] 从这份统计数据中我们能够看出,捐赠器官的需求量远远超出实际捐赠的器官数,器官数目统计满足比率约10%而已,有高达90%的器官需求者在无止境的等待中。我国大陆地区的统计数据显示:每年大约有150万因末期器官功能衰竭需要进行器官移植的病人,但是,实际能够进行器官移植者不到1万例,供求比例为1/150,绝大多数

---

[1] 参见廖建瑜:"病人自主权利法通过后之新变局评析:病人自主权利法对现行制度之影响(上)",载《月旦医事法报告》2017年第3期。

[2] 据相关数据统计,病人通过肾脏、肝脏、心脏等器官移植得以生存的存活率较高,其中,肾脏移植存活最长为37年,肝脏移植存活最长达到30年。参见刘霞:"我国器官捐赠问题的法律思考",载《四川警察学院学报》2008年第5期。

[3] 载http://www.torsc.org.tw/,最后访问时间:2018年7月3日。

病患都未能得到捐赠的器官以维持生命。[1] 因此，不管是我国大陆地区还是台湾地区的末期病患通过器官移植以保障生命健康权益的需求都成为相关法律亟待解决的问题，其中最严峻的就是如何通过立法规制应运而生的器官买卖市场，否则，贫穷阶层的人就有可能成为富裕阶层的人的器官供应者，活体器官和尸体器官会被过度物化，从而违反伦理原则，在法理上也会侵犯人格权中的生命健康权益。

2. 活体器官移植捐赠者生命健康权益保障的规范依据。根据我国台湾地区"人体器官移植条例"的规定，医院从活体捐赠者身上摘除器官施行移植手术应当符合下列要求：①捐赠器官者为成年人，并应出具书面同意及其最近亲属2人以上的书面证明；②摘取活体器官必须注意捐赠者的生命安全，并以移植于其五亲等以内之血亲或者配偶为限（这里对配偶的要求是应与捐赠器官者生有子女或者结婚两年以上，但结婚满一年后经医师诊断罹患移植适应症者不在此限）；③医师自活体摘除器官前，应向捐赠者说明摘除器官的范围及手术过程中可能出现的并发症及其他危险。[2] 根据上述规定，只要符合这些法定条件，便可以使活体器官移植取得合法依据，并可以避免实施活体器官移植行为可能造成的违法性。在这里，我们能够注意到"摘取器官时须注意捐赠者之生命安全"的法律规定，即使得到捐赠者的同意，从活体上移植器官也无可避免地会对捐赠者造成一定的身体健康损害，那么如何解决人体器官移植与器官捐赠者生命健康权益相冲突的问题，便成为我国台湾地区学者纷纷探讨的热点问题。

3. 活体器官移植捐赠者生命健康权益保障的法律适用。自人体摘除器官施行移植手术，以恢复病人器官的功能或者挽救其生命，虽然属于医疗上的正当行为，我国台湾地区"人体器官移植条例"也赋予该行为一定程度的法律正当性，但对于捐赠者的生命健康权益必然会造成一定程度的危害。所以，人体器官移植必须符合医学原理并且有利于捐赠者与受赠者的生命健康权益。

（1）为了保障活体捐赠者的生命健康权益，我国台湾地区"刑法"规定了"加工自杀罪"和"加工自伤罪"。我国台湾地区刑法学者在反复论证的基础上对具体法律适用问题达成两种见解：第一种见解认为，即使活体器官的捐赠者同意捐赠，但因捐赠的行为会造成死亡，仍足以构成我国台湾地区"刑法"上规定的"加工自杀罪"。同样的，因捐赠行为会导致捐赠者重伤甚至致死，仍然免不了构成我国台湾地区"刑法"上规定的"加工自伤罪"。这是罪刑法定主义的必然要求，不能因捐赠者的同意而阻却违法性，更为重要的是，通过这两个罪名来有效防范器官移植过程中对捐赠者生命健康权益的任意侵犯。第二种见解认为，不应当引用"超法规紧急避

---

[1] 王凤民："关于扩大人体器官移植供体来源问题研究——兼论《人体器官移植条例》之配套与完善"，载《科技与法律》2010年第3期。

[2] "器官移植台湾现况——以及社工的角色"，载 http://blog.sina.com.cn/s/blog_ 6eb925080100odsw.html，最后访问时间：2014年12月20日。

险原则"作为对活体器官捐赠者生命健康权益保障的平衡标准。该原则要求行为人因避难行为所保全的法益超过避难行为所牺牲的法益时，行为人因避难所为的法益侵害，应可以阻却违法性。该原则适用时有两个重要前提：①保全的法益应当重于牺牲的法益；②必须是避免紧急危险。具体到人体器官移植中的权益平衡方面，一般的活体器官移植无非是救治病体的器官衰败，当牺牲活体的生命或者重大健康时，这种法益的比较下很难说病体的法益较为重要，更何况所谓的"紧急危难性"在活体器官移植上也未必都符合条件。因此，如果活体器官移植没有造成捐赠者的生命危害或者重大健康损害如肝脏移植、皮肤移植及骨髓移植等，只要捐赠者同意，应可构成阻却违法性而无法律责任；反之，如果活体器官移植会造成捐赠者的死亡或者重大健康损害，仍然需要适用加工自杀罪或者加工自伤罪来保障捐赠者的生命健康权益。[1]

（2）为了保障活体捐赠者的生命健康权益，我国台湾地区相关机构认为应当给予捐献者合理经济补偿。人体器官移植中有关器官来源的立法基本上分为三种：自愿捐赠制、推定同意制及合理补偿制。自愿捐赠制是20世纪各国普遍采用的器官捐献制度，我国大陆地区以及香港、澳门、台湾地区都采用自愿捐赠制。自愿捐赠制度在程序上必须由捐赠者或者最近亲属明示同意捐赠器官，故又称为明示同意制。[2] 我国台湾地区明文禁止器官买卖，但对于捐赠器官移植之死者亲属，卫生主管机关会酌情补助丧葬费，其补助标准由卫生主管部门决定。我国台湾地区相关机构在讨论"人体器官移植条例"相关条文时，有委员提出关于活体器官捐赠者的健康实质保障问题，要求为捐献者提供医疗救助、健康恢复相关补助及因捐赠器官导致死亡遗属的社会援助。[3]

总之，人体器官移植在我国台湾地区已有相当的成果。对于受赠者来说，接受器官移植的病患除了可以提高其生活品质，更重要的是使其生命健康得以维持和再生，但是，在此过程中，需要关注活体捐赠者的生命健康权益的保障问题，使得活体捐赠者的善行能够得到法律上的慰藉。

（三）整形美容行为与生命健康权益相冲突的解决路径

我国民众口中的"医美"实为一门称作"美容医学"的医学学科。美容医学的发展来自于社会发展，因民众所得提高、生活水平提升、审美观的发展，现代爱美人士对美的追求更加积极，并且随着医学的进步而结合医学和美学，继而形成这一新兴科学。大致上可认为美容医学是透过医学的手术或非手术方法，包括药物或仪器设备等，直接维护、修复或改善内在生理功能、人体的外在形态，皮肤色泽等。

---

[1] 曾淑瑜："论人体之利用——器官移植与法律之冲突与调和"，载《律师杂志》2005年第308期。

[2] 卢建平、江先文、何碧霞："人体器官捐赠行为的法律分析"，载《大众科技》2007年第4期。

[3] 林忠义："台湾法律史的研究与应用——以人体器官移植条例的立法演进为中心"，载《律师杂志》2008年第345期。

不同于传统的生活美容,如彩妆保养、SPA 护肤等美容科学,任何侵入性的治疗,即使所谓的微整形,如果酸换肤、镭射治疗或光疗、肉毒或玻尿酸注射等,皆属于美容医学的范畴。[1]

因此,为保障医疗品质、维护病人权益,以增进民众健康安全,该等"侵入性的美容行为"应受"医疗法"的规范,仍须由具备医师执照者执行。与传统的美容业不同,美容业应仅得从事表面化妆美容、人体按摩等非医疗业务,而不涉及人体结构改变及生理机能的行为[2];反之,与人体机构及生理机能所涉及的行为,如丰胸、全身漂白、抽脂减肥等,即被纳入"医疗法"的规范。[3]

1. 我国台湾地区卫生主管机构函件中关于医疗行为的界定。一般而言,在论及医疗行为的界定问题,我国台湾地区卫生主管机构历来函示很多。其中,最具参考意义的是 1995 年 12 月 1 日卫署医字第 84068278 号函件。该函件规定:医疗行为系指凡以治疗、矫正或预防人体疾病、伤害、残缺为目的,所为的诊察、诊断和治疗;或者基于诊察、诊断结果,以治疗为目的所为的处方、用药、施术或处置等行为的全部或者一部分的总称。[4] 从该份函件中,我们能够看出,医疗行为的界定,主要针对人体疾病、伤害、残缺所为的处置,根据这个定义,整形美容手术并非对于人体疾病、伤害、残缺所为的处置,前来问诊的人多半也是身体健康者,并无任何疾病,通过该函件很难对整形美容手术与医疗行为进行界分。

2. 美容业务若达到改变人体结构或者身体机能则认定为医疗行为。1998 年 8 月 15 日,卫署医字第 612904 号函件认为:按文眉当属美容业务之一,而美容业务,应以人体表面化妆、美容为限,不能影响或者改变人体结构或者生理机能,若达到改变人体结构或者生理机能,自涉及医疗行为。[5] 由此函以观,纵使行为的目的不具备诊疗性,而仅有美容性质,但"若达到改变人体结构或者生理机能",卫生主管机构便会视其为医疗行为。按照该函件的标准,美容业务性质的医疗行为已经不再必须具有诊察、诊疗和治疗的性质,而仅需达到与健康相关的人体结构和生理机能的改变就可以判断为医疗行为。

3. 整形美容手术被明确认定为医疗行为。2001 年 12 月 27 日,卫署医字第 986000 号函件将美容手术明确认定为医疗行为。该函件明示:为人治疗秃头、丰乳、隆鼻、割双眼皮、脸部凹洞磨平等整形美容行为均为医疗行为。[6] 该函件明确列举

---

[1] 陈建宗:"美容医学之发展与现况及未来",载《医疗品质杂志》2013 年 7 月 7 卷 1 期。

[2] 依据我国台湾地区卫生主管机构 1999 年 3 月 22 日卫署食字第 88017511 号公告"瘦身美容业管理规范"规定,瘦身美容系指藉手术、仪器、用具、用材、化妆品、食品等方式,为保持、改善身体、感官之健美,所实施之综合指导、措施之非医疗行为。

[3] 参见我国台湾地区卫生主管机构 1994 年 4 月 27 日卫署食字第 83021752 号函。

[4] 参见我国台湾地区卫生主管机构 1995 年 12 月 1 日卫署医字第 84068278 号函件。

[5] 参见我国台湾地区卫生主管机构 1998 年 8 月 15 日卫署医字第 612904 号函件。

[6] 参见我国台湾地区卫生主管机构 2001 年 12 月 27 日卫署医字第 986000 号函件。

出整形美容手术中属于医疗行为的类别,并解释之所以如此列举医疗行为的范围,是由于这几项整形美容手术往往会侵入正常的健康组织,对整形美容者的相关健康权益的损害程度会比较严重,甚至有可能引发更严重的疾病,甚至威胁到整形美容者的生命健康安全。

4. 整形美容纠纷中的精神抚慰金的确定标准。美容医学诉讼中,病患所欲追求者为美丽的结果,但却适得其反,其内心的痛苦当不可言喻。[1] 其精神抚慰金的请求是否"相当",依 1962 年台上字第 223 号判例阐释:"按慰藉金之赔偿须以人格权遭遇侵害,使精神上受有痛苦为必要,其核给之标准固与财产上损害之计算不同,然非不可斟酌双方身份、资力与加害程度,及其他各种情形核定相当之数额",因此,法院之裁判多以实际加害情形与其损害是否重大及被害人的身份、地位与被害人的经济状况等关系定之。然在法院裁判抚慰金时,多仅概况论述双方的身份、地位和经济状况,却未详细就法院抚慰金数额裁判之心证予以说明,使抚慰金的请求过于抽象而难以预期。唯独一些特殊职业者,如其职业对于美有相当程度要求者,例如演员、模特等,美貌成为其工作的关键,因外貌将会影响其工作发展,故这些特殊职业者精神抚慰金的确定应当充分考虑因美貌遭受侵害及对其工作所造成的影响,并以此为考量来裁定抚慰金的数额。

因此,因美容医学的性质和特色与一般传统医疗行为不同而衍生出的许多问题,特重于双方对于"美丽"的争论,随着时代的变迁,通过美容医学手术追求美貌的人会日益渐增,虽美丽为一抽象的概念,但仍得区分"主观"和"客观"层面以认定是否属于"瑕疵"。然而,为了避免双方产生医疗纠纷,患者与医师双方应尽量于手术开始之前,对于彼此的认知与需求做完整的沟通,制定治疗计划书之后再进行治疗,于双方信息对等之下达成共识,减少术后的争议。[2]

第三节 我国台湾地区"卫生法"的借鉴意义

通过上文的梳理,我们对我国台湾地区医疗卫生制度有了一个基本的认识与理解,我国台湾地区对医疗人权的保障已经开始步入精准化权益保障的模式,对我国台湾地区健康权保障的历史演变与发展路径也作出了深入的归纳与探究。我国台湾地区对健康权的保障已经在"全民健康保险法"的引领下开始针对具体健康权益进

---

[1] 我国台北地方法院民事判决 2012 年度医字第 42 号:"本院酌原告吴庭庭从事珠宝销售,工作内容需近距离向客户解说产品,故对仪态十分要求,然因被告上揭手术之失败,造成原告吴庭庭颜面受创,根本无法面对客户,其身为女性,本注重自身外表,原欲藉手术修饰外貌,却因被告之行为适得其反,其身心所受创伤不可言喻。"

[2] 参见崔恩宁:"美容医学民事诉讼中'美'之认定及赔偿范围之判准",载《月旦医事法报告》2017 年第 3 期。

行透视性的探索。对健康权的保障，在基本医疗服务领域中有两代"全民健康保险法"的规范，另外，我国台湾地区研究健康权相关法益保障的学者已经逐渐开始把关注点转变到一些现实的非基本医疗服务领域的前沿热点法律问题方面，诸如末期病人生命健康法益的处分权问题（也就是我们通常所讨论的死亡协助方式如"安乐死"的合法性问题）、人体器官移植与生命健康权益冲突的法律问题、与健康权益密切相关的整形美容行为的规范问题。更具特色的是明晰地规范医师相关责任来保障公民的相关健康权益，其中涉及医师、药师、法医师、呼吸治疗师、护理人员、听力师、物理治疗师、心理师、牙体技术师、医事放射师、营养师、语言治疗师、职能治疗师、助产人员、救护技术员等各类医事人员对病人健康权益的保障义务。同时，我国台湾地区的卫生制度的健康问题保护范围也比较全面和具体。总体说来，我国台湾地区对医疗人权的保障规范是比较完备和先进的，在很多领域已经卓具成效，通过对这些制度的梳理与介绍，会对我国大陆地区医疗人权保障制度的完善和发展有所裨益。我们也必须认识到，使全体公民都能达到"人人有权享有能达到的最高的体质和心理健康的标准"，使中国公民在我们国家的庇护下享受健康的体魄、健全的人格所带来的尊严感与幸福感，仍然是一项任重道远的艰巨任务。